Messbuch 2025

Die vollständigen Messtexte
für Sonn- und Festtage
nach den authentischen liturgischen Ausgaben
der Bistümer des deutschen Sprachgebietes.
Mit der Feier der Gemeindemesse
und der Wort-Gottes-Feier
an Sonn- und Festtagen

Lesejahr C

Begründet von Eleonore Beck
Herausgegeben von Irmtrud Schweigert

Butzon & Bercker

Hinweis:
Bei Eigenlesungen für die Bistümer des deutschen Sprachgebiets sind die Angaben der Bibelstellen mit ° gekennzeichnet.

ISBN 978-3-7666-3620-1

Umschlaggestaltung: Christoph Kemkes, Geldern
Umschlagillustration: Bärbel Stangenberg, Wachtendonk
Satz: Schröder Media GbR, Dernbach
Druck und Bindung: Druckerei C. H. Beck, Nördlingen

Inhalt

Die Fastenzeit – Österliche Bußzeit

Heilige Woche – Karwoche

Die Osterzeit

ZU DIESEM BUCH
GOTT IM BUND MIT DEN MENSCHEN

Wo suche und finde ich in krisenhaften Zeiten Hoffnungszeichen und Kraftquellen?

In einer jährlichen Namensaktion pilgern Mönche in der Heiligen Nacht mit einer Schriftrolle voller Namen von der Dormitio-Abtei in Jerusalem nach Betlehem und tragen symbolisch die Sorgen und Bitten von Tausenden zur Geburtsgrotte. Auch in der nach dem Überfall auf Israel bedrückenden Situation an Weihnachten 2023 brachte eine kleine Pilgergruppe so die Zuversicht zum Ausdruck, dass vor Gott jedes einzelne Leben zählt, überall und immer.

Sinnbild für diese bewegende Hoffnung ist auch das Regenbogenkreuz in der Abteikirche, gestaltet nach dem Vorbild eines über Jahrhunderte in Stein verewigten Pilgerzeichens. Der Bogen über dem Kreuz weist auf den Bund hin, den Gott mit Noah und der ganzen Schöpfung geschlossen hat. Die in drei Spitzen auslaufenden vier Enden des Kreuzes symbolisieren die zwölf Stämme und den Mose-Bund Gottes mit seinem Volk. Und das Kreuz selbst sagt: In Christus hat der treue Gott im wiederum erneuerten Bund für alle Menschen einen neuen Anfang möglich gemacht.

Das *Lied vom Regenbogenkreuz* singt davon, dass im Himmelsbogen Gottes Liebe und Treue als Grund unserer Hoffnung aufscheinen. Unsere Unterschiedlichkeit entzweit uns allzu oft, aber wenn im Regenbogen die Welt in allen Farben des Spektrums leuchtet, freuen wir uns an ihrer Vielfarbigkeit. Wir können spüren, dass wir für das (Über)Leben auf unserem bedrohten Planeten aufeinander angewiesen sind. Ein Hoffnungszeichen inmitten unversöhnlicher Konflikte: In der internationalen Jugend- und Behindertenbegegnungsstätte Beit Noah am See Gennesaret, der die Spenden aus der Namensaktion zugutekommen, wird nicht nach Herkunft oder Religion gefragt, sondern das Miteinander gelebt wie in der schützenden Arche.

Herr, deine Liebe ist uns Kraft zu leben. Sie schenkt uns weiten Raum und gibt uns ein Zuhaus, heißt es im Kehrvers des Liedes. Im Geist dieser Zuversicht will das Messbuch Begleitung anbieten, im weiten Raum unterwegs zu Quellen der Lebenskraft.

Irmtrud Schweigert

EIN NEUES LESEJAHR: DAS EVANGELIUM NACH LUKAS

Worte des Lukas sind aus dem im Stundengebet tagein, tagaus erklingenden *Magnificat* oder dem *Nunc dimittis* vertraut. Auch die jährlich zum Fest gelesene Weihnachtsgeschichte geht auf den Erzählfreudigsten unter den Evangelisten zurück. Das am ersten Adventssonntag 2024 beginnende Lesejahr C aber ist in besonderer Weise von lukanischer Theologie geprägt.

Lukas schreibt vermutlich in den 80er-Jahren, auf jeden Fall nach der Zerstörung des Jerusalemer Tempels im Jahr 70. Er und die Gläubigen seiner Zeit müssen mit der Erfahrung fertigwerden, dass die Geschichte von Gewalt und Unrecht nicht an das erhoffte baldige Ende gekommen ist.

Die verbreitete Vorstellung, er sei identisch mit dem als Reisebegleiter des Paulus erwähnten Arzt Lukas, hält einer historischen Überprüfung nicht stand, ist aber nachvollziehbar: Er schildert so anschaulich, wie Jesus die Botschaft vom Reich Gottes durch heilsames Handeln in die Tat umsetzt. Jesus sucht wie ein guter Arzt besonders die Missachteten und Bedürftigen am Rande der Gesellschaft auf. Auch die Legende von einem Maler als Verfasser hat wie jede Legende ihre eigene Wahrheit: Lukas ist ein Wortmaler, von dessen farbigen Schilderungen unzählige Kunstwerke inspiriert sind.

Dieser Evangelist lenkt besonders eindringlich den Blick auf Frauen als Akteurinnen der Heilsgeschichte. Nur er nimmt eine Liste von Jüngerinnen in seine Darstellung auf. Elisabet und Maria widmet er besondere Aufmerksamkeit. Wie Jesus am Ende des Evangeliums seine Freunde und Freundinnen zum Abschied segnet, segnet auch die schwangere Elisabet zu Beginn ihre junge Verwandte Maria und ihr ungeborenes Kind. Frauen können wie Männer für die Zusage des lebendigen Gottes stehen: Ich bin und bleibe für euch da.

Wir begegnen im Lukas-Evangelium Menschen, die mit den Zumutungen des Lebens zu kämpfen haben, aber doch auf die Zusage Gottes setzen. Besonders Maria wird als Inbegriff dieser Lebenshaltung ins rechte Licht gerückt. Sie bleibt nicht bei ihrem anfänglichen Erschrecken, sondern hört genau auf den Ruf, der ihr gilt. Sie trifft ihre

Entscheidung, zugleich demütig und selbstsicher. Mit dem Ehrentitel *Magd des Herrn* macht sie sich nicht klein, sondern reiht sich ein unter die prophetischen Menschen.

Lukas ist der einzige Evangelist, der ausführlich auf die Frage nach der Vorgeschichte eingeht: Was war vor dem Auftreten des erwachsenen Jesus? Aus seinem Glauben gestaltet er die Erzählungen der Kindheitsgeschichte. In den Schilderungen der Geschehnisse um die Geburt des Johannes verbindet er die Tradition des Volkes Israel, in der Jesus verwurzelt ist und bleibt, mit seinen neuen Wegen. In der Weihnachtsgeschichte erzählt er detailliert und auf bewegende Weise von einem Gott, dessen Macht sich in Ohnmacht offenbart.

In seinen vielen Gleichnissen, insbesondere denen vom Suchen und Finden des Verlorenen, stellt er uns Jesu Gottesbeziehung lebendig vor Augen, wie beispielsweise im bekannten *Gleichnis vom verlorenen Sohn*: Ein Vater nimmt sein von der mühsamen Suche nach dem eigenen Weg erschöpftes Kind wieder zu Hause auf, bedingungslos. Dem anderen Sohn, der mit dieser unverdienten Großherzigkeit voll Missgunst hadert, begegnet er geduldig in gleichermaßen liebevoller Zuwendung. Zum großen Fest sollen unbedingt beide kommen, egal was gewesen ist.

Auf die Ermutigung zum Feiern läuft auch die österliche Emmausgeschichte hinaus: Nach der Hinrichtung Jesu begleitet der Auferstandene unerkannt zwei seiner Freunde, die alles hinter sich lassen wollen, auf ihrem mühsamen Weg und inspiriert sie im Gespräch und beim Mahl zu neuen Erkenntnissen und neuem Lebensmut. In der Schilderung ihrer Bewegung aus der lähmenden Verzweiflung heraus scheint Lukas seiner Gemeinde sagen zu wollen: Bleibt auch ihr im Gespräch miteinander, tröstet einander. Setzt euch auseinander, ringt um Wahrheit. Fragt nach der Bedeutsamkeit biblischer Worte für euer Leben. Sucht Begegnungen miteinander und mit Gott. Ermutigt einander, denn allem zum Trotz haben wir so guten Grund zum Feiern.

Vielfarbig erzählt Lukas davon, dass *Herzen* zuweilen *hören* können. Macht seine Zuversicht auch uns Mut, zu Beginn eines neuen Kirchenjahres? Die Beiträge des Messbuchs jedenfalls laden auf vielerlei Weise zum Hören, Nachdenken und Feiern ein.

Irmtrud Schweigert

Der Advent

1. ADVENTSSONNTAG

1. Dezember 2024

Mit einer Meditation über den heutigen Tag sollte eine jede Einführung in den christlichen Glauben beginnen. Denn der erste von insgesamt vier Adventssonntagen eröffnet eine neue Zeit, eine Zeit des Wartens, des Staunens, der Vorfreude. Nicht materielle Fülle oder gar militärische Macht markieren die *Zeitenwende*, sondern die leise Erwartung eines Neuanfangs durch die Geburt eines Kindes inmitten der Zeit. Der christliche Kalender ist somit umsichtig im Blick auf kommende Ereignisse. Der Beginn des Kirchenjahres steht weder im Zeichen der erfüllten und erfüllenden Bescherung des Ersehnten noch gar in dem der Angst vor einer ungewissen Zukunft. Zukunft hat vielmehr mit Herkunft und Ankunft zu tun. Und zwar so, dass uns weder das Vergangene bedrücken noch das Künftige schrecken soll. Heute dürfen wir beginnen, Zuversicht zu lernen, indem wir uns auf das Kommende als eine Zeit der Güte und der guten Erneuerung der Zeit einlassen.

ERÖFFNUNGSVERS — Ps 25 (24), 1–3

Zu dir, Herr, erhebe ich meine Seele.
Mein Gott, dir vertraue ich.
Lass mich nicht scheitern,
lass meine Feinde nicht triumphieren!
Denn niemand, der auf dich hofft, wird zuschanden.

KYRIE-RUFE

Herr Jesus Christus, du Spross aus
Davids Stamm, du wirkst das Recht
im Land.
V/A: Herr, erbarme dich.
Du lässt dein Volk in Sicherheit wohnen.
V/A: Christus, erbarme dich.
Du, Herr, bist unsere Gerechtigkeit.
V/A: Herr, erbarme dich.

TAGESGEBET

Herr, unser Gott, alles steht in deiner Macht; du schenkst das Wollen und das Vollbringen. Hilf uns, dass wir auf dem Weg der Gerechtigkeit Christus entgegengehen und uns durch Taten der Liebe auf seine Ankunft vorbereiten, damit wir den Platz zu seiner Rechten erhalten, wenn er wiederkommt in Herrlichkeit. Er, der in der Einheit des Heiligen Geistes mit dir lebt und herrscht in alle Ewigkeit.

WORTGOTTESDIENST

ZUR 1. LESUNG Die gesellschaftspolitische Situation, in der Jeremia lebt und wirkt, ist geprägt von Angst angesichts einer ungewissen Zukunft. Vielleicht ist der Prophet, der als „Prophet für die Völker" (vgl. Jer 1,5) vorgestellt wird, ein Hoffnungsträger auch für unsere Zeit. Trotz einer bedrückenden Gegenwart verkündet Jeremia Zuversicht. Seiner Einsicht nach wird es auch in Zukunft Menschen geben, die sich für Recht und Gerechtigkeit einsetzen. Auch in Zukunft wird die Nachkommenschaft Davids gesichert sein. Auch in Zukunft wird der Bund Gottes Bestand haben, so sicher wie der Tag auf die Nacht folgt. Im Rückblick und im Hinblick auf die Geburt Jesu kann dieser Text wie eine treffliche Charakterisierung Jesu gelesen werden – ohne das in christlicher Tradition das „Alte" genannte Testament durch das „Neue" vereinnahmen zu wollen. Vielmehr wird deutlich, dass das Zweite Testament im Licht des Ersten Testaments zu lesen ist, wenn wir verstehen wollen, wer dieser Jesus von Nazaret ist.

ERSTE LESUNG

Jer 33,14–16

Ich werde für David einen gerechten Spross aufsprießen lassen

Lesung aus dem Buch Jeremia.

Siehe, Tage kommen – Spruch des HERRN –, da erfülle ich das Heilswort, das ich über das Haus Israel und über das Haus Juda gesprochen habe.

In jenen Tagen und zu jener Zeit werde ich für David einen gerechten Spross aufsprießen lassen. Er wird Recht und Gerechtigkeit wirken im Land. In jenen Tagen wird Juda gerettet werden, Jerusalem kann in Sicherheit wohnen. Man wird ihm den Namen geben: Der HERR ist unsere Gerechtigkeit.

ANTWORTPSALM

Ps 25 (24),4–5.8–9.10 u. 14 (Kv: 1)

Kv Zu dir, o HERR, erhebe ich meine Seele. – Kv

Zeige mir, HERR, deine Wege, *
lehre mich deine Pfade!
Führe mich in deiner Treue und lehre mich; /
denn du bist der Gott meines Heiles. *
Auf dich hoffe ich den ganzen Tag. – (Kv)

Der HERR ist gut und redlich, *
darum weist er Sünder auf den rechten Weg.
Die Armen leitet er nach seinem Recht, *
die Armen lehrt er seinen Weg. – (Kv)

Alle Pfade des HERRN sind Huld und Treue *
denen, die seinen Bund und seine Zeugnisse wahren.

Der Rat des Herrn steht denen offen, die ihn fürchten, *
und sein Bund, um ihnen Erkenntis zu schenken. – Kv

ZUR 2. LESUNG Der Apostel Paulus und auch die Mitglieder in der Gemeinde in Thessaloniki, an die Paulus sich wendet, gehen offenbar fraglos von der Wiederkunft Christi aus. Nicht, ob Christus wiederkommt, ist die Frage, sondern wie die Gemeinde sich auf seine Ankunft vorbereiten kann. Und wie sie sich verhalten soll, wenn es so weit ist. Paulus empfiehlt als Lebensform ein Leben in Heiligkeit – und meint damit vor allem das Wachsen in gegenseitiger Anerkennung und Liebe zueinander. Angesichts der Realität in der Welt des 21. Jahrhunderts stellt sich verständlicherweise die Frage, ob solche Vorstellungen nicht hoffnungslos veraltete Träume sind. Mag sein. Aber den Maßstab, den Paulus nennt, sollten wir bei aller Skepsis nicht aufgeben: so zu leben, dass unser Leben der Botschaft Gottes angemessen ist; und dass es dem Gott, der den Tod durch Liebe überwindet, gefallen kann.

ZWEITE LESUNG 1 Thess 3,12 – 4,2

Der Herr möge eure Herzen stärken, damit ihr ohne Tadel seid bei der Ankunft Jesu, unseres Herrn

Lesung aus dem ersten Brief des Apostels Paulus an die Gemeinde in Thessalonich.

Schwestern und Brüder! Der Herr lasse euch wachsen und reich werden in der Liebe zueinander und zu allen, wie auch wir euch lieben, damit eure Herzen gestärkt werden und ihr ohne Tadel seid, geheiligt vor Gott, unserem Vater, bei der Ankunft Jesu, unseres Herrn, mit allen seinen Heiligen. Amen.

Im Übrigen, Brüder und Schwestern, bitten und ermahnen wir euch im Namen Jesu, des Herrn: Ihr habt von uns gelernt, wie ihr leben müsst, um Gott zu gefallen, und ihr lebt auch so; werdet darin noch vollkommener! Ihr wisst ja, welche Ermahnungen wir euch im Auftrag Jesu, des Herrn, gegeben haben.

RUF VOR DEM EVANGELIUM

Vers: Ps 85 (84),8

Halleluja. Halleluja.
Lass uns schauen, o Herr, deine Huld,
und schenke uns dein Heil.
Halleluja.

ZUM EVANGELIUM Vor Schwarzsehern und Angstmachern sollte man sich in Acht nehmen – nicht aber vor den Gedanken des heutigen Evangeliums. Zwar hören wir auch hier von dem nahenden Ende, aber einzig mit dem Ziel, den Verstand zu schärfen. Nicht die Predigt vom Weltende steht im Zentrum, sondern die Nähe der Erlösung. In der von Lukas wiedergegebenen Predigt empfiehlt Jesus konkret zwei unterschiedliche Arten, sich zu verhalten, die beide auf den ersten Blick wenig einleuchtend erscheinen. *Wacht allezeit. Betet allezeit.* Warum? Wachsamkeit erfordert einen nüchternen, aber angstfreien Blick auf die Realität der Welt um uns her. Wer wacht, macht sich nichts vor. Um aber nicht an der bedrohlichen und erdrückenden Last der Wirklichkeit zu zerbrechen, gilt der zweite Rat dem Gebet. Beten ist die sprachliche Hinwendung zu Gott, ist das Ausstrecken eines leidenden Lebens hin zu dem rettenden Wort. Beten ermöglicht die Wahrnehmung einer Sehnsucht nach dem Guten – ohne Realitätsferne, voller Hoffnung.

EVANGELIUM

Lk 21,25–28.34–36

Eure Erlösung ist nahe

+ Aus dem heiligen Evangelium nach Lukas.

In jener Zeit sprach Jesus zu seinen Jüngern: Es werden Zeichen sichtbar werden an Sonne, Mond und Sternen und auf der Erde werden die Völker bestürzt und ratlos sein über das Toben und Donnern des Meeres. Die Menschen werden vor Angst vergehen in der Erwartung der Dinge, die über den Erdkreis kommen; denn die Kräfte des Himmels werden erschüttert werden.

Dann wird man den Menschensohn in einer Wolke kommen sehen, mit großer Kraft und Herrlichkeit.
Wenn dies beginnt, dann richtet euch auf und erhebt eure Häupter; denn eure Erlösung ist nahe.
Nehmt euch in Acht, dass Rausch und Trunkenheit und die Sorgen des Alltags euer Herz nicht beschweren und dass jener Tag euch nicht plötzlich überrascht wie eine Falle; denn er wird über alle Bewohner der ganzen Erde hereinbrechen. Wacht und betet allezeit, damit ihr allem, was geschehen wird, entrinnen und vor den Menschensohn hintreten könnt!

Glaubensbekenntnis, S. 454 ff.

FÜRBITTEN

In allem Donnergrollen, in allem Umbruch ist Hoffnung das entscheidende Thema im nun beginnenden Advent. Vertrauen wir, hoffen wir – und bitten wir:

V: Gott, du unsere Hoffnung. A: Höre unser Rufen.

- Für alle, die den Weg der Erneuerung in ihrem persönlichen Leben gehen wollen und mit neuen Augen auf ihre Nächsten schauen.
- Für alle im Raum der Kirche, die sich auf den notwendigen Weg der Erneuerung begeben.
- Für alle, die ihren eigenen Horizont erweitern durch ihr Bemühen um eine Kultur des Zuhörens und Verstehens.
- Für alle, deren Leben in diesen adventlichen Wochen dem Ende entgegengeht, dass auch sie Erneuerung erfahren dürfen und ganz und gar geborgen sind bei dir.

Gott, du bist Licht und Leben. Begleite uns durch diese Zeit der Erwartung und hilf uns, gut und gerecht zu leben durch Jesus Christus, unseren Bruder.

EUCHARISTIEFEIER

GABENGEBET

Allmächtiger Gott, alles, was wir haben, kommt von dir. Nimm die Gaben an, die wir darbringen. Mache sie für uns in diesem Leben zum Sakrament der Erlösung und rufe uns an deinen Tisch im kommenden Reich. Darum bitten wir durch Christus, unseren Herrn.

Präfation, S. 461 ff.

KOMMUNIONVERS

Ps 85 (84), 13

Der Herr wird seinen Segen spenden
und unsere Erde bringt ihre Frucht hervor.

SCHLUSSGEBET

Herr, unser Gott, du hast uns an deinem Tisch mit neuer Kraft gestärkt. Zeige uns den rechten Weg durch diese vergängliche Welt und lenke unseren Blick auf das Unvergängliche, damit wir in allem dein Reich suchen. Darum bitten wir durch Christus, unseren Herrn.

FEIERLICHER SCHLUSSSEGEN

Der barmherzige Gott hat uns den Glauben an das Kommen seines Sohnes geschenkt; er segne und heilige euch durch das Licht seiner Gnade. – A: Amen.
Er mache euch standhaft im Glauben, froh in der Hoffnung und eifrig in Werken der Liebe. – A: Amen.
Die erste Ankunft des Erlösers sei euch Unterpfand der ewigen Herrlichkeit, die er uns schenken wird, wenn er wiederkommt auf den Wolken des Himmels. – A: Amen.

Das gewähre euch der dreieinige Gott, der Vater und der Sohn † und der Heilige Geist. – A: Amen.

***

ZEITENWENDE

Wenn ein Kind geboren wird,
stockt der Atem
der Welt.

Ein Schrei des Neugeborenen
vertreibt Sorgen
vor kommendem Schweigen.

Ein Schrei des Neugeborenen,
ohrenbetäubend und herzzerreißend,
stößt das Tor des Lebens
auf.

Ein Schrei eines Neugeborenen
kennt kein Wenn und kein Aber,
kein Vielleicht und kein Warum.

Der Schrei ist ein Schrei,
ein Schrei der verheißenen
verheißenden
Hoffnung:

Du wirst nicht töten!

René Dausner

2. ADVENTSSONNTAG

8. Dezember 2024

Das Wort „Advent" leitet sich von dem lateinischen Verb *advenire* ab, auf Deutsch: ankommen. Wir wissen, dass mit diesem Ankommen die Ankunft des Sohnes Gottes in Aussicht gestellt werden soll, der wie Regen oder Schnee vom Himmel herabkommt – wie es bei dem Propheten Jesaja heißt, dass die Himmel auf Gottes Geheiß von oben Gerechtigkeit wie Tau regnen lassen sollen (Jes 45,8); daher die mancherorts noch bestehende Tradition der Rorate(Tauet!)-Gottesdienste. Einen wichtigen Hinweis zum Verständnis eines erwarteten zukünftigen Geschehens bietet die französische Sprache, in der es für Zukunft zwei Begriffe gibt: *avenir* und *future*. Während *future* unsere gegenwärtigen Vorstellungen von der Zukunft bezeichnet, steht das Wort *avenir* für die Haltung des offenen Erwartens dessen, was kommt. In diesem Sinn lädt uns die Adventszeit dazu ein, das Ankommen des Unendlichen in unserer endlichen Zeit in innerer Offenheit zu erspüren – ohne im Vorfeld genau zu wissen, wer oder was auf uns zukommen will.

ERÖFFNUNGSVERS

Vgl. Jes 30,19.30

Der Herr wird kommen, um die Welt zu erlösen.
Volk Gottes, mach dich bereit.
Höre auf ihn und dein Herz wird sich freuen.

KYRIE-RUFE

Herr Jesus Christus, du Sehnsucht
und Hoffnung deines Volkes.
V/A: Herr, erbarme dich.

Du führst die Versprengten heim in Freude.
V/A: Christus, erbarme dich.
Du bringst den Frieden der Gerechtigkeit
und die Herrlichkeit der Gottesfurcht.
V/A: Herr, erbarme dich.

TAGESGEBET

Allmächtiger und barmherziger Gott, deine Weisheit allein zeigt uns den rechten Weg. Lass nicht zu, dass irdische Aufgaben und Sorgen uns hindern, deinem Sohn entgegenzugehen. Führe uns durch dein Wort und deine Gnade zur Gemeinschaft mit ihm, der in der Einheit des Heiligen Geistes mit dir lebt und herrscht in alle Ewigkeit.

WORTGOTTESDIENST

ZUR 1. LESUNG Wer Kinder aufmerksam beobachtet, kennt ihre Liebe zum Verkleiden. Mithilfe eines Tuchs oder Umhangs, einer Mütze oder eines Kleids schlüpfen Kinder in verschiedene Rollen, um sich die Welt spielerisch zu erschließen. Das Buch Baruch, das dem Sekretär des Propheten Jeremia zugeordnet wird, legt uns heute einen ganz ähnlichen, fast kindlich vertrauensvollen Perspektivwechsel nahe. Trauer und Elend, so der Text, sollen wir abzulegen suchen wie Kleider – und dann Gerechtigkeit und die Herrlichkeit Gottes anziehen wie einen Mantel. Indem wir diese Worte hören, aufnehmen und annehmen, wandelt sich unser Blick auf die Welt und wir können erkennen: Gott hat eigene Pläne mit dem Volk Israel und – so unsere Hoffnung – auch mit uns und unserer Welt. Gott schenkt uns Erbarmen und Gerechtigkeit und ebnet die Wege dorthin. Wollen wir dieses göttlich-kindliche Spiel mit der Wirklichkeit wagen? Können wir dem Wort Gottes trauen?

ERSTE LESUNG

Bar 5,1–9

Gott will deinen Glanz dem ganzen Erdkreis zeigen

Lesung aus dem Buch Baruch.

Leg ab, Jerusalem, das Kleid deiner Trauer und deines Elends und bekleide dich mit dem Schmuck der Herrlichkeit, die Gott dir für immer verleiht! Leg den Mantel der göttlichen Gerechtigkeit an; setz dir die Krone der Herrlichkeit des Ewigen aufs Haupt! Denn Gott will deinen Glanz dem ganzen Erdkreis unter dem Himmel zeigen. Gott gibt dir für immer den Namen: Friede der Gerechtigkeit und Herrlichkeit der Gottesfurcht.

Steh auf, Jerusalem, und steig auf die Höhe! Schau nach Osten und sieh deine Kinder: Vom Untergang der Sonne bis zum Aufgang hat das Wort des Heiligen sie gesammelt. Sie freuen sich, dass Gott an sie gedacht hat. Denn zu Fuß zogen sie fort von dir, weggetrieben von Feinden; Gott aber bringt sie heim zu dir, ehrenvoll getragen wie in einer königlichen Sänfte. Denn Gott hat befohlen: Senken sollen sich alle hohen Berge und die ewigen Hügel und heben sollen sich die Täler zu ebenem Land, sodass Israel unter der Herrlichkeit Gottes sicher dahinziehen kann.

Wälder und duftende Bäume aller Art spenden Israel Schatten auf Gottes Geheiß. Denn Gott führt Israel heim in Freude, im Licht seiner Herrlichkeit; Erbarmen und Gerechtigkeit kommen von ihm.

ANTWORTPSALM

Ps 126 (125), 1–2b.2c–3.4–5.6 (Kv: 3)

Kv Groß hat der Herr an uns gehandelt.
Da waren wir voll Freude. – Kv

Als der Herr das Geschick Zions wendete, *
da waren wir wie Träumende.
Da füllte sich unser Mund mit Lachen *
und unsere Zunge mit Jubel. – (Kv)

Da sagte man unter den Völkern: *
Groß hat der Herr an ihnen gehandelt!
Ja, groß hat der Herr an uns gehandelt. *
Da waren wir voll Freude. – (Kv)

Wende doch, Herr, unser Geschick, *
wie du versiegte Bäche wieder füllst im Südland!
Die mit Tränen säen, *
werden mit Jubel ernten. – (Kv)

Sie gehen, ja gehen und weinen *
und tragen zur Aussaat den Samen.
Sie kommen, ja kommen mit Jubel *
und bringen ihre Garben. – Kv

ZUR 2. LESUNG Der Apostel Paulus wendet sich an die von ihm gegründete Gemeinde in Philippi, um die Hoffnung auf die Wiederkunft Christi Jesu zur Vollendung der Erlösung wachzuhalten. Auch uns heute verkündet die Lesung nach so langer Zeit immer noch sein baldiges Ankommen. Hat sich der Apostel verspekuliert? Das Ausbleiben der Wiederkunft spricht nicht gegen die Botschaft. In der heutigen Passage wird nicht nur auf die Liebe und somit auf leidenschaftliche Hingabe und Erwartung Wert gelegt, sondern insbesondere auf Einsicht und Verständnis. Der christliche Glaube ist kein blinder Glaube, sondern baut auf einsichtige Verstehbarkeit; so sollen wir die Fähigkeit erlangen, begründete Urteile abzugeben in Bezug auf das, worauf es ankommt. In einer Zeit, in der zunehmend Menschen aus den Kirchen austreten, kommt es mehr denn je auf diese zentrale Fähigkeit an: zu verstehen, worauf es ankommt, um ein gutes Leben leben zu können – hier und heute. Diese Botschaft bleibt aktuell, und sie ist unser täglich neuer Auftrag.

ZWEITE LESUNG

Phil 1,4–6.8–11

Seid rein und ohne Tadel für den Tag Christi

Lesung aus dem Brief des Apostels Paulus an die Gemeinde in Philippi.

Schwestern und Brüder! Immer, wenn ich für euch alle bete, bete ich mit Freude. Ich danke für eure Gemeinschaft im Dienst am Evangelium vom ersten Tag an bis jetzt. Ich vertraue darauf, dass er, der bei euch das gute Werk begonnen hat, es auch vollenden wird bis zum Tag Christi Jesu.

Denn Gott ist mein Zeuge, wie ich mich nach euch allen sehne im Erbarmen Christi Jesu. Und ich bete darum, dass eure Liebe immer noch reicher an Einsicht und jedem Verständnis wird, damit ihr beurteilen könnt, worauf es ankommt. Dann werdet ihr rein und ohne Tadel sein für den Tag Christi, erfüllt mit der Frucht der Gerechtigkeit, die durch Jesus Christus kommt, zur Ehre und zum Lob Gottes.

RUF VOR DEM EVANGELIUM

Vers: Lk 3,4b.6

Halleluja. Halleluja.
Bereitet den Weg des Herrn!
Macht gerade seine Straßen!
Und alle Menschen werden das Heil Gottes schauen.
Halleluja.

ZUM EVANGELIUM Der Evangelist ist ein großartiger Erzähler, seine Geschichten sind bunt und lebendig. Wenn er von Johannes, dem Sohn des Zacharias und der Elisabet, erzählt, entwirft er das eindrückliche Bild eines jüdischen Propheten in der Tradition des Propheten Jesaja. Von Lukas können wir heute neu die gesellschaftspolitische Relevanz und Brisanz der biblischen Frohbotschaft lernen. Denn in seiner Schilderung lehrt Johannes nicht nur Umkehr und Buße, sondern auch universales Heil und Wohlergehen für alle Menschen. Der Glaube an den einen Gott, der alles geschaffen hat, Himmel und Erde, die sichtbare und die unsichtbare Welt, erlaubt den revolutionären Gedanken und bedeutet einen „kognitiven Schub" (J. Habermas): den

Gedanken, dass alle Menschen gleich sind. Dadurch wird Kritik an konkreten Missständen – auch in der politischen Regierung – möglich; Johannes wird konsequenterweise auch vor einer Kritik der Machthabenden nicht zurückschrecken (vgl. Lk 3,19).

EVANGELIUM

Lk 3,1–6

Alle Menschen werden das Heil Gottes schauen

+ **Aus dem heiligen Evangelium nach Lukas.**

Es war im fünfzehnten Jahr der Regierung des Kaisers Tiberius; Pontius Pilatus war Statthalter von Judäa, Herodes Tetrarch von Galiläa, sein Bruder Philippus Tetrarch von Ituräa und Trachonitis, Lysanias Tetrarch von Abilene; Hohepriester waren Hannas und Kajaphas. Da erging in der Wüste das Wort Gottes an Johannes, den Sohn des Zacharias.

Und er zog in die Gegend am Jordan und verkündete dort überall die Taufe der Umkehr zur Vergebung der Sünden, wie im Buch der Reden des Propheten Jesaja geschrieben steht:

Stimme eines Rufers in der Wüste: Bereitet den Weg des Herrn! Macht gerade seine Straßen! Jede Schlucht soll aufgefüllt und jeder Berg und Hügel abgetragen werden. Was krumm ist, soll gerade, was uneben ist, soll zum ebenen Weg werden. Und alle Menschen werden das Heil Gottes schauen.

Glaubensbekenntnis, S. 454 ff.

FÜRBITTEN

Krummes gerade machen, Schluchten und Krater auffüllen: eine Überforderung? – Auch hier gilt, dass wir nicht alles selbst leisten müssen, doch vertrauensvoll vorangehen dürfen in der Hoffnung auf den, der uns entgegenkommt. Rufen wir deshalb zu Gott und bitten ihn:

V: Gott des Lebens. A: Höre und erhöre uns.

- Die Güter dieser Erde sind ungleich verteilt: Segne alle, die sich für Gerechtigkeit einsetzen und Not und Hunger lindern.
- Weltweit sind die Freiheitsrechte zunehmend bedroht: Segne die Menschen, die die Bedeutung von Recht und Freiheit erkennen und für sie einstehen.
- Vielen Kindern und Jugendlichen bleiben elementare Bildungs- und Entwicklungschancen verwehrt: Segne alle, die sich für sie einsetzen und ihnen Wege zu Bildung und Ausbildung ebnen.
- Der Friede scheint in so vielen Ländern verloren, viele Menschen sind heute kriegerischer Gewalt ausgesetzt und müssen in großen Ängsten leben: Segne alle, die den Frieden suchen und Pfade zu Versöhnung und gerechtem Frieden bahnen.

Gott, du willst, dass wir mitwirken an deinem umfassenden Schalom. Du bist bei uns und stärkst uns durch deine Nähe. Dafür danken wir dir und loben dich, heute und alle Tage, die uns geschenkt sind.

EUCHARISTIEFEIER

GABENGEBET

Barmherziger Gott, wir bekennen, dass wir immer wieder versagen und uns nicht auf unsere Verdienste berufen können. Komm uns zu Hilfe, ersetze, was uns fehlt, und nimm unsere Gebete und Gaben gnädig an. Darum bitten wir durch Christus, unseren Herrn.

Präfation, S. 461 ff.

KOMMUNIONVERS

Bar 5,5; 4,36

Jerusalem, erhebe dich,
steig auf den Berg und schau die Freude,
die von deinem Gott zu dir kommt.

SCHLUSSGEBET

Herr, unser Gott, im heiligen Mahl hast du uns mit deinem Geist erfüllt. Lehre uns durch die Teilnahme an diesem Geheimnis, die Welt im Licht deiner Weisheit zu sehen und das Unvergängliche mehr zu lieben als das Vergängliche. Darum bitten wir durch Christus, unseren Herrn.

FEIERLICHER SCHLUSSSEGEN

S. 16 f.

***

FESTTAGSLACHEN

Als du mir Witze erzähltest,
damals im Advent,
an jedem Tag einen neuen,
lernte ich das Leben lieben,
ohne den Tod,
der am Horizont lauerte,
zu fürchten.

Erst im Lachen bricht das Leben
sich Bahn und Freude aus
und Jubel über Gott unseren Schöpfer.

Nur ein Lachen bricht Schweigen
und kann zu Tränen rühren.

Österliches Lachen
kennen wir. Aber –
ist nicht auch Weihnachten
Grund zur Freude?

René Dausner

HOCHFEST
DER OHNE ERBSÜNDE EMPFANGENEN JUNGFRAU UND GOTTESMUTTER MARIA

9. Dezember 2024

In einer Zeit, in der die Erbsündenlehre als überkommen angesehen wird, ist auch der Inhalt des heutigen Festtages nicht leicht zu vermitteln. Es könnte hilfreich sein, statt von *Erbsünde* von *Ursünde* zu sprechen. Ursünde bezeichnet keine individuelle, persönliche Abwendung von Gott, sondern die – gesellschaftlich verankerte – sündhafte Struktur, in die wir Menschen hineingeboren werden. Eine Gnade der späten Geburt gibt es demnach nicht. Aber wie kann es dann einen rettenden Ausweg geben? Sind wir auf Gedeih und Verderb den Strukturen und der Vorgeschichte des Bösen überlassen? Das heutige Fest formuliert – in der Adventszeit und mit Blick auf Weihnachten – die große Hoffnung: Jesus, dessen Leben geschichtlich verwurzelt ist, bringt Rettung. In der Person der Maria sind die Vorzeichen seines Lebens auf das Gute ausgerichtet. Oder anders gesagt: Das Hochfest erinnert daran, dass Gottes rettende Liebe bereits vor der faktischen Geburt Jesu am Werk ist.

ERÖFFNUNGSVERS — Jes 61,10

Von Herzen will ich mich freuen über den Herrn.
Meine Seele soll jubeln über meinen Gott.
Denn er kleidet mich in Gewänder des Heils,
er hüllt mich in den Mantel der Rettung
und schmückt mich köstlich wie eine Braut.

KYRIE-RUFE

Herr Jesus Christus, du hast
deiner Mutter Maria die Fülle
der Gnaden verliehen.
V/A: Herr, erbarme dich.
Du hast sie ausgezeichnet
vor allen Geschlechtern.
V/A: Christus, erbarme dich.
Du hast ihr die Freiheit gegeben,
Ja zu sagen zu Gottes Heilsplan.
V/A: Herr, erbarme dich.

Ehre sei Gott, S. 451 f.

TAGESGEBET

Großer und heiliger Gott, im Hinblick auf den Erlösertod Christi hast du die selige Jungfrau Maria schon im ersten Augenblick ihres Daseins vor jeder Sünde bewahrt, um deinem Sohn eine würdige Wohnung zu bereiten. Höre auf ihre Fürsprache: Mache uns frei von Sünden und erhalte uns in deiner Gnade, damit wir mit reinem Herzen zu dir gelangen. Darum bitten wir durch Jesus Christus.

WORTGOTTESDIENST

ZUR 1. LESUNG Die Erzählung vom Sündenfall ist zentral für das Verständnis der Ursünde. Auch wenn die Rede vom ersten Menschenpaar nicht historisch zu verstehen ist, lässt sich die erzählerische Bedeutung von Adam und Eva klar erkennen. Die Vorstellung von der Ursünde antwortet auf die zentrale Frage, woher denn überhaupt das Böse kommt, wenn doch Gott das Gute will. Der Ursprung des Bösen liegt demnach nicht in Gott begründet, sondern in der Schöpfung. Der Wunsch, wie Gott zu sein und Gut und Böse erkennen zu können, verneint die grundlegende Unterscheidung zwischen Gott als dem Schöpfer und uns Menschen als Teil der geschaffenen Welt. Die Schlange gilt – wenn auch ihr mythischer Hintergrund unklar ist – als listig und entlastet dadurch den Menschen teilweise. Dennoch ist der Mensch nicht unschuldig und muss fortan mit seiner Schuld leben. Die Sündenfallerzählung macht die gottgewollte Verantwortung des Menschen für die Schöpfung deutlich und zeigt zugleich die unüberwindbare Grenze zwischen Gott und Mensch auf.

ERSTE LESUNG

Gen 3,9–15.20

Feindschaft setze ich zwischen dir und der Frau, zwischen deinem Nachkommen und dem Nachkommen der Frau

Lesung aus dem Buch Genesis.

Nachdem Adam vom Baum gegessen hatte, rief Gott, der Herr, ihm zu und sprach: Wo bist du? Er antwortete: Ich habe deine Schritte gehört im Garten; da geriet ich in Furcht, weil ich nackt bin, und versteckte mich.

Darauf fragte er: Wer hat dir gesagt, dass du nackt bist? Hast du von dem Baum gegessen, von dem ich dir geboten habe, davon nicht zu essen? Adam antwortete: Die Frau, die du mir beigesellt hast, sie hat mir von dem Baum gegeben. So habe ich gegessen.

Gott, der Herr, sprach zu der Frau: Was hast du getan? Die Frau antwortete: Die Schlange hat mich verführt. So habe ich gegessen.

Da sprach Gott, der Herr, zur Schlange: Weil du das getan hast, bist du verflucht unter allem Vieh und allen Tieren des Feldes. Auf dem Bauch wirst du kriechen und Staub fressen alle Tage deines Lebens. Und Feindschaft setze ich zwischen dir und der Frau, zwischen deinem Nachkommen und ihrem Nachkommen. Er trifft dich am Kopf und du triffst ihn an der Ferse.

Adam gab seiner Frau den Namen Eva, Leben, denn sie wurde die Mutter aller Lebendigen.

ANTWORTPSALM

Ps 98 (97), 1.2–3b.3c–4 (Kv: 1ab)

Kv Singet dem HERRN ein neues Lied,
denn er hat wunderbare Taten vollbracht! – Kv

Singet dem HERRN ein neues Lied, *
denn er hat wunderbare Taten vollbracht!
Geholfen hat ihm seine Rechte *
und sein heiliger Arm. – (Kv)

Der HERR hat sein Heil bekannt gemacht *
und sein gerechtes Wirken enthüllt vor den Augen der Völker.
Er gedachte seiner Huld *
und seiner Treue zum Hause Israel. – (Kv)

Alle Enden der Erde *
sahen das Heil unsres Gottes.
Jauchzet dem HERRN, alle Lande, *
freut euch, jubelt und singt! – Kv

ZUR 2. LESUNG Die Gedanken der Lesung aus dem Epheserbrief zeichnen ein positives Gegenbild zur Sündenfallerzählung. Wir Menschen gelten als erwählt vor der Grundlegung der Welt und von Gott her zu einem tadellosen Leben berufen. Jesus von Nazaret, auf dessen Geburtsfest an Weihnachten die Glaubensgemeinschaft zugeht, wird als das bereits vor aller Schöpfung erwählte Wort Gottes verstanden. Nicht die Sünde ist das erste Wort in der Beziehung zwischen Gott und der Schöpfung, sondern das gute Wort Gottes, das die Welt schöpferisch ins Leben ruft. Ungeachtet der Verfehlungen des Menschen und seiner Übertretungen der göttlichen Ordnung ist der Mensch dennoch gerufen zu einem Leben in Heiligkeit und Untadeligkeit. Und wenn Menschen diesem Anspruch nur langsam gerecht werden, trägt nicht Gott die Schuld und Verantwortung für menschliches Zagen und Versagen, sondern wir Menschen selbst.

ZWEITE LESUNG

Eph 1,3–6.11–12

In Christus hat Gott uns erwählt vor der Grundlegung der Welt, zum Lob seiner herrlichen Gnade

Lesung aus dem Brief des Apostels Paulus an die Gemeinde in Ephesus.

Gepriesen sei Gott, der Gott und Vater unseres Herrn Jesus Christus. Er hat uns mit allem Segen seines Geistes gesegnet durch unsere Gemeinschaft mit Christus im Himmel.

Denn in ihm hat er uns erwählt vor der Grundlegung der Welt, damit wir heilig und untadelig leben vor ihm. Er hat uns aus Liebe im Voraus dazu bestimmt, seine Söhne zu werden durch Jesus Christus und zu ihm zu gelangen nach seinem gnädigen Willen, zum Lob seiner herrlichen Gnade. Er hat sie uns geschenkt in seinem geliebten Sohn.

In ihm sind wir auch als Erben vorherbestimmt nach dem Plan dessen, der alles so bewirkt, wie er es in seinem Willen beschließt; wir sind zum Lob seiner Herrlichkeit bestimmt, die wir schon früher in Christus gehofft haben.

RUF VOR DEM EVANGELIUM

Vers: vgl. Lk 1,28.42

Halleluja. Halleluja.
Gegrüßet seist du, Maria, voll der Gnade,
der Herr ist mit dir,
du bist gebenedeit unter den Frauen.
Halleluja.

ZUM EVANGELIUM Die Verkündigungsszene ist ein beliebtes Motiv in der Malerei. Maria empfängt von einem Engel die Botschaft Gottes. Von Beginn an steht die Geburt Jesu unter einem besonderen Stern. Ohne das freie Ja-Wort Mariens wäre die Geburt nicht denkbar; aber zugleich ist dieses Ja-Wort getragen von der ermöglichenden

Liebe Gottes. Die Gnade, die Maria zuteilwird, ist auf die Geburt ihres Sohnes gerichtet. In der Erwählungsgeschichte zum heutigen Festtag erhält Maria passiv Anteil am Heilsgeschehen und nimmt aktiv daran teil. Sie stimmt der Geburt Jesu zu, ohne im Einzelnen zu wissen, worauf sie sich einlässt, und ohne die Gründe für die Geburt selbst zu schaffen. Der Dativ in ihrer Zustimmung „*mir* geschehe, wie du gesagt hast" zeigt sprachlich an, dass die Geburt Jesu eine göttliche Gabe ist, die die Hingabe des Menschen ermöglicht – und zugleich benötigt. Wir können Rettung nicht selbst herbeiführen, aber das Fest der Erlösung braucht unsere Offenheit auf Weihnachten hin.

EVANGELIUM Lk 1,26–38

Sei gegrüßt, du Begnadete, der Herr ist mit dir

+ Aus dem heiligen Evangelium nach Lukas.

In jener Zeit wurde der Engel Gabriel von Gott in eine Stadt in Galiläa namens Nazaret zu einer Jungfrau gesandt. Sie war mit einem Mann namens Josef verlobt, der aus dem Haus David stammte. Der Name der Jungfrau war Maria.

Der Engel trat bei ihr ein und sagte: Sei gegrüßt, du Begnadete, der Herr ist mit dir. Sie erschrak über die Anrede und überlegte, was dieser Gruß zu bedeuten habe.

Da sagte der Engel zu ihr: Fürchte dich nicht, Maria; denn du hast bei Gott Gnade gefunden. Siehe, du wirst schwanger werden und einen Sohn wirst du gebären; dem sollst du den Namen Jesus geben.

Er wird groß sein und Sohn des Höchsten genannt werden. Gott, der Herr, wird ihm den Thron seines Vaters David geben. Er wird über das Haus Jakob in Ewigkeit herrschen und seine Herrschaft wird kein Ende haben.

Maria sagte zu dem Engel: Wie soll das geschehen, da ich keinen Mann erkenne?

Der Engel antwortete ihr: Der Heilige Geist wird über dich kommen und Kraft des Höchsten wird dich überschatten. Deshalb wird auch das Kind heilig und Sohn Gottes genannt werden.

Siehe, auch Elisabet, deine Verwandte, hat noch in ihrem Alter einen Sohn empfangen; obwohl sie als unfruchtbar gilt, ist sie schon im sechsten Monat. Denn für Gott ist nichts unmöglich.
Da sagte Maria: Siehe, ich bin die Magd des Herrn; mir geschehe, wie du es gesagt hast.
Danach verließ sie der Engel.

Glaubensbekenntnis, S. 454 ff.

FÜRBITTEN

Marias freies Ja eröffnet auch uns Heil und Leben. Marias freies Ja lässt auch uns hoffen. Deshalb rufen wir voll Vertrauen und voll Hoffnung zu Gott:

V: Gott des Lebens. A: Höre unser Gebet.

- Führe die getrennten Kirchen auf die Fürbitte Marias zur Einheit in Glaube, Hoffnung und Liebe.
- Stärke unsere Kirche, dass sie als wanderndes Volk Gottes die Nöte und Hoffnungen der Menschen teilen kann.
- Ermutige alle, die Ungerechtigkeit, Unrecht und Not erkennen und nicht schweigen, sondern helfen und handeln.
- Nimm unsere lieben Verstorbenen auf die Fürsprache Marias auf in dein ewiges Leben – hinein in dein Haus aus Licht.

Gott, du willst, dass wir Leben in Fülle haben. In Maria hast du uns einen Menschen der Fülle, der Klarheit und des Mutes an die Seite gestellt. Dafür danken wir dir, am heutigen Hochfest und an allen Tagen, die uns geschenkt sind.

EUCHARISTIEFEIER

GABENGEBET

Herr, unser Gott, in deiner Gnade hast du die selige Jungfrau Maria auserwählt und vor jeder Sünde bewahrt. An ihrem Fest feiern wir das Opfer, das alle Schuld der Menschen tilgt. Befreie uns auf ihre Fürsprache aus der Verstrickung in das Böse, damit auch wir heilig und makellos vor dir stehen. Darum bitten wir durch Christus, unseren Herrn.

PRÄFATION

In Wahrheit ist es würdig und recht, dir, Vater im Himmel, zu danken und das Werk deiner Liebe zu rühmen. Denn du hast Maria vor der Erbschuld bewahrt, du hast sie mit der Fülle der Gnade beschenkt, da sie erwählt war, die Mutter deines Sohnes zu werden. In unversehrter Jungfräulichkeit hat sie Christus geboren, der als schuldloses Lamm die Sünde der Welt hinwegnimmt. Sie ist Urbild und Anfang der Kirche, der makellosen Braut deines Sohnes. Vor allen Heiligen ist sie ein Vorbild der Heiligkeit, ihre Fürsprache erfleht uns deine Gnade durch unseren Herrn Jesus Christus. Durch ihn preisen dich Himmel und Erde, Engel und Menschen und singen wie aus einem Munde das Lob deiner Herrlichkeit: Heilig …

KOMMUNIONVERS

Großes hat man von dir gesagt, Maria,
denn aus dir ging hervor die Sonne der Gerechtigkeit,
Christus, unser Gott.

SCHLUSSGEBET

Herr und Gott, das Sakrament, das wir empfangen haben, heile in uns die Wunden jener Schuld, vor der du die allerseligste Jungfrau Maria vom ersten Augenblick ihres Daseins an auf einzigartige Weise bewahrt hast. Darum bitten wir durch Christus, unseren Herrn.

FEIERLICHER SCHLUSSSEGEN

Gott, der allmächtige Vater, segne euch durch den Erlöser der Welt, unseren Herrn Jesus Christus, den Sohn der jungfräulichen Mutter Maria. – A: Amen.
Sie hat den Urheber des Lebens geboren; ihre mütterliche Fürsprache erwirke euch Gottes Hilfe. – A: Amen.
Euch und allen, die heute das Hochfest der ohne Erbsünde empfangenen Jungfrau Maria begehen, schenke Gott die wahre Freude und den ewigen Lohn. – A: Amen.
Das gewähre euch der dreieinige Gott, der Vater und der Sohn † und der Heilige Geist. – A: Amen.

***

VERANTWORTUNG ZU JEDER ZEIT

Glauben diejenigen,
die Steine werfen,
ohne Schuld zu sein?

Bin ich schuldig,
auch für meine
eigene Verfolgung?

Ist meine Schuld,
meine große Schuld,
nicht älter als ich?

Der Wunsch,
grundlos, schuldlos und frei
geboren
zu sein,
den Schuldbrief
meiner Ahnen
tilgen zu können,
einen Schlussstrich
zu ziehen
unter das Vergangene,
ist meinem
in Schuld und Sünde
verflochtenen, nicht
verfluchten Leben
geschuldet.

Es gibt
keine Gnade
der späten Geburt.

René Dausner

3. ADVENTSSONNTAG

15. Dezember 2024

Wie für jedes andere Fest ist auch für Weihnachten die Vorbereitungszeit wichtig. Einkaufen, aufräumen, sauber machen – wer kennt das nicht. Der dritte Adventssonntag, der mit der Aufforderung *Gaudete! Freut euch!* überschrieben ist, erinnert uns in all dem vorweihnachtlichen Stress und Trubel daran, den Sinn des Festes nicht aus den Augen zu verlieren. Im Tagesgebet bitten wir darum, Gott möge unser Herz bereit machen für das Geschenk der Erlösung. Alle Geschenke, die wir auswählen und bekommen werden, haben nach christlichem Verständnis ihren tiefen Sinn darin, die Freude über dieses Geschenk Gottes zu wecken und wachzuhalten. Wenn wir in der Adventszeit innehalten, um Weihnachten auf diesen Grund zurückzuführen, kann es wirklich zu einem Fest der Freude und der Zuversicht werden.

ERÖFFNUNGSVERS

Phil 4,4.5b

Freut euch im Herrn zu jeder Zeit!
Noch einmal sage ich: Freut euch!
Denn der Herr ist nahe.

KYRIE-RUFE

Herr Jesus Christus, du
schenkst uns große Freude.
V/A: Herr, erbarme dich.
Denn du bist nahe.
V/A: Christus, erbarme dich.

Du kommst in unsere Mitte;
wir haben kein Unheil mehr
zu fürchten.
V/A: Herr, erbarme dich.

TAGESGEBET

Allmächtiger Gott, sieh gütig auf dein Volk, das mit gläubigem Verlangen das Fest der Geburt Christi erwartet. Mache unser Herz bereit für das Geschenk der Erlösung, damit Weihnachten für uns alle ein Tag der Freude und der Zuversicht werde. Darum bitten wir durch Jesus Christus.

WORTGOTTESDIENST

ZUR 1. LESUNG Das Buch des Propheten Zefanja aus dem sogenannten „Zwölfprophetenbuch" schlägt einen großen heilsgeschichtlichen Bogen von Strafandrohungen zu universalem Heil. Der Text der heutigen Lesung ist geprägt von der Freude über diese glückliche Zeit, in der das Glück nicht nur für Einzelne gilt, sondern dem ganzen Volk Israel zugesprochen wird. Der Prophet macht deutlich, dass Rettung nicht nur eine Frage individuellen Wohlergehens ist; die Rettung, die Gott uns schenkt, ist vielmehr ablesbar in der Welt, in der wir alle leben. Die Rettung durch Gott verändert die Wirklichkeit und wird so zur Quelle von Freude und Hoffnung. Wer diese Zusage hört und ihr Glauben schenken kann, wird nicht mutlos Kopf und Hände sinken lassen, sondern in froher Erwartung dem Festtag entgegengehen.

ERSTE LESUNG

Zef 3,14–17 (14–18a)

Dein Gott jubelt über dich und frohlockt

Lesung aus dem Buch Zefanja.

Juble, Tochter Zion! Jauchze, Israel! Freu dich und frohlocke von ganzem Herzen, Tochter Jerusalem! Der HERR hat das Urteil gegen dich aufgehoben und deine Feinde zur Umkehr gezwungen. Der König Israels, der HERR, ist in deiner Mitte; du hast kein Unheil mehr zu fürchten.

An jenem Tag wird man zu Jerusalem sagen: Fürchte dich nicht, Zion! Lass die Hände nicht sinken! Der HERR, dein Gott, ist in deiner Mitte, ein Held, der Rettung bringt. Er freut sich und jubelt über dich, er schweigt in seiner Liebe, er jubelt über dich und frohlockt, wie man frohlockt an einem Festtag.

ANTWORTPSALM

Jes 12,2.3 u. 4bcd.5–6 (Kv: vgl. 6)

Kv Freut euch und jubelt;
in eurer Mitte ist der HERR. – Kv

Siehe, Gott ist mein Heil; *
ich vertraue und erschrecke nicht.
Denn meine Stärke und mein Lied ist Gott, der HERR. *
Er wurde mir zum Heil. – (Kv)

Ihr werdet Wasser freudig schöpfen *
aus den Quellen des Heiles.
Dankt dem HERRN! Ruft seinen Namen an! /
Macht unter den Völkern seine Taten bekannt, *
verkündet: Sein Name ist erhaben! – (Kv)

Singet dem HERRN, denn Überragendes hat er vollbracht; *
bekannt gemacht sei dies auf der ganzen Erde.
Jauchzt und jubelt, ihr Bewohner Zions; *
denn groß ist in eurer Mitte der Heilige Israels. – Kv

ZUR 2. LESUNG Bei aller begründeten Freude, die der dritte Adventssonntag bringt, mag man dennoch fragen, ob die wenigen Worte aus dem Philipperbrief nicht des Guten zu viel sind. Paulus ermahnt nicht nur wiederholt zu Freude, und das sogar zu jeder Zeit, sondern fordert auch noch dazu auf, sich um nichts zu sorgen. Ist diese verordnete Sorglosigkeit nicht Ausdruck von Naivität oder gar Realitätsferne? Wenn da nicht die Zusage wäre, die die Balance zwischen Verantwortung und Gelassenheit erlaubt: „Der Herr ist nahe." Diese Zusage der Nähe Gottes wendet sich nicht von unserer Wirklichkeit ab; sie verneint nicht das Leid und das Elend unserer Tage, verkennt nicht Krieg und Gewalt und Tod. Aber Paulus macht deutlich: Wir sind in diesem Schlamassel nicht allein. Die Nähe Gottes verändert vielleicht nicht den Zustand unserer Welt, aber gibt uns eine andere Einstellung. Wir dürfen auf den Frieden Gottes hoffen, der größer sein wird als alles, was wir uns darunter vorzustellen vermögen.

ZWEITE LESUNG

Phil 4, 4–7

Der Herr ist nahe

Lesung aus dem Brief des Apostels Paulus an die Gemeinde in Philippi.

Schwestern und Brüder! Freut euch im Herrn zu jeder Zeit! Noch einmal sage ich: Freut euch! Eure Güte werde allen Menschen bekannt. Der Herr ist nahe. Sorgt euch um nichts, sondern bringt in jeder Lage betend und flehend eure Bitten mit Dank vor Gott!

Und der Friede Gottes, der alles Verstehen übersteigt, wird eure Herzen und eure Gedanken in Christus Jesus bewahren.

RUF VOR DEM EVANGELIUM

Vers: vgl. Jes 61, 1ab (Lk 4, 18)

Halleluja. Halleluja.
Der Geist des Herrn ruht auf mir.
Der Herr hat mich gesandt,

den Armen die frohe Botschaft zu bringen.
Halleluja.

ZUM EVANGELIUM Lukas zeichnet ein scharfes Bild von Johannes, diesem Verkünder des Wortes Gottes in der Wüste. Sein Wort hat Gewicht, gerade weil er so deutlich für Gerechtigkeit in der Gesellschaft eintritt. Johannes mahnt die einen, von ihrem Besitz den Mittellosen großzügig zu geben, den anderen empfiehlt er genügsame Zufriedenheit. Mit dieser Charakterisierung richtet sich der Blick mehr und mehr auf Jesus, den Johannes als den Größeren ankündigt. Die Radikalität, von der Lukas in den Versen zwischen dem Evangelium des vergangenen und dem des heutigen Sonntags spricht, deutet an, was Größe für Jesus bedeutet. Johannes scheut sich hier nicht, seine frohe Botschaft in verstörender Klarheit durch eine Drohbotschaft zu verschärfen: Ein Baum, der keine guten Früchte hervorbringe, werde „umgehauen und ins Feuer geworfen" (Lk 3,9). In ähnlicher Sprache wird Matthäus Jesus in seinem Evangelium sagen lassen, dass man die wahren von den falschen Propheten an ihren Früchten wird unterscheiden können (vgl. Mt 7,16).

EVANGELIUM Lk 3,10–18

Was sollen wir also tun?

+ Aus dem heiligen Evangelium nach Lukas.

In jener Zeit fragten Leute Johannes den Täufer: Was sollen wir also tun? Er antwortete ihnen: Wer zwei Gewänder hat, der gebe eines davon dem, der keines hat, und wer zu essen hat, der handle ebenso!

Es kamen auch Zöllner, um sich taufen zu lassen, und fragten ihn: Meister, was sollen wir tun? Er sagte zu ihnen: Verlangt nicht mehr, als festgesetzt ist!

Auch Soldaten fragten ihn: Was sollen denn wir tun? Und er sagte zu ihnen: Misshandelt niemanden, erpresst niemanden, begnügt euch mit eurem Sold!

Das Volk war voll Erwartung und alle überlegten im Herzen, ob Johannes nicht vielleicht selbst der Christus sei. Doch Johannes gab ihnen allen zur Antwort: Ich taufe euch mit Wasser. Es kommt aber einer, der stärker ist als ich, und ich bin es nicht wert, ihm die Riemen der Sandalen zu lösen. Er wird euch mit dem Heiligen Geist und mit Feuer taufen.

Schon hält er die Schaufel in der Hand, um seine Tenne zu reinigen und den Weizen in seine Scheune zu sammeln; die Spreu aber wird er in nie erlöschendem Feuer verbrennen.

Mit diesen und vielen anderen Worten ermahnte er das Volk und verkündete die frohe Botschaft.

Glaubensbekenntnis, S. 454 ff.

FÜRBITTEN

„Was also sollen wir tun?“ Die Frage, die die Menschen Johannes dem Täufer stellen, ist auch unsere Frage, hier und heute, in dieser Adventszeit. Bitten wir Gott um seine Nähe und seinen Beistand:

V: Guter Gott. A: Stärke sie und schütze sie.

- Für alle, die im Dunkel der Trauer um einen geliebten Menschen leben.
- Für die Kinder, die in ihren Familien Gewalt erfahren.
- Für die vielen Menschen weltweit, die durch Dürren, Brände oder Überflutungen ihre Existenzgrundlage verloren haben.
- Für die alten Menschen hierzulande, deren Rente nicht zum Leben reicht und die sich ihrer Armut schämen.
- Für alle, deren Leben in diesem Jahr noch zu Ende geht, dass sie Vollendung und Freude finden bei dir.

„Was also sollen wir tun?“ – Wir können es wissen, denn dein Wort ist Licht und Wahrheit. Stärke uns und führe uns zum Guten durch Jesus Christus, deinen Sohn, unseren Bruder.

EUCHARISTIEFEIER

GABENGEBET

Herr, unser Gott, in dieser Feier erfüllen wir den Auftrag deines Sohnes. Nimm unsere Gaben an und gib deiner Kirche die Gnade, immer und überall sein Opfer zu feiern. Schenke uns durch dieses Geheimnis dein Heil, das du der Welt bereitet hast. Darum bitten wir durch Christus, unseren Herrn.

Präfation, S. 461 ff.

KOMMUNIONVERS

Jes 35,4

Sagt den Verzagten: Habt Mut, fürchtet euch nicht!
Seht, hier ist euer Gott!
Er selbst wird kommen und euch erretten.

SCHLUSSGEBET

Barmherziger Gott, komm durch dieses heilige Mahl uns schwachen Menschen zu Hilfe. Reinige uns von Schuld und mache uns bereit für das kommende Fest. Darum bitten wir durch Christus, unseren Herrn.

FEIERLICHER SCHLUSSSEGEN

S. 16 f.

***

ERNTEZEIT

Klug und klar ist der Rat,
die guten Bäume anhand der Früchte
zu erkennen. Aber ist es sinnvoll,
einen Baum zu fällen,
der keine guten Früchte trägt?

Die Ankündigung des Kommenden
spricht für sich. Aber
was verraten uns die Früchte
über die Qualität des Holzes?

Wir erkennen:
Äpfel sind mit Birnen
nicht zu verwechseln.
Erinnern die einen
an das Böse und das Paradies,
zeugen die anderen
von dem seltenen Gefühl
der Großzügigkeit.

Krippe und Kreuz
sind aus demselben
Holze geschnitzt.

René Dausner

4. ADVENTSSONNTAG

22. Dezember 2024

Im Tagesgebet des vierten Adventssonntags werden die Menschwerdung des Sohnes Gottes mit Kreuz und Auferstehung in einem Atemzug genannt. Irritiert könnte man fragen: Ist denn dieser Vorgriff nötig? Würde es nicht genügen, sich vorerst am Licht der Geburt zu erfreuen? Warum kommt auch das Dunkel des Todes in den Blick? Die Liturgie beschönigt nichts. Sie blendet die Wirklichkeit nicht aus, sie zeichnet auch das blutige Zur-Welt-Kommen der Geburt nicht weich. Wenn wir an Weihnachten die Geburt Jesu feiern, rufen wir auch seinen Tod in Erinnerung. Geburt und Tod als die zeitlichen Enden des Lebens gehören zusammen. Krippe und Kreuz sind aus demselben Holz geschnitzt.

ERÖFFNUNGSVERS

Vgl. Jes 45,8

Tauet, ihr Himmel, von oben!
Ihr Wolken, regnet herab den Gerechten!
Tu dich auf, o Erde, und sprosse den Heiland hervor!

KYRIE-RUFE

Herr Jesus Christus, du
bist in die Welt eingetreten
und Mensch geworden.
V/A: Herr, erbarme dich.
Du bist gekommen,
um Gottes Willen zu tun.
V/A: Christus, erbarme dich.

Du hast uns durch deine Hingabe
ein für alle Mal geheiligt.
V/A: Herr, erbarme dich.

TAGESGEBET

Allmächtiger Gott, gieße deine Gnade in unsere Herzen ein. Durch die Botschaft des Engels haben wir die Menschwerdung Christi, deines Sohnes, erkannt. Führe uns durch sein Leiden und Kreuz zur Herrlichkeit der Auferstehung. Darum bitten wir durch ihn, Jesus Christus.

WORTGOTTESDIENST

ZUR 1. LESUNG Die Weihnachtsgeschichte erzählt, warum Josef und Maria nach Betlehem aufgebrochen sind und die Schwangere dort das Kind in einem Stall zur Welt gebracht hat. Die Lesung aus dem Propheten Micha zeigt die heilsgeschichtliche Bedeutung Betlehems auf – unabhängig vom Ergebnis der Diskussion, wie die Tradition von der Geburt Jesu in Betlehem nach den Kriterien historischer Forschung zu bewerten ist. Micha überbringt als Wort Gottes die prophetische Zusage, dass sich in diesem kleinen Dorf ein großes Ereignis zutragen wird. Hier, an einem nach menschlichen Maßstäben höchst unbedeutenden Ort, ist die Geburtsstätte für Versöhnung unter den zerstrittenen Stämmen Israels, steht die Wiege für Sicherheit und Frieden. Hier wird der Messias geboren. Für die christliche Deutung, dass Jesus der verheißene Messias ist, ist diese von Micha überbrachte Botschaft zentral geworden. In diesem messianischen Licht konnte Betlehem seine Bedeutung bei der Anhängerschaft Jesu gewinnen.

ERSTE LESUNG

Mi 5,1–4a

Aus dir wird der hervorgehen, der über Israel herrschen soll

Lesung aus dem Buch Micha.

So spricht der HERR: Du, Betlehem-Efrata, bist zwar klein unter den Sippen Judas, aus dir wird mir einer hervorgehen, der über Israel herrschen soll. Seine Ursprünge liegen in ferner Vorzeit, in längst vergangenen Tagen.

Darum gibt der HERR sie preis, bis zu der Zeit, da die Gebärende geboren hat. Dann wird der Rest seiner Brüder zurückkehren zu den Söhnen Israels. Er wird auftreten und ihr Hirt sein in der Kraft des HERRN, in der Hoheit des Namens des HERRN, seines Gottes.

Sie werden in Sicherheit wohnen; denn nun wird er groß sein bis an die Grenzen der Erde. Und er wird der Friede sein.

ANTWORTPSALM

Ps 80 (79),2ac u. 3bc.15–16.18–19 (Kv: vgl. 4)

Kv Stelle uns wieder her, o Gott!
Lass dein Angesicht leuchten und wir sind gerettet. – Kv

Du Hirte Israels, höre! *
Der du auf den Kerubim thronst, erscheine!
Wecke deine gewaltige Kraft *
und komm zu unserer Rettung! – (Kv)

Gott der Heerscharen, kehre doch zurück, /
blicke vom Himmel herab und sieh,
sorge für diesen Weinstock!
Beschütze, was deine Rechte gepflanzt hat, *
und den Sohn, den du dir stark gemacht! – (Kv)

Deine Hand sei über dem Mann zu deiner Rechten, *
über dem Menschensohn, den du dir stark gemacht.
Wir werden nicht von dir weichen. *
Belebe uns und wir rufen deinen Namen an. – Kv

ZUR 2. LESUNG Die Lesung bietet Anlass für folgenreiche antijüdische Missverständnisse und Fehldeutungen. Vordergründig scheint es um die schroffe Gegenüberstellung von Gesetzesgehorsam auf der einen Seite und die Erfüllung von Gottes Willen auf der anderen zu gehen – und also darum, diesen durch jene zu ersetzen. Beachtet man aber, dass der Hebräerbrief nach der Katastrophe des Jahres 70 nach Christus verfasst wurde, ändert sich die Lesart. Wenn nach der Zerstörung des Zweiten Tempels in Jerusalem keine Tempelopfer mehr möglich sind – wie kann es dann Rettung geben? Der Hebräerbrief deutet als Antwort auf diese Frage die leibliche Hingabe Jesu Christi als Stellvertretung: der Eine ohne Schuld tritt ein für alle. Im Hintergrund steht die prophetische Vorstellung, dass Gott Gefallen findet an liebender Hingabe (vgl. Hos 6,6). Es ist eine bleibende Herausforderung und zugleich der Maßstab für die Deutung, auf dieser Basis ein Verständnis zu entwickeln, das nicht antijüdisch ist.

ZWEITE LESUNG Hebr 10,5–10

Siehe, ich komme, um deinen Willen, Gott, zu tun

Lesung aus dem Hebräerbrief.

Schwestern und Brüder! Bei seinem Eintritt in die Welt spricht Christus: Schlacht- und Speiseopfer hast du nicht gefordert, doch einen Leib hast du mir bereitet; an Brand- und Sündopfern hast du kein Gefallen. Da sagte ich: Siehe, ich komme – so steht es über mich in der Schriftrolle –, um deinen Willen, Gott, zu tun.

Zunächst sagt er: Schlacht- und Speiseopfer, Brand- und Sündopfer forderst du nicht, du hast daran kein Gefallen, obgleich sie doch nach dem Gesetz dargebracht werden; dann aber hat er gesagt: Siehe, ich komme, um deinen Willen zu tun.

Er hebt das Erste auf, um das Zweite in Kraft zu setzen. Aufgrund dieses Willens sind wir durch die Hingabe des Leibes Jesu Christi geheiligt – ein für alle Mal.

RUF VOR DEM EVANGELIUM

Vers: vgl. Lk 1,38

Halleluja. Halleluja.
Maria sagte:
Siehe, ich bin die Magd des Herrn;
mir geschehe nach deinem Wort.
Halleluja.

ZUM EVANGELIUM In den Evangelien der ersten drei Adventssonntage ging es um Johannes, seine Lehre und Bedeutung für Jesus. Am vierten Adventssonntag ist ebenfalls von beiden die Rede – als von ungeborenen Kindern im Mutterleib. Der Erzähler Lukas richtet seinen Blick auf die Begegnung ihrer Mütter Maria und Elisabet und kommt durch sie auf Johannes und Jesus zu sprechen. Elisabets Aussage, ihr Kind sei vor Freude über den Gruß der Maria in ihrem Leib gehüpft, weist auf die in ihr verborgene spätere Rolle ihres Kindes Johannes im Verhältnis zu Jesus hin. Auf feinsinnige Weise lässt Lukas so indirekt und passiv Jesus in seiner Größe in Erscheinung treten. Seine Darstellung dieser Begegnung der beiden Schwangeren steigert das Gespür für das Kommende und verdeutlicht zugleich die Bedeutung, die der Evangelist dem Zeugnis von Frauen in der Heilsgeschichte zuschreibt – wie Elisabets prophetischen Worten in dieser vorgeburtlichen Szene.

EVANGELIUM

Lk 1,39–45

Wer bin ich, dass die Mutter meines Herrn zu mir kommt?

+ Aus dem heiligen Evangelium nach Lukas.

In jenen Tagen machte sich Maria auf den Weg und eilte in eine Stadt im Bergland von Judäa. Sie ging in das Haus des Zacharias und begrüßte Elisabet.

Und es geschah: Als Elisabet den Gruß Marias hörte, hüpfte das Kind in ihrem Leib. Da wurde Elisabet vom Heiligen Geist erfüllt und

rief mit lauter Stimme: Gesegnet bist du unter den Frauen und gesegnet ist die Frucht deines Leibes.
Wer bin ich, dass die Mutter meines Herrn zu mir kommt? Denn siehe, in dem Augenblick, als ich deinen Gruß hörte, hüpfte das Kind vor Freude in meinem Leib.
Und selig, die geglaubt hat, dass sich erfüllt, was der Herr ihr sagen ließ.

Glaubensbekenntnis, S. 454 ff.

FÜRBITTEN

Die geisterfüllte, prophetische Begegnung von Maria und Elisabet lässt das Heil von Gott her aufscheinen. Wir rufen zu ihm und bitten ihn um den Beistand der heiligen Geistkraft für die Menschen unserer Zeit:

V/A: Komm, Schöpfer Geist!

- Wir bitten für die Kirche, dass sie glaubwürdig für den Schutz menschlichen Lebens in jeder Lebensphase eintritt.
- Wir bitten für die Kinder und Jugendlichen, die es schwer haben, ihren Weg zu finden.
- Wir bitten für die Mädchen und Frauen, deren Begabungen missachtet und deren Freiheitsrechte beschnitten werden.
- Wir bitten für die Väter und Mütter, die für Monate oder Jahre ihre Familien verlassen müssen, um unter oft härtesten Bedingungen Geld für das Überleben der Familie zu verdienen.
- Wir bitten für unsere verstorbenen Verwandten und Freunde, Eltern und Großeltern, und für alle, die uns mit ihrer Liebe gestärkt und genährt haben.

Guter Gott, in Maria und Elisabet hast du uns große Vorbilder im prophetischen Erkennen und im mutigen Tun geschenkt. Dafür danken wir dir, heute und allezeit und in Ewigkeit.

EUCHARISTIEFEIER

GABENGEBET

Herr, unser Gott, wir legen die Gaben auf den Altar. Heilige sie durch deinen Geist, der mit seiner Kraft die Jungfrau Maria überschattet hat. Darum bitten wir durch Christus, unseren Herrn.

Präfation, S. 461 ff.

KOMMUNIONVERS

Jes 7,14

Seht, die Jungfrau wird empfangen
und einen Sohn gebären.
Sein Name ist Immanuel, Gott mit uns.

SCHLUSSGEBET

Allmächtiger Gott, du hast uns in diesem Mahl das Heil zugesagt und uns schon jetzt Anteil daran gegeben. Lass uns das Kommen deines Sohnes in Freude erwarten und mache uns umso eifriger in deinem Dienst, je näher das Fest seiner Geburt heranrückt. Darum bitten wir durch Christus, unseren Herrn.

FEIERLICHER SCHLUSSSEGEN

S. 16 f.

***

KRIPPENSPIEL

Wie alle Geburtstage
ist auch Weihnachten
ein Fest der Kinder
Gottes.

Das Spiel des Tages ist
nicht Topfschlagen
oder Blindekuh,
sondern eher:
Ich-sehe-was-was-du-nicht-siehst.

Die Lausebengel
von nebenan verkünden
die frohe Botschaft.
Durch Mantel und Stock
werden Erstklässlerinnen
zu Hirtinnen. Und andere,
im Übergang zur weiter-
führenden Schule,
bitten um Herberge
oder weisen beherzt
deren Anfrage zurück.

Das Spiel
Ich-sehe-was-was-du-nicht-siehst
ist ein Weihnachtsspiel
par excellence:
im Gesicht des Kindes
sehe ich das sichtbare Antlitz
des unsichtbaren Gottes.
Sag, was siehst
du?

René Dausner

Die Weihnachtszeit

HOCHFEST DER GEBURT DES HERRN
WEIHNACHTEN – CHRISTTAG

AM HEILIGEN ABEND

24. Dezember 2024

Der erste Weihnachtstag, an dem die Geburt Jesu seit dem 4. Jahrhundert gefeiert wird, ist der 25. Dezember. Warum aber heißt der Vortag „Heiliger Abend"? Liturgisch gesehen beginnt der Tag mit dem Vorabend. Ähnlich wie im Judentum ist das Verständnis der liturgischen Zeit auch in christlicher Tradition geprägt durch die erste Schöpfungserzählung, in der es heißt: „Es wurde Abend und es wurde Morgen: erster Tag." (Gen 1,5) So beginnt die Weihnachtszeit mit der ersten Vesper am Heiligen Abend. Der Gottesdienst „Am Heiligen Abend" ist der Auftakt von insgesamt drei Gottesdiensten: Auf die Vigilmesse – die „Nachtwache" – folgen die Christmette und schließlich die Hirtenmesse am nächsten Morgen. Der Abend und die Nacht werden zu Zeiten der Offenbarung Gottes und der Erinnerung an die Schöpfungsordnung.

ERÖFFNUNGSVERS — Vgl. Ex 16,6–7

Heute sollt ihr es erfahren:
Der Herr kommt, um uns zu erlösen,
und morgen werdet ihr seine Herrlichkeit schauen.

KYRIE-RUFE

Herr Jesus Christus, du bist uns
von Gott als Retter geschickt.
V/A: Herr, erbarme dich.
Du stammst aus dem Haus
und Geschlecht Davids.
V/A: Christus, erbarme dich.
Du führst die Verheißung zur Erfüllung.
V/A: Herr, erbarme dich.

Ehre sei Gott, S. 451 f.

TAGESGEBET

Gütiger Gott, Jahr für Jahr erwarten wir voll Freude das Fest unserer Erlösung. Gib, dass wir deinen Sohn von ganzem Herzen als unseren Retter und Heiland aufnehmen, damit wir ihm voll Zuversicht entgegengehen können, wenn er am Ende der Zeiten als Richter wiederkommt. Er, der in der Einheit des Heiligen Geistes mit dir lebt und herrscht in alle Ewigkeit.

WORTGOTTESDIENST

ZUR 1. LESUNG Für ein messianisches Verständnis Jesu sind – neben einer Fülle weiterer Texte aus dem Ersten Testament – Worte des Propheten Jesaja grundlegend. Denn in einer Zeit des Niedergangs und der Verwüstung verkündet der Prophet das Wort Gottes als eine Botschaft des Heils, des Friedens und der Gerechtigkeit. Nicht blinde Zukunftsvisionen sind für ihn ausschlaggebend, sondern die klare Hoffnung auf ein helles Licht, das Gerechtigkeit anzeigt, und eine brennende Fackel, die inmitten eines trostlosen Geschehens heilsame Ereignisse aufleuchten lässt. So sehr uns diese Lichtmetaphorik – im wahrsten Sinn des Wortes – ein-leuchtet und anspricht, so verstörend wirken aus heutiger Sicht die männlich dominierten Vorstellungen von der Heirat als einer In-Besitz-Nahme der Frau. Halten wir uns an die Zuversicht, dass nicht die Mächte des Chaos siegen werden, sondern auch wir heute wie das Volk Israel auf die ordnungsstiftende Kraft Gottes vertrauen dürfen.

ERSTE LESUNG

Jes 62,1–5

Der Herr hat an dir Gefallen

Lesung aus dem Buch Jesaja.

Um Zions willen werde ich nicht schweigen, um Jerusalems willen nicht still sein, bis hervorbricht wie ein helles Licht seine Gerechtigkeit und sein Heil wie eine brennende Fackel.

Dann sehen die Nationen deine Gerechtigkeit und alle Könige deine Herrlichkeit. Man ruft dich mit einem neuen Namen, den der Mund des HERRN für dich bestimmt. Du wirst zu einer prächtigen Krone in der Hand des HERRN, zu einem königlichen Kopfschmuck in der Hand deines Gottes.

Nicht länger nennt man dich „Verlassene“ und dein Land nicht mehr „Verwüstung“, sondern du wirst heißen: „Ich habe Gefallen an dir“ und dein Land wird „Vermählte“ genannt. Denn der HERR hat an dir Gefallen und dein Land wird vermählt.

Wie der junge Mann sich mit der Jungfrau vermählt, so vermählt sich mit dir dein Erbauer. Wie der Bräutigam sich freut über die Braut, so freut sich dein Gott über dich.

ANTWORTPSALM

Ps 89 (88),20a u. 4–5.16–17.27 u. 29 (Kv: 2a)

Kv Von der Huld des HERRN
will ich ewig singen. – Kv

„Einst hast du in einer Vision zu deinen Frommen gesprochen: /
Ich habe einen Bund geschlossen mit meinem Erwählten *

und David, meinem Knecht, geschworen:
Auf ewig gebe ich deinem Haus festen Bestand *
und von Geschlecht zu Geschlecht gründe ich deinen Thron. – (Kv)

Selig das Volk, das den Jubelruf kennt, *
HERR, sie gehen im Licht deines Angesichts.
Sie freuen sich allezeit über deinen Namen *
und sie jubeln über deine Gerechtigkeit. – (Kv)

Er wird zu mir rufen: Mein Vater bist du, *
mein Gott, der Fels meiner Rettung.
Auf ewig werde ich ihm meine Huld bewahren, *
mein Bund mit ihm ist verlässlich.“ – Kv

ZUR 2. LESUNG In der Lesung aus der vom Evangelisten Lukas verfassten Apostelgeschichte werden die adventlichen Texte über Johannes den Täufer und Jesus von Nazaret aufgegriffen. Lukas lässt Paulus als einen begnadeten Redner auftreten, der über Jesus als den verheißenen Retter Israels spricht. Entscheidend ist die Erinnerung an die göttliche Errettung des Volkes Israel aus Not und Sklaverei in Ägypten. Der Apostel Paulus stellt laut Lukas Jesus in die Linie des Königs David. Ähnlich wie im Lukas-Evangelium, in dem David in einem Stammbaum als Vorfahre Jesu benannt wird (vgl. Lk 3,31), legt der Verfasser auch in der Apostelgeschichte Wert auf diese königliche Herkunft. Seine Vorstellung von Jesus kann treffend als theo-politisch bezeichnet werden: Das Königreich, von dem Jesus sprechen wird, ist nicht irgendeine gesellschaftliche Utopie, ist kein politisches Wolkenkuckucksheim – sondern Ausdruck der Hoffnung auf ein Leben in umfassender Gerechtigkeit, Freiheit und Frieden.

ZWEITE LESUNG Apg 13,16–17.22–25

Aus Davids Geschlecht hat Gott dem Volk Israel Jesus als Retter geschickt

Lesung aus der Apostelgeschichte.

In der Synagoge von Antiochia in Pisidien stand Paulus auf, gab mit der Hand ein Zeichen und sagte:

Ihr Israeliten und ihr Gottesfürchtigen, hört! Der Gott dieses Volkes Israel hat unsere Väter erwählt und das Volk in der Fremde erhöht, im Land Ägypten; er hat sie mit hoch erhobenem Arm von dort herausgeführt. Dann erhob er David zu ihrem König, von dem er bezeugte: Ich habe David, den Sohn des Isai, als einen Mann nach meinem Herzen gefunden, der alles, was ich will, vollbringen wird.

Aus seinem Geschlecht hat Gott dem Volk Israel, der Verheißung gemäß, Jesus als Retter geschickt. Vor dessen Auftreten hat Johannes dem ganzen Volk Israel eine Taufe der Umkehr verkündet.

Als Johannes aber seinen Lauf vollendet hatte, sagte er: Ich bin nicht der, für den ihr mich haltet; aber siehe, nach mir kommt einer, dem die Sandalen von den Füßen zu lösen ich nicht wert bin.

RUF VOR DEM EVANGELIUM

Halleluja. Halleluja.
Morgen wird die Sünde der Erde getilgt
und über uns herrscht der Retter der Welt.
Halleluja.

ZUM EVANGELIUM In der Langfassung des heutigen Evangeliums findet sich ein Stammbaum Jesu, der Wert legt auf die Abstammung Jesu von König David. Anders als Lukas führt Matthäus die Genealogie nicht zurück auf Adam als Ursprung der Menschheit, sondern lässt sie bei Abraham beginnen, dem Stammvater des Glaubens, der Judentum, Christentum und Islam verbindet. Zudem spielen im matthäischen Stammbaum Frauen eine besondere Rolle. Der Evangelist nennt neben Maria noch vier weitere Frauen: Tamar, Rahab und Rut sowie die Frau des Urija, gemeint ist Batseba. Und schließlich fällt auf, dass in Bezug auf David und Jesus deren theo-politische Titel genannt werden: David wird als König, Jesus als der Christus bezeichnet.

Die erzählerisch ausgestaltete Kurzfassung des heutigen Evangeliums dürfte bekannter sein; aber der auf den ersten Blick unzugänglichere Stammbaum bietet bei näherem Hinsehen viele Anhaltspunkte für die Vertiefung der weihnachtlichen Botschaft.

EVANGELIUM

Mt 1,1–25

Stammbaum Jesu Christi, des Sohnes Davids, des Sohnes Abrahams

+ Aus dem heiligen Evangelium nach Matthäus.

Buch des Ursprungs Jesu Christi, des Sohnes Davids, des Sohnes Abrahams: Abraham zeugte den Isaak, Isaak zeugte den Jakob, Jakob zeugte den Juda und seine Brüder. Juda zeugte den Perez und den Serach mit der Tamar. Perez zeugte den Hezron, Hezron zeugte den Aram, Aram zeugte den Amminadab, Amminadab zeugte den Nachschon, Nachschon zeugte den Salmon. Salmon zeugte den Boas mit der Rahab. Boas zeugte den Obed mit der Rut. Obed zeugte den Isai, Isai zeugte David, den König.

David zeugte den Salomo mit der Frau des Urija. Salomo zeugte den Rehabeam, Rehabeam zeugte den Abija, Abija zeugte den Asa, Asa zeugte den Joschafat, Joschafat zeugte den Joram, Joram zeugte den Usija. Usija zeugte den Jotam, Jotam zeugte den Ahas, Ahas zeugte den Hiskija, Hiskija zeugte den Manasse, Manasse zeugte den Amos, Amos zeugte den Joschija. Joschija zeugte den Jojachin und seine Brüder; das war zur Zeit der Babylonischen Gefangenschaft.

Nach der Babylonischen Gefangenschaft zeugte Jojachin den Schealtiël, Schealtiël zeugte den Serubbabel, Serubbabel zeugte den Abihud, Abihud zeugte den Eljakim, Eljakim zeugte den Azor. Azor zeugte den Zadok, Zadok zeugte den Achim, Achim zeugte den Eliud, Eliud zeugte den Eleasar, Eleasar zeugte den Mattan, Mattan zeugte den Jakob.

Jakob zeugte den Josef, den Mann Marias; von ihr wurde Jesus geboren, der der Christus genannt wird.

Im Ganzen sind es also von Abraham bis David vierzehn Generationen, von David bis zur Babylonischen Gefangenschaft vierzehn

Generationen und von der Babylonischen Gefangenschaft bis zu Christus vierzehn Generationen.

Mit der Geburt Jesu Christi war es so: Maria, seine Mutter, war mit Josef verlobt; noch bevor sie zusammengekommen waren, zeigte sich, dass sie ein Kind erwartete – durch das Wirken des Heiligen Geistes. Josef, ihr Mann, der gerecht war und sie nicht bloßstellen wollte, beschloss, sich in aller Stille von ihr zu trennen.

Während er noch darüber nachdachte, siehe, da erschien ihm ein Engel des Herrn im Traum und sagte: Josef, Sohn Davids, fürchte dich nicht, Maria als deine Frau zu dir zu nehmen; denn das Kind, das sie erwartet, ist vom Heiligen Geist. Sie wird einen Sohn gebären; ihm sollst du den Namen Jesus geben; denn er wird sein Volk von seinen Sünden erlösen.

Dies alles ist geschehen, damit sich erfüllte, was der Herr durch den Propheten gesagt hat:

Siehe: Die Jungfrau wird empfangen und einen Sohn gebären und sie werden ihm den Namen Immanuel geben, das heißt übersetzt: Gott mit uns.

Als Josef erwachte, tat er, was der Engel des Herrn ihm befohlen hatte, und nahm seine Frau zu sich. Er erkannte sie aber nicht, bis sie ihren Sohn gebar. Und er gab ihm den Namen Jesus.

[*Oder:* KURZFASSUNG – Mt 1,18–25]

Glaubensbekenntnis, S. 454 ff.

(*Kniebeuge zu den Worten:* „hat Fleisch angenommen“ bis „Mensch geworden“)

FÜRBITTEN

Mit Josef ist sie allen Menschen zugesagt, Gottes große Verheißung „fürchte dich nicht“! Voll Hoffnung treten wir vor Gott mit den Anliegen und Ängsten unserer Zeit:

V: Gott, du unser Heil und unsere Hoffnung.
A: Wir bitten dich, erhöre uns.

- Wir bitten für die Kirche, dass in ihr das Licht der Weihnacht weit in die Welt leuchte.
- Wir bitten für die Menschen weltweit in Armut und Krankheit, dass sie Hoffnung, Heilung und Gerechtigkeit erfahren.
- Wir bitten für die vielen Menschen, die auch heute Gewalt ausgesetzt sind, dass sie Schutz und Stärkung erfahren.
- Wir bitten für die Menschen, die Kälte, Nässe und Hunger erleiden, dass sie nicht übersehen werden, sondern Hilfe finden.
- Wir bitten für unsere lieben Toten, dass sie in Gottes Nähe, in Gottes Licht und Freude sein dürfen.

Gott, du sendest deinen Engel, der Angst, Not und Furcht von den Menschen nimmt. Dafür danken wir dir, an diesem Heiligen Abend und allezeit und in Ewigkeit.

EUCHARISTIEFEIER

GABENGEBET

Herr, unser Gott, mit der Menschwerdung deines Sohnes hat unsere Rettung begonnen. Nimm diese Gaben an und mache uns durch diese Opferfeier bereit für das Geheimnis der Heiligen Nacht, in der wir den Ursprung unserer Erlösung festlich begehen. Darum bitten wir durch Christus, unseren Herrn.

Präfation, S. 463 f.

KOMMUNIONVERS

Vgl. Jes 40,5

Die Herrlichkeit des Herrn wird offenbar
und alle Menschen erfahren Gottes Heil.

SCHLUSSGEBET

Allmächtiger Gott, gib uns Anteil am göttlichen Leben durch die Menschwerdung deines Sohnes, dessen Fleisch und Blut wir im Sakrament empfangen haben. Darum bitten wir durch ihn, Christus, unseren Herrn.

FEIERLICHER SCHLUSSSEGEN

S. 68 f.

***

DIE ENDEN DES LEBENS

Bei unserer Geburt
waren wir anwesend,
aber wir erinnern
uns nicht.
Ebenso wenig
– so ist zu fürchten –
an unseren Tod.

Geboren werden –
heißt noch nicht:
zur Welt gekommen
zu sein.

Manchmal braucht man
ein Leben lang,
um am Ende
das Licht der Welt
oder wenigstens
mehr Licht
als Dunkel
entdeckt zu haben.

Geboren werden –
ein Geschehen
an uns und mit uns,
aber nicht: von uns.
Fast wie:
gekreuzigt
gestorben
begraben.

René Dausner

IN DER HEILIGEN NACHT

24./25. Dezember 2024

Endlich ist er da, der Festtag, auf den wir uns so lange vorbereitet haben. Geduld gehört nicht unbedingt zu den Stärken unserer Gesellschaft; oft wollen wir alles sofort haben, ohne Verzug, jetzt. Geduld ist wie ein Samenkorn, das wir in die Erde stecken. Ich habe eine Vorstellung, welche Pflanze sich entwickeln wird, und doch freue ich mich, wenn sie dann wächst. Gehen wir auch mit unseren Seelen gärtnerisch um und lassen ihnen Zeit für Entwicklung, Erholung und Wachstum? Damit sie groß werden dürfen und zu dem, wovon wir ahnen, dass sie es werden können? Schön ist diese Nacht, in der wir die Früchte der Vorbereitungszeit ernten dürfen.

ERÖFFNUNGSVERS — Ps 2,7

Der Herr sprach zu mir:
Mein Sohn bist du, heute habe ich dich gezeugt.

Oder:

Freut euch im Herrn,
heute ist uns der Heiland geboren.
Heute ist der wahre Friede vom Himmel herabgestiegen.

KYRIE-RUFE

Jesus, du Kind in der Krippe,
du bist Christus, der Herr.
V/A: Herr, erbarme dich.
Du erfüllst uns mit großer Freude.
V/A: Christus, erbarme dich.

Du schaffst Frieden auf Erden.
V/A: Herr, erbarme dich.

Ehre sei Gott, S. 451 f.

TAGESGEBET

Herr, unser Gott, in dieser hochheiligen Nacht ist uns das wahre Licht aufgestrahlt. Lass uns dieses Geheimnis im Glauben erfassen und bewahren, bis wir im Himmel den unverhüllten Glanz deiner Herrlichkeit schauen. Darum bitten wir durch Jesus Christus.

WORTGOTTESDIENST

ZUR 1. LESUNG Der Prophet kündigt das Ende Israels an, er sieht das Heranrücken der assyrischen Großmacht. Deren Heer haben die Israeliten nichts entgegenzusetzen – nichts außer der Hoffnung. Die Hoffnung orientiert sich an einer fernen Vergangenheit, es soll wieder so herrlich werden wie damals. Geht es um Verklärung längst vergangener Zeit? Nein, der Prophet bewahrt die Vorstellung von Recht und Gerechtigkeit, die nur Gott aufrichten kann. Er wendet sich gegen jede Form der Gewalt – was könnte tagesaktueller sein als diese Vision?

ERSTE LESUNG Jes 9,1–6

Ein Sohn wurde uns geschenkt; man rief seinen Namen aus: Fürst des Friedens

Lesung aus dem Buch Jesaja.

Das Volk, das in der Finsternis ging, sah ein helles Licht; über denen, die im Land des Todesschattens wohnten, strahlte ein

Licht auf. Du mehrtest die Nation, schenktest ihr große Freude. Man freute sich vor deinem Angesicht, wie man sich freut bei der Ernte, wie man jubelt, wenn Beute verteilt wird. Denn sein drückendes Joch und den Stab auf seiner Schulter, den Stock seines Antreibers zerbrachst du wie am Tag von Midian. Jeder Stiefel, der dröhnend daherstampft, jeder Mantel, im Blut gewälzt, wird verbrannt, wird ein Fraß des Feuers.

Denn ein Kind wurde uns geboren, ein Sohn wurde uns geschenkt. Die Herrschaft wurde auf seine Schulter gelegt. Man rief seinen Namen aus: Wunderbarer Ratgeber, Starker Gott, Vater in Ewigkeit, Fürst des Friedens. Die große Herrschaft und der Frieden sind ohne Ende auf dem Thron Davids und in seinem Königreich, um es zu festigen und zu stützen durch Recht und Gerechtigkeit, von jetzt an bis in Ewigkeit. Der Eifer des HERRN der Heerscharen wird das vollbringen.

ANTWORTPSALM

Ps 96 (95), 1–2.3 u. 11.12–13a (Kv: vgl. Lk 2, 11)

Kv Heute ist uns der Heiland geboren:
Christus, der Herr. – Kv

Singet dem HERRN ein neues Lied, *
singt dem HERRN, alle Lande,
singt dem HERRN, preist seinen Namen! *
Verkündet sein Heil von Tag zu Tag! – (Kv)

Erzählt bei den Nationen von seiner Herrlichkeit, *
bei allen Völkern von seinen Wundern!
Der Himmel freue sich, die Erde frohlocke, *
es brause das Meer und seine Fülle. – (Kv)

Es jauchze die Flur und was auf ihr wächst. *
Jubeln sollen alle Bäume des Waldes
vor dem HERRN, denn er kommt, *
denn er kommt, um die Erde zu richten. – Kv

ZUR 2. LESUNG Die Botschaft haben wir oft gehört, sie erscheint so einfach und logisch: Jesus Christus hat sich für uns hingegeben; damit hat er die Macht des Todes zerbrochen und uns in die erlösende Freiheit geführt. Wir feiern dies, Jahr für Jahr, geben uns der vertrauten Hoffnung hin, es könnte Friede werden und Erlösung geschehen. Wie selten aber erfahren wir Erlösung. Warum dies so ist, können wir nicht verstehen. Deshalb ist es für uns so wichtig, die Hoffnung lebendig zu erhalten und immer wieder aufs Neue Weihnachten zu begehen. Das können wir tun: jeden Tag eine Kerze anzünden und uns feiernd ermutigen lassen.

ZWEITE LESUNG Tit 2,11–14

Die Gnade Gottes ist erschienen, um alle Menschen zu retten

Lesung aus dem Brief des Apostels Paulus an Titus.

Die Gnade Gottes ist erschienen, um alle Menschen zu retten. Sie erzieht uns dazu, uns von der Gottlosigkeit und den irdischen Begierden loszusagen und besonnen, gerecht und fromm in dieser Welt zu leben, während wir auf die selige Erfüllung unserer Hoffnung warten: auf das Erscheinen der Herrlichkeit unseres großen Gottes und Retters Christus Jesus.

Er hat sich für uns hingegeben, damit er uns von aller Ungerechtigkeit erlöse und für sich ein auserlesenes Volk schaffe, das voll Eifer danach strebt, das Gute zu tun.

RUF VOR DEM EVANGELIUM Vers: vgl. Lk 2,10–11

Halleluja. Halleluja.
Ich verkünde euch eine große Freude:
Heute ist uns der Retter geboren;
er ist der Christus, der Herr.
Halleluja.

ZUM EVANGELIUM Die Heilsgeschichte beginnt scheinbar bürokratisch mit einer Steuerschätzung. Welchen Familienstand haben wohl Josef und Maria eintragen lassen? Aber all das ist nicht wirklich von Interesse, denn das Heil lässt sich nicht verwalten. Das aber ist wichtig: Gegen alle Widrigkeiten finden sie doch einen Platz für das Kind. Als Erstzeugen der unglaublichen Botschaft sucht sich Gott Hirten aus – Menschen, die wachsam achtgeben auf die ihnen anvertraute Herde. Aber was sie erfahren, richtet sich nicht exklusiv an sie, die Eltern Jesu, die Herrscher oder die Frommen, sondern an das ganze Volk – ohne Ansehen der Person. Trauen wir uns eine so umfassend verstandene Solidarität und Universalität zu?

EVANGELIUM Lk 2,1–14

Heute ist euch der Retter geboren

+ **Aus dem heiligen Evangelium nach Lukas.**

Es geschah aber in jenen Tagen, dass Kaiser Augustus den Befehl erließ, den ganzen Erdkreis in Steuerlisten einzutragen. Diese Aufzeichnung war die erste; damals war Quirinius Statthalter von Syrien. Da ging jeder in seine Stadt, um sich eintragen zu lassen.

So zog auch Josef von der Stadt Nazaret in Galiläa hinauf nach Judäa in die Stadt Davids, die Betlehem heißt; denn er war aus dem Haus und Geschlecht Davids. Er wollte sich eintragen lassen mit Maria, seiner Verlobten, die ein Kind erwartete.

Es geschah, als sie dort waren, da erfüllten sich die Tage, dass sie gebären sollte, und sie gebar ihren Sohn, den Erstgeborenen. Sie wickelte ihn in Windeln und legte ihn in eine Krippe, weil in der Herberge kein Platz für sie war.

In dieser Gegend lagerten Hirten auf freiem Feld und hielten Nachtwache bei ihrer Herde.

Da trat ein Engel des Herrn zu ihnen und die Herrlichkeit des Herrn umstrahlte sie und sie fürchteten sich sehr. Der Engel sagte zu ihnen: Fürchtet euch nicht, denn siehe, ich verkünde euch eine große Freude, die dem ganzen Volk zuteilwerden soll: Heute ist euch in der Stadt Davids der Retter geboren; er ist der Christus, der Herr.

Und das soll euch als Zeichen dienen: Ihr werdet ein Kind finden, das, in Windeln gewickelt, in einer Krippe liegt.

Und plötzlich war bei dem Engel ein großes himmlisches Heer, das Gott lobte und sprach: Ehre sei Gott in der Höhe und Friede auf Erden den Menschen seines Wohlgefallens.

Glaubensbekenntnis, S. 454 ff.

(*Kniebeuge zu den Worten:* „hat Fleisch angenommen" bis „Mensch geworden")

FÜRBITTEN

Gottes Wort ist Mensch, ist Licht, ist Hoffnung geworden. Bitten wir Gott um sein Licht für unsere Gegenwart:

V: Du, unser Immanuel, A: höre unser Rufen.

- Wir empfehlen dir alle Kinder, die in dieser Nacht geboren werden.
- Wir denken an die Menschen, die Unfrieden, Terror und Krieg ausgesetzt sind.
- Wir bitten für alle, die heute friedlich und in Verbundenheit Weihnachten feiern wollen.
- Wir beten für alle, die in dieser Nacht krank und einsam sind.
- Wir beten für die, die andere trösten, stärken und zur Teilhabe ermutigen.

Gott, du bist allen nahe, die dich suchen; du bist bei uns in dunklen und in frohen Stunden. Wir danken dir für das Licht, das in Jesus Christus, unserem Bruder, in die Welt gekommen ist.

EUCHARISTIEFEIER

GABENGEBET

Allmächtiger Gott, in dieser heiligen Nacht bringen wir dir unsere Gaben dar. Nimm sie an und gib, dass wir durch den wunderbaren Tausch deinem Sohn gleichgestaltet werden, in dem unsere menschliche Natur mit deinem göttlichen Wesen vereint ist. Darum bitten wir durch ihn, Christus, unseren Herrn.

Präfation, S. 463 f.

KOMMUNIONVERS

Joh 1,14

Das Wort ist Fleisch geworden
und wir haben seine Herrlichkeit geschaut.

SCHLUSSGEBET

Herr, unser Gott, in der Freude über die Geburt unseres Erlösers bitten wir dich: Gib uns die Gnade, ihm unser ganzes Leben zu weihen, damit wir einst Anteil erhalten an der ewigen Herrlichkeit deines Sohnes, der mit dir lebt und herrscht in alle Ewigkeit.

FEIERLICHER SCHLUSSSEGEN

Der barmherzige Gott hat durch die Geburt seines Sohnes die Finsternis vertrieben und (diese Nacht) diesen Tag erleuchtet mit dem Glanz seines Lichtes; er mache eure Herzen hell mit dem Licht seiner Gnade. – A: Amen.
Den Hirten ließ er durch den Engel die große Freude verkünden; mit dieser Freude erfülle er euer ganzes Leben. – A: Amen.

In Christus hat Gott Himmel und Erde verbunden; durch ihn schenke er allen Menschen guten Willens seinen Frieden, durch ihn vereine er euch mit der Kirche des Himmels. – A: Amen.
Das gewähre euch der dreieinige Gott, der Vater und der Sohn † und der Heilige Geist. – A: Amen.

***

FÜRCHTET EUCH NICHT

Das fängt ja gut an:
Sie fürchten sich,
sehr.
Wie wir.
Gottes Glanz umstrahlt sie
und sie haben Angst.
Wie wir.
Sie hören staunend
von Hoffnung.
Wie wir.

Die große Freude
können sie nicht fassen.
Wie wir.

Gehn wir mit ihnen,
trotz der Furcht,
Hoffnung und Freude im Herzen?
Das wäre ein guter Anfang.

Irmtrud Schweigert

AM MORGEN

25. Dezember 2024

Nach der Feier in der Nacht sieht die kirchliche Liturgie die „Hirtenmesse“ am Morgen vor – als sollten wir uns dessen vergewissern, was kurz zuvor in der Dunkelheit erfahren und gefeiert wurde. Wir treten ein in das Licht und lassen uns morgens von der Hoffnung wecken, dass die Dunkelheit nicht Besitz ergreifen wird von unseren Herzen. Lassen wir uns bewegen von der inständigen Hoffnung, dass mit dem Schrei des kleinen Kindes in der Krippe ein neuer Äon beginnt.

ERÖFFNUNGSVERS

Vgl. Jes 9,1.5; Lk 1,33

Ein Licht strahlt heute über uns auf,
denn geboren ist uns der Herr.
Und man nennt ihn: Starker Gott, Friedensfürst,
Vater der kommenden Welt.
Seine Herrschaft wird kein Ende haben.

KYRIE-RUFE

Herr Jesus Christus, du hast dich
den Hirten als der neugeborene
Retter gezeigt.
V/A: Herr, erbarme dich.
Du hast die Herzen der Hirten
mit dem Glanz deines Lichtes
erleuchtet.
V/A: Christus, erbarme dich.

Du hast den Mund der Hirten
aufgetan, Gott zu preisen für alles,
was sie gehört und gesehen hatten.
V/A: Herr, erbarme dich.

Ehre sei Gott, S. 451 f.

TAGESGEBET

Allmächtiger Gott, dein ewiges Wort ist Fleisch geworden, um uns mit dem Glanz deines Lichtes zu erfüllen. Gib, dass in unseren Werken widerstrahlt, was durch den Glauben in unserem Herzen leuchtet. Darum bitten wir durch ihn, Jesus Christus.

WORTGOTTESDIENST

ZUR 1. LESUNG Unter assyrischer Besatzung wurden viele Israeliten nach Babylon verschleppt; unter persischer Herrschaft dürfen sie zurückkehren. In Jerusalem wird der Tempel wiederaufgebaut. Im Exil hatte das Volk die eigene Identität gewahrt: auch in der Fremde die Speisegebote und Reinheitsvorschriften beachtet; den einzigen Gott verehrt, nicht Marduk; weiter den Sabbat gehalten und die Beschneidung der männlichen Nachkommen praktiziert. Die Rückkehr in die inzwischen fremd gewordene Heimat wird als Rettung verstanden – Neuanfang in der Wiederherstellung des Vergangenen. So ist jeder Anfang, jede Geburt zugleich Wahrung der Tradition und Beginn von etwas Neuem.

ERSTE LESUNG Jes 62,11–12

Siehe, deine Rettung kommt

Lesung aus dem Buch Jesaja.

Siehe, der HERR hat es bekannt gemacht bis ans Ende der Erde. Sagt der Tochter Zion: Siehe, deine Rettung kommt. Siehe, sein Lohn ist mit ihm und sein Ertrag geht vor ihm her! Dann wird man sie nennen „Heiliges Volk“, „Erlöste des HERRN“. Und du wirst genannt werden: „Begehrte, nicht mehr verlassene Stadt“.

ANTWORTPSALM

Ps 97 (96), 1 u. 6.11 – 12 (Kv: vgl. Jes 9, 1; Lk 2, 11)

Kv Ein Licht strahlt heute über uns auf:
Geboren ist Christus, der Herr. – Kv

Der HERR ist König. Es juble die Erde! *
Freuen sollen sich die vielen Inseln.
Seine Gerechtigkeit verkünden die Himmel, *
seine Herrlichkeit schauen alle Völker. – (Kv)

Licht wird ausgesät für den Gerechten, *
Freude für die, die geraden Herzens sind.
Freut euch am HERRN, ihr Gerechten, *
dankt seinem heiligen Namen! – Kv

ZUR 2. LESUNG Gott rettet – aber unser Retter rettet nicht am Menschen vorbei, er rettet mit Menschenfreundlichkeit, er rettet als Mensch. Wir Menschen können uns nicht selbst retten, Rettung ist eine Tat Gottes, sein Vorrecht. Warum kann nur Gott retten? Rettung ist etwas wie eine Neuschöpfung, in der das Gewesene wertgeschätzt, das Unerträgliche jedoch ausgemerzt wird. So verstandene Rettung geschieht nicht despotisch. Denn despotisch sind Menschen, nicht aber Gott. Gott rettet – als Mensch, aber mit Freundlichkeit.

ZWEITE LESUNG

Tit 3,4–7

Gott hat uns gerettet nach seinem Erbarmen

Lesung aus dem Brief des Apostels Paulus an Titus.

Als die Güte und Menschenfreundlichkeit Gottes, unseres Retters, erschien, hat er uns gerettet – nicht aufgrund von Werken der Gerechtigkeit, die wir vollbracht haben, sondern nach seinem Erbarmen – durch das Bad der Wiedergeburt und die Erneuerung im Heiligen Geist.

Ihn hat er in reichem Maß über uns ausgegossen durch Jesus Christus, unseren Retter, damit wir durch seine Gnade gerecht gemacht werden und das ewige Leben erben, das wir erhoffen.

RUF VOR DEM EVANGELIUM

Vers: Lk 2,14

Halleluja. Halleluja.
Ehre sei Gott in der Höhe
und Friede auf Erden den Menschen seines Wohlgefallens.
Halleluja.

ZUM EVANGELIUM Es geht um den Umgang mit der Botschaft: Die Hirten wollen nach Betlehem gehen und in Augenschein nehmen, was sie erfahren haben. Die Botschaft verkünden sie, als sie das Kind gesehen haben. Maria bewahrt die Botschaft im Herzen. Die Hirten tragen weiter, was ihnen die Engel gesagt haben. Welche himmlischen Wesen öffnen uns die Augen, damit wir erfassen, was wir erfahren? Welche Worte brauchen wir heute, um verstehen und deuten zu lernen, was wir sehen?

EVANGELIUM

Lk 2,15–20

Die Hirten fanden Maria und Josef und das Kind

+ Aus dem heiligen Evangelium nach Lukas.

Als die Engel von den Hirten in den Himmel zurückgekehrt waren, sagten die Hirten zueinander: Lasst uns nach Betlehem gehen, um das Ereignis zu sehen, das uns der Herr kundgetan hat!

So eilten sie hin und fanden Maria und Josef und das Kind, das in der Krippe lag. Als sie es sahen, erzählten sie von dem Wort, das ihnen über dieses Kind gesagt worden war. Und alle, die es hörten, staunten über das, was ihnen von den Hirten erzählt wurde.

Maria aber bewahrte alle diese Worte und erwog sie in ihrem Herzen.

Die Hirten kehrten zurück, rühmten Gott und priesen ihn für alles, was sie gehört und gesehen hatten, so wie es ihnen gesagt worden war.

Glaubensbekenntnis, S. 454 ff.

(*Kniebeuge zu den Worten:* „hat Fleisch angenommen“ bis „Mensch geworden“)

FÜRBITTEN

Die Botschaft der Engel half den Hirten, ihre Furcht zu überwinden und im Sichtbaren das Unsichtbare zu entdecken. Beten wir zu ihm, zu Jesus, der in Kleinheit und Armut gekommen ist, uns zu beschenken:

V: Christus, unser Friede. A: Schenk uns dein Heil.

- Schenke uns allen neu das Staunen der Hirten über das Wunder der Weihnacht.
- Stärke und belebe alle, die im Bemühen um Frieden mutlos zu werden drohen.
- Stärke uns mit der Kraft der Erkenntnis und des Glaubens, die Maria erfüllte.

- Segne alle, die sich für die Kinder weltweit einsetzen, denen Wärme und Liebe fehlen.
- Lass unsere lieben Verstorbenen und alle Toten die Gemeinschaft mit den Engeln des Himmels und allen Heiligen erfahren.

Jesus Christus, Heiland und Erlöser: Mach unser Herz und unsere Hände bereit, dir nachzufolgen, heute und alle Tage unseres Lebens.

EUCHARISTIEFEIER

GABENGEBET

Himmlischer Vater, erfülle die Gaben dieser Erde mit deinem Segen, damit sie das Geheimnis dieses Tages darstellen: Wie Christus als neugeborener Mensch und als wahrer Gott vor uns aufleuchtet, so lass uns durch diese irdische Speise das göttliche Leben empfangen. Darum bitten wir durch ihn, Christus, unseren Herrn.

Präfation, S. 463 f.

KOMMUNIONVERS

Vgl. Sach 9,9

Juble laut, Tochter Zion, jauchze, Tochter Jerusalem,
siehe, dein König kommt zu dir,
der Heilige, der Heiland der Welt.

SCHLUSSGEBET

Herr, unser Gott, die Menschwerdung deines Sohnes erfülle uns mit Freude und Dank. Lass uns dieses unergründliche Geheimnis im Glauben erfassen und in tätiger Liebe bekennen. Darum bitten wir durch Christus, unseren Herrn.

FEIERLICHER SCHLUSSSEGEN S. 68 f.

***

MENSCHENFREUNDLICHKEIT

Wenn jemand fragt:
Was bedeutet Weihnachten?
Bitte kurz und knapp!
Dann denk ruhig nach über
Güte und Rettung,
Erbarmen und Gnade.
Aber sag einfach:
Gott ist menschenfreundlich.
Mach's wie er!

Irmtrud Schweigert

AM TAG

25. Dezember 2024

Solche Fülle in solcher Armut? Ein Kind wird geboren, in einem für Tiere gedachten Stall. Bis heute sind solche Umstände tägliche dramatische Realität für Unzählige: Geburten am Rande der Zivilisation, ohne Platz, ohne Vor- oder Nachsorge, ohne sauberes Wasser oder sterile Tücher. Können wir uns in solchen Verhältnissen wirklich darauf einlassen, dass jedes Kind Heil verspricht, und es entsprechend behandeln? Sehen wir, dass jedes Kind zu mehr Liebe in der Welt beitragen könnte? Dass jedes uns einen Blick auf die Welt lehren könnte, den nur dieses eine Kind haben wird? Wenn wir es doch Gott gleichtun würden, der so auf jeden einzelnen Menschen schaut.

ERÖFFNUNGSVERS

Vgl. Jes 9,5

Ein Kind ist uns geboren, ein Sohn ist uns geschenkt.
Auf seinen Schultern ruht die Herrschaft.

KYRIE-RUFE

Herr Jesus Christus, du
bist Gottes ewiges Wort.
V/A: Herr, erbarme dich.
Du bist das wahre Licht, das
jeden Menschen erleuchtet.
V/A: Christus, erbarme dich.
Du bist Fleisch geworden
und hast unter uns gewohnt.
V/A: Herr, erbarme dich.

Ehre sei Gott, S. 451 f.

TAGESGEBET

Allmächtiger Gott, du hast den Menschen in seiner Würde wunderbar erschaffen und noch wunderbarer wiederhergestellt. Lass uns teilhaben an der Gottheit deines Sohnes, der unsere Menschennatur angenommen hat. Er, der in der Einheit des Heiligen Geistes mit dir lebt und herrscht in alle Ewigkeit.

WORTGOTTESDIENST

ZUR 1. LESUNG Der Prophet blickt zurück und deutet die Rückkehr Israels aus dem babylonischen Exil im Zusammenhang der Heilsgeschichte – der Geschichte Gottes mit den Menschen. Aus seiner Sicht ist es Gott, der Herr, der alles zum Guten gelenkt hat. Er selbst hat Israel aus der Gefangenschaft befreit und nimmt wieder Wohnung im neu errichteten Tempel. So hat er sich als geschichtsmächtiger Gott erwiesen. Als ein Gott, dem man zu Recht vertraut, der krumme Wege gerade macht, der treu zu seinem Volk steht. Wage ich es, ein Ereignis der näheren Vergangenheit als Gottes Tat zu verstehen?

ERSTE LESUNG Jes 52,7–10

Alle Enden der Erde werden das Heil unseres Gottes sehen

Lesung aus dem Buch Jesaja.

Wie willkommen sind auf den Bergen die Schritte des Freudenboten, der Frieden ankündigt, der eine frohe Botschaft bringt und Heil verheißt, der zu Zion sagt: Dein Gott ist König.

Horch, deine Wächter erheben die Stimme, sie beginnen alle zu jubeln. Denn sie sehen mit eigenen Augen, wie der HERR nach Zion zurückkehrt.
Brecht in Jubel aus, jauchzt zusammen, ihr Trümmer Jerusalems! Denn der HERR hat sein Volk getröstet, er hat Jerusalem erlöst. Der HERR hat seinen heiligen Arm vor den Augen aller Nationen entblößt und alle Enden der Erde werden das Heil unseres Gottes sehen.

ANTWORTPSALM

Ps 98 (97),1.2–3b.3c–4.5 6 (Kv: vgl. 3cd)

Kv Alle Enden der Erde
sehen das Heil unsres Gottes. – Kv

Singet dem HERRN ein neues Lied, *
denn er hat wunderbare Taten vollbracht!
Geholfen hat ihm seine Rechte *
und sein heiliger Arm. – (Kv)

Der HERR hat sein Heil bekannt gemacht *
und sein gerechtes Wirken enthüllt vor den Augen der Völker.
Er gedachte seiner Huld *
und seiner Treue zum Hause Israel. – (Kv)

Alle Enden der Erde *
sahen das Heil unsres Gottes.
Jauchzet dem HERRN, alle Lande, *
freut euch, jubelt und singt! – (Kv)

Spielt dem HERRN auf der Leier, *
auf der Leier zu lautem Gesang!
Mit Trompeten und lautem Widderhorn *
jauchzt vor dem HERRN, dem König! – Kv

ZUR 2. LESUNG Kraftvoll verdichtete Theologie ist das, was wir heute in der Lesung aus dem Hebräerbrief hören. In dem Sohn nimmt Gestalt an, was als Hoffnung verheißen war. In ihm ist alles geschaffen. Er trägt das All. Kann das ein Mensch? Ja und nein. Nein, denn wenn ein Mensch das kann, strahlt etwas in ihm auf, was nicht aus ihm ist; er ist Abglanz und Abbild Gottes. Ja, denn durch ein Wort können sich wirklich Welten auftun; jedes echte, liebevolle und neue Wort bringt einen neuen Kosmos hervor. Es tun sich Welten auf, wo Menschen einander entsprechen.

ZWEITE LESUNG

Hebr 1,1–6

Gott hat zu uns gesprochen durch den Sohn

Lesung aus dem Hebräerbrief.

Vielfältig und auf vielerlei Weise hat Gott einst zu den Vätern gesprochen durch die Propheten; am Ende dieser Tage hat er zu uns gesprochen durch den Sohn, den er zum Erben von allem eingesetzt, durch den er auch die Welt erschaffen hat; er ist der Abglanz seiner Herrlichkeit und das Abbild seines Wesens; er trägt das All durch sein machtvolles Wort, hat die Reinigung von den Sünden bewirkt und sich dann zur Rechten der Majestät in der Höhe gesetzt; er ist umso viel erhabener geworden als die Engel, wie der Name, den er geerbt hat, ihren Namen überragt.

Denn zu welchem Engel hat er jemals gesagt: Mein Sohn bist du, ich habe dich heute gezeugt, und weiter: Ich will für ihn Vater sein und er wird für mich Sohn sein?

Wenn er aber den Erstgeborenen wieder in die Welt einführt, sagt er: Alle Engel Gottes sollen sich vor ihm niederwerfen.

RUF VOR DEM EVANGELIUM

Halleluja. Halleluja.

Aufgeleuchtet ist uns aufs Neue der Tag der Erlösung:
Ein großes Licht ist heute auf Erden erschienen.
Kommt, ihr Völker, und betet an den Herrn, unseren Gott!
Halleluja.

ZUM EVANGELIUM Das Wort ist unser Leben, das Leben der Menschen; es ist Licht. Wollen wir einfach leben, einfach nur leben? Das ist uns augenscheinlich zu wenig – wir wollen nicht nur leben, sondern brauchen ein Ziel und eine Hoffnung. Wir brauchen Liebe. Deshalb blicken wir mit dem Zeugen Johannes auf den, der uns Hoffnung gibt in einer Welt voll Dunkelheit. Der Evangelist ist davon überzeugt: Weil wir alleine das Gesetz nicht verstehen, haben wir einen an die Seite gestellt bekommen, der es uns erschließt und auslegt. Ihm und seiner Wahrheit kann ich mein Leben anvertrauen.

EVANGELIUM Joh 1,1–18

Das Wort ist Fleisch geworden und hat unter uns gewohnt

+ Aus dem heiligen Evangelium nach Johannes.

Im Anfang war das Wort und das Wort war bei Gott und das Wort war Gott. Dieses war im Anfang bei Gott. Alles ist durch das Wort geworden und ohne es wurde nichts, was geworden ist. In ihm war Leben und das Leben war das Licht der Menschen. Und das Licht leuchtet in der Finsternis und die Finsternis hat es nicht erfasst.

Ein Mensch trat auf, von Gott gesandt; sein Name war Johannes. Er kam als Zeuge, um Zeugnis abzulegen für das Licht, damit alle durch ihn zum Glauben kommen. Er war nicht selbst das Licht, er sollte nur Zeugnis ablegen für das Licht.

Das wahre Licht, das jeden Menschen erleuchtet, kam in die Welt. Er war in der Welt und die Welt ist durch ihn geworden, aber die Welt erkannte ihn nicht. Er kam in sein Eigentum, aber die Seinen nahmen ihn nicht auf.

Allen aber, die ihn aufnahmen, gab er Macht, Kinder Gottes zu werden, allen, die an seinen Namen glauben, die nicht aus dem Blut, nicht aus dem Willen des Fleisches, nicht aus dem Willen des Mannes, sondern aus Gott geboren sind.

Und das Wort ist Fleisch geworden und hat unter uns gewohnt und wir haben seine Herrlichkeit geschaut, die Herrlichkeit des einzigen Sohnes vom Vater, voll Gnade und Wahrheit.

Johannes legt Zeugnis für ihn ab und ruft: Dieser war es, über den ich gesagt habe: Er, der nach mir kommt, ist mir voraus, weil er vor mir war. Aus seiner Fülle haben wir alle empfangen, Gnade über Gnade.

Denn das Gesetz wurde durch Mose gegeben, die Gnade und die Wahrheit kamen durch Jesus Christus. Niemand hat Gott je gesehen. Der Einzige, der Gott ist und am Herzen des Vaters ruht, er hat Kunde gebracht.

[*Oder:* KURZFASSUNG – Joh 1,1–5.9–14]

Glaubensbekenntnis, S. 454 ff.

(*Kniebeuge zu den Worten:* „hat Fleisch angenommen“ bis „Mensch geworden“)

FÜRBITTEN

Das lebendige Wort Gottes hat in Jesus Christus Gestalt angenommen, zu unserem Heil. Deshalb rufen wir zu Gott und bitten ihn:

V: Barmherziger Gott. A: Höre und erhöre uns.

- Wir beten für alle, die in der Nachfolge Jesu unter den Armen leben und für sie da sind.
- Wir beten für die Familien, die die Schwächsten tragen und im Geist deiner Liebe barmherzig und gut miteinander zu leben versuchen.
- Wir beten für alle, die kein Licht in ihrem Leben sehen können und im Dunkel der Mutlosigkeit und der Depression leben.

- Wir beten um Genesung, um Kraft und Zuversicht für die Kranken, um Trost für die Trauernden, um Geborgenheit für die Einsamen.
- Wir bitten um dein Licht und dein Leben für alle, deren Lebenslicht in diesen weihnachtlichen Tagen verlöschen wird.

Gott, dein Wort der Hoffnung ist allen Menschen zugesagt. In Jesus, unserem Bruder, ist es uns ganz nahegekommen. Hilf uns, aus dieser lebendigen Hoffnung zu leben, heute und alle Tage, die uns geschenkt sind.

EUCHARISTIEFEIER

GABENGEBET

Gott, unser Vater, in diesen Gaben willst du uns Versöhnung schenken und uns wieder mit dir verbinden. Nimm sie an und gib durch sie unserem heiligen Dienst die höchste Vollendung. Darum bitten wir durch Christus, unseren Herrn.

Präfation, S. 463 f.

KOMMUNIONVERS

Ps 98 (97), 3

Alle Enden der Erde sahen
die rettende Tat unseres Gottes.

SCHLUSSGEBET

Barmherziger Gott, in dieser heiligen Feier hast du uns deinen Sohn geschenkt, der heute als Heiland der Welt geboren wurde. Durch ihn sind wir wiedergeboren zum göttlichen Leben, führe uns auch zur ewigen Herrlichkeit durch ihn, der mit dir lebt und herrscht in alle Ewigkeit.

FEIERLICHER SCHLUSSSEGEN

S. 68 f.

***

ABGLANZ

Abglanz seiner Herrlichkeit
und Abbild seines Wesens
sei Gottes Sohn.

Wir Menschen essen Brot,
aber leben von Glanz,
lese ich.
Der Glanz
hinter der Weihnachtsbeleuchtung:
leuchtender, rettender Abglanz.

Irmtrud Schweigert

HEILIGER STEPHANUS, ERSTER MÄRTYRER
FEST

26. Dezember 2024

Weihnachten ist spätestens auf den zweiten Blick nicht das heimelige Fest, zu dem wir es manchmal machen wollen. Josef und Maria sind schutzlos unterwegs und finden keine Herberge. Auch die Hirten sind ohne Obdach auf dem Feld. Und nun die schonungslose Herausforderung des zweiten Weihnachtstages: Stephanus gibt sein Leben, er verliert es für seinen Glauben. Was wäre für mich so unhintergehbar, dass ich dafür mein Leben aufs Spiel setzen würde? Was könnte mich dazu drängen, zu sagen: Hier stehe ich, ich kann nicht anders? Die wenigsten von uns wünschen sich eine solche Bewährungsprobe. Aber wenn sie kommt, dann bestärke mich, Herr, und lass mich nicht allein.

ERÖFFNUNGSVERS

Das Tor des Himmels öffnete sich für Stephanus.
Er zog als Erster der Blutzeugen ein
und empfing die Krone der Herrlichkeit.

KYRIE-RUFE

Herr Jesus Christus, du hast
den heiligen Stephanus mit
Gnade und Kraft erfüllt.
V/A: Herr, erbarme dich.
Du hast den heiligen Stephanus begabt,
Wunder und große Zeichen zu tun.
V/A: Christus, erbarme dich.

Du hast dem heiligen Stephanus die Herrlichkeit
Gottes im Himmel aufgeschlossen.
V/A: Herr, erbarme dich.

Ehre sei Gott, S. 451 f.

TAGESGEBET

Allmächtiger Gott, wir ehren am heutigen Fest den ersten Märtyrer deiner Kirche. Gib, dass auch wir unsere Feinde lieben und so das Beispiel des heiligen Stephanus nachahmen, der sterbend für seine Verfolger gebetet hat. Darum bitten wir durch Jesus Christus.

WORTGOTTESDIENST

ZUR LESUNG Ein schreckliches Geschehen. Ein Mensch wird wegen Meinungsverschiedenheiten brutal zu Tode gebracht, gesteinigt. Stephanus dürfte einen hellenistischen Hintergrund gehabt haben – diejenigen, die mit ihm streiten, kommen auch nicht aus Jerusalem. An dem Ort, von dem Frieden ausgehen sollte, streiten die, die aus aller Herren Länder hier zusammengekommen sind. Bricht unser Unfriede bevorzugt dort auf, wo wir den Frieden am meisten erwarten? Warum nur können wir uns so selten einigen? Herr, lass Frieden werden.

LESUNG

Apg 6,8–10; 7,54–60°

Ich sehe den Himmel offen

Lesung aus der Apostelgeschichte.

In jenen Tagen tat Stephanus aber, voll Gnade und Kraft, Wunder und große Zeichen unter dem Volk. Doch einige von der sogenannten Synagoge der Libertiner und Kyrenäer und Alexandriner und Leute aus Kilikien und der Provinz Asien erhoben sich, um mit Stephanus zu streiten; aber sie konnten der Weisheit und dem Geist, mit dem er sprach, nicht widerstehen.

Als sie seine Rede hörten, waren sie in ihren Herzen aufs Äußerste über ihn empört und knirschten mit den Zähnen gegen ihn.

Er aber, erfüllt vom Heiligen Geist, blickte zum Himmel empor, sah die Herrlichkeit Gottes und Jesus zur Rechten Gottes stehen und rief: Siehe, ich sehe den Himmel offen und den Menschensohn zur Rechten Gottes stehen.

Da erhoben sie ein lautes Geschrei, hielten sich die Ohren zu, stürmten einmütig auf ihn los, trieben ihn zur Stadt hinaus und steinigten ihn. Die Zeugen legten ihre Kleider zu Füßen eines jungen Mannes nieder, der Saulus hieß. So steinigten sie Stephanus; er aber betete und rief: Herr Jesus, nimm meinen Geist auf! Dann sank er in die Knie und schrie laut: Herr, rechne ihnen diese Sünde nicht an!

Nach diesen Worten starb er.

ANTWORTPSALM

Ps 31 (30), 3b–4.6 u. 8.16–17 (Kv: vgl. 6a)

Kv HERR, in deine Hand lege ich meinen Geist. – Kv

Sei mir ein schützender Fels, *
ein festes Haus, mich zu retten!
Denn du bist mein Fels und meine Festung; *
um deines Namens willen wirst du mich führen und leiten. – (Kv)

In deine Hand lege ich voll Vertrauen meinen Geist; *
du hast mich erlöst, HERR, du Gott der Treue.
Ich will jubeln und deiner Huld mich freuen;
denn du hast mein Elend angesehn, *
du kanntest die Ängste meiner Seele. – (Kv)

In deiner Hand steht meine Zeit; *
entreiß mich der Hand meiner Feinde und Verfolger!

Lass dein Angesicht leuchten über deinem Knecht, *
hilf mir in deiner Huld! – Kv

RUF VOR DEM EVANGELIUM

Vers: Ps 118(117),26a.27a

Halleluja. Halleluja.
Gesegnet sei, der kommt im Namen des Herrn!
Gott, der Herr, erleuchte uns.
Halleluja.

ZUM EVANGELIUM Eine grauenhafte Ankündigung und furchterregende Schilderung dessen, was geschehen kann, was passiert ist. Bruder gegen Bruder, Vater gegen Kind, Kinder gegen Eltern. Es ist schon schwer genug, wenn Kinder sich von ihren Eltern abgrenzen und sich gegen sie auflehnen; das mag manchmal wie ein Tod empfunden werden. Aber ganz wörtlich und real einander in den Tod schicken? Was für ein Fanatismus. Und das mit Blick auf Christus, der sich selbst hingegeben hat. Dabei stellt sich an dieser Stelle weniger die Frage, ob ich es schaffe, auch mich hinzugeben, sollte dies die Situation erfordern. Ich muss mich fragen, ob ich den anderen preisgeben würde. Der Herr bewahre uns davor, den anderen, Christus, in den Tod zu schicken.

EVANGELIUM

Mt 10,17–22

Nicht ihr werdet dann reden, sondern der Geist eures Vaters wird durch euch reden

+ Aus dem heiligen Evangelium nach Matthäus.

In jener Zeit sprach Jesus zu seinen Jüngern: Nehmt euch vor den Menschen in Acht! Denn sie werden euch an die Gerichte ausliefern und in ihren Synagogen auspeitschen. Ihr werdet um meinetwillen vor Statthalter und Könige geführt werden, ihnen und den Heiden zum Zeugnis. Wenn sie euch aber ausliefern, macht euch keine Sorgen, wie und was ihr reden sollt; denn es wird euch in jener Stunde eingegeben, was ihr sagen sollt. Nicht ihr werdet dann reden, sondern der Geist eures Vaters wird durch euch reden.

Der Bruder wird den Bruder dem Tod ausliefern und der Vater das Kind und Kinder werden sich gegen die Eltern auflehnen und sie in den Tod schicken.

Und ihr werdet um meines Namens willen von allen gehasst werden; wer aber bis zum Ende standhaft bleibt, der wird gerettet.

FÜRBITTEN

Ausgrenzung und Hass-Ideologien prägen auch unsere Zeit. Der heilige Märtyrer Stephanus steht auf der anderen Seite, auf der Seite der verzeihenden Liebe und der Barmherzigkeit. Bitten wir Gott um sein Erbarmen:

V: Gott, du unsere Hoffnung. A: Wir bitten dich, erhöre uns.

- Mit allen, die um ihrer menschenfreundlichen Überzeugungen willen bedrängt, bedroht oder verfolgt werden.
- Mit allen, die ihre Heimat verlassen mussten.
- Mit allen, die ihren Glauben leben und andere stützen und stärken.
- Mit allen, die für die Menschenrechte eintreten.
- Mit allen unseren Freundinnen und Freunden, mit unseren Angehörigen und allen Menschen, die uns im Tod vorangegangen sind.

Starker Gott, schenke uns Mut, wenn er uns fehlt. Lenke und leite deine Kirche im Heiligen Geist, heute und alle Tage. So bitten wir auf die Fürsprache des heiligen Diakons Stephanus voller Hoffnung durch Christus, unseren Bruder und Herrn.

EUCHARISTIEFEIER

GABENGEBET

Herr, unser Gott, schau gütig auf dein Volk, das mit Freude und Hingabe den Festtag des heiligen Stephanus feiert, und nimm unsere Gaben an. Darum bitten wir durch Christus, unseren Herrn.

Präfation, S. 463 f.

KOMMUNIONVERS

Apg 7,59

Die Menge steinigte den Stephanus.
Er aber betete und rief:
Herr Jesus, nimm meinen Geist auf!

SCHLUSSGEBET

Herr, unser Gott, wir danken dir für die Gnade dieser festlichen Tage. In der Geburt deines Sohnes schenkst du uns das Heil; im Sterben des heiligen Stephanus zeigst du uns das Beispiel eines unerschrockenen Glaubenszeugen. Wir bitten dich: Stärke unsere Bereitschaft, deinen Sohn, unseren Herrn Jesus Christus, standhaft zu bekennen, der mit dir lebt und herrscht in alle Ewigkeit.

FEIERLICHER SCHLUSSSEGEN

S. 68 f.

***

WIE IM HIMMEL SO AUF ERDEN

laut schreien
Ohren zuhalten
sich empören
kenn ich
von mir und von anderen
erzähl mir was Neues

sich nicht entmutigen lassen
beherzt reden und handeln auf Erden
und den Blick zum Himmel nicht verlernen
wie Stephanus

Irmtrud Schweigert

FEST DER HEILIGEN FAMILIE

29. Dezember 2024

Nach dem Familienfest des Schenkens spricht auch das heutige Tagesgebet von einem Geschenk: dem leuchtenden Vorbild der *Heiligen Familie*. Wirklich willkommen, diese Gabe? In dieser Zeit des Jahres, die besonders mit – oft genug konfliktreichen – Familienzusammenkünften in Verbindung gebracht wird? Soll hier etwa eine Familienidylle vor Augen geführt werden, die mit der komplexen Realität des täglich gelebten Familienalltags wenig zu tun hat? Ein Blick in die Schrifttexte zeigt, dass von Idylle keine Rede sein kann. Sie lassen die Schwierigkeiten und Konflikte erahnen, die das Leben in familiären Zusammenhängen schon immer mit sich gebracht hat. Aber sie sprechen auch vom Vorsatz und von redlichen Versuchen, solidarisch miteinander zu leben und füreinander da zu sein. Und sie geben Zeugnis von Lebensmut und einer Hoffnung, die wir uns nicht selbst zusprechen können.

ERÖFFNUNGSVERS

Lk 2, 16

Die Hirten eilten hin und fanden Maria und Josef
und das Kind, das in einer Krippe lag.

KYRIE-RUFE

Herr Jesus Christus, du bist
geboren von einer Frau
und dem Gesetz unterstellt.
V/A: Herr, erbarme dich.
Du warst deinen Eltern gehorsam.
V/A: Christus, erbarme dich.

Du bist herangewachsen
und hast Gefallen gefunden
bei Gott und den Menschen.
V/A: Herr, erbarme dich.

Ehre sei Gott, S. 451 f.

TAGESGEBET

Herr, unser Gott, in der Heiligen Familie hast du uns ein leuchtendes Vorbild geschenkt. Gib unseren Familien die Gnade, dass auch sie in Frömmigkeit und Eintracht leben und einander in der Liebe verbunden bleiben. Führe uns alle zur ewigen Gemeinschaft in deinem Vaterhaus. Darum bitten wir durch Jesus Christus.

WORTGOTTESDIENST

ZUR 1. LESUNG Der jüdische Weisheitslehrer, der das Buch Jesus Sirach vermutlich im 2. vorchristlichen Jahrhundert verfasst hat, will dazu erziehen, die Gestaltung menschlichen Handelns in allen Lebensbereichen von der göttlichen Weisheit leiten zu lassen. Er wendet sich an Männer seiner Zeit und gesellschaftlichen Schicht. Immerhin ist in der heutigen Lesung neben dem Vater auch von der Mutter die Rede – ihnen soll Respekt erwiesen werden. Der für heute vorgesehene Textauszug befasst sich mit der Hilfsbedürftigkeit alternder und alter Eltern, die damals wie heute eine Herausforderung für die erwachsenen „Kinder" in voller Lebenskraft bedeutet. Bis heute wird der Ruf in die Verantwortung der Generationen füreinander – insbesondere wenn es um konkrete Sorgearbeit geht – ganz besonders von Frauen gehört. Beim Einsatz für eine gerechtere Arbeitsteilung dürfen wir sicher sein: Auch sorgende und pflegende Männer können sich auf die göttliche Weisheit berufen.

ERSTE LESUNG

Sir 3,2–6.12–14 (3–7.14–17a)

Wer den Herrn fürchtet, ehrt seine Eltern

Lesung aus dem Buch Jesus Sirach.

Der Herr hat dem Vater Ehre verliehen bei den Kindern und das Recht der Mutter bei den Söhnen bestätigt. Wer den Vater ehrt, sühnt Sünden, und wer seine Mutter ehrt, sammelt Schätze. Wer den Vater ehrt, wird Freude haben an den Kindern und am Tag seines Gebets wird er erhört. Wer den Vater ehrt, wird lange leben, und seiner Mutter verschafft Ruhe, wer auf den Herrn hört.

Kind, nimm dich deines Vaters im Alter an und kränke ihn nicht, solange er lebt! Wenn er an Verstand nachlässt, übe Nachsicht und verachte ihn nicht in deiner ganzen Kraft! Denn die dem Vater erwiesene Liebestat wird nicht vergessen; und statt der Sünden wird sie dir zur Erbauung dienen.

ANTWORTPSALM

Ps 128 (127), 1–2.3.4–5 (Kv: vgl. 1)

Kv Selig die Menschen, die Gottes Wege gehn. – Kv
Selig jeder, der den HERRN fürchtet, *
der auf seinen Wegen geht!
Was deine Hände erarbeitet haben, wirst du genießen; *
selig bist du – es wird dir gut ergehn. – (Kv)

Deine Frau ist wie ein fruchtbarer Weinstock *
im Innern in deines Hauses.
Wie Schösslinge von Ölbäumen sind deine Kinder *
rings um deinen Tisch herum. – (Kv)

Siehe, so wird der Mann gesegnet, *
der den HERRN fürchtet.
Es segne dich der HERR vom Zion her. *
Du sollst schauen das Glück Jerusalems alle Tage deines Lebens. – Kv

[*Oder:* ERSTE LESUNG – 1 Sam 1,20–22.24–28; ANTWORTPSALM – Ps 84 (83),2–3.5–6.9–10 (Kv: vgl. 5)]

ZUR 2. LESUNG „Ihr seid von Gott geliebt" – damit fängt alles an. Aus dieser wunderbaren Zusage entwickelt der Verfasser des Kolosserbriefs, vermutlich ein Schüler des Paulus, einen Tugendkatalog, der für das Leben in Gemeinde und Familie Orientierung geben soll. Für die heutige Leserschaft eine Provokation, die Protest provoziert – für den Autor keine Frage: Frauen sollen sich unterordnen, Sklaven ebenso. Allerdings wird ausdrücklich dem willkürlichen Missbrauch von Macht in menschlichen Beziehungen ein Riegel vorgeschoben. Den Maßstab hat Christus gesetzt. Und zeitlos gültig und berührend ist die Ermahnung im letzten Satz der Perikope: „Schüchtert eure Kinder nicht ein, damit sie nicht mutlos werden." Hier ist das Programm für ein Miteinander aus der Liebe Gottes auf den Punkt gebracht: in gegenseitiger Achtung besonders die Schwachen in den Blick nehmen, und überhaupt grundsätzlich einander Mut machen. Bangemachen gilt nicht.

ZWEITE LESUNG Kol 3,12–21

Die Liebe ist das Band der Vollkommenheit

Lesung aus dem Brief des Apostels Paulus an die Gemeinde in Kolossä.

Schwestern und Brüder! Bekleidet euch, als Erwählte Gottes, Heilige und Geliebte, mit innigem Erbarmen, Güte, Demut, Milde, Geduld! Ertragt einander und vergebt einander, wenn einer dem anderen etwas vorzuwerfen hat! Wie der Herr euch vergeben hat, so vergebt auch ihr! Vor allem bekleidet euch mit der Liebe, die das Band der Vollkommenheit ist! Und der Friede Christi triumphiere in euren Herzen. Dazu seid ihr berufen als Glieder des einen Leibes. Seid dankbar!

Das Wort Christi wohne mit seinem ganzen Reichtum bei euch. In aller Weisheit belehrt und ermahnt einander! Singt Gott Psalmen,

Hymnen und geistliche Lieder in Dankbarkeit in euren Herzen! Alles, was ihr in Wort oder Werk tut, geschehe im Namen Jesu, des Herrn. Dankt Gott, dem Vater, durch ihn!

Ihr Frauen, ordnet euch den Männern unter, wie es sich im Herrn geziemt! Ihr Männer, liebt die Frauen und seid nicht erbittert gegen sie! Ihr Kinder, gehorcht euren Eltern in allem, denn das ist dem Herrn wohlgefällig! Ihr Väter, schüchtert eure Kinder nicht ein, damit sie nicht mutlos werden!

RUF VOR DEM EVANGELIUM

Vers: Kol 3,15a.16a

Halleluja. Halleluja.
Der Friede Christi triumphiere in euren Herzen.
Das Wort Christi wohne
mit seinem ganzen Reichtum bei euch.
Halleluja.

[*Oder:* ZWEITE LESUNG – 1 Joh 3,1–2.21–24; RUF VOR DEM EVANGELIUM – Vers: vgl. Apg 16,14b]

ZUM EVANGELIUM „Seine Mutter bewahrte all die Worte in ihrem Herzen" – so etwas haben wir doch schon einmal gehört, bei Lukas' Beschreibung der Reaktion Marias auf den erstaunlichen Besuch der Hirten. Hier wie dort spielt das *Staunen* eine entscheidende Rolle. Eltern werden in dieser lebendig erzählten Episode aus dem Leben eines Jugendlichen vieles bekannt finden: das vielleicht ersehnte, aber zugleich irritierende Selbstständigwerden des heranwachsenden Kindes; die Angst, die die Sorgenden bei aller Großzügigkeit schnell packt – schwer zu sagen, ob übertrieben oder berechtigt; die unerwartete Reaktion anderer Menschen, die die alte Beziehung in ein neues Licht rückt. Wer mit jungen Menschen zu tun hat, kann Lukas gut folgen. Wenn er am Ende davon spricht, dass Jesus heranwuchs, seine Weisheit zunahm und er Gefallen fand bei Gott und den Menschen, wird er über menschliche Dimensionen hinausdenken. Aber wir dürfen uns doch zum geduldigen Staunen über jedes einzelne Menschenkind ermutigt fühlen.

EVANGELIUM Lk 2,41–52

Sie fanden Jesus im Tempel; er saß mitten unter den Lehrern

+ Aus dem heiligen Evangelium nach Lukas.

Die Eltern Jesu gingen jedes Jahr zum Paschafest nach Jerusalem. Als er zwölf Jahre alt geworden war, zogen sie wieder hinauf, wie es dem Festbrauch entsprach.

Nachdem die Festtage zu Ende waren, machten sie sich auf den Heimweg. Der Knabe Jesus aber blieb in Jerusalem, ohne dass seine Eltern es merkten. Sie meinten, er sei in der Pilgergruppe, und reisten eine Tagesstrecke weit; dann suchten sie ihn bei den Verwandten und Bekannten. Als sie ihn nicht fanden, kehrten sie nach Jerusalem zurück und suchten nach ihm.

Da geschah es, nach drei Tagen fanden sie ihn im Tempel; er saß mitten unter den Lehrern, hörte ihnen zu und stellte Fragen. Alle, die ihn hörten, waren erstaunt über sein Verständnis und über seine Antworten.

Als seine Eltern ihn sahen, waren sie voll Staunen und seine Mutter sagte zu ihm: Kind, warum hast du uns das angetan? Siehe, dein Vater und ich haben dich mit Schmerzen gesucht.

Da sagte er zu ihnen: Warum habt ihr mich gesucht? Wusstet ihr nicht, dass ich in dem sein muss, was meinem Vater gehört? Doch sie verstanden das Wort nicht, das er zu ihnen gesagt hatte.

Dann kehrte er mit ihnen nach Nazaret zurück und war ihnen gehorsam. Seine Mutter bewahrte all die Worte in ihrem Herzen.

Jesus aber wuchs heran und seine Weisheit nahm zu und er fand Gefallen bei Gott und den Menschen.

Glaubensbekenntnis, S. 454 ff.

FÜRBITTEN

Erfahrungen von Nähe und Ferne, Einsamkeit und Verbundenheit prägen jede Familie, prägen jedes Menschenleben. Wir bitten Gott um seinen Beistand:

V: Gott, du Freund des Lebens. A: Wir bitten dich, erhöre uns.

- Für alle Menschen, deren Alltag von Einsamkeit geprägt ist.
- Für die Kinder, die mit einem Mangel an Verständnis, Zuneigung und Interesse aufwachsen müssen.
- Für die Familien, deren Mitglieder einander fremd geworden sind.
- Für alle, die versuchen, ihr Gegenüber zu verstehen.
- Für alle, die einander bewusst Zeit und Raum schenken.
- Für alle, die liebevoll verbunden bleiben: mit den Lebenden und mit den Toten.

Gott, du ermutigst uns und schenkst uns Raum zur Entwicklung, zu Wachstum und Veränderung. Hilf uns, dein Geschenk anzunehmen und auch anderen diese Räume ins Leben zu eröffnen. Dazu stärke uns Gottes heilige Geistkraft, heute und alle Tage, die uns gegeben sind.

EUCHARISTIEFEIER

GABENGEBET

Herr, unser Gott, am Fest der Heiligen Familie bringen wir das Opfer der Versöhnung dar. Höre auf die Fürsprache der jungfräulichen Gottesmutter und des heiligen Josef. Erhalte unsere Familien in deiner Gnade und in deinem Frieden. Darum bitten wir durch Christus, unseren Herrn.

Präfation, S. 463 f.

KOMMUNIONVERS

Bar 3,38

Unser Gott ist auf der Erde erschienen,
als Mensch unter den Menschen.

SCHLUSSGEBET

Gott, unser Vater, du hast uns mit dem Brot des Himmels gestärkt. Bleibe bei uns mit deiner Gnade, damit wir das Vorbild der Heiligen Familie nachahmen und nach der Mühsal dieses Lebens in ihrer Gemeinschaft das Erbe erlangen, das du deinen Kindern bereitet hast. Darum bitten wir durch Christus, unseren Herrn.

FEIERLICHER SCHLUSSSEGEN

S. 68 f.

***

ODER GANZ VIEL GEDULD

Frieden ist die Spannung
zwischen Sinnvoll und Bedeutungslos

Frieden braucht
aufrichtige Entscheidungen

Gleichzeitig das Handeln
in konkreter Umsetzung

Aber auch manchmal
einfach
ganz viel Geduld

Spannung
zwischen Hell und Dunkel

Gott
Mutter und Vater

Die Letzte
macht das Licht
wieder an

Kerstin Müllers

OKTAVTAG VON WEIHNACHTEN
HOCHFEST DER GOTTESMUTTER MARIA

1. Januar 2025 – Neujahr

Nach acht Tagen, so erzählt es der Evangelist Lukas, erhält das außergewöhnliche Kind aus dem Stall in Betlehem den Namen Jesus. Jeschua, der Herr rettet. Was für eine Zusage am Anfang des Jahres! Umso mehr, wenn man beachtet, was die anderen Lesungen gemeinsam haben und damit als „Hörhilfe“ anbieten. Der Segen, er gilt *dir*, die Geburt Jesu, am Ende geschehen für *dich*. Sollte nicht der Name Jesus, Gott rettet, jeder und jedem Einzelnen zugesagt sein – und jedem Du weitergesagt werden?

ERÖFFNUNGSVERS

Sedulius

Gruß dir, heilige Mutter, du hast den König geboren,
der in Ewigkeit herrscht über Himmel und Erde.

KYRIE-RUFE

Jesus Christus, gestern und heute,
Anfang und Ende, du hast die Fülle
der Zeit heraufgeführt.
V/A: Herr, erbarme dich.
Du bist der Herr über Zeit und Ewigkeit.
V/A: Christus, erbarme dich.
Du bist Ursprung und Vollendung;
du hältst alles im Frieden des Seins.
V/A: Herr, erbarme dich.

Ehre sei Gott, S. 451 f.

TAGESGEBET

Barmherziger Gott, durch die Geburt deines Sohnes aus der Jungfrau Maria hast du der Menschheit das ewige Heil geschenkt. Lass uns (auch im neuen Jahr) immer und überall die Fürbitte der gnadenvollen Mutter erfahren, die uns den Urheber des Lebens geboren hat, Jesus Christus, deinen Sohn, unseren Herrn und Gott, der in der Einheit des Heiligen Geistes mit dir lebt und herrscht in alle Ewigkeit.

WORTGOTTESDIENST

ZUR 1. LESUNG Einen Segen lässt man sich am Beginn des neuen Jahres gerne gefallen. Den einen ist er willkommen als Ermutigung für das Verfolgen ihrer Pläne, die anderen fühlen sich mit ihm für das unbekannte Kommende gestärkt. So oder so gilt der Segen jeder Person, die Fülle des göttlichen Wohlwollens wird jedem Menschen in seinem bloßen Dasein zugesprochen, vor allen Ansprüchen und Aktivitäten. Denn in diesen Segensworten liegt die ganze Aktivität bei Gott. Der Segen ermutigt zu liebevoller Tatkraft und gelassenem Vertrauen – und dazu, alles von Gott zu erwarten.

ERSTE LESUNG

Num 6,22–27

So sollen sie meinen Namen auf die Israeliten legen und ich werde sie segnen

Lesung aus dem Buch Numeri.

Der HERR sprach zu Mose: Sag zu Aaron und seinen Söhnen: So sollt ihr die Israeliten segnen; sprecht zu ihnen: Der HERR segne dich und behüte dich. Der HERR lasse sein Angesicht über dich leuchten und sei dir gnädig. Der HERR wende sein Angesicht dir zu und schenke dir Frieden.

So sollen sie meinen Namen auf die Israeliten legen und ich werde sie segnen.

ANTWORTPSALM

Ps 67 (66),2–3.5–6.7–8 (Kv: 2a)

Kv Gott sei uns gnädig und segne uns. – Kv

Gott sei uns gnädig und segne uns. *
Er lasse sein Angesicht über uns leuchten,
damit man auf Erden deinen Weg erkenne, *
deine Rettung unter allen Völkern. – (Kv)

Die Nationen sollen sich freuen und jubeln, /
denn du richtest die Völker nach Recht
und leitest die Nationen auf Erden.
Die Völker sollen dir danken, o Gott, *
danken sollen dir die Völker alle. – (Kv)

Die Erde gab ihren Ertrag. *
Gott, unser Gott, er segne uns!
Es segne uns Gott! *
Fürchten sollen ihn alle Enden der Erde. – Kv

ZUR 2. LESUNG In den vier Versen aus dem Brief an die Gemeinde in Galatien herrscht ein ziemliches Durcheinander von Pronomina. Vom *die* – die unter dem Gesetz stehen – wechselt Paulus zum *wir*, dann wendet er sich im *ihr* an die Empfängerinnen und Empfänger des Briefes, bevor er wieder über *unsere* Herzen schreibt. Im letzten Vers spricht er mit dem *du* nur eine Person an. Die im ersten Vers genannte Geburt Jesu durch Maria hat für viele eine Bedeutung. Aber sie meint jeden Menschen, der sich ansprechen lässt – nicht abstrakt und allgemein, sondern konkret und persönlich. Jesus ist für *dich* geboren.

ZWEITE LESUNG

Gal 4,4–7

Gott sandte seinen Sohn, geboren von einer Frau, damit wir die Sohnschaft erlangen

Lesung aus dem Brief des Apostels Paulus an die Gemeinde in Galatien.

Schwestern und Brüder! Als die Zeit erfüllt war, sandte Gott seinen Sohn, geboren von einer Frau und dem Gesetz unterstellt, damit er die freikaufe, die unter dem Gesetz stehen, und damit wir die Sohnschaft erlangen.

Weil ihr aber Söhne seid, sandte Gott den Geist seines Sohnes in unsere Herzen, den Geist, der ruft: Abba, Vater.

Daher bist du nicht mehr Sklave, sondern Sohn; bist du aber Sohn, dann auch Erbe, Erbe durch Gott.

RUF VOR DEM EVANGELIUM

Vers: vgl. Hebr 1,1–2

Halleluja. Halleluja.
Einst hat Gott zu den Vätern gesprochen
durch die Propheten;
heute aber hat er zu uns gesprochen durch den Sohn.
Halleluja.

ZUM EVANGELIUM Man beachte die Reihenfolge. Zuerst kehren die Hirten zurück, dann rühmen und preisen sie Gott. Das, was sie gehört und gesehen und erfahren haben, bleibt nicht im Stall, sondern dringt hinaus, findet Widerhall, himmelwärts. Aber auch erdwärts dürften die Lobgesänge der Hirten Wirkung entfalten. Wie ihre Worte im Stall lässt ihr Lobpreis draußen staunen und neugierig werden. Stimmen wir ein!

EVANGELIUM

Lk 2,16–21

Sie fanden Maria und Josef und das Kind.
Als acht Tage vorüber waren, gab man dem Kind den Namen Jesus

+ Aus dem heiligen Evangelium nach Lukas.

In jener Zeit eilten die Hirten nach Betlehem und fanden Maria und Josef und das Kind, das in der Krippe lag. Als sie es sahen, erzählten sie von dem Wort, das ihnen über dieses Kind gesagt worden war. Und alle, die es hörten, staunten über das, was ihnen von den Hirten erzählt wurde.

Maria aber bewahrte alle diese Worte und erwog sie in ihrem Herzen.

Die Hirten kehrten zurück, rühmten Gott und priesen ihn für alles, was sie gehört und gesehen hatten, so wie es ihnen gesagt worden war.

Als acht Tage vorüber waren und das Kind beschnitten werden sollte, gab man ihm den Namen Jesus, den der Engel genannt hatte, bevor das Kind im Mutterleib empfangen war.

Glaubensbekenntnis, S. 454 ff.

FÜRBITTEN

Der Name Jesus bedeutet: Gott rettet. Maria vertraut auf Gott, den Retter. So rufen auch wir voll Vertrauen und Hoffnung zum barmherzigen Vater und bitten:

V/A: Höre und erhöre uns.

- Für unsere Kirche, dass sie die Botschaft der Liebe und des Erbarmens auf neue Weise zum Leuchten bringe.
- Für die getrennten Kirchen, dass sie im Band des Glaubens und der Liebe Gewohnheiten, Gräben und Schranken überwinden.
- Für die jungen Menschen, die in diesem neuen Jahr weitreichende Entscheidungen treffen und Weichen für ihr Leben stellen müssen.
- Für alle Menschen weltweit, die von den Klimaveränderungen betroffen sind und um ihre Lebensgrundlage fürchten müssen.

- Für alle, die sich im neuen Jahr bewusst Zeit für andere nehmen.

Mit Maria, die Jesu Lehrerin im Glauben war, vertrauen wir auf Gottes gutes Geleit und bitten um seinen Segen, für heute und für alle Tage, die uns geschenkt sind.

EUCHARISTIEFEIER

GABENGEBET

Barmherziger Gott, von dir kommt alles Gute und du führst es zum Ziel. Wir danken dir für den Anfang des Heiles, das du uns in der Geburt deines Sohnes aus der Jungfrau Maria eröffnet hast. Höre auf ihre Fürsprache und führe uns (in diesem Jahr) näher zu dir. Darum bitten wir durch Christus, unseren Herrn.

PRÄFATION

In Wahrheit ist es würdig und recht, dir, Herr, heiliger Vater, immer und überall zu danken, weil du Großes getan hast an der seligen Jungfrau Maria. Vom Heiligen Geist überschattet, hat sie deinen eingeborenen Sohn empfangen und im Glanz unversehrter Jungfräulichkeit der Welt das ewige Licht geboren, unseren Herrn Jesus Christus. Durch ihn loben die Engel deine Herrlichkeit, beten dich an die Mächte, erbeben die Gewalten. Die Himmel und die himmlischen Kräfte und die seligen Serafim feiern dich jubelnd im Chore. Mit ihrem Lobgesang lass auch unsere Stimmen sich vereinen und voll Ehrfurcht rufen: Heilig …

KOMMUNIONVERS

Hebr 13,8

Jesus Christus ist derselbe
gestern und heute und in Ewigkeit.

SCHLUSSGEBET

Herr, unser Gott, am Fest der seligen Jungfrau Maria, die wir als Mutter deines Sohnes und Mutter der Kirche bekennen, haben wir voll Freude das heilige Sakrament empfangen. Lass es uns eine Hilfe sein, die uns zum ewigen Leben führt. Darum bitten wir durch Christus, unseren Herrn.

FEIERLICHER SCHLUSSSEGEN

Gott, unser Vater, der Quell und Ursprung alles Guten, gewähre euch seinen Segen und erhalte euch im neuen Jahr unversehrt an Leib und Seele. – A: Amen.
Er bewahre euch im rechten Glauben, in unerschütterlicher Hoffnung und in der Geduld unbeirrbarer Liebe. – A: Amen.
Eure Tage ordne er in seinem Frieden, eure Bitten erhöre er heute und immerdar; am Ende eurer Jahre schenke er euch das ewige Leben. – A: Amen.
Das gewähre euch der dreieinige Gott, der Vater und der Sohn † und der Heilige Geist. – A: Amen.

***

AUF DU UND DU

göttliches
angesicht

zukunft
als gotteskind

gott
rettet

in allem
du

Stefan Voges

2. SONNTAG NACH WEIHNACHTEN

5. Januar 2025

Während wir die ersten Tage mit einer neuen Jahreszahl hinter uns haben und uns an einen neuen Abschnitt unserer Zeitrechnung gewöhnen, blicken alle Lesungen dieses Sonntags über die irdische Zeit hinaus, zurück noch vor den Anfang der Welt. Dieser Blick kann verunsichern, aber er erinnert auch an das Aufgehobensein in Gott. Überdies verlieren die Lesungen sich nicht im Zeitlosen, sondern verweisen auf die zeitliche Wirklichkeit, in der die Weisheit Wurzeln schlägt, in der wir heilende Menschen sind und die Herrlichkeit Jesu sehen.

ERÖFFNUNGSVERS

Weish 18,14–15

Als tiefes Schweigen das All umfing
und die Nacht bis zur Mitte gelangt war,
da stieg dein allmächtiges Wort, o Herr,
vom Himmel herab, vom königlichen Thron.

KYRIE-RUFE

Herr Jesus Christus, Gottes ewiges
Wort, du hast Fleisch angenommen
durch den Heiligen Geist.
V/A: Herr, erbarme dich.
Du hast unter uns gewohnt.
V/A: Christus, erbarme dich.
Du bist das Leben und das Licht,
das jeden Menschen erleuchtet.
V/A: Herr, erbarme dich.

Ehre sei Gott, S. 451 f.

TAGESGEBET

Allmächtiger, ewiger Gott, du erleuchtest alle, die an dich glauben. Offenbare dich den Völkern der Erde, damit alle Menschen das Licht deiner Herrlichkeit schauen. Darum bitten wir durch Jesus Christus.

WORTGOTTESDIENST

ZUR 1. LESUNG Sie ist eine schillernde Figur, die Weisheit. Ausgesprochen selbstbewusst tritt sie auf und rühmt sich selbst, doch sie gehorcht dem Schöpfer des Alls. Sie ist quasi zeitlos und sucht doch einen Ruheplatz in der Zeit. Fest steht: Sie will Wurzeln schlagen, in einem ruhmreichen Volk. Gehören wir dazu?

ERSTE LESUNG

Sir 24,1–2.8–12 (1–4.12–16)

Die Weisheit Gottes schlug Wurzeln in einem ruhmreichen Volk

Lesung aus dem Buch Jesus Sirach.

Die Weisheit lobt sich selbst und inmitten ihres Volkes rühmt sie sich. In der Versammlung des Höchsten öffnet sie ihren Mund und in Gegenwart seiner Macht rühmt sie sich:

Der Schöpfer des Alls gebot mir, der mich schuf, ließ mein Zelt einen Ruheplatz finden. Er sagte: In Jakob schlag dein Zelt auf und in Israel sei dein Erbteil!

Vor der Ewigkeit, von Anfang an, hat er mich erschaffen und bis in Ewigkeit vergehe ich nicht. Im heiligen Zelt diente ich vor ihm, so wurde ich auf dem Zion fest eingesetzt.

In der Stadt, die er ebenso geliebt hat, ließ er mich Ruhe finden in Jerusalem ist mein Machtbereich, ich schlug Wurzeln in einem ruhmreichen Volk, im Anteil des Herrn, seines Erbteils.

ANTWORTPSALM

Ps 147,12–13.14–15.19–20 (Kv: Joh 1,14)

Kv Das Wort ist Fleisch geworden und hat unter
uns gewohnt. – Kv

(*Oder:* Halleluja.)

Jerusalem, rühme den HERRN! *
Zion, lobe deinen Gott!
Denn er hat die Riegel deiner Tore festgemacht, *
die Kinder in deiner Mitte gesegnet. – (Kv)

Er verschafft deinen Grenzen Frieden, *
er sättigt dich mit bestem Weizen.
Er sendet seinen Spruch zur Erde, *
in Eile läuft sein Wort dahin. – (Kv)

Er verkündet Jakob sein Wort, *
Israel seine Gesetze und seine Entscheide.
An keinem anderen Volk hat er so gehandelt, *
sie kennen sein Recht nicht. – Kv

ZUR 2. LESUNG Weihnachten hat Folgen. Denn durch die Geburt Jesu werden wir endgültig zu Kindern Gottes, wozu wir schon vor Beginn der Welt bestimmt worden sind. Und diese Erwählung, die jedes Jahr neu offenbar wird, hat Folgen. Wir sollen heilig und untadelig leben. Was das heißt? Vielleicht dies: dass wir heilsame Menschen sind, denen die Begegnung mit dem Heiligen in der Krippe anzumerken und deren Gottvertrauen spürbar ist.

ZWEITE LESUNG

Eph 1,3–6.15–18

Gott hat uns im Voraus dazu bestimmt, seine Söhne zu werden durch Jesus Christus

Lesung aus dem Brief des Apostels Paulus an die Gemeinde in Ephesus.

Gepriesen sei Gott, der Gott und Vater unseres Herrn Jesus Christus. Er hat uns mit allem Segen seines Geistes gesegnet durch unsere Gemeinschaft mit Christus im Himmel. Denn in ihm hat er uns erwählt vor der Grundlegung der Welt, damit wir heilig und untadelig leben vor ihm. Er hat uns aus Liebe im Voraus dazu bestimmt, seine Söhne zu werden durch Jesus Christus und zu ihm zu gelangen nach seinem gnädigen Willen, zum Lob seiner herrlichen Gnade. Er hat sie uns geschenkt in seinem geliebten Sohn.

Darum höre ich nicht auf, für euch zu danken, wenn ich in meinen Gebeten an euch denke; denn ich habe von eurem Glauben an Jesus, den Herrn, und von eurer Liebe zu allen Heiligen gehört. Der Gott Jesu Christi, unseres Herrn, der Vater der Herrlichkeit, gebe euch den Geist der Weisheit und Offenbarung, damit ihr ihn erkennt. Er erleuchte die Augen eures Herzens, damit ihr versteht, zu welcher Hoffnung ihr durch ihn berufen seid, welchen Reichtum die Herrlichkeit seines Erbes den Heiligen schenkt.

RUF VOR DEM EVANGELIUM

Vers: vgl. 1 Tim 3, 16

Halleluja, Halleluja.
Christus, offenbart im Fleisch, verkündet unter den Völkern.
Christus, geglaubt in der Welt: Ehre sei dir!
Halleluja.

ZUM EVANGELIUM Weihnachtskrippen, so könnte man sagen, sind der Versuch, die Herrlichkeit des Fleisch gewordenen Wortes anschaulich zu machen: das neue Leben in der Krippe, die staunenden Hirten, die strahlenden Engel. Auch wenn die Krippen in wenigen Tagen wieder eingepackt werden – die Herrlichkeit des einzigen Sohnes vom Vater bleibt. Wenn wir den Krippenblick bewahren, werden wir das Staunen und Strahlen, werden wir jedes kleine Licht in der Finsternis der Welt sehen.

EVANGELIUM

Joh 1,1–18

Das Wort ist Fleisch geworden und hat unter uns gewohnt

+ Aus dem heiligen Evangelium nach Johannes.

Im Anfang war das Wort und das Wort war bei Gott und das Wort war Gott. Dieses war im Anfang bei Gott. Alles ist durch das Wort geworden und ohne es wurde nichts, was geworden ist. In ihm war Leben und das Leben war das Licht der Menschen. Und das Licht leuchtet in der Finsternis und die Finsternis hat es nicht erfasst.

Ein Mensch trat auf, von Gott gesandt; sein Name war Johannes. Er kam als Zeuge, um Zeugnis abzulegen für das Licht, damit alle durch ihn zum Glauben kommen. Er war nicht selbst das Licht, er sollte nur Zeugnis ablegen für das Licht.

Das wahre Licht, das jeden Menschen erleuchtet, kam in die Welt. Er war in der Welt und die Welt ist durch ihn geworden, aber die Welt erkannte ihn nicht. Er kam in sein Eigentum, aber die Seinen nahmen ihn nicht auf.

Allen aber, die ihn aufnahmen, gab er Macht, Kinder Gottes zu werden, allen, die an seinen Namen glauben, die nicht aus dem Blut, nicht aus dem Willen des Fleisches, nicht aus dem Willen des Mannes, sondern aus Gott geboren sind.

Und das Wort ist Fleisch geworden und hat unter uns gewohnt und wir haben seine Herrlichkeit geschaut, die Herrlichkeit des einzigen Sohnes vom Vater, voll Gnade und Wahrheit.

Johannes legt Zeugnis für ihn ab und ruft: Dieser war es, über den ich gesagt habe: Er, der nach mir kommt, ist mir voraus, weil er vor mir war. Aus seiner Fülle haben wir alle empfangen, Gnade über Gnade.

Denn das Gesetz wurde durch Mose gegeben, die Gnade und die Wahrheit kamen durch Jesus Christus. Niemand hat Gott je gesehen. Der Einzige, der Gott ist und am Herzen des Vaters ruht, er hat Kunde gebracht.

[*Oder:* KURZFASSUNG – Joh 1,1–5.9–14]

Glaubensbekenntnis, S. 454 ff.

FÜRBITTEN

Aus der Dunkelheit willst du uns ins Licht führen, du Gott des Lebens. Wir rufen zu dir und bitten dich:

V: Gütiger Gott. A: Höre und erhöre uns.

- Für alle, die dein Wort glaubwürdig verkünden und das Verkündete in ihrem Leben aufleuchten lassen.
- Für alle, die Brücken bauen, die den Frieden suchen und neue Wege des Friedens gehen.
- Für alle, deren Leben durch Armut, Chancenlosigkeit und Not verdunkelt ist.
- Für alle, die sich für Gleichheit und Gerechtigkeit einsetzen, auch wenn dieser Einsatz unbequem und unwillkommen ist.
- Für die alten und hochbetagten Menschen, deren Leben zunehmend schwerer und belasteter wird, und für alle, die sie unterstützen und bestärken.

Segne du, guter Gott, die Menschen in Sorge, Bedrängnis und Not und lass ihnen dein Licht aufscheinen. Dir sei Lob und Dank in Ewigkeit.

EUCHARISTIEFEIER

GABENGEBET

Herr, unser Gott, heilige unsere Gaben durch die Menschwerdung deines Sohnes. Durch seine Geburt hast du allen Menschen den Weg der Wahrheit gewiesen und ihnen dein Reich verheißen. Lass uns in dieser Feier verkosten, was du denen bereitet hast, die dich lieben. Darum bitten wir durch Christus, unseren Herrn.

Präfation, S. 463 f.

KOMMUNIONVERS

Joh 1,12

Allen, die ihn aufnahmen,
gab er Macht, Kinder Gottes zu werden.

SCHLUSSGEBET

Herr, unser Gott, befreie uns durch die Wirkung dieses Sakramentes von unseren Fehlern und Sünden. Erfülle unser Verlangen und schenke uns alles, was wir zum Heil nötig haben. Darum bitten wir durch Christus, unseren Herrn.

***

AUF EIN WORT

gottes
schöpferisches
wort
wird
mensch

gottes
mensch
sei
schöpferisches
wort

Stefan Voges

ERSCHEINUNG DES HERRN – HOCHFEST

6. Januar 2025

Eine Lichterkette der besonderen Art: Das Licht, das der Welt im Stall zu Betlehem aufgeht, knipst sozusagen einen Stern an. Dieser Stern leuchtet so hell, dass ihn auch weit Entfernte sehen und sich auf den Weg zum Stall machen, um dort das Licht zu finden, das die Heiden erleuchtet (Lk 2,32). Und die, denen im Stall ein Licht aufgeht, sollen ihrerseits licht werden – Licht sein und strahlen. Es geht um eine Lichterkettenreaktion.

ERÖFFNUNGSVERS

Vgl. Mal 3,1; 1 Chr 19,12

Seht, gekommen ist der Herrscher, der Herr.
In seiner Hand ist die Macht und das Reich.

KYRIE-RUFE

Herr Jesus Christus, du
bist das Licht der Völker.
V/A: Herr, erbarme dich.
Du lässt deinen Stern
strahlend aufgehen über
alle, die dich suchen.
V/A: Christus, erbarme dich.
Durch dein Erscheinen
hast du die Welt mit sehr
großer Freude erfüllt.
V/A: Herr, erbarme dich.

Ehre sei Gott, S. 451 f.

TAGESGEBET

Allherrschender Gott, durch den Stern, dem die Weisen gefolgt sind, hast du am heutigen Tag den Heidenvölkern deinen Sohn geoffenbart. Auch wir haben dich schon im Glauben erkannt. Führe uns vom Glauben zur unverhüllten Anschauung deiner Herrlichkeit. Darum bitten wir durch Jesus Christus.

WORTGOTTESDIENST

ZUR 1. LESUNG Im Mittelalter riet der heilige Bernhard von Clairvaux seinen Mönchen davon ab, mit den Kreuzfahrern nach Jerusalem zu ziehen: Ihr braucht nicht ins Heilige Land zu ziehen, euer Jerusalem ist im Kloster. Der Ort, an dem wir leben, ist unser Jerusalem, unser Alltag ist unser Zion. Dort soll es licht werden, von dort sollen wir strahlen, weil uns ein Licht aufgegangen ist. Wir dürfen es ruhig ausstrahlen.

ERSTE LESUNG Jes 60, 1–6

Die Herrlichkeit des Herrn geht strahlend auf über dir

Lesung aus dem Buch Jesaja.

Steh auf, werde licht, Jerusalem, denn es kommt dein Licht und die Herrlichkeit des HERRN geht strahlend auf über dir.

Denn siehe, Finsternis bedeckt die Erde und Dunkel die Völker, doch über dir geht strahlend der HERR auf, seine Herrlichkeit erscheint über dir. Nationen wandern zu deinem Licht und Könige zu deinem strahlenden Glanz.

Erhebe deine Augen ringsum und sieh: Sie alle versammeln sich, kommen zu dir. Deine Söhne kommen von fern, deine Töchter werden auf der Hüfte sicher getragen. Da wirst du schauen und strahlen, dein Herz wird erbeben und sich weiten.

Denn die Fülle des Meeres wendet sich dir zu, der Reichtum der Nationen kommt zu dir. Eine Menge von Kamelen bedeckt dich,

Hengste aus Midian und Efa. Aus Saba kommen sie alle, Gold und Weihrauch bringen sie und verkünden die Ruhmestaten des HERRN.

ANTWORTPSALM

Ps 72 (71), 1–2.7–8.10–11.12–13 (Kv: 11)

Kv Alle Könige werfen sich vor ihm nieder,
es dienen ihm alle Völker. – Kv

Verleih dein Richteramt, o Gott, dem König, *
dem Königssohn gib dein gerechtes Walten.
Er regiere dein Volk in Gerechtigkeit *
und deine Elenden durch rechtes Urteil. – (Kv)

In seinen Tagen sprosse der Gerechte *
und Fülle des Friedens, bis der Mond nicht mehr da ist.
Er herrsche von Meer zu Meer, *
vom Strom bis an die Enden der Erde. – (Kv)

Die Könige von Tarschisch und von den Inseln bringen Gaben, *
mit Tribut nahen die Könige von Scheba und Saba.
Alle Könige werfen sich vor ihm nieder, *
es dienen ihm alle Völker. – (Kv)

Ja, er befreie den Armen, der um Hilfe schreit, *
den Elenden und den, der keinen Helfer hat.
Er habe Mitleid mit dem Geringen und Armen, *
er rette das Leben der Armen. – Kv

ZUR 2. LESUNG Jetzt aber, schreibt Paulus, *jetzt* ist es offenbart worden, dass das, was in Jesus geschehen und versprochen ist, allen Menschen gilt. Schön und gut, könnte man erwidern, dieses *Jetzt* ist lange her, der Umstand bekannt. Ist damit die Lesung nicht überholt? Keineswegs, denn dieses *Jetzt* ereignet sich täglich neu; es muss täglich neu stattfinden, weil immer Menschen auf ein Zeichen der liebevollen Zuwendung Gottes warten und hoffen.

ZWEITE LESUNG

Eph 3,2–3a.5–6

Jetzt ist offenbart worden: Auch die Heiden haben an der Verheißung in Christus Jesus teil

Lesung aus dem Brief des Apostels Paulus an die Gemeinde in Ephesus.

Schwestern und Brüder! Ihr habt gehört, welches Amt die Gnade Gottes mir für euch verliehen hat. Durch eine Offenbarung wurde mir das Geheimnis kundgetan. Den Menschen früherer Generationen wurde es nicht kundgetan, jetzt aber ist es seinen heiligen Aposteln und Propheten durch den Geist offenbart worden: dass nämlich die Heiden Miterben sind, zu demselben Leib gehören und mit teilhaben an der Verheißung in Christus Jesus durch das Evangelium.

RUF VOR DEM EVANGELIUM

Vers: vgl. Mt 2,2

Halleluja. Halleluja.
Wir haben seinen Stern gesehen
und sind gekommen, dem Herrn zu huldigen.
Halleluja.

ZUM EVANGELIUM Sie wirken anfangs fast wie Marionetten, die Sterndeuter aus dem Osten. Ein Stern lockt sie auf ihre große Reise, König Herodes instrumentalisiert sie für seine Pläne. Aber als sie in Betlehem ankommen, ändert sich etwas. Da werden sie nicht mehr von außen gesteuert, sondern von innen. Von Freude, Ehrfurcht und Ergriffenheit. Und von einem Traum. Sterne, die uns den Weg weisen, stehen nicht nur, ja vermutlich eher selten am Himmelszelt. Sie leuchten auch in unserm Innern.

EVANGELIUM

Mt 2,1–12

Wir haben seinen Stern aufgehen sehen und sind gekommen, um ihm zu huldigen

+ Aus dem heiligen Evangelium nach Matthäus.

Als Jesus zur Zeit des Königs Herodes in Betlehem in Judäa geboren worden war, siehe, da kamen Sterndeuter aus dem Osten nach Jerusalem und fragten: Wo ist der neugeborene König der Juden? Wir haben seinen Stern aufgehen sehen und sind gekommen, um ihm zu huldigen.

Als König Herodes das hörte, erschrak er und mit ihm ganz Jerusalem. Er ließ alle Hohepriester und Schriftgelehrten des Volkes zusammenkommen und erkundigte sich bei ihnen, wo der Christus geboren werden solle.

Sie antworteten ihm: in Betlehem in Judäa; denn so steht es geschrieben bei dem Propheten: Du, Betlehem im Gebiet von Juda, bist keineswegs die unbedeutendste unter den führenden Städten von Juda; denn aus dir wird ein Fürst hervorgehen, der Hirt meines Volkes Israel.

Danach rief Herodes die Sterndeuter heimlich zu sich und ließ sich von ihnen genau sagen, wann der Stern erschienen war. Dann schickte er sie nach Betlehem und sagte: Geht und forscht sorgfältig nach dem Kind; und wenn ihr es gefunden habt, berichtet mir, damit auch ich hingehe und ihm huldige!

Nach diesen Worten des Königs machten sie sich auf den Weg. Und siehe, der Stern, den sie hatten aufgehen sehen, zog vor ihnen her bis zu dem Ort, wo das Kind war; dort blieb er stehen. Als sie den Stern sahen, wurden sie von sehr großer Freude erfüllt. Sie gingen in das Haus und sahen das Kind und Maria, seine Mutter; da fielen sie nieder und huldigten ihm. Dann holten sie ihre Schätze hervor und brachten ihm Gold, Weihrauch und Myrrhe als Gaben dar.

Weil ihnen aber im Traum geboten wurde, nicht zu Herodes zurückzukehren, zogen sie auf einem anderen Weg heim in ihr Land.

Glaubensbekenntnis, S. 454 ff.

FÜRBITTEN

Jesus Christus ist das Licht, das allen Menschen leuchten will. Niemand ist ausgenommen. So rufen wir zu ihm und bitten unseren Bruder und Herrn:

V: Licht der Welt. A: Leuchte uns.

- Stärke deine Kirche auf ihrem Weg zu den Menschen und hilf ihr, auf der Seite der Übersehenen zu stehen.
- Sei bei den vielen Menschen, die in Haushalten von Wohlhabenden, auf Feldern oder in Steinbrüchen Schwerarbeit leisten und dafür einen Hungerlohn erhalten.
- Sei bei den Alleinerziehenden, die alles geben und doch oft noch gesellschaftlich geächtet sind.
- Sei bei den Kindern, die kaum eine Kindheit haben, und stehe allen bei, die Not und Mangel leiden.
- Segne die Kranken und führe die Sterbenden in dein warmes Licht des Friedens.

Jesus, du unsere Hoffnung, hilf uns, deinem Stern zu folgen, heute und alle Tage, die uns geschenkt sind.

EUCHARISTIEFEIER

GABENGEBET

Allmächtiger Gott, nimm die Gaben deiner Kirche an. Sie bringt nicht mehr Gold, Weihrauch und Myrrhe dar, sondern er, den diese Gaben bezeichnen, wird für uns geopfert und uns zur Speise gegeben, unser Herr Jesus Christus, der mit dir lebt und herrscht in alle Ewigkeit.

PRÄFATION

In Wahrheit ist es würdig und recht, dir, Herr, heiliger Vater, allmächtiger, ewiger Gott, immer und überall zu danken. Denn heute enthüllst du das Geheimnis unseres Heiles, heute offenbarst du das Licht der Völker, deinen Sohn Jesus Christus. Er ist als sterblicher Mensch auf Erden erschienen und hat uns neu geschaffen im Glanz seines göttlichen Lebens. Darum singen wir mit den Engeln und Erzengeln, den Thronen und Mächten und mit all den Scharen des himmlischen Heeres den Hochgesang von deiner göttlichen Herrlichkeit: Heilig ...

KOMMUNIONVERS

Vgl. Mt 2,2

Wir haben seinen Stern aufgehen sehen
und sind gekommen,
dem Herrn mit Geschenken zu huldigen.

SCHLUSSGEBET

Wir danken dir, allmächtiger Gott, für die heiligen Gaben und bitten dich: Erhelle unsere Wege mit dem Licht deiner Gnade, damit wir in Glauben und Liebe erfassen, was du uns im Geheimnis der Eucharistie geschenkt hast. Darum bitten wir durch Christus, unseren Herrn.

FEIERLICHER SCHLUSSSEGEN

Gott, unser Vater, hat uns aus der Finsternis in sein wunderbares Licht gerufen; er segne euch und stärke euch im Glauben, in der Hoffnung und in der Liebe. – A: Amen.
Und Christus, der heute der Welt erschienen ist als Licht in der Finsternis, leuchte auf in euren Herzen und mache euer Leben zum Licht für eure Brüder. – A: Amen.

Die Weisen sind dem Stern gefolgt und haben Christus gefunden; Gott führe auch euch auf dem Weg der irdischen Pilgerschaft zur Anschauung seiner Herrlichkeit. – A: Amen.
Das gewähre euch der dreieinige Gott, der Vater und der Sohn † und der Heilige Geist. – A: Amen.

***

ORIENTIERUNG

sterne
träume

unendlich weit
die einen

unwirklich nah
die andern

positionslichter
gottes

in unendlichen
träumen

zwischen unwirklichen
sternen

Stefan Voges

Zeit im Jahreskreis

TAUFE DES HERRN – FEST

12. Januar 2025

Die Taufe Jesu erinnert unweigerlich an die eigene, mehr oder weniger bewusst erlebte Taufe. Dabei sollte diese Erinnerung eucharistisch geprägt sein: Dank sagend und das vergangene Geschehen vergegenwärtigend. Denn die Taufe verlangt eine Antwort in der Gegenwart jedes gelebten Tages. Es ist kein Wort Jesu bei seiner Taufe überliefert. Die Antwort gibt er in und mit seinem Leben.

ERÖFFNUNGSVERS

Vgl. Mt 3,16–17

Als Jesus getauft war, öffnete sich der Himmel,
und er sah den Geist Gottes wie eine Taube
auf sich herabkommen.
Und die Stimme des Vaters aus dem Himmel sprach:
Das ist mein geliebter Sohn, an dem ich Gefallen habe.

KYRIE-RUFE

Herr Jesus Christus, du hast
dich von Johannes mit Wasser
taufen lassen.
V/A: Herr, erbarme dich.
Du taufst mit dem Heiligen Geist
und mit Feuer.
V/A: Christus, erbarme dich.

Du bist Gottes geliebter Sohn, an
dir hat er Wohlgefallen gefunden.
V/A: Herr, erbarme dich.

Ehre sei Gott, S. 451 f.

TAGESGEBET

Allmächtiger, ewiger Gott, bei der Taufe im Jordan kam der Heilige Geist auf unseren Herrn Jesus Christus herab und du hast ihn als deinen geliebten Sohn geoffenbart. Gib, dass auch wir, die aus dem Wasser und dem Heiligen Geist wiedergeboren sind, in deinem Wohlgefallen stehen und als deine Kinder aus der Fülle dieses Geistes leben. Darum bitten wir durch Jesus Christus.

WORTGOTTESDIENST

ZUR 1. LESUNG So wie Jesaja den Gottesknecht präsentiert, erscheint er schon damals aus der Zeit gefallen. Um wie viel mehr heute! Er lärmt nicht und schreit nicht – wie will er denn da in der Medienflut auf sich aufmerksam machen, geschweige denn sich durchsetzen im Widerstreit der Nachrichten und Meinungen? Offenkundig setzt dieser Knecht auf eine leise Mission, auf das Einsehen und Einfühlen, das länger wirkt als die Tagesnachrichten. Und er traut dem, der ihn an der Hand gefasst hat.

ERSTE LESUNG

Jes 42,5a.1–4.6–7

Siehe, das ist mein Knecht, an ihm finde ich Gefallen

Lesung aus dem Buch Jesaja.

So spricht Gott, der Herr: Siehe, das ist mein Knecht, den ich stütze; das ist mein Erwählter, an ihm finde ich Gefallen. Ich habe meinen Geist auf ihn gelegt, er bringt den Nationen das Recht. Er schreit nicht und lärmt nicht und lässt seine Stimme nicht auf der Gasse erschallen. Das geknickte Rohr zerbricht er nicht und den glimmenden Docht löscht er nicht aus; ja, er bringt wirklich das Recht. Er verglimmt nicht und wird nicht geknickt, bis er auf der Erde das Recht begründet hat. Auf seine Weisung warten die Inseln.

Ich, der HERR, habe dich aus Gerechtigkeit gerufen, ich fasse dich an der Hand. Ich schaffe und mache dich zum Bund mit dem Volk, zum Licht der Nationen, um blinde Augen zu öffnen, Gefangene aus dem Kerker zu holen und die im Dunkel sitzen, aus der Haft.

ANTWORTPSALM Ps 29 (28),1–2.3ac–4.3b u. 9b–10 (Kv: vgl. 11b)

Kv Der HERR schenkt seinem Volk den Frieden. – Kv

Bringt dar dem HERRN, ihr Himmlischen, *
bringt dar dem HERRN Ehre und Macht!
Bringt dar dem HERRN die Ehre seines Namens, *
werft euch nieder vor dem HERRN in heiliger Majestät! – (Kv)

Die Stimme des HERRN über den Wassern: *
der HERR über gewaltigen Wassern.
Die Stimme des HERRN voller Kraft, *
die Stimme des HERRN voll Majestät. – (Kv)

Der Gott der Ehre hat gedonnert. *
In seinem Palast ruft alles: Ehre!
Der HERR thront über der Flut, *
der HERR thront als König in Ewigkeit. – Kv

[*Oder:* ERSTE LESUNG – Jes 40,1–5.9–11; ANTWORTPSALM – Ps 104 (103),1–2.3–4.24–25.27–28.29–30 (Kv: 1ab)]

ZUR 2. LESUNG Bevor Petrus den Lebenslauf Jesu umreißt, bringt er auf den Punkt, was durch Jesus geschehen ist: Gott hat durch ihn den Frieden verkündet. Dieses Wort macht deutlich, dass Frieden mehr ist als die Abwesenheit von Krieg, weit mehr als eine unerhörte politische Forderung. Denn Jesus hat seine Botschaft ganzheitlich verkündet – als ganze Person, mit voller Aufmerksamkeit für die anderen in all ihren Lebensbezügen. So gedacht gibt es auch für Menschen von heute konkrete Ansatzpunkte, den Frieden zu verkünden, den sie in der Zuwendung Jesu selbst empfangen haben.

ZWEITE LESUNG

Apg 10,34–38

Gott hat Jesus gesalbt mit dem Heiligen Geist

Lesung aus der Apostelgeschichte.

In jenen Tagen begann Petrus zu reden und sagte: Wahrhaftig, jetzt begreife ich, dass Gott nicht auf die Person sieht, sondern dass ihm in jedem Volk willkommen ist, wer ihn fürchtet und tut, was recht ist.

Er hat das Wort den Israeliten gesandt, indem er den Frieden verkündete durch Jesus Christus: Dieser ist der Herr aller.

Ihr wisst, was im ganzen Land der Juden geschehen ist, angefangen in Galiläa, nach der Taufe, die Johannes verkündet hat: wie Gott Jesus von Nazaret gesalbt hat mit dem Heiligen Geist und mit Kraft, wie dieser umherzog, Gutes tat und alle heilte, die in der Gewalt des Teufels waren; denn Gott war mit ihm.

RUF VOR DEM EVANGELIUM

Vers: vgl. Mt 3,16.17; Mk 9,7

Halleluja. Halleluja.
Der Himmel tat sich auf und eine Stimme sprach:
Das ist mein geliebter Sohn; auf ihn sollt ihr hören.
Halleluja.

[*Oder:* ZWEITE LESUNG – Tit 2,11–14; 3,4–7; RUF VOR DEM EVANGELIUM – Vers: vgl. Lk 3,16]

ZUM EVANGELIUM Etwas könnte beim Lesen leicht entgehen, wenn man sich die Szene ausmalt: Jesus zur Taufe im Jordan, den geöffneten Himmel, die Taube. Da kann man schnell übersehen, dass Jesus bei allem, was mit ihm geschieht, nicht passiv bleibt. Er ist höchst aktiv: Er betet. Das ist seine Reaktion auf die Taufe. Gott handelt an Jesus, weil dieser sich Gott zuwendet und öffnet – im Gebet.

EVANGELIUM Lk 3,15–16.21–22

Jesus ließ sich taufen; und während er betete, öffnete sich der Himmel

+ Aus dem heiligen Evangelium nach Lukas.

In jener Zeit war das Volk voll Erwartung und alle überlegten im Herzen, ob Johannes nicht vielleicht selbst der Christus sei.

Doch Johannes gab ihnen allen zur Antwort: Ich taufe euch mit Wasser. Es kommt aber einer, der stärker ist als ich, und ich bin es nicht wert, ihm die Riemen der Sandalen zu lösen. Er wird euch mit dem Heiligen Geist und mit Feuer taufen.

Es geschah aber, dass sich zusammen mit dem ganzen Volk auch Jesus taufen ließ. Und während er betete, öffnete sich der Himmel und der Heilige Geist kam sichtbar in Gestalt einer Taube auf ihn herab und eine Stimme aus dem Himmel sprach: Du bist mein geliebter Sohn, an dir habe ich Wohlgefallen gefunden.

Glaubensbekenntnis, S. 454 ff.

FÜRBITTEN

Mit dem Heiligen Geist sind wir auf den Namen Jesu Christi und mit Jesus getauft. Bitten wir um die heilige Geistkraft, die Leben und Erneuerung schafft:

V: Heilige Geistkraft. A: Stärke sie.

- Für alle, die sich um Erneuerung unserer Kirche aus dem Geist Jesu Christi mühen.
- Für die Neugeborenen und Kinder, die in diesen Tagen und Wochen die heilige Taufe empfangen.
- Für die Erwachsenen, die sich auf ihre Taufe vorbereiten, weil sie bewusst ein Leben aus dem Glauben suchen.
- Für alle, die nur wenig Bestärkung, Geborgenheit und Liebe in ihren Familien erfahren.
- Für alle Kinder und Jugendlichen, die den wachsenden Leistungsanforderungen nicht mehr gerecht werden können.

Ohne das Wirken des Heiligen Geistes bleibt all unser Tun Stückwerk. Wir danken für die Gabe des Geistes auch in unserem Leben durch Jesus Christus, unseren Bruder und Lehrer.

EUCHARISTIEFEIER

GABENGEBET

Gott, unser Vater, wir feiern den Tag, an dem du Jesus als deinen geliebten Sohn geoffenbart hast. Nimm unsere Gaben an und mache sie zum Opfer Christi, der die Sünden der ganzen Welt abgewaschen hat. Er, der mit dir lebt und herrscht in alle Ewigkeit.

PRÄFATION

In Wahrheit ist es würdig und recht, dir, allmächtiger Vater, zu danken und deine Größe zu preisen. Denn bei der Taufe im Jordan offenbarst du das Geheimnis deines Sohnes durch wunderbare Zeichen: Die Stimme vom Himmel verkündet ihn als deinen geliebten Sohn, der auf Erden erschienen ist, als dein ewiges Wort, das unter uns Menschen wohnt. Der Geist schwebt über ihm in Gestalt einer Taube und bezeugt ihn als deinen Knecht, den du gesalbt hast, den Armen die Botschaft der Freude zu bringen. Darum singen wir mit den Engeln und Erzengeln, den Thronen und Mächten und mit all den Scharen des himmlischen Heeres den Hochgesang von deiner göttlichen Herrlichkeit: Heilig …

KOMMUNIONVERS

Joh 1,30.34

Dieser ist es, über den Johannes gesagt hat:
Ich habe es gesehen und lege Zeugnis ab:
Dieser ist der Sohn Gottes.

SCHLUSSGEBET

Gütiger Gott, du hast uns mit deinem Wort und dem Brot des Lebens genährt. Gib, dass wir gläubig auf deinen Sohn hören, damit wir deine Kinder heißen und es in Wahrheit sind. Darum bitten wir durch Christus, unseren Herrn.

* * *

IM GEBET

öffnet sich
der himmel

öffnet sich
das herz

öffnet sich
die welt

fliegt
der friede

Stefan Voges

2. SONNTAG IM JAHRESKREIS

19. Januar 2025

Wann ist die rechte Zeit gekommen, um zu den eigenen Gaben zu stehen? Viele Menschen können ihre Begabungen über Jahrzehnte hinweg nicht recht annehmen, sie trauen sich aus den verschiedensten Gründen nicht, sie zu zeigen. Dabei wäre das Leben aller um so vieles reicher, wenn sie ihr Licht teilen würden. Der heutige Sonntag zeigt, wie Maria ihren Sohn auffordert, den Menschen zu helfen. Sie hat Vertrauen in ihn und seine Talente. Hätte Jesus sein erstes Wunder in Kana vollbracht, wenn er nicht aufgefordert worden wäre?

ERÖFFNUNGSVERS

Ps 66 (65), 4

Alle Welt bete dich an, o Gott, und singe dein Lob,
sie lobsinge deinem Namen, du Allerhöchster.

KYRIE-RUFE

Herr Jesus Christus, du hast deine
Herrlichkeit unter uns offenbart.
V/A: Herr, erbarme dich.
Du bist der einzige Sohn vom Vater,
voll Gnade und Wahrheit.
V/A: Christus, erbarme dich.
Aus deiner Fülle hast du uns alle
beschenkt mit Gnade über Gnade.
V/A: Herr, erbarme dich.

Ehre sei Gott, S. 451 f.

TAGESGEBET

Allmächtiger Gott, du gebietest über Himmel und Erde, du hast Macht über die Herzen der Menschen. Darum kommen wir voll Vertrauen zu dir; stärke alle, die sich um die Gerechtigkeit mühen, und schenke unserer Zeit deinen Frieden. Darum bitten wir durch Jesus Christus.

WORTGOTTESDIENST

ZUR 1. LESUNG Jhwh ist ein Gott, der sich freut. Er freut sich an den Menschen, freut sich an Jerusalem, das nach dem babylonischen Exil wieder aufblüht. Er freut sich am Jetzt. Denn beim Weiterlesen wird schnell klar, dass die Zukunft nicht glänzend weitergeht. Die Menschen bleiben nach der Befreiung aus dem Exil nicht in dankbarer Gottesnähe. Aber der Prophet verankert seine Worte in der Gegenwart. Gott freut sich an den Menschen. Was für eine schöne Botschaft: Wir sind Anlass zur göttlichen Freude und dürfen uns von Herzen mitfreuen.

ERSTE LESUNG

Jes 62,1–5

Wie der Bräutigam sich freut über die Braut, so freut sich dein Gott über dich

Lesung aus dem Buch Jesaja.

Um Zions willen werde ich nicht schweigen, um Jerusalems willen nicht still sein, bis hervorbricht wie ein helles Licht seine Gerechtigkeit und sein Heil wie eine brennende Fackel.

Dann sehen die Nationen deine Gerechtigkeit und alle Könige deine Herrlichkeit. Man ruft dich mit einem neuen Namen, den der Mund des Herrn für dich bestimmt. Du wirst zu einer prächtigen Krone in der Hand des Herrn, zu einem königlichen Kopfschmuck in der Hand deines Gottes.

Nicht länger nennt man dich „Verlassene“ und dein Land nicht mehr „Verwüstung“, sondern du wirst heißen: „Ich habe Gefallen an dir“ und dein Land wird „Vermählte“ genannt. Denn der HERR hat an dir Gefallen und dein Land wird vermählt.
Wie der junge Mann sich mit der Jungfrau vermählt, so vermählt sich mit dir dein Erbauer. Wie der Bräutigam sich freut über die Braut, so freut sich dein Gott über dich.

ANTWORTPSALM

Ps 96 (95),1–2.3–4.6–7.10 (Kv: vgl. 3)

Kv Kündet den Völkern die Herrlichkeit des HERRN! – Kv

Singet dem HERRN ein neues Lied, *
singt dem HERRN, alle Lande,
singt dem HERRN, preist seinen Namen! *
Verkündet sein Heil von Tag zu Tag! – (Kv)

Erzählt bei den Nationen von seiner Herrlichkeit, *
bei allen Völkern von seinen Wundern!
Denn groß ist der HERR und hoch zu loben, *
mehr zu fürchten als alle Götter. – (Kv)

Hoheit und Pracht sind vor seinem Angesicht, *
Macht und Glanz in seinem Heiligtum.
Bringt dar dem HERRN, ihr Stämme der Völker, *
bringt dar dem HERRN Ehre und Macht! – (Kv)

Verkündet bei den Nationen: *
Der HERR ist König!
Fest ist der Erdkreis gegründet, er wird nicht wanken. *
Er richtet die Völker so, wie es recht ist. – Kv

ZUR 2. LESUNG Die Be-„geisterung“ muss groß gewesen sein. Wenn ich den Korintherbrief lese, erstehen vor meinem inneren Auge

Bilder eines bunten und sehr lebhaften Gemeindelebens – gefolgt von einem Streit um die Wertigkeit der Gaben. Paulus fühlt sich einstweilen sogar genötigt klarzustellen, dass der Geist auf vielfältige Weise wirkt und es eben keine Hierarchie der Gaben gibt. Seine Botschaft gilt genauso uns heute: Im Geist sind jeder und jedem von uns Gaben geschenkt. Haben wir Mut, sie im Vertrauen auf Gottes Weisheit füreinander einzusetzen.

ZWEITE LESUNG

1 Kor 12,4–11

Ein und derselbe Geist teilt einem jeden seine besondere Gabe zu, wie er will

Lesung aus dem ersten Brief des Apostels Paulus an die Gemeinde in Korinth.

Schwestern und Brüder! Es gibt verschiedene Gnadengaben, aber nur den einen Geist. Es gibt verschiedene Dienste, aber nur den einen Herrn. Es gibt verschiedene Kräfte, die wirken, aber nur den einen Gott: Er bewirkt alles in allen.

Jedem aber wird die Offenbarung des Geistes geschenkt, damit sie anderen nützt. Dem einen wird vom Geist die Gabe geschenkt, Weisheit mitzuteilen, dem anderen durch denselben Geist die Gabe, Erkenntnis zu vermitteln, einem anderen in demselben Geist Glaubenskraft, einem anderen – immer in dem einen Geist – die Gabe, Krankheiten zu heilen, einem anderen Kräfte, Machttaten zu wirken, einem anderen prophetisches Reden, einem anderen die Fähigkeit, die Geister zu unterscheiden, wieder einem anderen verschiedene Arten von Zungenrede, einem anderen schließlich die Gabe, sie zu übersetzen.

Das alles bewirkt ein und derselbe Geist; einem jeden teilt er seine besondere Gabe zu, wie er will.

RUF VOR DEM EVANGELIUM

Vers: vgl. 2 Thess 2, 14

Halleluja. Halleluja.
Durch das Evangelium hat Gott uns berufen
zur Herrlichkeit Jesu Christi, unseres Herrn.
Halleluja.

ZUM EVANGELIUM Was da im Bergland von Galiläa circa 160 km von Jerusalem entfernt in Kana geschah, beeindruckt mich immer wieder. Bei einer Hochzeitsfeier geht dem Brautpaar der Wein aus. Was für eine Peinlichkeit. Doch das jesuanische Geschenkwunder rettet die Feier und das Ansehen des Brautpaares: Wasser wird zu feinstem Wein. Die Hochzeitsgesellschaft scheint von diesem sonderbaren Ereignis allerdings gar nichts mitzubekommen. Wenn man sich die Erzählung genauer ansieht, wird deutlich, dass nur Menschen aus einer kleinen Randgruppe zu Zeugen des Geschehens werden, nämlich die Diener. Sie wissen um den Mangel an Wein, füllen auf Jesu Anweisung hin die Krüge mit Wasser und schöpfen anschließend den Wein heraus. Die Diener sehen das Wunder, bleiben aber stumm. Ihre Stimme hätte wohl auch kaum Gewicht gehabt. Und was will man auch sagen, wenn Wasser plötzlich zu Wein wird? Wie beeindruckend, dass gerade die Kleinen und Schwachen im Johannes-Evangelium zu den ersten Zeugen der wunderbaren Tat werden – ja sogar daran mitwirken.

EVANGELIUM

Joh 2, 1–11

So tat Jesus sein erstes Zeichen – in Kana in Galiläa

+ **Aus dem heiligen Evangelium nach Johannes.**

In jener Zeit fand in Kana in Galiläa eine Hochzeit statt und die Mutter Jesu war dabei. Auch Jesus und seine Jünger waren zur Hochzeit eingeladen.

Als der Wein ausging, sagte die Mutter Jesu zu ihm: Sie haben keinen Wein mehr. Jesus erwiderte ihr: Was willst du von mir, Frau? Meine Stunde ist noch nicht gekommen. Seine Mutter sagte zu den Dienern: Was er euch sagt, das tut!

Es standen dort sechs steinerne Wasserkrüge, wie es der Reinigungssitte der Juden entsprach; jeder fasste ungefähr hundert Liter. Jesus sagte zu den Dienern: Füllt die Krüge mit Wasser! Und sie füllten sie bis zum Rand. Er sagte zu ihnen: Schöpft jetzt und bringt es dem, der für das Festmahl verantwortlich ist! Sie brachten es ihm.

Dieser kostete das Wasser, das zu Wein geworden war. Er wusste nicht, woher der Wein kam; die Diener aber, die das Wasser geschöpft hatten, wussten es. Da ließ er den Bräutigam rufen und sagte zu ihm: Jeder setzt zuerst den guten Wein vor und erst, wenn die Gäste zu viel getrunken haben, den weniger guten. Du jedoch hast den guten Wein bis jetzt aufbewahrt.

So tat Jesus sein erstes Zeichen, in Kana in Galiläa, und offenbarte seine Herrlichkeit und seine Jünger glaubten an ihn.

Glaubensbekenntnis, S. 454 ff.

FÜRBITTEN

Jesus, du unser Bruder und Herr, im Zeichen der Freude und Fülle rufst du uns. Voll Hoffnung rufen wir zu dir und bitten dich:

V: Kyrie, eleison. A: Christe, eleison.

- Für die zertrennten Kirchen, die auf die Barmherzigkeit Gottes vertrauen und entschieden Wege zur Einheit wagen.
- Für die Einsamen und die Menschen auf der Schattenseite des Lebens, die so oft übersehen und übergangen werden.
- Für die Völker, Religionen und Konfessionen, die in Vorurteilen und Hass verharren, dass sie zu einer Erneuerung des Denkens und Handelns finden.

- Für die Armen, die landlosen Arbeiter, die ihrer Rechte Beraubten, dass auch sie teilhaben an der Freude und Fülle des Lebens.
- Für unsere Verstorbenen, dass sie an deinem Tisch sitzen dürfen im hellen Licht deiner Liebe.

Gott des Lebens, in deinem Sohn Jesus Christus leuchtet die Hoffnung für alle Menschen hell. Erfülle uns mit dem Geist seiner Liebe, heute und allezeit und in Ewigkeit.

EUCHARISTIEFEIER

GABENGEBET

Herr, gib, dass wir das Geheimnis des Altares ehrfürchtig feiern; denn sooft wir die Gedächtnisfeier dieses Opfers begehen, vollzieht sich an uns das Werk der Erlösung. Durch Christus, unseren Herrn.

Präfation, S. 466 ff.

KOMMUNIONVERS 1 Joh 4,16

Wir haben die Liebe erkannt und an die Liebe geglaubt,
die Gott zu uns hat.

SCHLUSSGEBET

Barmherziger Gott, du hast uns alle mit dem einen Brot des Himmels gestärkt. Erfülle uns mit dem Geist deiner Liebe, damit wir ein Herz und eine Seele werden. Darum bitten wir durch Christus, unseren Herrn.

***

Für eine Wort-Gottes-Feier:

ERÖFFNUNGSGEBET ZUR WAHL

Gütiger Gott, du rufst uns aus dem Alltag zur Feier deiner Gegenwart. Erfülle uns mit deinen Gaben und wandle uns nach dem Bild deines Sohnes, unseres Herrn Jesus Christus, der mit dir lebt und herrscht in der Einheit des Heiligen Geistes heute und alle Tage und in Ewigkeit.

***

WEITE

Mit sich
beginnen,
aber nicht
bei sich enden.
Bei sich
anfangen,
aber sich nicht selbst
zum Ziel haben.

Martin Buber

3. SONNTAG IM JAHRESKREIS

26. Januar 2025

Wo Gottes Wort seine Wirkkraft entfalten kann, berührt es Menschen bis in die tiefsten Schichten. Das Volk Israel weint, als es die Weisung Gottes hört, erzählt die erste Lesung. Jesus Christus ist für uns Mensch gewordenes Wort Gottes. Wo er auftaucht und von Gottes tiefer Liebe und unserer Berufung zur Freiheit erzählt, wo er diese Befreiung durch Vergebung und Heilung real werden lässt, da kommt etwas in Bewegung. Durch die Taufe sind wir in diese Bewegung hineingenommen, sind wir verbunden zu einem Leib aus vielen Gliedern. Wenn wir die uns durch Gottes Geist anvertrauten Gaben einbringen, wirkt Gottes Wort weiter in diese Welt hinein. Dann wächst die Freiheit, die Jesaja verheißen und der Jesus Gestalt gegeben hat.

ERÖFFNUNGSVERS

Ps 96 (95), 1.6

Singet dem Herrn ein neues Lied,
singt dem Herrn, alle Lande!
Hoheit und Pracht sind vor seinem Angesicht,
Macht und Glanz in seinem Heiligtum!

KYRIE-RUFE

Herr Jesus Christus, du bist
gegenwärtig in deinem Wort.
V/A: Herr, erbarme dich.
Du sprichst, wenn die heiligen
Schriften gelesen werden.
V/A: Christus, erbarme dich.

Du gibst uns in deinem Wort eine
Leuchte, ein Licht für unsere Pfade.
V/A: Herr, erbarme dich.

Ehre sei Gott, S. 451 f.

TAGESGEBET

Allmächtiger, ewiger Gott, lenke unser Tun nach deinem Willen und gib, dass wir im Namen deines geliebten Sohnes reich werden an guten Werken. Darum bitten wir durch ihn, Jesus Christus.

WORTGOTTESDIENST

ZUR 1. LESUNG Nach dem babylonischen Exil muss sich das Volk Israel neu erfinden. Tempel, Königtum und eigenes Land gibt es nicht mehr. Das Volk kann sich unter den Persern, den neuen Besatzern, eine eigene Verfassung geben. Es wählt als solche die Weisung des HERRN, die Tora, aus. Die Lesung erzählt davon, wie die Tora nun erstmals dem Volk verkündet wird: in der Mitte des Volkes, von einem besonderen Ort aus, in Abschnitten, mit Erklärungen. Noch heute geschieht dies in dieser Form im Synagogengottesdienst und auch in unserem christlichen Gottesdienst. Und genau das macht Jesus im Evangelium: Gottes Wort verkünden und somit das scheinbar Vergangene in die Gegenwart holen, vergegenwärtigen. Gottes Wort zu hören: ein Grund zur Freude, die sich mitteilt und solidarisch Bedürftige teilhaben lässt.

ERSTE LESUNG Neh 8,2–4a.5–6.8–10

Man las aus dem Buch, der Weisung Gottes, vor und gab dazu Erklärungen, sodass die Leute verstehen konnten

Lesung aus dem Buch Nehemia.

In jenen Tagen brachte der Priester Esra die Weisung vor die Versammlung, Männer und Frauen und überhaupt alle, die schon mit Verstand zuhören konnten. Vom frühen Morgen bis zum Mittag las Esra auf dem Platz vor dem Wassertor den Männern und Frauen und denen, die es verstehen konnten, daraus vor. Das ganze Volk lauschte auf das Buch der Weisung.

Der Schriftgelehrte Esra stand auf einer Kanzel aus Holz, die man eigens dafür errichtet hatte. Esra öffnete das Buch vor aller Augen; denn er stand höher als das versammelte Volk. Als er das Buch aufschlug, erhoben sich alle. Dann pries Esra den HERRN, den großen Gott; darauf antworteten alle mit erhobenen Händen: Amen, amen! Sie verneigten sich, warfen sich vor dem HERRN nieder, mit dem Gesicht zur Erde.

Man las aus dem Buch, der Weisung Gottes, in Abschnitten vor und gab dazu Erklärungen, sodass die Leute das Vorgelesene verstehen konnten.

Nehemia, das ist Hattirschata, der Priester und Schriftgelehrte Esra und die Leviten, die das Volk unterwiesen, sagten dann zum ganzen Volk: Heute ist ein heiliger Tag zu Ehren des HERRN, eures Gottes. Seid nicht traurig und weint nicht! Alle Leute weinten nämlich, als sie die Worte der Weisung hörten. Dann sagte er zu ihnen: Nun geht, haltet ein festliches Mahl und trinkt süßen Wein! Schickt auch denen etwas, die selbst nichts haben; denn heute ist ein heiliger Tag zur Ehre unseres Herrn. Macht euch keine Sorgen; denn die Freude am HERRN ist eure Stärke.

ANTWORTPSALM Ps 19 (18), 8.9.10.12 u. 15 (Kv: vgl. Joh 6,63b)

Kv Deine Worte, Herr, sind Geist und Leben. – Kv

Die Weisung des HERRN ist vollkommen und gut, *
sie erquickt den Menschen.
Das Zeugnis des HERRN ist verlässlich, *
den Unwissenden macht es weise. – (Kv)

Die Befehle des HERRN sind gerade, *
sie erfüllen das Herz mit Freude.
Das Gebot des HERRN ist rein, *
es erleuchtet die Augen. – (Kv)

Die Furcht des HERRN ist lauter, *
sie besteht für immer.
Die Urteile des HERRN sind wahrhaftig, *
gerecht sind sie alle. – (Kv)

Auch dein Knecht lässt sich von ihnen warnen; *
reichen Lohn hat, wer sie beachtet.
Die Worte meines Munds mögen dir gefallen; /
was ich im Herzen erwäge, stehe dir vor Augen, *
HERR, mein Fels und mein Erlöser. – Kv

ZUR 2. LESUNG Mit dem eindrücklichen Bild des Leibes, der viele Glieder hat und nur im Zusammenspiel dieser Glieder ein funktionsfähiger Organismus ist, ruft Paulus zweierlei in Erinnerung: Erstens gehören wir alle durch die Taufe zu demselben Leib, sind wir „Einer-in-Christus". Zweitens sind wir in unserer Unterschiedlichkeit dabei aufeinander angewiesen und unentbehrlich. Jeder Mensch trägt durch die eigenen vom Geist verliehenen Gaben dazu bei, dass Christus durch seine Kirche in diese Welt hineinwirken kann. Ausnahmslos alle werden gebraucht, damit sich die Frohe Botschaft immer neu hier und heute erfüllt und Gottes Reich unter uns wächst.

ZWEITE LESUNG 1 Kor 12,12–31a

Ihr seid der Leib Christi und jeder Einzelne ist ein Glied an ihm

Lesung aus dem ersten Brief des Apostels Paulus an die Gemeinde in Korinth.

Schwestern und Brüder! Wie der Leib einer ist, doch viele Glieder hat, alle Glieder des Leibes aber, obgleich es viele sind, einen einzigen Leib bilden: So ist es auch mit Christus.

Durch den einen Geist wurden wir in der Taufe alle in einen einzigen Leib aufgenommen, Juden und Griechen, Sklaven und Freie; und alle wurden wir mit dem einen Geist getränkt.

Auch der Leib besteht nicht nur aus *einem* Glied, sondern aus vielen Gliedern.

Wenn der Fuß sagt: Ich bin keine Hand, ich gehöre nicht zum Leib!, so gehört er doch zum Leib. Und wenn das Ohr sagt: Ich bin kein Auge, ich gehöre nicht zum Leib!, so gehört es doch zum Leib. Wenn der ganze Leib nur Auge wäre, wo bliebe dann das Gehör? Wenn er nur Gehör wäre, wo bliebe dann der Geruchssinn? Nun aber hat Gott jedes einzelne Glied so in den Leib eingefügt, wie es seiner Absicht entsprach.

Wären alle zusammen nur *ein* Glied, wo bliebe dann der Leib? So aber gibt es viele Glieder und doch nur *einen* Leib. Das Auge kann nicht zur Hand sagen: Ich brauche dich nicht. Der Kopf wiederum kann nicht zu den Füßen sagen: Ich brauche euch nicht.

Im Gegenteil, gerade die schwächer scheinenden Glieder des Leibes sind unentbehrlich. Denen, die wir für weniger edel ansehen, erweisen wir umso mehr Ehre und unseren weniger anständigen Gliedern begegnen wir mit umso mehr Anstand, während die anständigen das nicht nötig haben. Gott aber hat den Leib so zusammengefügt, dass er dem benachteiligten Glied umso mehr Ehre zukommen ließ, damit im Leib kein Zwiespalt entstehe, sondern alle Glieder einträchtig füreinander sorgen.

Wenn darum *ein* Glied leidet, leiden alle Glieder mit; wenn *ein* Glied geehrt wird, freuen sich alle Glieder mit. Ihr aber seid der Leib Christi und jeder Einzelne ist ein Glied an ihm.

So hat Gott in der Kirche die einen erstens als Apostel eingesetzt, zweitens als Propheten, drittens als Lehrer; ferner verlieh er die Kraft, Machttaten zu wirken, sodann die Gaben, Krankheiten zu heilen, zu helfen, zu leiten, endlich die verschiedenen Arten von Zungenrede. Sind etwa alle Apostel, alle Propheten, alle Lehrer? Haben alle die Kraft, Machttaten zu wirken? Besitzen alle die Gabe, Krankheiten zu heilen? Reden alle in Zungen? Können alle übersetzen?

Strebt aber nach den höheren Gnadengaben!

[*Oder:* KURZFASSUNG – 1 Kor 12,12–14.27]

RUF VOR DEM EVANGELIUM

Vers: vgl. Jes 61,1 (Lk 4,18)

Halleluja. Halleluja.
Der Herr hat mich gesandt,
den Armen die frohe Botschaft zu bringen
und den Gefangenen die Freiheit zu verkünden.
Halleluja.

ZUM EVANGELIUM Diese Passage verbindet zwei völlig unzusammenhängende Abschnitte des Lukas-Evangeliums durch das Stichwort „erfüllt". Lukas sieht die Heilszusage Gottes an das Volk Israel in Jesus erfüllt, denn dieser ist der ganz und gar vom Geist Gottes Erfüllte. Was der Evangelist als Aussage über ihn schreibt, sagt Jesus in seiner programmatischen Antrittsrede auch selbst über sich. Während seines ersten öffentlichen Auftretens im Synagogengottesdienst seiner Heimatstadt verkündet er die Verheißung des Jesaja: die Befreiung aus materieller, körperlicher und seelischer Not, die Vergebung der Sünden und den Anbruch eines Gnadenjahres Gottes, durch das alle Last getilgt wird. In der mit Spannung erwarteten Auslegung bezieht Jesus die Erfüllung dieser Verheißung auf sich selbst. Mit ihm hat eine neue Zeitrechnung begonnen, in der die Liebe Gottes menschliche Gestalt angenommen hat. Gottes Wort hat Wirkung, die Grund zur Freude ist.

EVANGELIUM

Lk 1,1–4; 4,14–21

Heute hat sich dieses Schriftwort erfüllt

+ Aus dem heiligen Evangelium nach Lukas.

Schon viele haben es unternommen, eine Erzählung über die Ereignisse abzufassen, die sich unter uns erfüllt haben. Dabei hielten sie sich an die Überlieferung derer, die von Anfang an Augenzeugen und Diener des Wortes waren. Nun habe auch ich mich entschlossen, nachdem ich allem von Beginn an sorgfältig nachgegangen bin, es für dich, hochverehrter Theophilus, der Reihe nach aufzuschreiben. So kannst du dich von der Zuverlässigkeit der Lehre überzeugen, in der du unterwiesen wurdest.

In jener Zeit kehrte Jesus, erfüllt von der Kraft des Geistes, nach Galiläa zurück. Und die Kunde von ihm verbreitete sich in der ganzen Gegend. Er lehrte in den Synagogen und wurde von allen gepriesen.

So kam er auch nach Nazaret, wo er aufgewachsen war, und ging, wie gewohnt, am Sabbat in die Synagoge. Als er aufstand, um vorzulesen, reichte man ihm die Buchrolle des Propheten Jesaja. Er öffnete sie und fand die Stelle, wo geschrieben steht:

Der Geist des Herrn ruht auf mir; denn er hat mich gesalbt. Er hat mich gesandt, damit ich den Armen eine frohe Botschaft bringe; damit ich den Gefangenen die Entlassung verkünde und den Blinden das Augenlicht; damit ich die Zerschlagenen in Freiheit setze und ein Gnadenjahr des Herrn ausrufe.

Dann schloss er die Buchrolle, gab sie dem Synagogendiener und setzte sich. Die Augen aller in der Synagoge waren auf ihn gerichtet. Da begann er, ihnen darzulegen: Heute hat sich das Schriftwort, das ihr eben gehört habt, erfüllt.

Glaubensbekenntnis, S. 454 ff.

FÜRBITTEN

„Schickt auch denen etwas, die selbst nichts haben, denn heute ist ein heiliger Tag." Die Worte des Propheten Esra sind Gottesworte. Sie rufen uns, deshalb rufen wir zu Gott, dem allein Gerechten:

V: Gerechter und guter Gott. A: Wir bitten dich, erhöre uns.

- Wir beten für alle, die in Sicherheit und Wohlstand leben und bewusst teilen.
- Wir beten für die vielen Kinder, Männer und Frauen, für die der Hunger tägliche Qual ist.
- Wir beten für alle, die in Freiwilligenorganisationen andere stützen und stärken.

- Wir beten für die Kranken, die ohne ausreichende medizinische Versorgung leben müssen.
- Wir beten für die politischen Gefangenen, für die Misshandelten, Vergessenen und Verlassenen.

Auch wir sind gerufen, teilzuhaben und andere teilhaben zu lassen am Gnadenjahr des Herrn. Dafür danken wir und loben Gott, heute und alle Tage.

EUCHARISTIEFEIER

GABENGEBET

Herr, nimm unsere Gaben an und heilige sie, damit sie zum Sakrament der Erlösung werden, das uns Heil und Segen bringt. Darum bitten wir durch Christus, unseren Herrn.

Präfation, S. 466 ff.

KOMMUNIONVERS

Joh 8,12

Ich bin das Licht der Welt – so spricht der Herr.
Wer mir nachfolgt, wird nicht in der Finsternis gehen.
Er wird das Licht des Lebens haben.

SCHLUSSGEBET

Allmächtiger Gott, in deinem Mahl schenkst du uns göttliches Leben. Gib, dass wir dieses Sakrament immer neu als dein großes Geschenk empfangen und aus seiner Kraft leben. Darum bitten wir durch Christus, unseren Herrn.

***

Für eine Wort-Gottes-Feier:

ERÖFFNUNGSGEBET ZUR WAHL

Gütiger Gott, du hast deinen Sohn gesandt, um deine frohe Botschaft zu verkünden. Öffne unsere Ohren für seine Stimme, bereite unsere Herzen für sein heilendes Wort und erfülle deine Verheißung durch deinen Sohn Jesus Christus, der mit dir und dem Heiligen Geist lebt jetzt und in Ewigkeit.

***

WORTE VOLLER LEBENDIGKEIT

Du kannst das.
Du schaffst das.
Du bist wertvoll.
Ich halte dich.
Ich vertraue dir.
Ich vergebe dir.
Ich liebe dich.

Worte wie Brot,
das nach Freiheit schmeckt.
Worte wie Balsam,
der meine Wunden heilt.
Worte wie Augen,
in denen ich Ansehen finde.

Nur DU hast Worte ewigen Lebens,
wir in dir jedoch Worte voller Lebendigkeit füreinander.

Inga Schmitt

DARSTELLUNG DES HERRN – FEST

2. Februar 2025

In der Ostkirche heißt das heutige Fest *Begegnung des Herrn* und verweist auf die Begegnung Simeons und Hannas mit Jesus im Tempel. Die beiden Hochbetagten, die das Volk Israel repräsentieren, erkennen in dem Kind den verheißenen Retter, den Gesalbten Gottes, den Messias, und bezeugen ihn. Jesus ist Kind jüdischer frommer Eltern und wird deshalb in Erfüllung des Gesetzes im Tempel Gott vorgestellt, daher die Bezeichnung *Darstellung* des Herrn. Gottes Handeln in Jesus überschreitet die Grenzen menschlichen Denkens. Das gilt auch für die Vorstellung davon, zu wem der Messias gesandt ist: Sie gilt nicht nur dem Volk Israel, das ihn sehnsüchtig erwartet, sondern allen Völkern, denen er zum Licht und Heil wird. So wird Jesus nicht nur im Tempel Gott dargestellt, sondern auch uns.

Kerzenweihe und Prozession

(An vielen Orten versammelt sich die Gemeinde mit dem Priester vor der Kirche oder in einem Nebenraum. Alle tragen Kerzen, die der Priester segnet. Nach der Weihe zieht man singend mit brennenden Kerzen in feierlicher Prozession in die Kirche ein. Die Messe beginnt dann mit dem Eröffnungsvers. An anderen Orten versammeln sich die Gläubigen in der Kirche. Auch sie bringen Kerzen, die gesegnet werden. Die Prozession und auch die brennenden Kerzen, mit denen wir die Messfeier dieses Tages beginnen, sind Zeichen für unseren Weg zu Gott, jenen Weg, auf dem sein Licht leuchtet.)

(Der Priester segnet die Kerzen:)

Lasset uns beten. Gott, du Quell und Ursprung allen Lichtes, du hast am heutigen Tag dem greisen Simeon Christus geoffenbart als das

Licht zur Erleuchtung der Heiden. Segne † die Kerzen, die wir in unseren Händen tragen und zu deinem Lob entzünden. Führe uns auf dem Weg des Glaubens und der Liebe zu jenem Licht, das nie erlöschen wird. Darum bitten wir durch Christus, unseren Herrn.

(Der Priester fordert zur Prozession auf:)

Lasst uns ziehen in Frieden,
Christus, dem Herrn, entgegen!

(Während der Prozession wird der Lobgesang des Simeon gesungen oder ein anderes passendes Lied.)

DER LOBGESANG DES SIMEON

Lk 2,29–32

Kv Ein Licht, das die Heiden erleuchtet,
und Herrlichkeit für dein Volk Israel. – Kv

Nun lässt du, Herr, deinen Knecht, *
wie du gesagt hast, in Frieden scheiden. – (Kv)

Meine Augen haben das Heil gesehen, *
das du vor allen Völkern bereitet hast. – Kv

MESSFEIER

ERÖFFNUNGSVERS

Vgl. Ps 48 (47), 10–11

Wir haben dein Heil empfangen, o Gott,
inmitten deines Tempels.
Wie dein Name, Gott, so reicht dein Ruhm
bis an die Enden der Erde;
deine rechte Hand ist voll von Gerechtigkeit.

KYRIE-RUFE

Herr Jesus Christus, wahres
Licht, du kamst in die Welt.
V/A: Herr, erbarme dich.
Du bist ein Licht, das
die Heiden erleuchtet.
V/A: Christus, erbarme dich.
Du bist Herrlichkeit
für dein Volk Israel.
V/A: Herr, erbarme dich.

Ehre sei Gott, S. 451 f.

TAGESGEBET

Allmächtiger, ewiger Gott, dein eingeborener Sohn hat unsere menschliche Natur angenommen und wurde am heutigen Tag im Tempel dargestellt. Läutere unser Leben und Denken, damit wir mit reinem Herzen vor dein Antlitz treten. Darum bitten wir durch Jesus Christus.

WORTGOTTESDIENST

ZUR 1. LESUNG Zur Zeit Jesu waren die Verhältnisse kaum besser als zur Zeit des Propheten Maleachi, der den Tempelkult kritisiert und soziale und sittliche Missstände anprangert. Entgegen der Kritik damaliger religiöser Führer an Gott kündigt Maleachi an, dass der Herr sehr wohl kommen und dann sein Volk läutern wird, um Gerechtigkeit herzustellen. Gottes überraschendes Kommen wird vorbereitet durch einen Boten, in dem sichtbar wird, dass Gott die Seinen nicht allein lässt. Das Neue Testament erkennt in Johannes dem Täufer diesen Boten und in Jesus den Herrn. Die Botschaft Jesu ist frohe Botschaft: Das Reich Gottes ist nahe. Zugleich ruft sie in die Entscheidung: Kehrt um und glaubt an das Evangelium. Wer dieser Einladung folgt, kann bestehen, „wenn er erscheint".

ERSTE LESUNG

Mal 3,1–4

Dann kommt zu seinem Tempel der Herr, den ihr sucht

Lesung aus dem Buch Maleachi.

So spricht Gott der Herr: Seht, ich sende meinen Boten; er soll den Weg für mich bahnen. Dann kommt plötzlich zu seinem Tempel der Herr, den ihr sucht, und der Bote des Bundes, den ihr herbeiwünscht. Seht, er kommt!, spricht der Herr der Heerscharen.

Doch wer erträgt den Tag, an dem er kommt? Wer kann bestehen, wenn er erscheint? Denn er ist wie das Feuer des Schmelzers und wie die Lauge der Walker. Er setzt sich, um das Silber zu schmelzen und zu reinigen: Er reinigt die Söhne Levis, er läutert sie wie Gold und Silber. Dann werden sie dem Herrn die richtigen Opfer darbringen. Und dem Herrn wird das Opfer Judas und Jerusalems angenehm sein wie in den Tagen der Vorzeit, wie in längst vergangenen Jahren.

ANTWORTPSALM

Ps 24 (23),7–8.9–10 (Kv: vgl. 10b)

Kv Der Herr der Heere,
er ist der König der Herrlichkeit. – Kv

Ihr Tore, hebt eure Häupter, /
hebt euch, ihr uralten Pforten, *
denn es kommt der König der Herrlichkeit!
Wer ist dieser König der Herrlichkeit? *
Der Herr, stark und gewaltig, der Herr, im Kampf gewaltig. – (Kv)

Ihr Tore, hebt eure Häupter, /
hebt euch, ihr uralten Pforten, *
denn es kommt der König der Herrlichkeit!

Wer ist er, dieser König der Herrlichkeit? *
Der HERR der Heerscharen: Er ist der König der Herrlichkeit. – Kv

ZUR 2. LESUNG Der Hebräerbrief erzählt hier eine Glaubenswahrheit, die uns zugleich selbstverständlich geworden ist und unergründlich bleibt: In Jesus ist Gott Mensch geworden und hat unsere Leibhaftigkeit bis in den Tod hinein angenommen, um uns aus den Fesseln des Todes ein für alle Mal zu befreien. Er konnte gar nicht anders, weil wir seine Kinder sind, seine Geschöpfe. Damit sind wir durch Jesus dessen Schwestern und Brüder und schon immer untereinander Geschwister. Von daher musste Jesu Botschaft die Grenzen Israels überschreiten, musste Jesus zum Heil für alle Völker werden, wie es im heutigen Evangelium Simeon bekennt. Der Glaube an Jesus Christus, den Mensch gewordenen Gott, ist Trost und Aufrichtung. Er führt uns in eine neue Freiheit und in ein weltumspannendes Füreinander.

ZWEITE LESUNG Hebr 2,11–12.13c–18

Er musste in allem seinen Brüdern gleich sein

Lesung aus dem Hebräerbrief.

Er, der heiligt, und sie, die geheiligt werden, stammen alle aus Einem; darum schämt er sich nicht, sie Brüder zu nennen und zu sagen: Ich will deinen Namen meinen Brüdern verkünden, inmitten der Gemeinde dich preisen; und ferner: Siehe, ich und die Kinder, die Gott mir geschenkt hat.

Da nun die Kinder von Fleisch und Blut sind, hat auch er in gleicher Weise daran Anteil genommen, um durch den Tod den zu entmachten, der die Gewalt über den Tod hat, nämlich den Teufel, und um die zu befreien, die durch die Furcht vor dem Tod ihr Leben lang der Knechtschaft verfallen waren. Denn er nimmt sich keineswegs der Engel an, sondern der Nachkommen Abrahams nimmt er sich an.

Darum musste er in allem seinen Brüdern gleich sein, um ein barmherziger und treuer Hohepriester vor Gott zu sein und die Sünden des Volkes zu sühnen. Denn da er gelitten hat und selbst in Versuchung geführt wurde, kann er denen helfen, die in Versuchung geführt werden.

RUF VOR DEM EVANGELIUM

Vers: vgl. Lk 2,32

Halleluja. Halleluja.
Ein Licht, das die Heiden erleuchtet,
und Herrlichkeit für das Volk Israel.
Halleluja.

ZUM EVANGELIUM Wer ist der Jesus, von dem das Lukas-Evangelium erzählt? Das beschreibt die lukanische Kindheitsgeschichte. Jesus ist Sohn frommer jüdischer Eltern, die sich der Weisung Gottes verbunden wissen und die Gesetze befolgen. Zugleich ist er Gottes Sohn, der Tempel somit das Haus seines Vaters. Wie der greise Simeon und die hochbetagte Prophetin Hanna, ebenfalls fromme Juden mit wachen Sinnen für Gott, erkennen und bekennen, ist Jesus der verheißene Messias. Er ist der Friedenskönig, der Licht in die Dunkelheiten des Lebens bringt. An Jesus scheiden sich die Geister: Die einen schließen sich ihm an, die anderen gehen in den Widerstand, der Jesus sogar das Leben kosten wird. Er eröffnet den Raum dafür, dass sich die frohe Botschaft über das Volk Israel hinaus ausbreiten wird. So lässt Lukas Simeon sagen: Jesus wird zum Heil aller Völker, zum Licht, das die Heiden erleuchtet. Und Hanna ist seine erste Missionarin.

EVANGELIUM

Lk 2,22–40

Meine Augen haben das Heil gesehen

+ Aus dem heiligen Evangelium nach Lukas.

Als sich für die Eltern Jesu die Tage der vom Gesetz des Mose vorgeschriebenen Reinigung erfüllt hatten, brachten sie das Kind nach Jerusalem hinauf, um es dem Herrn darzustellen, wie im Gesetz des Herrn geschrieben ist: Jede männliche Erstgeburt soll dem Herrn heilig genannt werden. Auch wollten sie ihr Opfer darbringen, wie es das Gesetz des Herrn vorschreibt: ein Paar Turteltauben oder zwei junge Tauben.

Und siehe, in Jerusalem lebte ein Mann namens Simeon. Dieser Mann war gerecht und fromm und wartete auf den Trost Israels und der Heilige Geist ruhte auf ihm. Vom Heiligen Geist war ihm offenbart worden, er werde den Tod nicht schauen, ehe er den Christus des Herrn gesehen habe.

Er wurde vom Geist in den Tempel geführt; und als die Eltern das Kind Jesus hereinbrachten, um mit ihm zu tun, was nach dem Gesetz üblich war, nahm Simeon das Kind in seine Arme und pries Gott mit den Worten:

Nun lässt du, Herr, deinen Knecht, wie du gesagt hast, in Frieden scheiden. Denn meine Augen haben das Heil gesehen, das du vor allen Völkern bereitet hast, ein Licht, das die Heiden erleuchtet, und Herrlichkeit für dein Volk Israel.

Sein Vater und seine Mutter staunten über die Worte, die über Jesus gesagt wurden. Und Simeon segnete sie und sagte zu Maria, der Mutter Jesu: Siehe, dieser ist dazu bestimmt, dass in Israel viele zu Fall kommen und aufgerichtet werden, und er wird ein Zeichen sein, dem widersprochen wird – und deine Seele wird ein Schwert durchdringen. So sollen die Gedanken vieler Herzen offenbar werden.

Damals lebte auch Hanna, eine Prophetin, eine Tochter Penuëls, aus dem Stamm Ascher. Sie war schon hochbetagt. Als junges Mädchen hatte sie geheiratet und sieben Jahre mit ihrem Mann gelebt; nun war sie eine Witwe von vierundachtzig Jahren. Sie hielt sich ständig im Tempel auf und diente Gott Tag und Nacht mit Fasten und Beten.

Zu derselben Stunde trat sie hinzu, pries Gott und sprach über das Kind zu allen, die auf die Erlösung Jerusalems warteten.

Als seine Eltern alles getan hatten, was das Gesetz des Herrn vorschreibt, kehrten sie nach Galiläa in ihre Stadt Nazaret zurück. Das Kind wuchs heran und wurde stark, erfüllt mit Weisheit und Gottes Gnade ruhte auf ihm.

[*Oder:* KURZFASSUNG – Lk 2,22–32]

Glaubensbekenntnis, S. 454 ff.

FÜRBITTEN

Der Name Simeon bedeutet „Erhörung“, Hanna heißt „Gnade“. Wir wenden uns an Gott, im Vertrauen, dass er uns gnädig hört und erhört:

V: Gott der Gnade. A: Höre und erhöre uns.

- Wir beten für die in der Verkündigung Tätigen, dass sie sich selbst immer wieder neu öffnen für prophetische Stimmen, für Gottes Wort.
- Wir beten für alle, die eine geistliche Berufung in sich tragen, dass sie ihr folgen können.
- Wir beten für die Verantwortlichen in den Regierungen, dass das Wohl aller ihr wichtigstes Anliegen ist.
- Wir beten für die alt gewordenen Menschen in unseren Pfarrgemeinden, dass ihre Fähigkeiten gesehen, gebraucht und geschätzt werden und sie Hilfe erfahren, wenn es nötig wird.
- Wir beten für alle, deren Tage gezählt sind, dass sie sich vom Vertrauen auf das Heil von Gott her getragen wissen.

Gott, du schenkst uns dein Erbarmen, in Jesus Christus ist das Licht aller Welt erschienen. Dafür danken wir dir und loben dich, heute und allezeit.

EUCHARISTIEFEIER

GABENGEBET

Allmächtiger Gott, nach deinem Ratschluss hat dein eigener Sohn sich als makelloses Lamm für das Leben der Welt geopfert. Nimm die Gabe an, die deine Kirche in festlicher Freude darbringt. Darum bitten wir durch Christus, unseren Herrn.

PRÄFATION

In Wahrheit ist es würdig und recht, dir, Herr, heiliger Vater, allmächtiger, ewiger Gott, immer und überall zu danken. Denn heute hat die jungfräuliche Mutter deinen ewigen Sohn zum Tempel getragen; Simeon, vom Geist erleuchtet, preist ihn als Ruhm deines Volkes Israel, als Licht zur Erleuchtung der Heiden. Darum gehen auch wir dem Erlöser freudig entgegen und singen mit den Engeln und Heiligen das Lob deiner Herrlichkeit: Heilig …

KOMMUNIONVERS

Lk 2,30–31

Meine Augen haben das Heil gesehen,
das du vor allen Völkern bereitet hast.

SCHLUSSGEBET

Barmherziger Gott, stärke unsere Hoffnung durch das Sakrament, das wir empfangen haben, und vollende in uns das Werk deiner Gnade. Du hast die Erwartung Simeons erfüllt und ihn Christus schauen lassen. Erfülle auch unser Verlangen: Lass uns Christus entgegengehen und in ihm das ewige Leben finden, der mit dir lebt und herrscht in alle Ewigkeit.

***

GEHEIMNIS DES GLAUBENS

GOTT wird Mensch und lebt unser Leben.
Mit Höhen und Tiefen, voll Freude und auch Sorge.
Er wird berührbar und lässt sich berühren
von menschlichen Schicksalen.
Er wird nicht müde, auf uns zuzugehen,
uns sein Ansehen zu schenken,
sich unserer Not anzunehmen,
uns aufzurichten und uns Lebendigkeit einzuhauchen.
Er stirbt unseren Tod,
nicht friedlich, sondern gewaltsam,
steigt hinab in dunkelste Tiefen.
Und geht als strahlender Sieger hervor.
Denn – noch lange nicht – am Ende siegt das Leben,
neues, ewiges Leben: Auferstehung.
GOTT wird Mensch und befreit uns aus den Fesseln des Todes.
ER kann gar nicht anders, sind wir doch sein.
Welch eine grenzenlose Liebe!
Komm, sag es allen weiter!
Mach's wie Gott, werde Mensch.
Geh, sprüh Funken voller Lebendigkeit!

Inga Schmitt

5. SONNTAG IM JAHRESKREIS

9. Februar 2025

Gott beruft Menschen in bestimmte Aufgaben. Um diese Berufung kreisen die Lesungen des heutigen Sonntags – aus unterschiedlichen Perspektiven. Der Prophet Jesaja erfährt in einer atemberaubenden Vision von seinem Auftrag und wird dafür geläutert. Paulus gibt weiter, was ihm aufgetragen wurde bei seiner Berufung, das Evangelium zu verkünden. Für die ersten Jünger ist es das in Jesus gesetzte Vertrauen, mit dem sie das nach menschlichen Maßstäben Sinnlose wagen. Alle drei Texte haben gemeinsam, dass die Berufenen ihre eigene Sündhaftigkeit erkennen; sie erfahren, wie ihnen Gottes Gnade neues Leben und frische Perspektiven schenkt. Die Lesungen laden dazu ein, sich neu auf Gottes Rufen einzulassen und der eigenen Berufung nachzuspüren.

ERÖFFNUNGSVERS

Ps 95 (94),6–7

Kommt, lasst uns niederfallen,
uns verneigen vor dem Herrn, unserem Schöpfer!
Denn er ist unser Gott.

KYRIE-RUFE

Herr Jesus Christus, du verkündigst
das Evangelium Gottes.
V/A: Herr, erbarme dich.
Du rettest uns durch das Evangelium.
V/A: Christus, erbarme dich.
Du rufst zum Dienst der Verkündigung.
V/A: Herr, erbarme dich.

Ehre sei Gott, S. 451 f.

TAGESGEBET

Gott, unser Vater, wir sind dein Eigentum und setzen unsere Hoffnung allein auf deine Gnade. Bleibe uns nahe in jeder Not und Gefahr und schütze uns. Darum bitten wir durch Jesus Christus.

WORTGOTTESDIENST

ZUR 1. LESUNG Etwa um das Jahr 735 vor Christus ist König Usija gestorben. Als Herrscher von Juda hatte er politische Erfolge erzielt, wurde aber hochmütig und dafür mit Aussatz bestraft, wie es heißt (vgl. 2 Chr 26,1–23). Das Land geriet in eine Krise. Die Assyrer wollten die beiden Reiche Israel und Juda einnehmen. Es stand schlecht um den „Weinberg des Herrn" (vgl. Jes 5,1–7). In dieser Situation sieht Jesaja Gott als den wahren und heiligen König, von dem der Tempel gerade einmal den Mantelsaum fassen kann. Der Prophet erkennt dabei seine Sündhaftigkeit. Durch ein Reinigungsritual wird er für sein von Gott aufgetragenes Amt von der Schuld losgesprochen, sein Mund soll das läuternde Gotteswort verkündigen. Mit der Berufung des Jesaja verbindet der Autor eine klare Botschaft: Allein Gott ist König, er lässt sich nicht vereinnahmen. Die eigene Lebensgeschichte kann niemand umschreiben, aber Gott kommt auf den Menschen zu, vergibt und sendet. Er fragt auch mich: Willst du dich senden lassen?

ERSTE LESUNG Jes 6,1–2a.3–8

Hier bin ich, sende mich

Lesung aus dem Buch Jesaja.

Im Todesjahr des Königs Usija, da sah ich den Herrn auf einem hohen und erhabenen Thron sitzen und die Säume seines Gewandes

füllten den Tempel aus. Serafim standen über ihm. Und einer rief dem anderen zu und sagte:
Heilig, heilig, heilig ist der HERR der Heerscharen. Erfüllt ist die ganze Erde von seiner Herrlichkeit.
Und es erbebten die Türzapfen in den Schwellen vor der Stimme des Rufenden und das Haus füllte sich mit Rauch.
Da sagte ich: Weh mir, denn ich bin verloren. Denn ein Mann unreiner Lippen bin ich und mitten in einem Volk unreiner Lippen wohne ich, denn den König, den HERRN der Heerscharen, haben meine Augen gesehen.
Da flog einer der Serafim zu mir und in seiner Hand war eine glühende Kohle, die er mit einer Zange vom Altar genommen hatte. Er berührte damit meinen Mund und sagte: Siehe, dies hat deine Lippen berührt, so ist deine Schuld gewichen und deine Sünde gesühnt.
Da hörte ich die Stimme des Herrn, der sagte: Wen soll ich senden? Wer wird für uns gehen? Ich sagte: Hier bin ich, sende mich!

ANTWORTPSALM

Ps 138 (137),1–2b.2c–3.4–5.7c–8 (Kv: vgl. 1b)

Kv Vor den Engeln will ich dir singen und spielen, o HERR. – KV

Ich will dir danken mit meinem ganzen Herzen, *
dir vor den Engeln singen und spielen.
Ich will mich niederwerfen zu deinem heiligen Tempel hin, *
will deinem Namen danken für deine Huld und für deine Treue. – (Kv)

Denn du hast dein Wort größer gemacht *
als deinen ganzen Namen.
Am Tag, da ich rief, gabst du mir Antwort, *
du weckst Kraft in meiner Seele. – (Kv)

Dir, HERR, sollen alle Könige der Erde danken, *
wenn sie die Worte deines Mundes hören.
Sie sollen singen auf den Wegen des HERRN. *
Die Herrlichkeit des HERRN ist gewaltig. – (Kv)

Du streckst deine Hand aus, *
deine Rechte hilft mir.
Der HERR wird es für mich vollenden. /
HERR, deine Huld währt ewig. *
Lass nicht ab von den Werken deiner Hände! – Kv

ZUR 2. LESUNG Bei der Frage nach der Auferstehung geht es ums Ganze. In Korinth gibt es wohl Gemeindeglieder, die eine Auferstehung nicht für möglich halten. Auch Christus ist ihrer Meinung nach nicht von den Toten erweckt worden. Dem setzt Paulus das ihm überlieferte Bekenntnis entgegen – in einer Formulierung, die vermutlich eines der ältesten christlichen Glaubensbekenntnisse ist. Für die Auferweckung Jesu gebe es zahlreiche Zeugen, die sogar noch am Leben sind und dazu befragt werden könnten. Auch er selbst ist dem auferstandenen Christus begegnet (vgl. Apg 9,1–18). Indem er sich als „Missgeburt" unter den Aposteln bezeichnet, reagiert Paulus entweder auf einen Vorwurf gegen seine Person oder macht grundsätzlich deutlich, wie groß die verwandelnde Gnade Gottes ist. Dass Gott in ihm einen der größten Verfolger zum Apostel beruft, ist ein Zeichen der Gnade und zeigt, dass jeder Mensch eine Chance hat. Auch wer mit Gott hadert, wird von ihm nicht aufgegeben.

ZWEITE LESUNG 1 Kor 15,1–11

Das ist unsere Botschaft und das ist der Glaube, den ihr angenommen habt

Lesung aus dem ersten Brief des Apostels Paulus an die Gemeinde in Korinth.

Ich erinnere euch, Schwestern und Brüder, an das Evangelium, das ich euch verkündet habe. Ihr habt es angenommen; es ist der Grund, auf dem ihr steht. Durch dieses Evangelium werdet ihr gerettet werden, wenn ihr festhaltet an dem Wort, das ich euch ver-

kündet habe, es sei denn, ihr hättet den Glauben unüberlegt angenommen.
Denn vor allem habe ich euch überliefert, was auch ich empfangen habe:
Christus ist für unsere Sünden gestorben, gemäß der Schrift, und ist begraben worden. Er ist am dritten Tag auferweckt worden, gemäß der Schrift, und erschien dem Kephas, dann den Zwölf.
Danach erschien er mehr als fünfhundert Brüdern zugleich; die meisten von ihnen sind noch am Leben, einige sind entschlafen. Danach erschien er dem Jakobus, dann allen Aposteln. Zuletzt erschien er auch mir, gleichsam der Missgeburt.
Denn ich bin der Geringste von den Aposteln; ich bin nicht wert, Apostel genannt zu werden, weil ich die Kirche Gottes verfolgt habe. Doch durch Gottes Gnade bin ich, was ich bin, und sein gnädiges Handeln an mir ist nicht ohne Wirkung geblieben. Mehr als sie alle habe ich mich abgemüht – nicht ich, sondern die Gnade Gottes zusammen mit mir.
Ob nun ich verkünde oder die anderen: Das ist unsere Botschaft und das ist der Glaube, den ihr angenommen habt.

[*Oder:* KURZFASSUNG – 1 Kor 15,3–8.11]

RUF VOR DEM EVANGELIUM

Vers: Mt 4,19

Halleluja. Halleluja.
(So spricht der Herr:)
Kommt her, mir nach!
Ich werde euch zu Menschenfischern machen.
Halleluja.

ZUM EVANGELIUM Alle vier Evangelien enthalten Erzählungen von der Berufung der ersten Jünger. Der Bericht über den sogenannten „Fischzug des Petrus" gehört zu der Überlieferung, die nur Lukas weitergibt. Dass die Fischer trotz erfolgloser Bemühungen schließlich auf das Wort Jesu hin nochmals hinausfahren und mit prall gefüllten

Netzen zurückkehren, ist Verheißung. Den künftigen Jüngern wird vor Augen geführt, dass sie als „Menschenfänger" erfolgreich sein werden. Ähnlich wie Jesaja und auch Paulus erkennt Simon im Prozess der Berufung seine Sündhaftigkeit. Es ist Jesus, der auf ihn zugeht und ihm einen Auftrag erteilt. Berufung und Auftrag krempeln das Leben der Betroffenen völlig um. Für Lukas ist Nachfolge radikal – die Fischer um Simon verlassen wirklich alles und setzen nur noch auf eine Karte. Die Jünger sind keine Helden, sondern sie erleben in Jesus Gottes Gegenwart, die Leben in Fülle verheißt.

EVANGELIUM Lk 5,1–11

Sie verließen alles und folgten ihm nach

+ Aus dem heiligen Evangelium nach Lukas.

In jener Zeit, als die Volksmenge Jesus bedrängte und das Wort Gottes hören wollte, da stand er am See Gennesaret und sah zwei Boote am See liegen. Die Fischer waren aus ihnen ausgestiegen und wuschen ihre Netze. Jesus stieg in eines der Boote, das dem Simon gehörte, und bat ihn, ein Stück weit vom Land wegzufahren. Dann setzte er sich und lehrte das Volk vom Boot aus.

Als er seine Rede beendet hatte, sagte er zu Simon: Fahr hinaus, wo es tief ist, und werft eure Netze zum Fang aus! Simon antwortete ihm: Meister, wir haben die ganze Nacht gearbeitet und nichts gefangen. Doch auf dein Wort hin werde ich die Netze auswerfen.

Das taten sie und sie fingen eine große Menge Fische; ihre Netze aber drohten zu reißen. Und sie gaben ihren Gefährten im anderen Boot ein Zeichen, sie sollten kommen und ihnen helfen. Sie kamen und füllten beide Boote, sodass sie fast versanken.

Als Simon Petrus das sah, fiel er Jesus zu Füßen und sagte: Geh weg von mir; denn ich bin ein sündiger Mensch, Herr! Denn Schrecken hatte ihn und alle seine Begleiter ergriffen über den Fang der Fische, den sie gemacht hatten; ebenso auch Jakobus und Johannes, die Söhne des Zebedäus, die mit Simon zusammenarbeiteten.

Da sagte Jesus zu Simon: Fürchte dich nicht! Von jetzt an wirst du Menschen fangen.

Und sie zogen die Boote an Land, verließen alles und folgten ihm nach.

Glaubensbekenntnis, S. 454 ff.

FÜRBITTEN

Gegen jede Tradition und Erfahrung wird das Netz der Jünger neu und anders ausgeworfen – und unerwartet reich gefüllt. Bitten wir Gott um seinen Beistand für alle, die auf ihn hören und neue Wege wagen:

V: Gott, du unsere Hoffnung. A: Höre unsere Bitten.

- Für die jungen Menschen, die in diesem Jahr die Schule abschließen.
- Für alle, die in diesem Jahr in den Ruhestand wechseln.
- Für die vielen, die an ihrer Kirche leiden und zur Erneuerung der Kirche beitragen wollen.
- Für jene, die sich ihrem Gegenüber bewusst neu zuwenden.
- Für alle, die sich in diesem Jahr sozial engagieren wollen und sich bewusst ehrenamtlich einbringen.

Gott der Weite, du lädst uns ein, aus allzu Vertrautem aufzubrechen und Neues zu wagen. Wir bitten dich um die Kraft, deine Wege zu gehen, heute und alle Tage unseres Lebens.

EUCHARISTIEFEIER

GABENGEBET

Herr, unser Gott, du hast Brot und Wein geschaffen, um uns Menschen in diesem vergänglichen Leben Nahrung und Freude zu schenken. Mache diese Gaben zum Sakrament, das uns ewiges Leben bringt. Darum bitten wir durch Christus, unseren Herrn.

Präfation, S. 466 ff.

KOMMUNIONVERS

Mt 5,4.6

Selig, die trauern; denn sie werden getröstet werden.
Selig, die hungern und dürsten nach der Gerechtigkeit;
denn sie werden satt werden.

SCHLUSSGEBET

Barmherziger Gott, du hast uns teilhaben lassen an dem einen Brot und dem einen Kelch. Lass uns eins werden in Christus und Diener der Freude sein für die Welt. Darum bitten wir durch Christus, unseren Herrn.

***

Für eine Wort-Gottes-Feier:

ERÖFFNUNGSGEBET ZUR WAHL

Gott, immer wieder rufst du uns, dir zu folgen. Gib uns das Vertrauen in deine Verheißung und lass uns glaubwürdige Zeugen deiner frohen Botschaft sein. Darum bitten wir durch Jesus Christus, deinen Sohn, der in der Einheit des Heiligen Geistes mit dir lebt und herrscht in Ewigkeit.

***

GOTT WIRBT UM MICH

Gott rufet noch. Sollt ich nicht endlich hören?
Wie lass ich mich bezaubern und betören!
Die kurze Freud, die kurze Zeit vergeht,
und meine Seel noch so gefährlich steht.

Gott locket mich; nun länger nicht verweilet!
Gott will mich ganz; nun länger nicht geteilet!
Fleisch, Welt, Vernunft, sag immer, was du willt,
meins Gottes Stimm mir mehr als deine gilt.

Gerhard Tersteegen

6. SONNTAG IM JAHRESKREIS

16. Februar 2025

Wie am vergangenen Sonntag geht es auch in den biblischen Texten des heutigen Tages um eine Entscheidung. Wer sich für Gott entscheidet, antwortet auf die unendliche Liebe, die Gott seinen Geschöpfen entgegenbringt. Die Lesungen entfalten, was es bedeutet, „ein neues und reines Herz" zu erhalten, wie es im Tagesgebet heißt. Vertrauen, wie Jeremia es beschreibt, Hoffnung, wie sie Paulus als Grund des Glaubens ansieht, und der Einsatz für die Menschen an den Rändern, den Lukas fordert: Das sind Früchte eines Herzens, das Gott in sich aufgenommen hat.

ERÖFFNUNGSVERS

Ps 31 (30),3–4

Sei mir ein schützender Fels,
eine feste Burg, die mich rettet.
Denn du bist mein Fels und meine Burg;
um deines Namens willen wirst du mich führen
und leiten.

KYRIE-RUFE

Herr Jesus Christus, du gibst unserem
Leben Halt im Vertrauen auf Gott.
V/A: Herr, erbarme dich.
Du gibst unserem Leben Zukunft
in der Hoffnung auf Gott.
V/A: Christus, erbarme dich.

Du gibst unserem Leben Fülle
in der Liebe zu Gott.
V/A: Herr, erbarme dich.

Ehre sei Gott, S. 451 f.

TAGESGEBET

Gott, du liebst deine Geschöpfe, und es ist deine Freude, bei den Menschen zu wohnen. Gib uns ein neues und reines Herz, das bereit ist, dich aufzunehmen. Darum bitten wir durch Jesus Christus.

WORTGOTTESDIENST

ZUR 1. LESUNG Im ersten Teil des Buchs Jeremia (Kap. 2–24) sind predigtartige Stücke des Propheten gesammelt. Er rüttelt das untreue und gleichgültig gewordene Volk auf und ermutigt es zum Vertrauen auf Gott. Wenn sich der Mensch auf sein eigenes Können oder das von anderen verlässt, schöpft er nicht aus der Quelle des Lebens. Dann trinkt er vielmehr aus einem Tümpel, dessen Wasser abgestanden und schädlich ist. Lebendiges Wasser sprudelt allein aus Gott selbst. Mit Begriffen aus der Weisheitsliteratur wird der Gerechte hier mit einem Baum verglichen, der am Wasser gepflanzt und damit ständig mit frischem Lebenselixier versorgt ist. Wir finden dies ähnlich in Psalm 1, der dieser Lesung als Antwortpsalm folgt. Das Wort Gottes ist Proviant der Hoffnung, der an dunklen und schweren Tagen über die Durststrecken hilft. An hellen und glücklichen Tagen wird er aufgefüllt und erinnert uns daran, dass unser Leben Geschenk und Gnade ist.

ERSTE LESUNG

Jer 17,5–8

Verflucht, wer auf Menschen vertraut; gesegnet, wer auf den Herrn vertraut

Lesung aus dem Buch Jeremia.

So spricht der HERR: Verflucht der Mensch, der auf Menschen vertraut, auf schwaches Fleisch sich stützt und dessen Herz sich abwendet vom HERRN.

Er ist wie ein Strauch in der Steppe, der nie Regen kommen sieht; er wohnt auf heißem Wüstenboden, im Salzland, das unbewohnbar ist.

Gesegnet der Mensch, der auf den HERRN vertraut und dessen Hoffnung der HERR ist. Er ist wie ein Baum, der am Wasser gepflanzt ist und zum Bach seine Wurzeln ausstreckt: Er hat nichts zu fürchten, wenn Hitze kommt; seine Blätter bleiben grün; auch in einem trockenen Jahr ist er ohne Sorge, er hört nicht auf, Frucht zu tragen.

ANTWORTPSALM

Ps 1,1–2.3.4 u. 6 (Kv: vgl. Jer 17,7)

Kv Gesegnet, wer auf den HERRN sich verlässt. – Kv

Selig der Mann, der nicht nach dem Rat der Frevler geht, /
nicht auf dem Weg der Sünder steht, *
nicht im Kreis der Spötter sitzt,
sondern sein Gefallen hat an der Weisung des HERRN, *
bei Tag und bei Nacht über seine Weisung nachsinnt. – (Kv)

Er ist wie ein Baum, gepflanzt an Bächen voll Wasser, /
der zur rechten Zeit seine Frucht bringt *
und dessen Blätter nicht welken.
Alles, was er tut, *
es wird ihm gelingen. – (Kv)

Nicht so die Frevler: *
Sie sind wie Spreu, die der Wind verweht.
Denn der HERR kennt den Weg der Gerechten, *
der Weg der Frevler aber verliert sich. – Kv

ZUR 2. LESUNG Alles ist vergeblich, wenn Christus nicht von den Toten auferstanden ist. Für Paulus ist ein Glaube, der nicht von dieser Perspektive her denkt und lebt, nutzlos. Das ist die Sprengkraft des Auferstehungsglaubens: dass unser Leben bei Gott kein Ende haben wird. Von daher leuchtet unser Glaube bereits im Hier und Jetzt. Ohne die Auferstehung wäre das Kreuz Christi sinnlos. Dass in dem Leiden Jesu Heil für uns entspringt, ist nur aus der Perspektive von Ostern her zu verstehen. Ohne die Auferstehung wäre Jesus am Kreuz gescheitert, wäre unsere Schuld nicht von uns genommen. Erst der Glaube an die Auferstehung kann uns darin bestärken, dass die Liebe über unser Machtgerangel, dass sie über Hass und Gewalt siegen wird. Gott ist auf der Seite Jesu und erweckt ihn zum Leben. Und so schenkt er dieses Leben allen, die Jesus nachfolgen.

ZWEITE LESUNG 1 Kor 15,12.16–20

Wenn Christus nicht auferweckt worden ist, dann ist euer Glaube nutzlos

Lesung aus dem ersten Brief des Apostels Paulus an die Gemeinde in Korinth.

Schwestern und Brüder! Wenn aber verkündet wird, dass Christus von den Toten auferweckt worden ist, wie können dann einige von euch sagen: Eine Auferstehung der Toten gibt es nicht?

Denn wenn Tote nicht auferweckt werden, ist auch Christus nicht auferweckt worden. Wenn aber Christus nicht auferweckt worden ist, dann ist euer Glaube nutzlos und ihr seid immer noch in euren Sünden; und auch die in Christus Entschlafenen sind dann verloren.

Wenn wir allein für dieses Leben unsere Hoffnung auf Christus gesetzt haben, sind wir erbärmlicher daran als alle anderen Menschen.

Nun aber i s t Christus von den Toten auferweckt worden als der Erste der Entschlafenen.

RUF VOR DEM EVANGELIUM

Vers: vgl. Lk 6,23ab

Halleluja. Halleluja.
(So spricht der Herr:)
Freut euch und jubelt!
Euer Lohn im Himmel wird groß sein.
Halleluja.

ZUM EVANGELIUM Was bei Matthäus die Bergpredigt (Mt 5–7) ist, überliefert Lukas in Form einer „Feldrede" – nach der Einheitsübersetzung spricht Jesus „in der Ebene" zu Menschen, die eigens gekommen sind, um ihn zu hören. Jesus richtet sich an Interessierte, die ihm bereits nachfolgen und nach seinen Worten handeln wollen: Wie gestaltet sich der Glaube an das Reich Gottes ganz praktisch? Für Lukas heißt das vor allem, sich den im konkreten materiellen Sinne Armen zuzuwenden – aber auch den im übertragenen Sinne geistlich „Armen". Jesus isst mit den Sündern und Zöllnern (vgl. Lk 5,27–32). Nachfolge heißt aber für Lukas vor allem, sich radikal in eine selbst gewählte Armut zu begeben und Jesus ohne Kompromisse nachzufolgen. Wer sich jetzt schon reich und satt wähnt, der hat den eigentlichen Ruf der Nachfolge überhört.

EVANGELIUM

Lk 6,17–18a.20–26

Selig, ihr Armen! – Weh euch, ihr Reichen!

+ **Aus dem heiligen Evangelium nach Lukas.**

In jener Zeit stieg Jesus mit den Zwölf den Berg hinab. In der Ebene blieb er mit einer großen Schar seiner Jünger stehen und viele Menschen aus ganz Judäa und Jerusalem und dem Küstengebiet von Tyrus und Sidon waren gekommen.

Jesus richtete seine Augen auf seine Jünger und sagte: Selig, ihr Armen, denn euch gehört das Reich Gottes. Selig, die ihr jetzt hungert, denn ihr werdet gesättigt werden. Selig, die ihr jetzt weint, denn ihr werdet lachen. Selig seid ihr, wenn euch die Menschen hassen und wenn sie euch ausstoßen und schmähen und euren Namen in Verruf bringen um des Menschensohnes willen. Freut euch und jauchzt an jenem Tag; denn siehe, euer Lohn im Himmel wird groß sein. Denn ebenso haben es ihre Väter mit den Propheten gemacht.

Doch weh euch, ihr Reichen; denn ihr habt euren Trost schon empfangen. Weh euch, die ihr jetzt satt seid; denn ihr werdet hungern. Weh, die ihr jetzt lacht; denn ihr werdet klagen und weinen. Weh, wenn euch alle Menschen loben. Denn ebenso haben es ihre Väter mit den falschen Propheten gemacht.

Glaubensbekenntnis, S. 454 ff.

FÜRBITTEN

„Selig, ihr Armen, denn euch gehört das Reich Gottes." Leben im Geist Jesu heißt auch, gegen den Strich zu leben, umzudenken, neu zu denken. Rufen wir gemeinsam zu Jesus, unserem Bruder und Lehrer:

V: Kyrie, eleison. A: Christe, eleison.

- Wir bitten für die Menschen, die aus Gründen der Arbeitsmigration ihre Heimat verlassen müssen und oft ausgebeutet, missachtet und misshandelt werden.
- Wir bitten für die Menschen, deren Lebensgrundlage durch Dürren und Überflutungen bedroht ist.
- Wir bitten für alle, die bewusst leben, ihren Konsum verändern und die Schöpfung schonen.
- Wir beten für die Menschen, deren Lebenspläne und -hoffnungen sich nicht erfüllen konnten.
- Wir beten für alle, die einen nahen Menschen an den Tod verloren haben und den schneidenden Schmerz der Trauer durchleiden.

- Wir beten für alle, die eigene Schwäche annehmen können und somit anderen helfen, die Verluste und Veränderungen in ihrem Leben – sich selbst – anzunehmen.

Jesus, auf dich vertrauen wir, auf dich hören wir. Stärke uns bei unserem Tun in deinem Geist, heute und alle Tage, die uns geschenkt sind.

EUCHARISTIEFEIER

GABENGEBET

Barmherziger Gott, das heilige Opfer reinige uns von Sünden und mache uns zu neuen Menschen. Es helfe uns, nach deinem Willen zu leben, damit wir den verheißenen Lohn erlangen. Darum bitten wir durch Christus, unseren Herrn.

Präfation, S. 466 ff.

KOMMUNIONVERS

Joh 3,16

Gott hat die Welt so geliebt,
dass er seinen einzigen Sohn hingab,
damit jeder, der an ihn glaubt, nicht zugrunde geht,
sondern das ewige Leben hat.

SCHLUSSGEBET

Gott, du Spender alles Guten, du hast uns das Brot des Himmels geschenkt. Erhalte in uns das Verlangen nach dieser Speise, die unser wahres Leben ist. Darum bitten wir durch Christus, unseren Herrn.

***

Für eine Wort-Gottes-Feier:

ERÖFFNUNGSGEBET ZUR WAHL

Gott und Vater aller Menschen, du bist allen nahe, die ihre Hoffnung auf dich setzen. Nimm von uns, was uns bedrückt, und tröste uns in aller Not. Darum bitten wir durch Jesus Christus, deinen Sohn, unseren Herrn, der in der Einheit des Heiligen Geistes mit dir lebt jetzt und in Ewigkeit.

***

WORT GOTTES

w irke wunder ins
o ffene und
r ufe uns in den
t ag

g ib uns
o rientierung und
t eile mit uns die
t äglichen träume –
e s ist zeit deinen
s egen zu leben

Michael Lehmler

7. SONNTAG IM JAHRESKREIS

23. Februar 2025

In Fortsetzung der Thematik des letzten Sonntages erkunden die Lesungen heute die ethischen Konsequenzen des Glaubens. Die Geschichte von Saul und David illustriert, wie Feindesliebe entwickelt werden kann. Der Verfolgte verschont seinen Verfolger trotz günstiger Gelegenheit, ihm den Garaus zu machen. All unser Tun steht unter dem Vorzeichen der Auferstehung, die unser Leben bereits jetzt bestimmt. In dem Abschnitt aus dem ersten Korintherbrief beschreibt Paulus, welch zentrale Rolle die Botschaft von Ostern im Leben der Christinnen und Christen spielt. In einem regelrechten Handlungskatalog gibt Jesus viele konkrete Anweisungen für das entsprechende eigene Tun. Wer sich nach dem Evangelium ausrichtet, wird zum österlichen Menschen.

ERÖFFNUNGSVERS — Ps 13 (12),6

Herr, ich baue auf deine Huld,
mein Herz soll über deine Hilfe frohlocken.
Singen will ich dem Herrn, weil er mir Gutes getan hat.

KYRIE-RUFE

Herr Jesus Christus, du gebietest, einander
zu lieben, wie du uns geliebt hast.
V/A: Herr, erbarme dich.
Du gebietest, Gott zu lieben mit allen Kräften
und den Nächsten wie uns selbst.
V/A: Christus, erbarme dich.

Du gebietest, unsere Feinde zu lieben
und denen Gutes zu tun, die uns hassen.
V/A: Herr, erbarme dich.

Ehre sei Gott, S. 451 f.

TAGESGEBET

Barmherziger Gott, du hast durch deinen Sohn zu uns gesprochen. Lass uns immer wieder über dein Wort nachsinnen, damit wir reden und tun, was dir gefällt. Darum bitten wir durch Jesus Christus.

WORTGOTTESDIENST

ZUR 1. LESUNG Bereits zum zweiten Mal verschont David seinen Verfolger Saul. David ist bereits zum König gesalbt, doch Saul will den Thron nicht freigeben. Mit allen Mitteln versucht er, Davids Machtübernahme zu verhindern. In einer Höhle in der Wüste En-Gedi hätte sich David seinen Feind vom Hals schaffen können, doch er schneidet Saul im Schlaf lediglich einen Zipfel des Gewandes ab (vgl. 1 Sam 24) und nimmt dessen Speer an sich, um zu zeigen, dass er nicht an Sauls Tod interessiert ist. David erkennt Sauls Rolle als König an, er wertschätzt diese fremde Würde, die ihm Gott verliehen hat. Saul wird schließlich David als König anerkennen. Feindesliebe drückt sich meist nicht darin aus, seine Widersacher zu umarmen. Aber wenn ich anfange, die nörgelnde Nachbarschaft und nassforsche Kolleginnen und Kollegen als geliebte und mit Würde begabte Kinder Gottes wahrzunehmen, verändert mich dieser Perspektivwechsel und macht Beziehungen belastbar.

ERSTE LESUNG

1 Sam 26,2.7–9.12–13.22–23

Der Herr hat dich in meine Hand gegeben; doch ich wollte mich an dir nicht vergreifen

Lesung aus dem ersten Buch Samuel.

In jenen Tagen machte Saul sich mit dreitausend Mann, ausgesuchten Kriegern aus Israel, auf den Weg und zog in die Wüste von Sif hinab, um dort nach David zu suchen.

David und Abischai kamen in der Nacht zu den Leuten Sauls und siehe, Saul lag mitten im Lager und schlief; sein Speer steckte neben seinem Kopf in der Erde und rings um ihn schliefen Abner und seine Leute. Da sagte Abischai zu David: Heute hat Gott deinen Feind in deine Hand ausgeliefert. Jetzt werde ich ihn mit einem einzigen Speerstoß auf den Boden spießen, einen zweiten brauche ich nicht dafür. David aber erwiderte Abischai: Bring ihn nicht um! Denn wer hat je seine Hand gegen den Gesalbten des HERRN erhoben und ist ungestraft geblieben?

David nahm den Speer und den Wasserkrug, die neben Sauls Kopf waren, und sie gingen weg. Niemand sah und niemand bemerkte etwas und keiner wachte auf; alle schliefen, denn der HERR hatte sie in einen tiefen Schlaf fallen lassen.

David ging auf die andere Seite hinüber und stellte sich in größerer Entfernung auf den Gipfel des Berges, sodass ein weiter Zwischenraum zwischen ihnen war.

David sagte: Seht her, hier ist der Speer des Königs. Einer von den jungen Männern soll herüberkommen und ihn holen. Der HERR wird jedem seine Gerechtigkeit und Treue vergelten. Obwohl dich der HERR heute in meine Hand gegeben hatte, wollte ich meine Hand nicht an den Gesalbten des HERRN legen.

ANTWORTPSALM Ps 103 (102), 1–2.3–4.8 u. 10.12–13 (Kv: vgl. 8)

Kv Gnädig und barmherzig ist der HERR,
voll Langmut und reich an Huld. – Kv

Preise den HERRN, meine Seele, *
und alles in mir seinen heiligen Namen!
Preise den HERRN, meine Seele, *
und vergiss nicht, was er dir Gutes getan hat! – (Kv)

Der dir all deine Schuld vergibt *
und all deine Gebrechen heilt,
der dein Leben vor dem Untergang rettet *
und dich mit Huld und Erbarmen krönt. – (Kv)

Der Herr ist barmherzig und gnädig, *
langmütig und reich an Huld.
Er handelt an uns nicht nach unsern Sünden *
und vergilt uns nicht nach unsrer Schuld. – (Kv)

So weit der Aufgang entfernt ist vom Untergang, *
so weit entfernt er von uns unsere Frevel.
Wie ein Vater sich seiner Kinder erbarmt, *
so erbarmt sich der Herr über alle, die ihn fürchten. – Kv

ZUR 2. LESUNG Paulus antwortet auf die Frage, wie die Toten denn auferstehen werden. Mit irdischen Vorstellungen und Begriffen ist dies nicht zu beschreiben. In der Passage, die der Lesung vorausgeht, bringt Paulus Gegensatzpaare ins Spiel: verweslich – unverweslich, armselig – herrlich, schwach – stark. So wie Christus als zweiter Adam den ersten Adam qualitativ völlig anders übertrifft, wird auch der Leib der Auferstehung einer ganz anderen Dimension angehören, von der wir bislang nur geringe Ahnung haben können. In der Auferstehung werden wir als Bild Gottes erst vollständig zur Entfaltung kommen. Dies ist jedoch keine Stufe einer Entwicklung oder lediglich eine verbesserte Seinsweise, sondern eine völlig neue Schöpfung.

ZWEITE LESUNG

1 Kor 15,45–49

Wie wir nach dem Bild des Irdischen gestaltet wurden, so werden wir auch nach dem Bild des Himmlischen gestaltet werden

Lesung aus dem ersten Brief des Apostels Paulus an die Gemeinde in Korinth.

Schwestern und Brüder! So steht es in der Schrift: Adam, der erste Mensch, wurde ein irdisches Lebewesen. Der letzte Adam wurde lebendig machender Geist.

Aber zuerst kommt nicht das Überirdische; zuerst kommt das Irdische, dann das Überirdische.

Der erste Mensch stammt von der Erde und ist Erde; der zweite Mensch stammt vom Himmel. Wie der von der Erde irdisch war, so sind es auch seine Nachfahren. Und wie der vom Himmel himmlisch ist, so sind es auch seine Nachfahren.

Wie wir nach dem Bild des Irdischen gestaltet wurden, so werden wir auch nach dem Bild des Himmlischen gestaltet werden.

RUF VOR DEM EVANGELIUM

Vers: Joh 13, 34ac

Halleluja. Halleluja.
(So spricht der Herr:)
Ein neues Gebot gebe ich euch:
Wie ich euch geliebt habe,
so sollt auch ihr einander lieben.
Halleluja.

Oder:

Dies ist mein Gebot:
Liebet einander, wie ich euch geliebt!

ZUM EVANGELIUM Lukas versteht sich als Anwalt der Armen und beschreibt, wie Jesu Kommen das übliche gesellschaftliche Spiel der Mächte auf den Kopf gestellt hat. Jesus wendet sich den Armen zu und stellt sich nicht an die Seite der Reichen und Schönen. Wenn das Kommen des Reiches Gottes vollendet ist, werden sich die Verhältnisse unserer Welt völlig umkrempeln. Dann werden kein Neid und kein Hass mehr unsere Beziehungen vergiften. Dann wird das, was wir haben und nutzen können, für alle reichen. Jesus macht daraus kein politisches Programm für seine Gegenwart, an dem sich alle orientieren könnten. Er wendet sich an seine Jüngerinnen und Jünger, deren Leben, Denken und Handeln sich an der Botschaft des Evangeliums ausrichten soll. Wo es gelingt, barmherzig zu sein und nicht Gleiches mit Gleichem zu vergelten, wo wir die Hand zur Versöhnung reichen, statt sie zur Faust zu ballen, da leuchtet schon jetzt die Ewigkeit in die Zeit hinein.

EVANGELIUM

Lk 6,27–38

Seid barmherzig, wie auch euer Vater barmherzig ist

+ Aus dem heiligen Evangelium nach Lukas.

In jener Zeit sprach Jesus zu seinen Jüngern: Euch, die ihr zuhört, sage ich: Liebt eure Feinde; tut denen Gutes, die euch hassen! Segnet die, die euch verfluchen; betet für die, die euch beschmipfen!

Dem, der dich auf die eine Wange schlägt, halt auch die andere hin und dem, der dir den Mantel wegnimmt, lass auch das Hemd! Gib jedem, der dich bittet; und wenn dir jemand das Deine wegnimmt, verlang es nicht zurück!

Und wie ihr wollt, dass euch die Menschen tun sollen, das tut auch ihr ihnen!

Wenn ihr die liebt, die euch lieben, welchen Dank erwartet ihr dafür? Denn auch die Sünder lieben die, von denen sie geliebt werden.

Und wenn ihr denen Gutes tut, die euch Gutes tun, welchen Dank erwartet ihr dafür? Das tun auch die Sünder.

Und wenn ihr denen Geld leiht, von denen ihr es zurückzubekommen hofft, welchen Dank erwartet ihr dafür? Auch die Sünder leihen Sündern, um das Gleiche zurückzubekommen.

Doch ihr sollt eure Feinde lieben und Gutes tun und leihen, wo ihr nichts zurückerhoffen könnt. Dann wird euer Lohn groß sein und ihr werdet Söhne des Höchsten sein; denn auch er ist gütig gegen die Undankbaren und Bösen.

Seid barmherzig, wie auch euer Vater barmherzig ist!

Richtet nicht, dann werdet auch ihr nicht gerichtet werden! Verurteilt nicht, dann werdet auch ihr nicht verurteilt werden! Erlasst einander die Schuld, dann wird auch euch die Schuld erlassen werden!
Gebt, dann wird auch euch gegeben werden! Ein gutes, volles, gehäuftes, überfließendes Maß wird man euch in den Schoß legen; denn nach dem Maß, mit dem ihr messt, wird auch euch zugemessen werden.

Glaubensbekenntnis, S. 454 ff.

FÜRBITTEN

„Betet für die, die euch beschimpfen": Kann das in Zeiten entfesselter Gemeinheit in den sozialen Netzwerken mehr als ein frommer Wunsch sein? Jesus ermutigt auch uns, der Spur der Liebe Gottes zu folgen. Wir rufen zu Gott und bitten ihn:

V/A: Höre und erhöre uns.

- Stärke die Kinder und Jugendlichen, die die zerstörerische Qual von Mobbing und Ausgrenzung erfahren müssen.
- Sei an der Seite der mutigen Frauen und Männer, die sich für die Menschenrechte in ihren Ländern einsetzen.
- Segne alle, die Wege des Friedens auch in scheinbar auswegloser Lage suchen und gehen.
- Bestärke in deiner Kirche alle, die andere nicht abwerten oder ausgrenzen und lieber das Verbindende betonen und den wertschätzenden Austausch suchen.

Erbarmender Gott, du mutest uns den Weg des Friedens zu. Du traust uns zu, dass wir ihn bewältigen können. Dafür danken wir dir und bitten um deinen Segen, heute und an allen Tagen, die uns geschenkt sind.

EUCHARISTIEFEIER

GABENGEBET

Allmächtiger Gott, in der Feier der göttlichen Geheimnisse erfüllen wir den Dienst, der uns aufgetragen ist. Gib, dass wir deine Größe würdig loben und preisen und aus diesem Opfer Heil empfangen. Darum bitten wir durch Christus, unseren Herrn.

Präfation, S. 466 ff.

KOMMUNIONVERS

Joh 11,27

Ja, Herr, ich glaube, dass du der Messias bist,
der Sohn Gottes, der in die Welt kommen soll.

SCHLUSSGEBET

Getreuer Gott, du hast uns das heilige Sakrament als Unterpfand der kommenden Herrlichkeit gegeben. Schenke uns einst das Heil in seiner ganzen Fülle. Darum bitten wir durch Christus, unseren Herrn.

***

Für eine Wort-Gottes-Feier:

ERÖFFNUNGSGEBET ZUR WAHL

Barmherziger und gütiger Gott, dein Sohn Jesus Christus ist uns vorausgegangen in der Liebe zu allen Menschen. Hilf uns, seinem Beispiel zu folgen, damit wir den verheißenen Lohn empfangen. Darum bitten wir durch ihn, Jesus Christus, deinen Sohn, der in der Einheit des Heiligen Geistes mit dir lebt jetzt und in Ewigkeit.

***

ER IST WIE DU

„Liebe deinen Nächsten, denn er ist wie du.“ (Martin Buber)

Das ist vielleicht der Schlüssel
zu dem Gebot,
das auf den ersten Blick
fast unerfüllbar scheint.

Der Liebe,
die sich nicht erzwingen lässt,
bahnt hier Verständnis einen Weg.

Denn wenn mein Nächster ist wie ich,
dann hat – wie ich – er Fehler, Schwächen, Blößen,
dann hat er Hoffnungen und Träume,
den Wunsch verstanden und geliebt zu werden.

Die ungeliebte Fremdheit wird vertraut.
Du bist wie ich. Ich bin wie du.
Und beide tun wir uns bisweilen schwer,
uns selbst zu lieben, wie wir sind.

Das wird uns beiden helfen,
wenn wir hören:
„Du sollst den Nächsten lieben
wie dich selbst.“

Gisela Baltes

8. SONNTAG IM JAHRESKREIS

2. März 2025

Selbsterkenntnis ist nicht nur der erste Weg zur Besserung, sondern auch die Brücke zu einem offenen und gelingenden Miteinander. Aus welcher Motivation handeln wir? Können wir diese Beweggründe auch bei anderen Menschen erkennen? Die Lesungen rufen dazu auf, sich selbst und auch andere daraufhin zu prüfen. Was jemand sagt, offenbart auch seine Verwurzelung, davon ist der Autor des Weisheitsbuches Sirach überzeugt. Für Paulus gründet unser Sein und auch unser Handeln darin, dass Jesus Christus den Tod überwunden hat. Das Evangelium macht deutlich: Das Handeln Gottes an uns ist ein Schatz, der uns befähigt, entsprechend handeln und unser Miteinander gestalten zu können. Christliches Leben braucht es jeden Tag neu, dass wir zu dieser Quelle gehen, aus der unser Glaube entspringt – und uns aus ihr stärken lassen.

ERÖFFNUNGSVERS

Ps 18 (17), 19.20

Der Herr wurde mein Halt.
Er führte mich hinaus ins Weite,
er befreite mich, denn er hat an mir Gefallen.

KYRIE-RUFE

Herr Jesus Christus, du lehrst uns
die Vernunft des Glaubens.
V/A: Herr, erbarme dich.
Du gibst uns die Gabe der Unterscheidung.
V/A: Christus, erbarme dich.

Du hilfst uns, gute Früchte zu bringen,
sodass unsere Mühe nicht vergeblich ist.
V/A: Herr, erbarme dich.

Ehre sei Gott, S. 451 f.

TAGESGEBET

Allmächtiger Gott, deine Vorsehung bestimmt den Lauf der Dinge und das Schicksal der Menschen. Lenke die Welt in den Bahnen deiner Ordnung, damit die Kirche in Frieden deinen Auftrag erfüllen kann. Darum bitten wir durch Jesus Christus.

WORTGOTTESDIENST

ZUR 1. LESUNG Der Weisheitslehrer, aus dessen Feder das Buch Jesus Sirach stammt, hat vermutlich in Jerusalem gewirkt. Zu Beginn des zweiten Jahrhunderts vor Christus greift er auf Quellen zurück, die er vorfindet, führt sie zusammen und ergänzt sie. Das Buch strotzt nur so von Lebenserfahrung, die nicht allein Extrakt eines Lebens voller Höhen und Tiefen ist, sondern auf dem Wort Gottes gründet. Im 27. Kapitel geht es um Geschäftspraktiken und Redeweisen. An den Früchten kann man erkennen, wes Geistes Kind jemand ist, so Jesus Sirach. Um sich auf jemanden und mit jemandem einzulassen, braucht es diese Prüfung. Damit ist keine grundlegende Skepsis gegen jeden und jede gemeint, sondern die Grundlage für ein bedachtes und transparentes Miteinander. Auch Jesus wird in der Bergpredigt ähnliche Töne anschlagen. Allzu schnell ist die Atmosphäre vergiftet, wenn wir uns nicht auf ein gemeinsames Fundament selbst bei Meinungsverschiedenheiten verlassen können.

ERSTE LESUNG

Sir 27,4–7 (5–8)

Lobe keinen Menschen, ehe du nachgedacht hast

Lesung aus dem Buch Jesus Sirach.

Im Sieb bleibt, wenn man es schüttelt, der Abfall zurück; so entdeckt man den Unrat eines Menschen in seinem Denken.
Der Brennofen prüft Töpferware und die Erprobung des Menschen geschieht in der Auseinandersetzung mit ihm.
Den guten Boden eines Baumes bringt seine Frucht zum Vorschein; so das Wort die Gedanken des Herzens.
Lobe keinen Menschen, ehe du nachgedacht hast; denn das ist die Prüfung für jeden!

ANTWORTPSALM

Ps 92 (91),2–3.13–14.15–16 (Kv: 2a)

Kv Gut ist es, dem Herrn zu danken. – Kv

Gut ist es, dem Herrn zu danken, *
deinem Namen, du Höchster, zu singen und zu spielen,
am Morgen deine Huld zu verkünden *
und in den Nächten deine Treue. – (Kv)

Der Gerechte sprießt wie die Palme, *
er wächst wie die Zeder des Libanon.
Gepflanzt im Haus des Herrn, *
sprießen sie in den Höfen unseres Gottes. – (Kv)

Sie tragen Frucht noch im Alter *
und bleiben voll Saft und Frische;
sie verkünden: Der Herr ist redlich, *
mein Fels! An ihm ist kein Unrecht. – Kv

ZUR 2. LESUNG Weil Gott an mir gehandelt hat, steht mein Leben unter einem positiven Vorzeichen. Für Paulus ist die Sünde Ursache und Ausdruck für den Tod, den er nicht nur biologisch, sondern vor allem geistlich versteht. Noch leben wir in dieser von dem Tod und der Sünde gezeichneten Welt und werden immer wieder in falsche und tödliche Muster des Handelns zurückfallen. Doch schon jetzt ist dieser Tod überwunden, und die Sünde hat keine Macht über unser Leben. Einem vom Gesetz bestimmten Handeln sollen wir die Freiheit des Evangeliums und die Hoffnung auf das Reich Gottes entgegenhalten – ebenso dem Pessimismus, alles Bemühen für vergeblich zu halten. Nichts und niemand kann uns aus der Hand Gottes reißen, die uns festhält, selbst wenn wir fallen.

ZWEITE LESUNG 1 Kor 15,54–58

Gott hat uns den Sieg geschenkt durch Jesus Christus

Lesung aus dem ersten Brief des Apostels Paulus an die Gemeinde in Korinth.

Schwestern und Brüder! Wenn sich dieses Verwesliche mit Unverweslichkeit bekleidet und dieses Sterbliche mit Unsterblichkeit, dann erfüllt sich das Wort der Schrift:

Verschlungen ist der Tod vom Sieg. Tod, wo ist dein Sieg? Tod, wo ist dein Stachel?

Der Stachel des Todes aber ist die Sünde, die Kraft der Sünde ist das Gesetz. Gott aber sei Dank, der uns den Sieg geschenkt hat durch unseren Herrn Jesus Christus.

Daher, meine geliebten Brüder und Schwestern, seid standhaft und unerschütterlich, seid stets voll Eifer im Werk des Herrn und denkt daran, dass im Herrn eure Mühe nicht vergeblich ist!

RUF VOR DEM EVANGELIUM Vers: vgl. Phil 2,15d.16a

Halleluja. Halleluja.
Haltet fest am Worte Christi;
dann leuchtet ihr als Lichter in der Welt.
Halleluja.

ZUM EVANGELIUM Jesus ermahnt seine Jüngerinnen und Jünger in der Fortführung der Feldrede dazu, nicht überheblich zu werden. Niemand steht über seinem Meister, so steht auch niemand über Jesus, sondern wir können nur aus seinem Wort und der Verbindung mit ihm handeln. Wo unser Christsein zur Selbstdarstellung wird, die sich in übertriebener Demut oder unbelehrbarer Besserwisserei ausdrückt, ist die Heuchelei zu beobachten, die Jesus brandmarkt. Das Wort Jesu ist aber vor allem Zuspruch und Trost. Wir sollen uns nicht um die jeweilige Form unseres christlichen Lebens oder das unserer Geschwister sorgen, sondern auf die Liebe Gottes vertrauen, die wir am eigenen Leib erfahren haben. Wenn wir in dieser Liebe wurzeln, wenn sie unser Herz erfüllt, dann stellt sich die Liebe zu unseren Nächsten von selbst ein. Und unser Herz fließt über.

EVANGELIUM Lk 6,39–45

Wovon das Herz überfließt, davon spricht der Mund

+ Aus dem heiligen Evangelium nach Lukas.

In jener Zeit sprach Jesus in Gleichnissen zu seinen Jüngern: Kann etwa ein Blinder einen Blinden führen? Werden nicht beide in eine Grube fallen?

Ein Jünger steht nicht über dem Meister; jeder aber, der alles gelernt hat, wird wie sein Meister sein.

Warum siehst du den Splitter im Auge deines Bruders, aber den Balken in deinem eigenen Auge bemerkst du nicht? Wie kannst du zu deinem Bruder sagen: Bruder, lass mich den Splitter aus deinem Auge herausziehen!, während du selbst den Balken in deinem Auge nicht siehst? Du Heuchler! Zieh zuerst den Balken aus deinem Auge; dann kannst du zusehen, den Splitter aus dem Auge deines Bruders herauszuziehen.

Es gibt keinen guten Baum, der schlechte Früchte bringt, noch einen schlechten Baum, der gute Früchte bringt. Denn jeden Baum erkennt man an seinen Früchten: Von den Disteln pflückt man keine Feigen und vom Dornstrauch erntet man keine Trauben.

Der gute Mensch bringt aus dem guten Schatz seines Herzens das Gute hervor und der böse Mensch bringt aus dem bösen das Böse hervor. Denn wovon das Herz überfließt, davon spricht sein Mund.

Glaubensbekenntnis, S. 454 ff.

FÜRBITTEN

„Zieh zuerst den Balken aus deinem Auge“: Der Vorwurf der Heuchelei, den Jesus gerade den Frommen macht, trifft. Wir bitten um den Mut zu Wahrheit und Klarheit, wir bitten um Gottes heilige Geistkraft:

V: Geist Gottes. A: Leite sie.

- Für die Kirche, dass sie mehr und mehr den Mut findet, auch auf das eigene Versagen zu schauen und Veränderungen zu bewirken.
- Für alle, die in religiösen oder politischen Fundamentalismen gefangen sind, dass sie Wege aus diesem heillosen Denken finden.
- Für die Kinder, die sich auf die Erstkommunion vorbereiten, dass sie darin bestärkt werden, ihre eigenen Gefühle zu erkennen und die anderer zu respektieren.
- Für alle, die den ersten Schritt zur Versöhnung gehen und eigene Fehler wahrnehmen.
- Für die Menschen, deren Lebensweg zu Ende geht, dass sie sich annehmen können mit dem Gelingen und dem Scheitern in ihrem Leben.

Gottes Geist, Heiliger Geist, stärke und leite uns und führe uns zur Wahrheit, die allein befreit.

EUCHARISTIEFEIER

GABENGEBET

Gütiger Gott, du selber hast uns die Gaben geschenkt, die wir auf den Altar legen. Nimm sie an als Zeichen unserer Hingabe und gib uns die Kraft zu einem Leben nach deinem Willen, damit wir einst den ewigen Lohn empfangen. Darum bitten wir durch Christus, unseren Herrn.

Präfation, S. 466 ff.

KOMMUNIONVERS

Ps 13 (12), 6

Singen will ich dem Herrn, weil er mir Gutes getan hat,
den Namen des Höchsten will ich preisen.

Oder: Mt 28, 20

Ich bin bei euch alle Tage bis zum Ende der Welt – so spricht der Herr.

SCHLUSSGEBET

Barmherziger Gott, du hast uns in diesem Mahl die Gabe des Heiles geschenkt. Dein Sakrament gebe uns Kraft in dieser Zeit und in der kommenden Welt das ewige Leben. Darum bitten wir durch Christus, unseren Herrn.

***

Für eine Wort-Gottes-Feier:

ERÖFFNUNGSGEBET ZUR WAHL

Gott, Vater im Himmel, du hast uns dir zum Ebenbild erschaffen und siehst in unser Herz. Leite uns durch das Wort deines Sohnes, damit unser Denken und Tun dir gefällt. Darum bitten wir durch ihn, Jesus Christus, deinen Sohn, unseren Herrn und Gott, der in der Einheit des Heiligen Geistes mit dir lebt und herrscht in Ewigkeit.

***

FRÜCHTE DES GLAUBENS

Darum lebt sich der alte Mensch in seiner Natur unaufgehalten aus, wenn man nicht durch die Kraft der Taufe ihm wehrt und ihn dämpft. Umgekehrt, wenn Menschen zu Christen geworden sind, so nimmt er täglich ab, so lange, bis er ganz untergeht. Das heißt recht in die Taufe hineingekrochen und täglich wieder daraus hervorkommen. Somit ist das äußerliche Zeichen so eingerichtet, dass es nicht bloß kraftvoll wirken, sondern zugleich auch auf etwas hindeuten soll. Wo nun der Glaube mit seinen Früchten sich einstellt, da ist's nicht eine unbestimmte Bedeutung (Sinnbild), sondern da ist die Wirkung dabei. Wo aber der Glaube nicht ist, da bleibt es bloßes, unfruchtbares Zeichen.

Martin Luther

Die Fastenzeit – Österliche Bußzeit

ASCHERMITTWOCH

5. März 2025

Mit Asche haben viele von uns im Alltag nichts mehr zu tun. Das war lange Zeit anders, als wir noch keine Zentralheizungen hatten, sondern in Öfen Holz und Kohle verbrannten, um kochen, heizen, baden oder waschen zu können. Asche war eine alltägliche Begleiterin und machte sehr deutlich erfahrbar, dass etwas anderes verbraucht werden muss, damit es uns gut geht und wir überleben können. Das Verbrauchen des anderen ist ein zentrales Motiv der Fastenzeit, das wir in Handeln umsetzen, wenn wir bewusst unseren möglicherweise übertriebenen Verbrauch einschränken und Verzicht üben. Wenn wir heute mit Aschekreuzen bezeichnet werden, bringt das symbolisch zum Ausdruck, dass wir umkehren wollen. Uns selbst nicht in den Mittelpunkt stellen. Uns bewusst machen, dass wir anderes brauchen, um zu leben. Und dass auch wir vergänglich sind.

ERÖFFNUNG UND WORTGOTTESDIENST

ERÖFFNUNGSVERS

Weish 11,24–25.27

Du erbarmst dich aller, o Herr,
und hast Nachsicht mit den Sünden der Menschen,
damit sie sich bekehren;
denn du bist der Herr, unser Gott.

(Das Allgemeine Schuldbekenntnis entfällt. Es wird ersetzt durch die Austeilung der Asche nach der Homilie.)

KYRIE-RUFE

Herr Jesus Christus, du hast die Not
unserer Endlichkeit geteilt.
V/A: Herr, erbarme dich.
Du hast wie wir als Mensch gelebt.
V/A: Christus, erbarme dich.
Du warst in allem uns gleich
außer der Sünde.
V/A: Herr, erbarme dich.

TAGESGEBET

Getreuer Gott, im Vertrauen auf dich beginnen wir die vierzig Tage der Umkehr und Buße. Gib uns die Kraft zu christlicher Zucht, damit wir dem Bösen absagen und mit Entschiedenheit das Gute tun. Darum bitten wir durch Jesus Christus.

ZUR 1. LESUNG Wenn das Volk Leidenschaft zeigt, dann tut dies auch Gott. Es geht darum, das Gesetz zu halten, sich als treues Bundesvolk zu erweisen. Damit tut sich Israel schwer, damit tun wir alle uns schwer. Wie auch nicht, wo doch Gottes Präsenz unsichtbar ist und er seine Gebote nicht mit einer Ordnungsmacht durchsetzt. Nein, Gottes Gebot wirkt und lebt im Herzen der Menschen. Deshalb muss von dort auch die geforderte Umkehr ausgehen. Lernen wir doch endlich, Gott in unseren Herzen wohnen zu lassen.

ERSTE LESUNG
Joël 2,12–18

Zerreißt eure Herzen, nicht eure Kleider

Lesung aus dem Buch Joël.

Spruch des HERRN: Kehrt um zu mir von ganzem Herzen mit Fasten, Weinen und Klagen! Zerreißt eure Herzen, nicht eure Kleider, und kehrt um zum HERRN, eurem Gott! Denn er ist gnädig und barmherzig, langmütig und reich an Huld und es reut ihn das Unheil. Wer weiß, vielleicht kehrt er um und es reut ihn und er lässt Segen zurück, sodass ihr Speise- und Trankopfer darbringen könnt für den HERRN, euren Gott.

Auf dem Zion stoßt in das Horn, ordnet ein heiliges Fasten an, ruft einen Gottesdienst aus! Versammelt das Volk, heiligt die Gemeinde! Versammelt die Alten, holt die Kinder zusammen, auch die Säuglinge! Der Bräutigam verlasse seine Kammer und die Braut ihr Gemach.

Zwischen Vorhalle und Altar sollen die Priester klagen, die Diener des HERRN sollen sprechen: Hab Mitleid, HERR, mit deinem Volk und überlass dein Erbe nicht der Schande, damit die Völker nicht über uns spotten! Warum soll man bei den Völkern sagen: Wo ist denn ihr Gott?

Da erwachte im HERRN die Leidenschaft für sein Land und er hatte Erbarmen mit seinem Volk.

ANTWORTPSALM
Ps 51 (50),3–4.5–6b.12–13.14 u. 17 (Kv: vgl. 3)

Kv Erbarme dich unser, o HERR,
denn wir haben gesündigt. – Kv

Gott, sei mir gnädig nach deiner Huld, *
tilge meine Frevel nach deinem reichen Erbarmen!
Wasch meine Schuld von mir ab *
und mach mich rein von meiner Sünde! – (Kv)

Denn ich erkenne meine bösen Taten, *
meine Sünde steht mir immer vor Augen.
Gegen dich allein habe ich gesündigt, *
ich habe getan, was böse ist in deinen Augen. – (Kv)

Erschaffe mir, Gott, ein reines Herz *
und einen festen Geist erneuere in meinem Innern!
Verwirf mich nicht vor deinem Angesicht, *
deinen heiligen Geist nimm nicht von mir! – (Kv)

Gib mir wieder die Freude deines Heiles, *
rüste mich aus mit dem Geist der Großmut!
Herr, öffne meine Lippen, *
damit mein Mund dein Lob verkünde! – Kv

ZUR 2. LESUNG Jetzt – das ist das entscheidende Wort. Nicht gestern, nicht morgen – jetzt. Jetzt ist sie da. Wir können Gnade und Rettung nicht verschieben, diese haben keinen anderen Ort auf der Zeitachse. Sie durchbrechen vielmehr die Zeit und sind da: jetzt. Und wenn Gott jetzt da ist, dann sind wir jetzt gefragt, uns ihm zuzuwenden und uns mit ihm versöhnen zu lassen. Wer könnte diesem drängenden Liebeswerben Gottes widerstehen? Jetzt geschieht das Heil.

ZWEITE LESUNG 2 Kor 5,20 – 6,2

Lasst euch mit Gott versöhnen! Jetzt ist sie da, die Zeit der Gnade

Lesung aus dem zweiten Brief des Apostels Paulus an die Gemeinde in Korinth.

Schwestern und Brüder! Wir sind also Gesandte an Christi statt und Gott ist es, der durch uns mahnt. Wir bitten an Christi statt: Lasst euch mit Gott versöhnen! Er hat den, der keine Sünde kannte, für uns zur Sünde gemacht, damit wir in ihm Gerechtigkeit Gottes würden.

Als Mitarbeiter Gottes ermahnen wir euch, dass ihr seine Gnade nicht vergebens empfangt. Denn es heißt: Zur Zeit der Gnade habe ich dich erhört, am Tag der Rettung habe ich dir geholfen.
Siehe, jetzt ist sie da, die Zeit der Gnade; siehe, jetzt ist er da, der Tag der Rettung.

RUF VOR DEM EVANGELIUM

Vers: vgl. Ps 95 (94), 7d.8a

Herr Jesus, dir sei Ruhm und Ehre! – Kv
Wenn ihr heute seine Stimme hört,
verhärtet nicht euer Herz!
Herr Jesus, dir sei Ruhm und Ehre!

ZUM EVANGELIUM Warum betont Jesus so sehr das Handeln im Verborgenen? Warum soll religiöses Tun nicht in der Öffentlichkeit stattfinden? Frömmigkeit ist offenbar nichts, wofür man sich Lob als Lohn verdienen soll. Frömmigkeit ist kein Akt, bei dem es um die Anerkennung durch andere geht. Vor allem soll Frömmigkeit niemanden unter Druck setzen: Schaut her, was ich tue – tust *du* das etwa nicht? Nicht ein Gewaltakt ist gefragt, sondern Offenheit für die anderen, ihre Not und Bedürfnisse. Das ist wahre Frömmigkeit im Sinne Jesu.

EVANGELIUM

Mt 6, 1–6.16–18

Dein Vater, der das Verborgene sieht, wird es dir vergelten

+ Aus dem heiligen Evangelium nach Matthäus.

In jener Zeit sprach Jesus zu seinen Jüngern: Hütet euch, eure Gerechtigkeit vor den Menschen zu tun, um von ihnen gesehen zu werden; sonst habt ihr keinen Lohn von eurem Vater im Himmel zu erwarten.
Wenn du Almosen gibst, posaune es nicht vor dir her, wie es die Heuchler in den Synagogen und auf den Gassen tun, um von den

Leuten gelobt zu werden! Amen, ich sage euch: Sie haben ihren Lohn bereits erhalten. Wenn du Almosen gibst, soll deine linke Hand nicht wissen, was deine rechte tut, damit dein Almosen im Verborgenen bleibt; und dein Vater, der auch das Verborgene sieht, wird es dir vergelten.

Wenn ihr betet, macht es nicht wie die Heuchler! Sie stellen sich beim Gebet gern in die Synagogen und an die Straßenecken, damit sie von den Leuten gesehen werden. Amen, ich sage euch: Sie haben ihren Lohn bereits erhalten.

Du aber, wenn du betest, geh in deine Kammer, schließ die Tür zu; dann bete zu deinem Vater, der im Verborgenen ist! Dein Vater, der auch das Verborgene sieht, wird es dir vergelten.

Wenn ihr fastet, macht kein finsteres Gesicht wie die Heuchler! Sie geben sich ein trübseliges Aussehen, damit die Leute merken, dass sie fasten. Amen, ich sage euch: Sie haben ihren Lohn bereits erhalten.

Du aber, wenn du fastet, salbe dein Haupt und wasche dein Gesicht, damit die Leute nicht merken, dass du fastest, sondern nur dein Vater, der im Verborgenen ist; und dein Vater, der das Verborgene sieht, wird es dir vergelten.

SEGNUNG UND AUSTEILUNG DER ASCHE

(Nach der Homilie lädt der Priester zum Gebet ein:)

Liebe Brüder und Schwestern, wir wollen Gott, unseren Vater, bitten, dass er diese Asche segne, die wir als Zeichen der Buße empfangen.

(Nach einer kurzen Gebetsstille betet der Priester:)

Barmherziger Gott, du bist den Demütigen nahe und lässt dich durch Buße versöhnen. Neige dein Ohr unseren Bitten und segne † alle, die gekommen sind, um das Aschenkreuz zu empfangen. Hilf uns, die vierzig Tage der Buße in rechter Gesinnung zu begehen, damit wir das heilige Osterfest mit geläutertem Herzen feiern. Darum bitten wir durch Christus, unseren Herrn.

Oder:

Gott, du willst nicht den Tod des Sünders, du willst, dass er sich bekehrt und lebt. Erhöre gnädig unsere Bitten: Segne † diese Asche, mit der wir uns bezeichnen lassen, weil wir wissen, dass wir Staub sind und zum Staub zurückkehren. Hilf uns, die vierzig Tage der Buße in rechter Gesinnung zu begehen. Verzeih uns unsere Sünden, erneuere uns nach dem Bild deines Sohnes und schenke uns durch seine Auferstehung das unvergängliche Leben. Darum bitten wir durch ihn, Christus, unseren Herrn.

(Danach legt der Priester allen, die vor ihn hintreten, die Asche auf und spricht zu jedem Einzelnen:)

Bekehrt euch und glaubt an das Evangelium. Mk 1,15

Oder: Vgl. Gen 3,19

Bedenke, Mensch, dass du Staub bist
und wieder zum Staub zurückkehren wirst.

(Während der Austeilung der Asche wird gesungen.)

ANTIPHON Joël 2,13

Lasst uns umkehren zum Herrn, unserem Gott,
denn er ist gnädig und barmherzig und langmütig.
Groß ist seine Güte
und es reut ihn, dass er Unheil verhängt hat.

Oder: Joël 2,17; Est 4,17

Zwischen Vorhalle und Altar sollen die Priester klagen,
die Diener des Herrn sollen sprechen:
Hab Mitleid, Herr, mit deinem Volk,
lass den Mund derer, die dich loben, nicht verstummen.

Oder: Ps 51 (50),3

Tilge, Herr, meine Frevel
nach deinem reichen Erbarmen.

RESPONSORIUM

Vgl. Bar 3,2; Ps 79 (78),9

Wir wollen Buße tun für das, was wir gefehlt haben, und uns bessern, damit wir nicht, plötzlich vom Tod überrascht, nach einer Gnadenfrist suchen, die uns niemand geben kann.
Kv Höre, Herr, und hab Erbarmen,
denn wir haben gesündigt vor dir.

V: Hilf uns, du Gott unseres Heils!
Um der Ehre deines Namens willen reiß uns heraus! – Kv

FÜRBITTEN

Gott will den Tod des Sünders nicht, sondern Leben in Fülle. Wir rufen zu ihm, der Umkehr und Erneuerung schenkt, und bitten:

V: Guter Gott. A: Höre unser Rufen.

- Für alle, die diese Fastenzeit als Chance der Erneuerung und Heilung verstehen.
- Für alle, die im Dienst der Verkündigung Gottes Liebe zu uns Menschen glaubwürdig bezeugen.
- Für alle, die angespannt und in Spannungen leben, dass sie mit neuen Augen auf sich und ihre Nächsten schauen und die Hand zur Versöhnung reichen.
- Für alle, die sich in ihrem Leben als gescheitert betrachten, dass sie neuen Lebensmut und neue Hoffnung schöpfen können.
- Für unsere Verstorbenen, dass sie geborgen sind in einem neuen, lichten Sein bei dir.

Wir leben von Gottes Erbarmen, vom barmherzigen Umgang miteinander und mit uns selbst. Dazu stärke uns der gute Gott, heute und alle Tage, die uns gegeben sind.

EUCHARISTIEFEIER

GABENGEBET

Herr, unser Gott, zu Beginn der heiligen vierzig Tage bringen wir dieses Opfer dar und bitten dich: Hilf uns, umzukehren und Taten der Buße und der Liebe zu vollbringen, damit wir unseren bösen Neigungen nicht nachgeben. Reinige uns von Sünden und mache uns fähig, das Gedächtnis des Leidens unseres Herrn Jesus Christus mit ganzer Hingabe zu begehen, der mit dir lebt und herrscht in alle Ewigkeit.

Präfation, S. 464 f.

KOMMUNIONVERS

Vgl. Ps 1,2–3

Wer über die Weisung des Herrn nachsinnt
bei Tag und Nacht,
bringt seine Frucht zur rechten Zeit.

SCHLUSSGEBET

Barmherziger Gott, stärke uns durch dieses heilige Mahl, damit wir fasten können, wie es dir gefällt, und durch die Feier dieser Tage Heilung finden. Darum bitten wir durch Christus, unseren Herrn.

***

AM ASCHERMITTWOCH …

Am Aschermittwoch ist alles vorbei.
Die Masken werden abgelegt,
die Kostüme eingemottet.
Aus Narren werden wieder
Herr X und Frau Y.
Nun beginnt eine andere Zeit:
die Zeit der ungeschminkten Gesichter,
die Zeit des Innehaltens,
die Zeit der Wahrheit.

Dann nehme ich mir Zeit,
Ordnung zu schaffen,
mich frei zu machen
von dem, was nicht taugt.

Dann nehme ich mir Zeit,
mich auf mich selbst zu besinnen:
Wo will ich hin?
Führt mein Weg noch zum Ziel?

Am Aschermittwoch ist alles vorbei?
Weit gefehlt!
Jetzt fängt es erst richtig an!

Gisela Baltes

1. FASTENSONNTAG

9. März 2025

Wir beginnen wieder die Tage der Umkehr, in denen wir auch in diesem Jahr unser Leben bewusst vor Gottes Angesicht bringen und es von ihm her durchleuchten lassen. Wir stellen uns die Frage, was wir uns gönnen, ohne es wirklich zu brauchen. Umkehr ist ein Akt der Reinigung, bedeutet Abwerfen des alltäglichen Ballastes. Rechenschaft über all das, was wir gedankenlos benutzen und verbrauchen. Bei vielem spüren wir, dass es nicht sein müsste. Schenke uns, Herr, Stärke, dass wir rein werden, frei von allem, was uns Sorgenfalten ins Gesicht zeichnet, ohne dass wir es wirklich brauchen.

ERÖFFNUNGSVERS

Ps 91 (90), 15–16

Wenn er mich anruft, dann will ich ihn erhören.
Ich bin bei ihm in der Not,
befreie ihn und bringe ihn zu Ehren.
Ich sättige ihn mit langem Leben
und lasse ihn mein Heil schauen.

KYRIE-RUFE

Herr Jesus Christus, du kannst
mitfühlen mit unseren Schwächen.
V/A: Herr, erbarme dich.
Du bist in allem wie wir versucht worden.
V/A: Christus, erbarme dich.
Aber du hast nicht gesündigt.
V/A: Herr, erbarme dich.

TAGESGEBET

Allmächtiger Gott, du schenkst uns die heiligen vierzig Tage als eine Zeit der Umkehr und der Buße. Gib uns durch ihre Feier die Gnade, dass wir in der Erkenntnis Jesu Christi voranschreiten und die Kraft seiner Erlösungstat durch ein Leben aus dem Glauben sichtbar machen. Darum bitten wir durch ihn, der in der Einheit des Heiligen Geistes mit dir lebt und herrscht in alle Ewigkeit.

WORTGOTTESDIENST

ZUR 1. LESUNG Warum beginnen wir die Fastenzeit mit einem Hinweis auf das Land, in dem Milch und Honig fließen? Warum wird uns diese paradiesische Fülle vor Augen gestellt, wo wir doch endlich einmal vom Konsum umkehren wollen – einkehren in uns, um ruhig zu werden? Die Leseordnung hat gewiss nicht die Absicht, uns den Mund wässrig zu machen, sondern will vor Augen stellen, wie Gott ist: Er begleitet uns auch, wo wir es nicht erwarten. Aus wahrlich unscheinbaren Anfängen kann er doch etwas erwachsen lassen, das uns groß macht und in die wahre Freiheit führt.

ERSTE LESUNG Dtn 26,4–10

Glaubensbekenntnis des auserwählten Volkes

Lesung aus dem Buch Deuteronomium.

In jenen Tagen sprach Mose zum Volk: Wenn du die ersten Erträge von den Früchten des Landes darbringst, dann soll der Priester den Korb aus deiner Hand entgegennehmen und ihn vor den Altar des HERRN, deines Gottes, stellen. Du aber sollst vor dem HERRN, deinem Gott, folgendes Bekenntnis ablegen:

Mein Vater war ein heimatloser Aramäer. Er zog nach Ägypten, lebte dort als Fremder mit wenigen Leuten und wurde dort zu einem großen, mächtigen und zahlreichen Volk.

Die Ägypter behandelten uns schlecht, machten uns rechtlos und legten uns harte Fronarbeit auf. Wir schrien zum HERRN, dem Gott unserer Väter, und der HERR hörte unser Schreien und sah unsere Rechtlosigkeit, unsere Arbeitslast und unsere Bedrängnis. Der HERR führte uns mit starker Hand und hoch erhobenem Arm, unter großem Schrecken, unter Zeichen und Wundern aus Ägypten, er brachte uns an diese Stätte und gab uns dieses Land, ein Land, wo Milch und Honig fließen.

Und siehe, nun bringe ich hier die ersten Erträge von den Früchten des Landes, das du mir gegeben hast, HERR.

Wenn du den Korb vor den HERRN, deinen Gott, gestellt hast, sollst du dich vor dem HERRN, deinem Gott, niederwerfen.

ANTWORTPSALM Ps 91 (90),1–2.10–11.12–13.14–15 (Kv: vgl. 15b)

Kv HERR, sei bei mir in der Bedrängnis! – Kv

Wer im Schutz des Höchsten wohnt, *
der ruht im Schatten des Allmächtigen.
Ich sage zum HERRN: Du meine Zuflucht und meine Burg, *
mein Gott, auf den ich vertraue. – (Kv)

Dir begegnet kein Unheil, *
deinem Zelt naht keine Plage.
Denn er befiehlt seinen Engeln, *
dich zu behüten auf all deinen Wegen. – (Kv)

Sie tragen dich auf Händen, *
damit dein Fuß nicht an einen Stein stößt;
du schreitest über Löwen und Nattern, *
trittst auf junge Löwen und Drachen. – (Kv)

Weil er an mir hängt, will ich ihn retten. *
Ich will ihn schützen, denn er kennt meinen Namen.
Ruft er zu mir, gebe ich ihm Antwort. /

In der Bedrängnis bin ich bei ihm, *
ich reiße ihn heraus und bring ihn zu Ehren. – Kv

ZUR 2. LESUNG Paulus ist zutiefst davon überzeugt, dass die Rettung an den Glauben gebunden ist. Bis zu seiner eigenen Bekehrung zum Glauben an Jesus als den Christus hat er selbst auf den Bund Gottes mit seinem Volk am Sinai gesetzt, verbunden mit der Gabe des Gesetzes und dem Gesetzesgehorsam. Seit seinem Bekehrungserlebnis bei Damaskus und seiner Erkenntnis, dass Gott auch Heiden – also Menschen außerhalb des Judentums – zum Glauben beruft, erinnert er auch an Gottes Bund mit Abraham. Abraham ist das Urbild des glaubenden Menschen. Er glaubte Gott, und dieser rechnete es ihm als Gerechtigkeit an. Wie Abraham können alle gerettet werden, die glauben. Gott, schenk uns diesen Glauben.

ZWEITE LESUNG Röm 10,8–13

Bekenntnis der an Christus Glaubenden

Lesung aus dem Brief des Apostels Paulus an die Gemeinde in Rom.

Schwestern und Brüder! Was sagt die Schrift? Nahe ist dir das Wort in deinem Mund und in deinem Herzen. Das heißt: das Wort des Glaubens, das wir verkünden; denn wenn du mit deinem Mund bekennst: „Herr ist Jesus“ – und in deinem Herzen glaubst: „Gott hat ihn von den Toten auferweckt“, so wirst du gerettet werden.

Denn mit dem Herzen glaubt man und das führt zur Gerechtigkeit, mit dem Mund bekennt man und das führt zur Rettung. Denn die Schrift sagt: Jeder, der an ihn glaubt, wird nicht zugrunde gehen. Denn darin gibt es keinen Unterschied zwischen Juden und Griechen. Denn alle haben denselben Herrn; aus seinem Reichtum beschenkt er alle, die ihn anrufen.

Denn jeder, der den Namen des Herrn anruft, wird gerettet werden.

RUF VOR DEM EVANGELIUM

Vers: vgl. Mt 4,4b

Christus, du ewiges Wort des Vaters, Ehre sei dir!
Nicht nur vom Brot lebt der Mensch,
sondern von jedem Wort aus Gottes Mund.
Christus, du ewiges Wort des Vaters, Ehre sei dir!

ZUM EVANGELIUM Essen, Macht, Gottvertrauen: Jesus wird in Versuchung geführt, leiblich, weltlich, geistlich. Natürlich hungert uns Menschen nach diesen Dingen. Wir werden keine Welt erleben, in der es den Hunger auf all das nicht gibt – in der wir schon komplett sind und einfach in Gottes Angesicht leben. Aber gehört es nicht zu unserer Weisheit, zu lernen, dass wir uns diese Dinge nicht einfach nehmen dürfen, sondern dass sie uns geschenkt und gegeben werden müssen? Der Grundversuchung, sich alles wie selbstverständlich aneignen zu wollen, müssen wir uns stellen – das Beispiel Jesu vor Augen, der ihr widerstand. Wer sich etwas nimmt, der hat schon; selig, wem etwas gegeben wird.

EVANGELIUM

Lk 4,1–13

Jesus wurde vom Geist in der Wüste umhergeführt und er wurde vom Teufel versucht

+ Aus dem heiligen Evangelium nach Lukas.

In jener Zeit kehrte Jesus, erfüllt vom Heiligen Geist, vom Jordan zurück. Er wurde vom Geist in der Wüste umhergeführt, vierzig Tage lang, und er wurde vom Teufel versucht. In jenen Tagen aß er nichts; als sie aber vorüber waren, hungerte ihn.

Da sagte der Teufel zu ihm: Wenn du Gottes Sohn bist, so befiehl diesem Stein, zu Brot zu werden. Jesus antwortete ihm: Es steht geschrieben: Der Mensch lebt nicht vom Brot allein.

Da führte ihn der Teufel hinauf und zeigte ihm in einem Augenblick alle Reiche des Erdkreises. Und er sagte zu ihm: All die Macht und Herrlichkeit dieser Reiche will ich dir geben; denn sie sind mir überlassen und ich gebe sie, wem ich will. Wenn du dich vor mir niederwirfst und mich anbetest, wird dir alles gehören. Jesus antwortete ihm: Es steht geschrieben: Vor dem Herrn, deinem Gott, sollst du dich niederwerfen und ihm allein dienen.

Darauf führte ihn der Teufel nach Jerusalem, stellte ihn oben auf den Tempel und sagte zu ihm: Wenn du Gottes Sohn bist, so stürz dich von hier hinab; denn es steht geschrieben: Seinen Engeln befiehlt er deinetwegen, dich zu behüten; und: Sie werden dich auf ihren Händen tragen, damit dein Fuß nicht an einen Stein stößt. Da antwortete ihm Jesus: Es ist gesagt: Du sollst den Herrn, deinen Gott, nicht auf die Probe stellen. Nach diesen Versuchungen ließ der Teufel bis zur bestimmten Zeit von ihm ab.

Glaubensbekenntnis, S. 454 ff.

FÜRBITTEN

„Alle haben denselben Herrn; aus seinem Reichtum beschenkt er alle, die ihn anrufen." Gott hat alle Menschen gleich geschaffen; wir rufen zu ihm:

V: Gerechter und guter Gott. A: Wir bitten dich, erhöre uns.

- Bewahre unsere Kirche vor falscher Selbstsicherheit und zeige ihr die Wege zur Gerechtigkeit.
- Schenke den Kindern weltweit die Chance, ihre Gaben entfalten zu können, unabhängig vom sozialen Status und vom Geschlecht.
- Sei bei den Armen, deren Arbeitslohn nicht einmal das Existenzminimum sichert, und lass sie Hilfe erfahren.
- Ermutige uns, wenn wir auskömmlich und in Sicherheit leben dürfen, unsere Verantwortung für die wahrzunehmen, die keinen Anteil haben am Reichtum der Erde.
- Segne alle, die in der Fastenzeit aufbrechen wollen, um zur Mitte des Lebens zu finden.

Guter Gott, dein Sohn hat sich den Versuchungen und Härten des Menschseins ausgesetzt. Wir danken dir für sein stärkendes Beispiel und bitten auch für uns um den Geist des Widerstands, der Gerechtigkeit und der Liebe.

EUCHARISTIEFEIER

GABENGEBET

Herr, unser Gott, wir bringen Brot und Wein für das heilige Opfer, das wir zum Beginn dieser Fastenzeit feiern. Nimm mit diesen Gaben uns selbst an und vereine unsere Hingabe mit dem Opfer deines Sohnes, der mit dir lebt und herrscht in alle Ewigkeit.

PRÄFATION

In Wahrheit ist es würdig und recht, dir, Herr, heiliger Vater, allmächtiger, ewiger Gott, immer und überall zu danken durch unseren Herrn Jesus Christus. Denn er hat in der Wüste vierzig Tage gefastet und durch sein Beispiel diese Zeit der Buße geheiligt. Er macht die teuflische List des Versuchers zunichte und lässt uns die Bosheit des Feindes durchschauen. Er gibt uns die Kraft, den alten Sauerteig zu entfernen, damit wir Ostern halten mit lauterem Herzen und zum ewigen Ostern gelangen. Darum preisen wir dich mit den Kerubim und Serafim und singen mit allen Chören der Engel das Lob deiner Herrlichkeit: Heilig …

KOMMUNIONVERS

Ps 91 (90),4

Mit seinen Flügeln schirmt dich der Herr,
unter seinen Schwingen findest du Zuflucht.

SCHLUSSGEBET

Gütiger Gott, du hast uns das Brot des Himmels gegeben, damit Glaube, Hoffnung und Liebe in uns wachsen. Erhalte in uns das Verlangen nach diesem wahren Brot, das der Welt das Leben gibt, und stärke uns mit jedem Wort, das aus deinem Mund hervorgeht. Darum bitten wir durch Christus, unseren Herrn.

FEIERLICHER SCHLUSSSEGEN

Der barmherzige Gott, der seinen Sohn für uns dahingegeben und uns in ihm ein Beispiel der Liebe geschenkt hat, segne euch und mache euch bereit, Gott und den Menschen zu dienen. – A: Amen.
Und Christus, der Herr, der uns durch sein Sterben dem ewigen Tode entrissen hat, stärke euren Glauben und führe euch zur unvergänglichen Herrlichkeit. – A: Amen.
Und allen, die ihm folgen auf dem Weg der Entäußerung, gebe er Anteil an seiner Auferstehung und an seiner Herrlichkeit. – A: Amen.
Das gewähre euch der dreieinige Gott, der Vater und der Sohn † und der Heilige Geist. – A: Amen.

***

MIT DEINEM SCHEIN DURCHLEUCHTET

Erneure mich, o ewigs Licht,
und lass von deinem Angesicht
mein Herz und Seel mit deinem Schein
durchleuchtet und erfüllet sein.

Johann Friedrich Ruopp

2. FASTENSONNTAG

16. März 2025

Die Texte des zweiten Fastensonntags führen uns bei genauerer Lektüre zu der Frage, wo wir uns als Christinnen und Christen verorten können – wo wir unsere Heimat finden. Ist es das Gelobte Land, in das Abram zieht und Israel nach der Babylonischen Gefangenschaft zurückkehrt? Oder ist es der Himmel, wie es bei Paulus heißt? Welche Heimat wird uns in der Bibel in den Gestalten Mose, Elija und Jesus vor Augen gestellt? Beides gehört zur Wahrheit des Menschseins: Wir sind leibliche Wesen und damit angewiesen auf ein Stück Erde, das uns trägt – wobei offenbleibt, welches. Wir vertrauen aber auch darauf, dass wir im Himmel beheimatet sind, und dürfen uns aus der biblischen Tradition Orientierung auf unserem Weg holen.

ERÖFFNUNGSVERS — Ps 27 (26), 8–9

Mein Herz denkt an dein Wort:
Sucht mein Angesicht!
Dein Angesicht, Herr, will ich suchen.
Verbirg nicht dein Gesicht vor mir.

KYRIE-RUFE

Herr Jesus Christus, du bist auf dem Berg
in verklärter Gestalt erschienen.
V/A: Herr, erbarme dich.
Du bist Gottes auserwählter Sohn.
V/A: Christus, erbarme dich.
Du bist es, auf den wir hören sollen.
V/A: Herr, erbarme dich.

TAGESGEBET

Gott, du hast uns geboten, auf deinen geliebten Sohn zu hören. Nähre uns mit deinem Wort und reinige die Augen unseres Geistes, damit wir fähig werden, deine Herrlichkeit zu erkennen. Darum bitten wir durch Jesus Christus.

WORTGOTTESDIENST

ZUR 1. LESUNG Ein seltsamer Text, eine eher beunruhigende Geschichte. Man kann gut verstehen, dass sich Israel die Geschichte von Abram erzählt, denn wie dieser muss das Volk ja aus der Ferne der Babylonischen Gefangenschaft in das Gelobte Land ziehen und es in Besitz nehmen. Das nun folgende Zeichen dafür, dass Gott Abram und seinem Volk das Land zu eigen gibt, mutet archaisch an. Tiere werden geteilt und ein rauchender Ofen sowie eine lodernde Fackel ziehen hindurch. Steht der HERR zu seinem Wort so gewiss, wie diese Tiere nicht mehr zusammengefügt werden können?

ERSTE LESUNG Gen 15,5–12.17–18

Abraham glaubte dem Herrn – der Herr schloss mit ihm einen Bund

Lesung aus dem Buch Genesis.

In jenen Tagen führte der HERR Abram hinaus und sprach: Sieh doch zum Himmel hinauf und zähl die Sterne, wenn du sie zählen kannst! Und er sprach zu ihm: So zahlreich werden deine Nachkommen sein. Und er glaubte dem HERRN und das rechnete er ihm als Gerechtigkeit an.

Er sprach zu ihm: Ich bin der HERR, der dich aus Ur in Chaldäa herausgeführt hat, um dir dieses Land zu eigen zu geben.

Da sagte Abram: Herr und GOTT, woran soll ich erkennen, dass ich es zu Eigen bekomme?

Der HERR antwortete ihm: Hol mir ein dreijähriges Rind, eine dreijährige Ziege, einen dreijährigen Widder, eine Turteltaube und eine junge Taube! Abram brachte ihm alle diese Tiere, schnitt sie in der Mitte durch und legte je einen Teil dem andern gegenüber; die Vögel aber zerschnitt er nicht. Da stießen Raubvögel auf die toten Tiere herab, doch Abram verscheuchte sie. Bei Sonnenuntergang fiel auf Abram ein tiefer Schlaf. Und siehe, Angst und großes Dunkel fielen auf ihn.

Die Sonne war untergegangen und es war dunkel geworden. Und siehe, ein rauchender Ofen und eine lodernde Fackel waren da; sie fuhren zwischen jenen Fleischstücken hindurch. An diesem Tag schloss der HERR mit Abram folgenden Bund: Deinen Nachkommen gebe ich dieses Land vom Strom Ägyptens bis zum großen Strom, dem Eufrat-Strom.

ANTWORTPSALM

Ps 27 (26), 1.7–8.9.13–14 (Kv: 1a)

Kv Der HERR ist mein Licht und mein Heil. – Kv

Der HERR ist mein Licht und mein Heil: *
Vor wem sollte ich mich fürchten?
Der HERR ist die Zuflucht meines Lebens: *
Vor wem sollte mir bangen? – (Kv)

Höre, HERR, meine Stimme, wenn ich rufe; *
sei mir gnädig und gib mir Antwort!
Mein Herz denkt an dich: „Suchet mein Angesicht!" *
Dein Angesicht, HERR, will ich suchen. – (Kv)

Verbirg nicht dein Angesicht vor mir; /
weise deinen Knecht im Zorn nicht ab! *
Du wurdest meine Hilfe.
Verstoß mich nicht, verlass mich nicht, *
du Gott meines Heiles! – (Kv)

Ich bin gewiss, zu schauen *
die Güte des HERRN im Land der Lebenden.
Hoffe auf den HERRN, /
sei stark und fest sei dein Herz! *
Und hoffe auf den HERRN! – Kv

ZUR 2. LESUNG Paulus spricht und schreibt mit dem Selbstbewusstsein des Erwählten. Heute tun dies nicht selten Politikerinnen, aber auch Manager und Führungspersonen. Nur keine Unsicherheit aufkommen lassen. Zweifellos ist es gut, wenn wir uns motivieren und für eine Sache oder gar die Wahrheit und die Liebe einstehen. Es ist aber schwer zu entscheiden, wann dies der Fall ist. Jeder Werbeblock macht deutlich, dass ich auswählen muss, wofür ich mich einsetze. Herr, gibt mir Einsicht und Weisheit, damit ich erkenne, wofür ich einstehen soll.

ZWEITE LESUNG Phil 3,17 – 4,1

Christus wird uns verwandeln in die Gestalt seines verherrlichten Leibes

Lesung aus dem Brief des Apostels Paulus an die Gemeinde in Philippi.

Ahmt auch ihr mich nach, Schwestern und Brüder, und achtet auf jene, die nach dem Vorbild leben, das ihr an uns habt!

Denn viele – von denen ich oft zu euch gesprochen habe, doch jetzt unter Tränen spreche – leben als Feinde des Kreuzes Christi. Ihr Ende ist Verderben, ihr Gott der Bauch und ihre Ehre besteht in ihrer Schande; Irdisches haben sie im Sinn.

Denn unsere Heimat ist im Himmel. Von dorther erwarten wir auch Jesus Christus, den Herrn, als Retter, der unseren armseligen Leib verwandeln wird in die Gestalt seines verherrlichten Leibes, in der Kraft, mit der er sich auch alles unterwerfen kann.

Darum, meine geliebten Brüder und Schwestern, nach denen ich mich sehne, meine Freude und mein Ehrenkranz, steht fest im Herrn, Geliebte!

[*Oder:* KURZFASSUNG – Phil 3,20 – 4,1]

RUF VOR DEM EVANGELIUM

Vers: vgl. Mt 17,5

Christus, du ewiges Wort des Vaters, Ehre sei dir! – Kv
Aus der leuchtenden Wolke rief die Stimme des Vaters:
Das ist mein geliebter Sohn; auf ihn sollt ihr hören.
Christus, du ewiges Wort des Vaters, Ehre sei dir!

ZUM EVANGELIUM Das Lukas-Evangelium stellt uns heute die Szene der Verklärung Jesu vor Augen. Jesus wird dadurch beglaubigt, dass Mose und Elija mit ihm reden. Festhalten lässt sich die Erfahrung mit den drei großen biblischen Gestalten nicht – unvergänglich sind sie dennoch. Wenn Christinnen und Christen auf Jesus hören wollen, sollen sie Gesetz und Propheten nicht ablehnen. Vielmehr lassen sie sich von ihm erschließen, wie wir die Tradition lesen dürfen und sollen. „Und er legte ihnen dar, ausgehend von Mose und allen Propheten, was in der gesamten Schrift über ihn geschrieben steht" (Lk 24,27), schreibt Lukas in der Schilderung der Begegnung der Emmaus-Jünger mit dem Auferstandenen, den sie – zwar erst im Nachhinein – an diesen Darlegungen und am Brotbrechen erkennen.

EVANGELIUM

Lk 9,28b–36

Während er betete, veränderte sich das Aussehen seines Gesichtes

+ Aus dem heiligen Evangelium nach Lukas.

In jener Zeit nahm Jesus Petrus, Johannes und Jakobus mit sich und stieg auf einen Berg, um zu beten. Und während er betete, veränderte sich das Aussehen seines Gesichtes und sein Gewand wurde leuchtend weiß.

Und siehe, es redeten zwei Männer mit ihm. Es waren Mose und Elija; sie erschienen in Herrlichkeit und sprachen von seinem Ende, das er in Jerusalem erfüllen sollte.

Petrus und seine Begleiter aber waren eingeschlafen, wurden jedoch wach und sahen Jesus in strahlendem Licht und die zwei Männer, die bei ihm standen.

Und es geschah: Als diese sich von ihm trennen wollten, sagte Petrus zu Jesus: Meister, es ist gut, dass wir hier sind. Wir wollen drei Hütten bauen, eine für dich, eine für Mose und eine für Elija. Er wusste aber nicht, was er sagte. Während er noch redete, kam eine Wolke und überschattete sie. Sie aber fürchteten sich, als sie in die Wolke hineingerieten.

Da erscholl eine Stimme aus der Wolke: Dieser ist mein auserwählter Sohn, auf ihn sollt ihr hören.

Während die Stimme erscholl, fanden sie Jesus allein. Und sie schwiegen und erzählten in jenen Tagen niemandem von dem, was sie gesehen hatten.

Glaubensbekenntnis, S. 454 ff.

FÜRBITTEN

Glauben bedeutet Vertrauen. Wenden wir uns im fürbittenden Gebet vertrauensvoll Jesus zu, den seine Jünger auf dem Berg Tabor im Licht erkannten:

V: Kyrie, eleison. A: Christe, eleison.

- Wir bitten für alle, die im Dienst der Verkündigung stehen, dass auch ihnen das Taborlicht leuchte.
- Wir beten für alle, deren Leben von Ängsten überschattet ist, dass sie Begleitung und Hilfe finden.
- Wir bitten für alle, die der Bedrohung durch kriegerische Gewalt ausgesetzt sind, dass sie in Sicherheit leben können.

- Wir beten für alle, die die Gräben der Vorurteile, des Zorns und des Hasses überwinden und Schritte zu Versöhnung und Frieden wagen.
- Wir beten für unsere Verstorbenen, dass ihnen dein unvergängliches Licht leuchte.

Im Taborlicht leuchtet den Jüngern das Ziel des Weges Jesu auf. Bitten wir Gott, dass wir unser Leben mehr und mehr im Licht des Glaubens leben können, heute und alle Tage unseres Seins.

EUCHARISTIEFEIER

GABENGEBET

Herr, das Opfer, das wir feiern, nehme alle Schuld von uns. Es heilige uns an Leib und Seele, damit wir uns in rechter Weise auf das Osterfest vorbereiten. Darum bitten wir durch Christus, unseren Herrn.

PRÄFATION

In Wahrheit ist es würdig und recht, dir, Vater im Himmel, zu danken durch unseren Herrn Jesus Christus. Denn er hat den Jüngern seinen Tod vorausgesagt und ihnen auf dem heiligen Berg seine Herrlichkeit kundgetan. In seiner Verklärung erkennen wir, was Gesetz und Propheten bezeugen: dass wir durch das Leiden mit Christus zur Auferstehung gelangen. Durch ihn rühmen wir deine Größe und singen mit den Chören der Engel das Lob deiner Herrlichkeit: Heilig …

KOMMUNIONVERS Mt 17,5

Dies ist mein geliebter Sohn,
an dem ich Gefallen gefunden habe:
Auf ihn sollt ihr hören.

SCHLUSSGEBET

Herr, du hast uns im Sakrament an der Herrlichkeit deines Sohnes Anteil gegeben. Wir danken dir, dass du uns schon auf Erden teilnehmen lässt an dem, was droben ist. Durch Christus, unseren Herrn.

FEIERLICHER SCHLUSSSEGEN

S. 209

***

FASTENZEIT

Zeit,
die mich herausfordert,
innezuhalten
und mich zu besinnen,
umzukehren
und neue Wege zu suchen,
Nein zu sagen
und Enttäuschungen zuzulassen,
Ablehnungen anzunehmen
und mich selbst zu bejahen,
nach dem Weinen
immer wieder zu lachen,
zu ertragen,
nicht allen Ansprüchen
gewachsen zu sein.

Gisela Baltes

HEILIGER JOSEF, BRÄUTIGAM DER GOTTESMUTTER MARIA – HOCHFEST

19. März 2025

Abstammung, Herkunft, Blutsverwandtschaft – sind die so wichtig? Ziemlich viel Aufhebens wird darum jedenfalls gemacht. Ohne Frage erleben es viele Menschen als wunderbar, Vater oder Mutter zu werden und zu sein. Aber muss dem unbedingt ein Zeugungsakt vorausgehen? Aus Sicht der Bibel: Nein. Josef können wir als Beispiel dafür sehen, dass Menschen über alle Grenzen hinweg lieben können – und ihn zum Vorbild nehmen. Nach bürgerlichen Maßstäben könnte die Heilige Familie als Patchwork-Familie vielleicht schief angesehen werden. Wie gut, dass menschliche Konstrukte keinen Einfluss auf Gottes liebevollen Blick haben.

ERÖFFNUNGSVERS

Vgl. Lk 12,42

Seht, das ist der treue und kluge Hausvater,
dem der Herr seine Familie anvertraut,
damit er für sie sorge.

KYRIE-RUFE

Herr Jesus Christus, du hast dich
und deine Familie der väterlichen
Obhut des heiligen Josef anvertraut.
V/A: Herr, erbarme dich.
Du hast das väterliche Vorbild und
die Erziehung Josefs, des Gerechten,
angenommen.
V/A: Christus, erbarme dich.

Du hast das in der Stille
gegebene väterliche Zeugnis
des heiligen Josef geehrt.
V/A: Herr, erbarme dich.

Ehre sei Gott, S. 451 f.

TAGESGEBET

Allmächtiger Gott, du hast Jesus, unseren Heiland, und seine Mutter Maria der treuen Sorge des heiligen Josef anvertraut. Höre auf seine Fürsprache und hilf deiner Kirche, die Geheimnisse der Erlösung treu zu verwalten, bis das Werk des Heiles vollendet ist. Darum bitten wir durch Jesus Christus.

WORTGOTTESDIENST

ZUR 1. LESUNG Königtum lebt vom Gedanken der Dynastie und Genealogie. Der Vater vererbt dem Sohn seine Macht. Das Südreich Juda konnte sich damit brüsten, dass es eine solche Dynastie gab und dass es gegenüber dem Nordreich Israel sehr viel länger Bestand hatte. Letztendlich haben die Assyrer aber auch das Südreich erobert und Israel in die Babylonische Gefangenschaft geführt. Damit kam das davidische Königtum an sein Ende. In der Folge wurde David als idealer König der Vergangenheit verklärt. Und bei der Übertragung der Königsidee auf Jesus von Nazaret änderten sich die Vorstellungen noch einmal.

ERSTE LESUNG 2 Sam 7,4–5a.12–14a.16

Der Herr wird ihm den Thron seines Vaters David geben (Lk 1,32)

Lesung aus dem zweiten Buch Samuel.

Das Wort des HERRN erging an Natan: Geh zu meinem Knecht David und sag zu ihm: So spricht der HERR: Wenn deine Tage erfüllt sind und du dich zu deinen Vätern legst, werde ich deinen leiblichen Sohn als deinen Nachfolger einsetzen und seinem Königtum Bestand verleihen. Er wird für meinen Namen ein Haus bauen und ich werde seinem Königsthron ewigen Bestand verleihen. Ich werde für ihn Vater sein und er wird für mich Sohn sein.
Dein Haus und dein Königtum werden vor dir auf ewig bestehen bleiben; dein Thron wird auf ewig Bestand haben.

ANTWORTPSALM

Ps 89 (88),2–3.4–5.27 u. 29 (Kv: Lk 1,32b)

Kv Gott, der Herr, wird ihm den Thron seines Vaters David geben. – Kv

Von der Huld des HERRN will ich ewig singen, *
von Geschlecht zu Geschlecht
mit meinem Mund deine Treue verkünden.
Denn ich bekenne: Auf ewig ist Huld gegündet, *
im Himmel deine Treue gefestigt. – (Kv)

„Ich habe einen Bund geschlossen mit meinem Erwählten *
und David, meinem Knecht, geschworen:
Auf ewig gebe ich deinem Haus festen Bestand *
und von Geschlecht zu Geschlecht gründe ich deinen Thron. – (Kv)

Er wird zu mir rufen: Mein Vater bist du, *
mein Gott, der Fels meiner Rettung.
Auf ewig werde ich ihm meine Huld bewahren, *
mein Bund mit ihm ist verlässlich.“ – Kv

ZUR 2. LESUNG Abraham wurde zum Urvater der Völkergemeinschaft. Gott hatte ihm Nachkommen so zahlreich wie die Sterne des Himmels verheißen, und Abraham glaubte daran. Paulus ist froh, dieses biblische Beispiel zu haben: So kann er mit Berufung auf die biblische Tradition klarmachen, dass Heidenchristen nicht auf das Gesetz, das erst am Sinai gegeben wurde, verpflichtet werden müssen, sondern direkt in den Bund mit Abraham eingebunden werden. Oft gelten die als kindlich naiv, die gegen alle Wirklichkeit hoffen. Aber ist es nicht doch manchmal zulässig, trotz aller widrigen Umstände vertrauensvoll wie ein Kind in die Zukunft zu schauen?

ZWEITE LESUNG

Röm 4,13.16–18.22

Gegen alle Hoffnung hat er voll Hoffnung geglaubt

Lesung aus dem Brief des Apostels Paulus an die Gemeinde in Rom.

Schwestern und Brüder! Abraham und seine Nachkommen erhielten nicht aufgrund des Gesetzes die Verheißung, Erben der Welt zu sein, sondern aufgrund der Glaubensgerechtigkeit.

Deshalb gilt: „aus Glauben“, damit auch gilt: „aus Gnade“. Nur so bleibt die Verheißung für die ganze Nachkommenschaft gültig, nicht nur für die, welche aus dem Gesetz, sondern auch für die, welche aus dem Glauben Abrahams leben.

Er ist unser aller Vater, wie geschrieben steht: Ich habe dich zum Vater vieler Völker bestimmt – im Angesicht des Gottes, dem er geglaubt hat, des Gottes, der die Toten lebendig macht und das, was nicht ist, ins Dasein ruft.

Gegen alle Hoffnung hat er voll Hoffnung geglaubt, dass er der Vater vieler Völker werde, nach dem Wort: So zahlreich werden deine Nachkommen sein.

Darum wurde es ihm auch als Gerechtigkeit angerechnet.

RUF VOR DEM EVANGELIUM

Vers: vgl. Ps 84 (83),5

Dein ist die Ehre, dein ist die Macht, Christus, Herr und Erlöser. – Kv
Selig, die in deinem Hause wohnen, Herr,

die dich loben allezeit.
Dein ist die Ehre, dein ist die Macht, Christus, Herr und Erlöser.

ZUM EVANGELIUM Josef ist ein Nachkomme Davids. Er nimmt die ihm versprochene Frau zu sich, obwohl sie schon vor der Heirat schwanger wurde. So erzählt es Matthäus. Von seiner genetischen Herkunft her steht Jesus damit nicht in der Nachfolge Davids – aber als Adoptivsohn Josefs. Blutsbande spielen offensichtlich für die Heilsgeschichte eine geringere Rolle, verglichen mit der Gerechtigkeit Josefs. Was ist Gerechtigkeit? Vor den Menschen ein soziales Konstrukt, das Anlass gewesen wäre, Maria bloßzustellen. Aus der Perspektive Gottes ging es um Liebe – die größer ist als jede menschliche Konvention.

EVANGELIUM

Mt 1,16.18–21.24a

Josef tat, was der Engel des Herrn ihm befohlen hatte

+ Aus dem heiligen Evangelium nach Matthäus.

Jakob zeugte den Josef, den Mann Marias; von ihr wurde Jesus geboren, der der Christus genannt wird.
Mit der Geburt Jesu Christi war es so: Maria, seine Mutter, war mit Josef verlobt; noch bevor sie zusammengekommen waren, zeigte sich, dass sie ein Kind erwartete – durch das Wirken des Heiligen Geistes. Josef, ihr Mann, der gerecht war und sie nicht bloßstellen wollte, beschloss, sich in aller Stille von ihr zu trennen.
Während er noch darüber nachdachte, siehe, da erschien ihm ein Engel des Herrn im Traum und sagte: Josef, Sohn Davids, fürchte dich nicht, Maria als deine Frau zu dir zu nehmen; denn das Kind, das sie erwartet, ist vom Heiligen Geist.
Sie wird einen Sohn gebären; ihm sollst du den Namen Jesus geben; denn er wird sein Volk von seinen Sünden erlösen.
Als Josef erwachte, tat er, was der Engel des Herrn ihm befohlen hatte.

[*Oder:* EVANGELIUM – Lk 2,41–51a]

Glaubensbekenntnis, S. 454 ff.

FÜRBITTEN

Josef vertraut der Botschaft im Traum; so wächst er über sich hinaus. Auch wir versuchen der Spur des Vertrauens zu folgen und bitten Gott:

V/A: Höre und erhöre uns.

- Für die Kirche, dass sie immer wieder neu auf die Stimmen derjenigen hört, die von Gott träumen, auf die Stimmen der Prophetinnen und Propheten, die auch in unserer Zeit zu vernehmen sind.
- Für alle, die eine schwere Entscheidung treffen müssen, dass sie guten Beistand finden.
- Für alle Familien, die großen Belastungen ausgesetzt sind, dass sie unterstützt und entlastet werden.
- Für alle, die werdende Mütter in prekären Lebenssituationen unterstützen, sodass diese zuversichtlich in eine Zukunft mit ihrem Kind gehen können.
- Für alle, die Not und Einsamkeit anderer erkennen und dazu beitragen, dass deren Leben wieder leichter und hoffnungsvoller wird.

Gott unseres Heils, weil du für uns wie ein guter Vater und eine treu sorgende Mutter bist, können auch wir dir vertrauen. Dafür danken wir und hoffen auf dich, heute und alle Tage bis in Ewigkeit.

EUCHARISTIEFEIER

GABENGEBET

Herr, unser Gott, der heilige Josef hat deinem ewigen Sohn, den die Jungfrau Maria geboren hat, in Treue gedient. Lass auch uns Christus dienen und dieses Opfer mit reinem Herzen feiern. Darum bitten wir durch Christus, unseren Herrn.

PRÄFATION

In Wahrheit ist es würdig und recht, dir, allmächtiger Vater, zu danken und am Fest des heiligen Josef die Wege deiner Weisheit zu rühmen. Denn ihm, dem Gerechten, hast du die jungfräuliche Gottesmutter anvertraut, ihn, deinen treuen und klugen Knecht, bestellt zum Haupt der Heiligen Familie. An Vaters statt sollte er deinen eingeborenen Sohn beschützen, der durch die Überschattung des Heiligen Geistes empfangen war, unseren Herrn Jesus Christus. Durch ihn loben die Engel deine Herrlichkeit, beten dich an die Mächte, erbeben die Gewalten. Die Himmel und die himmlischen Kräfte und die seligen Serafim feiern dich jubelnd im Chore. Mit ihrem Lobgesang lass auch unsere Stimmen sich vereinen und voll Ehrfurcht rufen: Heilig …

KOMMUNIONVERS

Mt 25,21

Komm, du guter und getreuer Knecht;
nimm teil am Festmahl deines Herrn.

SCHLUSSGEBET

Herr, unser Gott, du hast uns am Fest des heiligen Josef um deinen Altar versammelt und mit dem Brot des Lebens gestärkt. Schütze deine Familie und erhalte in ihr deine Gaben. Darum bitten wir durch Christus, unseren Herrn.

***

JOSEF

An welches Vaterbild
mag Jesus angeknüpft haben,
wenn er von seinem
„Vater im Himmel“ sprach?

Gewiss war es Josef,
der treue Begleiter und Hüter seiner Kindheit,
von dem er erfahren durfte,
was Vatersein bedeutet.

Von Josef hat Jesus gewiss gelernt,
nach innen zu horchen,
um seine Bestimmung zu erkennen
und Gottes Weisungen zu vernehmen.

So dürfen wir den heiligen Josef
um seinen Beistand bitten,
wenn wir nach Orientierung
für unser Leben suchen.

Er wird uns darin bestärken,
den Blick nach innen zu richten,
um uns – wie er – von Gott
auf den richtigen Weg führen zu lassen.

Gisela Baltes

3. FASTENSONNTAG

23. März 2025

Wünschen Sie sich auch manchmal, dass Gott mal so richtig dreinschlagen würde? Und klar zeigen, wen er liebt, wer gut ist und wer nicht? Aber Gott ist nicht so, sondern leise und langmütig. Und wie gut ist das. Mag sein, dass mich manchmal etwas überkommt wie heiliger Zorn und ich genau zu wissen meine, dass ich im Recht bin und die anderen verurteilen darf. Aber dann wendet sich doch das Blatt und ich werde ganz kleinlaut; denn ich bin es, auf den nun Gottes Feuer fallen müsste. Ist es nicht gut, dass Gott nicht immer sofort eingreift, sondern einfach da ist und all unsere Wege – und Umwege – begleitet und mitgeht?

ERÖFFNUNGSVERS

Ez 36,22–26

Wort Gottes, des Herrn:
Ich werde euch beweisen, dass ich heilig bin.
Ich sammle euch aus allen Ländern.
Ich gieße reines Wasser über euch, damit ihr rein werdet,
und gebe euch einen neuen Geist.

KYRIE-RUFE

Herr Jesus Christus, du bist barmherzig
und gnädig, langmütig und reich an Huld.
V/A: Herr, erbarme dich.
Du rufst zur Umkehr und zum
Glauben an das Evangelium.
V/A: Christus, erbarme dich.
Du führst uns zum Reich Gottes.
V/A: Herr, erbarme dich.

TAGESGEBET

Gott, unser Vater, du bist der Quell des Erbarmens und der Güte, wir stehen als Sünder vor dir, und unser Gewissen klagt uns an. Sieh auf unsere Not und lass uns Vergebung finden durch Fasten, Gebet und Werke der Liebe. Darum bitten wir durch Jesus Christus.

WORTGOTTESDIENST

ZUR 1. LESUNG Mit Exodus 3 führt uns die Leseordnung in die Mitte biblischer Gotteserfahrung. Mose ist allein in der Wüste, wo er einen brennenden Dornbusch sieht, der nicht verbrennt. In dieser Erscheinung begegnet er dem „Engel des HERRN", aber irgendwie auch Gott selbst. Mose nähert sich, darf aber nicht zu nahe kommen. Gott wahrt in aller Offenbarung sein Geheimnis, und dennoch sagt er sein Mit-Gehen zu. Ich bin der Gott eurer Vorväter und werde euch den Ägyptern entreißen. Ein Gott der Vergangenheit, ein Gott der Zukunft – in der Gegenwart ungreifbar und entzogen. Ich bin, ich werde sein. Fürchte dich nicht.

ERSTE LESUNG Ex 3,1–8a.10.13–15

Der „Ich-bin" hat mich zu euch gesandt

Lesung aus dem Buch Exodus.

In jenen Tagen weidete Mose die Schafe und Ziegen seines Schwiegervaters Jitro, des Priesters von Midian. Eines Tages trieb er das Vieh über die Steppe hinaus und kam zum Gottesberg Horeb. Dort erschien ihm der Engel des HERRN in einer Feuerflamme mitten aus dem Dornbusch. Er schaute hin: Der Dornbusch brannte im Feuer, aber der Dornbusch wurde nicht verzehrt. Mose sagte: Ich will dorthin gehen und mir die außergewöhnliche Erscheinung ansehen. Warum verbrennt denn der Dornbusch nicht?

Als der HERR sah, dass Mose näher kam, um sich das anzusehen, rief Gott ihm mitten aus dem Dornbusch zu: Mose, Mose! Er antwortete: Hier bin ich. Er sagte: Komm nicht näher heran! Leg deine Schuhe ab; denn der Ort, wo du stehst, ist heiliger Boden. Dann fuhr er fort: Ich bin der Gott deines Vaters, der Gott Abrahams, der Gott Isaaks und der Gott Jakobs. Da verhüllte Mose sein Gesicht; denn er fürchtete sich, Gott anzuschauen.

Der HERR sprach: Ich habe das Elend meines Volkes in Ägypten gesehen und ihre laute Klage über ihre Antreiber habe ich gehört. Ich kenne sein Leid. Ich bin herabgestiegen, um es der Hand der Ägypter zu entreißen und aus jenem Land hinaufzuführen in ein schönes, weites Land, in ein Land, in dem Milch und Honig fließen.

Und jetzt geh! Ich sende dich zum Pharao. Führe mein Volk, die Israeliten, aus Ägypten heraus!

Da sagte Mose zu Gott: Gut, ich werde also zu den Israeliten kommen und ihnen sagen: Der Gott eurer Väter hat mich zu euch gesandt. Da werden sie mich fragen: Wie heißt er? Was soll ich ihnen sagen?

Da antwortete Gott dem Mose: Ich bin, der ich bin. Und er fuhr fort: So sollst du zu den Israeliten sagen: Der „Ich-bin" hat mich zu euch gesandt. Weiter sprach Gott zu Mose: So sag zu den Israeliten: Der HERR, der Gott eurer Väter, der Gott Abrahams, der Gott Isaaks und der Gott Jakobs, hat mich zu euch gesandt. Das ist mein Name für immer und so wird man mich anrufen von Geschlecht zu Geschlecht.

ANTWORTPSALM

Ps 103 (102),1–2.3–4.6–7.8 u. 11 (Kv: vgl. 8)

Kv Gnädig und barmherzig ist der HERR,
voll Langmut und reich an Huld. – Kv

Preise den HERRN, meine Seele, *
und alles in mir seinen heiligen Namen!
Preise den HERRN, meine Seele, *
und vergiss nicht, was er dir Gutes getan hat! – (Kv)

Der dir all deine Schuld vergibt *
und all deine Gebrechen heilt,
der dein Leben vor dem Untergang rettet *
und dich mit Huld und Erbarmen krönt. – (Kv)

Der HERR vollbringt Taten des Heiles, *
Recht verschafft er allen Bedrängten.
Er hat Mose seine Wege kundgetan, *
den Kindern Israels seine Werke. – (Kv)

Der HERR ist barmherzig und gnädig, *
langmütig und reich an Huld.
Denn so hoch der Himmel über der Erde ist, *
so mächtig ist seine Huld über denen, die ihn fürchten. – Kv

ZUR 2. LESUNG Paulus legt die Heilsgeschichte Gottes mit den Menschen aus und deutet dabei die Geschehnisse auf der Wüstenwanderung als Warnung. Wenn ein solch hartes Schicksal den eigenen Landsleuten zustoßen kann, dann sind auch die Gläubigen der Gemeinde in Korinth nicht gegen Fehler gefeit. Wir haben uns daran gewöhnt, uns die Heiligen als Vorbilder zu vergegenwärtigen. Wäre es nicht weise, auch einmal auf Menschen zu schauen, die es nicht so gut hinbekommen haben? Nicht um mit dem Finger auf sie zu zeigen, sondern um aus ihren falschen Entscheidungen zu lernen. Alles andere wäre geschichtsvergessen.

ZWEITE LESUNG 1 Kor 10,1–6.10–12

Das Leben des Volkes mit Mose in der Wüste wurde uns zur Warnung aufgeschrieben

Lesung aus dem ersten Brief des Apostels Paulus an die Gemeinde in Korinth.

Ihr sollt wissen, Brüder und Schwestern, dass unsere Väter alle unter der Wolke waren, alle durch das Meer zogen und alle auf Mose getauft wurden in der Wolke und im Meer. Alle aßen auch die gleiche geistgeschenkte Speise und alle tranken den gleichen geistgeschenkten Trank; denn sie tranken aus dem geistgeschenkten Felsen, der mit ihnen zog. Und dieser Fels war Christus. Gott aber hatte an den meisten von ihnen kein Gefallen; denn er ließ sie in der Wüste umkommen.

Das aber geschah als warnendes Beispiel für uns: damit wir uns nicht von der Gier nach dem Bösen beherrschen lassen, wie jene sich von der Gier beherrschen ließen. Murrt auch nicht, wie einige von ihnen murrten; sie wurden vom Verderber umgebracht!

Das aber geschah an ihnen, damit es uns als Beispiel dient; uns zur Warnung wurde es aufgeschrieben, uns, die das Ende der Zeiten erreicht hat. Wer also zu stehen meint, der gebe Acht, dass er nicht fällt.

RUF VOR DEM EVANGELIUM

Vers: Mt 4,17

Christus, du ewiges Wort des Vaters, Ehre sei dir! – Kv
(So spricht der Herr:)
Kehrt um!
Denn das Himmelreich ist nahe.
Christus, du ewiges Wort des Vaters, Ehre sei dir!

ZUM EVANGELIUM Wir sollen uns zu Herzen nehmen, was anderen geschehen ist – nicht, weil sie sündiger waren als wir oder von Gott nicht geliebt. Warum ihnen ein Unglück zustößt, ist unerheblich und für uns Menschen unerklärlich. Jesus warnt davor, vorschnell zu urteilen: Gott greift nicht einfach ein, um die einen zu bestrafen, die anderen zu belohnen. Gott ist langmütig: Er hegt und düngt und hofft auf die Früchte, die wir in Zukunft hoffentlich tragen werden.

EVANGELIUM

Lk 13,1–9

Ihr alle werdet ebenso umkommen, wenn ihr euch nicht bekehrt

+ **Aus dem heiligen Evangelium nach Lukas.**

Zu jener Zeit kamen einige Leute und berichteten Jesus von den Galiläern, deren Blut Pilatus mit dem ihrer Opfertiere vermischt hatte.

Und er antwortete ihnen: Meint ihr, dass diese Galiläer größere Sünder waren als alle anderen Gäliläer, weil das mit ihnen geschehen ist? Nein, sage ich euch, vielmehr werdet ihr alle genauso umkommen, wenn ihr nicht umkehrt.

Oder jene achtzehn Menschen, die beim Einsturz des Turms am Schiloach erschlagen wurden – meint ihr, dass sie größere Schuld auf sich geladen hatten als alle anderen Einwohner von Jerusalem? Nein, sage ich euch, vielmehr werdet ihr alle ebenso umkommen, wenn ihr nicht umkehrt.

Und er erzählte ihnen dieses Gleichnis: Ein Mann hatte in seinem Weinberg einen Feigenbaum gepflanzt; und als er kam und nachsah, ob er Früchte trug, fand er keine.

Da sagte er zu seinem Winzer: Siehe, jetzt komme ich schon drei Jahre und sehe nach, ob dieser Feigenbaum Früchte trägt, und finde nichts. Hau ihn um! Was soll er weiter dem Boden seine Kraft nehmen?

Der Winzer erwiderte: Herr, lass ihn dieses Jahr noch stehen; ich will den Boden um ihn herum aufgraben und düngen. Vielleicht trägt er in Zukunft Früchte; wenn nicht, dann lass ihn umhauen!

Glaubensbekenntnis, S. 454 ff.

FÜRBITTEN

Gott will das Heil der Menschen. Aus der Heillosigkeit unserer Welt wenden wir uns zu ihm und bitten:

V: Guter Gott. A: Wir bitten dich, erhöre uns.

- Für alle Menschen guten Willens, die sich um Versöhnung und Umkehr mühen.
- Für alle, die um deiner guten Schöpfung willen ihre Konsum- und Lebensgewohnheiten ändern.
- Für alle, die den Druck, der auf vielen Menschen lastet, nicht vergrößern, sondern sie dort unterstützen und entlasten, wo es hilfreich ist.
- Für die Kinder, die in vielen Ländern dieser Erde für ihren Lebensunterhalt arbeiten müssen und kaum Chancen zum Spielen und Lernen haben.

Guter Gott, du willst, dass unser Leben Frucht bringt. Hilf uns, gerecht und gut zu leben durch Jesus Christus, unseren Bruder und Heiland.

EUCHARISTIEFEIER

GABENGEBET

Barmherziger Gott, befreie uns durch dieses Opfer von unseren Sünden und schenke uns die Kraft, auch den Brüdern zu vergeben, wenn sie an uns schuldig geworden sind. Darum bitten wir durch Christus, unseren Herrn.

Präfation, S. 464 f.

KOMMUNIONVERS Ps 84 (83),4–5

Der Sperling findet ein Haus
und die Schwalbe ein Nest für ihre Jungen
– deine Altäre, Herr der Heerscharen,
mein Gott und mein König!
Selig, die wohnen in deinem Haus, die dich allezeit loben!

SCHLUSSGEBET

Herr und Gott, du hast uns mit dem Brot des Himmels gesättigt und uns in dieser Speise ein Unterpfand dessen gegeben, was unseren Augen noch verborgen ist. Lass in unserem Leben sichtbar werden, was wir im Sakrament empfangen haben. Darum bitten wir durch Christus, unseren Herrn.

FEIERLICHER SCHLUSSSEGEN S. 209

***

ER SPRICHT AUCH ÜBER MICH

Jesus ist kein bequemer Gesellschafter. Er lässt sich nicht die Rolle aufzwingen, die die Menschen ihm aufdrängen wollen, um ihr festgefügtes System von ihm bestätigen zu lassen. Jesus lässt sich nicht anpassen oder einfügen in unsere Denkschablonen, sondern wir müssen uns ihm anpassen. Jesus lässt sich nicht vor unseren Karren spannen. Er entlarvt das unterschwellige Vorurteil, „dass nur diese Galiläer Sünder waren“ und alle anderen nicht. Er spricht niemals nur über die anderen, sondern immer auch über uns, über mich.

Jan Bots

VERKÜNDIGUNG DES HERRN – HOCHFEST

25. März 2025

Das Fest Verkündigung des Herrn wird im Lauf der Kunstgeschichte oft mit einer kniend betenden Maria und einem übergroßen Engel dargestellt, der ihr die Botschaft überbringt. Diese Bilder erwecken mehr oder weniger den Anschein, als hätte Maria sich genau dies ersehnt. Doch kann das sein? Werden wir hier nicht eher Zeugen und Zeuginnen einer enormen Zumutung? Maria, die gerade erst verlobt ist soll noch bevor sie mit ihrem Mann zusammenkommt, ein Kind empfangen, noch dazu den „Sohn des Höchsten" – Gottes Sohn. Sie steht von einem auf den nächsten Moment vor unzähligen Fragen und muss mit sozialen Konsequenzen rechnen, wenn öffentlich wird, dass sie vor der Eheschließung schwanger ist. Diese junge Frau willigt letztlich ein. Gott macht es möglich. Er setzt Zeichen seiner Gegenwart und Nähe, sodass Menschen Vertrauen schöpfen und ihr Leben in die Beziehung zu ihm hingeben können.

ERÖFFNUNGSVERS

Vgl. Hebr 10,5.7

Als Christus in diese Welt eintrat,
sprach er zu seinem Vater:
Siehe, ich komme, um deinen Willen zu erfüllen.

KYRIE-RUFE

Herr Jesus Christus, Gottes Sohn,
du bist gezeugt, nicht geschaffen.
V/A: Herr, erbarme dich.
Du bist geboren von einer
Frau, deiner Mutter Maria.
V/A: Christus, erbarme dich.

Du bist Immanuel – Gott mit uns.
V/A: Herr, erbarme dich.

Ehre sei Gott, S. 451 f.

TAGESGEBET

Gott, du bist groß und unbegreiflich. Nach deinem Willen ist dein ewiges Wort im Schoß der Jungfrau Maria Mensch geworden. Gläubig bekennen wir, dass unser Erlöser wahrer Gott und wahrer Mensch ist. Mache uns würdig, Anteil zu erhalten an seinem göttlichen Leben. Darum bitten wir durch ihn, Jesus Christus.

WORTGOTTESDIENST

ZUR 1. LESUNG Nachdem die Assyrer immer mehr Einfluss gewonnen haben, verbünden sich andere Staaten gegen sie. Ahas, der König von Juda, will sich dieser Gegenfront jedoch nicht anschließen und stellt sich auf die Seite der Assyrer. Die Warnung des Propheten vor falschen Bündnissen scheint im Nichts zu verhallen. Gott gibt nicht auf und bietet Ahas an, sich ein Zeichen von ihm erbitten zu können. Was für eine Gelegenheit, möchte man meinen, doch der König lehnt frömmelnd ab. Interessant ist, dass der Prophet schließlich ankündigt, Gott werde auch ohne diese Bitte ein Zeichen schenken. Eine Jungfrau wird einen Sohn empfangen und ihm den Namen Immanuel, „Gott mit uns", geben. Gott macht deutlich, auf welcher Seite er steht – er ist ein Gott mit uns.

ERSTE LESUNG Jes 7,10–14

Siehe, die Jungfrau hat ein Kind empfangen, sie gebiert einen Sohn und wird ihm den Namen Immanuel – Gott mit uns – geben

Lesung aus dem Buch Jesaja.

In jenen Tagen sprach der HERR zu Ahas – dem König von Juda – und sagte: Erbitte dir ein Zeichen vom HERRN, deinem Gott, tief zur Unterwelt oder hoch nach oben hin!

Ahas antwortete: Ich werde um nichts bitten und den HERRN nicht versuchen.

Da sagte Jesaja: Hört doch, Haus Davids! Genügt es euch nicht, Menschen zu ermüden, dass ihr auch noch meinen Gott ermüdet? Darum wird der Herr selbst euch ein Zeichen geben: Siehe, die Jungfrau hat empfangen, sie gebiert einen Sohn und wird ihm den Namen Immanuel – Gott mit uns – geben.

ANTWORTPSALM

Ps 40 (39),7–8.9–10.11 (Kv: vgl. 8a.9a)

Kv Mein Gott, ich komme;
deinen Willen zu tun, ist mein Gefallen. – Kv

An Schlacht- und Speiseopfern hattest du kein Gefallen, /
doch Ohren hast du mir gegraben, *
Brand- und Sündopfer hast du nicht gefordert.
Da habe ich gesagt: Siehe, ich komme. *
In der Buchrolle steht es über mich geschrieben. – (Kv)

Deinen Willen zu tun, mein Gott, war mein Gefallen *
und deine Weisung ist in meinem Innern.
Gerechtigkeit habe ich in großer Versammlung verkündet, *
meine Lippen verschließe ich nicht; HERR, du weißt es. – (Kv)

Deine Gerechtigkeit habe ich nicht in meinem Herzen verborgen. *
Ich habe gesprochen von deinem Heil und deiner Treue,
nicht verschwiegen deine Huld *
und deine Treue vor großer Versammlung. – Kv

ZUR 2. LESUNG Gott will keine Tier- und Speiseopfer, er lädt zur Selbsthingabe ein. Jesu Leben und Sterben zeigt die Ablösung von den kultischen Opfern am Tempel an. Er selbst hat sich dem Vater mit seiner ganzen Person anvertraut. Durch seine Hingabe sind Opfer am Tempel überflüssig. Er, der ohne eigene Schuld in den grausamen Tod geht, ist für uns gestorben. Wenn wir dies doch nur mit Herz und Verstand ganz erfassen könnten.

ZWEITE LESUNG Hebr 10,4–10

Siehe, ich komme – so steht es über mich in der Schriftrolle –, um deinen Willen, Gott, zu tun

Lesung aus dem Hebräerbrief.

Schwestern und Brüder! Das Blut von Stieren und Böcken kann unmöglich Sünden wegnehmen. Darum spricht Christus bei seinem Eintritt in die Welt: Schlacht- und Speiseopfer hast du nicht gefordert, doch einen Leib hast du mir bereitet; an Brand- und Sündopfern hast du kein Gefallen. Da sagte ich: Siehe, ich komme – so steht es über mich in der Schriftrolle –, um deinen Willen, Gott, zu tun.

Zunächst sagt er: Schlacht- und Speiseopfer, Brand- und Sündopfer forderst du nicht, du hast daran kein Gefallen, obgleich sie doch nach dem Gesetz dargebracht werden; dann aber hat er gesagt: Siehe, ich komme, um deinen Willen zu tun. Er hebt das Erste auf, um das Zweite in Kraft zu setzen.

Aufgrund dieses Willens sind wir durch die Hingabe des Leibes Jesu Christi geheiligt – ein für alle Mal.

RUF VOR DEM EVANGELIUM Vers: Joh 1,14ab

Christus, du ewiges Wort des Vaters, Ehre sei dir! – Kv
Das Wort ist Fleisch geworden und hat unter uns gewohnt
und wir haben seine Herrlichkeit geschaut.
Christus, du ewiges Wort des Vaters, Ehre sei dir!

ZUM EVANGELIUM Maria war eine noch sehr junge Frau, als der Engel erschien, um ihr zu verkünden, sie sei von Gott auserwählt, seinen Sohn zur Welt zu bringen. Neben dem mehr als verständlichen Erschrecken wird von dem Evangelisten Lukas auch ihre Nachdenklichkeit erwähnt. Sie hört genau hin auf die Worte des Boten. Als Gabriel ihr versichert, sie müsse sich nicht fürchten, bringt sie das nötige Vertrauen auf und lässt sich auf die Botschaft ein. Nach der Ankündigung der Schwangerschaft und der Geburt des Gottessohnes willigt Maria nicht einfach ein, sondern geht in Resonanz, wenn sie nachfragt: „Wie soll das geschehen?" Diese Frage scheint sie eher aus Neugier als aus Zweifeln heraus zu stellen. Sie will nicht wissen, warum gerade sie dies tun, was sie den Leuten sagen soll oder wie Josef damit umgehen wird. Nein, sie fragt, wie das alles denn geschehen soll – um erst nach der Antwort zuzustimmen. Der Weg ist frei, das Wort wird Wahrheit, es bekommt Hand und Fuß, Gott wird in ihrem Sohn Mensch.

EVANGELIUM

Lk 1,26–38

Du hast bei Gott Gnade gefunden, Maria; du wirst schwanger werden und einen Sohn wirst du gebären

+ Aus dem heiligen Evangelium nach Lukas.

In jener Zeit wurde der Engel Gabriel von Gott in eine Stadt in Galiläa namens Nazaret zu einer Jungfrau gesandt. Sie war mit einem Mann namens Josef verlobt, der aus dem Haus David stammte. Der Name der Jungfrau war Maria.

Der Engel trat bei ihr ein und sagte: Sei gegrüßt, du Begnadete, der Herr ist mit dir. Sie erschrak über die Anrede und überlegte, was dieser Gruß zu bedeuten habe.

Da sagte der Engel zu ihr: Fürchte dich nicht, Maria; denn du hast bei Gott Gnade gefunden. Siehe, du wirst schwanger werden und einen Sohn wirst du gebären; dem sollst du den Namen Jesus geben. Er wird groß sein und Sohn des Höchsten genannt werden. Gott, der Herr, wird ihm den Thron seines Vaters David geben. Er wird über das Haus Jakob in Ewigkeit herrschen und seine Herrschaft wird kein Ende haben.

Maria sagte zu dem Engel: Wie soll das geschehen, da ich keinen Mann erkenne?

Der Engel antwortete ihr: Heiliger Geist wird über dich kommen und Kraft des Höchsten wird dich überschatten. Deshalb wird auch das Kind heilig und Sohn Gottes genannt werden.

Siehe, auch Elisabet, deine Verwandte, hat noch in ihrem Alter einen Sohn empfangen; obwohl sie als unfruchtbar gilt, ist sie schon im sechsten Monat. Denn für Gott ist nichts unmöglich.

Da sagte Maria: Siehe, ich bin die Magd des Herrn; mir geschehe, wie du es gesagt hast.

Danach verließ sie der Engel.

Glaubensbekenntnis, S. 454 ff.

(*Kniebeuge bei den Worten:* „hat Fleisch angenommen" bis „Mensch geworden")

FÜRBITTEN

Aus Marias freiem Ja erwächst Hoffnung für alle Menschen. Die Hoffnungen, Nöte und Lasten unserer Zeit tragen wir nun vor Gott:

V: Gott, Heil der Welt. A: Höre unser Rufen.

- Wir bitten für das wandernde Volk Gottes.
- Wir bitten für Frauen, die in schwierigen Lebenssituationen ein Kind erwarten.
- Wir bitten für die Kinder dieser Erde, besonders für die mit schlechten Startchancen.
- Wir bitten für alle, die vor einer schweren und belastenden Entscheidung stehen.
- Wir bitten für Großeltern und für alle Menschen, die junge Familien stützen.

Guter Gott, in der Klarheit und im Mut der heiligen Maria hast du uns gezeigt, was du in Menschen bewirken kannst, die dir vertrauen. Stärke auch in uns Vertrauen und Liebe, damit wir die guten Wege gehen, heute und alle Tage unseres Seins.

EUCHARISTIEFEIER

GABENGEBET

Allmächtiger Gott, nimm die Gaben deiner Kirche gütig an. Sie erkennt in der Menschwerdung deines Sohnes ihren eigenen Ursprung; lass uns heute in der Feier dieses Geheimnisses seine Liebe erfahren. Darum bitten wir durch Christus, unseren Herrn.

PRÄFATION

In Wahrheit ist es würdig und recht, dir, Vater im Himmel, zu danken und das Werk deiner Liebe zu rühmen. Denn heute brachte der Engel Maria die Botschaft und deine Magd nahm sie auf mit gläubigem Herzen. Durch die Kraft des Heiligen Geistes empfing die Jungfrau dein ewiges Wort, und das Wort wurde Mensch in ihrem Schoß, um unter uns Menschen zu wohnen. So hast du an Israel deine Verheißung erfüllt und den gesandt, den die Völker erwarten, deinen Sohn, unseren Herrn Jesus Christus. Durch ihn preisen wir dein Erbarmen und singen mit den Chören der Engel das Lob deiner Herrlichkeit: Heilig …

KOMMUNIONVERS

Jes 7,14

Seht, die Jungfrau wird empfangen
und einen Sohn gebären.
Sein Name ist: Immanuel – Gott mit uns.

SCHLUSSGEBET

Ewiger Gott, bewahre, was du uns im Sakrament des Glaubens geschenkt hast. Lass uns festhalten am Bekenntnis, dass dein Sohn, den die Jungfrau empfangen hat, wahrer Gott und wahrer Mensch ist, und führe uns in der Kraft seiner Auferstehung zur ewigen Freude. Darum bitten wir durch ihn, Christus, unseren Herrn.

***

FÜRCHTE DICH NICHT

Liebe Maria,

ein Kind sollst du bekommen. Einfach so.
Da wird dein Leben auf den Kopf gestellt.

Deinem ängstlichen Blick begegnet der Zuspruch „Fürchte dich nicht".

Reicht dir das? Ist dann alles okay? Kannst du diesen unglaublichen Weg dann gehen?
Nur weil ein Engel zu dir sagt: „Fürchte dich nicht"?

Maria, wenn dies so ist, dann bitte ich dich, mir etwas von deinem Mut abzugeben. Und wenn das alles nicht ganz so einfach ist, wie es scheint, wenn deine Knie zittern, dann gib mir deine Hand; wir stützen uns gegenseitig, niemand muss allein durch die Nebel des Lebens gehen. Auch du nicht.

Philippa Haase

4. FASTENSONNTAG

30. März 2025

Gott sorgt für uns. Diese Zusage scheint durch alle Lesungen dieses Sonntags hindurch. Gottes Fürsorge ist das größte Glück, das uns Menschen zustoßen kann. Müssten wir uns alleine um uns sorgen, müsste es schiefgehen, wie so vieles schiefgeht im Handeln von Menschen auf unserer Welt. Manchmal träume ich davon, dass wir alle wenigstens einen Tag lang unsere Hände untätig in den Schoß legen und uns einfach der Sorge Gottes überlassen. Dann könnte endlich Sabbat werden, ein Tag des Herrn, ein friedvoller Tag.

ERÖFFNUNGSVERS

Vgl. Jes 66,10–11

Freue dich, Stadt Jerusalem!
Seid fröhlich zusammen mit ihr, alle, die ihr traurig wart.
Freut euch und trinkt euch satt
an der Quelle göttlicher Tröstung.

KYRIE-RUFE

Herr Jesus Christus, du
hast uns mit Gott versöhnt.
V/A: Herr, erbarme dich.
Du hast uns den Dienst
der Versöhnung aufgetragen.
V/A: Christus, erbarme dich.
Du hast uns zu einer neuen
Schöpfung gemacht.
V/A: Herr, erbarme dich.

TAGESGEBET

Herr, unser Gott, du hast in deinem Sohn die Menschheit auf wunderbare Weise mit dir versöhnt. Gib deinem Volk einen hochherzigen Glauben, damit es mit froher Hingabe dem Osterfest entgegeneilt. Darum bitten wir durch Jesus Christus.

WORTGOTTESDIENST

ZUR 1. LESUNG Während der Zeit der Wüstenwanderung versorgte Gott sein Volk täglich mit Manna. Eine entscheidende Wendung: Seit sie im Gelobten Land wohnten, aßen sie dessen Ertrag. Das hat sich auch seit dem letzten Pessach-Mahl, das Jesus mit seinen Jüngern gefeiert hat, nicht geändert. Wir werden gespeist von der Frucht der Erde. Ja, beim Bebauen des Landes müssen Menschen im Schweiße ihres Angesichtes Saat ausbringen und Ernten einfahren. Aber Brot ist nicht nur Frucht der menschlichen Arbeit, denn das Wachstum selbst erfolgt ohne menschliches Zutun. Es ist Gottes Geschenk an uns, ein staunenswertes tägliches Wunder. Wie zur Zeit der Wüstenwanderung des Volkes Israel ist es letztlich Gott, der uns am Leben erhält.

ERSTE LESUNG

Jos 5,9a.10–12

Als die Israeliten in das verheißene Land eingezogen waren, feierten sie das Pascha

Lesung aus dem Buch Josua.

In jenen Tagen sagte der HERR zu Josua: Heute habe ich die ägyptische Schande von euch abgewälzt.

Als die Israeliten in Gilgal ihr Lager hatten, feierten sie am Abend des vierzehnten Tages jenes Monats in den Steppen von Jericho das Pessach.

Am Tag nach dem Pessach, genau an diesem Tag, aßen sie ungesäuerte Brote und geröstetes Getreide aus dem Ertrag des Landes. Vom folgenden Tag an, nachdem sie von dem Ertrag des Landes gegessen hatten, blieb das Manna aus; von da an hatten die Israeliten kein Manna mehr, denn sie aßen in jenem Jahr von der Ernte des Landes Kanaan.

ANTWORTPSALM

Ps 34 (33), 2–3.4–5.6–7 (Kv: 9a)

Kv Kostet und seht, wie gut der HERR ist! – Kv

Ich will den HERRN allezeit preisen; *
immer sei sein Lob in meinem Mund.
Meine Seele rühme sich des HERRN; *
die Armen sollen es hören und sich freuen. – (Kv)

Preist mit mir die Größe des HERRN, *
lasst uns gemeinsam seinen Namen erheben!
Ich suchte den HERRN und er gab mir Antwort, *
er hat mich all meinen Ängsten entrissen. – (Kv)

Die auf ihn blickten, werden strahlen, *
nie soll ihr Angesicht vor Scham erröten.
Da rief ein Armer und der HERR erhörte ihn *
und half ihm aus all seinen Nöten. – Kv

ZUR 2. LESUNG Der kurze Abschnitt aus dem 2. Korintherbrief, der uns in dieser Lesung vorgetragen wird, enthält zentrale Motive der Theologie des Paulus. Jesus wurde „für uns zur Sünde gemacht". Was soll das heißen? Jesus ist derjenige, für oder gegen den wir uns entscheiden müssen. Täglich. Stündlich. Er ist unser maßgebliches Kriterium. Und doch liegt es nicht einfach an uns, uns für ihn zu entscheiden. Denn Gott hat uns durch Christus mit sich versöhnt. Gottes Handeln kommt vor allem anderen. Unsere Aufgabe ist es, immer wieder neu zu versuchen, seinem vorgängigen Handeln gerecht zu werden. Herr, lass mich neue Schöpfung werden, gib mir die Kraft, mich mit dir versöhnen zu lassen.

ZWEITE LESUNG 2 Kor 5,17–21

Gott hat uns durch Christus mit sich versöhnt

Lesung aus dem zweiten Brief des Apostels Paulus an die Gemeinde in Korinth.

Schwestern und Brüder! Wenn also jemand in Christus ist, dann ist er eine neue Schöpfung: Das Alte ist vergangen, siehe, Neues ist geworden. Aber das alles kommt von Gott, der uns durch Christus mit sich versöhnt und uns den Dienst der Versöhnung aufgetragen hat.

Ja, Gott war es, der in Christus die Welt mit sich versöhnt hat, indem er ihnen ihre Verfehlungen nicht anrechnete und unter uns das Wort von der Versöhnung aufgerichtet hat. Wir sind also Gesandte an Christi statt und Gott ist es, der durch uns mahnt. Wir bitten an Christi statt:

Lasst euch mit Gott versöhnen! Er hat den, der keine Sünde kannte, für uns zur Sünde gemacht, damit wir in ihm Gerechtigkeit Gottes würden.

RUF VOR DEM EVANGELIUM Vers: vgl. Lk 15,18

Christus, du ewiges Wort des Vaters, Ehre sei dir! – Kv
Ich will zu meinem Vater gehen
und ihm sagen:
Vater, ich habe mich versündigt gegen den Himmel und gegen dich.
Christus, du ewiges Wort des Vaters, Ehre sei dir!

ZUM EVANGELIUM Der tot geglaubte Sohn hatte sich von der Familie entfernt. Er hatte nicht mehr gefordert, als ihm zustand. Dieses Erbteil hat er durchgebracht. Er war nicht klug, hat nichts gewinnbringend angelegt. Nun kommt er mittellos zurück und wird mit väterlicher Großzügigkeit empfangen. So ist Gott zu uns: Er gibt uns, was uns zusteht, gesteht uns alles zu, was wir brauchen. Und wir? Wir genießen das Gottvertrauen; und wenn wir alles durchgebracht haben, können wir uns letztlich darauf verlassen: Selbst wenn der Bruder zornig sein wird – Gott wird uns wieder empfangen und zu Hause aufnehmen. Muss ich da mein Teil überhaupt einfordern?

EVANGELIUM

Lk 15,1–3.11–32

Dein Bruder war tot und lebt wieder

+ Aus dem heiligen Evangelium nach Lukas.

In jener Zeit kamen alle Zöllner und Sünder zu Jesus, um ihn zu hören. Die Pharisäer und die Schriftgelehrten empörten sich darüber und sagten: Dieser nimmt Sünder auf und isst mit ihnen.

Da erzählte er ihnen dieses Gleichnis und sagte: Ein Mann hatte zwei Söhne. Der jüngere von ihnen sagte zu seinem Vater: Vater, gib mir das Erbteil, das mir zusteht! Da teilte der Vater das Vermögen unter sie auf. Nach wenigen Tagen packte der jüngere Sohn alles zusammen und zog in ein fernes Land. Dort führte er ein zügelloses Leben und verschleuderte sein Vermögen.

Als er alles durchgebracht hatte, kam eine große Hungersnot über jenes Land er begann Not zu leiden. Da ging er zu einem Bürger des Landes und drängte sich ihm auf; der schickte ihn aufs Feld zum Schweinehüten. Er hätte gern seinen Hunger mit den Futterschoten gestillt, die die Schweine fraßen; aber niemand gab ihm davon.

Da ging er in sich und sagte: Wie viele Tagelöhner meines Vaters haben Brot im Überfluss, ich aber komme hier vor Hunger um. Ich will aufbrechen und zu meinem Vater gehen und zu ihm sagen: Vater, ich habe mich gegen den Himmel und gegen dich versündigt. Ich bin nicht mehr wert, dein Sohn zu sein; mach mich zu einem deiner Tagelöhner!

Dann brach er auf und ging zu seinem Vater. Der Vater sah ihn schon von Weitem kommen und er hatte Mitleid mit ihm. Er lief dem Sohn entgegen, fiel ihm um den Hals und küsste ihn.

Da sagte der Sohn zu ihm: Vater, ich habe mich gegen den Himmel und gegen dich versündigt; ich bin nicht mehr wert, dein Sohn zu sein.

Der Vater aber sagte zu seinen Knechten: Holt schnell das beste Gewand und zieht es ihm an, steckt einen Ring an seine Hand und gebt ihm Sandalen an die Füße! Bringt das Mastkalb her und schlachtet es; wir wollen essen und fröhlich sein. Denn dieser, mein Sohn, war tot und lebt wieder; er war verloren und ist wiedergefunden worden. Und sie begannen, ein Fest zu feiern.

Sein älterer Sohn aber war auf dem Feld. Als er heimging und in die Nähe des Hauses kam, hörte er Musik und Tanz.

Da rief er einen der Knechte und fragte, was das bedeuten solle. Der Knecht antwortete ihm: Dein Bruder ist gekommen und dein Vater hat das Mastkalb schlachten lassen, weil er ihn gesund wiederbekommen hat. Da wurde er zornig und wollte nicht hineingehen. Sein Vater aber kam heraus und redete ihm gut zu.

Doch er erwiderte seinem Vater: Siehe, so viele Jahre schon diene ich dir und nie habe ich dein Gebot übertreten; mir aber hast du nie einen Ziegenbock geschenkt, damit ich mit meinen Freunden ein Fest feiern konnte. Kaum aber ist der hier gekommen, dein Sohn, der dein Vermögen mit Dirnen durchgebracht hat, da hast du für ihn das Mastkalb geschlachtet.

Der Vater antwortete ihm: Mein Kind, du bist immer bei mir und alles, was mein ist, ist auch dein. Aber man muss doch ein Fest feiern und sich freuen; denn dieser, dein Bruder, war tot und lebt wieder; er war verloren und ist wiedergefunden worden.

Glaubensbekenntnis, S. 454 ff.

FÜRBITTEN

Das Gleichnis vom barmherzigen Vater hilft uns, die starre Schwarz-Weiß-Sicht zu verlassen. Schauen wir auf diese Welt in ihrer Vielfalt und bitten wir Gott:

V: Erbarmender Vater: A: Wir bitten dich, erhöre uns.

- Für die Kirche, dass sie einladend und offen für alle ist, die das Wort des Heils suchen.

- Für alle, die in ihrem Leben Schiffbruch erlitten haben und gestrandet sind, dass Menschen ihnen aufhelfen und sie bestärkende Begleitung erfahren.
- Für die Eltern, die ihren Kindern verbunden bleiben, auch wenn diese ganz eigene Wege gehen.
- Für alle Menschen in scheinbar perspektivloser Armut und Einsamkeit, dass sich ihnen eine Tür zum Leben öffne.
- Für die Schwerkranken und Sterbenden, die in ihrem Leben Schuld auf sich geladen haben, dass sie getröstet werden und von dir in deiner väterlichen Liebe angenommen werden.

Wir alle sind angenommen von dir, guter Vater, auch mit unseren Fehlern und unserem Versagen. Dafür danken wir dir durch Jesus Christus, unseren Bruder und Lehrer.

EUCHARISTIEFEIER

GABENGEBET

Herr, unser Gott, in der Freude auf das Osterfest bringen wir unsere Gaben dar. Hilf uns, gläubig und ehrfürchtig das Opfer zu feiern, das der Welt Heilung schenkt und den Tod überwindet. Darum bitten wir durch Christus, unseren Herrn.

Präfation, S. 464 f.

KOMMUNIONVERS

Vgl. Lk 15,32

Freue dich, mein Sohn,
denn dein Bruder war tot und lebt wieder;
er war verloren und wurde wiedergefunden.

SCHLUSSGEBET

Allmächtiger Gott, dein ewiges Wort ist das wahre Licht, das jeden Menschen erleuchtet. Heile die Blindheit unseres Herzens, damit wir erkennen, was vor dir recht ist, und dich aufrichtig lieben. Darum bitten wir durch Christus, unseren Herrn.

FEIERLICHER SCHLUSSSEGEN

S. 209

***

GESCHWISTERZWIST

Enttäuschung,
Neid,
Zorn
unter Geschwistern?

Ehrlich gesagt:
so schmerzlich
und so normal
unter Geschwistern.

Warum der?
Immer die!
Ungerecht!
Immer ich!

Dieser Vater aber
sieht barmherzig die Not,
beim risikofreudigen Rumtreiber
wie beim fleißigen Sesshaften.
Zum großen Fest lädt er beide:
Komm doch rein, bitte!
Freu dich mit!
Feiere mit!

Mein Kind.

Irmtrud Schweigert

5. FASTENSONNTAG

6. April 2025

Nicht ängstlich in die Vergangenheit zu blicken – das ist oft schwer. Zuweilen belastet uns das, was hinter uns liegt, in einem Maße, dass wir denken, das Kommende könne nicht anders sein. Der Prophet und auch Paulus wagen den Blick in eine Zukunft, die von der belastenden Vergangenheit abgekoppelt ist, und können so guten Mutes vorwärtsschreiten. Auch Jesus erstreitet für die Ehebrecherin die Möglichkeit einer neuen Zukunft, indem er sie nicht aufgrund des Vergangenen verurteilt. Gelingt mir dieser unvoreingenommene und unverstellte Blick in die Zukunft?

ERÖFFNUNGSVERS

Ps 43 (42), 1–2

Verschaff mir Recht, o Gott,
und führe meine Sache gegen ein treuloses Volk!
Rette mich vor bösen und tückischen Menschen,
denn du bist mein starker Gott.

KYRIE-RUFE

Herr Jesus Christus, du bist gesandt,
damit du den Gefangenen
die Entlassung verkündest.
V/A: Herr, erbarme dich.
Du verurteilst die Schuldigen nicht.
V/A: Christus, erbarme dich.
Du lädst alle ein, umzukehren
und nicht mehr zu sündigen.
V/A: Herr, erbarme dich.

TAGESGEBET

Herr, unser Gott, dein Sohn hat sich aus Liebe zur Welt dem Tod überliefert. Lass uns in seiner Liebe bleiben und mit deiner Gnade aus ihr leben. Darum bitten wir durch Jesus Christus.

WORTGOTTESDIENST

ZUR 1. LESUNG Der prophetische Text ist durchzogen von einer seltsamen Spannung zwischen Wasser und Wüste. Jesaja fordert das Volk auf, nicht mehr an den Exodus zu denken, sondern einen Weg durch die Wüste für möglich zu halten, der in ein gutes Leben führt. Dahinter steht die Erinnerung an den Rückweg aus der Babylonischen Gefangenschaft und die Rückkehr in ein ödes Land, das nicht so fruchtbar zu sein scheint wie das Zweistromland im Osten. Doch der Prophet will wohl mit seiner Verkündigung sagen: Für Gott ist nichts unmöglich. Er wird seinem Volk beistehen – Hoffnung gegen alle irdische Erfahrung. Wann wage ich es, so vertrauensvoll zu hoffen?

ERSTE LESUNG Jes 43,16–21

Seht her, ich schaffe Neues; ich tränke mein Volk

Lesung aus dem Buch Jesaja.

So spricht der Herr, der einen Weg durchs Meer bahnt, einen Pfad durch gewaltige Wasser, der Wagen und Rosse ausziehen lässt, zusammen mit einem mächtigen Heer; doch sie liegen am Boden und stehen nicht mehr auf, sie sind erloschen und verglüht wie ein Docht.

Der Herr spricht: Denkt nicht mehr an das, was früher war; auf das, was vergangen ist, achtet nicht mehr! Siehe, nun mache ich etwas Neues. Schon sprießt es, merkt ihr es nicht? Ja, ich lege einen Weg an durch die Wüste und Flüsse durchs Ödland.

Die wilden Tiere werden mich preisen, die Schakale und Strauße, denn ich lasse in der Wüste Wasser fließen und Flüsse im Ödland, um mein Volk, mein erwähltes, zu tränken. Das Volk, das ich mir geformt habe, wird meinen Ruhm verkünden.

ANTWORTPSALM

Ps 126 (125), 1–2b.2c–3.4–5.6 (Kv: 3)

Kv Groß hat der HERR an uns gehandelt.
Da waren wir voll Freude. – Kv

Als der HERR das Geschick Zions wendete, *
da waren wir wie Träumende.
Da füllte sich unser Mund mit Lachen *
und unsere Zunge mit Jubel. – (Kv)

Da sagte man unter den Völkern: *
Groß hat der HERR an ihnen gehandelt.
Ja, groß hat der HERR an uns gehandelt. *
Da waren wir voll Freude. – (Kv)

Wende doch, HERR, unser Geschick, *
wie du versiegte Bäche wieder füllst im Südland!
Die mit Tränen säen, *
werden mit Jubel ernten. – (Kv)

Sie gehen, ja gehen und weinen *
und tragen zur Aussaat den Samen.
Sie kommen, ja kommen mit Jubel *
und bringen ihre Garben. – Kv

ZUR 2. LESUNG Paulus ist von Christus ergriffen und will seinerseits ergreifen, was mit ihm in die Welt gekommen ist – eine merkwürdige Bewegung des Hin und Her. Alles gibt der Apostel für ihn auf, und dennoch ist er nicht dort, wo er gerne wäre, ist noch nicht vollendet.

Doch er schaut nicht mehr zurück, weil er abgelegt hat, was hinter ihm liegt. Hinter ihm liegt der Gesetzesgehorsam. Jetzt aber geht Paulus einen neuen Weg, tut es Abraham gleich und setzt allein auf den Glauben. Ein mutiger Schritt.

ZWEITE LESUNG

Phil 3,8–14

Um Christi willen habe ich alles aufgegeben – seinem Tod soll ich gleich gestaltet werden

Lesung aus dem Brief des Apostels Paulus an die Gemeinde in Philippi.

Schwestern und Brüder! Ich halte dafür, dass alles Verlust ist, weil die Erkenntnis Christi Jesu, meines Herrn, alles überragt. Seinetwegen habe ich alles aufgegeben und halte es für Unrat, um Christus zu gewinnen und in ihm erfunden zu werden.

Nicht meine Gerechtigkeit will ich haben, die aus dem Gesetz hervorgeht, sondern jene, die durch den Glauben an Christus kommt, die Gerechtigkeit, die Gott schenkt aufgrund des Glaubens.

Christus will ich erkennen und die Macht seiner Auferstehung und die Gemeinschaft mit seinen Leiden, indem ich seinem Tod gleich gestaltet werde. So hoffe ich, auch zur Auferstehung von den Toten zu gelangen.

Nicht dass ich es schon erreicht hätte oder dass ich schon vollendet wäre. Aber ich strebe danach, es zu ergreifen, weil auch ich von Christus Jesus ergriffen worden bin.

Brüder und Schwestern, ich bilde mir nicht ein, dass ich es schon ergriffen hätte. Eines aber tue ich: Ich vergesse, was hinter mir liegt, und strecke mich nach dem aus, was vor mir ist. Das Ziel vor Augen, jage ich nach dem Siegespreis: der himmlischen Berufung Gottes in Christus Jesus.

RUF VOR DEM EVANGELIUM

Vers: vgl. Joël 2,12.13

Christus, du ewiges Wort des Vaters, Ehre sei dir! – Kv
Kehrt um zum HERRN von ganzem Herzen;
denn er ist gnädig und barmherzig,
langmütig und reich an Huld.
Christus, du ewiges Wort des Vaters, Ehre sei dir!

ZUM EVANGELIUM Eine Frau wird beim Ehebruch ertappt und zu Jesus gebracht. Diejenigen, die sie bestrafen wollen, ahnen wohl, dass er ihr wohlgesonnen ist, und hoffen darauf, dass er sich für sie einsetzt. So könnten sie beweisen, dass er gegen das althergebrachte Gesetz und damit das Wort Gottes verstößt. Jesus hingegen hält ihnen den Spiegel vor und fragt statt nach der Regelung im Gesetz nach ihrer eigenen Einstellung. War ihre Boshaftigkeit nicht von Anfang an offensichtlich? Obwohl auch der mit ihr die Ehe brechende Mann nach dem Gesetz sterben müsste, schonen sie ihn. Um Jesus auf die Probe zu stellen, reicht es, nur die Frau zu ihm zu bringen.

EVANGELIUM

Joh 8,1–11

Wer von euch ohne Sünde ist, werfe als Erster einen Stein auf sie

\+ **Aus dem heiligen Evangelium nach Johannes.**

In jener Zeit ging Jesus zum Ölberg. Am frühen Morgen begab er sich wieder in den Tempel. Alles Volk kam zu ihm. Er setzte sich und lehrte es.

Da brachten die Schriftgelehrten und die Pharisäer eine Frau, die beim Ehebruch ertappt worden war. Sie stellten sie in die Mitte und sagten zu ihm: Meister, diese Frau wurde beim Ehebruch auf frischer Tat ertappt. Mose hat uns im Gesetz vorgeschrieben, solche Frauen zu steinigen. Was sagst du? Mit diesen Worten wollten sie ihn auf die Probe stellen, um einen Grund zu haben, ihn zu anzuklagen.

Jesus aber bückte sich und schrieb mit dem Finger auf die Erde. Als sie hartnäckig weiterfragten, richtete er sich auf und sagte zu ihnen: Wer von euch ohne Sünde ist, werfe als Erster einen Stein auf sie. Und er bückte sich wieder und schrieb auf die Erde. Als sie das gehört hatten, ging einer nach dem anderen fort, zuerst die Ältesten. Jesus blieb allein zurück mit der Frau, die noch in der Mitte stand.

Er richtete sich auf und sagte zu ihr: Frau, wo sind sie geblieben? Hat dich keiner verurteilt? Sie antwortete: Keiner, Herr.

Da sagte Jesus zu ihr: Auch ich verurteile dich nicht. Geh und sündige von jetzt an nicht mehr!

Glaubensbekenntnis, S. 454 ff.

FÜRBITTEN

Unsere Neigung zum Urteilen und Verurteilen ist groß. „Hat dich keiner verurteilt?“, fragt Jesus im heutigen Evangelium. Wir bitten ihn:

V: Kyrie, eleison. A: Christe, eleison.

- Hilf den in der Seelsorge Tätigen, nicht vorschnell zu urteilen und das rechte Wort zu finden.
- Weite den Blick der Selbstgewissen und Selbstgerechten und ermutige sie, mit neuen Augen auf die Menschen und Fragen unserer Zeit zu schauen.
- Stärke die zu Unrecht Verurteilten weltweit und lass sie nicht vergessen sein.
- Ermutige alle, die Recht sprechen, sich der Verantwortung ihrer Aufgabe jederzeit bewusst zu sein.
- Stärke und schütze alle Menschen, besonders aber die Kinder und Jugendlichen, die in den sozialen Medien mit Hass und Häme überzogen werden.

Guter Gott, weite auch unseren Blick und öffne unser Herz, damit wir aus deiner Hoffnung und deiner Liebe leben können, heute und jeden Tag neu.

EUCHARISTIEFEIER

GABENGEBET

Erhöre uns, allmächtiger Gott. Du hast uns durch dein Wort zum Zeugnis eines christlichen Lebens berufen. Reinige uns durch dieses Opfer und stärke uns zum Kampf gegen das Böse. Darum bitten wir durch Christus, unseren Herrn.

Präfation, S. 464 f.

KOMMUNIONVERS

Joh 8,10–11

Frau, hat dich keiner verurteilt? – Keiner, Herr!
Auch ich verurteile dich nicht.
Geh und sündige von jetzt an nicht mehr!

SCHLUSSGEBET

Allmächtiger Gott, du hast uns das Sakrament der Einheit geschenkt. Lass uns immer lebendige Glieder Christi bleiben, dessen Leib und Blut wir empfangen haben. Darum bitten wir durch ihn, Christus, unseren Herrn.

FEIERLICHER SCHLUSSSEGEN S. 209

***

MISERICORDIA

Gott,
Urbild der Barmherzigkeit:
Barmherzigkeit,
die dem verlorenen Schaf nachgeht,
die sich über den umkehrenden Sünder freut
und dem verlorenen Sohn,
der verlorenen Tochter entgegengeht.

Barmherzigkeit,
nicht Schwäche,
nicht Verharmlosung des Bösen.
Recht bleibt Recht,
Unrecht bleibt Unrecht.

Barmherzigkeit,
die den Teufelskreis des Bösen durchbricht,
die das Böse durch das Gute überwindet,
die Versöhnung ermöglicht durch Vergebung.

Barmherzigkeit,
Liebe, die den Tod besiegt.

Gisela Baltes

Heilige Woche – Karwoche

PALMSONNTAG

13. April 2025

Mit dem Palmsonntag tritt die Kirche in die Heilige Woche ein. In den Wochen der Fastenzeit haben wir uns auf das vorbereitet, was kommen wird. Und doch trifft uns die Wucht der Ereignisse dieser Tage. Wie auch nicht, denn es geht um nicht weniger als um alles. Das gesamte Leben wird in dieser einen Woche verhandelt. Mit Jesus ziehen wir in die Heilige Stadt. Mit ihm liegen wir zu Tisch im Abendmahlssaal. Wir stehen unter dem Kreuz des Leidenden und Sterbenden. Wir trauern an seinem Grab – und werden ihn dort nicht finden. Dem Auferstandenen werden wir nicht folgen können, denn nur unser Sehnen und Glauben gelangt dorthin, wo er ist. Aber den Weg durch die Heilige Woche können wir Schritt für Schritt mitgehen.

FEIER DES EINZUGS CHRISTI IN JERUSALEM

1. PROZESSION

(Die Gemeinde versammelt sich vor der Kirche oder in einer Nebenkirche. Alle tragen Zweige in den Händen. Falls keine Prozession stattfindet, beginnt die Feier mit dem Einzug, siehe S. 261.)

ERÖFFNUNGSVERS Mt 21,9

Hosanna dem Sohne Davids!
Gepriesen, der da kommt im Namen des Herrn,

der König von Israel.
Hosanna in der Höhe!

(Der Priester begrüßt die Gemeinde und lädt sie zur gemeinsamen Feier ein.)

GEBET

Allmächtiger, ewiger Gott, segne † diese (grünen) Zweige, die Zeichen des Lebens und des Sieges, mit denen wir Christus, unserem König, huldigen. Mit Lobgesängen begleiten wir ihn in seine heilige Stadt; gib, dass wir durch ihn zum himmlischen Jerusalem gelangen, der mit dir lebt und herrscht in alle Ewigkeit.

ZUM EVANGELIUM Würde ich mein Fohlen zwei Menschen überlassen, die sagen: Der Herr braucht es? Wer soll denn dieser Herr sein? Lukas schildert die Episode wie etwas, das sich lange angebahnt hat und sich so ereignen muss, wie es kommt. Kennen wir das nicht manchmal aus unserem eigenen Leben? Etwas vollzieht und zeigt sich, es gibt keinen Ausweg, am Ende wird es gut gewesen sein. So wie an diesem Tag, an dem Jesus auf dem Fohlen in die Stadt einritt und die Menschen sich freuten. Bin ich offen und bereit, dem Unbekannten Raum zu geben und es einfach geschehen zu lassen?

EVANGELIUM

Lk 19,28–40

Gesegnet sei der König, der kommt im Namen des Herrn

+ Aus dem heiligen Evangelium nach Lukas.

In jener Zeit ging Jesus nach Jerusalem hinauf. Und es geschah: Er kam in die Nähe von Betfage und Betanien, an den Berg, der Ölberg heißt, da schickte er zwei seiner Jünger aus und sagte: Geht in das Dorf, das vor uns liegt! Wenn ihr hineinkommt, werdet ihr dort einen jungen Esel angebunden finden, auf dem noch nie ein

Mensch gesessen hat. Bindet das Fohlen los und bringt es her! Und wenn euch jemand fragt: Warum bindet ihr es los?, dann antwortet: Der Herr braucht es.

Die Ausgesandten machten sich auf den Weg und fanden alles so, wie er es ihnen gesagt hatte. Als sie das Fohlen losbanden, sagten die Leute, denen es gehörte: Warum bindet ihr das Fohlen los?

Sie antworteten: Weil der Herr es braucht. Dann führten sie es zu Jesus, legten ihre Kleider auf das Fohlen und halfen Jesus hinauf.

Während er dahinritt, breiteten die Jünger ihre Kleider auf dem Weg aus. Als er sich schon dem Abhang es Ölbergs näherte, begann die Schar der Jünger freudig und mit lauter Stimme Gott zu loben wegen all der Machttaten, die sie gesehen hatten. Sie riefen: Gesegnet sei der König, der kommt im Namen des Herrn. Im Himmel Friede und Ehre in der Höhe!

Da riefen ihm einige Pharisäer aus der Menge zu: Meister, weise deine Jünger zurecht!

Er erwiderte: Ich sage euch: Wenn sie schweigen, werden die Steine schreien.

(Der Priester fordert die Gemeinde zur Prozession auf. Während der Prozession singen Schola und Volk.)

HYMNUS

Chor: Ruhm und Preis und Ehre sei dir,
Erlöser und König!
Jubelnd rief einst das Volk sein Hosianna dir zu.
Alle: Ruhm und Preis und Ehre …

Chor: Du bist Israels König,
Davids Geschlechte entsprossen,
der im Namen des Herrn als der Gesegnete kommt.
Alle: Ruhm und Preis und Ehre …

Chor: Dir lobsingen im Himmel der Seligen Chöre;
so auch preist dich der Mensch,
so alle Schöpfung zugleich.
Alle: Ruhm und Preis und Ehre …

Chor: Einst mit Zweigen in Händen
eilte das Volk dir entgegen;
so mit Lied und Gebet ziehen wir heute mit dir.
Alle: Ruhm und Preis und Ehre …

Chor: Dort erklang dir der Jubel,
als du dahingingst zu leiden;
dir, dem König der Welt,
bringen wir hier unser Lob.
Alle: Ruhm und Preis und Ehre …

Chor: Hat ihr Lob dir gefallen,
nimm auch das unsre entgegen,
großer König und Herr, du, dem das Gute gefällt.
Alle: Ruhm und Preis und Ehre …

ANTWORTGESANG ZUM EINZUG IN DIE KIRCHE

Chor: Gepriesen, der kommt im Namen des Herrn!
Alle: Gepriesen …

Chor: Als das Volk hörte,
dass Jesus nach Jerusalem komme,
da zogen sie ihm entgegen.
Sie trugen Palmzweige in den Händen und riefen:
Hosanna, hosanna, hosanna in der Höhe.
Alle: Hosanna …

2. EINFACHER EINZUG

(Wenn keine Prozession oder ein feierlicher Einzug stattfindet, beginnt die Messe mit dem folgenden Eröffnungsvers.)

ERÖFFNUNGSVERS

Ps 24 (23),9–10

Sechs Tage vor dem Osterfest
kam der Herr in die Stadt Jerusalem.
Da liefen ihm Kinder entgegen
mit Palmzweigen in den Händen und riefen:
Hosanna in der Höhe!
Sei gepriesen, der du kommst als Heiland der Welt.

Ihr Tore, hebt euch nach oben,
hebt euch, ihr uralten Pforten;
denn es kommt der König der Herrlichkeit.

Wer ist der König der Herrlichkeit?
Der Herr der Heerscharen,
er ist der König der Herrlichkeit.

Hosanna in der Höhe!
Sei gepriesen, der du kommst als Heiland der Welt.

MESSE

KYRIE-RUFE

Herr Jesus Christus, durch
dein heiliges Kreuz
beschützt du unser Leben.
V/A: Herr, erbarme dich.
Durch dein heiliges Kreuz nimmst
du unser Scheitern hinein in dein
Sterben und deine Auferstehung.
V/A: Christus, erbarme dich.
Durch dein heiliges Kreuz bringst
du Frieden und Freude in alle Welt.
V/A: Herr, erbarme dich.

TAGESGEBET

Allmächtiger, ewiger Gott, deinem Willen gehorsam, hat unser Erlöser Fleisch angenommen, er hat sich selbst erniedrigt und sich unter die Schmach des Kreuzes gebeugt. Hilf uns, dass wir ihm auf dem Weg des Leidens nachfolgen und an seiner Auferstehung Anteil erlangen. Darum bitten wir durch ihn, Jesus Christus.

WORTGOTTESDIENST

ZUR 1. LESUNG Wie gewinnt man Menschen für etwas, was gerade nicht angesagt ist und sogar Spott und Hohn einbringt? Das ist schwer zu sagen. Manchmal hat dies mit Ideologie zu tun, denn oft sind Menschen bereit, für fixe Ideen Opfer auf sich zu nehmen. Aber sie zu begeistern für Gott und seinen Willen, das fällt noch schwerer. Der Glaube ist nicht naiv, sondern weiß genau, was passieren kann. Wir glauben nicht blinden Auges, sondern in der Zuversicht, dass der Herr helfen wird. Dennoch kann Unheil über uns kommen. Aber dann lebe ich aus der Perspektive, „dass ich nicht in Schande gerate".

ERSTE LESUNG Jes 50,4–7

Mein Gesicht verbarg ich nicht vor Schmähungen, doch ich weiß, dass ich nicht in Schande gerate (Drittes Lied vom Gottesknecht)

Lesung aus dem Buch Jesaja.

Gott, der Herr, gab mir die Zunge von Schülern, damit ich verstehe, die Müden zu stärken durch ein aufmunterndes Wort. Jeden Morgen weckt er mein Ohr, damit ich höre, wie Schüler hören. Gott, der Herr, hat mir das Ohr geöffnet.

Ich aber wehrte mich nicht und wich nicht zurück. Ich hielt meinen Rücken denen hin, die mich schlugen, und meine Wangen denen, die mir den Bart ausrissen. Mein Gesicht verbarg ich nicht vor Schmähungen und Speichel.

Und Gott, der Herr, wird mir helfen; darum werde ich nicht in Schande enden. Deshalb mache ich mein Gesicht hart wie einen Kiesel; ich weiß, dass ich nicht in Schande gerate.

ANTWORTPSALM Ps 22 (21),8–9.17–18.19–20.23–24 (Kv: 2a)

Kv Mein Gott, mein Gott,
warum hast du mich verlassen? – Kv

Alle, die mich sehen, verlachen mich, *
verziehen die Lippen, schütteln den Kopf:
„Wälze die Last auf den Herrn! /
Er soll ihn befreien, *
er reiße ihn heraus, wenn er an ihm Gefallen hat!“ – (Kv)

Denn Hunde haben mich umlagert, /
eine Rotte von Bösen hat mich umkreist. *
Sie haben mir Hände und Füße durchbohrt.
Ich kann all meine Knochen zählen; *
sie gaffen und starren mich an. – (Kv)

Sie verteilen unter sich meine Kleider *
und werfen das Los um mein Gewand.
Du aber, Herr, halte dich nicht fern! *
Du, meine Stärke, eile mir zu Hilfe! – (Kv)

Ich will deinen Namen meinen Brüdern verkünden, *
inmitten der Versammlung dich loben.
Die ihr den Herrn fürchtet, lobt ihn, /
all ihr Nachkommen Jakobs, rühmt ihn; *
erschauert vor ihm, all ihr Nachkommen Israels! – Kv

ZUR 2. LESUNG Der Philipperbrief-Hymnus stellt uns eindrucksvoll ein himmlisch-irdisches Drama vor Augen: Der Sohn wird Mensch, geht damit in den Tod und wird dafür vom himmlischen Vater belohnt und erhoben. Wir schauen hier gleichsam aus göttlicher Perspektive auf die Heilsgeschichte, wie sie sich in Jesus Christus vollzogen hat. Was für eine tröstliche Entlastung, im Nachhinein auf diese Geschichte schauen zu können, denn ohne das Wissen um den guten Ausgang wäre das Miterleben des Leidens nur schrecklich. Es bleibt auch so grauenhaft, und doch hoffen wir, dass es in Jesus Christus an ein Ende gekommen ist.

ZWEITE LESUNG

Phil 2,6–11

Christus Jesus erniedrigte sich; darum hat ihn Gott über alle erhöht

Lesung aus dem Brief des Apostels Paulus an die Gemeinde in Philippi.

Christus Jesus war Gott gleich, hielt aber nicht daran fest, Gott gleich zu sein, sondern er entäußerte sich und wurde wie ein Sklave und den Menschen gleich. Sein Leben war das eines Menschen; er erniedrigte sich und war gehorsam bis zum Tod, bis zum Tod am Kreuz. Darum hat ihn Gott über alle erhöht und ihm den Namen verliehen, der größer ist als alle Namen, damit alle im Himmel, auf der Erde und unter der Erde ihr Knie beugen vor dem Namen Jesu und jeder Mund bekennt: „Jesus Christus ist der Herr" – zur Ehre Gottes, des Vaters.

RUF VOR DER PASSION

Vers: vgl. Phil 2,8b–9

Christus Sieger, Christus König, Christus Herr in Ewigkeit! – Kv
Christus war für uns gehorsam bis zum Tod,
bis zum Tod am Kreuz.
Darum hat ihn Gott über alle erhöht
und ihm den Namen verliehen, der größer ist als alle Namen.
Christus Sieger, Christus König, Christus Herr in Ewigkeit!

ZUR PASSION Im Vergleich zu großen Werken der Weltliteratur wie der Odyssee oder langen Hollywood-Blockbustern ist die Passionsgeschichte eher kurz. Und doch werden in der Erzählung vom Leiden und Sterben Christi entscheidende Grundfragen menschlichen Lebens verhandelt. Es geht um Nachfolge, um Glauben und Verrat. Um Versuchung und unser tägliches Fragen, was wir tun sollen. Es geht um das große Problem, ob wir dem Guten mit Gewalt einen Platz in dieser Welt einräumen sollen, oder ob das schiefgehen muss. Woran hängen wir unser Herz, wo finden wir Freundschaft, wo machen wir uns schuldig? Gehöre ich zu den Schaulustigen oder trifft mich das Geschehen mitten ins Herz?

(Die Passion wird meist mit verteilten Rollen gelesen:
E = Evangelist, + = Worte Jesu, S = Worte sonstiger Personen)

PASSION

Lk 22,14 – 23,56

Das Leiden unseres Herrn Jesus Christus

Das Leiden unseres Herrn Jesus Christus nach Lukas.

Das Mahl

E Als die Stunde gekommen war, legte sich Jesus mit den Aposteln zu Tisch. Und er sagte zu ihnen: + Mit großer Sehnsucht habe ich danach verlangt, vor meinem Leiden dieses Paschamahl mit euch zu essen. Denn ich sage euch: Ich werde es nicht mehr essen, bis es seine Erfüllung findet im Reich Gottes. E Und er nahm einen Kelch, sprach das Dankgebet und sagte: + Nehmt diesen und teilt ihn untereinander! Denn ich sage euch: Von nun an werde ich nicht mehr von der Frucht des Weinstocks trinken, bis das Reich Gottes kommt. E Und er nahm Brot, sprach das Dankgebet, brach es und reichte es ihnen mit den Worten: + Das ist mein Leib, der für euch hingegeben wird. Tut dies zu meinem Gedächtnis! E Ebenso nahm er nach dem Mahl den Kelch und sagte: + Dieser Kelch ist der Neue Bund in meinem Blut, das für euch vergossen wird. Doch siehe, die Hand dessen, der mich ausliefert, ist mit mir am Tisch. Der Menschensohn muss zwar den Weg gehen, der ihm bestimmt ist. Aber weh dem Menschen, durch den er ausgeliefert wird! E Da fragte einer den andern, wer von ihnen das wohl sei, der dies tun werde.

Vom Dienen und Herrschen

Es entstand unter ihnen ein Streit darüber, wer von ihnen wohl der Größte sei. Da sagte Jesus zu ihnen: + Die Könige herrschen über ihre Völker und die Vollmacht über sie haben, lassen sich Wohltäter nennen. Bei euch aber soll es nicht so sein, sondern der Größte unter euch soll werden wie der Jüngste und der Führende soll werden wie der Dienende. Denn wer ist größer: Der bei Tisch sitzt oder der bedient? Ist es nicht der, der bei Tisch sitzt? Ich aber bin unter euch wie der, der bedient.

Ihr aber habt in allen meinen Prüfungen bei mir ausgeharrt. Darum vermache ich euch das Reich, wie es mein Vater mir vermacht hat: Ihr sollt in meinem Reich an meinem Tisch essen und trinken und ihr sollt auf Thronen sitzen und die zwölf Stämme Israels richten.

Die Ankündigung der Verleugnung

Simon, Simon, siehe, der Satan hat verlangt, dass er euch wie Weizen sieben darf. Ich aber habe für dich gebetet, dass dein Glaube nicht erlischt. Und wenn du wieder umgekehrt bist, dann stärke deine Brüder! E Darauf sagte Petrus zu ihm: S Herr, ich bin bereit, mit dir sogar ins Gefängnis und in den Tod zu gehen. E Jesus aber sagte: + Ich sage dir, Petrus, ehe heute der Hahn kräht, wirst du dreimal leugnen, mich zu kennen.

Die Stunde der Not

E Dann sagte Jesus zu ihnen: + Als ich euch ohne Geldbeutel aussandte, ohne Vorratstasche und ohne Schuhe, habt ihr da etwa Not gelitten? E Sie antworteten: S Nein. E Da sagte er zu ihnen: + Jetzt aber soll der, der einen Geldbeutel hat, ihn mitnehmen und ebenso die Tasche. Wer dies nicht hat, soll seinen Mantel verkaufen und sich ein Schwert kaufen. Denn ich sage euch: An mir muss sich erfüllen, was geschrieben steht: Er wurde zu den Gesetzlosen gerechnet. Denn alles, was über mich gesagt ist, geht in Erfüllung. E Da sagten sie: S Herr, siehe, hier sind zwei Schwerter. E Er erwiderte: + Genug davon!

Das Gebet in Getsemani

E Dann verließ Jesus die Stadt und ging, wie er es gewohnt war, zum Ölberg; seine Jünger folgten ihm. Als er dort war, sagte er zu ihnen: + Betet, dass ihr nicht in Versuchung geratet! E Dann entfernte er sich von ihnen ungefähr einen Steinwurf weit, kniete nieder und betete: + Vater, wenn du willst, nimm diesen Kelch von mir! Aber nicht mein, sondern dein Wille soll geschehen. E Da erschien ihm ein Engel vom Himmel und stärkte ihn. Und er betete in seiner Angst noch inständiger und sein Schweiß war wie Blut, das auf die Erde tropfte. Nach dem Gebet stand er auf, ging zu den Jüngern zurück und fand sie schlafend; denn sie waren vor Kummer erschöpft. Da sagte er zu ihnen: + Wie könnt ihr schlafen? Steht auf und betet, damit ihr nicht in Versuchung geratet!

Die Gefangennahme Jesu und die Verleugnung durch Petrus

E Noch während er redete, siehe, da kam eine Schar Männer; und der Judas hieß, einer der Zwölf, ging ihnen voran. Er näherte sich Jesus, um ihn zu küssen. Jesus aber sagte zu ihm: + Judas, mit einem Kuss lieferst du den Menschensohn aus? E Als seine Begleiter merkten, was bevorstand, fragten sie: S Herr, sollen wir mit dem Schwert dreinschlagen? E Und einer von ihnen schlug auf den Diener des Hohepriesters ein und hieb ihm das rechte Ohr ab. Da sagte Jesus: + Lasst es! Nicht weiter! E Und er berührte das Ohr und heilte den Mann. Zu den Hohepriestern aber, den Hauptleuten der Tempelwache und den Ältesten, die vor ihm standen, sagte Jesus: + Wie gegen einen Räuber seid ihr mit Schwertern und Knüppeln ausgezogen. Tag für Tag war ich bei euch im Tempel und ihr habt nicht Hand an mich gelegt. Aber das ist eure Stunde und die Macht der Finsternis.

E Darauf nahmen sie ihn fest, führten ihn ab und brachten ihn in das Haus des Hohepriesters. Petrus folgte von Weitem. Mitten im Hof hatte man ein Feuer angezündet und Petrus setzte sich zu den Leuten, die dort beieinandersaßen. Eine Magd sah ihn am Feuer sitzen,

schaute ihn genau an und sagte: S Der war auch mit ihm zusammen. E Petrus aber leugnete es und sagte: S Frau, ich kenne ihn nicht. E Kurz danach sah ihn ein anderer und bemerkte: S Du gehörst auch zu ihnen. E Petrus aber sagte: S Nein, Mensch, ich nicht! E Etwa eine Stunde später behauptete wieder einer: S Wahrhaftig, der war auch mit ihm zusammen; er ist doch auch ein Galiläer. E Petrus aber erwiderte: S Mensch, ich weiß nicht, wovon du sprichst. E Im gleichen Augenblick, noch während er redete, krähte ein Hahn. Da wandte sich der Herr um und blickte Petrus an. Und Petrus erinnerte sich an das Wort, das der Herr zu ihm gesagt hatte: Ehe heute der Hahn kräht, wirst du mich dreimal verleugnen. Und er ging hinaus und weinte bitterlich.
Die Männer, die Jesus bewachten, trieben ihren Spott mit ihm. Sie schlugen ihn, verhüllten ihm das Gesicht und fragten ihn: S Du bist doch ein Prophet, sag uns: Wer hat dich geschlagen? E Und noch viele andere Lästerungen stießen sie gegen ihn aus.

Jesus vor dem Hohen Rat

Als es Tag wurde, versammelte sich der Ältestenrat des Volkes, die Hohepriester und die Schriftgelehrten und sie ließen Jesus vor ihren Hohen Rat führen. Sie sagten zu ihm: S Wenn du der Chrsitus bist, dann sag es uns! E Er antwortete ihnen: + Wenn ich es euch sage, glaubt ihr mir ja doch nicht; und wenn ich euch etwas frage, antwortet ihr nicht. Von nun an wird der Menschensohn zur Rechten der Macht Gottes sitzen. E Da sagten alle: S Du bist also der Sohn Gottes? E Er antwortete ihnen: + Ihr sagt es – ich bin es. E Da riefen sie: S Wozu brauchen wir noch eine Zeugenaussage? Wir haben es selbst aus seinem Mund gehört.

Jesus von Pilatus und Herodes

E Daraufhin erhob sich die ganze Versammlung und man führte Jesus zu Pilatus. Dort brachten sie ihre Anklage gegen ihn vor; sie sagten: S Wir haben festgestellt, dass dieser Mensch unser Volk verführt, es davon abhält, dem Kaiser Steuer zu zahlen, und behauptet, er sei der Christus und König. E Pilatus fragte ihn: S Bist du der König der Juden? E Er antwortete ihm: + Du sagst es. E Da sagte Pilatus zu den

Hohepriestern und zur Volksmenge: S Ich finde keide Schuld an diesem Menschen. E Sie aber blieben hartnäckig und sagten: S Er wiegelt das Volk auf; er verbreitet seine Lehre im ganzen jüdischen Land, angefangen von Galiläa bis hierher.

E Als Pilatus das hörte, fragte er, ob der Mann ein Galiläer sei. Und als er erfuhr, dass Jesus aus dem Herrschaftsgebiet des Herodes komme, ließ er ihn zu Herodes bringen, der in jenen Tagen ebenfalls in Jerusalem war. Herodes freute sich sehr, als er Jesus sah; schon lange hatte er sich gewünscht, ihn zu sehen, denn er hatte von ihm gehört. Nun hoffte er, ein von ihm gewirktes Zeichen zu sehen. Er stellte ihm viele Fragen, doch Jesus gab ihm keine Antwort. Die Hohepriester und die Schriftgelehrten, die dabeistanden, erhoben schwere Beschuldigungen gegen ihn. Herodes und seine Soldaten zeigten ihm offen ihre Verachtung. Er trieb seinen Spott mit Jesus, ließ ihm ein Prunkgewand umhängen und schickte ihn so zu Pilatus zurück. An diesem Tag wurden Herodes und Pilatus Freunde; vorher waren sie Feinde gewesen.

Pilatus rief die Hohepriester und die anderen führenden Männer und das Volk zusammen und sagte zu ihnen: S Ihr habt mir diesen Menschen hergebracht und behauptet, er wiegle das Volk auf. Und siehe, ich selbst habe ihn in eurer Gegenwart verhört und habe an diesem Menschen die Schuld, wegen der ihr ihn anklagt, nicht gefunden, auch Herodes nicht, denn er hat ihn zu uns zurückgeschickt. Ihr seht also: Er hat nichts getan, worauf die Todesstrafe steht. Daher will ich ihn auspeitschen lassen und dann freilassen.

E Er musste ihnen aber zum Fest einen Gefangenen freilassen. Da schrien sie alle miteinander: S Weg mit ihm; lass den Barabbas frei! E Dieser Mann war wegen eines Aufruhrs in der Stadt und wegen Mordes ins Gefängnis geworfen worden. Pilatus aber redete wieder auf sie ein, denn er wollte Jesus freilassen. Doch sie schrien: S Kreuzige ihn, kreuzige ihn! E Zum dritten Mal sagte er zu ihnen: S Was für ein Verbrechen hat er denn begangen? Ich habe nichts feststellen können, wofür er den Tod verdient. Daher will ich ihn auspeitschen lassen und dann werde ich ihn freilassen. E Sie aber schrien und forderten immer lauter, er solle Jesus kreuzigen lassen, und mit ihrem Geschrei setzten sie sich durch: Da entschied Pilatus, dass ihre Forderung erfüllt werden solle. Er ließ den Mann frei, der wegen Aufruhrs und Mordes im Gefängnis saß und den sie gefordert hatten. Jesus aber lieferte er ihrem Willen aus.

Kreuzweg und Kreuzigung

Als sie Jesus hinausführten, ergriffen sie Simon, einen Mann aus Kyrene, der gerade vom Feld kam. Ihm luden sie das Kreuz auf, damit er es hinter Jesus hertrage. Es folgte ihm eine große Menge des Volkes, darunter auch Frauen, die um ihn klagten und weinten. Jesus wandte sich zu ihnen um und sagte: + Töchter Jerusalems, weint nicht über mich; weint vielmehr über euch und eure Kinder! Denn siehe, es kommen Tage, da wird man sagen: Selig die Frauen, die unfruchtbar sind, die nicht geboren und nicht gestillt haben. Dann wird man zu den Bergen sagen: Fallt auf uns! und zu den Hügeln: Deckt uns zu! Denn wenn das mit dem grünen Holz geschieht, was wird dann erst mit dem dürren werden?
E Zusammen mit Jesus wurden auch zwei Verbrecher zur Hinrichtung geführt. Sie kamen an den Ort, der Schädelhöhe heißt; dort kreuzigten sie ihn und die Verbrecher, den einen rechts von ihm, den andern links. Jesus aber betete: + Vater, vergib ihnen, denn sie wissen nicht, was sie tun! E Um seine Kleider zu verteilen, warfen sie das Los. Das Volk stand dabei und schaute zu; auch die führenden Männer des Volkes verlachten ihn und sagten: S Andere hat er gerettet, nun soll er sich selbst retten, wenn er der Christus Gottes ist, der Erwählte. E Auch die Soldaten verspotteten ihn; sie traten vor ihn hin, reichten ihm Essig und sagten: S Wenn du der König der Juden bist, dann rette dich selbst! E Über ihm war eine Aufschrift angebracht: Das ist der König der Juden. Einer der Verbrecher, die neben ihm hingen, verhöhnte ihn: S Bist du denn nicht der Christus? Dann rette dich selbst und auch uns! E Der andere aber wies ihn zurecht und sagte: S Nicht einmal du fürchtest Gott? Dich hat doch das gleiche Urteil getroffen. Uns geschieht recht, wir erhalten den Lohn für unsere Taten; dieser aber hat nichts Unrechtes getan. E Dann sagte er: S Jesus, denk an mich, wenn du in dein Reich kommst! E Jesus antwortete ihm: + Amen, ich sage dir: Heute noch wirst du mit mir im Paradies sein.

(Hier stehen alle auf.)

Der Tod Jesu

E Es war schon um die sechste Stunde, als eine Finsternis über das ganze Land hereinbrach – bis zur neunten Stunde. Die Sonne verdunkelte sich. Der Vorhang im Tempel riss mitten entzwei. Und Jesus rief mit lauter Stimme: + Vater, in deine Hände lege ich meinen Geist. E Mit diesen Worten hauchte er den Geist aus.

(Hier knien alle zu einer kurzen Gebetsstille nieder.)

Als der Hauptmann sah, was geschehen war, pries er Gott und sagte: S Wirklich, dieser Mensch war ein Gerechter. E Und alle, die zu diesem Schauspiel herbeigeströmt waren und sahen, was sich ereignet hatte, schlugen sich an die Brust und gingen weg. Alle seine Bekannten aber standen in einiger Entfernung, auch die Frauen, die ihm von Galiläa aus nachgefolgt waren und die dies mit ansahen.

Das Begräbnis Jesu

Und siehe, da war ein Mann mit Namen Josef, ein Mitglied des Hohen Rats und ein guter und gerechter Mensch. Dieser hatte ihrem Beschluss und Vorgehen nicht zugestimmt. Er war aus Arimathäa, einer jüdischen Stadt, und wartete auf das Reich Gottes. Er ging zu Pilatus und bat um den Leichnam Jesu. Und er nahm ihn vom Kreuz, hüllte ihn in ein Leinentuch und legte ihn in ein Felsengrab, in dem noch niemand bestattet worden war. Das war am Rüsttag, kurz bevor der Sabbat anbrach. Die Frauen in seiner Nachfolge, die mit Jesus aus Galiläa gekommen waren, sahen das Grab und wie der Leichnam bestattet wurde. Dann kehrten sie heim und bereiteten wohlriechende Salben und Öle zu. Am Sabbat aber hielten sie die vom Gebot vorgeschriebene Ruhe ein.

[*Oder:* KURZFASSUNG – Lk 23,1–49]

Glaubensbekenntnis, S. 454 ff.

FÜRBITTEN

Ohne Rüstung und Waffen reitet Jesus in Jerusalem ein. Wir beten für alle, die dem inneren und äußeren Frieden dienen:

V: Kyrie, eleison. A: Christe, eleison.

- Schenke deiner Kirche die Kraft, eigenes Versagen zu erkennen und zu benennen, um so neu als glaubwürdig erfahren werden zu können.
- Ermutige alle, die der Zertrennung der Christenheit entgegenwirken und in Wort und Tat Versöhnung und Einheit suchen.
- Bestärke Familien in einer Kultur der Achtsamkeit und hilf Kindern und Erwachsenen, die eigenen Gefühle und die Gefühle der anderen zu erkennen und zu respektieren.
- Ermutige alle Menschen, die Gräben der Feindschaft überspringen und Wege zur Versöhnung suchen.
- Erbarme dich der Sterbenden in ihrer Angst, auch in Unruhe und Friedlosigkeit, und führe sie in dein warmes Licht des Friedens.

Jesus, als unser Menschenbruder bist du unsere Wege mitgegangen, freiwillig und frei von Gewalt. Hilf uns, deine Wege zu gehen, heute und allezeit und in Ewigkeit.

EUCHARISTIEFEIER

GABENGEBET

Herr, unser Gott, schenke uns Verzeihung durch das Leiden deines Sohnes. Wir haben sie zwar durch unsere Taten nicht verdient, aber wir vertrauen auf dein Erbarmen. Darum versöhne uns mit dir durch das einzigartige Opfer unseres Herrn Jesus Christus, der mit dir lebt und herrscht in alle Ewigkeit.

PRÄFATION

In Wahrheit ist es würdig und recht, dir, allmächtiger Vater, zu danken und das Werk deiner Liebe zu rühmen durch unseren Herrn Jesus Christus. Er war ohne Sünde und hat für die Sünder gelitten. Er war ohne Schuld und hat sich ungerechtem Urteil unterworfen. Sein Tod hat unsere Vergehen getilgt, seine Auferstehung uns Gnade und Leben erworben. Darum preisen wir jetzt und in Ewigkeit dein Erbarmen und singen mit den Chören der Engel das Lob deiner Herrlichkeit: Heilig …

KOMMUNIONVERS Mt 26,42

Mein Vater,
wenn dieser Kelch an mir nicht vorübergehen kann
und ich ihn trinken muss, so geschehe dein Wille.

SCHLUSSGEBET

Herr, unser Gott, du hast uns im heiligen Mahl gestärkt. Durch das Sterben deines Sohnes gibst du uns die Kraft, das Leben zu erhoffen, das uns der Glaube verheißt. Gib uns durch seine Auferstehung die Gnade, das Ziel unserer Pilgerschaft zu erreichen. Darum bitten wir durch ihn, Christus, unseren Herrn.

FEIERLICHER SCHLUSSSEGEN S. 209

***

DER MESSIAS

wunschkind immer schon erwarteten namens
aus dem langzeitgedächtnis der menschheit
geboren im sternzeichen der hoffnung

ganz liebe gewordener mensch
lehrer der vergessenen kunst des kindseins
gottestagträumer über dem abgrund der nachtangst

alle blindaugen erhellt durch deinen lichtblick
in deinem gesicht sichtbar
die anschauung gottes

deine worte wirken wunder
und legen unter den trümmern der lebensgeschichte
verschüttete sehnsucht frei

von heiliger unruhe erfüllt
wanderer über größte grenzen hinaus
zugleich bei den kleinsten daheim

du glaubst nicht an den tod
angstgräbern näherst du dich vertrauen erweckend
was du berührst wird zu leben

in deinem himmelschreienden sterben
geerntet wie eine ähre
aufgehoben im unbegrenzten

Andreas Knapp

GRÜNDONNERSTAG – HOHER DONNERSTAG

17. April 2025

Immer wieder nimmt die Liturgie der drei österlichen Tage Bezug auf das Pessachfest, das Juden und Jüdinnen in diesem Jahr 2025 seit dem 12. April feiern. Dabei wird deutlich, dass die Feier der österlichen Tage einer anderen Erzählung folgt als das biblische und auch das spätere jüdische Pessach. Der Fokus liegt auf dem Leben und Sterben Jesu, wie es im Neuen Testament erzählt wird: vom letzten Abendmahl mit der Fußwaschung über die Nacht am Ölberg und die Gefangennahme zum Kreuzweg, hinauf nach Golgota zur Kreuzigung. Ihren Höhepunkt finden die Tage in der Feier der Auferstehung. Wie das Pessachfest von großer Bedeutung für die Identität des Judentums ist, bestimmt Ostern die Identität des Christentums. Dabei sind wir als Christen und Christinnen tief im biblischen Judentum verwurzelt. Die Erinnerung an das Exodus-Geschehen ist in unsere Liturgie verwoben. Gottes Handeln führt Menschen in die Freiheit: aus der Sklaverei in Ägypten, in der Nacht der Auferstehung Jesu und bis heute.

MESSE VOM LETZTEN ABENDMAHL

ERÖFFNUNGSVERS

Vgl. Gal 6,14

Wir rühmen uns des Kreuzes unseres Herrn Jesus Christus.
In ihm ist uns Heil geworden und Auferstehung und Leben.
Durch ihn sind wir erlöst und befreit.

KYRIE-RUFE

Herr Jesus Christus, du liebst
die Deinen, und du liebst sie
bis zur Vollendung.
V/A: Herr, erbarme dich.
Du hast deinen Jüngern
die Füße gewaschen.
V/A: Christus, erbarme dich.
Ein Beispiel hast du uns gegeben,
damit auch wir so handeln,
wie du an uns gehandelt hast.
V/A: Herr, erbarme dich.

Ehre sei Gott, S. 451 f.

(Die Glocken läuten zu unserem Preislied. Danach verstummen sie bis zur Feier der Osternacht.)

TAGESGEBET

Allmächtiger, ewiger Gott, am Abend vor seinem Leiden hat dein geliebter Sohn der Kirche das Opfer des Neuen und Ewigen Bundes anvertraut und das Gastmahl seiner Liebe gestiftet. Gib, dass wir aus diesem Geheimnis die Fülle des Lebens und der Liebe empfangen. Darum bitten wir durch ihn, Jesus Christus.

WORTGOTTESDIENST

ZUR 1. LESUNG In der Passage aus dem Buch Exodus, die wir heute hören, werden die Ordnungen für das Pessachfest beschrieben. Bis heute wird Pessach als das zentrale identitätsstiftende Ereignis von Juden und Jüdinnen auf der ganzen Welt gefeiert. Der Ritus geht aus dem erzählten Ereignis hervor und trägt dessen Botschaft weiter.

Zugleich sichert die ewige Ordnung des Ritus der Erzählung ihre jederzeit aktualisierbare Gültigkeit, wo auch immer das Fest gefeiert wird.

ERSTE LESUNG

Ex 12,1–8.11–14

Die Feier des Paschamahles

Lesung aus dem Buch Exodus.

In jenen Tagen sprach der Herr zu Mose und Aaron im Land Ägypten: Dieser Monat soll die Reihe eurer Monate eröffnen, er soll euch als der Erste unter den Monaten des Jahres gelten. Sagt der ganzen Gemeinde Israel:

Am Zehnten dieses Monats soll jeder ein Lamm für seine Familie holen, ein Lamm für jedes Haus. Ist die Hausgemeinschaft für ein Lamm zu klein, so nehme er es zusammen mit dem Nachbarn, der seinem Haus am nächsten wohnt, nach der Anzahl der Personen. Bei der Aufteilung des Lammes müsst ihr berücksichtigen, wie viel der Einzelne essen kann. Nur ein fehlerfreies, männliches, einjähriges Lamm darf es sein, das Junge eines Schafes oder einer Ziege müsst ihr nehmen. Ihr sollt es bis zum vierzehnten Tag dieses Monats aufbewahren. In der Abenddämmerung soll die ganze versammelte Gemeinde Israel es schlachten. Man nehme etwas von dem Blut und bestreiche damit die beiden Türpfosten und den Türsturz an den Häusern, in denen man es essen will. Noch in der gleichen Nacht soll man das Fleisch essen. Über dem Feuer gebraten und zusammen mit ungesäuertem Brot und Bitterkräutern soll man es essen.

So aber sollt ihr es essen: eure Hüften gegürtet, Schuhe an euren Füßen und euren Stab in eurer Hand. Esst es hastig! Es ist ein Pessach für den Herrn – das heißt: der Vorübergang des Herrn.

In dieser Nacht gehe ich durch das Land Ägypten und erschlage im Land Ägypten jede Erstgeburt bei Mensch und Vieh. Über alle Götter Ägyptens halte ich Gericht, ich, der Herr. Das Blut an den Häusern, in denen ihr wohnt, soll für euch ein Zeichen sein. Wenn ich das Blut sehe, werde ich an euch vorübergehen und das vernich-

tende Unheil wird euch nicht treffen, wenn ich das Land Ägypten schlage.
Diesen Tag sollt ihr als Gedenktag begehen. Feiert ihn als Fest für den HERRN! Für eure kommenden Generationen wird es eine ewige Satzung sein, das Fest zu feiern!

ANTWORTPSALM

Ps 116 (115), 12–13.15–16.17–18 (Kv: vgl. 1 Kor 10,16)

Kv Der Kelch des Segens gibt uns Anteil an Christi Blut. – Kv

Wie kann ich dem HERRN vergelten *
all das Gute, das er mir erwiesen?
Den Becher des Heils will ich erheben. *
Ausrufen will ich den Namen des HERRN. – (Kv)

Kostbar ist in den Augen des HERRN *
der Tod seiner Frommen.
Ach HERR, ich bin doch dein Knecht, /
dein Knecht bin ich, der Sohn deiner Magd! *
Gelöst hast du meine Fesseln. – (Kv)

Ich will dir ein Opfer des Dankes bringen, *
ausrufen will ich den Namen des HERRN.
Meine Gelübde will ich dem HERRN erfüllen *
in Gegenwart seines ganzen Volkes. – Kv

ZUR 2. LESUNG In seinem Brief an die Gemeinde in Korinth überliefert Paulus den rituellen Ablauf des Mahls, das Jesus mit den Seinen am Abend vor seiner Auslieferung gefeiert hat. In dem Abschnitt des Briefes, dem die wenigen Verse der heutigen Lesung entnommen sind, macht der Autor deutlich, dass es bei diesem Mahl nicht in erster Linie darum geht, sich satt zu essen. Angesichts der Spannungen in der Gemeinde ihn Korinth legt er vielmehr Wert darauf, dass die Gläubigen sich in der Feier des Mahls gemeinsam die Hingabe Jesu vergegenwärtigen und so selbst Anteil daran haben. Durch das gemeinsame Mahl werden sie untereinander und mit Christus verbunden. Auch wir feiern in der Eucharistie nicht Vergangenes, sondern ewig Gültiges und je neu Erfahrbares.

ZWEITE LESUNG 1 Kor 11,23–26

Sooft ihr von diesem Brot esst und aus diesem Kelch trinkt, verkündet ihr den Tod des Herrn, bis er kommt

Lesung aus dem ersten Brief des Apostels Paulus an die Gemeinde in Korinth.

Schwestern und Brüder! Ich habe vom Herrn empfangen, was ich euch dann überliefert habe:

Jesus, der Herr, nahm in der Nacht, in der er ausgeliefert wurde, Brot, sprach das Dankgebet, brach das Brot und sagte: Das ist mein Leib für euch. Tut dies zu meinem Gedächtnis!

Ebenso nahm er nach dem Mahl den Kelch und sagte: Dieser Kelch ist der Neue Bund in meinem Blut. Tut dies, sooft ihr daraus trinkt, zu meinem Gedächtnis!

Denn sooft ihr von diesem Brot esst und aus dem Kelch trinkt, verkündet ihr den Tod des Herrn, bis er kommt.

RUF VOR DEM EVANGELIUM Vers: Joh 13,34ac

Herr Jesus, dir sei Ruhm und Ehre! – Kv
(So spricht der Herr:)
Ein neues Gebot gebe ich euch:
Wie ich euch geliebt habe, so sollt auch ihr einander lieben.
Herr Jesus, dir sei Ruhm und Ehre!

Oder:

Dies ist mein Gebot:
Liebet einander, wie ich euch geliebt.

ZUM EVANGELIUM Der Abschnitt über die Fußwaschung, die nur das Johannes-Evangelium überliefert, nimmt konkret Bezug auf das bevorstehende Pessachfest. So wird deutlich: Jesus und sein Kreis sind im Judentum verwurzelt und selbstverständlich eingebunden in den jüdischen Jahreslauf. Statt des Abendmahls schildert Johannes die Fußwaschung – als Zeichenhandlung Jesu. „Wisst ihr, was ich euch getan habe?", fragt Jesus, als er wieder am Tisch Platz genommen hat. Auch das heutige Christentum muss sich an dieser Frage und am Beispiel Jesu messen lassen. Die Frage gilt jeder und jedem von uns ganz persönlich.

EVANGELIUM

Joh 13,1–15

Er liebte sie bis zur Vollendung

+ **Aus dem heiligen Evangelium nach Johannes.**

Es war vor dem Paschafest. Jesus wusste, dass seine Stunde gekommen war, um aus dieser Welt zum Vater hinüberzugehen. Da er die Seinen liebte, die in der Welt waren, liebte er sie bis zur Vollendung.

Es fand ein Mahl statt und der Teufel hatte Judas, dem Sohn des Simon Iskariot, schon ins Herz gegeben, ihn auszuliefern. Jesus, der wusste, dass ihm der Vater alles in die Hand gegeben hatte und dass er von Gott gekommen war und zu Gott zurückkehrte, stand vom Mahl auf, legte sein Gewand ab und umgürtete sich mit einem Leinentuch. Dann goss er Wasser in eine Schüssel und begann, den Jüngern die Füße zu waschen und mit dem Leinentuch abzutrocknen, mit dem er umgürtet war.

Als er zu Simon Petrus kam, sagte dieser zu ihm: Du, Herr, willst mir die Füße waschen? Jesus sagte zu ihm: Was ich tue, verstehst du jetzt noch nicht; doch später wirst du es begreifen.

Petrus entgegnete ihm: Niemals sollst du mir die Füße waschen!

Jesus erwiderte ihm: Wenn ich dich nicht wasche, hast du keinen Anteil an mir.

Da sagte Simon Petrus zu ihm: Herr, dann nicht nur meine Füße, sondern auch die Hände und das Haupt.

Jesus sagte zu ihm: Wer vom Bad kommt, ist ganz rein und braucht sich nur noch die Füße zu waschen. Auch ihr seid rein, aber nicht alle. Er wusste nämlich, wer ihn ausliefern würde; darum sagte er: Ihr seid nicht alle rein.

Als er ihnen die Füße gewaschen, sein Gewand wieder angelegt und Platz genommen hatte, sagte er zu ihnen: Begreift ihr, was ich an euch getan habe? Ihr sagt zu mir Meister und Herr und ihr nennt mich mit Recht so; denn ich bin es. Wenn nun ich, der Herr und Meister, euch die Füße gewaschen habe, dann müsst auch ihr einander die Füße waschen. Ich habe euch ein Beispiel gegeben, damit auch ihr so handelt, wie ich an euch gehandelt habe.

FUSSWASCHUNG

(Nach der Homilie kann die Fußwaschung folgen. Sie ist Zeichen dafür, dass wir als Kirche uns an Jesu Weisung binden. Dabei können die folgenden Antiphonen gesungen werden.)

ANTIPHON 1 — Joh 13,35

Daran werden alle erkennen, dass ihr meine Jünger seid,
wenn ihr Liebe habt zueinander.
V: Jesus sagte zu seinen Jüngern:
A: Daran werden alle erkennen, dass ihr meine Jünger seid,
wenn ihr Liebe habt zueinander.

ANTIPHON 2 — Joh 13,34

Ein neues Gebot gebe ich euch: „Liebt einander!“
Wie ich euch geliebt habe, so sollt auch ihr einander lieben.

ANTIPHON 3

1 Kor 13,13

In euch sollen bleiben Glaube, Hoffnung, Liebe, diese drei:
am größten unter ihnen ist die Liebe.
V: Jetzt bleiben Glaube, Hoffnung, Liebe, diese drei:
am größten unter ihnen ist die Liebe.
A: In euch sollen bleiben Glaube, Hoffnung, Liebe, diese drei:
am größten unter ihnen ist die Liebe.

FÜRBITTEN

Jesus Christus, in deinem Dienst der Fußwaschung leuchtet auf, was Nachfolge bedeutet. Wir rufen zu Gott, dem Barmherzigen:

V: Guter Gott. A: Höre unsere Bitten.

- Wir beten für die Kirche und alle, die ein Amt in ihr haben, dass sie neu verstehen, was Dienst meint.
- Wir beten für die Menschen in den Flüchtlingslagern dieser Erde, dass sie eine Heimat finden.
- Wir beten für die Menschen, die sich nicht nur und zuerst um sich selbst sorgen, sondern das Wohl der anderen mitbedenken.
- Wir beten für alle, die anderen den Tisch decken und das Mahl bereiten.
- Wir beten für unsere lieben Verstorbenen, dass sie Freude und Fülle erfahren in der Gemeinschaft mit dir.

Guter Gott, wir alle sind an den Tisch des Lebens und der Freude gerufen. Dafür danken wir dir und loben dich durch Jesus Christus, unseren Bruder und Heiland.

EUCHARISTIEFEIER

OPFERGANG

(Zu Beginn der Eucharistiefeier können die Gläubigen einen Opfergang mit Gaben für die Armen halten. Dazu kann man singen:)

Kv Wo Güte und Liebe, da wohnet Gott. – Kv

1. Christi Liebe hat uns geeint,
lasst uns frohlocken und jubeln in ihm!
Fürchten und lieben wollen wir den lebendigen Gott
und einander lieben aus lauterem Herzen. – (Kv)

2. Da wir allesamt eines geworden,
hüten wir uns, getrennt zu werden im Geiste!
Es fliehe der Streit, böser Hader entweiche;
in unserer Mitte wohne der Herr. – (Kv)

3. Christus spricht zu den Seinen:
Wo zwei oder drei
in meinem Namen versammelt sind,
da bin ich mitten unter ihnen. – (Kv)

4. So lasst uns Gott anhangen aus ganzer Seele
und nichts soll stehen vor seiner Liebe.
Lasst uns in Gott dem Nächsten gut sein wie uns selbst
und Gottes wegen lieben auch den Feind. – (Kv)

5. Mit den Heiligen wollen wir schauen
dein Antlitz, Christus, dereinst in der Herrlichkeit.
O, welch unermessliche Freude
durch die grenzenlose Weite der Ewigkeit. Amen. – Kv

GABENGEBET

Herr, gib, dass wir das Geheimnis des Altares ehrfürchtig feiern; denn sooft wir die Gedächtnisfeier dieses Opfers begehen, vollzieht sich an uns das Werk der Erlösung. Durch Christus, unseren Herrn.

PRÄFATION

In Wahrheit ist es würdig und recht, dir, Herr, heiliger Vater, allmächtiger, ewiger Gott, immer und überall zu danken durch unseren Herrn Jesus Christus. Als der wahre und ewige Hohepriester hat er die Feier eines immerwährenden Opfers gestiftet. Er hat sich selbst als Opfergabe dargebracht für das Heil der Welt und uns geboten, dass auch wir diese Gabe darbringen zu seinem Gedächtnis. Er stärkt uns, wenn wir seinen Leib empfangen, den er für uns geopfert hat. Er heiligt uns, wenn wir sein Blut trinken, das er für uns vergossen hat. Darum singen wir mit den Engeln und Erzengeln, den Thronen und Mächten und mit all den Scharen des himmlischen Heeres den Hochgesang von deiner göttlichen Herrlichkeit: Heilig …

KOMMUNIONVERS

1 Kor 11,24.25

Das ist mein Leib, der für euch hingegeben wird.
Dieser Kelch ist der Neue Bund in meinem Blut.
Sooft ihr dieses Brot esst und diesen Kelch trinkt,
tut es zum Gedenken an mich – so spricht der Herr.

SCHLUSSGEBET

Allmächtiger Gott, du hast uns heute im Abendmahl deines Sohnes gestärkt. Sättige uns beim himmlischen Gastmahl mit dem ewigen Leben. Darum bitten wir durch ihn, Christus, unseren Herrn.

(Nach dem Schlussgebet wird die heilige Eucharistie in eine Kapelle oder an einen Nebenaltar getragen. Während der Prozession singt die Gemeinde. Nach der Feier wird der Altar abgedeckt, die Kreuze werden aus der Kirche entfernt oder verhüllt. In vielen Gemeinden beten die Gläubigen in dieser Nacht vor der Eucharistie.)

***

LIEBE ZU DEN MENSCHENKINDERN

O mein Jesus,
so groß ist deine Liebe zu den Menschenkindern,
dass man Dir den größten Dienst erweist,
wenn man sich nicht Dir, sondern ihnen zuwendet,
denn dann ist man Dir am tiefsten verbunden.

Teresa von Avila

KARFREITAG – DIE FEIER VOM LEIDEN UND STERBEN CHRISTI

18. April 2025

Das Kreuz steht als Symbol für das Christentum. In einer christlich geprägten Gesellschaft war es bis vor nicht allzu langer Zeit sehr präsent – nicht nur in Kirchen, sondern auch in Wohnhäusern, öffentlichen Gebäuden, als Schmuck oder gar Tattoo. Die Menschen waren an den Anblick von Kreuzen gewöhnt. Heute sind Kreuze, gar im öffentlichen Raum, nicht mehr selbstverständlich und zuweilen Anlass für erbitterte Auseinandersetzungen. Im frühen Christentum haben die Menschen mit dem Kreuz als Ärgernis gerungen. Die Verkündigung eines am Kreuz Hingerichteten war laut Paulus für Juden ein Skandal, für Heiden eine Torheit (vgl. 1 Kor 1,23). Heute schauen Christgläubige bewusst auf das Kreuz, das Jesus in seinem Leiden zeigt. Der Blick auf das Kreuz Jesu schärft den Blick für den bleibenden Skandal immer und überall, wo Menschen misshandelt oder gefoltert werden und die Würde des menschlichen Lebens missachtet wird. Schauen wir hin: Seht, der Mensch (Joh 19,5).

GEBET

Gedenke, Herr, der großen Taten, die dein Erbarmen gewirkt hat. Schütze und heilige deine Diener, für die dein Sohn Jesus Christus sein Blut vergossen und das österliche Geheimnis eingesetzt hat, der mit dir lebt und herrscht in alle Ewigkeit.

Oder:

Allmächtiger, ewiger Gott, durch das Leiden deines Sohnes hast du den Tod vernichtet, der vom ersten Menschen auf alle Geschlechter übergegangen ist. Nach dem Gesetz der Natur tragen wir das Abbild des ersten Adam an uns; hilf uns durch deine Gnade, das Bild des neuen Adam in uns auszuprägen und Christus ähnlich zu werden, der mit dir lebt und herrscht in alle Ewigkeit.

WORTGOTTESDIENST

ZUR 1. LESUNG Der Gottesknecht, der uns in der Lesung aus dem Propheten Jesaja vor Augen steht, wird vorgestellt als einer, der keine schöne und edle Gestalt hat. Er wird verachtet und nicht geschätzt, wird bedrängt und misshandelt – ein entstellter Mensch, von Krankheit zermalmt. Wen kümmert sein Geschick? (Jes 53,8) Aus der jüdischen Schriftauslegung lernen wir, dass die Gestalt des Gottesknechts für das ganze Volk Israel stehen könnte, dessen Geschichte von Ausgrenzung, Verfolgung und Unterdrückung geprägt ist. In der Liturgie des heutigen Tages blicken wir auf Jesus in seinem Leiden. Doch indem wir auf ihn schauen, sehen wir zugleich auf die, die heute bedrängt sind, ausgegrenzt, unterdrückt, verfolgt. Wir richten unseren Blick auf die vielen Obdachlosen, Geflohenen, vom Hunger Gezeichneten. Wen kümmert ihr Geschick?

ERSTE LESUNG Jes 52,13 – 53,12

Er wurde durchbohrt wegen unserer Verbrechen (Viertes Lied vom Gottesknecht)

Lesung aus dem Buch Jesaja.

Siehe, mein Knecht wird Erfolg haben, er wird sich erheben und erhaben und sehr hoch sein. Wie sich viele über dich entsetzt haben – so entstellt sah er aus, nicht mehr wie ein Mensch, seine Gestalt war nicht mehr die eines Menschen – so wird er viele Nationen entsühnen, Könige schließen vor ihm ihren Mund. Denn was man ihnen noch nie erzählt hat, das sehen sie nun; was sie niemals hörten, das erfahren sie jetzt.

Wer hat geglaubt, was wir gehört haben? Der Arm des HERRN – wem wurde er offenbar? Vor seinen Augen wuchs er auf wie ein junger

Spross, wie ein Wurzeltrieb aus trockenem Boden. Er hatte keine schöne und edle Gestalt, sodass wir ihn anschauen mochten. Er sah nicht so aus, dass wir Gefallen fanden an ihm. Er wurde verachtet und von den Menschen gemieden, ein Mann voller Schmerzen, mit Krankheit vertraut. Wie einer, vor dem man das Gesicht verhüllt, war er verachtet; wir schätzten ihn nicht.

Aber er hat unsere Krankheit getragen und unsere Schmerzen auf sich geladen. Wir meinten, er sei von Gott geschlagen, von ihm getroffen und gebeugt. Doch er wurde durchbohrt wegen unserer Vergehen, wegen unserer Sünden zermalmt. Zu unserem Heil lag die Züchtigung auf ihm, durch seine Wunden sind wir geheilt.

Wir hatten uns alle verirrt wie Schafe, jeder ging für sich seinen Weg. Doch der HERR ließ auf ihn treffen die Schuld von uns allen. Er wurde bedrängt und misshandelt, aber er tat seinen Mund nicht auf. Wie ein Lamm, das man zum Schlachten führt, und wie ein Schaf vor seinen Scherern verstummt, so tat auch er seinen Mund nicht auf.

Durch Haft und Gericht wurde er dahingerafft, doch wen kümmerte sein Geschick? Er wurde vom Land der Lebenden abgeschnitten und wegen der Vergehen meines Volkes zu Tode getroffen. Bei den Frevlern gab man ihm sein Grab und bei den Reichen seine Ruhestätte, obwohl er kein Unrecht getan hat und kein trügerisches Wort in seinem Mund war.

Doch der HERR hat Gefallen an dem von Krankheit Zermalmten. Wenn du, Gott, sein Leben als Schuldopfer einsetzt, wird er Nachkommen sehen und lange leben. Was dem HERRN gefällt, wird durch seine Hand gelingen. Nachdem er vieles ertrug, erblickt er das Licht. Er sättigt sich an Erkenntnis. Mein Knecht, der gerechte, macht die Vielen gerecht; er lädt ihre Schuld auf sich.

Deshalb gebe ich ihm Anteil unter den Großen und mit Mächtigen teilt er die Beute, weil er sein Leben dem Tod preisgab und sich unter die Abtrünnigen rechnen ließ. Er hob die Sünden der Vielen auf und trat für die Abtrünnigen ein.

ANTWORTPSALM

Ps 31 (30),2 u. 6.12–13.15–16.17 u. 25 (Kv: Lk 23,46)

Kv Vater, in deine Hände lege ich meinen Geist. – Kv

Herr, bei dir habe ich mich geborgen. /
Lass mich nicht zuschanden werden in Ewigkeit; *
rette mich in deiner Gerechtigkeit!
In deine Hände lege ich voll Vertrauen meinen Geist; *
du hast mich erlöst, Herr, du Gott der Treue. – (Kv)

Vor all meinen Bedrängern wurde ich zum Spott, /
zum Spott sogar für meine Nachbarn.
Meinen Freunden wurde ich zum Schrecken, *
wer mich auf der Straße sieht, der flieht vor mir.
Ich bin dem Gedächtnis entschwunden wie ein Toter, *
bin geworden wie ein zerbrochenes Gefäß. – (Kv)

Ich aber, Herr, ich habe dir vertraut, *
ich habe gesagt: Mein Gott bist du.
In deiner Hand steht meine Zeit; *
entreiß mich der Hand meiner Feinde und Verfolger! – (Kv)

Lass dein Angesicht leuchten über deinem Knecht, *
hilf mir in deiner Huld!
Euer Herz sei stark und unverzagt, *
ihr alle, die ihr den Herrn erwartet. – Kv

ZUR 2. LESUNG Der Hebräerbrief deutet den Kreuzestod Jesu auf dem Hintergrund des jüdischen Versöhnungstages. Im 16. Kapitel des Buchs Levitikus wird geschildert, dass der Hohepriester an Jom Kippur das Allerheiligste betrat, um dort für das Volk ein Sühnopfer darzubringen. Nach der im Hebräerbrief geäußerten Auffassung hat Jesus die Rolle des Hohepriesters übernommen, indem er durch seinen Tod in den Himmel – das Allerheiligste – eingegangen ist und so die Schuld der Menschen gesühnt hat. Jenseits der Abgrenzung von der jüdischen Tradition betont der Verfasser, dass Jesus mit unserer Schwäche mitfühlen kann; auch er wurde versucht, hat aber nicht gesündigt. Er begegnet uns mit Gnade und Erbarmen, nicht urteilend, sondern vergebend. Wie problematisch hingegen die Geschichte der Deutung des Hebräerbriefs: dass er in der christlichen Theologie die

Grundlage für die Lehre von der Überbietung des Judentums durch das Christentum darstellte.

ZWEITE LESUNG

Hebr 4,14–16; 5,7–9

Er hat den Gehorsam gelernt und ist für alle, die ihm gehorchen, der Urheber des ewigen Heils geworden

Lesung aus dem Hebräerbrief.

Schwestern und Brüder! Da wir nun einen erhabenen Hohepriester haben, der die Himmel durchschritten hat, Jesus, den Sohn Gottes, lasst uns an dem Bekenntnis festhalten. Wir haben ja nicht einen Hohepriester, der nicht mitfühlen könnte mit unseren Schwächen, sondern einen, der in allem wie wir versucht worden ist, aber nicht gesündigt hat.

Lasst uns also voll Zuversicht hinzutreten zum Thron der Gnade, damit wir Erbarmen und Gnade finden und so Hilfe erlangen zur rechten Zeit!

Christus hat in den Tagen seines irdischen Lebens mit lautem Schreien und unter Tränen Gebete und Bitten vor den gebracht, der ihn aus dem Tod retten konnte, und er ist erhört worden aufgrund seiner Gottesfurcht. Obwohl er der Sohn war, hat er durch das, was er gelitten hat, den Gehorsam gelernt; zur Vollendung gelangt, ist er für alle, die ihm gehorchen, der Urheber des ewigen Heils geworden.

RUF VOR DER PASSION

Vers: vgl. Phil 2,8b–9

Herr Jesus, dir sei Ruhm und Ehre! – Kv
Christus war für uns gehorsam bis zum Tod,
bis zum Tod am Kreuz.
Darum hat ihn Gott über alle erhöht
und ihm den Namen verliehen, der größer ist als alle Namen.
Herr Jesus, dir sei Ruhm und Ehre!

ZUR PASSION Bei der Schilderung des Leidens und Sterbens Jesu in der Johannes-Passion liegt der theologische Fokus auf der Darstellung Jesu als des am Kreuz erhöhten Königs. So wendet sich das Johannes-Evangelium sowohl gegen eine Skandalisierung als auch gegen eine Marginalisierung des Kreuzestodes (vgl. 1 Kor 1,23). Fast erhaben erscheint Jesus, überlegen in den wenigen Worten, die er spricht. Der Evangelist knüpft vielfach an die alttestamentliche Überlieferung an und stellt viele Bezüge her, etwa zu den Liedern vom leidenden Gottesknecht bei Jesaja: Wie der Gottesknecht wird Jesus verachtet und verhöhnt, misshandelt und gefoltert. Wie vom Propheten für diesen Knecht verheißen, wird der HERR auch an Jesus Gefallen finden.

(Die Passion wird meist mit verteilten Rollen gelesen:
E = Evangelist, + = Worte Jesu, S = Worte sonstiger Personen)

PASSION Joh 18,1–19,42

Das Leiden unseres Herrn Jesus Christus

Das Leiden unseres Herrn Jesus Christus nach Johannes.

Die Verhaftung Jesu

E Jesus ging mit seinen Jüngern hinaus, auf die andere Seite des Baches Kidron. Dort war ein Garten; in den ging er mit seinen Jüngern hinein. Auch Judas, der ihn auslieferte, kannte den Ort, weil Jesus dort oft mit seinen Jüngern zusammengekommen war. Judas holte die Soldaten und die Gerichtsdiener der Hohepriester und der Pharisäer und kam dorthin mit Fackeln, Laternen und Waffen. Jesus, der alles wusste, was mit ihm geschehen sollte, ging hinaus und fragte sie: + Wen sucht ihr? E Sie antworteten ihm: S Jesus von Nazaret. E Er sagte zu ihnen: + Ich bin es. E Auch Judas, der ihn auslieferte, stand bei ihnen. Als er zu ihnen sagte: Ich bin es!, wichen sie zurück und stürzten zu Boden. Er fragte sie noch einmal: + Wen sucht ihr? E Sie sagten: S Jesus von Nazaret. E Jesus antwortete: + Ich habe euch gesagt, dass ich es bin. Wenn ihr also mich sucht, dann lasst diese gehen! E So sollte sich das Wort erfüllen, das er gesagt hatte: Ich habe keinen von denen verloren, die du mir gegeben hast. Simon Petrus, der ein Schwert bei sich hatte, zog es, traf damit den Diener des Hohepriesters und hieb ihm das rechte Ohr ab; der Diener hieß Malchus. Da sagte Jesus zu Petrus: + Steck das Schwert in die Scheide! Der Kelch, den mir der Vater gegeben hat – soll ich ihn nicht trinken?

Jesus vor Hannas

E Die Soldaten, der Hauptmann und die Gerichtsdiener der Juden nahmen Jesus fest, fesselten ihn und führten ihn zuerst zu Hannas; er war nämlich der Schwiegervater des Kajaphas, der in jenem Jahr Hohepriester war. Kajaphas aber war es, der den Juden den Rat gegeben hatte: S Es ist besser, dass ein einziger Mensch für das Volk stirbt. E Simon Petrus und ein anderer Jünger folgten Jesus. Dieser Jünger war mit dem Hohepriester bekannt und ging mit Jesus in den Hof des Hohepriesters. Petrus aber blieb draußen am Tor stehen. Da kam der andere Jünger, der Bekannte des Hohepriesters, heraus; er sprach mit der Pförtnerin und führte Petrus hinein. Da sagte die Pförtnerin zu Petrus: S Bist du nicht auch einer von den Jüngern dieses Menschen? E Er sagte: S Ich bin es nicht. E Die Knechte und die Diener hatten sich ein Kohlenfeuer angezündet und standen dabei, um sich zu wärmen; denn es war kalt. Auch Petrus stand bei ihnen und wärmte sich.

Der Hohepriester befragte Jesus über seine Jünger und über seine Lehre. Jesus antwortete ihm: + Ich habe offen vor aller Welt gesprochen. Ich habe immer in der Synagoge und im Tempel gelehrt, wo alle Juden zusammenkommen. Nichts habe ich im Geheimen gesprochen. Warum fragst du mich? Frag doch die, die gehört haben, was ich zu ihnen gesagt habe; siehe, sie wissen, was ich geredet habe. E Als er dies sagte, schlug einer von den Dienern, der dabeistand, Jesus ins Gesicht und sagte: S Antwortest du so dem Hohepriester? E Jesus entgegnete ihm: + Wenn es nicht recht war, was ich gesagt habe, dann weise es nach; wenn es aber recht war, warum schlägst du mich? E Da schickte ihn Hannas gefesselt zum Hohepriester Kajaphas.

Simon Petrus aber stand da und wärmte sich. Da sagten sie zu ihm: S Bist nicht auch du einer von seinen Jüngern? E Er leugnete und sagte: S Ich bis es nicht. E Einer von den Knechten des Hohepriesters, ein Verwandter dessen, dem Petrus das Ohr abgehauen hatte, sagte: S Habe ich dich nicht im Garten bei ihm gesehen? E Wieder leugnete Petrus und gleich darauf krähte ein Hahn.

Jesus vor Pilatus

Von Kajaphas brachten sie Jesus zum Prätorium; es war früh am Morgen. Sie selbst gingen nicht in das Gebäude hinein, um nicht unrein zu werden, sondern das Paschalamm essen zu können. Deshalb kam Pilatus zu ihnen heraus und fragte: S Welche Anklage erhebt ihr gegen diesen Menschen? E Sie antworteten ihm: S Wenn er kein Übeltäter wäre, hätten wir ihn dir nicht ausgeliefert. E Pilatus sagte zu ihnen: S Nehmt ihr ihn doch und richtet ihn nach eurem Gesetz! E Die Juden antworteten ihm: S Uns ist es nicht gestattet, jemanden hinzurichten. E So sollte sich das Wort Jesu erfüllen, mit dem er angedeutet hatte, welchen Tod er sterben werde. Da ging Pilatus wieder in das Prätorium hinein, ließ Jesus rufen und fragte ihn: S Bist du der König der Juden? E Jesus antwortete: + Sagst du das von dir aus oder haben es dir andere über mich gesagt? E Pilatus entgegnete: S Bin ich denn ein Jude? Dein Volk und die Hohepriester haben dich an mich ausgeliefert. Was hast du getan? E Jesus antwortete: + Mein Königtum ist nicht von dieser Welt. Wenn mein Königtum von dieser Welt wäre, würden meine Leute kämpfen, damit ich den Juden nicht ausgeliefert würde. Nun aber ist mein Königtum nicht von hier. E Da sagte Pilatus zu ihm: S Also bist du doch ein König? E Jesus antwortete: + Du sagst es, ich bin ein König. Ich bin dazu geboren und dazu in die Welt gekommen, dass ich für die Wahrheit Zeugnis ablege. Jeder, der aus der Wahrheit ist, hört auf meine Stimme. E Pilatus sagte zu ihm: S Was ist Wahrheit?
E Nachdem er das gesagt hatte, ging er wieder zu den Juden hinaus und sagte zu ihnen: S Ich finde keine Schuld an ihm. Ihr seid aber gewohnt, dass ich euch zum Paschafest einen freilasse. Wollt ihr also, dass ich euch den König der Juden freilasse? E Da schrien sie wieder: S Nicht diesen, sondern Barabbas! E Barabbas aber war ein Räuber.

Darauf nahm Pilatus Jesus und ließ ihn geißeln. Die Soldaten flochten einen Kranz aus Dornen; den setzten sie ihm auf das Haupt und legten ihm einen purpurroten Mantel um. Sie traten an ihn heran und sagten: S Sei gegrüßt, König der Juden! E Und sie schlugen ihm ins Gesicht. Pilatus ging wieder hinaus und sagte zu ihnen: S Seht, ich bringe ihn zu euch heraus; ihr sollt wissen, dass ich keine Schuld an ihm finde. E Jesus kam heraus; er trug die Dornenkrone und den purpurroten Mantel. Pilatus sagte zu ihnen: S Seht, der Mensch! E Als die Hohepriester und die Diener ihn sahen, schrien sie: S Kreuzige ihn, kreuzige ihn! E Pilatus sagte zu ihnen: S Nehmt ihr ihn und kreuzigt ihn! Denn ich finde keine Schuld an ihm. E Die Juden entgegneten ihm: S Wir haben ein Gesetz und nach dem Gesetz muss er sterben, weil er sich zum Sohn Gottes gemacht hat.
E Als Pilatus das hörte, fürchtete er sich noch mehr. Er ging wieder in das Prätorium hinein und fragte Jesus: S Woher bist du? E Jesus aber gab ihm keine Antwort. Da sagte Pilatus zu ihm: S Du sprichst nicht mit mir? Weißt du nicht, dass ich Macht habe, dich freizulassen, und Macht, dich zu kreuzigen? E Jesus antwortete ihm: + Du hättest keine Macht über mich, wenn es dir nicht von oben gegeben wäre; darum hat auch der eine größere Sünde, der mich dir ausgeliefert hat. E Daraufhin wollte Pilatus ihn freilassen, aber die Juden schrien: S Wenn du diesen freilässt, bist du kein Freund des Kaisers; jeder, der sich zum König macht, lehnt sich gegen den Kaiser auf. E Auf diese Worte hin ließ Pilatus Jesus herausführen und er setzte sich auf den Richterstuhl an dem Platz, der Lithostrotos, auf Hebräisch Gabbata, heißt. Es war Rüsttag des Paschafestes, ungefähr die sechste Stunde. Pilatus sagte zu den Juden: S Seht, euer König! E Sie aber schrien: S Hinweg, hinweg, kreuzige ihn! E Pilatus sagte zu ihnen: S Euren König soll ich kreuzigen? E Die Hohepriester antworteten: S Wir haben keinen König außer dem Kaiser. E Da lieferte er ihnen Jesus aus, damit er gekreuzigt würde.

Kreuzigung, Tod und Begäbnis Jesu

Sie übernahmen Jesus. Und er selbst trug das Kreuz und ging hinaus zur sogenannten Schädelstätte, die auf Hebräisch Golgota heißt. Dort kreuzigten sie ihn und mit ihm zwei andere, auf jeder Seite einen, in der Mitte aber Jesus.

Pilatus ließ auch eine Tafel anfertigen und oben am Kreuz befestigen; die Inschrift lautete: Jesus von Nazaret, der König der Juden. Diese Tafel lasen viele Juden, weil der Platz, wo Jesus gekreuzigt wurde, nahe bei der Stadt lag. Die Inschrift war hebräisch, lateinisch und griechisch abgefasst. Da sagten die Hohepriester der Juden zu Pilatus: S Schreib nicht: Der König der Juden, sondern dass er gesagt hat: Ich bin der König der Juden. E Pilatus antwortete: S Was ich geschrieben habe, habe ich geschrieben.
E Nachdem die Soldaten Jesus gekreuzigt hatten, nahmen sie seine Kleider und machten vier Teile daraus, für jeden Soldaten einen Teil, und dazu das Untergewand. Das Untergewand war aber ohne Naht von oben ganz durchgewoben. Da sagten sie zueinander: S Wir wollen es nicht zerteilen, sondern darum losen, wem es gehören soll. E So sollte sich das Schriftwort erfüllen: Sie verteilten meine Kleider unter sich und warfen das Los um mein Gewand. Dies taten die Soldaten.
Bei dem Kreuz Jesu standen seine Mutter und die Schwester seiner Mutter, Maria, die Frau des Klopas, und Maria von Magdala. Als Jesus die Mutter sah und bei ihr den Jünger, den er liebte, sagte er zur Mutter: + Frau, siehe, dein Sohn! E Dann sagte er zu dem Jünger: + Siehe, deine Mutter! E Und von jener Stunde an nahm sie der Jünger zu sich.

(Hier stehen alle auf.)

Danach, als Jesus wusste, dass nun alles vollbracht war, sagte er, damit sich die Schrift erfüllte: + Mich dürstet. E Ein Gefäß voll Essig stand da. Sie steckten einen Schwamm voll Essig auf einen Ysopzweig und hielten ihn an seinen Mund. Als Jesus von dem Essig genommen hatte, sprach er: + Es ist vollbracht! E Und er neigte das Haupt und übergab den Geist.

(Hier knien alle zu einer kurzen Gebetsstille nieder.)

Die Bestattung des Leichnams

Weil Rüsttag war und die Körper während des Sabbats nicht am Kreuz bleiben sollten – dieser Sabbat war nämlich ein großer Feiertag –, baten die Juden Pilatus, man möge ihnen die Beine zerschlagen

und sie dann abnehmen. Also kamen die Soldaten und zerschlugen dem ersten die Beine, dann dem andern, der mit ihm gekreuzigt worden war.
Als sie aber zu Jesus kamen und sahen, dass er schon tot war, zerschlugen sie ihm die Beine nicht, sondern einer der Soldaten stieß mit der Lanze in seine Seite und sogleich floss Blut und Wasser heraus. Und der es gesehen hat, hat es bezeugt und sein Zeugnis ist wahr. Und er weiß, dass er Wahres sagt, damit auch ihr glaubt. Denn das ist geschehen, damit sich das Schriftwort erfüllte: Man soll an ihm kein Gebein zerbrechen. Und ein anderes Schriftwort sagt: Sie werden auf den blicken, den sie durchbohrt haben.
Josef aus Arimathäa war ein Jünger Jesu, aber aus Furcht vor den Juden nur im Verborgenen. Er bat Pilatus, den Leichnam Jesu abnehmen zu dürfen, und Pilatus erlaubte es. Also kam er und nahm den Leichnam ab.
Es kam auch Nikodemus, der früher einmal Jesus bei Nacht aufgesucht hatte. Er brachte eine Mischung aus Myrrhe und Aloë, etwa hundert Pfund. Sie nahmen den Leichnam Jesu und umwickelten ihn mit Leinenbinden, zusammen mit den wohlriechenden Salben, wie es beim jüdischen Begräbnis Sitte ist.
An dem Ort, wo man ihn gekreuzigt hatte, war ein Garten, und in dem Garten war ein neues Grab, in dem noch niemand bestattet worden war. Wegen des Rüsttages der Juden und weil das Grab in der Nähe lag, setzten sie Jesus dort bei.

GROSSE FÜRBITTEN

1. Für die heilige Kirche
Lasst uns beten, Brüder und Schwestern, für die heilige Kirche Gottes, dass unser Gott und Herr ihr Frieden schenke auf der ganzen Erde, sie eine und behüte und uns ein Leben gewähre in Ruhe und Sicherheit zum Lob seines Namens.
(Beuget die Knie. – Erhebet euch.)

Allmächtiger, ewiger Gott, du hast in Christus allen Völkern deine Herrlichkeit geoffenbart. Behüte, was du in deinem Erbarmen geschaffen hast, damit deine Kirche auf der ganzen Erde in festem Glauben verharre. Darum bitten wir durch Christus, unseren Herrn.

2. Für den Papst
Lasst uns auch beten für unsern Papst N.: Der allmächtige Gott, der ihn zum Bischofsamt erwählt hat, erhalte ihn seiner Kirche und gebe ihm Kraft, das heilige Volk Gottes zu leiten.
(Beuget die Knie. – Erhebet euch.)

Allmächtiger, ewiger Gott, du Hirte deines Volkes, in deiner Weisheit ist alles begründet. Höre auf unser Gebet und bewahre in deiner Güte unseren Papst N. Leite durch ihn deine Kirche und gib, dass sie wachse im Glauben und in der Liebe. Darum bitten wir durch Christus, unseren Herrn.

3. Für alle Stände der Kirche
Lasst uns beten für unseren Bischof N., für alle Bischöfe, Priester, Diakone, für alle, die zum Dienst in der Kirche bestellt sind, und für das ganze Volk Gottes.
(Beuget die Knie. – Erhebet euch.)

Allmächtiger, ewiger Gott, dein Geist heiligt den ganzen Leib der Kirche und leitet ihn. Erhöre unser Gebet für alle Stände deines Volkes und gib ihnen die Gnade, dir in Treue zu dienen. Darum bitten wir durch Christus, unseren Herrn.

4. Für die Katechumenen
Lasst uns auch beten für die (unsere) Katechumenen: Unser Herr und Gott öffne ihre Herzen für sein Wort, er schenke ihnen in der Taufe die Vergebung aller Sünden und nehme sie auf in sein Vaterhaus, damit sie das Leben finden in unserem Herrn Jesus Christus.
(Beuget die Knie. – Erhebet euch.)

Allmächtiger, ewiger Gott, du gibst deiner Kirche immer neue Fruchtbarkeit. Schenke allen, die sich auf die Taufe vorbereiten, Wachstum im Glauben und in der Erkenntnis. Führe sie zur Wiedergeburt aus dem Quell der Taufe und nimm sie an als deine Kinder. Darum bitten wir durch Christus, unseren Herrn.

5. Für die Einheit der Christen
Lasst uns beten für alle Brüder und Schwestern, die an Christus glauben, dass unser Herr und Gott sie leite auf dem Weg der Wahrheit und sie zusammenführe in der Einheit der heiligen Kirche.
(Beuget die Knie. – Erhebet euch.)

Allmächtiger Gott, du allein kannst die Spaltung überwinden und die Einheit bewahren. Erbarme dich deiner Christenheit, die geheiligt ist durch die eine Taufe. Einige sie im wahren Glauben und schließe sie zusammen durch das Band der Liebe. Darum bitten wir durch Christus, unseren Herrn.

6. Für die Juden
Lasst uns auch beten für die Juden, zu denen Gott, unser Herr, zuerst gesprochen hat: Er bewahre sie in der Treue zu seinem Bund und in der Liebe zu seinem Namen, damit sie das Ziel erreichen, zu dem sein Ratschluss sie führen will.
(Beuget die Knie. – Erhebet euch.)

Allmächtiger, ewiger Gott, du hast Abraham und seinen Kindern deine Verheißung gegeben. Erhöre das Gebet deiner Kirche für das Volk, das du als Erstes zu deinem Eigentum erwählt hast: Gib, dass es zur Fülle der Erlösung gelangt. Darum bitten wir durch Christus, unseren Herrn.

7. Für alle, die nicht an Christus glauben
Lasst uns beten für alle, die nicht an Christus glauben, dass der Heilige Geist sie erleuchte und sie auf den Weg des Heils führe.
(Beuget die Knie. – Erhebet euch.)

Allmächtiger, ewiger Gott, steh allen bei, die sich nicht zu Christus bekennen, damit sie mit redlichem Herzen vor dir leben und die Wahrheit finden. Uns aber gib, dass wir das Geheimnis deines Lebens immer tiefer erfassen und in der brüderlichen Liebe wachsen, damit wir immer mehr zu glaubhaften Zeugen deiner Güte werden. Darum bitten wir durch Christus, unseren Herrn.

8. Für alle, die nicht an Gott glauben
Lasst uns auch beten für alle, die Gott nicht erkennen, dass sie mit seiner Hilfe ihrem Gewissen folgen und so zum Gott und Vater aller Menschen gelangen.
(Beuget die Knie. – Erhebet euch.)

Allmächtiger, ewiger Gott, du hast den Menschen geschaffen, dass er dich suche und in dir Ruhe finde. Gib dich zu erkennen in den Beweisen deines Erbarmens und in den Taten deiner Gläubigen, damit die Menschen trotz aller Hindernisse dich finden und als den wahren Gott und Vater bekennen. Darum bitten wir durch Christus, unseren Herrn.

9. Für die Regierenden
Lasst uns beten für die Regierenden: Unser Herr und Gott lenke ihren Geist und ihr Herz nach seinem Willen, damit sie den wahren Frieden und die Freiheit suchen zum Heil aller Völker.
(Beuget die Knie. – Erhebet euch.)

Allmächtiger, ewiger Gott, in deiner Hand sind die Herzen der Menschen und das Recht der Völker. Schau gnädig auf jene, die uns regieren, damit auf der ganzen Welt Sicherheit und Frieden herrschen, Wohlfahrt der Völker und Freiheit des Glaubens. Darum bitten wir durch Christus, unseren Herrn.

10. Für alle notleidenden Menschen
Lasst uns Gott, den allmächtigen Vater, bitten für alle, die der Hilfe bedürfen: Er reinige die Welt von allem Irrtum, nehme die Krankheiten hinweg, vertreibe den Hunger, löse ungerechte Fesseln, gebe den Heimatlosen Sicherheit, den Pilgernden und Reisenden eine glückliche Heimkehr, den Kranken die Gesundheit und den Sterbenden das ewige Leben.
(Beuget die Knie. – Erhebet euch.)

Allmächtiger, ewiger Gott, du Trost der Betrübten, du Kraft der Leidenden, höre auf alle, die in ihrer Bedrängnis zu dir rufen, und lass sie in jeder Not deine Barmherzigkeit erfahren. Darum bitten wir durch Christus, unseren Herrn.

KREUZVEREHRUNG

(Nach dem Wortgottesdienst folgt die feierliche Kreuzverehrung. Das Kreuz ist Zeichen der Niederlage, aber auch Zeichen des Sieges, es ist das Zeichen unserer Hoffnung. Im Zeichen des Kreuzes ehren wir Christus und bekennen uns zu ihm und seinem Weg.)

RUF ZUR KREUZERHEBUNG

V: Ecce lignum Crucis,
in quo salus mundi
pependit.
A: Venite, adoremus.

V: Seht das Kreuz, an dem
der Herr gehangen, das
Heil der Welt.
A: Kommt, lasset uns anbeten.

GESÄNGE ZUR KREUZVEREHRUNG

ANTWORTGESANG

A: Dein Kreuz, o Herr, verehren wir
und deine heilige Auferstehung
preisen und rühmen wir:
Denn siehe, durch das Holz des Kreuzes
kam Freude in alle Welt.

V: Gott sei uns gnädig und segne uns. Vgl. Ps 67 (66),2
Er lasse sein Angesicht über uns leuchten
und erbarme sich unser.

A: Dein Kreuz, o Herr, verehren wir
und deine heilige Auferstehung
preisen und rühmen wir:
Denn siehe, durch das Holz des Kreuzes
kam Freude in alle Welt.

IMPROPERIEN

A: Mein Volk, was habe ich dir getan, womit nur habe ich dich betrübt? Antworte mir.

V: Aus der Knechtschaft Ägyptens habe ich dich herausgeführt. Du aber bereitest das Kreuz deinem Erlöser.

A: Mein Volk ...

Hagios, ho Theos,
Sanctus Deus.
Heiliger Gott.

Hagios Ischyros.
Sanctus Fortis.
Heiliger, starker Gott.

Hagios Athanatos, eleison hemas.
Sanctus Immortalis, miserere nobis.
Heiliger, unsterblicher Gott, erbarme dich unser.

V: Vierzig Jahre habe ich dich geleitet durch die Wüste. Ich habe dich mit Manna gespeist und dich hineingeführt in das Land der Verheißung. Du aber bereitest das Kreuz deinem Erlöser.

Hagios, ho Theos,
Sanctus Deus.
Heiliger Gott.

Hagios Ischyros.
Sanctus Fortis.
Heiliger, starker Gott.

Hagios Athanatos, eleison hemas.
Sanctus Immortalis, miserere nobis.
Heiliger, unsterblicher Gott, erbarme dich unser.

V: Was hätte ich dir mehr tun sollen und tat es nicht? Als meinen erlesenen Weinberg pflanzte ich dich, du aber brachtest mir bittere Trauben, du hast mich in meinem Durst mit Essig getränkt und mit der Lanze deinem Erlöser die Seite durchstoßen.

Hagios, ho Theos,
Sanctus Deus.
Heiliger Gott.

Hagios Ischyros.
Sanctus Fortis.
Heiliger, starker Gott.

Hagios Athanatos, eleison hemas.
Sanctus Immortalis, miserere nobis.
Heiliger, unsterblicher Gott, erbarme dich unser.

V: Deinetwegen habe ich Ägypten geschlagen und seine Erstgeburt, du aber hast mich geschlagen und dem Tod überliefert.

A: Mein Volk, was habe ich dir getan, womit nur habe ich dich betrübt? Antworte mir.

V: Ich habe dich aus Ägypten herausgeführt und den Pharao versinken lassen im Roten Meer, du aber hast mich den Hohenpriestern überliefert.

A: Mein Volk …

V: Ich habe vor dir einen Weg durch das Meer gebahnt, du aber hast mit der Lanze meine Seite geöffnet.

A: Mein Volk …

V: In einer Wolkensäule bin ich dir vorangezogen, du aber hast mich vor den Richterstuhl des Pilatus geführt.

A: Mein Volk …

V: Ich habe dich in der Wüste mit Manna gespeist, du aber hast mich ins Gesicht geschlagen und mich gegeißelt.

A: Mein Volk …

V: Ich habe dir Wasser aus dem Felsen zu trinken gegeben und dich gerettet, du aber hast mich getränkt mit Galle und Essig.

A: Mein Volk …

V: Deinetwegen habe ich die Könige Kanaans geschlagen, du aber schlugst mir mit einem Rohr auf mein Haupt.
A: Mein Volk …
V: Ich habe dir ein Königszepter in die Hand gegeben, du aber hast mich gekrönt mit einer Krone von Dornen.
A: Mein Volk …
V: Ich habe dich erhöht und ausgestattet mit großer Kraft, du aber erhöhtest mich am Holz des Kreuzes.
A: Mein Volk …

HYMNUS

Hier kann der Hymnus Pange, lingua, gloriosi proelium certaminis *eingefügt werden.*

KOMMUNION

(Das Allerheiligste wird zum Altar gebracht. Der Priester tritt zum Altar und spricht mit gefalteten Händen:)

Dem Wort unseres Herrn und Erlösers gehorsam und getreu seiner göttlichen Weisung, wagen wir zu sprechen:

(Er breitet die Hände aus und betet mit der Gemeinde:)

Vater unser im Himmel, geheiligt werde dein Name. Dein Reich komme. Dein Wille geschehe, wie im Himmel so auf Erden. Unser tägliches Brot gib uns heute. Und vergib uns unsere Schuld, wie auch wir vergeben unsern Schuldigern. Und führe uns nicht in Versuchung, sondern erlöse uns von dem Bösen.

(Der Priester fährt allein fort mit ausgebreiteten Händen:)

Erlöse uns, Herr, allmächtiger Vater, von allem Bösen und gib Frieden in unseren Tagen. Komm uns zu Hilfe mit deinem Erbarmen und bewahre uns vor Verwirrung und Sünde, damit wir voll Zuversicht das Kommen unseres Erlösers Jesus Christus erwarten.

(Die Gemeinde beschließt das Gebet mit dem Ruf:)

Denn dein ist das Reich und die Kraft
und die Herrlichkeit in Ewigkeit. Amen.

(Der Priester faltet die Hände und spricht leise:)

Herr Jesus Christus, der Empfang deines Leibes bringe mir nicht Gericht und Verdammnis, sondern Segen und Heil.

(Der Priester macht eine Kniebeuge, nimmt eine Hostie, hält sie über der Schale und spricht, zur Gemeinde gewendet, laut:)

Seht das Lamm Gottes,
das hinwegnimmt die Sünde der Welt.

(Zusammen mit der Gemeinde spricht er einmal:)

Herr, ich bin nicht würdig,
dass du eingehst unter mein Dach,
aber sprich nur ein Wort,
so wird meine Seele gesund.

SCHLUSSGEBET

Allmächtiger, ewiger Gott, durch den Tod und die Auferstehung deines Sohnes hast du uns das neue Leben geschenkt. Bewahre in uns, was deine Barmherzigkeit gewirkt hat, und gib uns durch den Empfang dieses Sakramentes die Kraft, dir treu zu dienen. Darum bitten wir durch Christus, unseren Herrn.

SEGENSGEBET ÜBER DAS VOLK

Herr, unser Gott, reicher Segen komme herab auf dein Volk, das den Tod deines Sohnes gefeiert hat und die Auferstehung erwartet. Schenke ihm Verzeihung und Trost, Wachstum im Glauben und die ewige Erlösung. Darum bitten wir durch Christus, unseren Herrn.

***

KARFREITAG

k arge
a ussichten –
r aue
f insternisse –
r ote
e wigkeit –
i nfernalische
t odeskreise und die un-
a ufhaltsame
g ottesliebe

Michael Lehmler

Die Osterzeit

HOCHFEST DER AUFERSTEHUNG DES HERRN

OSTERSONNTAG

19./20. April 2025

DIE FEIER DER OSTERNACHT

Die Feier der Osternacht ist geprägt von den Ursymbolen des menschlichen Lebens: Licht und Dunkelheit, Feuer und Wasser, Tod und Leben. Sie eröffnet einen Raum, in den die einzelne Person sich mit ihren grundlegenden Erfahrungen hineingeben und in die Gegenwart Gottes stellen kann. Jeder Mensch ist Teil der Geschichte Gottes mit seinem Volk Israel und mit seiner Kirche. Gott will von Anfang an das Heil der Menschen, aller Menschen. Davon erzählt die Osternacht. Das Exsultet, das große Osterlob am Beginn des Gottesdienstes, singt vom Ereignis des Heils, das wir in dieser Nacht jubelnd feiern. Hören wir den großen Erzählungen vom Heil zu in dieser so besonderen Nacht.

LICHTFEIER

(In der Lichtfeier wird das Osterfeuer gesegnet. An ihm wird die Osterkerze entzündet und in feierlichem Zug in die dunkle Kirche

getragen. Wenn es nicht möglich ist, das Osterfeuer anzuzünden, beginnt die Feier mit dem Einzug der Osterkerze.)

BEGRÜSSUNG

Liebe Brüder und Schwestern!
In der Osternacht ist unser Herr Jesus Christus vom Tode auferstanden und zum Leben hinübergegangen. Darum hält die Kirche in der ganzen Welt diese Nacht heilig; sie lädt ihre Söhne und Töchter, wo immer sie wohnen, ein, zu wachen und zu beten. Auch wir sind in (zu Beginn – am Ende) dieser Nacht der Einladung gefolgt. Wir begehen das Gedächtnis des österlichen Heilswerkes Christi, indem wir das Wort Gottes hören und die heiligen Mysterien feiern in der zuversichtlichen Hoffnung, dass wir einst am Sieg Christi über den Tod und an seinem Leben in Gott teilnehmen dürfen.

SEGEN ÜBER DAS FEUER

Lasset uns beten. Allmächtiger, ewiger Gott, du hast durch Christus allen, die an dich glauben, das Licht deiner Herrlichkeit geschenkt. Segne † dieses neue Feuer, das die Nacht erhellt, und entflamme in uns die Sehnsucht nach dir, dem unvergänglichen Licht, damit wir mit reinem Herzen zum ewigen Osterfest gelangen. Darum bitten wir durch Christus, unseren Herrn.

BEREITUNG DER OSTERKERZE

(Nach der Segnung des Feuers wird die Osterkerze herbeigebracht. Der Zelebrant ritzt mit einem Griffel ein Kreuz in die Kerze, darüber zeichnet er den ersten Buchstaben des griechischen Alphabets, Alpha, darunter den letzten, Omega. Zwischen die Kreuzesarme schreibt er die Jahreszahl. Dabei spricht er:)

Christus, gestern und heute *(senkrechter Balken)*,
Anfang und Ende *(Querbalken)*,
Alpha *(über dem Kreuz)*
und Omega *(unter dem Kreuz)*.

A
2 | 0
2 | 5
Ω

Sein ist die Zeit *(1. Ziffer)*
und die Ewigkeit *(2. Ziffer)*.
Sein ist die Macht
und die Herrlichkeit *(3. Ziffer)*
in alle Ewigkeit. Amen *(4. Ziffer)*.

(Der Priester kann in das geritzte Kreuz fünf Weihrauchkörner einfügen. Dabei spricht er:)

Durch seine heiligen Wunden *(1)*,
die leuchten in Herrlichkeit *(2)*,
behüte uns *(3)*
und bewahre uns *(4)*,
Christus, der Herr. Amen *(5)*.

1
4 2 5
3

(Danach zündet der Priester die Osterkerze am Feuer an und spricht:)

Christus ist glorreich auferstanden vom Tod.
Sein Licht vertreibe das Dunkel der Herzen.

PROZESSION

(Der Priester oder ein Diakon nimmt die Osterkerze, hebt sie empor und singt:)

Lumen Christi.	Christus, das Licht.
A: Deo gratias.	A: Dank sei Gott.

(Alle ziehen in die Kirche ein. Am Eingang wird der Preisruf wiederholt. Die Mitfeiernden zünden ihre Kerzen an der Osterkerze an. Vor dem Altar wendet sich der Priester dem Volk zu und singt zum dritten Mal den Preisruf. Nun werden in der Kirche die Lichter angezündet.)

DAS OSTERLOB

Frohlocket, ihr Chöre der Engel, frohlocket, ihr himmlischen Scharen, lasset die Posaune erschallen, preiset den Sieger, den erhabenen König! Lobsinge, du Erde, überstrahlt vom Glanz aus der Höhe! Licht des großen Königs umleuchtet dich. Siehe, geschwunden ist allerorten das Dunkel. Auch du freue dich, Mutter Kirche, umkleidet von Licht und herrlichem Glanze! Töne wider, heilige Halle, töne von des Volkes mächtigem Jubel.

(V: Der Herr sei mit euch.
A: Und mit deinem Geiste.)
V: Erhebet die Herzen.
A: Wir haben sie beim Herrn.
V: Lasset uns danken dem Herrn, unserm Gott.
A: Das ist würdig und recht.

In Wahrheit ist es würdig und recht, den verborgenen Gott, den allmächtigen Vater, mit aller Glut des Herzens zu rühmen und seinen eingeborenen Sohn, unseren Herrn Jesus Christus, mit jubelnder Stimme zu preisen. Er hat für uns beim ewigen Vater Adams Schuld bezahlt und den Schuldbrief ausgelöscht mit seinem Blut, das er aus Liebe vergossen hat. Gekommen ist das heilige Osterfest, an dem das wahre Lamm geschlachtet ward, dessen Blut die Türen der Gläubigen heiligt und das Volk bewahrt vor Tod und Verderben. Dies ist die Nacht, die unsere Väter, die Söhne Israels, aus Ägypten befreit und auf trockenem Pfad durch die Fluten des Roten Meeres geführt hat. Dies ist die Nacht, in der die leuchtende Säule das Dunkel der Sünde vertrieben hat. Dies ist die Nacht, die auf der ganzen Erde alle, die an Christus glauben, scheidet von den Lastern der Welt, dem Elend der Sünde entreißt, ins Reich der Gnade heimführt und einfügt in die heilige Kirche. Dies ist die selige Nacht, in der Christus die Ketten des Todes zerbrach und aus der Tiefe als Sieger emporstieg. O unfassbare Liebe des Vaters: Um den Knecht zu erlösen, gabst du den Sohn dahin! O wahrhaft heilbringende Sünde des Adam, du wurdest uns zum Segen, da Christi Tod dich vernichtet hat. O glückliche Schuld, welch großen Erlöser hast du gefunden. Der Glanz dieser heiligen Nacht nimmt den Frevel hinweg, reinigt von Schuld, gibt den Sün-

dern die Unschuld, den Trauernden Freude. O wahrhaft selige Nacht, die Himmel und Erde versöhnt, die Gott und Menschen verbindet! In dieser gesegneten Nacht, heiliger Vater, nimm an das Abendopfer unseres Lobes, nimm diese Kerze entgegen als unsere festliche Gabe! Aus dem köstlichen Wachs der Bienen bereitet, wird sie dir dargebracht von deiner heiligen Kirche durch die Hand ihrer Diener. So bitten wir dich, o Herr: Geweiht zum Ruhm deines Namens, leuchte die Kerze fort, um in dieser Nacht das Dunkel zu vertreiben. Nimm sie an als lieblich duftendes Opfer, vermähle ihr Licht mit den Lichtern am Himmel. Sie leuchte, bis der Morgenstern erscheint, jener wahre Morgenstern, der in Ewigkeit nicht untergeht: dein Sohn, unser Herr Jesus Christus, der von den Toten erstand, der den Menschen erstrahlt im österlichen Licht, der lebt und herrscht in Ewigkeit!
A: Amen.

WORTGOTTESDIENST

ZUR 1. LESUNG Am Anfang wird das Licht. So besingt es der alte Schöpfungshymnus. Gott scheidet das Licht von der Finsternis. Am ersten Schöpfungstag entsteht eine grundlegende Ordnung, die in den kommenden Tagen weiter entfaltet wird. Die Welt entsteht, als „Lebenshaus für alles Lebendige" (Erich Zenger). Auch die Zeit wird geordnet – am Anfang: ein Tag. In der Mitte der Erzählung, am vierten Tag, entstehen Sonne und Mond – und damit kann ein Jahr in seinem Verlauf, Monat für Monat, erfasst werden. Am Ende schließlich der Schabbat, der siebte Tag als Ruhetag, der die Woche strukturiert. Die lebensbedrohlichen Mächte werden bei diesem ordnenden Handeln Gottes nicht beseitigt, sondern in die Ordnung eingefügt, indem ihnen ein begrenzter Raum zugewiesen wird. So schafft Gott einen Lebensraum für die Menschen und alle Mitgeschöpfe.

ERSTE LESUNG

Gen 1,1–2,2

Gott sah alles an, was er gemacht hatte: Es war sehr gut

Lesung aus dem Buch Genesis.

Im Anfang schuf Gott Himmel und Erde. Die Erde war wüst und wirr, und Finsternis lag über der Urflut und Gottes Geist schwebte über dem Wasser. Gott sprach: Es werde Licht. Und es wurde Licht. Gott sah, dass das Licht gut war. Und Gott schied das Licht von der Finsternis. Und Gott nannte das Licht Tag und die Finsternis nannte er Nacht. Es wurde Abend und es wurde Morgen: erster Tag.

Dann sprach Gott: Es werde ein Gewölbe mitten im Wasser und scheide Wasser von Wasser. Gott machte das Gewölbe und schied das Wasser unterhalb des Gewölbes vom Wasser oberhalb des Gewölbes. Und so geschah es. Und Gott nannte das Gewölbe Himmel. Es wurde Abend und es wurde Morgen: zweiter Tag.

Dann sprach Gott: Es sammle sich das Wasser unterhalb des Himmels an einem Ort und das Trockene werde sichtbar. Und so geschah es. Und Gott nannte das Trockene Land und die Ansammlung des Wassers nannte er Meer. Gott sah, dass es gut war. Dann sprach Gott: Die Erde lasse junges Grün sprießen, Gewächs, das Samen bildet, Fruchtbäume, die nach ihrer Art Früchte tragen mit Samen darin auf der Erde. Und so geschah es. Die Erde brachte junges Grün hervor, Gewächs, das Samen nach seiner Art bildet, und Bäume, die Früchte tragen mit Samen darin nach ihrer Art. Gott sah, dass es gut war. Es wurde Abend und es wurde Morgen: dritter Tag.

Dann sprach Gott: Lichter sollen am Himmelsgewölbe sein, um Tag und Nacht zu scheiden. Sie sollen als Zeichen für Festzeiten, für Tage und Jahre dienen. Sie sollen Lichter am Himmelsgewölbe sein, um über die Erde hin zu leuchten. Und so geschah es. Gott machte die beiden großen Lichter, das große zur Herrschaft über den Tag, das kleine zur Herrschaft über die Nacht und die Sterne. Gott setzte sie an das Himmelsgewölbe, damit sie über die Erde leuchten, über Tag und Nacht herrschen und das Licht von der

Finsternis scheiden. Gott sah, dass es gut war. Es wurde Abend und es wurde Morgen: vierter Tag.

Dann sprach Gott: Das Wasser wimmle von Schwärmen lebendiger Wesen und Vögel sollen über der Erde am Himmelsgewölbe fliegen. Und Gott erschuf die großen Wassertiere und alle Lebewesen, die sich fortbewegen nach ihrer Art, von denen das Wasser wimmelt, und alle gefiederten Vögel nach ihrer Art. Gott sah, dass es gut war. Gott segnete sie und sprach: Seid fruchtbar und mehrt euch! Füllt das Wasser im Meer und die Vögel sollen sich auf Erden vermehren. Es wurde Abend und es wurde Morgen: fünfter Tag.

Dann sprach Gott: Die Erde bringe Lebewesen aller Art hervor, von Vieh, von Kriechtieren und von Wildtieren der Erde nach ihrer Art. Und so geschah es. Gott machte die Wildtiere der Erde nach ihrer Art, das Vieh nach seiner Art und alle Kriechtiere auf dem Erdboden nach ihrer Art. Gott sah, dass es gut war.

Dann sprach Gott: Lasst uns Menschen machen als unser Bild, uns ähnlich! Sie sollen walten über die Fische des Meeres, über die Vögel des Himmels, über das Vieh, über die ganze Erde und über alle Kriechtiere, die auf der Erde kriechen. Gott erschuf den Menschen als sein Bild; als Bild Gottes erschuf er ihn. Männlich und weiblich erschuf er sie.

Gott segnete sie und Gott sprach zu ihnen: Seid fruchtbar und mehrt euch, füllt die Erde und unterwerft sie und waltet über die Fische des Meeres, über die Vögel des Himmels und über alle Tiere, die auf der Erde kriechen! Dann sprach Gott: Siehe, ich gebe euch alles Gewächs, das Samen bildet auf der ganzen Erde, und alle Bäume, die Früchte tragen mit Samen darin. Euch sollen sie zur Nahrung dienen. Allen Tieren der Erde, allen Vögeln des Himmels und allem, was auf der Erde kriecht, das Lebensatem in sich hat, gebe ich alles grüne Gewächs zur Nahrung. Und so geschah es. Gott sah alles an, was er gemacht hatte: Und siehe, es war sehr gut. Es wurde Abend und es wurde Morgen: der sechste Tag.

So wurden Himmel und Erde und ihr ganzes Heer vollendet. Am siebten Tag vollendete Gott das Werk, das er gemacht hatte, und er ruhte am siebten Tag, nachdem er sein ganzes Werk gemacht hatte.

[*Oder:* KURZFASSUNG – Gen 1,1.26–31a]

ANTWORTPSALM

Ps 104 (103),1–2.5–6.10 u. 12.13–14b.24 u. 1ab (Kv: vgl. 30)

Kv Sende aus deinen Geist
und das Angesicht der Erde wird neu. – Kv

Preise den HERRN, meine Seele! /
HERR, mein Gott, überaus groß bist du! *
Du bist mit Hoheit und Pracht bekleidet.
Du hüllst dich in Licht wie in einen Mantel, *
du spannst den Himmel aus gleich einem Zelt. – (Kv)

Du hast die Erde auf Pfeiler gegründet, *
in alle Ewigkeit wird sie nicht wanken.
Einst hat die Urflut sie bedeckt wie ein Kleid, *
die Wasser standen über den Bergen. – (Kv)

Du lässt die Quellen sprudeln in Bäche, *
sie eilen zwischen den Bergen dahin.
Darüber wohnen die Vögel des Himmels, *
aus den Zweigen erklingt ihr Gesang. – (Kv)

Du tränkst die Berge aus deinen Kammern, *
von der Frucht deiner Werke wird die Erde satt.
Du lässt Gras wachsen für das Vieh *
und Pflanzen für den den Ackerbau des Menschen. – (Kv)

Wie zahlreich sind deine Werke, HERR, /
sie alle hast du mit Weisheit gemacht, *
die Erde ist voll von deinen Geschöpfen.
Preise den HERRN, meine Seele! *
HERR, mein Gott, überaus groß bist du! – Kv

[*Oder:* ANTWORTPSALM – Ps 33 (32), 4–5.6–7.12–13.20 u. 22 (Kv: vgl. 5b)]

GEBET

Allmächtiger Gott, du bist wunderbar in allem, was du tust. Lass deine Erlösten erkennen, dass deine Schöpfung groß ist, doch größer noch das Werk der Erlösung, die du uns in der Fülle der Zeit geschenkt hast durch den Tod des Osterlammes, unseres Herrn Jesus Christus, der mit dir lebt und herrscht in alle Ewigkeit.

ZUR 2. LESUNG Die zweite Lesung schildert sehr konkret, wie Gott von Abraham das Opfer des Sohnes verlangt – ohne irgendeine Gefühlsregung des Vaters zu benennen. Sie wird oft als zu ungeheuerlich und unzumutbar übergangen. Aber vielleicht erschließt sich die alte Erzählung neu, wenn Sie es wagen, mit einer anderen Brille darauf zu schauen: Immer wieder müssen Menschen Erfahrungen machen, die sie an den Rand dessen bringen, was sie tragen können, und sie an Gott zweifeln lassen. Wir werden im Verlauf unseres Lebens zwangsläufig mit Situationen konfrontiert, in denen Gott uns fremd und unverständlich bleibt: „Mein Gott, warum hast du mich verlassen?" Diese Karfreitagserfahrungen sind wie die des Karsamstags vom Schweigen Gottes grundlegende Erfahrungen des Menschseins. Davon erzählt Genesis 22. Die Erzählung bleibt irritierend und verstörend. Sie fordert heraus zur Klage gegen diesen Gott. Und doch: Am Ende schenkt Gott das Leben.

ZWEITE LESUNG Gen 22,1–18

Das Opfer unseres Vaters Abraham (Messbuch: 1. Hochgebet)

Lesung aus dem Buch Genesis.

In jenen Tagen stellte Gott Abraham auf die Probe. Er sprach zu ihm: Abraham! Er sagte: Hier bin ich. Er sprach: Nimm deinen Sohn, deinen einzigen, den du liebst, Isaak, geh in das Land Morija und bring ihn dort auf einem der Berge, den ich dir nenne, als Brandopfer dar!

Frühmorgens stand Abraham auf, sattelte seinen Esel, nahm zwei seiner Jungknechte mit sich und seinen Sohn Isaak, spaltete Holz zum Brandopfer und machte sich auf den Weg zu dem Ort, den ihm Gott genannt hatte. Als Abraham am dritten Tag seine Augen erhob, sah er den Ort von Weitem.

Da sagte Abraham zu seinen Jungknechten: Bleibt mit dem Esel hier! Ich aber und der Knabe, wir wollen dorthin gehen und uns niederwerfen; dann wollen wir zu euch zurückkehren. Abraham nahm das Holz für das Brandopfer und lud es seinem Sohn Isaak auf. Er selbst nahm das Feuer und das Messer in die Hand. So gingen beide miteinander. Da sprach Isaak zu seinem Vater Abraham. Er sagte: Mein Vater! Er antwortete: Hier bin ich, mein Sohn! Dann sagte Isaak: Hier ist Feuer und Holz. Wo aber ist das Lamm für das Brandopfer? Abraham sagte: Gott wird sich das Lamm für das Brandopfer ausersehen, mein Sohn. Und beide gingen miteinander weiter.

Als sie an den Ort kamen, den ihm Gott genannt hatte, baute Abraham dort den Altar, schichtete das Holz auf, band seinen Sohn Isaak und legte ihn auf den Altar, oben auf das Holz. Abraham streckte seine Hand aus und nahm das Messer, um seinen Sohn zu schlachten. Da rief ihm der Engel des HERRN vom Himmel her zu und sagte: Abraham, Abraham! Er antwortete: Hier bin ich. Er sprach: Streck deine Hand nicht gegen den Knaben aus und tu ihm nichts zuleide! Denn jetzt weiß ich, dass du Gott fürchtest; du hast mir deinen Sohn, deinen einzigen, nicht vorenthalten. Abraham erhob seine Augen, sah ihn und siehe, ein Widder hatte sich hinter ihm mit seinen Hörnern im Gestrüpp verfangen. Abraham ging hin, nahm den Widder und brachte ihn statt seines Sohnes als Brandopfer dar.

Abraham gab jenem Ort den Namen „Der HERR sieht“, wie man noch heute sagt: Auf dem Berg lässt sich der HERR sehen.

Der Engel des HERRN rief Abraham zum zweiten Mal vom Himmel her zu und sprach: Ich habe bei mir geschworen – Spruch des HERRN: Weil du das getan hast und deinen Sohn, deinen einzigen, mir nicht vorenthalten hast, will ich dir Segen schenken in Fülle und deine Nachkommen überaus zahlreich machen wie die Sterne am Himmel und den Sand am Meeresstrand. Deine Nachkommen werden das Tor ihrer Feinde einnehmen. Segnen werden sich mit deinen Nachkommen alle Völker der Erde, weil du auf meine Stimme gehört hast.

[*Oder:* KURZFASSUNG – Gen 22,1–2.9a.10–13.15–18]

ANTWORTPSALM

Ps 16 (15),5 u. 8.9–10.2 u. 11 (Kv: 1)

Kv Behüte mich, Gott,
denn ich vertraue auf dich. – Kv

Der HERR ist mein Erbanteil, er reicht mir den Becher, *
du bist es, der mein Los hält.
Ich habe mir den HERRN beständig vor Augen gestellt, *
weil er zu meiner Rechten ist, wanke ich nicht. – (Kv)

Darum freut sich mein Herz und jubelt meine Ehre; *
auch mein Fleisch wird wohnen in Sicherheit.
Denn du überlässt mein Leben nicht der Totenwelt; *
du lässt deinen Frommen die Grube nicht schauen. – (Kv)

Ich sagte zum HERRN: Mein Herr bist du, *
mein ganzes Glück bist du allein.“
Du lässt mich den Weg des Lebens erkennen. /
Freude in Fülle vor deinem Angesicht, *
Wonnen in deiner Rechten für alle Zeit. – Kv

GEBET

Gott, du Vater aller Gläubigen, durch deine Gnade mehrst du auf dem ganzen Erdenrund die Kinder deiner Verheißung. Durch das österliche Sakrament der Taufe erfüllst du den Eid, den du Abraham geschworen hast, und machst ihn zum Vater aller Völker. Gib allen, die du zu deinem Volke berufen hast, die Gnade, diesem Ruf zu folgen. Darum bitten wir durch Christus, unseren Herrn.

ZUR 3. LESUNG Was ist das für ein Gott, der den Tod zahlreicher Ägypter auf dem Gewissen hat? Bei genauem Hinsehen wird deutlich: Es geht in diesem Text nicht darum, möglichst spannend von der Schlacht zwischen den Israeliten und Ägyptern am Meer zu erzählen. Die Militärmacht Ägypten wird als anonyme Größe, als Kollektiv geschildert. Nie ist von „den Ägyptern" die Rede, während „die Israeliten" als eine Gemeinschaft von Individuen bezeichnet werden. Pharao hat keinen Eigennamen, sondern wird vorgestellt in seiner Funktion als Herrscher über Ägypten – das für die lebensvernichtende Macht des Todes steht. Die Israeliten hingegen sind in dieser Schilderung ein Flüchtlingsvolk, das kaum eine Chance hat, der Unterdrückung durch die übermächtige Militärmacht zu entkommen. Aus eigener Kraft ist dies unmöglich. Darum geht es hier: Gott ist stärker als die lebensfeindlichen Mächte. Es ist Gott, der die Israeliten am Meer rettet und sich als Gott des Lebens erweist.

DRITTE LESUNG Ex 14,15 – 15,1

Die Israeliten zogen auf trockenem Boden mitten durch das Meer

Lesung aus dem Buch Exodus.

In jenen Tagen, als die Israeliten sahen, dass die Ägypter ihnen nachrückten, erschraken sie sehr und schrien zum Herrn. Da sprach der HERR zu Mose: Was schreist du zu mir? Sag den Israeliten, sie sollen aufbrechen. Und du heb deinen Stab hoch, streck deine Hand über das Meer und spalte es, damit die Israeliten auf trockenem Boden in das Meer hineinziehen können! Ich aber will das Herz der Ägypter verhärten, damit sie hinter ihnen hineinziehen. So will ich am Pharao und an seiner ganzen Streitmacht, an seinen Streitwagen und Reitern meine Herrlichkeit erweisen. Die Ägypter sollen erkennen, dass ich der HERR bin, wenn ich am Pharao, an seinen Streitwagen und Reitern meine Herrlichkeit erweise.

Der Engel Gottes, der den Zug der Israeliten anführte, brach auf und ging nach hinten und die Wolkensäule brach auf und stellte sich hinter sie. Sie kam zwischen das Lager der Ägypter und das Lager der Israeliten. Die Wolke war da und Finsternis und Blitze erhellten die Nacht. So kamen sie die ganze Nacht einander nicht näher.

Mose streckte seine Hand über das Meer aus und der HERR trieb die ganze Nacht das Meer durch einen starken Ostwind fort. Er ließ das Meer austrocknen und das Wasser spaltete sich. Die Israeliten zogen auf trockenem Boden ins Meer hinein, während rechts und links von ihnen das Wasser wie eine Mauer stand. Die Ägypter setzten ihnen nach; alle Pferde des Pharao, seine Streitwagen und Reiter zogen hinter ihnen ins Meer hinein.

Um die Zeit der Morgenwache blickte der HERR aus der Feuer- und Wolkensäule auf das Lager der Ägypter und brachte es in Verwirrung. Er hemmte die Räder an ihren Wagen und ließ sie nur schwer vorankommen. Da sagte der Ägypter: Ich muss vor Israel fliehen; denn der HERR kämpft an ihrer Seite gegen Ägypten.

Darauf sprach der HERR zu Mose: Streck deine Hand über das Meer, damit das Wasser zurückflutet und den Ägypter, seine Wagen und Reiter zudeckt! Mose streckte seine Hand über das Meer und gegen Morgen flutete das Meer an seinen alten Platz zurück, während die Ägypter auf der Flucht ihm entgegenliefen. So trieb der HERR die Ägypter mitten ins Meer. Das Wasser kehrte zurück und bedeckte Wagen und Reiter, die ganze Streitmacht des Pharao, die den Israeliten ins Meer nachgezogen war. Nicht ein Einziger von ihnen blieb übrig. Die Israeliten aber waren auf trockenem Boden mitten durch das Meer gezogen, während rechts und links von ihnen das Wasser wie eine Mauer stand.

So rettete der HERR an jenem Tag Israel aus der Hand der Ägypter. Israel sah die Ägypter tot am Strand liegen. Als Israel sah, dass der HERR mit mächtiger Hand an den Ägyptern gehandelt hatte, fürchtete das Volk den HERRN. Sie glaubten an den HERRN und an Mose, seinen Knecht.

Damals sang Mose mit den Israeliten dem HERRN dieses Lied; sie sagten: Ich singe dem HERRN ein Lied, denn er ist hoch und erhaben. Ross und Reiter warf er ins Meer.

ANTWORTPSALM Ex 15,1b–2b.2c–3.4–5.6 u. 13.17–18 (Kv: vgl. 2ab)

Kv Dem HERRN will ich singen,
machtvoll hat er sich kundgetan. – Kv

Ich singe dem HERRN ein Lied, /
denn er ist hoch und erhaben. *
Ross und Reiter warf er ins Meer.
Meine Stärke und mein Lied ist der HERR, *
er ist mir zur Rettung geworden. – (Kv)

Er ist mein Gott, ihn will ich preisen; *
den Gott meines Vaters will ich rühmen.
Der HERR ist ein Krieger, *
HERR ist sein Name. – (Kv)

Pharaos Wagen und seine Streitmacht warf er ins Meer. *
Seine besten Vorkämpfer versanken im Roten Meer.
Fluten deckten sie zu, *
sie sanken in die Tiefe wie Steine. – (Kv)

Deine Rechte, HERR, ist herrlich an Stärke; *
deine Rechte, HERR, zerschmettert den Feind.
Du lenktest in deiner Güte das Volk, das du erlöst hast, *
du führtest sie machtvoll zu deiner heiligen Wohnung. – (Kv)

Du wirst sie hinbringen und einpflanzen *
auf den Berg deines Erbes, *
den du, Herr, zu deiner Wohnstätte gemacht hast,
um dich niederzulassen, /
zu einem Heiligtum, Herr, von deinen Händen gegründet. *
Der Herr ist König für immer und ewig. – Kv

GEBET

Gott, deine uralten Wunder leuchten noch in unseren Tagen. Was einst dein mächtiger Arm an *einem* Volk getan hat, das tust du jetzt an allen Völkern: Einst hast du Israel aus der Knechtschaft des Pharao befreit und durch die Fluten des Roten Meeres geführt; nun aber führst du alle Völker durch das Wasser der Taufe zur Freiheit. Gib, dass alle Menschen Kinder Abrahams werden und zur Würde des auserwählten Volkes gelangen. Darum bitten wir durch Christus, unseren Herrn.

ZUR 4. LESUNG Es ist eine Grunderfahrung unseres Menschseins, dass wir bisweilen falsche Entscheidungen treffen. Wir scheitern, kommen vom Weg ab, irren umher. Wir fühlen uns verloren, wie im falschen Film, werden von anderen verraten und im Stich gelassen. Das personifizierte Jerusalem, das hier von Gott selbst angesprochen wird, ist in einer solchen Situation: zerstört und unter fremder Herrschaft, verlassen von seiner exilierten Einwohnerschaft. Gott ringt und wirbt, er verstößt nicht, verlässt nicht, sein Zorn ist nicht von Dauer. Er richtet auf und schenkt Zuwendung und Schutz. Er ist treu und verheißt eine lebendige Zukunft. Welch ein Trost!

VIERTE LESUNG

Jes 54,5–14

In ewiger Huld habe ich mich deiner erbarmt, spricht dein Erlöser, der Herr

Lesung aus dem Buch Jesaja.

Jerusalem, dein Schöpfer ist dein Gemahl, „HERR der Heerscharen" ist sein Name. Der Heilige Israels ist dein Erlöser, „Gott der ganzen Erde" wird er genannt.

Ja, der HERR hat dich gerufen als verlassene, bekümmerte Frau. Kann man denn die Frau seiner Jugend verstoßen?, spricht dein Gott. Nur für eine kleine Weile habe ich dich verlassen, doch mit großem Erbarmen werde ich dich sammeln. Einen Augenblick nur verbarg ich vor dir mein Gesicht in aufwallendem Zorn; aber in ewiger Huld habe ich mich deiner erbarmt, spricht dein Erlöser, der HERR.

Wie bei der Flut Noachs soll es für mich sein: So wie ich damals schwor, dass die Flut Noachs die Erde nie mehr überschwemmen wird, so schwöre ich jetzt, dir nie mehr zu zürnen und dich nie mehr zu schelten. Mögen auch die Berge weichen und die Hügel wanken – meine Huld wird nicht von dir weichen und der Bund meines Friedens nicht wanken, spricht der HERR, der Erbarmen hat mit dir.

Ärmste, vom Sturm Gepeitschte, die ohne Trost ist: Siehe, ich selbst lege dir ein Fundament aus Malachit und Grundmauern aus Saphir. Aus Rubinen mache ich deine Zinnen, aus Beryll deine Tore und alle deine Mauern aus kostbaren Steinen. Alle deine Kinder sind Schüler des HERRN und groß ist der Friede deiner Kinder. Du wirst auf Gerechtigkeit gegründet sein. Du bist fern von Bedrängnis, denn du brauchst dich nicht mehr zu fürchten und bist fern von Schrecken; er kommt an dich nicht heran.

ANTWORTPSALM Ps 30 (29), 2 u. 4.5–6b.6cd u. 12a u. 13b (Kv: vgl. 2ab)

Kv HERR, du zogst mich herauf aus der Tiefe;
ich will dich rühmen in Ewigkeit. – Kv

Ich will dich erheben, HERR, /
denn du zogst mich herauf *
und ließest nicht zu, dass meine Feinde sich über mich freuen.

HERR, du hast meine Seele heraufsteigen lassen aus der Totenwelt, *
hast mich am Leben erhalten,
sodass ich nicht in die Grube hinabstieg. – (Kv)

Singt und spielt dem HERRN, ihr seine Frommen, *
dankt im Gedenken seiner Heiligkeit!
Denn sein Zorn dauert nur einen Augenblick, *
doch seine Güte ein Leben lang. – (Kv)

Wenn man am Abend auch weint, *
am Morgen herrscht wieder Jubel.
Du hast mein Klagen in Tanzen verwandelt, *
HERR, mein Gott, ich will dir danken in Ewigkeit. – Kv

GEBET

Allmächtiger, ewiger Gott, verherrliche deinen Namen. Gewähre, was du den Vätern um ihres Glaubens willen versprochen hast, und mehre durch die Taufe die Zahl deiner Kinder. Lass deine Kirche erfahren, dass sich erfüllt, was die Heiligen des Alten Bundes gläubig erhofft haben. Darum bitten wir durch Christus, unseren Herrn.

ZUR 5. LESUNG Gott lädt ein. Ihre Einladung – in der Bibel spricht die göttliche Weisheit wiederholt ähnliche Einladungen aus (vgl. Spr 9 oder Sir 24) – richtet sich an alle, die Durst und Hunger auf das Leben haben. Sie lädt ein zur Umkehr, lädt ein, falsche Wege, die nicht zum Leben führen, zu verlassen. Und sie sagt zu, dass sie erbarmend und vergebend alle aufnimmt, die kommen. Die Fülle, zu der sie einlädt, ist mit allen Sinnen erfahrbar: Sehen, Hören und Schmecken sind angesprochen. Und sie will den Bund, den sie mit David geschlossen hat, erneuern. Einen ewigen Bund will sie schließen mit dem gesamten Volk Israel, das vor der Welt bezeugt, dass sie allen die Fülle des Lebens schenken will.

FÜNFTE LESUNG

Jes 55,1–11

Kommt zu mir und ihr werdet aufleben. Ich schließe mit euch einen ewigen Bund

Lesung aus dem Buch Jesaja.

So spricht der HERR: Auf, alle Durstigen, kommt zum Wasser! Die ihr kein Geld habt, kommt, kauft Getreide und esst, kommt und kauft ohne Geld und ohne Bezahlung Wein und Milch! Warum bezahlt ihr mit Geld, was euch nicht nährt, und mit dem Lohn eurer Mühen, was euch nicht satt macht? Hört auf mich, dann bekommt ihr das Beste zu essen und könnt euch laben an fetten Speisen! Neigt euer Ohr und kommt zu mir, hört und ihr werdet aufleben! Ich schließe mit euch einen ewigen Bund: Die Erweise der Huld für David sind beständig. Siehe, ich habe ihn zum Zeugen für die Völker gemacht, zum Fürsten und Gebieter der Nationen. Siehe, eine Nation, die du nicht kennst, wirst du rufen und eine Nation, die dich nicht kannte, eilt zu dir, um des HERRN, deines Gottes, des Heiligen Israels willen, weil er dich herrlich gemacht hat.

Sucht den HERRN, er lässt sich finden, ruft ihn an, er ist nah! Der Frevler soll seinen Weg verlassen, der Übeltäter seine Pläne. Er kehre um zum HERRN, damit er Erbarmen hat mit ihm, und zu unserem Gott; denn er ist groß im Verzeihen. Meine Gedanken sind nicht eure Gedanken und eure Wege sind nicht meine Wege – Spruch des HERRN. So hoch der Himmel über der Erde ist, so hoch erhaben sind meine Wege über eure Wege und meine Gedanken über eure Gedanken.

Denn wie der Regen und der Schnee vom Himmel fällt und nicht dorthin zurückkehrt, ohne die Erde zu tränken und sie zum Keimen und Sprossen zu bringen, dass sie dem Sämann Samen gibt und Brot zum Essen, so ist es auch mit dem Wort, das meinen Mund verlässt: Es kehrt nicht leer zu mir zurück, ohne zu bewirken, was ich will, und das zu erreichen, wozu ich es ausgesandt habe.

ANTWORTPSALM

Jes 12,2.3 u. 4bcd.5–6 (Kv: 3)

Kv Ihr werdet Wasser freudig schöpfen
aus den Quellen des Heils. – Kv

Siehe, Gott ist mein Heil; *
ich vertraue und erschrecke nicht.
Denn meine Stärke und mein Lied ist Gott, der HERR. *
Er wurde mir zum Heil. – (Kv)

Ihr werdet Wasser freudig schöpfen *
aus den Quellen des Heiles.
Dankt dem HERRN! Ruft seinen Namen an! /
Macht unter den Völkern seine Taten bekannt, *
verkündet: Sein Name ist erhaben! – (Kv)

Singet dem HERRN; denn Überragendes hat er vollbracht; *
bekannt gemacht sei dies auf der ganzen Erde.
Jauchzt und jubelt, ihr Bewohner Zions; *
denn groß ist in eurer Mitte der Heilige Israels. – Kv

GEBET

Allmächtiger, ewiger Gott, du einzige Hoffnung der Welt, durch die Propheten hast du die Heilsereignisse angekündigt, die sich in unseren Tagen erfüllen. Erwecke du selbst in uns das Verlangen, dir immer treuer zu dienen; denn niemand macht Fortschritte im Guten, wenn ihn nicht deine Gnade führt. Darum bitten wir durch Christus, unseren Herrn.

ZUR 6. LESUNG In der sechsten Lesung aus dem Buch Baruch wird die Weisheit konkret angesprochen. Der Text kann als Loblied auf die Weisheit gelesen werden. Er erinnert an die in der ersten Lesung erzählte lebensfreundliche Ordnung der Schöpfung und verweist auf die Tora, die Weisungen, die Gott dem Volk am Sinai geoffenbart hat. Zugleich ergeht die Einladung, die Weisheit zu suchen und ihre Gegenwart in der Schöpfung und in der Tora zu erkennen. Aus der Erkenntnis entsteht der Impuls, umzukehren und den Weg zum Glanz ihres Lichtes zu gehen. Der Prophet Baruch richtet seine Worte an das Volk Israel im Exil. Aber auch uns können sie anregen, den Spuren der Weisheit zu folgen und an ihr unser Leben auszurichten.

SECHSTE LESUNG

Bar 3,9–15.32–4,4

Geh deinen Weg im Licht der Weisheit Gottes

Lesung aus dem Buch Baruch.

Höre, Israel, die Gebote des Lebens; merkt auf, um Einsicht zu erlangen! Warum, Israel, warum lebst du im Gebiet der Feinde, wirst alt in einem fremden Land, bist unrein geworden, den Toten gleich, wurdest gezählt zu denen, die in die Unterwelt hinabstiegen? Du hast den Quell der Weisheit verlassen. Wärest du auf Gottes Weg gegangen, du wohntest in Frieden für immer. Nun lerne, wo die Einsicht ist, wo Kraft und wo Klugheit, dann erkennst du zugleich, wo langes Leben und Lebensglück, wo Licht für die Augen und Frieden zu finden sind!

Wer hat je ihren Ort gefunden? Wer ist zu ihren Schatzkammern vorgedrungen? Doch der Allwissende kennt sie; er hat sie in seiner Einsicht entdeckt. Er hat ja die Erde für immer gegründet, er hat sie mit vierfüßigen Tieren bevölkert. Er entsendet das Licht und es eilt dahin; er ruft es zurück und zitternd gehorcht es ihm. Froh leuchten die Sterne auf ihren Posten. Ruft er sie, so antworten sie: Hier sind wir. Sie leuchten mit Freude für ihren Schöpfer. Das ist unser Gott; kein anderer gilt neben ihm. Er hat den Weg der Erkenntnis ganz erkundet und hat sie Jakob, seinem Diener, verliehen, Israel, seinem Liebling. Dann erschien sie auf der Erde und lebte mit den Menschen.

Sie ist das Buch der Gebote Gottes, das Gesetz, das ewig besteht. Alle, die an ihr festhalten, finden das Leben; doch alle, die sie verlassen, verfallen dem Tod. Kehr um, Jakob, ergreif sie! Geh in ihrem Glanz den Weg zum Licht! Überlass deinen Ruhm keinem andern und deinen Vorzug keinem fremden Volk! Glücklich sind wir, das Volk Israel; denn wir wissen, was Gott gefällt.

ANTWORTPSALM

Ps 19 (18), 8.9.10.11–12 (Kv: Joh 6,68c)

Kv Herr, du hast Worte des ewigen Lebens. – Kv

Die Weisung des Herrn ist vollkommen und gut, *
sie erquickt den Menschen.
Das Zeugnis des Herrn ist verlässlich, *
den Unwissenden macht es weise. – (Kv)

Die Befehle des Herrn sind gerade, *
sie erfüllen das Herz mit Freude.
Das Gebot des Herrn ist rein, *
es erleuchtet die Augen. – (Kv)

Die Furcht des Herrn ist lauter, *
sie besteht für immer.
Die Urteile des Herrn sind wahrhaftig, *
gerecht sind sie alle. – (Kv)

Sie sind kostbarer als Gold, als Feingold in Menge. *
Sie sind süßer als Honig, als Honig aus Waben.
Auch dein Knecht lässt sich von ihnen warnen; *
reichen Lohn hat, wer sie beachtet. – Kv

GEBET

Gott, unser Vater, du mehrst die Zahl deiner Kinder und rufst aus allen Völkern Menschen in deine Kirche. Beschütze gütig die Täuflinge, damit sie den Quell der Weisheit niemals verlassen und auf deinen Wegen gehen. Darum bitten wir durch Christus, unseren Herrn.

ZUR 7. LESUNG Auch die letzte der alttestamentlichen Lesungen thematisiert das Exil des Volkes Israel. Dabei wird die Spannung zwischen den Verheißungen Gottes an sein Volk und der Realität des Exils deutlich benannt. Die Glaubwürdigkeit Gottes steht auf dem Spiel. Hier nun handelt Gott: Aus allen anderen Völkern und Ländern sammelt er das Volk, er stellt es wieder her und reinigt es von Schuld. Seinen Geist legt er in das Herz der Israeliten. Statt eines Herzens aus Stein, das nicht fähig war, auf Gottes Stimme zu hören und auf dem Weg des Lebens zu gehen, gibt er ihnen ein Herz aus Fleisch. Von Umkehr ist hier nicht die Rede – denn es ist Gott, der aktiv wird und die Herzen der Israeliten so verwandelt, dass sie im Innersten mit ihm verbunden sind. Gott ist treu, weil er Gott ist. Ein Leben in der Zukunft Gottes ist möglich.

SIEBTE LESUNG

Ez 36,16–17a.18–28

Ich gieße reines Wasser über euch aus und gebe euch ein neues Herz

Lesung aus dem Buch Ezechiel.

Das Wort des Herrn erging an mich: Menschensohn, als die vom Haus Israel in ihrem Land wohnten, machten sie es durch ihre Wege und ihre Taten unrein. Da goss ich meinen Zorn über sie aus, weil sie Blut vergossen im Land und es mit ihren Götzen befleckten. Ich zerstreute sie unter die Nationen; in die Länder wurden sie vertrieben. Nach ihren Wegen und nach ihren Taten habe ich sie gerichtet.

Als sie aber zu den Nationen kamen, entweihten sie überall, wohin sie kamen, meinen heiligen Namen; denn man sagte von ihnen: Das ist das Volk des Herrn und doch mussten sie sein Land verlassen. Da tat mir mein heiliger Name leid, den das Haus Israel bei den Nationen entweihte, wohin es auch kam.

Darum sag zum Haus Israel: So spricht Gott, der Herr: Nicht euretwegen handle ich, Haus Israel, sondern um meines heiligen Namens willen, den ihr bei den Nationen entweiht habt, wohin ihr auch gekommen seid. Meinen großen, bei den Nationen entweihten Namen, den ihr mitten unter ihnen entweiht habt, werde ich wieder heiligen. Und die Nationen – Spruch Gottes, des Herrn – werden erkennen, dass ich der Herr bin, wenn ich mich an euch vor ihren Augen als heilig erweise. Ich nehme euch heraus aus den Nationen, ich sammle euch aus allen Ländern und bringe euch zu eurem Ackerboden. Ich gieße reines Wasser über euch aus, dann werdet ihr rein. Ich reinige euch von aller Unreinheit und von allen euren Götzen.

Ich gebe euch ein neues Herz und einen neuen Geist gebe ich in euer Inneres. Ich beseitige das Herz von Stein aus eurem Fleisch und gebe euch ein Herz von Fleisch. Ich gebe meinen Geist in euer Inneres und bewirke, dass ihr meinen Gesetzen folgt und auf meine Rechtsentscheide achtet und sie erfüllt. Dann werdet ihr in dem Land wohnen, das ich euren Vätern gegeben habe. Ihr werdet mir Volk sein und ich, ich werde euch Gott sein.

ANTWORTPSALM

Ps 42 (41), 3.5bcd; 43 (42),3–4 (Kv: vgl. 42 [41], 2)

Kv Wie der Hirsch verlangt nach frischem Wasser,
so verlangt meine Seele, Gott, nach dir. – Kv

Meine Seele dürstet nach Gott, *
nach dem lebendigen Gott.
Wann darf ich kommen *
und erscheinen vor Gottes Angesicht? – (Kv)

Ich will in einer Schar einherziehn. *
Ich will in ihr zum Haus Gottes schreiten,
im Schall von Jubel und Dank *
in festlich wogender Menge. – (Kv)

Sende dein Licht und deine Wahrheit; sie sollen mich leiten; *
sie sollen mich bringen zu deinem heiligen Berg
und zu deinen Wohnungen.
So will ich kommen zu Gottes Altar, /
zum Gott meiner Freude und meines Jubels. *
Ich wil dir danken zur Leier, Gott, du mein Gott. – Kv

[*Oder:* ANTWORTPSALM – Ps 51 (50), 12–13.14–15.18–19 (Kv: vgl. 12a)]

[Falls eine Taufe gespendet wird: Jes 12, 2.3 u. 4bcd.5–6 (Kv: 3) *(wie nach der fünften Lesung, s. S. 325)]*

GEBET

Gott, du unwandelbare Kraft, du ewiges Licht, schau gütig auf deine Kirche und wirke durch sie das Heil der Menschen. So erfahre die Welt, was du von Ewigkeit her bestimmt hast: Was alt ist, wird neu, was dunkel ist, wird licht, was tot war, steht auf zum Leben, und alles wird wieder heil in dem, der der Ursprung von allem ist, in unserem Herrn Jesus Christus, der mit dir lebt und herrscht in alle Ewigkeit.

Oder (wenn eine Taufe folgt):

Sei uns nahe, allmächtiger Gott, und wirke in den Sakramenten, die uns deine Liebe schenkt: Sende den Geist aus, der uns zu deinen Kindern macht, den Geist, durch den dir aus dem Wasser der Taufe ein neues Volk geboren wird. Was wir unter heiligen Zeichen vollziehen, das vollende du mit deiner Kraft. Darum bitten wir durch Christus, unseren Herrn.

Ehre sei Gott, S. 451 f.

(Es läuten die Glocken.)

TAGESGEBET

Lasset uns beten. Gott, du hast diese Nacht hell gemacht durch den Glanz der Auferstehung unseres Herrn. Erwecke in deiner Kirche den Geist der Kindschaft, den du uns durch die Taufe geschenkt hast, damit wir neu werden an Leib und Seele und dir mit aufrichtigem Herzen dienen. Darum bitten wir durch Jesus Christus.

ZUR EPISTEL Neben den bildreichen und erzählenden Texten der alttestamentlichen Lesungen und auch dem Osterevangelium wirkt die Lesung aus dem Römerbrief sperrig und spricht in ihrer nüchtern argumentierenden Form emotional wenig an. Ähnlich wie Sokrates mit seiner Zuhörerschaft ein philosophisches Thema im Spiel des intensiven Fragens, Antwortens und Weiterfragens entwickelte, erschließt Paulus die Bedeutung der Taufe für die Gläubigen: Durch die Taufe hat die Sünde keine Macht mehr über uns, wir sind mit Christus in das Leben Gottes hineingenommen. Mit ihm gestorben, werden wir mit ihm auferstehen – „ein für alle Mal" ist Christus gestorben. Das Sterben Jesu ist nicht allein ein vergangenes Ereignis, es wirkt bis in die Gegenwart. Alle Menschen, die daran glauben, sind in diese Dynamik des Lebens hineingenommen und glauben, dass sie mit Christus leben werden. Das feiern wir in dieser Nacht.

EPISTEL Röm 6,3–11

Sind wir mit Christus gestorben, so glauben wir, dass wir auch mit ihm leben werden

Lesung aus dem Brief des Apostels Paulus an die Gemeinde in Rom.

Schwestern und Brüder! Wir, die wir auf Christus Jesus getauft wurden, sind auf seinen Tod getauft worden. Wir wurden ja mit ihm begraben durch die Taufe auf den Tod, damit auch wir, so wie Christus durch die Herrlichkeit des Vaters von den Toten auferweckt wurde, in der Wirklichkeit des neuen Lebens wandeln.

Wenn wir nämlich mit der Gestalt seines Todes verbunden wurden, dann werden wir wir es auch mit seiner Auferstehung sein. Wir wissen doch: Unser alter Mensch wurde mitgekreuzigt, damit der von der Sünde beherrschte Leib vernichtet werde, sodass wir nicht mehr Sklaven der Sünde sind. Denn wer gestorben ist, der ist frei geworden von der Sünde.

Sind wir nun mit Christus gestorben, so glauben wir, dass wir auch mit ihm leben werden. Wir wissen, dass Christus, von den Toten auferweckt, nicht mehr stirbt; der Tod hat keine Macht mehr über ihn. Denn durch sein Sterben ist er ein für alle Mal gestorben für die Sünde, sein Leben aber lebt er für Gott. So begreift auch ihr euch als Menschen, die für die Sünde tot sind, aber für Gott leben in Christus Jesus.

ANTWORTPSALM

Ps 118 (117), 1–2.16–17.22–23

Kv Halleluja, Halleluja, Halleluja. – Kv

Danket dem HERRN, denn er ist gut, *
denn seine Huld währt ewig!
So soll Israel sagen: *
Denn seine Huld währt ewig. – (Kv)

Die Rechte des HERRN, sie erhöht, *
die Rechte des HERRN, Taten der Macht vollbringt sie.
Ich werde nicht sterben, sondern leben, *
um die Taten des HERRN zu verkünden. – (Kv)

Ein Stein, den die Bauleute verwarfen, *
er ist zum Eckstein geworden.
Vom HERRN her ist dies gewirkt, *
ein Wunder in unseren Augen. – Kv

ZUM EVANGELIUM Die Frauen am Grab. Damit sie verstehen, was geschehen ist, fordert der Engel sie auf, sich an die Worte Jesu zu erinnern, die eng verwoben sind mit den im Alten Testament überlieferten Schriften über den Gott des Lebens: „Was sucht ihr den Lebenden bei den Toten?" Erst durch die Erinnerung verstehen die Frauen – und beginnen, die Botschaft von der Auferstehung Jesu durch den Gott des Lebens zu verkünden. Heute ist es unsere Aufgabe, die Botschaft von der Auferstehung in die Welt zu tragen. Zu erzählen von dem Gott, der das Heil aller Menschen will. Von dem Gott der Lebendigen. Von den Erfahrungen des Heils, die uns als Glaubende tragen: vom Licht in der Dunkelheit, vom Leben im Tod. Hier und heute, lebendig-österliche Wirklichkeit.

EVANGELIUM

Lk 24,1–12

Was sucht ihr den Lebenden bei den Toten?

+ Aus dem heiligen Evangelium nach Lukas.

Am ersten Tag der Woche gingen die Frauen mit den wohlriechenden Salben, die sie zubereitet hatten, in aller Frühe zum Grab.

Da sahen sie, dass der Stein vom Grab weggewälzt war; sie gingen hinein, aber den Leichnam Jesu, des Herrn, fanden sie nicht. Und es geschah:

Während sie darüber ratlos waren, siehe, da traten zwei Männer in leuchtenden Gewändern zu ihnen. Die Frauen erschraken und blickten zu Boden. Die Männer aber sagten zu ihnen: Was sucht ihr den Lebenden bei den Toten? Er ist nicht hier, sondern er ist auferstanden. Erinnert euch an das, was er euch gesagt hat, als er noch in Galiläa war: Der Menschensohn muss in die Hände sündiger Menschen ausgeliefert und gekreuzigt werden und am dritten Tag auferstehen. Da erinnerten sie sich an seine Worte. Und sie kehrten vom Grab zurück und berichteten alles den Elf und allen Übrigen.

Es waren Maria von Magdala, Johanna und Maria, die Mutter des Jakobus, und die übrigen Frauen mit ihnen. Sie erzählten es den Aposteln. Doch die Apostel hielten diese Reden für Geschwätz und glaubten ihnen nicht.

Petrus aber stand auf und lief zum Grab. Er beugte sich vor, sah aber nur die Leinenbinden. Dann ging er nach Hause, voll Verwunderung über das, was geschehen war.

TAUFFEIER

(Die Tauffeier besteht, je nach den Umständen, aus drei Teilen: Segnung des Taufwassers, Spendung der Taufe, Erneuerung des Taufversprechens. Die Täuflinge kommen mit Eltern und Paten zum Taufbrunnen und werden der Gemeinde vorgestellt.)

LITANEI

(Die Namen der Kirchen- und Ortspatrone oder der Namenspatrone der Täuflinge können in die Litanei eingefügt werden.)

V/A:	Kyrie, eleison.	*Oder:*	Herr, erbarme dich.
V/A:	Christe, eleison.		Christus, erbarme dich.
V/A:	Kyrie, eleison.		Herr, erbarme dich.

V:	Heilige Maria, Mutter Gottes	A: Bitte für uns.
	Heiliger Michael	
	Ihr heiligen Engel Gottes	A: Bittet für uns.
	Heiliger Johannes der Täufer	A: Bitte für uns.
	Heiliger Josef	
	Heilige Apostel Petrus und Paulus	A: Bittet für uns.
	Heiliger Andreas	A: Bitte für uns.
	Heiliger Johannes	
	Heilige Maria Magdalena	
	Heiliger Stephanus	
	Heiliger Ignatius von Antiochien	
	Heiliger Laurentius	
	Heilige Perpetua und Felizitas	A: Bittet für uns.
	Heilige Agnes	A: Bitte für uns.
	Heiliger Gregor	
	Heiliger Augustinus	
	Heiliger Athanasius	
	Heiliger Basilius	
	Heiliger Martin	
	Heiliger Benedikt	
	Heiliger Franziskus	

Heiliger Dominikus
Heiliger Franz Xaver
Heiliger Pfarrer von Ars
Heilige Katharina von Siena
Heilige Theresia von Jesus
Alle Heiligen Gottes — A: Bittet für uns.
Jesus, sei uns gnädig — A: Herr, befreie uns.
Von allem Bösen
Von aller Sünde
Von der ewigen Verdammnis
Durch deine Menschwerdung
und dein heiliges Leben
Durch dein Sterben und dein Auferstehn
Durch die Sendung des Heiligen Geistes
Wir armen Sünder — A: Wir bitten dich, erhöre uns.

(Wenn Täuflinge anwesend sind:)

V: Schenke diesen Erwählten im Wasser der Taufe
das neue Leben.

(Wenn keine Täuflinge anwesend sind:)

V: Heilige in deiner Gnade dieses Wasser für die Taufe
deiner Kinder.
V: Jesus, Sohn des lebendigen Gottes.
V: Christus, höre uns. — A: Christus, erhöre uns.

TAUFWASSERWEIHE

(Der Priester segnet das Taufwasser und singt oder spricht mit gefalteten Händen:)

Allmächtiger, ewiger Gott, deine unsichtbare Macht bewirkt das Heil der Menschen durch sichtbare Zeichen. Auf vielfältige Weise hast du das Wasser dazu erwählt, dass es hinweise auf das Geheimnis der Taufe: Schon im Anfang der Schöpfung schwebte dein Geist über dem Wasser und schenkte ihm die Kraft, zu retten und zu heiligen.

Selbst die Sintflut war ein Zeichen der Taufe, denn das Wasser brachte der Sünde den Untergang und heiligem Leben einen neuen Anfang. Als die Kinder Abrahams, aus Pharaos Knechtschaft befreit, trockenen Fußes das Rote Meer durchschritten, da waren sie ein Bild deiner Gläubigen, die durch das Wasser der Taufe aus der Knechtschaft des Bösen befreit sind.
Allmächtiger, ewiger Gott, dein geliebter Sohn wurde von Johannes im Jordan getauft und von dir gesalbt mit Heiligem Geiste. Als er am Kreuz hing, flossen aus seiner Seite Blut und Wasser. Nach seiner Auferstehung befahl er den Jüngern: „Geht hin und lehret alle Völker und taufet sie im Namen des Vaters und des Sohnes und des Heiligen Geistes."
Allmächtiger, ewiger Gott, schau gnädig auf deine Kirche und öffne ihr den Brunnen der Taufe. Dieses Wasser empfange die Gnade deines eingeborenen Sohnes vom Heiligen Geiste, damit der Mensch, der auf dein Bild hin geschaffen ist, durch das Sakrament der Taufe gereinigt wird von der alten Schuld und aus Wasser und Heiligem Geiste aufersteht zum neuen Leben deiner Kinder.

(Bei den folgenden Worten senkt der Priester die Osterkerze – einmal oder dreimal – in das Wasser:)

Durch deinen geliebten Sohn steige herab in dieses Wasser die Kraft des Heiligen Geistes, damit alle, die durch die Taufe mit Christus begraben sind in seinen Tod, durch die Taufe mit Christus auferstehen zum ewigen Leben. Darum bitten wir durch Jesus Christus, deinen Sohn, unseren Herrn und Gott, der in der Einheit des Heiligen Geistes mit dir lebt und herrscht in Ewigkeit. – A: Amen.

(Die Kerze wird aus dem Wasser genommen. Dabei singt man:)

Preist, ihr Quellen, den Herrn, Dan 3,77
lobt und erhebt ihn in Ewigkeit.

TAUFSPENDUNG

(Die einzelnen Täuflinge versprechen Christus die Treue. Sie werden nach ihrem Glauben befragt und getauft. Erwachsene Täuflinge

empfangen sofort nach der Taufe die Firmung, wenn ein Bischof oder ein Priester mit Firmvollmacht anwesend ist.)

(SEGNUNG DES WASSERS)

(Wenn keine Taufe stattfindet und auch kein Taufwasser gesegnet wird, so segnet der Priester das Wasser mit dem folgenden Gebet:)

Liebe Brüder und Schwestern!
Wir bitten den Herrn, dass er dieses Wasser segne, mit dem wir nun besprengt werden. Das geweihte Wasser soll uns an die Taufe erinnern; Gott aber erneuere in uns seine Gnade, damit wir dem Geist treu bleiben, den wir empfangen haben.

(Nach einer kurzen Gebetsstille spricht der Priester mit gefalteten Händen:)

Herr, unser Gott, sei deinem Volk nahe, das wachend und betend diese Osternacht feiert. Du hast uns wunderbar erschaffen und noch wunderbarer wiederhergestellt. Wir gedenken deiner großen Taten und bitten dich:

† Segne dieses Wasser, das uns an deine Sorge für uns Menschen erinnert. Im Anfang hast du das Wasser erschaffen, damit es der Erde Fruchtbarkeit bringt und uns Menschen zum frischen Trunk und zum reinigenden Bad wird. Du hast das Wasser in Dienst genommen für das Werk deines Erbarmens: Im Roten Meer hast du dein Volk durch das Wasser aus der Knechtschaft Ägyptens befreit, in der Wüste mit Wasser aus dem Felsen seinen Durst gestillt. Die Propheten sahen im Bild des lebendigen Wassers den Neuen Bund, den du mit uns Menschen schließen wolltest.

Durch das Wasser, das Christus im Jordan geheiligt hat, reinigst du im Bad der Taufe den sündigen Menschen und schenkst ihm das neue Leben deiner Kinder. Darum sei dieses Wasser eine Erinnerung an unsere Taufe, es vereinige uns in österlicher Freude mit unseren Brüdern und Schwestern, die in dieser heiligen Nacht getauft werden, und mit allen, die aus dem Wasser und dem Heiligen Geist wiedergeboren sind zum ewigen Leben. Darum bitten wir durch Christus, unseren Herrn. A: Amen.

ERNEUERUNG DES TAUFVERSPRECHENS

(Nach der Spendung der Taufe oder nach der Segnung des Wassers erneuern alle, mit brennenden Kerzen in den Händen, ihr Taufversprechen. Der Priester führt dazu mit etwa folgenden Worten ein:)

Liebe Brüder und Schwestern!
Wir alle sind einst durch das österliche Geheimnis der Taufe mit Christus begraben worden, damit wir mit ihm auferstehen zu einem neuen Leben. Nach den vierzig Tagen der Fastenzeit, in denen wir uns auf Ostern vorbereitet haben, wollen wir darum das Taufversprechen erneuern, mit dem wir einst dem Satan abgeschworen und Gott versprochen haben, ihm, unserem Herrn, in der heiligen katholischen Kirche zu dienen.

Deshalb frage ich euch:
P: Widersagt ihr dem Bösen, um in der Freiheit der Kinder Gottes leben zu können?
A: Ich widersage.
P: Widersagt ihr den Verlockungen des Bösen, damit es nicht Macht über euch gewinnt?
A: Ich widersage.
P: Widersagt ihr dem Satan, dem Urheber des Bösen?
A: Ich widersage.
P: Glaubt ihr an Gott, den Vater, den Allmächtigen, den Schöpfer des Himmels und der Erde?
A: Ich glaube.
P: Glaubt ihr an Jesus Christus, seinen eingeborenen Sohn, unseren Herrn, der geboren ist von der Jungfrau Maria, der gelitten hat und begraben wurde, von den Toten auferstand und zur Rechten des Vaters sitzt?
A: Ich glaube.

P: Glaubt ihr an den Heiligen Geist, die heilige katholische Kirche, die Gemeinschaft der Heiligen, die Vergebung der Sünden, die Auferstehung der Toten und das ewige Leben?

A: Ich glaube.

P: Der allmächtige Gott, der Vater unseres Herrn Jesus Christus, hat uns aus dem Wasser und dem Heiligen Geist neues Leben geschenkt und uns alle Sünden vergeben. Er bewahre uns durch seine Gnade in Christus Jesus, unserem Herrn, zum ewigen Leben.

A: Amen.

(Der Priester besprengt die Gemeinde mit gesegnetem Wasser; alle singen die Antiphon oder ein Tauflied.)

ANTIPHON

Vgl. Ez 47,1–2.9

Ich sah ein Wasser ausgehen vom Tempel,
von dessen rechter Seite.
Halleluja, halleluja.
Und alle, zu denen das Wasser kam, wurden gerettet,
und sie werden rufen:
Halleluja, halleluja.

FÜRBITTEN

Ein neues Herz, ein Herz aus Fleisch anstatt des kalten steinernen Herzens, ist allen Menschen von Gott geschenkt. Nehmen wir dieses Geschenk an und bitten ihn:

V: Gott, du Quell des Lebens. A: Höre und erhöre uns.

- Für die ganze Kirche, dass die befreiende Kraft der Osterbotschaft in ihr kraftvollen Widerhall finde.
- Für die Christinnen und Christen auf der ganzen Welt, dass sie als österliche Menschen leben.

- Für alle, die im Dunkel der Depression gefangen sind, dass sie gute Wege aus dem Grau ihres Lebens finden.
- Für alle, die in dieser Nacht des Neubeginns die Taufe empfangen, dass sie begleitet und bestärkt durch Gottes heilige Geistkraft durchs Leben gehen.
- Für unsere Toten, dass die Osterhoffnung sich auch an ihnen erfülle und sie in deinem Licht leben dürfen.

Gott und Vater, du hast deinen Sohn nicht im Tod gelassen. Wir danken dir, dass nun auch für uns das Tor zum ewigen Leben offensteht durch Jesus Christus, unseren Bruder und auferweckten Herrn.

EUCHARISTIEFEIER

GABENGEBET

Herr, unser Gott, nimm die Gebete und Gaben deines Volkes an und gib, dass diese österliche Feier, die im Opfer des wahren Osterlammes ihren Ursprung hat, uns zum ewigen Heil führt. Darum bitten wir durch Christus, unseren Herrn.

Präfation, S. 465 f.

KOMMUNIONVERS 1 Kor 5,7–8

Unser Osterlamm ist geopfert, Christus, der Herr.
Halleluja!
Wir sind befreit von Sünde und Schuld.
So lasst uns Festmahl halten in Freude.
Halleluja!

SCHLUSSGEBET

Herr, unser Gott, du hast uns durch die österlichen Sakramente gestärkt. Schenke uns den Geist deiner Liebe, damit deine Gemeinde ein Herz und eine Seele wird. Darum bitten wir durch Christus, unseren Herrn.

FEIERLICHER SCHLUSSSEGEN

In dieser Nacht, die erhellt ist durch die Auferstehung unseres Herrn Jesus Christus, segne euch der gütige Gott und bewahre euch vor der Finsternis der Sünde. – A: Amen.
In Christus haben wir Anteil am ewigen Leben; in ihm führe euch Gott zur unvergänglichen Herrlichkeit. – A: Amen.
Unser Erlöser hat uns durch die Tage seines Leidens zur österlichen Freude geführt; er geleite euch alle Tage des Lebens bis zu jener Osterfreude, die niemals endet. – A: Amen.
Das gewähre euch der dreieinige Gott, der Vater und der Sohn † und der Heilige Geist. – A: Amen.

***

OSTERNACHT

meine dunkelheiten
werfe ich ins osterlicht

meine egoismen
überlasse ich dem meer

meine hoffnung
sucht nach lebensspuren

meine wunden
öffnen das grab

mein herz
jubelt halleluja

Michael Lehmler

AM TAG

20. April 2025

Mit dem Ende der Osternacht ist die dreitägige Feier von Tod und Auferstehung Jesu an ein Ende gekommen. Christ ist erstanden, Halleluja! Am Ostertag kommt die gottesdienstliche Gemeinde zusammen, um dieses Heilsereignis zu feiern. Die Texte machen deutlich: Es liegt nun an uns, der österlichen Freude in uns Raum zu geben und aus ihr heraus als Zeugen und Zeuginnen für unseren Gott in der Welt zu leben – den Gott, der das Leben und Heil für alle Menschen will.

ERÖFFNUNGSVERS

Vgl. Ps 139 (138), 18.5–6

Ich bin erstanden und bin immer bei dir. Halleluja.
Du hast deine Hand auf mich gelegt. Halleluja.
Wie wunderbar ist für mich dieses Wissen. Halleluja.

Oder: Vgl. Lk 24, 34; Offb 1, 6

Der Herr ist auferstanden,
er ist wahrhaft auferstanden. Halleluja.
Sein ist die Macht und die Herrlichkeit in Ewigkeit.
Halleluja.

KYRIE-RUFE

Herr Jesus Christus, du bist
glorreich auferstanden vom Tod.
V/A: Herr, erbarme dich.
Du vertreibst mit deinem Licht
das Dunkel der Herzen.
V/A: Christus, erbarme dich.

Du führst auch uns zur Auferstehung.
V/A: Herr, erbarme dich.

Ehre sei Gott, S. 451 f.

TAGESGEBET

Allmächtiger, ewiger Gott, am heutigen Tag hast du durch deinen Sohn den Tod besiegt und uns den Zugang zum ewigen Leben erschlossen. Darum begehen wir in Freude das Fest seiner Auferstehung. Schaffe uns neu durch deinen Geist, damit auch wir auferstehen und im Licht des Lebens wandeln. Darum bitten wir durch Jesus Christus.

WORTGOTTESDIENST

ZUR 1. LESUNG In der Osterzeit, den 40 Tagen bis zum Pfingstfest, hören wir in jeder Sonntagsliturgie einen Abschnitt aus der Apostelgeschichte. Wir erfahren, wie die Apostel das, was sie mit Jesus erlebt haben, weitertragen, wie sich eine Gemeinschaft über die Grenzen des Judentums hinaus bildet und mit welchen Fragen diese Gruppe gerungen hat. Die Rede, die wir heute hören, hält Petrus in der Stadt Cäsarea, dem Sitz der römischen Besatzungsmacht, im Haus des römischen Hauptmanns Kornelius. Der Apostel bezeugt in kurzen Sätzen den Kern seines Glaubens an Jesus als den Messias: In ihm hat Gott als Mensch unter Menschen gewirkt. Er wurde gekreuzigt und von Gott selbst auferweckt. In ihm sind allen, die an ihn glauben, die Sünden vergeben. Diese Botschaft tragen die Apostel als seine erwählten Zeugen weiter. Heute ist es an uns, durch unser Leben Zeugen und Zeuginnen zu sein.

ERSTE LESUNG

Apg 10,34a.37–43

Wir haben mit ihm nach seiner Auferstehung gegessen und getrunken

Lesung aus der Apostelgeschichte.

In jenen Tagen begann Petrus zu reden und sagte: Ihr wisst, was im ganzen Land der Juden geschehen ist, angefangen in Galiläa, nach der Taufe, die Johannes verkündet hat: wie Gott Jesus von Nazaret gesalbt hat mit dem Heiligen Geist und mit Kraft, wie dieser umherzog, Gutes tat und alle heilte, die in der Gewalt des Teufels waren; denn Gott war mit ihm. Und wir sind Zeugen für alles, was er im Land der Juden und in Jerusalem getan hat.

Ihn haben sie an den Pfahl gehängt und getötet. Gott aber hat ihn am dritten Tag auferweckt und hat ihn erscheinen lassen, zwar nicht dem ganzen Volk, wohl aber den von Gott vorherbestimmten Zeugen: uns, die wir mit ihm nach seiner Auferstehung von den Toten gegessen und getrunken haben.

Und er hat uns geboten, dem Volk zu verkünden und zu bezeugen: Dieser ist der von Gott eingesetzte Richter der Lebenden und der Toten.

Von ihm bezeugen alle Propheten, dass jeder, der an ihn glaubt, durch seinen Namen die Vergebung der Sünden empfängt.

ANTWORTPSALM

Ps 118 (117),1–2.16–17.22–23 (Kv: vgl. 24)

Kv Das ist der Tag, den der Herr gemacht;
wir wollen jubeln und uns über ihn freuen. – Kv

Oder:

Kv Halleluja. – Kv

Danket dem Herrn, denn er ist gut, *
denn seine Huld währt ewig!
So soll Israel sagen: *
Denn seine Huld währt ewig. – (Kv)

Die Rechte des Herrn, sie erhöht, *
die Rechte des Herrn, Taten der Macht vollbringt sie.
Ich werde nicht sterben, sondern leben, *
um die Taten des Herrn zu verkünden. – (Kv)

Ein Stein, den die Bauleute verwarfen, *
er ist zum Eckstein geworden.
Vom Herrn her ist dies gewirkt, *
ein Wunder in unseren Augen. – Kv

ZUR 2. LESUNG In der kurzen Passage aus dem Brief an die Gemeinde in Korinth nimmt Paulus Bezug auf das Pessachfest: Das Fortschaffen des Sauerteiges prägt die Vorbereitungen des Festes. Der Verweis auf das ungesäuerte Brot erinnert an das Brot, das gemeinsam mit dem Lamm an Pessach verzehrt wird. Paulus identifiziert Christus mit diesem Lamm. Das Gedenken an Tod und Auferstehung Jesu war im frühen Christentum eng verbunden mit Pessach: Die Befreiung aus Sünde und Tod durch den Tod und die Auferstehung Jesu wird eng verwoben mit der Befreiung des Volkes Israel aus der Gewalt des Pharao. Gott erweist sich als ein Gott des Lebens. Die Passage aus dem Korintherbrief ist eingebunden in die Frage nach der Lebensführung: Menschen, die in der Nachfolge Jesu leben, sollen aufrecht und gut handeln. Wie den Sauerteig vor Pessach sollen sie Bosheit und Schlechtigkeit aus ihrem Leben tilgen. So kann die Freude über das Fest mehr und mehr Raum gewinnen.

ZWEITE LESUNG 1 Kor 5,6b–8

Schafft den alten Sauerteig weg, damit ihr neuer Teig seid

Lesung aus dem ersten Brief des Apostels Paulus an die Gemeinde in Korinth.

Schwestern und Brüder! Wisst ihr nicht, dass ein wenig Sauerteig den ganzen Teig durchsäuert? Schafft den alten Sauerteig weg, damit ihr neuer Teig seid! Ihr seid ja schon ungesäuertes Brot; denn als unser Paschalamm ist Christus geopfert worden. Lasst uns also das Fest nicht mit dem alten Sauerteig feiern, nicht mit dem Sauerteig der Bosheit und Schlechtigkeit, sondern mit den ungesäuerten Broten der Aufrichtigkeit und Wahrheit!

[*Oder:* ZWEITE LESUNG – Kol 3,1–4]

SEQUENZ

(Wenn die musikalische Gestaltung es nahelegt, kann die Sequenz nach dem Hallelujavers gesungen werden, wobei sie dann mit „Amen. Halleluja“ abgeschlossen wird.)

Singt das Lob dem Osterlamme,
bringt es ihm dar, ihr Christen.

Das Lamm erlöst' die Schafe:
Christus, der ohne Schuld war,
versöhnte die Sünder mit dem Vater.

Tod und Leben, die kämpften
unbegreiflichen Zweikampf;
des Lebens Fürst, der starb, herrscht nun lebend.

Maria Magdalena,
sag uns, was du gesehen.

Sah Engel in dem Grabe,
die Binden und das Linnen.

Das Grab des Herrn sah ich offen
und Christus von Gottes Glanz umflossen.

Er lebt, der Herr, meine Hoffnung,
er geht euch voran nach Galiläa.

Lasst uns glauben, was Maria den Jüngern verkündet.
Sie sah den Herren, den Auferstandnen.

Ja, der Herr ist auferstanden, ist wahrhaft erstanden.
Du Sieger, König, Herr, hab Erbarmen! (Amen. Halleluja.)

RUF VOR DEM EVANGELIUM

Vers: vgl. 1 Kor 5,7b – 8a

Halleluja. Halleluja.
Unser Paschalamm ist geopfert: Christus.
So lasst uns das Festmahl feiern im Herrn.
Halleluja.

ZUM EVANGELIUM Es ist noch finster früh am Morgen, als Maria zum Grab kommt und es leer vorfindet. Sie hat gewartet, bis der Schabbat vorbei war, nun ist der erste Tag der Woche. Sie steht vor dem leeren Grab und versteht nicht. Sie weiß nicht, wo Jesus ist. Sie vermutet, so übermittelt sie es den Gefährten, jemand habe ihn weggenommen. Petrus und „der andere Jünger" eilen zum Grab, sehen die Leintücher, das Schweißtuch. Obwohl es von dem anderen Jünger heißt, dass er sah und glaubte, endet die Perikope mit dem Hinweis, dass sie die Schrift noch nicht verstanden haben. Ein seltsames Osterevangelium, das vom leeren Grab spricht, aber nicht von der Auferstehung! Die Jünger können das Geschehen noch nicht deuten. Sie sind vermutlich enttäuscht, erschöpft und verunsichert nach den Ereignissen der letzten Tage im Leben Jesu, auf den sie so viel Hoffnung gesetzt haben. Anders als sie kehrt Maria nicht nach Hause zurück, sondern bleibt in ihrer Trauer allein am leeren Grab. Jesus selbst wird sich zunächst ihr, dann erst den Jüngern zeigen und ihnen so den Glauben an die Auferstehung ermöglichen. Die Frau wird zur ersten Zeugin der österlichen Botschaft.

EVANGELIUM

Joh 20,1–9

Er sah und glaubte

+ Aus dem heiligen Evangelium nach Johannes.

Am ersten Tag der Woche kam Maria von Magdala frühmorgens, als es noch dunkel war, zum Grab und sah, dass der Stein vom Grab weggenommen war. Da lief sie schnell zu Simon Petrus und dem anderen Jünger, den Jesus liebte, und sagte zu ihnen: Sie haben den Herrn aus dem Grab weggenommen und wir wissen nicht, wohin sie ihn gelegt haben.

Da gingen Petrus und der andere Jünger hinaus und kamen zum Grab; sie liefen beide zusammen, aber weil der andere Jünger schneller war als Petrus, kam er als Erster ans Grab. Er beugte sich vor und sah die Leinenbinden liegen, ging jedoch nicht hinein.

Da kam auch Simon Petrus, der ihm gefolgt war, und ging in das Grab hinein. Er sah die Leinenbinden liegen und das Schweißtuch, das auf dem Haupt Jesu gelegen hatte; es lag aber nicht bei den Leinenbinden, sondern zusammengebunden daneben an einer besonderen Stelle.

Da ging auch der andere Jünger, der als Erster an das Grab gekommen war, hinein; er sah und glaubte. Denn sie hatten noch nicht die Schrift verstanden, dass er von den Toten auferstehen müsse.

[Anstelle dieses Evangeliums kann auch das Evangelium aus der Osternacht – S. 333 – gewählt werden; wenn die Messe am Abend stattfindet, steht das Evangelium von Ostermontag – S. 357 f. (oder das Evangelium Mt 28,8–15) – zur Wahl, mit dem dazugehörigen Ruf vor dem Evangelium.]

Glaubensbekenntnis, S. 454 ff.

FÜRBITTEN

„Ich weiß, dass mein Erlöser lebt“: Diese Zuversicht, die der Dichter Paul Gerhardt ins Wort und ins Lied brachte, ist getragen von der Hoffnung, dass Gott uns hört. Wir rufen zu ihm:

V: Gott, du Freund des Lebens. A: Wir bitten dich, erhöre uns.

- Hilf uns, deinen Getauften, dass die österliche Verwandlung von Tod in Leben auch uns verwandle und zu zugewandten, lebensbejahenden Menschen mache.
- Bestärke die Menschen darin, den österlichen Glanz deiner Schöpfung zu erkennen und fürsorglich und verantwortlich mit ihr umzugehen.
- Tröste die Trauernden und lass sie einfühlsame Menschen an ihrer Seite haben; lass sie ihnen den notwendigen Raum für die Trauer geben, aus der erst Trost und Hoffnung erwachsen können.
- Ermutige alle, die aus der Kraft des Osterfriedens ganz neue Schritte wagen, heraus aus dem Unfrieden in Richtung Verständnis und Versöhnung.
- Nimm alle Verstorbenen auf in deinen Kreis des Lichts und des Lebens.

Gott, du unsere Hoffnung, du hast mit dem Tod deines Sohnes die Macht des Todes durchbrochen. Mit unserem Bruder Jesus Christus sind wir zum Leben berufen. Dafür danken wir und preisen dich, heute am heiligen Ostertag und an allen Tagen, die uns geschenkt sind.

EUCHARISTIEFEIER

GABENGEBET

Herr, unser Gott, nimm die Gaben an, die wir in österlicher Freude darbringen für das Opfer, durch das deine Kirche auf wunderbare Weise wiedergeboren und gestärkt wird. Darum bitten wir durch Christus, unseren Herrn.

Präfation, S. 465 f.

KOMMUNIONVERS

1 Kor 6,7–8

Unser Osterlamm ist geopfert, Christus, der Herr.
Halleluja.
Wir sind befreit von Sünde und Schuld.
So lasst uns Festmahl halten in Freude. Halleluja.

SCHLUSSGEBET

Allmächtiger Gott, du hast deiner Kirche durch die österlichen Geheimnisse neues Leben geschenkt. Bewahre und beschütze uns in deiner Liebe und führe uns zur Herrlichkeit der Auferstehung. Darum bitten wir durch Christus, unseren Herrn.

FEIERLICHER SCHLUSSSEGEN

An diesem Tag, der geheiligt ist durch die Auferstehung unseres Herrn Jesus Christus, segne euch der gütige Gott und bewahre euch vor der Finsternis der Sünde. – A: Amen.
In Christus haben wir Anteil am ewigen Leben; in ihm führe euch Gott zur unvergänglichen Herrlichkeit. – A: Amen.
Unser Erlöser hat uns durch die Tage seines Leidens zur österlichen Freude geführt; er geleite euch alle Tage des Lebens bis zu jener Osterfreude, die niemals endet. – A: Amen.
Das gewähre euch der dreieinige Gott, der Vater und der Sohn † und der Heilige Geist. – A: Amen.

***

MARIA MAGDALENA

sieben dämonen
hat er einst
deiner seele entrissen:
unverhofft fühlst du
den beginnenden tag
in der mitte der nacht

seitdem folgst du
diesem mann
mit haut und haar
mit hab und gut

nicht mehr angst
bestimmt dein dasein
entschlossen stehst du
unterm kreuz
wo kaum jünger
mehr zu finden
mitzerstört
der hauch von hoffnung

früh
als es noch dunkel ist
kommst du zum grab
doch weggerollt
der schwere stein

verzweifelt holst du hilfe
und stehst weinend nebenbei
kummer verdeckt deinen blick
nicht erkannt
dem du gefolgt

erst als er dich
beim namen nennt
gehen dir
die augen auf

doch vorbei
die zeit des anfangs:
nicht festhalten
und für dich behalten
kannst du ihn

mit-teilen nur
der heil und sinn

Thomas Schlager-Weidinger

OSTERMONTAG

21. April 2025

Das Entscheidende des Osterereignisses entzieht sich uns. Aber es wird uns zugesagt. Das wird an den Texten des Ostermontags noch deutlicher als an denen des Ostermorgens. Ostern ist geprägt durch die Spannung von Sichtbarkeit und Unsichtbarkeit: Das Grab ist ein handgreifliches Manifest des Todes, seine (unsichtbare) Leere Zeugnis der Auferstehung – für alle, die es sehen. Aber das leere Grab versteht sich nicht von selbst. Es wird von den Trauernden erst erkannt, weil Jesus selbst oder Engel sie darauf bringen: „Was sucht ihr den Lebenden bei den Toten?" (Lk 24,5) Der Moment der Auferstehung selbst entzieht sich auch den Evangelisten, sie erzählen ihn nicht. Doch die Zusage, *dass* sich Auferstehung ereignet hat, durchbricht den Tod ins Leben, Trauer und Angst in Freude und Hoffnung. Die österliche Grundspannung zieht sich vom Ostermorgen her durch die Erscheinungserzählungen bis hin zur Himmelfahrt Jesu und der Erscheinung des Geistes am Pfingsttag.

ERÖFFNUNGSVERS

Der Herr ist vom Tod auferstanden, wie er gesagt hat.
Freut euch und frohlockt, denn er herrscht in Ewigkeit.
Halleluja.

KYRIE-RUFE

Herr Jesus Christus, du treuer Gefährte
auf den Wegen unseres Lebens,
du bleibst bei uns, auch wenn es Abend wird
und der Tag sich schon geneigt hat.
V/A: Herr, erbarme dich.

Du redest mit uns und eröffnest
uns den Sinn der Schriften.
V/A: Christus, erbarme dich.
Du tust unsere Augen auf und
gibst dich zu erkennen, wenn
du für uns das Brot brichst.
V/A: Herr, erbarme dich.

Ehre sei Gott, S. 451 f.

TAGESGEBET

Gott, du Herr allen Lebens, durch die Taufe schenkst du deiner Kirche Jahr für Jahr neue Söhne und Töchter. Gib, dass alle Christen in ihrem Leben dem Sakrament treu bleiben, das sie im Glauben empfangen haben. Darum bitten wir durch Jesus Christus.

WORTGOTTESDIENST

ZUR 1. LESUNG Die Predigt, die der Apostel den Menschen in Jerusalem hält, steht ganz im Zeichen der Erfahrung des Heiligen Geistes, die Petrus selbst, Maria, die Frauen und die anderen Apostel gerade gemacht haben. Blieben sie eben noch verängstigt und traurig ständig im Obergemach (vgl. Apg 1,13), lässt die buchstäbliche Begeisterung nun keinen Zweifel mehr: Jesus ist der bereits von David besungene Messias. Das hat Gott auf viele Weise beglaubigt, „wie ihr selbst wisst" – zuletzt durch den Heiligen Geist, „wie ihr seht und hört". Der Glaube der Jüngerinnen und Jünger ist gereift, gestärkt; er sprudelt aus ihnen nur so heraus. Die österliche Spannung von Sichtbarkeit und Unsichtbarkeit zeigt sich neu: Auch wenn wir Jesus selbst nicht sehen, ist er erkennbar im Wirken und Leben der Gemeinde. „Diesen Jesus hat Gott auferweckt, dafür sind wir alle Zeugen."

ERSTE LESUNG

Apg 2, 14.22b–33

Gott hat Jesus auferweckt, dafür sind wir alle Zeugen

Lesung aus der Apostelgeschichte.

Am Pfingsttag trat Petrus auf, zusammen mit den Elf; er erhob seine Stimme und begann zu reden: Ihr Juden und alle Bewohner von Jerusalem! Dies sollt ihr wissen, achtet auf meine Worte!

Jesus, den Nazoräer, einen Mann, den Gott vor euch beglaubigt hat durch Machttaten, Wunder und Zeichen, die er durch ihn in eurer Mitte getan hat, wie ihr selbst wisst – ihn, der nach Gottes beschlossenem Willen und Vorauswissen hingegeben wurde, habt ihr durch die Hand von Gesetzlosen ans Kreuz geschlagen und umgebracht.

Gott aber hat ihn von den Wehen des Todes befreit und auferweckt; denn es war unmöglich, dass er vom Tod festgehalten wurde. David nämlich sagt über ihn: Ich hatte den Herrn beständig vor Augen. Denn er steht mir zur Rechten, dass ich nicht wanke. Darum freute sich mein Herz und frohlockte meine Zunge und auch mein Leib wird in Hoffnung wohnen; denn du gibst meine Seele nicht der Unterwelt preis, noch lässt du deinen Frommen die Verwesung schauen. Du hast mir die Wege zum Leben gezeigt, du wirst mich erfüllen mit Freude vor deinem Angesicht.

Brüder, ich darf freimütig zu euch über den Patriarchen David reden: Er starb und wurde begraben und sein Grabmal ist bei uns erhalten bis auf den heutigen Tag. Da er ein Prophet war und wusste, dass Gott ihm den Eid geschworen hatte, einer von seinen Nachkommen werde auf seinem Thron sitzen, sagte er vorausschauend über die Auferstehung des Christus: Er gab ihn nicht der Unterwelt preis und sein Leib schaute die Verwesung nicht. Diesen Jesus hat Gott auferweckt, dafür sind wir alle Zeugen. Zur Rechten Gottes erhöht, hat er vom Vater den verheißenen Heiligen Geist empfangen und ihn ausgegossen, wie ihr seht und hört.

ANTWORTPSALM

Ps 89,2–3.4–5 (Kv: 2a)

Kv Von der Huld des Herrn
will ich ewig singen. – Kv

Oder:

Kv Halleluja. – Kv

Von der Huld des Herrn will ich ewig singen, *
von Geschlecht zu Geschlecht mit meinem Mund deine Treue verkünden.
Denn ich bekenne: Auf ewig ist Huld gegründet, *
im Himmel deine Treue gefestigt. – (Kv)

„Ich habe einen Bund geschlossen mit meinem Erwählten *
und David, meinem Knecht, geschworen:
Auf ewig gebe ich deinem Haus festen Bestand *
und von Geschlecht zu Geschlecht gründe ich deinen Thron." – Kv

ZUR 2. LESUNG Nach Petrus hören wir nun in der zweiten Lesung Paulus sprechen. Er stärkt das Bekenntnis der jungen Gemeinde zu Jesus Christus, dem Auferstandenen. Ausgerechnet Paulus, der Jesus selbst lange nicht erkannt und die junge Christengemeinde verfolgt hat – vielleicht auch jene, die die Predigt des Petrus in Jerusalem gehört hatten. Dass sich Paulus abgrundtief schämt für diese Vergangenheit, machen seine Worte deutlich. Doch auch ihm, der „Missgeburt", ist Jesus erschienen. Sein Bekehrungserlebnis (vgl. Apg 9,1–9) lässt sich als seine Auferstehungsgeschichte lesen; auch hier geht es um das Sehen und Nicht-Sehen: Paulus wird von einem Licht umstrahlt, stürzt und sieht – nichts. Aber er hört die Worte Jesu, der ihn anspricht und ihm eine Zukunft mit ihm zusagt. Als Jesus ihm erscheint, erblindet Paulus – und sieht doch ab sofort klarer die Heilsbotschaft Jesu, die er nun mit aller Kraft verkündigt. Er lebt aus der österlichen Spannung.

ZWEITE LESUNG

1 Kor 15,1–8.11

Das Evangelium, das ich euch verkündet habe, ist der Grund, auf dem ihr steht

Lesung aus dem ersten Brief des Apostels Paulus an die Gemeinde in Korinth.

Ich erinnere euch, Schwestern und Brüder, an das Evangelium, das ich euch verkündet habe. Ihr habt es angenommen; es ist der Grund, auf dem ihr steht. Durch dieses Evangelium werdet ihr gerettet werden, wenn ihr festhaltet an dem Wort, das ich euch verkündet habe, es sei denn, ihr hättet den Glauben unüberlegt angenommen.

Denn vor allem habe ich euch überliefert, was auch ich empfangen habe: Christus ist für unsere Sünden gestorben, gemäß der Schrift, und ist begraben worden. Er ist am dritten Tag auferweckt worden, gemäß der Schrift, und erschien dem Kephas, dann den Zwölf.

Danach erschien er mehr als fünfhundert Brüdern zugleich; die meisten von ihnen sind noch am Leben, einige sind entschlafen. Danach erschien er dem Jakobus, dann allen Aposteln. Zuletzt erschien er auch mir, gleichsam der Missgeburt. Ob nun ich verkünde oder die anderen: Das ist unsere Botschaft und das ist der Glaube, den ihr angenommen habt.

RUF VOR DEM EVANGELIUM

Vers: vgl. Lk 24,32

Halleluja. Halleluja.
Brannte nicht unser Herz,
als der Herr unterwegs mit uns redete
und uns den Sinn der Schriften eröffnete?
Halleluja.

ZUM EVANGELIUM Da gehen zwei, denen Trauer die Sinne trübt: Jesus begleitet sie, „doch ihre Augen *waren gehalten*, sodass sie ihn nicht erkannten". Wie kann es sein, dass sie den nicht erkennen, dem sie nachgefolgt sind? Auch Lukas weiß es nicht – daher nutzt er hier ein griechisches Verb, das an anderer Stelle gebraucht wird, wenn Jesu Gegner ihn in ihre Gewalt bringen wollen. Hier ist es, als ob sich eine feindliche Macht der Augen der Jünger bemächtigt hat und sie nun gefangen hält. Das Ende der Geschichte aber erzählt vom Gegenteil: Als Jesus sich am Tisch zu erkennen gibt, „da *wurden* ihre Augen *aufgetan* und sie erkannten ihn; und er entschwand ihren Blicken". Wieder die Augen, wieder *wird* an ihnen gehandelt. Es ist Jesu heilsames Handeln, durch das die Augen aus ihrem Gehaltensein befreit werden. Sichtbarkeit und Unsichtbarkeit: Die Jünger erkennen Jesus nicht, solange sie ihn sehen – als sie ihn dann erkennen, sehen sie ihn nicht mehr. Die Spannung bleibt. Doch aus Trauer ist Freude geworden.

EVANGELIUM Lk 24,13–35°

Sie erkannten ihn, als er das Brot brach

+ Aus dem heiligen Evangelium nach Lukas.

Am ersten Tag der Woche waren zwei von den Jüngern Jesu auf dem Weg in ein Dorf namens Emmaus, das sechzig Stadien von Jerusalem entfernt ist. Sie sprachen miteinander über all das, was sich ereignet hatte. Und es geschah: Während sie redeten und ihre Gedanken austauschten, kam Jesus selbst hinzu und ging mit ihnen. Doch ihre Augen waren gehalten, sodass sie ihn nicht erkannten. Er fragte sie: Was sind das für Dinge, über die ihr auf eurem Weg miteinander redet?

Da blieben sie traurig stehen und der eine von ihnen – er hieß Kleopas – antwortete ihm: Bist du so fremd in Jerusalem, dass du als Einziger nicht weißt, was in diesen Tagen dort geschehen ist? Er fragte sie: Was denn?

Sie antworteten ihm: Das mit Jesus aus Nazaret. Er war ein Prophet, mächtig in Tat und Wort vor Gott und dem ganzen Volk. Doch unsere Hohepriester und Führer haben ihn zum Tod verurteilen und ans Kreuz schlagen lassen. Wir aber hatten gehofft, dass er der sei, der Israel erlösen werde. Und dazu ist heute schon der dritte Tag, seitdem das alles geschehen ist.

Doch auch einige Frauen aus unserem Kreis haben uns in große Aufregung versetzt. Sie waren in der Frühe beim Grab, fanden aber seinen Leichnam nicht. Als sie zurückkamen, erzählten sie, es seien ihnen Engel erschienen und hätten gesagt, er lebe. Einige von uns gingen dann zum Grab und fanden alles so, wie die Frauen gesagt hatten; ihn selbst aber sahen sie nicht.

Da sagte er zu ihnen: Ihr Unverständigen, deren Herz zu träge ist, um alles zu glauben, was die Propheten gesagt haben. Musste nicht der Christus das erleiden und so in seine Herrlichkeit gelangen? Und er legte ihnen dar, ausgehend von Mose und allen Propheten, was in der gesamten Schrift über ihn geschrieben steht.

So erreichten sie das Dorf, zu dem sie unterwegs waren. Jesus tat, als wolle er weitergehen, aber sie drängten ihn und sagten: Bleibe bei uns; denn es wird Abend, der Tag hat sich schon geneigt! Da ging er mit hinein, um bei ihnen zu bleiben. Und es geschah: Als er mit ihnen bei Tisch war, nahm er das Brot, sprach den Lobpreis, brach es und gab es ihnen. Da wurden ihre Augen aufgetan und sie erkannten ihn; und er entschwand ihren Blicken. Und sie sagten zueinander: Brannte nicht unser Herz in uns, als er unterwegs mit uns redete und uns den Sinn der Schriften eröffnete?

Noch in derselben Stunde brachen sie auf und kehrten nach Jerusalem zurück und sie fanden die Elf und die mit ihnen versammelt waren. Diese sagten: Der Herr ist wirklich auferstanden und ist dem Simon erschienen. Da erzählten auch sie, was sie unterwegs erlebt und wie sie ihn erkannt hatten, als er das Brot brach.

[*Oder:* RUF VOR DEM EVANGELIUM – Vers: vgl. Ps 118 (117) 24; EVANGELIUM – Mt 28,8–15]

FÜRBITTEN

„Voll Furcht und großer Freude“ eilten die Frauen weg vom Grab und verkündeten die Botschaft der Auferstehung. Wir bitten für alle

Menschen, die weit entfernt von Freude und Hoffnung leben müssen:

V: Gott, du unser Heil. A: Höre unser Rufen.

- Für deine Kirche bitten wir um den Mut zum Hören und um die Kraft der Erneuerung.
- Für die Trauernden bitten wir um Raum zum Trauern und um das Licht der Hoffnung.
- Für alle, die schuldig geworden sind, bitten wir um Einsicht und den Willen zu erneuertem Leben.
- Für alle, die jeden Tag von der Sorge um den Lebensunterhalt geplagt werden, bitten wir um Gerechtigkeit und Wege, die sich öffnen zu einem menschenwürdigen Leben.
- Für die von Krankheit Gezeichneten und von Not Gebeugten bitten wir um Beistand, solidarische Hilfe und um Menschen, die sie ansehen und nicht übersehen.

Mit den von großer Freude erfüllten Jüngerinnen Jesu danken wir Gott für seine Liebe und Treue, durch Jesus Christus, unseren Bruder und Herrn.

EUCHARISTIEFEIER

GABENGEBET

Gott, du hast deinem Volk durch das Bekenntnis des Glaubens und den Empfang der Taufe neues Leben geschenkt. Nimm die Gaben (der Neugetauften und aller) deiner Gläubigen gnädig an und lass uns in dir Seligkeit und ewiges Leben finden. Darum bitten wir durch Christus, unseren Herrn.

Präfation, S. 465 f.

KOMMUNIONVERS

Vgl. Röm 6,9

Christus ist vom Tod erstanden; er stirbt nicht mehr.
Gebrochen ist die Macht des Todes. Halleluja.

SCHLUSSGEBET

Allmächtiger Gott, du hast uns durch die österlichen Geheimnisse auf den Weg des Lebens geführt. Lass deine Gnade in uns mächtig werden, damit wir uns deiner Gaben würdig erweisen und unseren Weg zu dir vollenden. Darum bitten wir durch Christus, unseren Herrn.

FEIERLICHER SCHLUSSSEGEN

S. 350

***

UNSICHTBARE WAHRHEIT

Augen, Mund und Hände täuschen sich in dir,
doch des Wortes Botschaft offenbart dich mir.
Was Gott Sohn gesprochen, nehm ich glaubend an;
er ist selbst die Wahrheit, die nicht trügen kann.

Thomas von Aquin

2. SONNTAG DER OSTERZEIT
SONNTAG DER GÖTTLICHEN BARMHERZIGKEIT
WEISSER SONNTAG

27. April 2025

Eine Woche schon feiern wir Ostern. Und bis Pfingsten liegen noch viele österlich geprägte Tage vor uns. Ostern ist Leben, das den Tod besiegt. Ostern ist Heil, das die Krankheit hinter sich lässt. Ostern ist Begegnung, die neue Perspektiven schenkt. Ostern ist ein Anfang ohne Ende.

ERÖFFNUNGSVERS

Vgl. 5 Esra 2,36–37 (apokr.)

Freut euch und dankt Gott, der euch zu sich gerufen hat.
Ihr seid Kinder Gottes und Erben seiner Herrlichkeit.
Halleluja.

KYRIE-RUFE

Herr Jesus Christus, du bist
barmherzig und gnädig,
langmütig und reich an Huld.
V/A: Herr, erbarme dich.
Du schenkst uns deine Gegenwart
im österlichen Mahl.
V/A: Christus, erbarme dich.
Du gibst uns durch den Glauben
das Leben in deinem Namen.
V/A: Herr, erbarme dich.

Ehre sei Gott, S. 451 f.

TAGESGEBET

Barmherziger Gott, durch die jährliche Osterfeier erneuerst du den Glauben deines Volkes. Lass uns immer tiefer erkennen, wie heilig das Bad der Taufe ist, das uns gereinigt hat, wie mächtig dein Geist, aus dem wir wiedergeboren sind, und wie kostbar das Blut, durch das wir erkauft sind. Darum bitten wir durch Jesus Christus.

WORTGOTTESDIENST

ZUR 1. LESUNG Allzu oft verstecken wir Menschen unsere Schwächen, unsere Krankheiten und Bedrängnisse. Doch der österliche Glaube lädt uns ein, als Kranke und Geplagte sichtbar zu sein und einander herbeizuholen. Denn der Auferstandene ist das Heil der Welt. Er ist da, und aus der Begegnung kann Heilung erwachsen.

ERSTE LESUNG

Apg 5,12–16

Immer mehr wurden im Glauben zum Herrn geführt, Scharen von Männern und Frauen

Lesung aus der Apostelgeschichte.

Durch die Hände der Apostel geschahen viele Zeichen und Wunder im Volk. Alle kamen einmütig in der Halle Salomos zusammen. Von den Übrigen wagte niemand, sich ihnen anzuschließen; aber das Volk schätzte sie hoch.

Immer mehr wurden im Glauben zum Herrn geführt, Scharen von Männern und Frauen. Selbst die Kranken trug man auf die Straßen hinaus und legte sie auf Betten und Liegen, damit, wenn Petrus vorüberkam, wenigstens sein Schatten auf einen von ihnen fiel.

Auch aus den Städten ringsum Jerusalem strömten die Leute zusammen und brachten Kranke und von unreinen Geistern Geplagte mit. Und alle wurden geheilt.

ANTWORTPSALM

Ps 118 (117),2 u. 4.22–23.24 u. 26–27a (Kv: 1)

Kv Danket dem HERRN, denn er ist gut,
denn seine Huld währt ewig. – Kv

Oder:

Kv Halleluja. – Kv

So soll Israel sagen: *
Denn seine Huld währt ewig.
So sollen sagen, die den HERRN fürchten: *
Denn seine Huld währt ewig. – (Kv)

Ein Stein, den die Bauleute verwarfen, *
er ist zum Eckstein geworden.
Vom HERRN her ist dies gewirkt, *
ein Wunder in unseren Augen. – (Kv)

Dies ist der Tag, den der HERR gemacht hat; *
wir wollen jubeln und uns über ihn freuen.
Gesegnet sei, der da kommt im Namen des HERRN! /
Wir segnen euch vom Haus des HERRN her. *
Gott ist der HERR. Er ließ Licht für uns leuchten. – Kv

ZUR 2. LESUNG Der Tag des Herrn ist in der Bibel meist der Tag des Eingreifens Gottes, im frühen Christentum der Sonntag als Tag der Auferstehung. Am Tag des Herrn erlebt Johannes auf der Insel Patmos sein persönliches Ostern. In einer Vision sieht er sieben goldene Leuchter: ein Zeichen der Neuschöpfung und im Buch Sacharja mit dem Ausspruch verbunden: „Nicht durch Macht, nicht durch Kraft, allein durch meinen Geist!" (Sach 4,6) Ganz in diesem Sinn lässt sich

Johannes, der „wie tot" vor der Erscheinung des Menschensohns niedergefallen ist, von ihm berühren und beauftragen. Die sieben Leuchter weisen auf die sieben Gemeinden hin, denen er schreiben wird. Doch das ist – wie Ostern – nur der Anfang.

ZWEITE LESUNG

Offb 1,9–11a.12–13.17–19

Ich war tot, doch siehe, ich lebe in alle Ewigkeit

Lesung aus der Offenbarung des Johannes.

Ich, Johannes, euer Bruder und Gefährte in der Bedrängnis, in der Königsherrschaft und im standhaften Ausharren in Jesus, war auf der Insel, die Patmos heißt, um des Wortes Gottes willen und des Zeugnisses für Jesus.

Am Tag des Herrn wurde ich vom Geist ergriffen und hörte hinter mir eine Stimme, laut wie eine Posaune. Sie sprach: Schreib das, was du siehst, in ein Buch und schick es an die sieben Gemeinden in Kleinasien.

Da wandte ich mich um, weil ich die Stimme erblicken wollte, die zu mir sprach. Als ich mich umwandte, sah ich sieben goldene Leuchter und mitten unter den Leuchtern einen gleich einem Menschensohn; er war bekleidet mit einem Gewand bis auf die Füße und um die Brust trug er einen Gürtel aus Gold.

Als ich ihn sah, fiel ich wie tot vor seinen Füßen nieder. Er aber legte seine rechte Hand auf mich und sagte: Fürchte dich nicht! Ich bin der Erste und der Letzte und der Lebendige. Ich war tot, doch siehe, ich lebe in alle Ewigkeit und ich habe die Schlüssel zum Tod und zur Unterwelt.

Schreib auf, was du gesehen hast: was ist und was danach geschehen wird.

RUF VOR DEM EVANGELIUM

Vers: vgl. Joh 20,29

Halleluja. Halleluja.
(So spricht der Herr:)

Weil du mich gesehen hast, Thomas, glaubst du.
Selig sind, die nicht sehen und doch glauben.
Halleluja.

ZUM EVANGELIUM Der Atem steht nicht nur in der Schöpfungsgeschichte für das Leben (vgl. Gen 2,7). Er steht auch heute für Lebendigkeit, Ruhe und Freiheit. In diesem Osterevangelium steht er für die Sendung des Heiligen Geistes durch den Auferstandenen. Der Auferstandene atmet; er haucht Menschen an wie Gott am Anfang der Schöpfung. Er bläst ihnen Leben entgegen, nämlich den Heiligen Geist. Dieses Leben im Geist ist ein end-gültiges, ein vollendendes oder auch entscheidendes Leben: „Denen ihr die Sünden erlasst, denen sind sie erlassen; denen ihr sie behaltet, sind sie behalten.“ Die Bedeutung des Lebens lässt sich kaum deutlicher formulieren.

EVANGELIUM Joh 20,19–31

Acht Tage darauf kam Jesus bei verschlossenen Türen und trat in ihre Mitte

+ Aus dem heiligen Evangelium nach Johannes.

Am Abend des ersten Tages der Woche, als die Jünger aus Furcht vor den Juden bei verschlossenen Türen beisammen waren, kam Jesus, trat in ihre Mitte und sagte zu ihnen: Friede sei mit euch! Nach diesen Worten zeigte er ihnen seine Hände und seine Seite. Da freuten sich die Jünger, dass sie den Herrn sahen.

Jesus sagte noch einmal zu ihnen: Friede sei mit euch! Wie mich der Vater gesandt hat, so sende ich euch. Nachdem er das gesagt hatte, hauchte er sie an und sagte zu ihnen: Empfangt den Heiligen Geist! Denen ihr die Sünden erlasst, denen sind sie erlassen; denen ihr sie behaltet, sind sie behalten.

Thomas, der Didymus – Zwilling – genannt wurde, einer der Zwölf, war nicht bei ihnen, als Jesus kam. Die anderen Jünger sagten zu ihm: Wir haben den Herrn gesehen.

Er entgegnete ihnen: Wenn ich nicht das Mal der Nägel an seinen Händen sehe und wenn ich meinen Finger nicht in das Mal der Nägel und meine Hand nicht in seine Seite lege, glaube ich nicht.

Acht Tage darauf waren seine Jünger wieder drinnen versammelt und Thomas war dabei.

Da kam Jesus bei verschlossenen Türen, trat in ihre Mitte und sagte: Friede sei mit euch! Dann sagte er zu Thomas: Streck deinen Finger hierher aus und sieh meine Hände! Streck deine Hand aus und leg sie in meine Seite und sei nicht ungläubig, sondern gläubig!

Thomas antwortete und sagte zu ihm: Mein Herr und mein Gott! Jesus sagte zu ihm: Weil du mich gesehen hast, glaubst du. Selig sind, die nicht sehen und doch glauben.

Noch viele andere Zeichen hat Jesus vor den Augen seiner Jünger getan, die in diesem Buch nicht aufgeschrieben sind. Diese aber sind aufgeschrieben, damit ihr glaubt, dass Jesus der Christus ist, der Sohn Gottes, und damit ihr durch den Glauben Leben habt in seinem Namen.

Glaubensbekenntnis, S. 454 ff.

FÜRBITTEN

Zweifel und Fragen gehören zum Glauben. Thomas stellt Fragen, und er steht zu seinen Zweifeln. Und Jesus beschämt ihn nicht, vielmehr steht der Auferstandene zu Thomas und schenkt ihm seine Nähe:

V: Jesus, du unsere Hoffnung. A: Wir bitten dich, erhöre uns.

- Wir beten für alle, die suchen und fragen.
- Wir beten für alle, die Fragen aushalten.
- Wir beten für alle, die seelische Not erkennen.
- Wir beten für alle, die anderen feinfühlig zur Seite stehen.
- Wir beten für die Kinder, die heute zum ersten Mal teilhaben am heiligen Mahl, und für ihre Eltern und Geschwister.

Jesus Christus, der gelitten hat, gekreuzigt und auferweckt wurde, gibt sich dem suchenden Thomas zu erkennen als der, der den Frieden bringt. Dafür danken wir und loben Gott, heute und allezeit.

EUCHARISTIEFEIER

GABENGEBET

Gott, du hast deinem Volk durch das Bekenntnis des Glaubens und den Empfang der Taufe neues Leben geschenkt. Nimm die Gaben (der Neugetauften und aller) deiner Gläubigen gnädig an und lass uns in dir Seligkeit und ewiges Leben finden. Darum bitten wir durch Christus, unseren Herrn.

Präfation, S. 465 f.

KOMMUNIONVERS Joh 20,29

Selig, die nicht sehen und doch glauben.
Halleluja.

SCHLUSSGEBET

Allmächtiger Gott, im heiligen Sakrament haben wir den Leib und das Blut deines Sohnes empfangen. Lass diese österliche Gabe in uns weiterwirken und fruchtbar sein. Darum bitten wir durch Christus, unseren Herrn.

FEIERLICHER SCHLUSSSEGEN

Der allmächtige Gott hat uns durch die Auferstehung seines Sohnes aus Sünde und Tod befreit; er segne euch und schenke euch seine Freude. – A: Amen.
Und Christus, mit dem wir auferstanden sind durch den Glauben, bewahre in euch die Gabe der Erlösung. – A: Amen.
Gott hat uns in der Taufe angenommen als Kinder seiner Gnade; er schenke euch das verheißene Erbe. – A: Amen.
Das gewähre euch der dreieinige Gott, der Vater und der Sohn † und der Heilige Geist. – A: Amen.

***

LASSEN – GELASSEN

loslassen
überlassen
mich lassen

Dich lassen
zulassen
entlastend

lassen
gelassen
aus Dir

Beate Thiessen

3. SONNTAG DER OSTERZEIT

4. Mai 2025

Die nachösterlichen Ereignisse, von denen die Apostelgeschichte erzählt, sind geprägt von Auseinandersetzungen und Unterstellungen. Die Offenbarung des Johannes lässt verstörende Bilder vor dem inneren Auge der Leserschaft erstehen, und der Auferstandene verheißt dem Petrus kein friedliches Lebensende. Das Geheimnis von Ostern zeigt sich nicht allein im Sieg des Lebens über den Tod, sondern zuerst und in seiner Tiefe im Umgang mit den Bedrängnissen des Lebens.

ERÖFFNUNGSVERS

Ps 66 (65), 1–2

Jauchzt vor Gott, alle Menschen der Erde!
Spielt zum Ruhm seines Namens!
Verherrlicht ihn mit Lobpreis! Halleluja.

KYRIE-RUFE

Jesus Christus, auferstandener Herr,
du bist den Jüngern lebendig erschienen.
V/A: Herr, erbarme dich.
Du bist von Gott als Anführer und Retter
an seine rechte Seite erhoben.
V/A: Christus, erbarme dich.
Du schenkst die Umkehr
und Vergebung der Sünden.
V/A: Herr, erbarme dich.

Ehre sei Gott, S. 451 f.

TAGESGEBET

Allmächtiger Gott, lass die österliche Freude in uns fortdauern, denn du hast deiner Kirche neue Lebenskraft geschenkt und die Würde unserer Gotteskindschaft in neuem Glanz erstrahlen lassen. Gib, dass wir den Tag der Auferstehung voll Zuversicht erwarten als einen Tag des Jubels und des Dankes. Darum bitten wir durch Jesus Christus.

WORTGOTTESDIENST

ZUR 1. LESUNG Wie klingt das Wort Gehorsam in Ihren Ohren? Hören Sie es auf dem Ohr des Vertrauens, der Aufmerksamkeit und der Liebe? Oder auf dem Ohr der Unfreiheit, des Zwangs und der Abwehr? Ich meine, dass Gehorsam Beliebigkeit ausschließt und mit Entschiedenheit einhergeht. So widersetzen sich Petrus und die Apostel entschieden dem Verbot der religiösen Autoritäten, aus Gehorsam: „Man muss Gott mehr gehorchen als den Menschen." Gehorsam ist nie Selbstzweck, wohl aber ein Weg der Nachfolge. Im Sinne des Vertrauens, der Aufmerksamkeit und der Liebe ist er Kennzeichen österlicher Existenz.

ERSTE LESUNG Apg 5,27b–32.40b–41

Zeugen dieser Ereignisse sind wir und der Heilige Geist

Lesung aus der Apostelgeschichte.

In jenen Tagen führte man die Apostel herbei und stellte sie vor den Hohen Rat. Der Hohepriester verhörte sie und sagte: Wir haben euch streng verboten, in diesem Namen zu lehren; und siehe, ihr habt Jerusalem mit eurer Lehre erfüllt; ihr wollt das Blut dieses Menschen über uns bringen.

Petrus und die Apostel antworteten: Man muss Gott mehr gehorchen als den Menschen. Der Gott unserer Väter hat Jesus auferweckt, den ihr ans Holz gehängt und ermordet habt. Ihn hat Gott als Anführer und Retter an seine rechte Seite erhoben, um Israel die Umkehr und Vergebung der Sünden zu schenken. Zeugen dieser Ereignisse sind wir und der Heilige Geist, den Gott allen verliehen hat, die ihm gehorchen.

Darauf ließen sie die Apostel auspeitschen; dann verboten sie ihnen, im Namen Jesu zu predigen, und ließen sie frei. Die Apostel aber gingen weg vom Hohen Rat und freuten sich, dass sie gewürdigt worden waren, für seinen Namen Schmach zu erleiden.

ANTWORTPSALM Ps 30 (29),2 u. 4.5–6b.6cd u. 12a u. 13b (Kv: vgl. 2ab)

Kv HERR, du zogst mich herauf aus der Tiefe;
ich will dich rühmen in Ewigkeit. – Kv

Oder:

Kv Halleluja. – Kv

Ich will dich erheben, HERR, /
denn du zogst mich herauf *
und ließest nicht zu, dass meine Feinde sich über mich freuen.
HERR, du hast meine Seele heraufsteigen lassen aus der Totenwelt, *
hast mich am Leben erhalten, sodass ich nicht in die Grube hinabstieg. – (Kv)

Singt und spielt dem HERRN, ihr seine Frommen, *
dankt im Gedenken seiner Heiligkeit!
Denn sein Zorn dauert nur einen Augenblick, *
doch seine Güte ein Leben lang. – (Kv)

Wenn man am Abend auch weint, *
am Morgen herrscht wieder Jubel.
Du hast mein Klagen in Tanzen verwandelt, *
HERR, mein Gott, ich will dir danken in Ewigkeit. – Kv

ZUR 2. LESUNG Was für ein seltsames Bild: das geschlachtete Lamm, das über alle Maßen geehrt wird! Es erinnert an den Gottesknecht im Buch Jesaja, der der Misshandlung standhielt „wie ein Lamm, das man zum Schlachten führt, und wie ein Schaf vor seinen Scherern verstummt" (Jes 53,7). Das Lamm hat Leid ertragen müssen. Auf Gemälden sind die Spuren des Leidens oft sichtbar dargestellt. Gleichzeitig ist es ein Opferlamm, eine Gabe der Menschen für Gott. Doch nicht die opfernde Person wird geehrt, ganz und gar nicht. Sondern das Lamm! Und dazu der, der auf dem Thron sitzt, und mit dem Lamm angebetet wird. Sind es Gott und der vom Leben gezeichnete Mensch, der Mensch Jesus Christus, die dort in der österlichen Herrlichkeit zusammenfinden?

ZWEITE LESUNG

Offb 5,11–14

Würdig ist das Lamm, das geschlachtet wurde, Macht zu empfangen und Herrlichkeit

Lesung aus der Offenbarung des Johannes.

Ich, Johannes, sah und ich hörte die Stimme von vielen Engeln rings um den Thron und um die Lebewesen und die Ältesten; die Zahl der Engel war zehntausend mal zehntausend und tausend mal tausend. Sie riefen mit lauter Stimme: Würdig ist das Lamm, das geschlachtet ist, Macht zu empfangen, Reichtum und Weisheit, Kraft und Ehre, Lob und Herrlichkeit. Und alle Geschöpfe im Himmel und auf der Erde, unter der Erde und auf dem Meer, alles, was darin ist, hörte ich sprechen: Ihm, der auf dem Thron sitzt, und dem Lamm gebühren Lob und Ehre und Herrlichkeit und Kraft in alle Ewigkeit.

Und die vier Lebewesen sprachen: Amen. Und die vierundzwanzig Ältesten fielen nieder und beteten an.

RUF VOR DEM EVANGELIUM

Halleluja. Halleluja.
Christus ist auferstanden.
Er, der Schöpfer des Alls, hat sich aller Menschen erbarmt.
Halleluja.

ZUM EVANGELIUM Dieses Evangelium handelt von der Erscheinung des Auferstandenen am See von Tiberias und seinem Auftrag an Petrus: „Weide meine Schafe." Jesus übergibt die Verantwortung, die Petrus aus der Liebesbeziehung zu ihm heraus fortan leben soll. Das ist recht bekannt. Doch der letzte Abschnitt wird allzu schnell überlesen und hat es in sich: Wenn die Zeit der Verantwortung vorbei ist, soll Petrus sie wieder lassen – und zwar ganz aktiv: Er wird seine Hände ausstrecken und ein anderer wird ihn führen, wohin er nicht will. Am Ende seines Lebens wird er Gott verherrlichen durch das Loslassen bis in den Tod hinein. Auch Loslassen ist ein österlicher Weg der Nachfolge Jesu.

EVANGELIUM

Joh 21,1–19

Jesus trat heran, nahm das Brot und gab es ihnen, ebenso den Fisch

+ Aus dem heiligen Evangelium nach Johannes.

In jener Zeit offenbarte sich Jesus den Jüngern noch einmal, am See von Tiberias, und er offenbarte sich in folgender Weise.

Simon Petrus, Thomas, genannt Didymus, Natanaël aus Kana in Galiläa, die Söhne des Zebedäus und zwei andere von seinen Jüngern waren zusammen. Simon Petrus sagte zu ihnen: Ich gehe fischen. Sie sagten zu ihm: Wir kommen auch mit. Sie gingen hinaus und stiegen in das Boot. Aber in dieser Nacht fingen sie nichts.

Als es schon Morgen wurde, stand Jesus am Ufer. Doch die Jünger wussten nicht, dass es Jesus war.

Jesus sagte zu ihnen: Meine Kinder, habt ihr keinen Fisch zu essen? Sie antworteten ihm: Nein. Er aber sagte zu ihnen: Werft das Netz auf der rechten Seite des Bootes aus und ihr werdet etwas finden. Sie warfen das Netz aus und konnten es nicht wieder einholen, so voller Fische war es.

Da sagte der Jünger, den Jesus liebte, zu Petrus: Es ist der Herr! Als Simon Petrus hörte, dass es der Herr sei, gürtete er sich das Obergewand um, weil er nackt war, und sprang in den See.

Dann kamen die anderen Jünger mit dem Boot – sie waren nämlich nicht weit vom Land entfernt, nur etwa zweihundert Ellen – und zogen das Netz mit den Fischen hinter sich her.

Als sie an Land gingen, sahen sie am Boden ein Kohlenfeuer und darauf Fisch und Brot liegen. Jesus sagte zu ihnen: Bringt von den Fischen, die ihr gerade gefangen habt! Da stieg Simon Petrus ans Ufer und zog das Netz an Land. Es war mit hundertdreiundfünfzig großen Fischen gefüllt, und obwohl es so viele waren, zerriss das Netz nicht.

Jesus sagte zu ihnen: Kommt her und esst! Keiner von den Jüngern wagte ihn zu befragen: Wer bist du? Denn sie wussten, dass es der Herr war. Jesus trat heran, nahm das Brot und gab es ihnen, ebenso den Fisch.

Dies war schon das dritte Mal, dass Jesus sich den Jüngern offenbarte, seit er von den Toten auferstanden war.

Als sie gegessen hatten, sagte Jesus zu Simon Petrus: Simon, Sohn des Johannes, liebst du mich mehr als diese? Er antwortete ihm: Ja, Herr, du weißt, dass ich dich liebe. Jesus sagte zu ihm: Weide meine Lämmer!

Zum zweiten Mal fragte er ihn: Simon, Sohn des Johannes, liebst du mich? Er antwortete ihm: Ja, Herr, du weißt, dass ich dich liebe. Jesus sagte zu ihm: Weide meine Schafe!

Zum dritten Mal fragte er ihn: Simon, Sohn des Johannes, liebst du mich? Da wurde Petrus traurig, weil Jesus ihn zum dritten Mal gefragt hatte: Liebst du mich? Er gab ihm zur Antwort: Herr, du weißt alles; du weißt, dass ich dich liebe. Jesus sagte zu ihm: Weide meine Schafe!

Amen, amen, ich sage dir: Als du jünger warst, hast du dich selbst gegürtet und gingst, wohin du wolltest. Wenn du aber alt geworden bist, wirst du deine Hände ausstrecken und ein anderer wird dich gürten und dich führen, wohin du nicht willst.

Das sagte Jesus, um anzudeuten, durch welchen Tod er Gott verherrlichen werde. Nach diesen Worten sagte er zu ihm: Folge mir nach!

[*Oder:* KURZFASSUNG – Joh 21,1–14]

Glaubensbekenntnis, S. 454 ff.

FÜRBITTEN

Die Netze der Jünger bleiben zunächst leer: eine Erfahrung der Vergeblichkeit und des Mangels, die viele Menschen machen müssen. Wir bitten Gott um seinen Beistand:

V: Gott des Lebens. A: Höre unser Rufen.

- Für alle, die sich für Klarheit und Wahrheit in der Kirche einsetzen, auch wenn es unbequem ist.
- Für alle, die engagiert und glaubwürdig dein Wort verkünden.
- Für alle Kinder, die nie erfahren durften, dass sie gewollt und willkommen sind.
- Für alle, deren Lebensgrundlage durch Hitzeperioden, Dürren und Überflutungen bedroht ist.
- Für alle, die auf der Flucht sind, die Gewalt und Not erleben und deren Hoffnung sich erschöpft.
- Für alle, deren Leben zu Ende geht und deren Lebenshoffnungen schmerzlich unerfüllt blieben.

Gott, du füllst unsere Hände. Hilf uns, deine Fülle zu sehen und aus ihr zu leben, durch Jesus Christus, unseren Freund und Bruder.

EUCHARISTIEFEIER

GABENGEBET

Allmächtiger Gott, nimm die Gaben an, die deine Kirche dir in österlicher Freude darbringt. Du hast ihr Grund gegeben zu solchem Jubel, erhalte ihr die Freude bis zur Vollendung. Darum bitten wir durch Christus, unseren Herrn.

Präfation, S. 465 f.

KOMMUNIONVERS

Vgl. Joh 21,12–13

Jesus sprach zu seinen Jüngern: Kommt und esst!
Und er nahm das Brot und gab es ihnen. Halleluja.

SCHLUSSGEBET

Ewiger Gott, du hast uns durch die Ostergeheimnisse erneuert. Wende dich uns voll Güte zu und bleibe bei uns mit deiner Huld, bis wir mit verklärtem Leib zum unvergänglichen Leben auferstehen. Darum bitten wir durch Christus, unseren Herrn.

FEIERLICHER SCHLUSSSEGEN

S. 368

***

MENSCH, WERDE WESENTLICH

Mensch, werde wesentlich! Denn wenn die Welt vergeht,
so fällt der Zufall weg: das Wesen, das besteht!

Angelus Silesius

4. SONNTAG DER OSTERZEIT

11. Mai 2025

In der Mitte der Osterzeit erinnert der Gute-Hirte-Sonntag daran, dass der auferstandene Jesus Christus die Mitte seiner Kirche ist. Er ist der gute Hirt. Auch Menschen tragen Verantwortung in der Kirche, doch immer nur vorübergehend. Denn niemand außer Jesus Christus kann sagen: „Ich und der Vater sind eins."

ERÖFFNUNGSVERS

Ps 33 (32),5–6

Die Erde ist voll von der Huld des Herrn.
Durch das Werk des Herrn wurden die Himmel geschaffen.
Halleluja.

KYRIE-RUFE

Herr Jesus Christus,
du bist der gute Hirte.
V/A: Herr, erbarme dich.
Du kennst die Deinen
und sie folgen dir.
V/A: Christus, erbarme dich.
Du gibst ihnen ewiges Leben.
V/A: Herr, erbarme dich.

Ehre sei Gott, S. 451 f.

TAGESGEBET

Allmächtiger, ewiger Gott, dein Sohn ist der Kirche siegreich vorausgegangen als der Gute Hirt. Geleite auch die Herde, für die er sein Leben dahingab, aus aller Not zur ewigen Freude. Darum bitten wir durch ihn, Jesus Christus.

WORTGOTTESDIENST

ZUR 1. LESUNG Es ist enorm, was Eifersucht anrichten kann. In Antiochia führt sie in verschiedenen Eskalationsstufen zu Widerspruch, Lästerungen, Hetze, Verfolgung und zur Vertreibung von Paulus und Barnabas. Doch trotz dieser Wirkung der Eifersucht findet die Gnade Gottes ihren Weg auch in Antiochia – immerhin ist das der Ort, an dem die Gruppe der Gläubigen zuallererst „Christen" genannt wurde (vgl. Apg 11,26). Der Sieg der Gnade über die Eifersucht – auch das ist ein österliches Geschehen, in Antiochia und im Herzen eines jeden Menschen.

ERSTE LESUNG

Apg 13,14.43b–52

Da ihr euch des ewigen Lebens unwürdig erachtet, wenden wir uns jetzt an die Heiden

Lesung aus der Apostelgeschichte.

In jenen Tagen wanderten Paulus und Barnabas von Perge weiter und kamen nach Antiochia in Pisidien. Dort gingen sie am Sabbat in die Synagoge und setzten sich.

Es schlossen sich viele Juden und fromme Proselyten Paulus und Barnabas an. Diese redeten ihnen zu und ermahnten sie, der Gnade Gottes treu zu bleiben.

Am folgenden Sabbat versammelte sich fast die ganze Stadt, um das Wort des Herrn zu hören. Als die Juden die Scharen sahen, wurden sie eifersüchtig, widersprachen den Worten des Paulus und stießen Lästerungen aus.

Paulus und Barnabas aber erklärten freimütig: Euch musste das Wort Gottes zuerst verkündet werden. Da ihr es aber zurückstoßt und euch selbst des ewigen Lebens für unwürdig erachtet, siehe, so wenden wir uns jetzt an die Heiden. Denn so hat uns der Herr aufgetragen: Ich habe dich zum Licht für die Völker gemacht, bis an das Ende der Erde sollst du das Heil sein.

Als die Heiden das hörten, freuten sie sich und priesen das Wort des Herrn; und alle wurden gläubig, die für das ewige Leben bestimmt waren. Das Wort des Herrn aber verbreitete sich in der ganzen Gegend.

Die Juden jedoch hetzten die vornehmen gottesfürchtigen Frauen und die Ersten der Stadt auf, veranlassten eine Verfolgung gegen Paulus und Barnabas und vertrieben sie aus ihrem Gebiet.

Diese aber schüttelten gegen sie den Staub von ihren Füßen und zogen nach Ikonion. Und die Jünger wurden mit Freude und Heiligem Geist erfüllt.

ANTWORTPSALM

Ps 100 (99), 1–3.4.5 (Kv: vgl. 3c)

Kv Wir sind das Volk des HERRN,
die Herde seiner Weide. – Kv

Oder:

Kv Halleluja. – Kv

Jauchzt dem HERRN, alle Lande! /
Dient dem HERRN mit Freude! *
Kommt vor sein Angesicht mit Jubel!
Erkennt: Der HERR allein ist Gott. /
Er hat uns gemacht, wir sind sein Eigentum, *
sein Volk und die Herde seiner Weide. – (Kv)

Kommt mit Dank durch seine Tore, /
mit Lobgesang in seine Höfe! *
Dankt ihm, preist seinen Namen!

Denn der Herr ist gut, /
ewig währt seine Huld *
und von Geschlecht zu Geschlecht seine Treue. – Kv

ZUR 2. LESUNG Hier sind die mit der weißen Weste: Sie kommen aus der Bedrängnis und haben ihre Gewänder im Blut des Lammes weiß gemacht. Dieses Bild ist ähnlich verwirrend wie das des geschlachteten Lammes, das angebetet wird. Denn niemals wird ein Kleidungsstück durch Blut weiß, ganz im Gegenteil. Es wird auch niemand, der gestorben ist, wieder lebendig. Und doch ist Jesus Christus vom Tod erstanden. Und doch wirkt sein Leid, wirkt sein vergossenes Blut erlösend. Die weißen Westen der großen Schar sind alles andere als steril und unbefleckt. Sie zeugen von vielen Erfahrungen, Bedrängnissen und Hoffnungen. Sie sind weiß, weil sie durch all das hindurch zu den Quellen des Lebens gelangt sind.

ZWEITE LESUNG

Offb 7,9.14b–17

Das Lamm wird sie weiden und zu den Quellen des Lebens führen

Lesung aus der Offenbarung des Johannes.

Ich, Johannes, sah: eine große Schar aus allen Nationen und Stämmen, Völkern und Sprachen; niemand konnte sie zählen. Sie standen vor dem Thron und vor dem Lamm, gekleidet in weiße Gewänder und trugen Palmzweige in den Händen. Und einer der Ältesten sagte zu mir: Dies sind jene, die aus der großen Bedrängnis kommen: sie haben ihre Gewänder gewaschen und im Blut des Lammes weiß gemacht.

Deshalb stehen sie vor dem Thron Gottes und dienen ihm bei Tag und Nacht in seinem Tempel; und der, der auf dem Thron sitzt, wird sein Zelt über ihnen aufschlagen. Sie werden keinen Hunger und keinen Durst mehr leiden und weder Sonnenglut noch irgendeine sengende Hitze wird auf ihnen lasten.

Denn das Lamm in der Mitte vor dem Thron wird sie weiden und zu den Quellen führen, aus denen das Wasser des Lebens strömt, und Gott wird alle Tränen von ihren Augen abwischen.

RUF VOR DEM EVANGELIUM

Vers: Joh 10,14

Halleluja. Halleluja.
(So spricht der Herr:)
Ich bin der gute Hirt;
ich kenne die Meinen, und die Meinen kennen mich.
Halleluja.

ZUM EVANGELIUM Jesus, der Hirte, ist selbst ein Lamm – so bezeugt es der letzte Satz der zweiten Lesung. Er kennt das Leben mit all seinen Bedrängnissen bis hinein in den Tod. Doch er kennt auch die Quellen der Kraft und der Lebendigkeit. Er kommt von Gott, wurde Mensch und kehrte durch die Auferstehung zurück zu Gott, seinem und unserem Vater. Er ist der Weg, die Wahrheit und das Leben. Er ist das Lamm und der Hirte. Ist das nicht ein guter Grund, ihm zu vertrauen?

EVANGELIUM

Joh 10,27–30

Ich gebe meinen Schafen ewiges Leben

+ Aus dem heiligen Evangelium nach Johannes.

In jener Zeit sprach Jesus: Meine Schafe hören auf meine Stimme; ich kenne sie und sie folgen mir. Ich gebe ihnen ewiges Leben. Sie werden niemals zugrunde gehen und niemand wird sie meiner Hand entreißen.

Mein Vater, der sie mir gab, ist größer als alle, und niemand kann sie der Hand meines Vaters entreißen. Ich und der Vater sind eins.

Glaubensbekenntnis, S. 454 ff.

FÜRBITTEN

Jesus spricht von Nähe und Vertrauen: Er vertraut Gott. Vertrauen können – das ist nicht einfach, und doch geht es in jedem Leben auch darum. Wir bitten Jesus, unseren Bruder:

V: Jesus, du allein bist der gute Hirt. A: Höre unser Rufen.

- Hilf deiner Kirche, sich zu öffnen für die Menschen in Not und Bedrängnis.
- Stärke alle, die nach Sinn in ihrem Leben suchen, dass sie nicht falschen Hirten folgen.
- Steh den Menschen bei, deren Arbeitskraft ausgebeutet und denen gerechter Lohn verwehrt wird.
- Ermutige alle, die den Geflüchteten helfen, wieder Heimat zu finden.
- Bestärke jene, die alte und kranke Menschen besuchen und ihre Traurigkeit und Einsamkeit durchbrechen.

Jesus Christus, du bist uns nahe wie ein achtsamer Hirte, wie ein fürsorglicher Freund. Hilf uns, die guten Wege zu suchen und zu finden, heute und alle Tage.

EUCHARISTIEFEIER

GABENGEBET

Herr, unser Gott, gib, dass wir dir allzeit danken durch die Feier der österlichen Geheimnisse. In ihnen führst du das Werk der Erlösung fort, mache sie für uns zur Quelle der unvergänglichen Freude. Darum bitten wir durch Christus, unseren Herrn.

Präfation, S. 465 f.

KOMMUNIONVERS

Auferstanden ist der Gute Hirt.
Er gab sein Leben für die Schafe.
Er ist für seine Herde gestorben. Halleluja.

SCHLUSSGEBET

Gott, du Hirt deines Volkes, sieh voll Huld auf deine Herde, die durch das kostbare Blut deines Sohnes erkauft ist; bleibe bei ihr und führe sie auf die Weide des ewigen Lebens. Darum bitten wir durch ihn, Christus, unseren Herrn.

FEIERLICHER SCHLUSSSEGEN S. 368

***

HEITERKEIT

Sei heiter!
Es ist gescheiter
als alles Gegrübel:
Gott hilft weiter –
zur Himmelsleiter
werden die Übel.

Theodor Fontane

5. SONNTAG DER OSTERZEIT

18. Mai 2025

Glauben heißt: Gemeinschaft mit Gott leben. Dazu gehört es, Gott im Herzen Raum zu geben, mit ihm in Kontakt zu sein. Genauso wichtig ist es, sich von ihm in Dienst nehmen zu lassen. Mitzubauen am Reich Gottes. Mit Gott zusammen etwas zu tun. Gott ist Schöpfer der Welt. Er kann sie auch erneuern. Doch angesichts dessen, wie Gott sich in der Geschichte immer wieder offenbart hat, ist es unwahrscheinlich, dass er dies allein tun will. Gott baut auf uns Menschen – in unserer Schwachheit und Stärke, unserem Versagen und Erfolg. Gott sucht Gemeinschaft. Geben wir ihm und uns eine Chance.

ERÖFFNUNGSVERS

Ps 98 (97), 1–2

Singt dem Herrn ein neues Lied,
denn er hat wunderbare Taten vollbracht
und sein gerechtes Wirken enthüllt
vor den Augen der Völker. Halleluja.

KYRIE-RUFE

Herr Jesus Christus, du hast den
Tod für immer verschlungen.
V/A: Herr, erbarme dich.
Du wirst die Tränen von
jedem Gesicht abwischen.
V/A: Christus, erbarme dich.
Du machst alles neu.
V/A: Herr, erbarme dich.

Ehre sei Gott, S. 451 f.

TAGESGEBET

Gott, unser Vater, du hast uns durch deinen Sohn erlöst und als deine geliebten Kinder angenommen. Sieh voll Güte auf alle, die an Christus glauben, und schenke ihnen die wahre Freiheit und das ewige Erbe. Darum bitten wir durch Jesus Christus.

WORTGOTTESDIENST

ZUR 1. LESUNG In jeder Gemeinde bestellten Barnabas und Paulus durch Handauflegung Älteste. Sie empfahlen sie durch Gebet und Fasten dem Herrn – wie sie ja auch selbst in Antiochia, vermutlich von der Gemeinde, der Gnade Gottes empfohlen worden waren. Sie bezeugen ein Zusammenwirken von Gott und Mensch, sowohl im Auftrag als auch im Tun. Wo und wie erfahren wir heute, dass Gott mit uns zusammen etwas tut? Häufig ist erst im Nachhinein erkennbar, dass Gott mit uns wirksam war: Wie war es gestern, vor einigen Wochen, im letzten Jahr?

ERSTE LESUNG

Apg 14,21b–27

Sie berichteten der Gemeinde, was Gott zusammen mit ihnen getan hatte

Lesung aus der Apostelgeschichte.

In jenen Tagen kehrten Paulus und Barnabas nach Lystra, Ikonion und Antiochia zurück. Sie stärkten die Seelen der Jünger und ermahnten sie, treu am Glauben festzuhalten; sie sagten: Durch viele Drangsale müssen wir in das Reich Gottes gelangen. Sie setzten für sie in jeder Gemeinde Älteste ein und empfahlen sie unter Gebet und Fasten dem Herrn, an den sie nun glaubten. Nachdem sie durch Pisidien gezogen waren, kamen sie nach Pamphylien, verkündeten in Perge das Wort und gingen dann nach Attalia hinab. Von dort segelten sie nach Antiochia, wo man sie für das Werk, das sie nun vollbracht hatten, der Gnade Gottes übereignet hatte.

Als sie dort angekommen waren, riefen sie die Gemeinde zusammen und berichteten alles, was Gott mit ihnen zusammen getan und dass er den Heiden die Tür zum Glauben geöffnet hatte.

ANTWORTPSALM

Ps 145 (144),1–2.8–9.10–11.13c–14 (Kv: 1a)

Kv Ich will dich erheben, meinen Gott und König. – Kv

Oder:

Kv Halleluja. – Kv

Ich will dich erheben, meinen Gott und König, *
ich will deinen Namen preisen auf immer und ewig;
Jeden Tag will ich dich preisen *
und deinen Namen loben auf immer und ewig. – (Kv)

Der Herr ist gnädig und barmherzig, *
langmütig und reich an Huld.
Der Herr ist gut zu allen, *
sein Erbarmen waltet über all seinen Werken. – (Kv)

Danken sollen dir, Herr, all deine Werke, *
deine Frommen sollen dich preisen.
Von der Herrlichkeit deines Königtums sollen sie reden, *
von deiner Macht sollen sie sprechen. – (Kv)

Treu ist der Herr in seinen Reden,
und heilig in all seinen Werken.
Der Herr stützt alle, die fallen, *
er richtet alle auf, die gebeugt sind. – Kv

ZUR 2. LESUNG Wo wohnt Gott? In der Vision des Johannes, in der er einen neuen Himmel und eine neue Erde sah, kommt das neue Jerusalem aus dem Himmel herab und eine laute Stimme ruft: „Seht, die Wohnung Gottes unter den Menschen!" Da also wohnt Gott: im neuen Jerusalem. Doch wie viel Leid musste das alte Jerusalem schon erfahren, wie gebeutelt ist diese Stadt, sind die Menschen in ihr bis heute. Doch sie hat eine Zukunft, in der Gott in ihrer Mitte wohnen wird und alle Tränen abwischt. Zugegeben, das ist schwer vorstellbar. Doch so ist es verheißen: „Seht, ich mache alles neu."

ZWEITE LESUNG Offb 21,1–5a

Gott wird alle Tränen von ihren Augen abwischen

Lesung aus der Offenbarung des Johannes.

Ich, Johannes, sah einen neuen Himmel und eine neue Erde; denn der erste Himmel und die erste Erde sind vergangen, auch das Meer ist nicht mehr.

Ich sah die heilige Stadt, das neue Jerusalem, von Gott her aus dem Himmel herabkommen; sie war bereit wie eine Braut, die sich für ihren Mann geschmückt hat.

Da hörte ich eine laute Stimme vom Thron her rufen: Seht, die Wohnung Gottes unter den Menschen! Er wird in ihrer Mitte wohnen, und sie werden sein Volk sein; und er, Gott, wird bei ihnen sein. Er wird alle Tränen von ihren Augen abwischen: Der Tod wird nicht mehr sein, keine Trauer, keine Klage, keine Mühsal. Denn was früher war, ist vergangen.

Er, der auf dem Thron saß, sprach: Seht, ich mache alles neu.

RUF VOR DEM EVANGELIUM Vers: Joh 13,34ac

Halleluja. Halleluja.
(So spricht der Herr:)
Ein neues Gebot gebe ich euch:

Wie ich euch geliebt habe, so sollt auch ihr einander lieben.
Halleluja.

Oder:

Dies ist mein Gebot:
Liebet einander, wie ich euch geliebt!

ZUM EVANGELIUM Am Abend des letzten Abendmahls, gleich nachdem Judas gegangen ist, um ihn zu verraten, sagt Jesus: „Jetzt ist der Menschensohn verherrlicht und Gott ist in ihm verherrlicht." Was für ein geheimnisvolles Wort! Es geht um Glanz, Ehre, Anerkennung, Klarheit … In Jesus Christus, der sein Leben hinzugeben bereit ist, leuchtet Gott auf. Es wird erfahrbar: So ist Gott. Das neue Gebot ist damit verbunden, Gott im eigenen Herzen aufleuchten, sich verherrlichen zu lassen: „Wie ich euch geliebt habe, so sollt auch ihr einander lieben." Menschen können – streng genommen – nicht lieben wie Gott, aber wir können Gott in unseren Herzen eine Chance geben und mit ihm zusammen lieben.

EVANGELIUM

Joh 13,31–33a.34–35

Ein neues Gebot gebe ich euch: Liebt einander!

+ **Aus dem heiligen Evangelium nach Johannes.**

Als Judas vom Mahl hinausgegangen war, sagte Jesus: Jetzt ist der Menschensohn verherrlicht und Gott ist in ihm verherrlicht. Wenn Gott in ihm verherrlicht ist, wird auch Gott ihn in sich verherrlichen und er wird ihn bald verherrlichen.

Meine Kinder, ich bin nur noch kurze Zeit bei euch. Ein neues Gebot gebe ich euch: Liebt einander! Wie ich euch geliebt habe, so sollt auch ihr einander lieben. Daran werden alle erkennen, dass ihr meine Jünger seid: wenn ihr einander liebt.

Glaubensbekenntnis, S. 454 ff.

FÜRBITTEN

„Liebt einander!" Dieser zentrale Satz der Botschaft Jesu ist auch unser Vermächtnis. Er gilt auch für uns, gelegen oder ungelegen. So rufen wir zu Gott, dem Barmherzigen:

V: Liebender Gott. A: Höre unser Rufen.

- Für die zertrennten Kirchen, dass sie, verbunden durch die Botschaft Jesu, aufeinander zuwachsen und zur Einheit finden.
- Für alle Familien, besonders aber für die, in denen ein Elternteil alleine ist und den oft mühseligen Alltag mit Geduld und Liebe gestaltet.
- Für alle, die in Spannungen und Feindschaften leben und die Hand zur Versöhnung ausstrecken.
- Für alle, die sich für die Menschenrechte einsetzen und von Verfolgung bedroht sind.
- Für alle, die Konflikte in der Familie, in der Schule oder am Arbeitsplatz nicht befeuern, sondern sich um eine gute Lösung bemühen.

Guter Gott, in deinem Sohn Jesus Christus hast du das Liebesgebot mit Leben gefüllt. Hilf uns, ihm nachzufolgen und immer mehr zu versuchen, aus der Liebe zu leben, heute und alle Tage, die uns geschenkt sind.

EUCHARISTIEFEIER

GABENGEBET

Erhabener Gott, durch die Feier des heiligen Opfers gewährst du uns Anteil an deiner göttlichen Natur. Gib, dass wir dich nicht nur als den einen wahren Gott erkennen, sondern unser ganzes Leben nach dir ausrichten. Darum bitten wir durch Christus, unseren Herrn.

Präfation, S. 465 f.

KOMMUNIONVERS

Joh 15,1.5

So spricht der Herr:
Ich bin der wahre Weinstock, ihr seid die Rebzweige.
Wer in mir bleibt und in wem ich bleibe,
der bringt reiche Frucht. Halleluja.

SCHLUSSGEBET

Barmherziger Gott, höre unser Gebet. Du hast uns im Sakrament das Brot des Himmels gegeben, damit wir an Leib und Seele gesunden. Gib, dass wir die Gewohnheiten des alten Menschen ablegen und als neue Menschen leben. Darum bitten wir durch Christus, unseren Herrn.

FEIERLICHER SCHLUSSSEGEN

S. 368

***

LIEBE UND GÜTE

Ubi caritas et amor – Deus ibi est.
Wo die Güte und die Liebe – da ist Gott.

Aus der Liturgie vom Gründonnerstag

6. SONNTAG DER OSTERZEIT

25. Mai 2025

Gott wohnt bei den Menschen, in unseren Häusern und Wohnungen, WG- und Wohnheim-Zimmern, Apartments und Wohnwagen. Ein traditioneller Herrgottswinkel kann daran erinnern, vielleicht auch ein ganz individuell eingerichteter besonderer Ort im Zuhause. Doch auch ohne einen solchen: Es reicht aus, sich immer wieder für die Gegenwart Gottes, seine Botschaft und Hilfe zu öffnen.

ERÖFFNUNGSVERS

Vgl. Jes 48,20

Verkündet es jauchzend, damit man es hört!
Ruft es hinaus bis ans Ende der Erde!
Ruft: Der Herr hat sein Volk befreit. Halleluja.

KYRIE-RUFE

Herr Jesus Christus, du gehst fort
und kommst wieder zu uns.
V/A: Herr, erbarme dich.
Du kommst mit dem Vater zu dem,
der dich liebt, um bei ihm
Wohnung zu nehmen.
V/A: Christus, erbarme dich.
Du gibst uns deinen Frieden.
V/A: Herr, erbarme dich.

Ehre sei Gott, S. 451 f.

TAGESGEBET

Allmächtiger Gott, lass uns die österliche Zeit in herzlicher Freude begehen und die Auferstehung unseres Herrn preisen, damit das Ostergeheimnis, das wir in diesen fünfzig Tagen feiern, unser ganzes Leben prägt und verwandelt. Darum bitten wir durch Jesus Christus.

WORTGOTTESDIENST

ZUR 1. LESUNG Wie streng muss ein christliches Leben sein? In Antiochia prallen verschiedene Einstellungen aufeinander. Paulus geht hinsichtlich der jüdischen Speisevorschriften davon aus, „dass nichts unrein ist in sich selbst; unrein ist es nur für den, der es als unrein betrachtet" (Röm 14,14), weshalb diese Vorschriften von Heidenchristen – Gläubigen, die nicht aus dem Judentum stammen – nicht eingehalten werden müssten. Andere wiederum vertreten die Auffassung, dass sie ohne die Beschneidung der Jungen oder Männer keinesfalls gerettet werden können. Was ist richtig? Gilt das göttliche Gesetz für nichtjüdische Christen und Christinnen nicht? Oder anders? Oder doch voll und ganz? Die Apostel finden auf dem sogenannten Apostelkonzil einen hilfreichen Kompromiss für die Praxis. Ein Kompromiss also steht am Anfang der christlichen Geschichte.

ERSTE LESUNG

Apg 15,1–2.22–29

Der Heilige Geist und wir haben beschlossen, euch keine weitere Last aufzuerlegen

Lesung aus der Apostelgeschichte.

In jenen Tagen kamen einige Leute von Judäa herab und lehrten die Brüder: Wenn ihr euch nicht nach dem Brauch des Mose beschneiden lasst, könnt ihr nicht gerettet werden. Da nun nicht geringer Zwist und Streit zwischen ihnen und Paulus und Barnabas entstand, beschloss man, Paulus und Barnabas und einige andere von ihnen sollten wegen dieser Streitfrage zu den Aposteln und den Ältesten nach Jerusalem hinaufgehen.

Da beschlossen die Apostel und die Ältesten zusammen mit der ganzen Gemeinde, Männer aus ihrer Mitte auszuwählen und sie zusammen mit Paulus und Barnabas nach Antiochia zu senden, nämlich Judas, genannt Barsabbas, und Silas, führende Männer unter den Brüdern. Sie gaben ihnen folgendes Schreiben mit:

Die Apostel und die Ältesten, eure Brüder, grüßen die Brüder aus dem Heidentum in Antiochia, in Syrien und Kilikien. Wir haben gehört, dass einige von uns, denen wir keinen Auftrag erteilt haben, euch mit ihren Reden beunruhigt und eure Gemüter erregt haben. Deshalb haben wir einmütig beschlossen, Männer auszuwählen und zusammen mit unseren geliebten Brüdern Barnabas und Paulus zu euch zu schicken, die beide für den Namen Jesu Christi, unseres Herrn, ihr Leben eingesetzt haben. Wir haben Judas und Silas abgesandt, die euch das Gleiche auch mündlich mitteilen sollen.

Denn der Heilige Geist und wir haben beschlossen, euch keine weitere Last aufzuerlegen als diese notwendigen Dinge: Götzenopferfleisch, Blut, Ersticktes und Unzucht zu meiden. Wenn ihr euch davor hütet, handelt ihr richtig. Lebt wohl!

ANTWORTPSALM

Ps 67 (66),2–3.5.6 u. 8 (Kv: 4)

Kv Die Völker sollen dir danken, o Gott,
danken sollen dir die Völker alle. – Kv

Oder:

Kv Halleluja. – Kv

Gott sei uns gnädig und segne uns. *
Er lasse sein Angesicht über uns leuchten,
damit man auf Erden deinen Weg erkenne, *
deine Rettung unter allen Völkern. – (Kv)

Die Nationen sollen sich freuen und jubeln, /
denn du richtest die Völker nach Recht *

und leitest die Nationen auf Erden.
Die Völker sollen dir danken, o Gott, *
danken sollen dir die Völker alle. – (Kv)

Die Erde gab ihren Ertrag, *
Gott, unser Gott, er segne uns!
Es segne uns Gott! *
Fürchten sollen ihn alle Enden der Erde. – Kv

ZUR 2. LESUNG Das heilige, am Ende der Zeit vollendete Jerusalem ist erfüllt von der Herrlichkeit Gottes. Alles glänzt, ist aufpoliert und veredelt. Die Geschichte Gottes mit seinem Volk Israel ist da genauso aufgehoben wie der neue Anfang durch die Aussendung der zwölf Apostel mit dem Auftrag, das Evangelium zu verkünden. Es wird keine Kirchen, Tempel, Moscheen oder andere heilige Stätten geben in der vollendeten Stadt. Denn Gott selbst wird mitten in ihr sein als Leuchte und Licht – und mit ihm das Lamm, durch das alles Leid einen Weg ins Licht, in die Herrlichkeit Gottes findet.

ZWEITE LESUNG

Offb 21,10–14.22–23

Ein Engel zeigte mir die heilige Stadt, wie sie aus dem Himmel herabkam

Lesung aus der Offenbarung des Johannes.

Ein Engel entrückte mich im Geist auf einen großen, hohen Berg und zeigte mir die heilige Stadt Jerusalem, wie sie von Gott her aus dem Himmel herabkam, erfüllt von der Herrlichkeit Gottes. Sie glänzte wie ein kostbarer Edelstein, wie ein kristallklarer Jaspis.

Die Stadt hat eine große und hohe Mauer mit zwölf Toren und zwölf Engeln darauf. Auf die Tore sind Namen geschrieben: die Namen der zwölf Stämme der Söhne Israels. Im Osten hat die Stadt drei Tore und im Norden drei Tore und im Süden drei Tore und im Westen drei Tore. Die Mauer der Stadt hat zwölf Grundsteine; auf ihnen stehen die zwölf Namen der zwölf Apostel des Lammes.

Einen Tempel sah ich nicht in der Stadt. Denn der Herr, ihr Gott, der Herrscher über die ganze Schöpfung, ist ihr Tempel, er und das Lamm. Die Stadt braucht weder Sonne noch Mond, die ihr leuchten. Denn die Herrlichkeit Gottes erleuchtet sie und ihre Leuchte ist das Lamm.

RUF VOR DEM EVANGELIUM

Vers: vgl. Joh 14,23

Halleluja. Halleluja.
(So spricht der Herr:)
Wer mich liebt, hält mein Wort.
Mein Vater wird ihn lieben
und wir werden bei ihm Wohnung nehmen.
Halleluja.

ZUM EVANGELIUM Jesus hat dafür gelebt, das Reich Gottes zu verkünden und es für die Menschen erfahrbar zu machen. Schon in seinen Abschiedsreden klingt das „Noli me tangere" an, das der Auferstandene zu Maria Magdalena spricht: Halte mich nicht fest! Es geht nicht um die Person, sondern um die Botschaft. Und wenn jemand die Botschaft lebt, am Wort Jesu festhält und es zugleich weiterschenkt, so gilt: „... mein Vater wird ihn lieben und wir werden zu ihm kommen und bei ihm wohnen." Mit anderen Worten: Halte mich nicht fest, sondern öffne dein Herz für das Wirken Gottes.

EVANGELIUM

Joh 14,23–29

Der Heilige Geist wird euch an alles erinnern, was ich euch gesagt habe

+ **Aus dem heiligen Evangelium nach Johannes.**

In jener Zeit sprach Jesus zu seinen Jüngern: Wenn jemand mich liebt, wird er mein Wort halten; mein Vater wird ihn lieben und wir werden zu ihm kommen und bei ihm Wohnung nehmen.

Wer mich nicht liebt, hält meine Worte nicht. Und das Wort, das ihr hört, stammt nicht von mir, sondern vom Vater, der mich gesandt hat.

Das habe ich zu euch gesagt, während ich noch bei euch bin. Der Beistand aber, der Heilige Geist, den der Vater in meinem Namen senden wird, der wird euch alles lehren und euch an alles erinnern, was ich euch gesagt habe.

Frieden hinterlasse ich euch, meinen Frieden gebe ich euch; nicht, wie die Welt ihn gibt, gebe ich ihn euch.

Euer Herz beunruhige sich nicht und verzage nicht. Ihr habt gehört, dass ich zu euch sagte: Ich gehe fort und komme wieder zu euch. Wenn ihr mich liebtet, würdet ihr euch freuen, dass ich zum Vater gehe; denn der Vater ist größer als ich.

Jetzt schon habe ich es euch gesagt, bevor es geschieht, damit ihr, wenn es geschieht, zum Glauben kommt.

Glaubensbekenntnis, S. 454 ff.

FÜRBITTEN

„Euer Herz beunruhige sich nicht und verzage nicht.“ Wie die Jünger Jesu haben auch wir Grund zu Beunruhigung und Sorge. Doch uns ist wie ihnen der Beistand des Heiligen Geistes zugesagt. Deshalb rufen wir voll Vertrauen zu Gott:

V/A: Höre und erhöre uns.

- „Euer Herz beunruhige sich nicht und verzage nicht“: Wir beten für die Kirche, dass sie sich zuversichtlich bewegen lässt vom Geist Gottes.

- „Euer Herz beunruhige sich nicht und verzage nicht“: Wir beten für die Menschen in Kriegs- und Krisengebieten, dass sie Beistand erfahren und in Sicherheit leben können.

- „Euer Herz beunruhige sich nicht und verzage nicht“: Wir beten für alle, die eine schwere Krankheit durchleiden, dass sie neuen Mut schöpfen können.

- „Euer Herz beunruhige sich nicht und verzage nicht“: Wir beten für Eltern, deren Kinder eigene, ihnen fremde Wege gehen, dass sie ihnen in Liebe verbunden bleiben und sie stärken können.
- „Euer Herz beunruhige sich nicht und verzage nicht“: Wir bitten für alle, Kinder wie Erwachsene, die dem Leistungsdruck nicht standhalten können, dass sie Verständnis und Unterstützung erfahren.
- „Euer Herz beunruhige sich nicht und verzage nicht“: Wir beten für die Menschen, deren letzte Lebenszeit begonnen hat, dass du ihnen mit deinem Licht der Liebe entgegenkommst.

Guter Gott, in der Kraft des Heiligen Geistes können wir ermutigt als gestärkte und erneuerte Menschen leben. Dafür danken wir und loben dich durch Jesus Christus, unseren Bruder und Heiland.

EUCHARISTIEFEIER

GABENGEBET

Herr und Gott, lass unser Gebet zu dir aufsteigen und nimm unsere Gaben an. Reinige uns durch deine Gnade, damit wir fähig werden, das Sakrament deiner großen Liebe zu empfangen. Darum bitten wir durch Christus, unseren Herrn.

Präfation, S. 465 f.

KOMMUNIONVERS Joh 14,15–16

So spricht der Herr:
Wenn ihr mich liebt, werdet ihr meine Gebote halten.
Ich werde den Vater bitten
und er wird euch einen anderen Beistand geben,
damit er immer bei euch bleibe. Halleluja.

SCHLUSSGEBET

Allmächtiger Gott, du hast uns durch die Auferstehung Christi neu geschaffen für das ewige Leben. Erfülle uns mit der Kraft dieser heilbringenden Speise, damit das österliche Geheimnis in uns reiche Frucht bringe. Darum bitten wir durch Christus, unseren Herrn.

FEIERLICHER SCHLUSSSEGEN

S. 368

***

HALLELUJA

Halleluja erklingt heute vom Himmel her:
Die Bewohner des Lichts jubeln im Chore laut
vor Gott ihr Halleluja.

Und wir Irdischen hier stimmen voll Freude ein,
weil uns Gott auserwählt zu seinem heilgen Volk,
zu singen: Halleluja.

Unser Gott wohnt bei uns und führt uns durch die Zeit:
wenn uns Dunkel umgibt, hält er uns an der Hand;
drum singt ihm: Halleluja.

Gott, dem Vater, zum Ruhm und Christus, seinem Sohn,
und dem Heiligen Geist, singt ihm in Ewigkeit
ein frohes Halleluja.

Aus der Liturgie der Kirche

CHRISTI HIMMELFAHRT – HOCHFEST

29. Mai 2025

Die Himmelfahrt Jesu wird in der Heiligen Schrift nur von Lukas erzählt, das aber gleich zweimal: am Ende seines Evangeliums, gleichsam als „Cliffhanger" der Heilserzählung – und am Anfang der Apostelgeschichte. Im Mittelpunkt steht die Abwesenheit Jesu, der nach Leben, Tod und Auferstehung sein Werk vollendet hat. Nun ist es an den Aposteln, dem Wirken Jesu in der Welt weitere Kraft zu verleihen. Die Himmelfahrt intensiviert die österliche Spannung der Sichtbarkeit und Unsichtbarkeit Jesu Christi, denn Jesus lebt, ohne mit den Sinnen erfahrbar zu sein. Ist die Erfahrung der Abwesenheit Gottes als religiöse Indifferenz nicht ein Kennzeichen unserer Zeit? Schon die Frage nach Gott scheint für viele nicht mehr existent. Die biblische Erzählung nimmt angesichts der Abwesenheit Jesu die Kirche in die Pflicht, denn sie hat das Zeug dazu und die Verantwortung, Jesus Christus auf Erden Präsenz zu geben. Also, „was steht ihr da und schaut zum Himmel empor?" (Apg 1,11).

ERÖFFNUNGSVERS

Apg 1,11

Ihr Männer von Galiläa,
was steht ihr da und schaut zum Himmel?
Der Herr wird wiederkommen,
wie er jetzt aufgefahren ist. Halleluja.

KYRIE-RUFE

Herr Jesus Christus, du hast
uns den neuen und lebendigen
Weg erschlossen.
V/A: Herr, erbarme dich.

Du bist in den Himmel hineingegangen, um
vor Gottes Angesicht zu erscheinen für uns.
V/A: Christus, erbarme dich.
Du wirst wiederkommen, um
die zu retten, die dich erwarten.
V/A: Herr, erbarme dich.

Ehre sei Gott, S. 451 f.

TAGESGEBET

Allmächtiger, ewiger Gott, erfülle uns mit Freude und Dankbarkeit, denn in der Himmelfahrt deines Sohnes hast du den Menschen erhöht. Schenke uns das feste Vertrauen, dass auch wir zu der Herrlichkeit gerufen sind, in die Christus uns vorausgegangen ist, der in der Einheit des Heiligen Geistes mit dir lebt und herrscht in alle Ewigkeit.

WORTGOTTESDIENST

ZUR 1. LESUNG Was bisher geschah … Mit diesen Worten werden üblicherweise Überleitungen geschaffen zwischen zwei Episoden einer Serie, um den Zuschauern vor der nächsten Folge die wichtigsten Erzählstränge wieder in Erinnerung zu rufen. Lukas macht es am Anfang der Apostelgeschichte ähnlich: Er lenkt den Spot auf alles, was wichtig ist, um die „neue Folge" der Heilsgeschichte, die Geschichte einer Kirche im Werden, besser zu verstehen. Zugleich fasst er für die Apostel und die wachsende Gemeinschaft der Jüngerinnen und Jünger das Entscheidende in kompakter Form zusammen: Die Apostel sind Zeugen des Auferstandenen. Jesus hat sie durch den Heiligen Geist erwählt. Hat ihnen geboten, in Jerusalem zu bleiben, den Heiligen Geist zu erwarten und seine Zeugen und Zeuginnen zu sein „bis an die Grenzen der Erde". Mit der Aufforderung zur Zeugenschaft schließt sich der Kreis: Ressourcen und Auftrag der Kirche sind klar benannt.

ERSTE LESUNG

Apg 1,1–11

Dieser Jesus, der in den Himmel aufgenommen wurde, wird ebenso wiederkommen, wie ihr ihn habt zum Himmel hingehen sehen

Lesung aus der Apostelgeschichte.

Im ersten Buch, lieber Theophilus, habe ich über alles berichtet, was Jesus von Anfang an getan und gelehrt hat, bis zu dem Tag, an dem er in den Himmel aufgenommen wurde. Vorher hat er den Aposteln, die er sich durch den Heiligen Geist erwählt hatte, Weisung gegeben. Ihnen hat er nach seinem Leiden durch viele Beweise gezeigt, dass er lebt; vierzig Tage hindurch ist er ihnen erschienen und hat vom Reich Gottes gesprochen.

Beim gemeinsamen Mahl gebot er ihnen: Geht nicht weg von Jerusalem, sondern wartet auf die Verheißung des Vaters, die ihr von mir vernommen habt! Denn Johannes hat mit Wasser getauft, ihr aber werdet schon in wenigen Tagen mit dem Heiligen Geist getauft werden.

Als sie nun beisammen waren, fragten sie ihn: Herr, stellst du in dieser Zeit das Reich für Israel wieder her? Er sagte zu ihnen: Euch steht es nicht zu, Zeiten und Fristen zu erfahren, die der Vater in seiner Macht festgesetzt hat. Aber ihr werdet die Kraft empfangen, wenn der Heilige Geist auf euch herabkommen wird; und ihr werdet meine Zeugen sein in Jerusalem und in ganz Judäa und Samarien und bis an die Grenzen der Erde.

Als er das gesagt hatte, wurde er vor ihren Augen emporgehoben, und eine Wolke nahm ihn auf und entzog ihn ihren Blicken.

Während sie unverwandt ihm nach zum Himmel emporschauten, siehe, da standen zwei Männer in weißen Gewändern bei ihnen und sagten: Ihr Männer von Galiläa, was steht ihr da und schaut zum Himmel empor? Dieser Jesus, der von euch fort in den Himmel aufgenommen wurde, wird ebenso wiederkommen, wie ihr ihn habt zum Himmel hingehen sehen.

ANTWORTPSALM

Ps 47 (46), 2–3.6–7.8–9 (Kv: vgl. 6)

Kv Gott steigt empor unter Jubel,
der HERR beim Schall der Posaunen. – Kv

Oder:

Kv Halleluja. – Kv

Ihr Völker alle, klatscht in die Hände; *
jauchzt Gott zu mit lautem Jubel!
Denn Furcht gebietend ist der HERR, der Höchste, *
ein großer König über die ganze Erde. – (Kv)

Gott stieg empor unter Jubel, *
der HERR beim Schall der Hörner.
Singt unserm Gott, ja singt ihm! *
Spielt unserm König, spielt ihm! – (Kv)

Denn König der ganzen Erde ist Gott. *
Singt ihm ein Weisheitslied!
Gott wurde König über die Völker, *
Gott hat sich auf seinen heiligen Thron gesetzt. – Kv

ZUR 2. LESUNG Der Paulus des Epheserbriefs betet für seine Leserschaft um den Geist der Weisheit und Offenbarung, damit sie Jesus als den Auferstandenen und in den Himmel Aufgefahrenen erkennen und so verstehen, zu welcher Hoffnung sie durch ihn berufen sind. Der Verfasser knüpft zuvor an die Verheißungen Jesu an (vgl. Eph 1, 3–14) und ruft die Gläubigen der Gemeinde in Ephesus und darüber hinaus zum Bekenntnis. So konzipiert er ein Kirchenbild, das für diese Hoffnung etwas wie einen Resonanzkörper bildet: Die Kirche ist der Leib Christi, der das All erfüllt. Als Haupt ist Jesus Christus der Kirche weiter eng verbunden, ja lenkt und führt sie – bis an die Grenzen der Erde (vgl. Apg 1,8) und über die Zeiten hinaus. Das ist die Hoffnungsbotschaft für die Kirche, die im Epheserbrief an Menschen gerichtet ist, die Jesus nicht selbst begegnet sind; von Anfang an haben sie ihn als denjenigen erfahren, der er seit der Himmelfahrt für alle ist: ein abwesend Anwesender.

ZWEITE LESUNG

Eph 1,17–23

Gott hat Christus auf den Platz zu seiner Rechten erhoben

Lesung aus dem Brief des Apostels Paulus an die Gemeinde in Ephesus.

Schwestern und Brüder! Der Gott Jesu Christi, unseres Herrn, der Vater der Herrlichkeit, gebe euch den Geist der Weisheit und Offenbarung, damit ihr ihn erkennt. Er erleuchte die Augen eures Herzens, damit ihr versteht, zu welcher Hoffnung ihr durch ihn berufen seid, welchen Reichtum die Herrlichkeit seines Erbes den Heiligen schenkt und wie überragend groß seine Macht sich an uns, den Gläubigen, erweist durch das Wirken seiner Kraft und Stärke.

Er ließ sie wirksam werden in Christus, den er von den Toten auferweckt und im Himmel auf den Platz zu seiner Rechten erhoben hat, hoch über jegliche Hoheit und Gewalt, Macht und Herrschaft und über jeden Namen, der nicht nur in dieser Weltzeit, sondern auch in der künftigen genannt wird. Alles hat er ihm zu Füßen gelegt und ihn, der als Haupt alles überragt, über die Kirche gesetzt. Sie ist sein Leib, die Fülle dessen, der das All in allem erfüllt.

[*Oder:* ZWEITE LESUNG – Hebr 9,24–28; 10,19–23]

RUF VOR DEM EVANGELIUM

Vers: Mt 28,19a.20b

Halleluja. Halleluja.
(So spricht der Herr:)
Geht
und macht alle Völker zu meinen Jüngern.
Ich bin mit euch alle Tage bis zum Ende der Welt.
Halleluja.

ZUM EVANGELIUM Wenn eines meiner Kinder das Haus verlässt, zeichne ich ihm ein Kreuz auf die Stirn. Das habe ich von meiner Mutter gelernt, die das auch bei mir und meinen Schwestern gemacht hat. Ich übergebe – so stelle ich es mir vor – das Kind für den Schultag oder den Ausflug in Gottes Obhut. Ich kann ja nicht bei ihm sein. „Während er sie segnete, verließ er sie und wurde vom Himmel emporgehoben." Macht Jesus hier nicht das Gleiche? Mit dem Segen bei seinem Abschied gibt er die Apostel in die Obhut Gottes. Auch wenn sie Jesus nicht mehr sehen und hören werden, sind sie doch nicht auf sich allein gestellt; bei allen Aufgaben und Herausforderungen, die sich ihnen stellen werden, um in der Nachfolge Jesu Kirche zu sein, können sie auf die „Kraft aus der Höhe" vertrauen. Und in der Tat, die Apostel gehen „in großer Freude" zurück – gestärkt für das, was kommt …

EVANGELIUM Lk 24,46–53

Während er sie segnete, wurde er zum Himmel emporgehoben

+ Aus dem heiligen Evangelium nach Lukas.

In jener Zeit sprach Jesus zu seinen Jüngern: So steht es geschrieben: Der Christus wird leiden und am dritten Tag von den Toten auferstehen und in seinem Namen wird man allen Völkern Umkehr verkünden, damit ihre Sünden vergeben werden. Angefangen in Jerusalem, seid ihr Zeugen dafür. Und siehe, ich werde die die Verheißung meines Vaters auf euch herabsenden. Ihr aber bleibt in der Stadt, bis ihr mit der Kraft aus der Höhe erfüllt werdet!

Dann führte er sie hinaus in die Nähe von Betanien. Dort erhob er seine Hände und segnete sie. Und es geschah: Während er sie segnete, verließ er sie und wurde zum Himmel emporgehoben. Sie aber fielen vor ihm nieder.

Dann kehrten sie in großer Freude nach Jerusalem zurück. Und sie waren immer im Tempel und priesen Gott.

Glaubensbekenntnis, S. 454 ff.

FÜRBITTEN

Mit der Kraft aus der Höhe will uns Jesus Christus stärken. Wir vertrauen auf ihn und vertrauen ihm unsere Bitten an:

V/A: Höre und erhöre uns.

- Hilf deiner Kirche, ihren Auftrag in der Welt heute zu erfüllen.
- Erleuchte die Angehörigen der verschiedenen Religionen und Konfessionen und lass Frieden wachsen.
- Leite alle, die auskömmlich und in Sicherheit leben können, dass sie die Menschen in Not und Bedrohung nicht vergessen.
- Tröste alle, die den Trennungsschmerz des endgültigen Abschieds von einem nahen Menschen erleiden.
- Begleite besonders diejenigen, die in ihren letzten Tagen und Stunden den Himmel nicht sehen können.

Guter Gott, du hast deinen Sohn nicht im Tod gelassen. Er lebt in deinem Licht. Hilf auch uns, aus deinem Licht und auf dein Licht hin zu leben, heute und alle Tage unseres Seins.

EUCHARISTIEFEIER

GABENGEBET

Allmächtiger Gott, am Fest der Himmelfahrt deines Sohnes bringen wir dieses Opfer dar. Gib uns durch diese heilige Feier die Gnade, dass wir uns über das Irdische erheben und suchen, was droben ist. Darum bitten wir durch Christus, unseren Herrn.

PRÄFATION

In Wahrheit ist es würdig und recht, dir, allmächtiger Vater, zu danken durch unseren Herrn Jesus Christus, den König der Herrlichkeit.

Denn er ist heute als Sieger über Sünde und Tod aufgefahren in den Himmel. Die Engel schauen den Mittler zwischen Gott und den Menschen, den Richter der Welt, den Herrn der ganzen Schöpfung. Er kehrt zu dir heim, nicht um uns Menschen zu verlassen, er gibt den Gliedern seines Leibes die Hoffnung, ihm dorthin zu folgen, wohin er als Erster vorausging. Darum jubelt heute der ganze Erdkreis in österlicher Freude, darum preisen dich die himmlischen Mächte und die Chöre der Engel und singen das Lob deiner Herrlichkeit: Heilig …

KOMMUNIONVERS Mt 28,20

Ich bin bei euch alle Tage
bis zum Ende der Welt. Halleluja.

SCHLUSSGEBET

Allmächtiger, ewiger Gott, du hast uns, die wir noch auf Erden leben, deine göttlichen Geheimnisse anvertraut. Lenke unser Sinnen und Verlangen zum Himmel, wo Christus als Erster der Menschen bei dir ist, der mit dir lebt und herrscht in alle Ewigkeit.

FEIERLICHER SCHLUSSSEGEN

Der allherrschende Gott, der heute Christus zu seiner Rechten erhöht und uns den Zugang zum Leben erschlossen hat, gewähre euch die Fülle seines Segens. – A: Amen.
Vor den Augen seiner Jünger wurde Christus zum Himmel erhoben; er sei euch ein gnädiger Richter, wenn er wiederkommt. – A: Amen.
Er thront in der Herrlichkeit des Vaters und bleibt dennoch inmitten seiner Kirche; er schenke euch den Trost seiner Gegenwart. – A: Amen.

Das gewähre euch der dreieinige Gott, der Vater und der Sohn † und der Heilige Geist. – A: Amen.

***

ICH BIN DER ICH BIN DA

Ich bin da,
aber nicht so, dass du mich greifen kannst,
nicht so, dass du mich fassen kannst,

nicht so, dass du mich festhalten kannst.
So, dass du mich nicht verlieren kannst!

Dominik Arenz

7. SONNTAG DER OSTERZEIT

1. Juni 2025

Ostern bedeutet auch nach Himmelfahrt, dass Gott und Mensch einander ganz nah sind. Der kleine Dialog im Eröffnungsvers macht das auf seine Weise deutlich: „Mein Herz denkt an dein Wort: ‚Sucht mein Angesicht!' Dein Angesicht, Herr, will ich suchen." Gott neigt sich in seinem Wort – man bedenke: in Jesus Christus ist das Wort Fleisch geworden – dem Menschen zu. Betende nehmen das Wort auf, machen es sich zu eigen und wenden sich Gott zu. So wächst Nähe zwischen Gott und Mensch. Dieser kleine Dialog – zitiert aus Psalm 27,8 – ist einer von vielen Anfängen österlicher Vollendung in Gott.

ERÖFFNUNGSVERS

Ps 27 (26),7–9

Vernimm, o Herr, mein lautes Rufen;
sei mir gnädig und erhöre mich!
Mein Herz denkt an dein Wort:
„Sucht mein Angesicht!"
Dein Angesicht, Herr, will ich suchen.
Verbirg nicht dein Gesicht vor mir! Halleluja.

KYRIE-RUFE

Herr Jesus Christus, du betest zum
Vater, dass alle eins sein sollen.
V/A: Herr, erbarme dich.
Du bist im Vater, und der Vater ist in dir.
V/A: Christus, erbarme dich.
Du hast uns die Herrlichkeit gegeben,
die der Vater dir gegeben hat.
V/A: Herr, erbarme dich.

Ehre sei Gott, S. 451 f.

TAGESGEBET

Allmächtiger Gott, wir bekennen, dass unser Erlöser bei dir in deiner Herrlichkeit ist. Erhöre unser Rufen und lass uns erfahren, dass er alle Tage bis zum Ende der Welt bei uns bleibt, wie er uns verheißen hat. Er, der in der Einheit des Heiligen Geistes mit dir lebt und herrscht in alle Ewigkeit.

WORTGOTTESDIENST

ZUR 1. LESUNG Erfüllt vom Heiligen Geist sieht Stephanus im geöffneten Himmel die Herrlichkeit Gottes und Jesus zu seiner Rechten. Der Heilige Geist ist die immer wieder neue Gegenwart Gottes im Hier und Jetzt. Vom Diakon Stephanus war bekannt, dass er getragen war vom Glauben und vom Heiligen Geist (vgl. Apg 6,5). Doch wurde ihm vorgeworfen, gegen Mose und Gott zu lästern (vgl. Apg 6,11). In einer langen, die Heilsgeschichte rekapitulierenden Rede kommt er tatsächlich zu dem tempelkritischen Schluss: „Der Höchste wohnt nicht in dem, was von Menschenhand gemacht ist." (Apg 7,48) Diese Wahrheit, verbunden mit dem Vorwurf, dass seine Gegner sich dem Heiligen Geist verschlössen, kostete ihn das Leben. Aber seine Versöhnungsbereitschaft ließ er sich nicht nehmen.

ERSTE LESUNG

Apg 7,55–60

Ich sehe den Himmel offen und den Menschensohn zur Rechten Gottes stehen

Lesung aus der Apostelgeschichte.

In jenen Tagen blickte Stephanus, erfüllt vom Heiligen Geist, zum Himmel empor, sah die Herrlichkeit Gottes und Jesus zur Rechten

Gottes stehen und rief: Siehe, ich sehe den Himmel offen und den Menschensohn zur Rechten Gottes stehen.

Da erhoben sie ein lautes Geschrei, hielten sich die Ohren zu, stürmten einmütig auf ihn los, trieben ihn zur Stadt hinaus und steinigten ihn. Die Zeugen legten ihre Kleider zu Füßen eines jungen Mannes nieder, der Saulus hieß.

So steinigten sie Stephanus; er aber betete und rief: Herr Jesus, nimm meinen Geist auf! Dann sank er in die Knie und schrie laut: Herr, rechne ihnen diese Sünde nicht an! Nach diesen Worten starb er.

ANTWORTPSALM

Ps 97 (96), 1–2.6–7.9 u. 12 (Kv: vgl. 1a u. 9a)

Kv Der Herr ist König,
er ist der Höchste über der ganzen Erde. – Kv

Oder:

Kv Halleluja. – Kv

Der Herr ist König. Es juble die Erde! *
Freuen sollen sich die vielen Inseln.
Rings um ihn her sind Wolken und Dunkel, *
Gerechtigkeit und Recht sind die Stützen seines Throns. – (Kv)

Seine Gerechtigkeit verkünden die Himmel, *
seine Herrlichkeit schauen alle Völker.
Alle, die Bildern dienen, werden zuschanden, /
alle, die sich der Götzen rühmen.
Vor ihm werfen sich alle Götter nieder. – (Kv)

Denn du, Herr, bist der Höchste über der ganzen Erde, *
hoch erhaben über alle Götter.
Freut euch am Herrn, ihr Gerechten, *
dankt seinem heiligen Namen! – Kv

ZUR 2. LESUNG Die Heilige Schrift endet mit einer alles umfassenden, für die nahe Zukunft in Aussicht gestellten Begegnung: Jesus wird kommen und Lohn für gute Werke mitbringen. Mit ihm kommt die Erlösung von Leid und Schuld: „Selig, die ihre Gewänder waschen." Das gereinigte Gewand verschafft Anteil am Baum des Lebens und Zugang zur vollendeten Stadt. Und schließlich der Lockruf „Komm!", der von Hörenden aufgenommen und weitergesagt wird und sich so ausbreitet. Damit alle, die wollen, umsonst das Wasser des Lebens empfangen.

ZWEITE LESUNG

Offb 22,12–14.16–17.20

Komm, Herr Jesus!

Lesung aus der Offenbarung des Johannes.

Ich, Johannes, hörte eine Stimme, die zu mir sprach: Siehe, ich komme bald und mit mir bringe ich den Lohn und ich werde jedem geben, was seinem Werk entspricht. Ich bin das Alpha und das Omega, der Erste und der Letzte, der Anfang und das Ende.

Selig, die ihre Gewänder waschen: Sie haben Anteil am Baum des Lebens, und sie werden durch die Tore in die Stadt eintreten können.

Ich, Jesus, habe meinen Engel gesandt als Zeugen für das, was die Gemeinden betrifft. Ich bin die Wurzel und der Stamm Davids, der strahlende Morgenstern.

Der Geist und die Braut aber sagen: Komm! Wer hört, der rufe: Komm! Wer durstig ist, der komme! Wer will, empfange unentgeltlich das Wasser des Lebens!

Er, der dies bezeugt, spricht: Ja, ich komme bald. Amen. Komm, Herr Jesus!

RUF VOR DEM EVANGELIUM

Vers: vgl. Joh 14,18; 16,22b

Halleluja. Halleluja.
(So spricht der Herr:)

Ich lasse euch nicht als Waisen zurück.
Ich komme zu euch. Dann wird euer Herz sich freuen.
Halleluja.

ZUM EVANGELIUM Alle sollen eins sein, sind es aber nicht. Wie gehen wir als Christinnen und Christen, wie gehen wir als Weltbevölkerung mit dieser Realität um? Wer ist bereit, zurückzustecken? Wer ist bereit, Opfer zu bringen, die vielleicht wehtun? Wer nimmt die nötigen Anstrengungen der Liebe auf sich? Wer trägt das Risiko, auf andere zuzugehen und sich bei den eigenen Leuten unbeliebt zu machen – in der Kirche, im Staat, in der Familie, im Freundeskreis? Es ist Jesu tiefster Wunsch, dass alle eins seien, ja sogar vollendet in der Einheit. Wenn überhaupt, so ist dies nur möglich, wenn wir auf Gottes Liebe bauen und er mit uns und in uns lebt. Das ist Jesu Gebet.

EVANGELIUM

Joh 17,20–26

Sie sollen eins sein, wie wir eins sind; sie sollen vollendet sein in der Einheit

+ Aus dem heiligen Evangelium nach Johannes.

In jener Zeit erhob Jesus seine Augen zum Himmel und betete: Heiliger Vater, ich bitte nicht nur für diese hier, sondern auch für alle, die durch ihr Wort an mich glauben.

Alle sollen eins sein: Wie du, Vater, in mir bist und ich in dir bin, sollen auch sie in uns sein, damit die Welt glaubt, dass du mich gesandt hast. Und ich habe ihnen die Herrlichkeit gegeben, die du mir gegeben hast, damit sie eins sind, wie wir eins sind, ich in ihnen und du in mir. So sollen sie vollendet sein in der Einheit, damit die Welt erkennt, dass du mich gesandt hast und sie ebenso geliebt hast, wie du mich geliebt hast.

Vater, ich will, dass alle, die du mir gegeben hast, dort bei mir sind, wo ich bin. Sie sollen meine Herrlichkeit sehen, die du mir gegeben hast, weil du mich schon geliebt hast vor der Grundlegung der Welt.

Gerechter Vater, die Welt hat dich nicht erkannt, ich aber habe dich erkannt und sie haben erkannt, dass du mich gesandt hast.

Ich habe ihnen deinen Namen kundgetan und werde ihn kundtun, damit die Liebe, mit der du mich geliebt hast, in ihnen ist und ich in ihnen bin.

Glaubensbekenntnis, S. 454 ff.

FÜRBITTEN

Jesus betet zu Gott und erbittet die Einheit derer, die in seiner Nachfolge leben wollen. Wir rufen zu Gott, dem Schöpfer aller:

V/A: Komm, Geist der Einheit.

- Bringe Bewegung und Tiefe in die ökumenischen Bemühungen der christlichen Kirchen.
- Lass die Glaubwürdigkeit der christlichen Botschaft durch die wachsende Einheit aller wachsen.
- Stärke und entlaste die Familien, in denen Spannungen und Streit den Alltag bestimmen.
- Ermutige junge Menschen, Freiwilligendienste in der einen Welt zu übernehmen.
- Bestärke alle, die den Frieden suchen und mutige Schritte zur Versöhnung gehen.

Du Gott des Erbarmens, bleibe bei uns in der Kraft des Heiligen Geistes, die auch heute bewegt und eint. So bitten wir durch Jesus Christus, unseren Bruder und Lehrer.

EUCHARISTIEFEIER

GABENGEBET

Herr und Gott, nimm die Gebete und Opfergaben deiner Gläubigen an. Lass uns diese heilige Feier mit ganzer Hingabe begehen, damit wir einst das Leben in der Herrlichkeit des Himmels erlangen. Darum bitten wir durch Christus, unseren Herrn.

PRÄFATION

In Wahrheit ist es würdig und recht, dir, allmächtiger Vater, zu danken durch unseren Herrn Jesus Christus, den König der Herrlichkeit. Denn er ist als Sieger über Sünde und Tod aufgefahren in den Himmel. Die Engel schauen den Mittler zwischen Gott und den Menschen, den Richter der Welt, den Herrn der ganzen Schöpfung. Er kehrt zu dir heim, nicht um uns Menschen zu verlassen, er gibt den Gliedern seines Leibes die Hoffnung, ihm dorthin zu folgen, wohin er als Erster vorausging. Darum preisen wir dich in österlicher Freude und singen mit den Chören der Engel das Lob deiner Herrlichkeit: Heilig …

KOMMUNIONVERS

Vgl. Joh 17,22

Ich bitte dich, Vater, lass sie eins sein,
wie wir eins sind. Halleluja.

SCHLUSSGEBET

Erhöre uns, Gott, unser Heil, und schenke uns die feste Zuversicht, dass durch die Feier der heiligen Geheimnisse die ganze Kirche jene Vollendung erlangen wird, die Christus, ihr Haupt, in deiner Herrlichkeit schon besitzt, der mit dir lebt und herrscht in alle Ewigkeit.

FEIERLICHER SCHLUSSSEGEN S. 368

***

ERFÜLLT VOM HEILIGEN GEIST

Stephanus tat, was zu tun war
zur täglichen Versorgung der Armen,
Dienst an den Tischen
aus der Fülle der Geistkraft.

Dann, in Geschrei und Todesdunkel,
sah er den Himmel offen,
hoffte auf Gottes Glanz
aus der Fülle der Geistkraft.

Nun bitten wir den Heiligen Geist
um Licht und Glut,
um Tatkraft und Mitmenschlichkeit,
um Ruhe und Zuversicht.

KOMM, HEILIGER GEIST, KOMM BALD!

Irmtrud Schweigert

PFINGSTEN – HOCHFEST

AM VORABEND

7. Juni 2025

Am Vorabend des Pfingsttags sind wir zusammen mit den Aposteln, den Frauen und Maria „im Obergemach" in Jerusalem (vgl. Apg 1,13–14). Sie sind gedrückter Stimmung, aber wenigstens nicht allein. Es gäbe viel zu tun für die junge Gemeinde, aber noch fehlt der Impuls, sich neu zu sortieren. Der Kairos, der entscheidende Zeitpunkt, ist noch nicht gekommen. Was hält uns hier zusammen? Worauf stützen wir uns? Was gibt uns Hoffnung? Was lässt uns aufbrechen? Die Texte des Tages führen zurück – mit Mose an den Sinai und mit Jesus zum Laubhüttenfest nach Jerusalem: Fenster der Erinnerung an das, was trägt. Vielleicht ist es der Rhythmus des Gebets, der die Gemeinschaft an Orte und in Zeiten zurückführt, die ihnen Mut machen, über sich hinauszuwachsen? Erfahren sie im Gebet die Hoffnung selbst im Seufzen und in der Zurückgezogenheit des Obergemachs? Und wir mit ihnen?

ERÖFFNUNGSVERS Röm 5,5

Die Liebe Gottes ist ausgegossen in unsere Herzen
durch den Heiligen Geist, der uns gegeben ist.
Halleluja.

KYRIE-RUFE

Herr Jesus Christus, du sendest
deinen Geist in die Welt und du
erneuerst das Angesicht der Erde.
V/A: Herr, erbarme dich.
Du legst deinen Geist in unsere Herzen
und aus unserem Inneren werden Ströme
von lebendigem Wasser fließen.
V/A: Christus, erbarme dich.
Du gießt deinen Geist aus über Junge
und Alte und sie werden Propheten sein.
V/A: Herr, erbarme dich.

Ehre sei Gott, S. 451 f.

TAGESGEBET

Gott, unser Herr, du hast das österliche Geheimnis im Geschehen des Pfingsttages vollendet und Menschen aus allen Völkern das Heil geoffenbart. Vereine im Heiligen Geist die Menschen aller Sprachen und Nationen zum Bekenntnis deines Namens. Darum bitten wir durch Jesus Christus.

WORTGOTTESDIENST

ZUR 1. LESUNG Gott ist mit seinem Volk; er lässt es nicht allein. Diese Grundüberzeugung von Judentum und Christentum manifestiert sich in den Geschichten vom Bund Gottes mit seinem Volk. Am Sinai lässt Gott das Volk im Gespräch mit Mose seine Stimme hören, sie sollen ihm und Mose vertrauen. Das Vertrauen soll sich ihren Sinnen buchstäblich einbrennen. Wie Mose einst am Horeb Gottes Nähe und Kraft im brennenden Dornbusch sinnenfällig erfahren hat, so nun das ganze Volk im Rauch und Feuer des Sinai. Die Nähe Gottes ist spürbar, gewaltig. Wie das Volk Israel mit seinen zwölf Stämmen in der drohenden Hoffnungslosigkeit der Wüstenzeit, in allen Mühen und Seufzern die Kraft Gottes vor Augen hat, so kann auch die zaghafte Gemeinschaft im Obergemach ihre Hoffnung auf die Treue Gottes setzen. Wenn am Pfingstmorgen „Zungen wie von Feuer" (Apg 2,3) auf sie herabkommen, ist auch das Feuer des Sinai in ihnen.

ERSTE LESUNG Ex 19,3–8a.16–20

Vor den Augen des ganzen Volkes stieg der Herr auf den Berg Sinai herab

Lesung aus dem Buch Exodus.

In jenen Tagen stieg Mose zu Gott hinauf. Da rief ihm der HERR vom Berg her zu: Das sollst du dem Haus Jakob sagen und den Israeliten verkünden: Ihr habt gesehen, was ich den Ägyptern angetan habe, wie ich euch auf Adlerflügeln getragen und zu mir gebracht habe. Jetzt aber, wenn ihr auf meine Stimme hört und meinen Bund haltet, werdet ihr unter allen Völkern mein besonderes Eigentum sein. Mir gehört die ganze Erde, ihr aber sollt mir als ein Königreich von Priestern und als ein heiliges Volk gehören. Das sind die Worte, die du den Israeliten mitteilen sollst.

Mose ging und rief die Ältesten des Volkes zusammen. Er legte ihnen alles vor, was der HERR ihm aufgetragen hatte. Das ganze Volk antwortete einstimmig und erklärte: Alles, was der HERR gesagt hat, wollen wir tun.

Am dritten Tag, im Morgengrauen, begann es zu donnern und zu blitzen. Schwere Wolken lagen über dem Berg und gewaltiger Hörnerschall erklang. Das ganze Volk im Lager begann zu zittern. Mose führte das Volk aus dem Lager hinaus Gott entgegen. Unten am Berg blieben sie stehen.

Der ganze Sinai war in Rauch gehüllt, denn der HERR war im Feuer auf ihn herabgestiegen: Der Rauch stieg vom Berg auf wie Rauch aus einem Schmelzofen. Der ganze Berg bebte gewaltig und der Hörnerschall wurde immer lauter. Mose redete und Gott antwortete ihm mit verstehbarer Stimme. Der HERR war auf den Sinai, auf den Gipfel des Berges, herabgestiegen. Er hatte Mose zu sich auf den Gipfel des Berges gerufen und Mose war hinaufgestiegen.

[*Oder:* ERSTE LESUNG – Gen 11,1–9; *oder:* ERSTE LESUNG – Ez 37,1–14; *oder:* ERSTE LESUNG – Joël 3,1–5]

ANTWORTPSALM Ps 104 (103),1–2.24–25.27–28.29–30 (Kv: vgl. 30)

Kv Sende aus deinen Geist
und das Angesicht der Erde wird neu. – Kv

Oder:

Kv Halleluja. – Kv

Preise den HERRN, meine Seele! /
HERR, mein Gott, überaus groß bist du! *
Du bist mit Hoheit und Pracht bekleidet.
Du hüllst dich in Licht wie in einen Mantel, *
du spannst den Himmel aus gleich einem Zelt. – (Kv)

Wie zahlreich sind deine Werke, HERR, /
sie alle hast du mit Weisheit gemacht, *
die Erde ist voll von deinen Geschöpfen.
Da ist das Meer, so groß und weit, *
darin ein Gewimmel, nicht zu zählen: kleine und große Tiere. – (Kv)

Auf dich warten sie alle, *
dass du ihnen ihre Speise gibst zur rechten Zeit.
Gibst du ihnen, dann sammeln sie ein, *
öffnest du deine Hand, werden sie satt mit Gutem. – (Kv)

Verbirgst du dein Angesicht, sind sie verstört, /
nimmst du ihnen den Atem, so schwinden sie hin *
und kehren zurück zum Staub.
Du sendest deinen Geist aus: Sie werden erschaffen *
und du erneuerst das Angesicht der Erde. – Kv

ZUR 2. LESUNG Wer in Venedig den Weg aus dem Dogenpalast über die Seufzerbrücke in das alte Gefängnis geht, kann die Seufzer sehnsüchtiger Menschen aus vergangenen Zeiten förmlich hören. Denn durch die vielen kleinen Lücken in der Mauer geht ein letztes Mal der Blick zur Linken Richtung Kanal, zur Rechten auf das weite Meer. Die Aussicht auf Freiheit – wie ein flüchtiges Mosaik angesichts der schon hereinbrechenden Dunkelheit der Zellen. Paulus hört in der ganzen Schöpfung die Sehnsucht der Menschen nach Frieden und Erlösung wie ein Seufzen. Doch dieses ist nicht hoffnungslos, sondern geradezu ein hörbares Zeichen der Hoffnung auf das Hereinbrechen der Herrlichkeit Gottes. In das Seufzen stimmt der Geist, stimmt Gott, selbst ein – wortlos, unaussprechlich: Er ist bei denen, die leiden, wie er in der Wüste beim Volk Israel war, das murrte. Gott seufzt für uns. Er ist da und geht mit auf unseren Seufzerbrücken. Das ist Pfingstgabe.

ZWEITE LESUNG Röm 8,22–27

Der Geist selber tritt für uns ein mit unaussprechlichen Seufzern

Lesung aus dem Brief des Apostels Paulus an die Gemeinde in Rom.

Schwestern und Brüder! Wir wissen, dass die gesamte Schöpfung bis zum heutigen Tag seufzt und in Geburtswehen liegt. Aber nicht nur das, sondern auch wir, obwohl wir als Erstlingsgabe den Geist haben, auch wir seufzen in unserem Herzen und warten darauf, dass wir mit der Erlösung unseres Leibes als Söhne offenbar werden.

Denn auf Hoffnung hin sind wir gerettet. Hoffnung aber, die man schon erfüllt sieht, ist keine Hoffnung. Denn wie kann man auf etwas hoffen, das man sieht? Hoffen wir aber auf das, was wir nicht sehen, dann harren wir aus in Geduld.

So nimmt sich auch der Geist unserer Schwachheit an. Denn wir wissen nicht, was wir in rechter Weise beten sollen; der Geist selber tritt jedoch für uns ein mit unaussprechlichen Seufzern. Der die

Herzen erforscht, weiß, was die Absicht des Geistes ist. Denn er tritt so, wie Gott es will, für die Heiligen ein.

RUF VOR DEM EVANGELIUM

(Zum Vers Komm, Heiliger Geist … *knien alle.)*

Halleluja. Halleluja.
Komm, Heiliger Geist,
erfülle die Herzen deiner Gläubigen,
und entzünde in ihnen das Feuer deiner Liebe!
Halleluja.

ZUM EVANGELIUM Die Lesungen haben von Vorabenden erzählt: Vorabend des Bundes, Vorabend der Herrlichkeit. Am Vorabend wird geahnt, was noch nicht vollendet ist. Auch Sukkot, das Laubhüttenfest – gefeierte Wüstenerfahrung – ist davon gekennzeichnet: das Ziel ist noch nicht erreicht. „Noch nicht" – so lautet auch der Kommentar des Johannes zu Jesu Rede am Ende von Sukkot: denn „der Geist war noch nicht gegeben". Am Vorabend wird das Obergemach in Jerusalem zur Laubhütte in der Wüste. Die Gemeinschaft der Apostel und Frauen mag sich dort an die Zusage Jesu erinnern, dass „Ströme von lebendigem Wasser fließen" werden, dass der Geist kommt. Ist dieser entscheidende Moment jetzt? Der Gott im Feuer, der Geist der Hoffnung – stillt er unseren Durst, unser Seufzen, jetzt? Erfüllt er die Laubhütte mit Herrlichkeit? Am Vorabend lässt sich die Festfreude ahnen und spüren. Pfingsten kommt und Hoffnung wächst.

EVANGELIUM Joh 7,37–39

Ströme von lebendigem Wasser werden fließen

+ Aus dem heiligen Evangelium nach Johannes.

Am letzten Tag des Festes, dem großen Tag, stellte sich Jesus hin und rief: Wer Durst hat, komme zu mir und es trinke, wer an mich glaubt!

Wie die Schrift sagt: Aus seinem Inneren werden Ströme von lebendigem Wasser fließen.

Damit meinte er den Geist, den alle empfangen sollten, die an ihn glauben; denn der Geist war noch nicht gegeben, weil Jesus noch nicht verherrlicht war.

Glaubensbekenntnis, S. 454 ff.

FÜRBITTEN

„Wir wissen, dass die gesamte Schöpfung bis zum heutigen Tag seufzt und in Geburtswehen liegt." Das Seufzen der Schöpfung ist der Ruf nach dem Wehen der heiligen Geistkraft. Wir bitten:

V/A: Komm, Schöpfer Geist!

- Für die Kirche um die Kraft der Erneuerung an Haupt und Gliedern.
- Für die Menschen in Armut, Hunger und Not um Gerechtigkeit.
- Für die Kranken um Hoffnung und Heilung.
- Für die Kinder und Jugendlichen um treue und gute Begleitung und Beratung auf ihrem Weg.
- Für die Sterbenden um die Kraft der Hoffnung.

Guter Gott, durch deinen Beistand, den Heiligen Geist, stärkst du die Schwachen und gibst den Ohnmächtigen eine Stimme. Dafür loben wir dich und danken dir durch Jesus Christus, der in der Einheit des Heiligen Geistes unter uns wirkt, heute und in Ewigkeit.

EUCHARISTIEFEIER

GABENGEBET

Herr, unser Gott, dein Geist segne diese Gaben und erfülle durch sie die Kirche mit der Kraft deiner Liebe, damit die ganze Welt erkennt, dass du sie zum Heil gerufen hast. Darum bitten wir durch Christus, unseren Herrn.

Präfation, S. 433

KOMMUNIONVERS Joh 7,37

Am letzten Tag des Festes, dem großen Tag,
stand Jesus da und rief:
Wer Durst hat, komme zu mir und trinke. Halleluja.

SCHLUSSGEBET

Herr, unser Gott, du hast uns im heiligen Mahl gesättigt. Erfülle uns durch dieses Sakrament mit der Glut des Heiligen Geistes, den du am Pfingstfest den Aposteln gesandt hast. Darum bitten wir durch Christus, unseren Herrn.

FEIERLICHER SCHLUSSSEGEN S. 433 f.

***

FREUDE HOFFNUNG TRAUER ANGST

Freude und Hoffnung, Trauer und Angst
der Menschen von heute,
besonders der Armen und Bedrängten aller Art,
sind auch
Freude und Hoffnung, Trauer und Angst
der Jünger Christi.

Gaudium et spes (Zweites Vatikanisches Konzil)

AM TAG

8. Juni 2025

Karl Rahner bringt es auf den Punkt: *Pfingsten ist die Vollendung von Ostern.* Seit Ostern feiern wir die Geheimnisse Auferstehung, Ewigkeit, Himmelfahrt, lassen wir uns hineinnehmen in die österliche Spannung von Sichtbarkeit und Unsichtbarkeit. Vom Pfingstereignis erzählt Lukas in der Apostelgeschichte in einer Fülle von Bildern, die „fassungslos vor Staunen" machen. Was dort sichtbar und hörbar ist, ist einfach unglaublich – so wie die Botschaft von Ostern. Die Geschichten vom Ostermorgen und dem Pfingsttag machen deutlich, dass Gott es ist, der handelt. Auferweckung, Sendung des Geistes – so handelt Gott und bleibt da als *unser* Gott. So wendet er für uns Tod und Verlorenheit in Heil, wandelt Zurückgezogenheit in Aufbruch. Was der Engel Maria am Beginn der Jesusgeschichte bei der Verkündigung gesagt hat, wird hier erneut erfahrbar: Für Gott ist nichts unmöglich (Lk 1,37).

ERÖFFNUNGSVERS

Vgl. Weish 1,7

Der Geist des Herrn erfüllt den Erdkreis.
In ihm hat alles Bestand.
Nichts bleibt verborgen vor ihm. Halleluja.

KYRIE-RUFE

Herr Jesus Christus, du trittst
in unsere Mitte und sprichst
uns den Frieden zu.
V/A: Herr, erbarme dich.
Du sendest uns, wie dich
der Vater gesandt hat.
V/A: Christus, erbarme dich.

Du sendest uns
den Heiligen Geist.
V/A: Herr, erbarme dich.

Ehre sei Gott, S. 451 f.

TAGESGEBET

Allmächtiger, ewiger Gott, durch das Geheimnis des heutigen Tages heiligst du deine Kirche in allen Völkern und Nationen. Erfülle die ganze Welt mit den Gaben des Heiligen Geistes, und was deine Liebe am Anfang der Kirche gewirkt hat, das wirke sie auch heute in den Herzen aller, die an dich glauben. Darum bitten wir durch Jesus Christus.

WORTGOTTESDIENST

ZUR 1. LESUNG Ein besonders eindrucksvoller Versuch, sich das Pfingstereignis bildlich vor Augen zu führen, ist in der Kirche Santa Maria della Salute in Venedig zu bestaunen. Tizian lässt eine Taube im Strahlenkranz zu der kleinen Gemeinde fliegen und legt mit ihren Strahlen Feuerzungen wie Locken auf die Köpfe der Männer und Frauen. Fast alle wenden sich der Taube zu – besonders ausgeprägt Petrus, der später auch als Erster Worte dazu finden wird. Der Blick wird aber auch auf einen betagten Apostel gelenkt, der nicht hochschaut, sondern stattdessen eine junge Frau regelrecht anstarrt. Für ihn ereignet sich Pfingsten offensichtlich auf ihrem Gesicht. Hinter der jungen steht eine zweite Frau, die ganz in sich gekehrt wirkt – vielleicht Maria, von der es heißt, sie bewege große Ereignisse still in ihrem Herzen. Pfingsten macht die Menschen sprachlos, „fassungslos vor Staunen". Doch sie werden sich fassen und Worte finden. Können auch wir ein Pfingstereignis erzählen?

ERSTE LESUNG Apg 2, 1–11

Alle wurden mit dem Heiligen Geist erfüllt und begannen zu reden

Lesung aus der Apostelgeschichte.

Als der Tag des Pfingstfestes gekommen war, waren alle zusammen am selben Ort. Da kam plötzlich vom Himmel her ein Brausen, wie wenn ein heftiger Sturm daherfährt, und erfüllte das ganze Haus, in dem sie saßen.

Und es erschienen ihnen Zungen wie von Feuer, die sich verteilten; auf jeden von ihnen ließ sich eine nieder. Und alle wurden vom Heiligen Geist erfüllt und begannen, in anderen Sprachen zu reden, wie es der Geist ihnen eingab.

In Jerusalem aber wohnten Juden, fromme Männer aus allen Völkern unter dem Himmel. Als sich das Getöse erhob, strömte die Menge zusammen und war ganz bestürzt; denn jeder hörte sie in seiner Sprache reden. Sie waren fassungslos vor Staunen und sagten:

Seht! Sind das nicht alles Galiläer, die hier reden? Wieso kann sie jeder von uns in seiner Muttersprache hören:

Parther, Meder und Elamiter, Bewohner von Mesopotamien, Judäa und Kappadokien, von Pontus und der Provinz Asien, von Phrygien und Pamphylien, von Ägypten und dem Gebiet Libyens nach Kyrene hin, auch die Römer, die sich hier aufhalten, Juden und Proselyten, Kreter und Araber – wir hören sie in unseren Sprachen Gottes große Taten verkünden.

ANTWORTPSALM Ps 104 (103), 1–2.24–25.29–30.31 u. 34 (Kv: vgl. 30)

Kv Sende aus deinen Geist
und das Angesicht der Erde wird neu. – Kv

Oder:

Kv Halleluja. – Kv

Preise den HERRN, meine Seele! /
HERR, mein Gott, überaus groß bist du! *

Du bist mit Hoheit und Pracht bekleidet.
Du hüllst dich in Licht wie in einen Mantel, *
du spannst den Himmel aus gleich einem Zelt. – (Kv)

Wie zahlreich sind deine Werke, Herr, /
sie alle hast du mit Weisheit gemacht, *
die Erde ist voll von deinen Geschöpfen.
Da ist das Meer, so groß und weit, *
darin ein Gewimmel, nicht zu zählen: kleine und große Tiere. – (Kv)

Verbirgst du dein Angesicht, sind sie verstört, /
nimmst du ihnen den Atem, so schwinden sie hin *
und kehren zurück zum Staub.
Du sendest deinen Geist aus: Sie werden erschaffen *
und du erneuerst das Angesicht der Erde. – (Kv)

Die Herrlichkeit des Herrn währe ewig, *
der Herr freue sich seiner Werke.
Möge ihm mein Dichten gefallen. *
Ich will mich freuen am Herrn. – Kv

ZUR 2. LESUNG Paulus hat ein erstaunlich irdisches Bild für das Pfingstereignis gefunden: den Leib. Geistempfang heißt Leibwerden, *ein* Leib, Christus. Der auferstandene und zum Himmel aufgefahrene, der scheinbar abwesende, nicht mehr leiblich erfahrbare Jesus Christus ist spürbar im Leib Christus, den die Gemeinde durch den Heiligen Geist bildet. Über den Tod und alle Unsichtbarkeiten – Unsicherheiten – hinweg bleibt Jesus bei den Seinen. Das ist konkret darin erfahrbar, dass die Gemeindemitglieder ihre Gnadengaben, ihre Charismen, als Dienste zum Wohl des und der anderen einsetzen: Wie Gott sich als *unser* Gott erweist, so sollen wir füreinander Christinnen und Christen sein. Pfingsten ist also Gabe und Auftrag, eine übernatürliche, unglaubliche Wundererzählung, die ganz konkrete Folgen – Hand und Fuß – hat.

ZWEITE LESUNG

1 Kor 12,3b–7.12–13

Durch den einen Geist wurden wir in der Taufe alle in einen einzigen Leib aufgenommen

Lesung aus dem ersten Brief des Apostels Paulus an die Gemeinde in Korinth.

Schwestern und Brüder! Keiner kann sagen: Jesus ist der Herr!, wenn er nicht aus dem Heiligen Geist redet.

Es gibt verschiedene Gnadengaben, aber nur den einen Geist. Es gibt verschiedene Dienste, aber nur den einen Herrn. Es gibt verschiedene Kräfte, die wirken, aber nur den einen Gott: Er bewirkt alles in allen. Jedem aber wird die Offenbarung des Geistes geschenkt, damit sie anderen nützt.

Denn wie der Leib einer ist, doch viele Glieder hat, alle Glieder des Leibes aber, obgleich es viele sind, einen einzigen Leib bilden: So ist es auch mit Christus. Durch den einen Geist wurden wir in der Taufe alle in einen einzigen Leib aufgenommen, Juden und Griechen, Sklaven und Freie; und alle wurden wir mit dem einen Geist getränkt.

[*Oder:* ZWEITE LESUNG – Röm 8,8–17]

SEQUENZ

(Wenn die musikalische Gestaltung es nahelegt, kann die Sequenz nach dem Hallelujavers gesungen werden, wobei sie dann mit „Amen. Halleluja“ abgeschlossen wird.)

Komm herab, o Heil’ger Geist,
der die finstre Nacht zerreißt,
strahle Licht in diese Welt.

Komm, der alle Armen liebt,
komm, der gute Gaben gibt,
komm, der jedes Herz erhellt.

Höchster Tröster in der Zeit,
Gast, der Herz und Sinn erfreut,
köstlich Labsal in der Not,

in der Unrast schenkst du Ruh,
hauchst in Hitze Kühlung zu,
spendest Trost in Leid und Tod.

Komm, o du glückselig Licht,
fülle Herz und Angesicht,
dring bis auf der Seele Grund.

Ohne dein lebendig Wehn
kann im Menschen nichts bestehn,
kann nichts heil sein noch gesund.

Was befleckt ist, wasche rein,
Dürrem gieße Leben ein,
heile du, wo Krankheit quält.

Wärme du, was kalt und hart,
löse, was in sich erstarrt,
lenke, was den Weg verfehlt.

Gib dem Volk, das dir vertraut,
das auf deine Hilfe baut,
deine Gaben zum Geleit.

Lass es in der Zeit bestehn,
deines Heils Vollendung sehn
und der Freuden Ewigkeit.
(Amen. Halleluja.)

RUF VOR DEM EVANGELIUM

(Zum Vers Komm, Heiliger Geist … *knien alle.)*

Halleluja. Halleluja.
Komm, Heiliger Geist,
erfülle die Herzen deiner Gläubigen,
und entzünde in ihnen das Feuer deiner Liebe!
Halleluja.

ZUM EVANGELIUM Was Paulus im Bild des Leibes ausdrückt, macht Johannes deutlich, indem er von der Liebe spricht: Pfingsten ist hier und heute. Im Evangelium hören wir einen Ausschnitt aus der ersten Abschiedsrede Jesu. Im Wissen oder in der Ahnung seines nahenden Todes kündigt er als sein Vermächtnis den Heiligen Geist an. Er wird die junge Kirche „alles lehren und euch an alles erinnern, was ich euch gesagt habe". Der Geist ist der Beistand der jungen Kirche. Er begleitet sie in den Herausforderungen, die ihr begegnen werden, wenn sie die Botschaft Jesu in die Welt bringen will. Der Evangelist Johannes macht in den Worten Jesu sehr klar: Jesus selbst lässt seine Kirche nicht allein. Gott lässt seine Kirche nicht allein. Durch die Kraft des Heiligen Geistes bleibt er bei ihr – und sie bei ihm. Und die Liebe ist die Art und Weise, wie die Gemeinde spüren und spürbar machen kann, dass Gott da ist, als *unser* Gott.

EVANGELIUM

Joh 14, 15–16.23b–26

Der Heilige Geist wird euch alles lehren

+ **Aus dem heiligen Evangelium nach Johannes.**

In jener Zeit sprach Jesus zu seinen Jüngern: Wenn ihr mich liebt, werdet ihr meine Gebote halten. Und ich werde den Vater bitten und er wird euch einen anderen Beistand geben, der für immer bei euch bleiben soll.

Wenn jemand mich liebt, wird er mein Wort halten; mein Vater wird ihn lieben und wir werden zu ihm kommen und bei ihm Wohnung nehmen. Wer mich nicht liebt, hält meine Worte nicht. Und das Wort, das ihr hört, stammt nicht von mir, sondern vom Vater, der mich gesandt hat.

Das habe ich zu euch gesagt, während ich noch bei euch bin. Der Beistand aber, der Heilige Geist, den der Vater in meinem Namen senden wird, der wird euch alles lehren und euch an alles erinnern, was ich euch gesagt habe.

[*Oder:* EVANGELIUM – Joh 20,19–23]

Glaubensbekenntnis, S. 454 ff.

FÜRBITTEN

„Empfangt den Heiligen Geist!" Voll Hoffnung auf das lebendige Wehen des Geistes beten wir heute:

V/A: Sende aus deinen Geist und das Antlitz der Erde wird neu.

- Für alle, die von Furcht erfüllt sind.
- Für alle, die Mangel leiden.
- Für alle, die um einen lieben Menschen trauern.
- Für alle, die ihre Gaben nicht entfalten und ihrer Berufung nicht folgen können.
- Für alle, die andere ermutigen, fördern und trösten.

Komm, Heiliger Geist, erfülle die Herzen deiner Gläubigen, und das Antlitz der Erde wird neu.

EUCHARISTIEFEIER

GABENGEBET

Allmächtiger Gott, erfülle die Verheißung deines Sohnes: Sende uns deinen Geist, damit er uns in die volle Wahrheit einführt und uns das Geheimnis dieses Opfers immer mehr erschließt. Darum bitten wir durch Christus, unseren Herrn.

PRÄFATION

In Wahrheit ist es würdig und recht, dir, Herr, heiliger Vater, immer und überall zu danken und diesen Tag in festlicher Freude zu feiern. Denn heute hast du das österliche Heilswerk vollendet, heute hast du den Heiligen Geist gesandt über alle, die du mit Christus auferweckt und zu deinen Kindern berufen hast. Am Pfingsttag erfüllst du deine Kirche mit Leben: Dein Geist schenkt allen Völkern die Erkenntnis des lebendigen Gottes und vereint die vielen Sprachen im Bekenntnis des einen Glaubens. Darum preisen dich alle Völker auf dem Erdenrund in österlicher Freude. Darum rühmen dich die himmlischen Kräfte und die Mächte der Engel und singen das Lob deiner Herrlichkeit: Heilig …

KOMMUNIONVERS

Vgl. Apg 2,4.11

Alle wurden mit dem Heiligen Geist erfüllt
und verkündeten Gottes große Taten. Halleluja.

SCHLUSSGEBET

Herr, unser Gott, du hast deine Kirche mit himmlischen Gaben beschenkt. Erhalte ihr deine Gnade, damit die Kraft aus der Höhe, der Heilige Geist, in ihr weiterwirkt und die geistliche Speise sie nährt bis zur Vollendung. Darum bitten wir durch Christus, unseren Herrn.

FEIERLICHER SCHLUSSSEGEN

Der gütige Gott hat am heutigen Tag die Jünger durch die Eingießung des Heiligen Geistes erleuchtet; er segne euch und schenke euch den Reichtum seiner Gaben. – A: Amen.
Jenes Feuer, das in vielen Zungen auf die Jünger herabkam, reinige eure Herzen und entzünde in euch die göttliche Liebe. – A: Amen.

Der Heilige Geist, der die vielen Sprachen im Bekenntnis des Glaubens geeint hat, festige euch in der Wahrheit und führe euch vom Glauben zum Schauen. – A: Amen.
Das gewähre euch der dreieinige Gott, der Vater und der Sohn † und der Heilige Geist. – A: Amen.

***

UNSER GOTT

Unser Gott ist uns vor Augen –
sinnenfällig pfingstlich
als Geist gegeben;
Strahl vom Himmel
Licht in die Herzen
Frische und Wärme
Trost und Ruhe
Gast und Gabe
Richtung und Wandel
Fülle und Freude.
Unser Gott ist spürbar unser Gott –
paradox gegeben
als Gott und Mensch.

Dominik Arenz
(nach der Pfingstsequenz)

PFINGSTMONTAG

9. Juni 2025

Der Pfingstmontag wird uns dazugeschenkt. In der weltkirchlichen Liturgie gehört er nicht mehr zum Hochfest, sondern wird als Gedenktag von Maria als Mutter der Kirche gefeiert. In Deutschland allerdings gilt er noch als Feiertag. Der Pfingstmontag gibt Gelegenheit, das Festgeheimnis zu vertiefen und den einen oder anderen Aspekt noch einmal genauer zu betrachten. Gelegenheit, einen Schritt weiterzugehen – beispielsweise Maria als Mutter der Kirche zu betrachten, Mutter unter dem Kreuz oder im verschlossenen Obergemach am Pfingsttag. Einen Schritt aus dem Obergemach hinaus: Christinnen und Christen als Kinder Gottes zu betrachten, mit der Kraft des Geistes gestärkt, Boten des Lichts. Pfingstmontag bietet so etwas wie einen zweiten Blick auf Pfingsten: auf das, was bleibt nach der schöpferischen Erschütterung der Gemeinde. Auf die weiteren Schritte, die für die Kinder Gottes daraus folgen. Das ist ein Geschenk.

ERÖFFNUNGSVERS

Offb 1,5–6

Christus liebt uns
und hat uns durch sein Blut befreit von unseren Sünden;
er hat uns die Würde von Königen gegeben
und uns zu Priestern gemacht
für den Dienst vor seinem Gott und Vater. Halleluja.

KYRIE-RUFE

Herr Jesus Christus, Gottes Sohn, du bist
vom Vater hingegeben, damit jeder, der an
dich glaubt, ewiges Leben hat.
V/A: Herr, erbarme dich.

Du bist in die Welt gesandt, damit
die Welt durch dich gerettet wird.
V/A: Christus, erbarme dich.
Du bist in die Welt gekommen –
das wahre Licht, das jeden
Menschen erleuchtet.
V/A: Herr, erbarme dich.

Ehre sei Gott, S. 451 f.

TAGESGEBET

Gott und Vater unseres Herrn Jesus Christus, im Neuen Bund berufst du aus allen Völkern dein Volk und führst es zusammen im Heiligen Geist. Gib, dass deine Kirche ihrer Sendung treu bleibt, dass sie ein Sauerteig ist für die Menschheit, die du in Christus erneuern und zu deiner Familie umgestalten willst. Darum bitten wir durch ihn, der in der Einheit des Heiligen Geistes mit dir lebt und herrscht in alle Ewigkeit.

WORTGOTTESDIENST

ZUR 1. LESUNG Der kleine Ausschnitt aus der Apostelgeschichte, genauer: aus den Missionsreisen des Paulus, erzählt Heilsgeschichte biografisch. Paulus, der ja selbst erst nach dem Pfingsttag zur Gruppe der Apostel stößt, trifft Jünger, die noch gar nichts vom Heiligen Geist gehört haben, aber bereits wie Jesus die Taufe des Johannes empfangen hatten. Auf Jesu Namen, auf seinen Tod und seine Auferstehung hin lassen sie sich dann von Paulus taufen und erhalten durch seine Handauflegung den Heiligen Geist, den Geist Jesu Christi. Sie lassen sich in den christlichen Glauben einführen, indem sie zeichenhaft Leben, Tod, Auferstehung und Geistsendung nachvollziehen – durch Paulus, der erst nach den Geschehnissen zum Christen wurde, nun aber brennt wie kaum ein anderer. Die Erzählung steht in der Verlängerung des Pfingsttags; sie markiert weitere Schritte der Kinder Gottes in derselben Heilsgeschichte.

ERSTE LESUNG

Apg 19,1b–6a°

Habt ihr den Heiligen Geist empfangen, als ihr gläubig wurdet?

Lesung aus der Apostelgeschichte.

Paulus kam nach Ephesus hinab. Er stieß dort auf einige Jünger und fragte sie: Habt ihr den Heiligen Geist empfangen, als ihr gläubig wurdet? Sie antworteten ihm: Wir haben noch nicht einmal gehört, dass es einen Heiligen Geist gibt.

Da fragte er: Auf welche Taufe seid ihr denn getauft worden? Sie antworteten: Auf die Taufe des Johannes. Paulus sagte: Johannes hat mit der Taufe der Umkehr getauft und das Volk gelehrt, sie sollten an den glauben, der nach ihm komme: an Jesus. Als sie das hörten, ließen sie sich auf den Namen Jesu, des Herrn, taufen. Paulus legte ihnen die Hände auf und der Heilige Geist kam auf sie herab.

ANTWORTPSALM

Ps 145 (144),2–3.4–5.8–9.10–11.15–16 (Kv: vgl. 2b)

Kv HERR, deinen Namen will ich loben
auf immer und ewig. – Kv

Oder:

Kv Halleluja. – Kv

Jeden Tag will ich dich preisen *
und deinen Namen loben auf immer und ewig.
Groß ist der HERR und hoch zu loben, *
unerforschlich ist seine Größe. – (Kv)

Geschlecht um Geschlecht rühme deine Werke, *
deine machtvollen Taten sollen sie künden.
Den herrlichen Glanz deiner Hoheit *
und deine Wundertaten will ich besingen. – (Kv)

Der Herr ist gnädig und barmherzig, *
langmütig und reich an Huld.
Der Herr ist gut zu allen, *
sein Erbarmen waltet über all seinen Werken. – (Kv)

Danken sollen dir, Herr, all deine Werke, *
deine Frommen sollen dich preisen.
Von der Herrlichkeit deines Königtums sollen sie reden, *
von deiner Macht sollen sie sprechen. – (Kv)

Aller Augen warten auf dich *
und du gibst ihnen ihre Speise zur rechten Zeit.
Du tust deine Hand auf *
und sättigst alles, was lebt, mit Wohlgefallen. – Kv

ZUR 2. LESUNG „Abba, Vater!", rufen wir als Kinder Gottes; das ist Gabe, Zeugnis des Geistes. Es ist kein sehnsüchtiges Rufen nach dem abwesenden Vater, sondern vertraute Anrede und Zeugnis der Anwesenheit Gottes unter uns. Jesus selbst spricht seinen Vater in der Not von Getsemani auf diese Weise an (Mk 14,36): Vertrauen angesichts des nahenden Todes. Paulus ist überzeugt: Der uns durch die Taufe geschenkte Geist der Kindschaft spricht diesen Ruf Jesu mit und für uns, diese Kraft ermöglicht das Vertrauensverhältnis mit Gott. Paulus stellt sich geradezu einen Dialog des Heiligen Geistes mit unserem Geist vor, der im Ruf „Abba, Vater!" gipfelt. Wie der Geist uns anredet, so können wir zu Gott sprechen. Die Kraft des Geistes ist und bleibt in uns; sie bezeugt uns die Treue Gottes. Paulus geht also den Schritt weiter: Aus Pfingsten erwächst das Vertrauen in die bleibende Anwesenheit Gottes.

ZWEITE LESUNG

Röm 8,14–17°

Ihr habt den Geist der Kindschaft empfangen, in dem wir rufen: Abba, Vater!

Lesung aus dem Brief des Apostels Paulus an die Gemeinde in Rom.

Schwestern und Brüder! Alle, die sich vom Geist Gottes leiten lassen, sind Kinder Gottes. Denn ihr habt nicht einen Geist der Knechtschaft empfangen, sodass ihr immer noch Frucht haben müsstet, sondern ihr habt den Geist der Kindschaft empfangen, in dem wir rufen: Abba, Vater!

Der Geist selber bezeugt unserem Geist, dass wir Kinder Gottes sind. Sind wir aber Kinder, dann auch Erben; Erben Gottes und Miterben Christi, wenn wir mit ihm leiden, um mit ihm auch verherrlicht zu werden.

RUF VOR DEM EVANGELIUM

(Zum Vers Komm, Heiliger Geist … *knien alle.)*

Halleluja. Halleluja.
Komm, Heiliger Geist,
erfülle die Herzen deiner Gläubigen
und entzünde in ihnen das Feuer deiner Liebe!
Halleluja.

ZUM EVANGELIUM Gott hat der Welt seinen Sohn gegeben und in ihm ewiges Leben. Der erste Satz des heutigen Evangeliums enthält im Kern das ganze Geheimnis der Erlösung. Das haben die Apostel, die Jüngerinnen und Jünger erfahren. Mit dieser Botschaft gehen sie nun in die Welt. Johannes wählt die Formulierung „gegeben“ – nicht „hingegeben“. Es geht ihm nicht nur um den Tod am Kreuz, sondern um alles: Jesus Christus, Licht und Heil der Welt. Im Prolog des Evangeliums heißt es: „Das wahre Licht, das jeden Menschen erleuchtet, kam in die Welt. Er war in der Welt und die Welt ist durch ihn geworden, aber die Welt erkannte ihn nicht. (...) Allen aber, die ihn aufnahmen, gab er Macht, Kinder Gottes zu werden" (Joh 1,9–12). Der Hymnus vom Anfang spiegelt sich im heutigen Evangelium, hier aber lenkt der Evangelist den Blick direkt auf uns. Durch Taufe und Firmung haben wir die pfingstliche Verantwortung erhalten, Kinder Gottes zu sein. Und in der Finsternis: Boten des Lichts.

EVANGELIUM

Joh 3,16–21

Gott hat seinen Sohn in die Welt gesandt, damit die Welt durch ihn gerettet wird

+ Aus dem heiligen Evangelium nach Johannes.

Denn Gott hat die Welt so sehr geliebt, dass er seinen einzigen Sohn hingab, damit jeder, der an ihn glaubt, nicht verloren geht, sondern ewiges Leben hat.

Denn Gott hat seinen Sohn nicht in die Welt gesandt, damit er die Welt richtet, sondern damit die Welt durch ihn gerettet wird.

Wer an ihn glaubt, wird nicht gerichtet; wer nicht glaubt, ist schon gerichtet, weil er nicht an den Namen des einzigen Sohnes Gottes geglaubt hat.

Denn darin besteht das Gericht: Das Licht kam in die Welt, doch die Menschen liebten die Finsternis mehr als das Licht; denn ihre Taten waren böse.

Jeder, der Böses tut, hasst das Licht und kommt nicht zum Licht, damit seine Taten nicht aufgedeckt werden. Wer aber die Wahrheit tut, kommt zum Licht, damit offenbar wird, dass seine Taten in Gott vollbracht sind.

FÜRBITTEN

Das Pfingstfest lädt immer wieder neu ein, auf das Wirken der heiligen Geistkraft zu schauen. Sie wirkt mitten unter uns:

V/A: Komm, Heiliger Geist!

- Wir beten für alle Gläubigen, die auf die leise Stimme des Heiligen Geistes hören.
- Wir beten für die Menschen, die für andere da sind – ohne Aufhebens, selbstverständlich und treu.
- Wir beten für Kinder, Jugendliche und alle Menschen, die von Ausgrenzung betroffen sind.
- Wir beten für die Menschen in Armut und Perspektivlosigkeit und für alle, die ihnen helfen.
- Wir beten für alle, die ihren letzten Lebensweg in Einsamkeit gehen müssen.

Guter Gott, du bist ein Gott des Lichts und der Hoffnung. Du willst Menschen stärken und sie befreien. Hilf uns, die guten und lichten Wege zu gehen, die zu den Menschen führen – darum bitten wir in der Kraft des Geistes durch Jesus, unseren Bruder und Heiland.

EUCHARISTIEFEIER

GABENGEBET

Gott, unser Vater, nimm unsere Gaben an, in denen das Opfer deines Sohnes gegenwärtig wird. Aus seiner Seitenwunde ist die Kirche hervorgegangen als Werk des Heiligen Geistes. Lass sie ihren Ursprung nie vergessen, sondern daraus in dieser Feier Heil und Leben schöpfen. Darum bitten wir durch Christus, unseren Herrn.

Präfation, S. 433

KOMMUNIONVERS

Joh 16,13

Wenn der Geist der Wahrheit kommt,
wird er euch in die volle Wahrheit einführen. Halleluja.

SCHLUSSGEBET

Herr, du hast uns gestärkt durch das Sakrament deines Sohnes. Mache das Werk deiner Kirche fruchtbar und enthülle durch sie den Armen das Geheimnis unserer Erlösung; denn die Armen hast du vor allen dazu berufen, Anteil zu haben an deinem Reich. Darum bitten wir durch Christus, unseren Herrn.

Oder:

Gütiger Gott, bewahre dem Volk der Erlösten deine Liebe und Treue. Das Leiden deines Sohnes hat uns gerettet, sein Geist, der von dir ausgeht, führe uns den rechten Weg. Darum bitten wir durch Christus, unseren Herrn.

***

FREIHEIT DES GEISTES

Sie fragen, lieber Freund, worin nach meiner Meinung die besonderen Züge der Heiligkeit von morgen liegen könnten. Auf eine solche Frage erscheint mir jede Antwort unmöglich. (…) Denn die Heiligkeit ist Werk des Heiligen Geistes (…); er ist immer der Geist, der weht, wo er will, wann er will und wie er will. Er ist die Freiheit. Er ist die Neuheit selbst, die ewige und unfassbare Neuheit Gottes.

Henri de Lubac

Die Feier der Gemeindemesse

**Deinen Tod, o Herr, verkünden wir,
und deine Auferstehung preisen wir,
bis du kommst in Herrlichkeit.**

Inhaltsübersicht der Feier der Gemeindemesse

P = Priester   A = Alle   L = Lektor/in
G = Gemeinde   D = Diakon

ERÖFFNUNG

EINZUG – GESANG ZUR ERÖFFNUNG

(Die Gemeinde versammelt sich. Darauf tritt der Priester an den Altar. Er wird begleitet von denen, die bei der Messfeier einen besonderen Dienst an Altar oder Ambo versehen. Während des Einzugs wird der Gesang zur Eröffnung gesungen.)

VEREHRUNG DES ALTARES

(Der Priester verehrt gemeinsam mit seiner Begleitung den Altar und küsst ihn. Nach der Verehrung des Altares gehen der Priester und seine Begleitung zu ihren Sitzen. Alle stehen und machen das Kreuzzeichen. Der Priester spricht:)

P: † Im Namen des Vaters
und des Sohnes und des
Heiligen Geistes. Amen.

P: † In nómine Patris,
et Fílii, et Spíritus
Sancti. Amen.

BEGRÜSSUNG DER GEMEINDE

P: Der Herr sei mit euch.
G: Und mit deinem Geiste.

P: Dóminus vobíscum.
G: Et cum spíritu tuo.

Oder:

Die Gnade unseres Herrn Jesus Christus,
die Liebe Gottes des Vaters
und die Gemeinschaft des Heiligen Geistes
sei mit euch.

Oder:

Gnade und Friede von Gott, unserem Vater,
und dem Herrn Jesus Christus
sei mit euch.

Oder:

Gnade und Friede von dem,
der ist und der war und der kommen wird,
sei mit euch.

Oder:

Gnade und Friede
in der heiligen Versammlung der Kirche Gottes
sei mit euch.

Oder:

Der Herr der Herrlichkeit
und Spender jeder Gnade
sei mit euch.

Oder:

Die Gnade des Herrn Jesus,
der für uns Mensch geworden ist
(gelitten hat, gestorben ist …),
sei mit euch.

Oder:

Die Gnade unseres Herrn Jesus Christus
sei mit euch.

(Der Priester, der Diakon oder ein anderer dazu Beauftragter kann eine knappe Einführung in die Feier geben.)

ALLGEMEINES SCHULDBEKENNTNIS

(Es folgt das Allgemeine Schuldbekenntnis mit Einladung und Stille.)

FORM A

EINLADUNG

Brüder und Schwestern,
damit wir die heiligen Geheimnisse
in rechter Weise feiern können,
wollen wir bekennen, dass wir gesündigt haben.

Oder:

Bevor wir das Gedächtnis des Herrn begehen,
wollen wir uns besinnen und bekennen,
dass wir sündige Menschen sind.

(Oder eine andere, frei formulierte Einladung.)

SCHULDBEKENNTNIS

P: Wir sprechen das Schuldbekenntnis:
A: Ich bekenne Gott, dem Allmächtigen,
und allen Brüdern und Schwestern,
dass ich Gutes unterlassen
und Böses getan habe
– ich habe gesündigt
in Gedanken, Worten und Werken –

(alle schlagen an die Brust)

durch meine Schuld, durch meine Schuld,
durch meine große Schuld.
Darum bitte ich die selige Jungfrau Maria,
alle Engel und Heiligen

und euch, Brüder und Schwestern,
für mich zu beten bei Gott, unserem Herrn.

VERGEBUNGSBITTE

P: Der allmächtige Gott erbarme sich unser.
Er lasse uns die Sünden nach
und führe uns zum ewigen Leben.
A: Amen.

FORM B

EINLADUNG

Brüder und Schwestern,
bevor wir das Wort Gottes hören
und das Opfer Christi feiern,
wollen wir uns bereiten
und Gott um Vergebung unserer Sünden bitten.

Oder:

Damit wir das Gedächtnis des Herrn recht begehen,
prüfen wir uns selbst
und bekennen unsere Schuld
vor Gott und der Kirche.

(Oder eine andere, frei formulierte Einladung.)

SCHULDBEKENNTNIS

P: Erbarme dich, Herr, unser Gott,
erbarme dich.
A: Denn wir haben vor dir gesündigt.
P: Erweise, Herr, uns deine Huld.
A: Und schenke uns dein Heil.

VERGEBUNGSBITTE

P: Nachlass, Vergebung und Verzeihung
unserer Sünden gewähre uns
der allmächtige und barmherzige Herr.
A: Amen.

FORM C

KYRIE-LITANEI

EINLADUNG

Zu Beginn dieser Messfeier wollen wir uns besinnen und das Erbarmen des Herrn auf uns herabrufen.

(Oder eine andere, frei formulierte Einladung.)

ANRUFUNGEN

V: Herr Jesus Christus,
du bist vom Vater gesandt, zu heilen,
was verwundet ist:
V: Kyrie, eléison.
A: Kyrie, eléison.

Oder:

V: Herr, erbarme dich (unser).
A: Herr, erbarme dich (unser).

V: Du bist gekommen, die Sünder zu berufen:
V: Christe, eléison.
A: Christe, eléison.

Oder:

V: Christus, erbarme dich (unser).
A: Christus, erbarme dich (unser).

V: Du bist zum Vater heimgekehrt,
um für uns einzutreten:
V: Kyrie, eléison.
A: Kyrie, eléison.

Oder:

V: Herr, erbarme dich (unser).
A: Herr, erbarme dich (unser).

(Diese mit dem Kyrie verbundenen Anrufungen können frei formuliert werden.)

VERGEBUNGSBITTE

P: Der Herr erbarme sich unser.
Er nehme von uns Sünde und Schuld,
damit wir mit reinem Herzen
diese Feier begehen.
A: Amen.

KYRIE

(Es folgen die Kyrie-Rufe – falls sie nicht schon vorausgegangen sind.)

V: Herr, erbarme dich (unser).
A: Herr, erbarme dich (unser).
V: Christus, erbarme dich (unser).
A: Christus, erbarme dich (unser).
V: Herr, erbarme dich (unser).
A: Herr, erbarme dich (unser).

V: Kyrie, eléison.
A: Kyrie, eléison.
V: Christe, eléison.
A: Christe, eléison.
V: Kyrie, eléison.
A: Kyrie, eléison.

(An den Sonntagen außerhalb der Advents- und Fastenzeit, an Hochfesten, Festen und bei anderen festlichen Gottesdiensten folgt das Gloria.)

EHRE SEI GOTT IN DER HÖHE

A: Ehre sei Gott in der Höhe
und Friede auf Erden
den Menschen seiner Gnade.
Wir loben dich,
wir preisen dich,
wir beten dich an,
wir rühmen dich
und danken dir,
denn groß ist deine Herrlichkeit:
Herr und Gott, König des Himmels,
Gott und Vater, Herrscher über das All,
Herr, eingeborener Sohn, Jesus Christus.
Herr und Gott, Lamm Gottes, Sohn des Vaters,
du nimmst hinweg die Sünde der Welt:
erbarme dich unser;
du nimmst hinweg die Sünde der Welt:
nimm an unser Gebet;
du sitzest zur Rechten des Vaters:
erbarme dich unser.
Denn du allein bist der Heilige,
du allein der Herr,
du allein der Höchste:
Jesus Christus,
mit dem Heiligen Geist,
zur Ehre Gottes des Vaters.
Amen.

Oder:

GLORIA

A: Glória in excélsis Deo
et in terra pax
homínibus bonae voluntátis.
Laudámus te,

benedícimus te,
adorámus te,
glorificámus te,
grátias ágimus tibi
propter magnam glóriam tuam,
Dómine Deus, Rex caeléstis,
Deus Pater omnipotens.
Dómine Fili unigénite, Iesu Christe,
Dómine Deus, Agnus Dei, Fílius Patris,
qui tollis peccáta mundi,
miserére nobis;
qui tollis peccáta mundi,
súscipe deprecatiónem nostram.
Qui sedes ad déxteram Patris,
miserére nobis.
Quóniam tu solus Sanctus,
tu solus Dóminus,
tu solus Altíssimus,
Iesu Christe,
cum Sancto Spíritu:
in glória Dei Patris.
Amen.

TAGESGEBET

(Der Priester lädt zum Gebet ein. Er singt oder spricht:)

P: Lasset uns beten.

(Nach einer kurzen Stille, in der sich alle zum Gebet sammeln, breitet der Priester die Hände aus und singt oder spricht das Tagesgebet. Die Gemeinde beschließt das Gebet mit dem Ruf:)

G: Amen.

WORTGOTTESDIENST

ERSTE LESUNG UND ZWISCHENGESANG

(Der Lektor geht zum Ambo und trägt die erste Lesung vor. Alle hören sitzend zu. Wo nach der Lesung ein Zuruf der Gemeinde üblich ist, fügt der Lektor folgenden Ruf an:)

L: Wort des lebendigen Gottes.
G: Dank sei Gott.

L: Verbum Dómini.
G: Deo grátias.

(Dann trägt der Kantor (Psalmist) als ersten Zwischengesang den Antwortpsalm vor. Die Gemeinde übernimmt den Kehrvers.)

ZWEITE LESUNG UND ZWISCHENGESANG

(Folgt eine zweite Lesung, so wird auch sie durch einen Lektor vom Ambo aus vorgetragen. Sie wird in der gleichen Weise abgeschlossen wie die erste Lesung. Auf die zweite Lesung folgt als Zwischengesang das Halleluja bzw. der an dessen Stelle vorgesehene andere Gesang.)

EVANGELIUM

(Der Diakon oder der Priester geht zum Ambo: Ministranten – mit Kerzen und Weihrauch – begleiten ihn.)

D/P: Der Herr sei mit euch.
G: Und mit deinem Geiste.
D/P: † Aus dem heiligen Evangelium nach N.

D/P: Dóminus vobíscum.
G: Et cum spíritu tuo.
D/P: Inítium *oder* Sequéntia sancti Evangélii secúndum N.

(Dabei bezeichnet er das Buch und sich selbst auf Stirn, Mund und Brust mit dem Kreuzzeichen.)

G: Ehre sei dir, o Herr.

G: Glória tibi, Dómine.

(Wo nach dem Evangelium ein Zuruf der Gemeinde üblich ist, fügt der Diakon/Priester an:)

D/P: Evangelium unseres Herrn Jesus Christus.
G: Lob sei dir, Christus.

D/P: Verbum Dómini.
G: Laus tibi, Christe.

(Danach küsst der Diakon/Priester das Buch und spricht leise:)

D/P: Herr, durch dein Evangelium nimm hinweg unsere Sünden.

HOMILIE

(Die Homilie ist ein Teil der Liturgie. Sie ist an allen Sonntagen und gebotenen Feiertagen vorgeschrieben, sonst empfohlen. An Sonntagen, an Hochfesten und bei anderen festlichen Gottesdiensten folgt das Credo.)

DAS GROSSE GLAUBENSBEKENNTNIS

(Das Apostolische Glaubensbekenntnis siehe S. 457 f.)

(P: Wir sprechen das Große Glaubensbekenntnis.)

A: Wir glauben an den einen Gott,
den Vater, den Allmächtigen,
der alles geschaffen hat, Himmel und Erde,
die sichtbare und die unsichtbare Welt.
Und an den einen Herrn Jesus Christus,
Gottes eingeborenen Sohn,
aus dem Vater geboren vor aller Zeit:
Gott von Gott, Licht vom Licht,
wahrer Gott vom wahren Gott,
gezeugt, nicht geschaffen,
eines Wesens mit dem Vater;
durch ihn ist alles geschaffen.
Für uns Menschen und zu unserem Heil
ist er vom Himmel gekommen,

(Zu den folgenden Worten bis zu „Mensch geworden“ verbeugen sich alle – an Weihnachten und am Hochfest der Verkündigung des Herrn kniet man nieder.)

hat Fleisch angenommen
durch den Heiligen Geist
von der Jungfrau Maria
und ist Mensch geworden.
Er wurde für uns gekreuzigt
unter Pontius Pilatus,
hat gelitten und ist begraben worden,
ist am dritten Tage auferstanden
nach der Schrift
und aufgefahren in den Himmel.
Er sitzt zur Rechten des Vaters
und wird wiederkommen in Herrlichkeit,
zu richten die Lebenden und die Toten;
seiner Herrschaft wird kein Ende sein.
Wir glauben an den Heiligen Geist,
der Herr ist und lebendig macht,
der aus dem Vater und dem Sohn hervorgeht,
der mit dem Vater und dem Sohn
angebetet und verherrlicht wird,
der gesprochen hat durch die Propheten,
und die eine, heilige, katholische
und apostolische Kirche.
Wir bekennen die eine Taufe
zur Vergebung der Sünden.
Wir erwarten die Auferstehung der Toten
und das Leben der kommenden Welt. Amen.

Oder:

CREDO

A: Credo in unum Deum,
Patrem omnipoténtem,

factórem caeli et terrae,
visibílium ómnium et invisibílium.
Et in unum Dóminum Iesum Christum,
Fílium Dei unigénitum,
et ex Patre natum ante ómnia sáecula.
Deum de Deo, lumen de lúmine,
Deum verum de Deo vero,
génitum, non factum,
consubstantiálem Patri:
per quem ómnia facta sunt.
Qui propter nos hómines et propter nostram salútem
descéndit de caelis.

(Zu den folgenden Worten bis zu „factus est" verbeugen sich alle – an Weihnachten und am Hochfest der Verkündigung des Herrn kniet man nieder.)

Et incarnátus est
de Spíritu Sancto
ex María Vírgine,
et homo factus est.
Crucifíxus étiam pro nobis
sub Póntio Piláto;
passus et sepúltus est,
et resurréxit tértia die,
secúndum Scriptúras,
et ascéndit in caelum,
sedet ad déxteram Patris.
Et íterum ventúrus est cum glória,
iudicáre vivos et mórtuos,
cuius regni non erit finis.
Et in Spíritum Sanctum,
Dóminum et vivificántem:
qui ex Patre Filióque procédit.
Qui cum Patre et Fílio
simul adorátur et conglorificátur:
qui locútus est per prophétas.

Et unam, sanctam, cathólicam
et apostólicam Ecclésiam.
Confíteor unum baptísma
in remissiónem peccatórum.
Et expécto resurrectiónem mortuórum,
et vitam ventúri sáeculi. Amen.

Oder:

DAS APOSTOLISCHE GLAUBENSBEKENNTNIS

(P: Wir sprechen das Apostolische Glaubensbekenntnis.)

A: Ich glaube an Gott,
den Vater, den Allmächtigen,
den Schöpfer des Himmels und der Erde,
und an Jesus Christus,
seinen eingeborenen Sohn, unsern Herrn,

(Zu den folgenden Worten bis zu „Jungfrau Maria“ verbeugen sich alle – an Weihnachten und am Hochfest der Verkündigung des Herrn kniet man nieder.)

empfangen durch den Heiligen Geist,
geboren von der Jungfrau Maria,
gelitten unter Pontius Pilatus,
gekreuzigt, gestorben und begraben,
hinabgestiegen in das Reich des Todes,
am dritten Tage auferstanden von den Toten,
aufgefahren in den Himmel;
er sitzt zur Rechten Gottes,
des allmächtigen Vaters;
von dort wird er kommen,
zu richten die Lebenden und die Toten.
Ich glaube an den Heiligen Geist,
die heilige katholische Kirche,
Gemeinschaft der Heiligen,
Vergebung der Sünden,

Auferstehung der Toten
und das ewige Leben. Amen.

FÜRBITTEN (ALLGEMEINES GEBET)

(Es folgen die Fürbitten.)

EUCHARISTIEFEIER

GABENBEREITUNG

GESANG ZUR GABENBEREITUNG

(Das Herbeibringen und die Bereitung der Gaben können von einem geeigneten Gesang oder von Orgelspiel begleitet werden oder auch in der Stille geschehen.)

HERBEIBRINGEN DER GABEN

(Es empfiehlt sich, dass die Gläubigen ihre Teilnahme durch eine Gabe bekunden. Sie können durch Vertreter Brot und Wein für die Eucharistie oder selber andere Gaben herbeibringen, die für die Bedürfnisse der Kirche und der Armen bestimmt sind.)

ZURÜSTUNG DES ALTARES

(Die Ministranten/Akolythen bringen den Kelch mit Korporale und Kelchtüchlein und das Messbuch zum Altar.)

BEGLEITGEBETE ZUR GABENBEREITUNG

(Der Priester nimmt die Schale mit dem Brot, hält sie über den Altar und spricht leise:)

Gepriesen bist du, Herr, unser Gott, Schöpfer der Welt. Du schenkst uns das Brot, die Frucht der Erde und der menschlichen Arbeit. Wir bringen dieses Brot vor dein Angesicht, damit es uns das Brot des Lebens werde. (Gepriesen bist du in Ewigkeit, Herr, unser Gott.)

(Er stellt die Schale auf das Korporale.)

(Der Priester/Diakon gießt Wein und ein wenig Wasser in den Kelch und spricht leise:)

Wie das Wasser sich mit dem Wein verbindet zum heiligen Zeichen, so lasse uns dieser Kelch teilhaben an der Gottheit Christi, der unsere Menschennatur angenommen hat.

(Der Priester nimmt den Kelch, hält ihn über den Altar und spricht leise:)

Gepriesen bist du, Herr, unser Gott, Schöpfer der Welt. Du schenkst uns den Wein, die Frucht des Weinstocks und der menschlichen Arbeit. Wir bringen diesen Kelch vor dein Angesicht, damit er uns der Kelch des Heiles werde. (Gepriesen bist du in Ewigkeit, Herr, unser Gott.)

(Er stellt den Kelch auf das Korporale.)

(Der Priester verneigt sich und spricht leise:)

Herr, wir kommen zu dir mit reumütigem Herzen und mit demütigem Sinn. Nimm uns an und gib, dass unser Opfer dir gefalle.

HÄNDEWASCHUNG

(Zur Händewaschung an der Seite des Altares spricht der Priester leise:)

Herr, wasche ab meine Schuld,
von meinen Sünden mach mich rein.

EINLADUNG ZUM GABENGEBET

(Der Priester steht, der Gemeinde zugewandt, in der Mitte des Altares und spricht:)

FORM A

P: Lasset uns beten
zu Gott, dem allmächtigen Vater,
dass er die Gaben der Kirche annehme
zu seinem Lob und zum Heil der ganzen Welt.

Oder:

FORM B

P: Lasset uns beten.

(Oder eine andere geeignete Gebetseinladung.)

(Alle verharren eine kurze Zeit in stillem Gebet.)

Oder:

FORM C

P: Betet, Brüder und Schwestern,
dass mein und euer Opfer
Gott, dem allmächtigen Vater, gefalle.
A: Der Herr nehme das Opfer an
aus deinen Händen
zum Lob und Ruhm seines Namens,
zum Segen für uns
und seine ganze heilige Kirche.

GABENGEBET

(Der Priester breitet die Hände aus und trägt das Gabengebet vor. Die Gemeinde beschließt das Gebet mit dem Ruf:)

G: Amen.

DAS EUCHARISTISCHE HOCHGEBET

(Der Priester beginnt das Eucharistische Hochgebet. Er breitet die Hände aus und singt oder spricht:)

P: Der Herr sei mit euch.
G: Und mit deinem Geiste.
P: Erhebet die Herzen.
G: Wir haben sie beim Herrn.
P: Lasset uns danken dem Herrn, unserm Gott.
G: Das ist würdig und recht.

P: Dóminus vobíscum.
G: Et cum spíritu tuo.
P: Sursum corda.
G: Habémus ad Dóminum.
P: Grátias agámus Dómino Deo nostro.
G: Dignum et iustum est.

(Der Priester singt oder spricht die Präfation.)

PRÄFATIONEN

FÜR DIE ADVENTSZEIT

(1. Dezember – 24. Dezember 2024)

I.

In Wahrheit ist es würdig und recht, dir, allmächtiger Vater, zu danken durch unseren Herrn Jesus Christus. Denn in seinem ersten Kommen hat er sich entäußert und ist Mensch geworden. So hat er die alte Verheißung erfüllt und den Weg des Heiles erschlossen. Wenn er wiederkommt im Glanz seiner Herrlichkeit, werden wir sichtbar empfangen, was wir jetzt mit wachem Herzen gläubig erwarten. Darum preisen wir dich mit allen Engeln und Heiligen und singen vereint mit ihnen das Lob deiner Herrlichkeit: Heilig …

II.

In Wahrheit ist es würdig und recht, dir, Herr, heiliger Vater, allmächtiger, ewiger Gott, immer und überall zu danken durch unseren Herrn Jesus Christus. Von ihm redet die Botschaft aller Propheten, die jungfräuliche Mutter trug ihn voll Liebe in ihrem Schoß, seine Ankunft verkündete Johannes der Täufer und zeigte auf ihn, der unerkannt mitten unter den Menschen war. Er schenkt uns in diesen Tagen die Freude, uns für das Fest seiner Geburt zu bereiten, damit wir ihn wachend und betend erwarten und bei seinem Kommen mit Liedern des Lobes empfangen. Darum singen wir mit den Engeln und Erzengeln, den Thronen und Mächten und mit all den Scharen des himmlischen Heeres den Hochgesang von deiner göttlichen Herrlichkeit: Heilig …

III.
Wir danken dir, Vater im Himmel, und rühmen dich durch unseren Herrn Jesus Christus. Ihn hast du der verlorenen Menschheit als Erlöser verheißen. Seine Wahrheit leuchtet den Suchenden, seine Kraft stärkt die Schwachen, seine Heiligkeit bringt den Sündern Vergebung. Denn er ist der Heiland der Welt, den du gesandt hast, weil du getreu bist. Darum preisen wir dich mit den Kerubim und Serafim und singen mit allen Chören der Engel das Lob deiner Herrlichkeit: Heilig …

IV.
In Wahrheit ist es würdig und recht, dir, Herr, heiliger Vater, allmächtiger, ewiger Gott, immer und überall zu danken und dein Erbarmen zu preisen. Denn was durch Adams Sünde verloren ging, bringt uns Christus zurück, unser Retter und Heiland. Was du durch sein erstes Kommen begonnen hast, wirst du bei seiner Wiederkunft an uns vollenden. Darum dienen dir alle Geschöpfe, ehren dich die Erlösten, rühmt dich die Schar deiner Heiligen. Auch wir preisen dich mit den Chören der Engel und singen vereint mit ihnen das Lob deiner Herrlichkeit: Heilig …

V.
(Diese Präfation wird vor allem an den Tagen vom 17. bis 24. Dezember gewählt.)
In Wahrheit ist es würdig und recht, dir, Vater im Himmel, zu danken und dein Erbarmen zu preisen. Denn schon leuchtet auf der Tag der Erlösung und nahe ist die Zeit unseres Heiles, da der Retter kommt, unser Herr Jesus Christus. Durch ihn rühmen wir das Werk

deiner Liebe und vereinen uns mit den Chören der Engel zum Hochgesang von deiner göttlichen Herrlichkeit: Heilig …

Hochfest der ohne Erbsünde empfangenen Jungfrau und Gottesmutter Maria (9. Dezember 2024) – siehe S. 33.

FÜR DIE WEIHNACHTSZEIT

(24. Dezember 2024 – 5. Januar 2025)

I.
In Wahrheit ist es würdig und recht, dir, Herr, heiliger Vater, allmächtiger, ewiger Gott, immer und überall zu danken. Denn Fleisch geworden ist das Wort, und in diesem Geheimnis erstrahlt dem Auge unseres Geistes das neue Licht deiner Herrlichkeit. In der sichtbaren Gestalt des Erlösers lässt du uns den unsichtbaren Gott erkennen, um in uns die Liebe zu entflammen zu dem, was kein Auge geschaut hat. Darum singen wir mit den Engeln und Erzengeln, den Thronen und Mächten und mit all den Scharen des himmlischen Heeres den Hochgesang von deiner göttlichen Herrlichkeit: Heilig …

II.
In Wahrheit ist es würdig und recht, dir, Vater im Himmel, zu danken durch unseren Herrn Jesus Christus. Denn groß ist das Geheimnis seiner Geburt: er, der unsichtbare Gott, ist (heute) sichtbar als Mensch erschienen. Vor aller Zeit aus dir geboren, hat er sich den Gesetzen der Zeit unterworfen. In ihm ist alles neu geschaffen. Er heilt die Wunden der ganzen Schöpfung, richtet auf, was darniederliegt, und ruft den verlorenen Menschen ins Reich deines Friedens. Darum rühmen dich Himmel und Erde, Engel und Menschen und singen das Lob deiner Herrlichkeit: Heilig …

III.
In Wahrheit ist es würdig und recht, dir, allmächtiger Vater, zu danken und dein Erbarmen zu rühmen durch unseren Herrn Jesus Christus. Durch ihn schaffst du den Menschen neu und schenkst ihm ewige Ehre. Denn einen wunderbaren Tausch hast du vollzogen: dein göttliches Wort wurde ein sterblicher Mensch und wir

sterbliche Menschen empfangen in Christus dein göttliches Leben. Darum preisen wir dich mit allen Chören der Engel und singen vereint mit ihnen das Lob deiner Herrlichkeit: Heilig …

Fest der Heiligen Familie (29. Dezember 2024) – siehe S. 463 f.
Hochfest der Gottesmutter Maria (1. Januar 2025) – siehe S. 106.
Erscheinung des Herrn (6. Januar 2025) – siehe S. 121.
Taufe des Herrn (12. Januar 2025) – siehe S. 129.
Für die Sonntage im Jahreskreis – siehe S. 466 ff.
Darstellung des Herrn (2. Februar 2025) – siehe S. 156.
Aschermittwoch (5. März 2025) – siehe unten.
1. Fastensonntag (9. März 2025) – siehe S. 208.
2. Fastensonntag (16. März 2025) – siehe S. 216.
Heiliger Josef (19. März 2025) – siehe S. 224.
Verkündigung des Herrn (25. März 2025) – siehe S. 240.

FÜR DIE FASTENZEIT

I.
In Wahrheit ist es würdig und recht, dir, Vater im Himmel, zu danken und dein Erbarmen zu preisen. Denn jedes Jahr schenkst du deinen Gläubigen die Gnade, das Osterfest in der Freude des Heiligen Geistes zu erwarten. Du mahnst uns in dieser Zeit der Buße zum Gebet und zu Werken der Liebe, du rufst uns zur Feier der Geheimnisse, die in uns die Gnade der Kindschaft erneuern. So führst du uns mit geläutertem Herzen zur österlichen Freude und zur Fülle des Lebens durch unseren Herrn Jesus Christus. Durch ihn rühmen wir deine Größe und vereinen uns mit den Chören der Engel zum Hochgesang von deiner göttlichen Herrlichkeit: Heilig …

II.
Wir danken dir, Vater im Himmel, und rühmen deinen heiligen Namen. Denn jetzt ist die Zeit der Gnade, jetzt sind die Tage des Heiles. Du hilfst uns, das Böse zu überwinden, du schenkst uns von

Neuem die Reinheit des Herzens. Du gibst deinen Kindern die Kraft, in dieser vergänglichen Welt das unvergängliche Heil zu wirken durch unseren Herrn Jesus Christus. Durch ihn preisen wir dich in deiner Kirche und vereinen uns mit den Engeln und Heiligen zum Hochgesang von deiner göttlichen Herrlichkeit: Heilig …

Palmsonntag (13. April 2025) – siehe S. 274.
Gründonnerstag (17. April 2025) – siehe S. 285.

FÜR DIE OSTERZEIT

I.

(**Osternacht:** 19./20. April 2025; **Ostersonntag:** 20. April 2025; **Ostermontag:** 21. April 2025; **2. Sonntag der Osterzeit:** 27. April 2025)

In Wahrheit ist es würdig und recht, dir, Vater, immer und überall zu danken, diese Nacht (diesen Tag, diese Tage) aber aufs Höchste zu feiern, da unser Osterlamm geopfert ist, Jesus Christus. Denn er ist das wahre Lamm, das die Sünde der Welt hinwegnimmt. Durch seinen Tod hat er unseren Tod vernichtet und durch seine Auferstehung das Leben neu geschaffen. Darum jubelt in dieser Nacht (heute) der ganze Erdkreis in österlicher Freude, darum preisen dich die himmlischen Mächte und die Chöre der Engel und singen das Lob deiner Herrlichkeit: Heilig …

II.

(**3.–7. Sonntag der Osterzeit:** 4. Mai – 1. Juni 2025)

Wir danken dir, Vater im Himmel, und rühmen dich durch unseren Herrn Jesus Christus. Durch ihn erstehen die Kinder des Lichtes zum ewigen Leben, durch ihn wird den Gläubigen das Tor des himmlischen Reiches geöffnet. Denn unser Tod ist durch seinen Tod überwunden, in seiner Auferstehung ist das Leben für alle erstanden. Durch ihn preisen wir dich in österlicher Freude und singen mit den Chören der Engel das Lob deiner Herrlichkeit: Heilig …

III.
In Wahrheit ist es würdig und recht, dir, Vater, in diesen Tagen freudig zu danken, da unser Osterlamm geopfert ist, Jesus Christus. Er bringt sich dir allzeit für uns dar und steht vor dir als unser Anwalt. Denn einmal geopfert, stirbt er nicht wieder, sondern lebt auf ewig als das Lamm, das geschlachtet ist. Durch ihn preisen wir dich in österlicher Freude und singen mit den Chören der Engel das Lob deiner Herrlichkeit: Heilig …

IV.
In Wahrheit ist es würdig und recht, dir, Vater, in diesen Tagen freudig zu danken, da unser Osterlamm geopfert ist, Jesus Christus. Das Alte ist vergangen, die gefallene Welt erlöst, das Leben in Christus erneuert. Darum preisen wir dich in österlicher Freude und singen mit den Chören der Engel das Lob deiner Herrlichkeit: Heilig …

V.
In Wahrheit ist es würdig und recht, dir, Vater, in diesen Tagen freudig zu danken, da unser Osterlamm geopfert ist, Jesus Christus. Als er seinen Leib am Kreuz dahingab, hat er die Opfer der Vorzeit vollendet. Er hat sich dir dargebracht zu unserem Heil, er selbst ist der Priester, der Altar und das Opferlamm. Durch ihn preisen wir dich in österlicher Freude und singen mit den Chören der Engel das Lob deiner Herrlichkeit: Heilig …

FÜR DIE SONNTAGE IM JAHRESKREIS

(19. Januar – 2. März 2025)
(22. Juni – 16. November 2025)

I.
In Wahrheit ist es würdig und recht, dir, Herr, heiliger Vater, allmächtiger, ewiger Gott, immer und überall zu danken durch unseren Herrn Jesus Christus. Denn er hat Großes an uns getan: durch seinen Tod und seine Auferstehung hat er uns von der Sünde und von der Knechtschaft des Todes befreit und zur Herrlichkeit des neuen Lebens berufen. In ihm sind wir ein auserwähltes Ge-

schlecht, dein heiliges Volk, dein königliches Priestertum. So verkünden wir die Werke deiner Macht, denn du hast uns aus der Finsternis in dein wunderbares Licht gerufen. Darum singen wir mit den Engeln und Erzengeln, den Thronen und Mächten und mit all den Scharen des himmlischen Heeres den Hochgesang von deiner göttlichen Herrlichkeit: Heilig …

II.
In Wahrheit ist es würdig und recht, dir, allmächtiger Vater, zu danken und das Werk deiner Gnade zu rühmen durch unseren Herrn Jesus Christus. Denn aus Erbarmen mit uns sündigen Menschen ist er Mensch geworden aus Maria, der Jungfrau. Durch sein Leiden am Kreuz hat er uns vom ewigen Tod befreit und durch seine Auferstehung uns das unvergängliche Leben erworben. Darum preisen dich deine Erlösten und singen mit den Chören der Engel das Lob deiner Herrlichkeit: Heilig …

III.
In Wahrheit ist es würdig und recht, dir, Herr, heiliger Vater, allmächtiger, ewiger Gott, immer und überall zu danken. Denn wir erkennen deine Herrlichkeit in dem, was du an uns getan hast: Du bist uns mit der Macht deiner Gottheit zu Hilfe gekommen und hast uns durch deinen menschgewordenen Sohn Rettung und Heil gebracht aus unserer menschlichen Sterblichkeit. So kam uns aus unserer Vergänglichkeit das unvergängliche Leben durch unseren Herrn Jesus Christus. Durch ihn preisen wir jetzt und in Ewigkeit dein Erbarmen und singen mit den Chören der Engel das Lob deiner Herrlichkeit: Heilig …

IV.
Wir danken dir, Vater im Himmel, und rühmen dich durch unseren Herrn Jesus Christus. Denn durch seine Geburt hat er den Menschen erneuert, durch sein Leiden unsere Sünden getilgt, in seiner Auferstehung den Weg zum Leben erschlossen und in seiner Auffahrt zu dir das Tor des Himmels geöffnet. Durch ihn rühmen dich deine Erlösten und singen mit den Chören der Engel das Lob deiner Herrlichkeit: Heilig …

V.
In Wahrheit ist es würdig und recht, dir, allmächtiger Vater, zu danken und dich mit der ganzen Schöpfung zu loben. Denn du hast die Welt mit all ihren Kräften ins Dasein gerufen und sie dem Wechsel der Zeiten unterworfen. Den Menschen aber hast du auf dein Bild hin geschaffen und ihm das Werk deiner Allmacht übergeben. Du hast ihn bestimmt, über die Erde zu herrschen, dir, seinem Herrn und Schöpfer, zu dienen und das Lob deiner großen Taten zu verkünden durch unseren Herrn Jesus Christus. Darum singen wir mit den Engeln und Erzengeln, den Thronen und Mächten und mit all den Scharen des himmlischen Heeres den Hochgesang von deiner göttlichen Herrlichkeit: Heilig …

VI.
In Wahrheit ist es würdig und recht, dir, Vater im Himmel, zu danken und dich mit der ganzen Schöpfung zu loben. Denn in dir leben wir, in dir bewegen wir uns und sind wir. Jeden Tag erfahren wir aufs Neue das Wirken deiner Güte. Schon in diesem Leben besitzen wir den Heiligen Geist, das Unterpfand ewiger Herrlichkeit. Durch ihn hast du Jesus auferweckt von den Toten und uns die sichere Hoffnung gegeben, dass sich an uns das österliche Geheimnis vollendet. Darum preisen wir dich mit allen Chören der Engel und singen vereint mit ihnen das Lob deiner Herrlichkeit: Heilig …

VII.
In Wahrheit ist es würdig und recht, dir, Vater im Himmel, zu danken und deine Gnade zu rühmen. So sehr hast du die Welt geliebt, dass du deinen Sohn als Erlöser gesandt hast. Er ist uns Menschen gleich geworden in allem, außer der Sünde, damit du in uns lieben kannst, was du in deinem eigenen Sohne geliebt hast. Durch den Ungehorsam der Sünde haben wir deinen Bund gebrochen, durch den Gehorsam deines Sohnes hast du ihn erneuert. Darum preisen wir das Werk deiner Liebe und vereinen uns mit den Chören der Engel zum Hochgesang von deiner göttlichen Herrlichkeit: Heilig …

VIII.
In Wahrheit ist es würdig und recht, dir, allmächtiger Vater, zu danken und dein Erbarmen zu rühmen. Die Sünde hatte die Menschen von dir getrennt, du aber hast sie zu dir zurückgeführt durch das Blut deines Sohnes und die Kraft deines Geistes. Wie du eins bist mit dem Sohn und dem Heiligen Geist, so ist deine Kirche geeint nach dem Bild des dreieinigen Gottes. Sie ist dein heiliges Volk, der Leib Christi und der Tempel des Heiligen Geistes zum Lob deiner Weisheit und Liebe. Darum preisen wir dich in deiner Kirche und vereinen uns mit den Engeln und Heiligen zum Hochgesang von deiner göttlichen Herrlichkeit: Heilig …

Christi Himmelfahrt (29. Mai 2025) – siehe S. 405 f.
7. Sonntag der Osterzeit (1. Juni 2025) – siehe S. 414.
Pfingsten (8. Juni 2025) – siehe S. 433.
Pfingstmontag (9. Juni 2025) – siehe S. 433.
Dreifaltigkeitssonntag (15. Juni 2025) – siehe S. 567.
Hochfest des Leibes und Blutes Christi – Fronleichnam (19. Juni 2025) – siehe S. 579.
Geburt Johannes' des Täufers (24. Juni 2025) – siehe S. 596.
Herz-Jesu-Fest (27. Juni 2025) – siehe S. 604 f.
Hochfest der Apostel Petrus und Paulus (29. Juni 2025) – siehe S. 612.
Verklärung des Herrn (6. August 2025) – siehe S. 663.
Mariä Aufnahme in den Himmel (15. August 2025) – siehe S. 680 f.
Allerheiligen (1. November 2025) – siehe S. 772 f.
Allerseelen (2. November 2025) – siehe S. 781.
Weihetag der Lateranbasilika (9. November 2025) siehe S. 791.
Christkönigssonntag (23. November 2025) – siehe S. 807.

(Zum Schluss der Präfation faltet der Priester die Hände. Gemeinsam mit der Gemeinde singt er das Sanctus.)

A: Heilig, heilig, heilig
Gott, Herr aller Mächte
und Gewalten.
Erfüllt sind Himmel

A: Sanctus, Sanctus,
Sanctus Dóminus Deus
Sábaoth.
Pleni sunt caeli

und Erde
von deiner Herrlichkeit.
Hosanna in der Höhe.
Hochgelobt sei,
der da kommt
im Namen des Herrn.
Hosanna in der Höhe.

et terra
glória tua.
Hosánna in excélsis.
Benedíctus
qui venit
in nómine Dómini.
Hosánna in excélsis.

ANFÄNGE DER HOCHGEBETE

Dich, gütiger Vater, bitten wir – siehe unten.

Ja, du bist heilig, großer Gott,
du bist der Quell aller Heiligkeit – siehe S. 481.

Ja, du bist heilig, großer Gott,
und alle deine Werke verkünden dein Lob – siehe S. 488.

Wir preisen dich, heiliger Vater – siehe S. 497.

ERSTES HOCHGEBET

(Der Priester breitet die Hände aus und spricht:)

P: Dich, gütiger Vater, bitten wir
durch deinen Sohn,
unseren Herrn Jesus Christus:
Nimm diese heiligen,
makellosen Opfergaben an
und † segne sie.
Wir bringen sie dar
vor allem für deine heilige katholische Kirche
in Gemeinschaft mit deinem Diener,
unserem Papst N.,
mit unserem Bischof N.
und mit allen, die Sorge tragen
für den rechten,

katholischen und apostolischen Glauben.
Schenke deiner Kirche Frieden und Einheit,
behüte und leite sie auf der ganzen Erde.

GEDÄCHTNIS DER LEBENDEN

Gedenke deiner Diener
und Dienerinnen N. N.
(für die wir heute besonders beten)
und aller, die hier versammelt sind.

Herr, du kennst ihren Glauben
und ihre Hingabe;
für sie bringen wir dieses Opfer des Lobes dar,
und sie selber weihen es dir
für sich und für alle, die ihnen verbunden sind,
für ihre Erlösung
und für ihre Hoffnung
auf das unverlierbare Heil.
Vor dich,
den ewigen, lebendigen und wahren Gott,
bringen sie ihre Gebete und Gaben.

GEDÄCHTNIS DER HEILIGEN

(Mit dem Gedächtnis der Heiligen wird an bestimmten Tagen die Erwähnung des Festgeheimnisses verbunden:)

In Gemeinschaft mit der ganzen Kirche
gedenken wir deiner Heiligen.
Wir ehren vor allem Maria,
die glorreiche, allzeit jungfräuliche Mutter
unseres Herrn und Gottes Jesus Christus. ► S. 475

An Sonntagen:

In Gemeinschaft mit der ganzen Kirche
feiern wir den ersten Tag der Woche als den Tag,

an dem Christus von den Toten erstanden ist,
und gedenken deiner Heiligen:
Wir ehren vor allem Maria,
die glorreiche, allzeit jungfräuliche Mutter
unseres Herrn und Gottes Jesus Christus. ▶ S. 475

An Mariä Empfängnis:

In Gemeinschaft mit der ganzen Kirche
feiern wir den Tag,
an dem Maria ohne Erbschuld empfangen wurde,
da sie auserwählt war,
die Mutter des Erlösers zu werden.
Wir ehren vor allen Heiligen sie,
die glorreiche, allzeit jungfräuliche Mutter
unseres Herrn und Gottes Jesus Christus. ▶ S. 475

Von Weihnachten bis Neujahr:

In Gemeinschaft mit der ganzen Kirche
feiern wir (die hochheilige Nacht) den hochheiligen Tag,
(in der) an dem Maria in unversehrter Jungfräulichkeit
der Welt den Erlöser geboren hat.
Wir ehren vor allen Heiligen sie,
die glorreiche, allzeit jungfräuliche Mutter
unseres Herrn und Gottes Jesus Christus. ▶ S. 475

An Erscheinung des Herrn:

In Gemeinschaft mit der ganzen Kirche
feiern wir den hochheiligen Tag,
an dem dein eingeborener Sohn,
dir gleich in ewiger Herrlichkeit,
als wahrer Mensch
leibhaftig und sichtbar erschienen ist.
Wir gedenken deiner Heiligen
und ehren vor allem Maria,
die glorreiche, allzeit jungfräuliche Mutter
unseres Herrn und Gottes Jesus Christus. ▶ S. 475

An Lichtmess:

In Gemeinschaft mit der ganzen Kirche
feiern wir den Tag,
an dem dein eingeborener Sohn
im Tempel dargestellt wurde.
Wir gedenken deiner Heiligen
und ehren vor allem Maria,
die glorreiche, allzeit jungfräuliche Mutter
unseres Herrn und Gottes Jesus Christus. ▶ S. 475

An Verkündigung des Herrn:

In Gemeinschaft mit der ganzen Kirche
feiern wir den Tag,
an dem Maria deinen ewigen Sohn
durch den Heiligen Geist empfangen hat.
Wir ehren vor allen Heiligen sie,
die glorreiche, allzeit jungfräuliche Mutter
unseres Herrn und Gottes
Jesus Christus. ▶ S. 475

Am Gründonnerstag:

In Gemeinschaft mit der ganzen Kirche
feiern wir den hochheiligen Tag,
an dem unser Herr Jesus Christus
sich für uns hingegeben hat.
Wir gedenken deiner Heiligen
und ehren vor allem Maria,
die glorreiche, allzeit jungfräuliche Mutter
unseres Herrn und Gottes
Jesus Christus. ▶ S. 475

Von der Osternacht bis zum Weißen Sonntag:

In Gemeinschaft mit der ganzen Kirche
feiern wir
das Hochfest der Auferstehung

unseres Herrn Jesus Christus.
Wir gedenken deiner Heiligen
und ehren vor allem Maria,
die glorreiche, allzeit jungfräuliche Mutter
unseres Herrn und Gottes Jesus Christus. ▶ S. 475

An Christi Himmelfahrt:

In Gemeinschaft mit der ganzen Kirche
feiern wir den Tag,
an dem unser Herr Jesus Christus,
dein eingeborener Sohn,
unsere schwache,
mit seiner Gottheit vereinte Menschennatur
zu deiner Rechten erhoben hat.
Wir gedenken deiner Heiligen
und ehren vor allem Maria,
die glorreiche, allzeit jungfräuliche Mutter
unseres Herrn und Gottes Jesus Christus. ▶ S. 475

Am Pfingsttag:

In Gemeinschaft mit der ganzen Kirche
feiern wir das hohe Pfingstfest,
an dem der Heilige Geist
in Feuerzungen auf die Jünger herabkam.
Wir gedenken deiner Heiligen
und ehren vor allem Maria,
die glorreiche, allzeit jungfräuliche Mutter
unseres Herrn und Gottes Jesus Christus. ▶ S. 475

An Johannes' Geburt:

In Gemeinschaft mit der ganzen Kirche
feiern wir den Tag,
an dem Johannes geboren wurde,
der Christus voranging, um ihm den Weg zu bereiten,
dem Erlöser der Welt.

Wir gedenken deiner Heiligen
und ehren vor allem Maria,
die glorreiche, allzeit jungfräuliche Mutter
unseres Herrn und Gottes Jesus Christus. ▶ unten

An Mariä Himmelfahrt:

In Gemeinschaft mit der ganzen Kirche
feiern wir den Tag,
an dem die jungfräuliche Gottesmutter
in den Himmel aufgenommen wurde.
Wir ehren vor allen Heiligen sie,
die glorreiche, allzeit jungfräuliche Mutter
unseres Herrn und Gottes Jesus Christus. ▶ unten

An Allerheiligen:

In Gemeinschaft mit der ganzen Kirche
feiern wir den Tag,
der dem Gedächtnis aller Heiligen geweiht ist,
die im Leben Christus nachfolgten
und im Sterben
von ihm die Krone der Herrlichkeit empfingen.
Wir ehren vor allen Heiligen Maria,
die glorreiche, allzeit jungfräuliche Mutter
unseres Herrn und Gottes Jesus Christus.

Wir ehren ihren Bräutigam, den heiligen Josef;
deine heiligen Apostel und Märtyrer:
Petrus und Paulus, Andreas
(Jakobus, Johannes, Thomas, Jakobus,
Philippus, Bartholomäus, Matthäus,
Simon und Thaddäus,
Linus, Kletus, Klemens, Xystus, Kornelius,
Cyprianus, Laurentius, Chrysogonus,
Johannes und Paulus, Kosmas und Damianus)
und alle deine Heiligen;
blicke auf ihr heiliges Leben und Sterben

und gewähre uns auf ihre Fürsprache
in allem deine Hilfe und deinen Schutz.

(Das folgende Gebet hat an bestimmten Tagen und bei verschiedenen Feiern eine besondere Form:)

Nimm gnädig an, o Gott,
diese Gaben deiner Diener
und deiner ganzen Gemeinde;
ordne unsere Tage in deinem Frieden,
rette uns vor dem ewigen Verderben
und nimm uns auf in die Schar
deiner Erwählten. ► S. 477

Am Gründonnerstag:

Nimm gnädig an, o Gott,
diese Gaben deiner Diener
und deiner ganzen Gemeinde.
Wir bringen sie dar am Tag,
an dem unser Herr Jesus Christus
seinen Jüngern aufgetragen hat,
die Geheimnisse seines Leibes und Blutes zu feiern.
Ordne unsere Tage in deinem Frieden,
rette uns vor dem ewigen Verderben
und nimm uns auf in die Schar deiner Erwählten. ► S. 477

Von der Osternacht bis zum Weißen Sonntag:

Nimm gnädig an, o Gott, diese Gaben deiner Diener
und deiner ganzen Gemeinde.
Wir bringen sie dar auch für jene,
die an diesem Osterfest
aus dem Wasser und dem Heiligen Geist
zum neuen Leben geboren wurden,
denen du alle Sünden vergeben hast.
Ordne unsere Tage in deinem Frieden,
rette uns vor dem ewigen Verderben
und nimm uns auf in die Schar deiner Erwählten. ► S. 477

Schenke, o Gott, diesen Gaben Segen in Fülle
und nimm sie zu eigen an.
Mache sie uns zum wahren Opfer im Geiste,
das dir wohlgefällt:
zum Leib und Blut deines geliebten Sohnes,
unseres Herrn Jesus Christus.

Am Abend vor seinem Leiden
nahm er das Brot
in seine heiligen und ehrwürdigen Hände,
erhob die Augen zum Himmel,
zu dir, seinem Vater, dem allmächtigen Gott,
sagte dir Lob und Dank,
brach das Brot,
reichte es seinen Jüngern und sprach:

NEHMET UND ESSET ALLE DAVON:
DAS IST MEIN LEIB,
DER FÜR EUCH HINGEGEBEN WIRD.

Ebenso nahm er nach dem Mahl
diesen erhabenen Kelch
in seine heiligen und ehrwürdigen Hände,
sagte dir Lob und Dank,
reichte den Kelch seinen Jüngern und sprach:

NEHMET UND TRINKET ALLE DARAUS:
DAS IST DER KELCH
DES NEUEN UND EWIGEN BUNDES,
MEIN BLUT,
DAS FÜR EUCH
UND FÜR ALLE VERGOSSEN WIRD
ZUR VERGEBUNG DER SÜNDEN.
TUT DIES ZU MEINEM GEDÄCHTNIS.

Geheimnis des Glaubens:

G: Deinen Tod, o Herr,
verkünden wir
und deine Auferstehung
preisen wir,
bis du kommst in
Herrlichkeit.

G: Mortem tuam
annuntiámus,
Dómine,
et tuam resurrec-
tiónem confitémur,
donec vénias.

P: Darum, gütiger Vater,
feiern wir, deine Diener
und dein heiliges Volk,
das Gedächtnis deines Sohnes,
unseres Herrn Jesus Christus.
Wir verkünden sein heilbringendes Leiden,
seine Auferstehung von den Toten
und seine glorreiche Himmelfahrt.
So bringen wir aus den Gaben,
die du uns geschenkt hast,
dir, dem erhabenen Gott,
die reine, heilige und makellose Opfergabe dar:
das Brot des Lebens
und den Kelch des ewigen Heiles.

Blicke versöhnt und gütig darauf nieder
und nimm sie an
wie einst die Gaben
deines gerechten Dieners Abel,
wie das Opfer unseres Vaters Abraham,
wie die heilige Gabe, das reine Opfer
deines Hohenpriesters Melchisedek.

Wir bitten dich,
allmächtiger Gott:
Dein heiliger Engel trage diese Opfergabe
auf deinen himmlischen Altar
vor deine göttliche Herrlichkeit;
und wenn wir durch unsere Teilnahme am Altar

den heiligen Leib und das Blut
deines Sohnes empfangen,
erfülle uns mit aller Gnade
und allem Segen des Himmels.

GEDÄCHTNIS DER VERSTORBENEN

Gedenke auch deiner Diener,
und Dienerinnen (N. und N.),
die uns vorangegangen sind,
bezeichnet mit dem Siegel des Glaubens,
und die nun ruhen in Frieden.

Wir bitten dich:
Führe sie und alle,
die in Christus entschlafen sind,
in das Land der Verheißung,
des Lichtes und des Friedens.

Auch uns, deinen sündigen Dienern,
die auf deine reiche Barmherzigkeit hoffen,
gib Anteil und Gemeinschaft
mit deinen heiligen Aposteln und Märtyrern:
Johannes, Stephanus, Matthias, Barnabas
(Ignatius, Alexander, Marzellinus, Petrus,
Felizitas, Perpetua, Agatha, Luzia,
Agnes, Cäcilia, Anastasia)
und mit allen deinen Heiligen;
wäge nicht unser Verdienst,
sondern schenke gnädig Verzeihung
und gib uns mit ihnen das Erbe des Himmels.
Darum bitten wir dich
durch unseren Herrn Jesus Christus.
Denn durch ihn erschaffst du immerfort
all diese guten Gaben,
gibst ihnen Leben und Weihe
und spendest sie uns.

DURCH IHN UND MIT IHM UND IN IHM IST DIR, GOTT, ALLMÄCHTIGER VATER, IN DER EINHEIT DES HEILIGEN GEISTES ALLE HERRLICHKEIT UND EHRE JETZT UND IN EWIGKEIT.

G: Amen.

(Fortsetzung: Gebet des Herrn – siehe S. 515 f.)

ZWEITES HOCHGEBET

P: Der Herr sei mit euch.
G: Und mit deinem Geiste.
P: Erhebet die Herzen.
G: Wir haben sie beim Herrn.
P: Lasset uns danken
dem Herrn, unserm Gott.
G: Das ist würdig und recht.

P: Dóminus vobíscum.
G: Et cum spíritu tuo.
P: Sursum corda.
G: Habémus ad Dóminum.
P: Grátias agámus
Dómino Deo nostro.
G: Dignum et iustum est.

P: In Wahrheit ist es würdig und recht,
dir, Herr, heiliger Vater,
immer und überall zu danken
durch deinen geliebten Sohn Jesus Christus.
Er ist dein Wort,
durch ihn hast du alles erschaffen.
Ihn hast du gesandt
als unseren Erlöser und Heiland.
Er ist Mensch geworden durch den Heiligen Geist,
geboren von der Jungfrau Maria.
Um deinen Ratschluss zu erfüllen
und dir ein heiliges Volk zu erwerben,
hat er sterbend die Arme ausgebreitet
am Holze des Kreuzes.
Er hat die Macht des Todes gebrochen
und die Auferstehung kundgetan.

Darum preisen wir dich
mit allen Engeln und Heiligen
und singen vereint mit ihnen
das Lob deiner Herrlichkeit:

A: Heilig, heilig, heilig
Gott, Herr aller Mächte
und Gewalten.
Erfüllt sind Himmel
und Erde
von deiner Herrlichkeit.
Hosanna in der Höhe.
Hochgelobt sei,
der da kommt
im Namen des Herrn.
Hosanna in der Höhe.

A: Sanctus, Sanctus,
Sanctus Dóminus Deus
Sábaoth.
Pleni sunt caeli
et terra
glória tua.
Hosánna in excélsis.
Benedíctus
qui venit
in nómine Dómini.
Hosánna in excélsis.

P: Ja, du bist heilig, großer Gott,
du bist der Quell aller Heiligkeit. ► S. 485

(In diesem Gebet kann an bestimmten Tagen das Festgeheimnis erwähnt werden.)

An Sonntagen:

Darum kommen wir vor dein Angesicht
und feiern in Gemeinschaft mit der ganzen Kirche
den ersten Tag der Woche als den Tag,
an dem Christus von den Toten erstanden ist.
Durch ihn, den du zu deiner Rechten erhöht hast,
bitten wir dich: ► S. 485

An Mariä Empfängnis:

Darum kommen wir vor dein Angesicht
und feiern in Gemeinschaft
mit der ganzen Kirche den Tag,
an dem Maria ohne Erbschuld empfangen wurde,

da sie auserwählt war,
die Mutter des Erlösers zu werden.
Durch ihn, der unsere Sünden hinwegnimmt,
bitten wir dich: ► S. 485

Von Weihnachten bis Neujahr:

Darum kommen wir vor dein Angesicht
und feiern in Gemeinschaft mit der ganzen Kirche
(die hochheilige Nacht) den hochheiligen Tag,
(in der) an dem Maria in unversehrter Jungfräulichkeit
der Welt den Erlöser geboren hat.
Durch ihn, unseren Retter und Herrn,
bitten wir dich: ► S. 485

An Erscheinung des Herrn:

Darum kommen wir vor dein Angesicht
und feiern in Gemeinschaft mit der ganzen Kirche
den hochheiligen Tag,
an dem dein eingeborener Sohn,
dir gleich in ewiger Herrlichkeit,
als wahrer Mensch
leibhaft und sichtbar erschienen ist.
Durch ihn, unseren Erlöser und Heiland,
bitten wir dich: ► S. 485

An Lichtmess:

Darum kommen wir vor dein Angesicht
und feiern in Gemeinschaft
mit der ganzen Kirche den Tag,
an dem dein eingeborener Sohn
im Tempel dargestellt wurde.
Durch ihn, das Licht von deinem Licht,
bitten wir dich: ► S. 485

An Verkündigung des Herrn:

Darum kommen wir vor dein Angesicht
und feiern in Gemeinschaft
mit der ganzen Kirche den Tag,
an dem Maria deinen ewigen Sohn
durch den Heiligen Geist empfangen hat.
Durch ihn, der zu unserem Heil Mensch geworden ist,
bitten wir dich: ▶ S. 485

Am Gründonnerstag:

Darum kommen wir vor dein Angesicht
und feiern in Gemeinschaft mit der ganzen Kirche
den hochheiligen Tag,
an dem unser Herr Jesus Christus
sich für uns hingegeben hat.
Durch ihn, unseren Erlöser und Heiland,
den du verherrlicht hast, bitten wir dich: ▶ S. 485

Von der Osternacht bis zum Weißen Sonntag:

Darum kommen wir vor dein Angesicht
und feiern in Gemeinschaft
mit der ganzen Kirche
das Hochfest
der Auferstehung unseres Herrn Jesus Christus.
Durch ihn, der zu deiner Rechten erhöht ist,
bitten wir dich: ▶ S. 485

An Christi Himmelfahrt:

Darum kommen wir vor dein Angesicht
und feiern in Gemeinschaft
mit der ganzen Kirche den Tag,
an dem unser Herr Jesus Christus,
dein eingeborener Sohn,
unsere schwache,
mit seiner Gottheit vereinte Menschennatur

zu deiner Rechten erhoben hat.
Durch ihn bitten wir dich: ▶ S. 485

Am Pfingsttag:

Darum kommen wir vor dein Angesicht
und feiern in Gemeinschaft mit der ganzen Kirche
das hohe Pfingstfest,
an dem der Heilige Geist
in Feuerzungen auf die Jünger herabkam.
Und wir bitten dich: ▶ S. 485

An Johannes' Geburt:

Darum kommen wir vor dein Angesicht
und feiern in Gemeinschaft
mit der ganzen Kirche den Tag,
an dem Johannes geboren wurde,
der Christus voranging, um ihm den Weg zu bereiten,
dem Erlöser der Welt.
Durch ihn, der nach Johannes kam
und doch vor ihm war,
bitten wir dich: ▶ S. 485

An Mariä Himmelfahrt:

Darum kommen wir vor dein Angesicht
und feiern in Gemeinschaft
mit der ganzen Kirche den Tag,
an dem die jungfräuliche Gottesmutter
in den Himmel aufgenommen wurde
von unserem Herrn Jesus Christus.
Durch ihn,
den Urheber und Vollender unseres Glaubens,
bitten wir dich: ▶ S. 485

An Allerheiligen:

Darum kommen wir vor dein Angesicht
und feiern in Gemeinschaft
mit der ganzen Kirche den Tag,
der dem Gedächtnis aller Heiligen geweiht ist,
die im Leben Christus nachfolgten
und im Sterben
von ihm die Krone der Herrlichkeit empfingen.
Durch ihn,
den Urheber und Vollender unseres Glaubens,
bitten wir dich:

Darum bitten wir dich:

Sende deinen Geist auf diese Gaben herab
und heilige sie,
damit sie uns werden Leib † und Blut
deines Sohnes, unseres Herrn Jesus Christus.

Denn am Abend,
an dem er ausgeliefert wurde
und sich aus freiem Willen
dem Leiden unterwarf,
nahm er das Brot und sagte Dank,
brach es,
reichte es seinen Jüngern und sprach:

NEHMET UND ESSET ALLE DAVON:
DAS IST MEIN LEIB,
DER FÜR EUCH HINGEGEBEN WIRD.

Ebenso nahm er nach dem Mahl den Kelch,
dankte wiederum,
reichte ihn seinen Jüngern und sprach:

NEHMET UND TRINKET ALLE DARAUS:
DAS IST DER KELCH
DES NEUEN UND EWIGEN BUNDES,

MEIN BLUT,
DAS FÜR EUCH
UND FÜR ALLE VERGOSSEN WIRD
ZUR VERGEBUNG DER SÜNDEN.
TUT DIES ZU MEINEM GEDÄCHTNIS.

Geheimnis des Glaubens:

G: Deinen Tod, o Herr,
verkünden wir
und deine Auferstehung
preisen wir,
bis du kommst in
Herrlichkeit.

G: Mortem tuam
annuntiámus,
Dómine,
et tuam resurrec-
tiónem confitémur,
donec vénias.

P: Darum, gütiger Vater,
feiern wir das Gedächtnis
des Todes und der Auferstehung deines Sohnes
und bringen dir so das Brot des Lebens
und den Kelch des Heiles dar.
Wir danken dir, dass du uns berufen hast,
vor dir zu stehen und dir zu dienen.
Wir bitten dich:
Schenke uns Anteil an Christi Leib und Blut
und lass uns eins werden
durch den Heiligen Geist.

Gedenke deiner Kirche auf der ganzen Erde
und vollende dein Volk in der Liebe,
vereint mit unserem Papst N.,
unserem Bischof N. und allen Bischöfen,
unseren Priestern und Diakonen
und mit allen,
die zum Dienst in der Kirche bestellt sind. ► S. 487

(An bestimmten Tagen und bei verschiedenen Anlässen kann hier eine besondere Bitte angefügt werden.)

Von der Osternacht bis zum Weißen Sonntag:

Gedenke auch jener, die an diesem Osterfest
aus dem Wasser und dem Heiligen Geist
zum neuen Leben geboren wurden,
denen du alle Sünden vergeben hast. ▶ unten

(In einer Messe für Verstorbene kann der Priester hier einfügen:)

Erbarme dich
unseres Bruders N. (unserer Schwester N.),
den (die) du aus dieser Welt zu dir gerufen hast.
Durch die Taufe gehört er (sie) Christus an,
ihm ist er (sie) gleichgeworden im Tod:
lass ihn (sie) mit Christus zum Leben auferstehen.

Gedenke (aller) unserer Brüder und Schwestern,
die entschlafen sind in der Hoffnung,
dass sie auferstehen.
Nimm sie
und alle, die in deiner Gnade
aus dieser Welt geschieden sind,
in dein Reich auf,
wo sie dich schauen
von Angesicht zu Angesicht.

Vater, erbarme dich über uns alle,
damit uns das ewige Leben zuteil wird
in der Gemeinschaft mit der seligen
Jungfrau und Gottesmutter Maria,
mit deinen Aposteln
und mit allen,
die bei dir Gnade gefunden haben
von Anbeginn der Welt,
dass wir dich loben und preisen
durch deinen Sohn Jesus Christus.

DURCH IHN UND MIT IHM UND IN IHM IST DIR,
GOTT, ALLMÄCHTIGER VATER, IN DER EINHEIT DES
HEILIGEN GEISTES ALLE HERRLICHKEIT UND EHRE
JETZT UND IN EWIGKEIT.

G: Amen.

(Fortsetzung: Gebet des Herrn – siehe S. 515 f.)

DRITTES HOCHGEBET

(Der Priester breitet die Hände aus und spricht:)

P: Ja, du bist heilig, großer Gott,
und alle deine Werke verkünden dein Lob.
Denn durch deinen Sohn,
unseren Herrn Jesus Christus,
und in der Kraft des Heiligen Geistes
erfüllst du die ganze Schöpfung
mit Leben und Gnade.
Bis ans Ende der Zeiten
versammelst du dir ein Volk,
damit deinem Namen
das reine Opfer dargebracht werde
vom Aufgang der Sonne bis zum Untergang. ► S. 492

(Hier kann an bestimmten Tagen das Festgeheimnis erwähnt werden.)

An Sonntagen:

Darum kommen wir vor dein Angesicht
und feiern in Gemeinschaft mit der ganzen Kirche
den ersten Tag der Woche als den Tag,
an dem Christus von den Toten erstanden ist.
Durch ihn, den du zu deiner Rechten erhöht hast,
bitten wir dich, allmächtiger Gott: ► S. 492

An Mariä Empfängnis:

Darum kommen wir vor dein Angesicht
und feiern in Gemeinschaft
mit der ganzen Kirche den Tag,
an dem Maria ohne Erbschuld empfangen wurde,
da sie auserwählt war,
die Mutter des Erlösers zu werden.
Durch ihn, der unsere Sünden hinwegnimmt,
bitten wir dich, allmächtiger Gott: ▶ S. 492

Von Weihnachten bis Neujahr:

Darum kommen wir vor dein Angesicht
und feiern in Gemeinschaft mit der ganzen Kirche
(die hochheilige Nacht) den hochheiligen Tag,
(in der) an dem Maria
in unversehrter Jungfräulichkeit
der Welt den Erlöser geboren hat.
Durch ihn, unseren Retter und Herrn,
bitten wir dich, allmächtiger Gott: ▶ S. 492

An Erscheinung des Herrn:

Darum kommen wir vor dein Angesicht
und feiern in Gemeinschaft mit der ganzen Kirche
den hochheiligen Tag,
an dem dein eingeborener Sohn,
dir gleich in ewiger Herrlichkeit,
als wahrer Mensch
leibhaft und sichtbar erschienen ist.
Durch ihn, unseren Erlöser und Heiland,
bitten wir dich, allmächtiger Gott: ▶ S. 492

An Lichtmess:

Darum kommen wir vor dein Angesicht
und feiern in Gemeinschaft
mit der ganzen Kirche den Tag,

an dem dein eingeborener Sohn
im Tempel dargestellt wurde.
Durch ihn, das Licht von deinem Licht,
bitten wir dich, allmächtiger Gott: ▶ S. 492

An Verkündigung des Herrn:

Darum kommen wir vor dein Angesicht
und feiern in Gemeinschaft
mit der ganzen Kirche den Tag,
an dem Maria deinen ewigen Sohn
durch den Heiligen Geist empfangen hat.
Durch ihn, der zu unserem Heil
Mensch geworden ist,
bitten wir dich, allmächtiger Gott: ▶ S. 492

Am Gründonnerstag:

Darum kommen wir vor dein Angesicht
und feiern in Gemeinschaft
mit der ganzen Kirche
den Tag, an dem unser Herr Jesus Christus
sich für uns hingegeben hat.
Durch ihn, unseren Erlöser und Heiland,
den du verherrlicht hast,
bitten wir dich, allmächtiger Gott: ▶ S. 492

Von der Osternacht bis zum Weißen Sonntag:

Darum kommen wir vor dein Angesicht
und feiern in Gemeinschaft
mit der ganzen Kirche
das Hochfest
der Auferstehung unseres Herrn Jesus Christus.
Durch ihn, der zu deiner Rechten erhöht ist,
bitten wir dich, allmächtiger Gott: ▶ S. 492

An Christi Himmelfahrt:

Darum kommen wir vor dein Angesicht
und feiern in Gemeinschaft
mit der ganzen Kirche den Tag,
an dem unser Herr Jesus Christus,
dein eingeborener Sohn,
unsere schwache,
mit seiner Gottheit vereinte Menschennatur
zu deiner Rechten erhoben hat.
Durch ihn bitten wir dich,
allmächtiger Gott: ► S. 492

Am Pfingsttag:

Darum kommen wir vor dein Angesicht
und feiern in Gemeinschaft mit der ganzen Kirche
das hohe Pfingstfest,
an dem der Heilige Geist
in Feuerzungen auf die Jünger herabkam.
Und wir bitten dich, allmächtiger Gott: ► S. 492

An Johannes' Geburt:

Darum kommen wir vor dein Angesicht
und feiern in Gemeinschaft
mit der ganzen Kirche den Tag,
an dem Johannes geboren wurde,
der Christus voranging,
um ihm den Weg zu bereiten,
dem Erlöser der Welt.
Durch ihn,
der nach Johannes kam und doch vor ihm war,
bitten wir dich, allmächtiger Gott: ► S. 492

An Mariä Himmelfahrt:

Darum kommen wir vor dein Angesicht
und feiern in Gemeinschaft

mit der ganzen Kirche den Tag,
an dem die jungfräuliche Gottesmutter
in den Himmel aufgenommen wurde
von unserem Herrn Jesus Christus.
Durch ihn,
den Urheber und Vollender unseres Glaubens,
bitten wir dich, allmächtiger Gott: ▶ unten

An Allerheiligen:

Darum kommen wir vor dein Angesicht
und feiern in Gemeinschaft
mit der ganzen Kirche den Tag,
der dem Gedächtnis aller Heiligen geweiht ist,
die im Leben Christus nachfolgten
und im Sterben
von ihm die Krone der Herrlichkeit empfingen.
Durch ihn,
den Urheber und Vollender unseres Glaubens,
bitten wir dich, allmächtiger Gott:

Darum bitten wir dich,
allmächtiger Gott:

Heilige unsere Gaben durch deinen Geist,
damit sie uns werden Leib † und Blut
deines Sohnes, unseres Herrn Jesus Christus,
der uns aufgetragen hat,
dieses Geheimnis zu feiern.

Denn in der Nacht, da er verraten wurde,
nahm er das Brot und sagte Dank,
brach es,
reichte es seinen Jüngern und sprach:

NEHMET UND ESSET ALLE DAVON:
DAS IST MEIN LEIB,
DER FÜR EUCH HINGEGEBEN WIRD.

Ebenso nahm er nach dem Mahl den Kelch,
dankte wiederum,
reichte ihn seinen Jüngern und sprach:

NEHMET UND TRINKET ALLE DARAUS:
DAS IST DER KELCH
DES NEUEN UND EWIGEN BUNDES,
MEIN BLUT,
DAS FÜR EUCH
UND FÜR ALLE VERGOSSEN WIRD
ZUR VERGEBUNG DER SÜNDEN.
TUT DIES ZU MEINEM GEDÄCHTNIS.

Geheimnis des Glaubens:

G: Deinen Tod, o Herr,
verkünden wir
und deine Auferstehung
preisen wir,
bis du kommst in
Herrlichkeit.

G: Mortem tuam
annuntiámus,
Dómine,
et tuam resurrec-
tiónem confitémur,
donec vénias.

P: Darum, gütiger Vater,
feiern wir das Gedächtnis deines Sohnes.
Wir verkünden sein heilbringendes Leiden,
seine glorreiche Auferstehung
und Himmelfahrt
und erwarten seine Wiederkunft.
So bringen wir dir mit Lob und Dank
dieses heilige und lebendige Opfer dar.
Schau gütig auf die Gabe deiner Kirche.
Denn sie stellt dir
das Lamm vor Augen,
das geopfert wurde
und uns nach deinem Willen
mit dir versöhnt hat.
Stärke uns durch den Leib und das Blut
deines Sohnes

und erfülle uns mit seinem Heiligen Geist,
damit wir *ein* Leib und *ein* Geist werden
in Christus.

Er mache uns auf immer
zu einer Gabe, die dir wohlgefällt,
damit wir das verheißene Erbe erlangen
mit deinen Auserwählten,
mit der seligen Jungfrau
und Gottesmutter Maria,
mit deinen Aposteln und Märtyrern
(mit dem – der – heiligen N.:

Tagesheiliger oder Patron)

und mit allen Heiligen,
auf deren Fürsprache wir vertrauen.

Barmherziger Gott, wir bitten dich:
Dieses Opfer unserer Versöhnung
bringe der ganzen Welt Frieden und Heil.
Beschütze deine Kirche
auf ihrem Weg durch die Zeit
und stärke sie im Glauben und in der Liebe:
deinen Diener, unseren Papst N.,
unseren Bischof N.
und die Gemeinschaft der Bischöfe,
unsere Priester und Diakone,
alle, die zum Dienst in der Kirche bestellt sind,
und das ganze Volk deiner Erlösten. ► S. 495

(An bestimmten Tagen und bei verschiedenen Anlässen kann hier eine besondere Bitte eingefügt werden.)

Von der Osternacht bis zum Weißen Sonntag:

Gedenke auch jener, die an diesem Osterfest
aus dem Wasser und dem Heiligen Geist

zum neuen Leben geboren wurden,
denen du alle Sünden vergeben hast.

Erhöre, gütiger Vater,
die Gebete der hier versammelten Gemeinde
und führe zu dir
auch alle deine Söhne und Töchter,
die noch fern sind von dir.

(In einer Messe für Verstorbene kann der Priester hier einfügen:)

Erbarme dich unseres Bruders N.
(unserer Schwester N.),
den (die) du aus dieser Welt zu dir gerufen hast.
Durch die Taufe gehört er (sie) Christus an,
ihm ist er (sie) gleichgeworden im Tod:
gib ihm (ihr) auch Anteil an der Auferstehung,
wenn Christus die Toten auferweckt
und unseren irdischen Leib
seinem verklärten Leib ähnlich macht.

Erbarme dich (aller) unserer
verstorbenen Brüder und Schwestern
und aller, die in deiner Gnade
aus dieser Welt geschieden sind.
Nimm sie auf in deine Herrlichkeit.
Und mit ihnen lass auch uns,
wie du verheißen hast,
zu Tische sitzen in deinem Reich.

(In einer Messe für Verstorbene:)

Dann wirst du alle Tränen trocknen.
Wir werden dich, unseren Gott,
schauen, wie du bist,
dir ähnlich sein auf ewig
und dein Lob singen ohne Ende.

Darum bitten wir dich
durch unseren Herrn Jesus Christus.
Denn durch ihn
schenkst du der Welt alle guten Gaben.

DURCH IHN UND MIT IHM UND IN IHM IST DIR, GOTT, ALLMÄCHTIGER VATER, IN DER EINHEIT DES HEILIGEN GEISTES ALLE HERRLICHKEIT UND EHRE JETZT UND IN EWIGKEIT.

G: Amen.

(Fortsetzung: Gebet des Herrn – siehe S. 515 f.)

VIERTES HOCHGEBET

P: Der Herr sei mit euch.	P: Dóminus vobíscum.
G: Und mit deinem Geiste.	G: Et cum spíritu tuo.
P: Erhebet die Herzen.	P: Sursum corda.
G: Wir haben sie beim Herrn.	G: Habémus ad Dóminum.
P: Lasset uns danken dem Herrn, unserm Gott.	P: Grátias agámus Dómino Deo nostro.
G: Das ist würdig und recht.	G: Dignum et iustum est.

P: In Wahrheit ist es würdig,
dir zu danken, heiliger Vater.
Es ist recht, dich zu preisen.
Denn du allein bist der lebendige und wahre Gott.
Du bist vor den Zeiten und lebst in Ewigkeit.
Du wohnst in unzugänglichem Lichte.
Alles hast du erschaffen,
denn du bist die Liebe
und der Ursprung des Lebens.
Du erfüllst deine Geschöpfe mit Segen
und erfreust sie alle
mit dem Glanz deines Lichtes.
Vor dir stehen die Scharen der Engel

und schauen dein Angesicht.
Sie dienen dir Tag und Nacht,
nie endet ihr Lobgesang.
Mit ihnen preisen auch wir deinen Namen,
durch unseren Mund rühmen dich alle Geschöpfe
und künden voll Freude
das Lob deiner Herrlichkeit:

A: Heilig, heilig, heilig
Gott, Herr aller Mächte
und Gewalten.
Erfüllt sind Himmel und Erde
von deiner Herrlichkeit.
Hosanna in der Höhe.
Hochgelobt sei, der da kommt
im Namen des Herrn.
Hosanna in der Höhe.

A: Sanctus, Sanctus,
Sanctus Dóminus Deus
Sábaoth.
Pleni sunt caeli et terra
glória tua.
Hosánna in excélsis.
Benedíctus qui venit
in nómine Dómini.
Hosánna in excélsis.

P: Wir preisen dich, heiliger Vater,
denn groß bist du
und alle deine Werke
künden deine Weisheit und Liebe.

Den Menschen hast du
nach deinem Bild geschaffen
und ihm die Sorge für die ganze Welt anvertraut.
Über alle Geschöpfe sollte er herrschen
und allein dir, seinem Schöpfer, dienen.

Als er im Ungehorsam deine Freundschaft verlor
und der Macht des Todes verfiel,
hast du ihn dennoch nicht verlassen,
sondern voll Erbarmen allen geholfen,
dich zu suchen und zu finden.

Immer wieder hast du den Menschen
deinen Bund angeboten
und sie durch die Propheten gelehrt,
das Heil zu erwarten.

So sehr hast du die Welt geliebt,
heiliger Vater,
dass du deinen eingeborenen Sohn
als Retter gesandt hast,
nachdem die Fülle der Zeiten gekommen war.

Er ist Mensch geworden
durch den Heiligen Geist,
geboren von der Jungfrau Maria.
Er hat wie wir als Mensch gelebt,
in allem uns gleich außer der Sünde.

Den Armen verkündete er
die Botschaft vom Heil,
den Gefangenen Freiheit,
den Trauernden Freude.

Um deinen Ratschluss zu erfüllen,
hat er sich dem Tod überliefert,
durch seine Auferstehung
den Tod bezwungen
und das Leben neu geschaffen.

Damit wir nicht mehr uns selber leben,
sondern ihm,
der für uns gestorben und auferstanden ist,
hat er von dir, Vater,
als erste Gabe für alle, die glauben,
den Heiligen Geist gesandt,
der das Werk deines Sohnes
auf Erden weiterführt
und alle Heiligung vollendet.

So bitten wir dich, Vater:
der Geist heilige diese Gaben,
damit sie uns werden Leib † und Blut
unseres Herrn Jesus Christus,
der uns die Feier dieses Geheimnisses

aufgetragen hat
als Zeichen des ewigen Bundes.

Da er die Seinen liebte,
die in der Welt waren,
liebte er sie bis zur Vollendung.
Und als die Stunde kam,
da er von dir verherrlicht werden sollte,
nahm er beim Mahl das Brot
und sagte Dank,
brach das Brot,
reichte es seinen Jüngern und sprach:

NEHMET UND ESSET ALLE DAVON:
DAS IST MEIN LEIB,
DER FÜR EUCH HINGEGEBEN WIRD.

Ebenso nahm er den Kelch mit Wein,
dankte wiederum,
reichte den Kelch seinen Jüngern
und sprach:

NEHMET UND TRINKET ALLE DARAUS:
DAS IST DER KELCH
DES NEUEN UND EWIGEN BUNDES,
MEIN BLUT,
DAS FÜR EUCH
UND FÜR ALLE VERGOSSEN WIRD
ZUR VERGEBUNG DER SÜNDEN.
TUT DIES ZU MEINEM GEDÄCHTNIS.

Geheimnis des Glaubens:

G: Deinen Tod, o Herr,
verkünden wir
und deine Auferstehung
preisen wir,
bis du kommst in
Herrlichkeit.

G: Mortem tuam
annuntiámus,
Dómine,
et tuam resurrec-
tiónem confitémur,
donec vénias.

P: Darum, gütiger Vater,
feiern wir das Gedächtnis unserer Erlösung.
Wir verkünden den Tod deines Sohnes
und sein Hinabsteigen zu den Vätern,
bekennen seine Auferstehung
und Himmelfahrt
und erwarten sein Kommen in Herrlichkeit.
So bringen wir dir seinen Leib und sein Blut dar,
das Opfer, das dir wohlgefällt
und der ganzen Welt Heil bringt.

Sieh her auf die Opfergabe,
die du selber deiner Kirche bereitet hast,
und gib, dass alle, die Anteil erhalten
an dem *einen* Brot und dem *einen* Kelch,
ein Leib werden im Heiligen Geist,
eine lebendige Opfergabe in Christus
zum Lob deiner Herrlichkeit.

Herr, gedenke aller, für deren Heil
wir das Opfer darbringen.
Wir bitten dich für unseren Papst N.,
unseren Bischof N.
und die Gemeinschaft der Bischöfe,
für unsere Priester und Diakone
und für alle,
die zum Dienst in der Kirche bestellt sind,
für alle, die ihre Gaben spenden,
für die hier versammelte Gemeinde,
für dein ganzes Volk
und für alle Menschen,
die mit lauterem Herzen dich suchen.

Wir empfehlen dir auch jene,
die im Frieden Christi heimgegangen sind,
und alle Verstorbenen,
um deren Glauben niemand weiß als du.

Gütiger Vater,
gedenke, dass wir deine Kinder sind,
und schenke uns allen das Erbe des Himmels
in Gemeinschaft mit der seligen Jungfrau
und Gottesmutter Maria,
mit deinen Aposteln und mit allen Heiligen.
Und wenn die ganze Schöpfung
von der Verderbnis der Sünde
und des Todes befreit ist,
lass uns zusammen mit ihr dich verherrlichen
in deinem Reich
durch unseren Herrn Jesus Christus.
Denn durch ihn
schenkst du der Welt alle guten Gaben.

DURCH IHN UND MIT IHM UND IN IHM IST DIR, GOTT, ALLMÄCHTIGER VATER, IN DER EINHEIT DES HEILIGEN GEISTES ALLE HERRLICHKEIT UND EHRE JETZT UND IN EWIGKEIT.

G: Amen.

(Fortsetzung: Gebet des Herrn – siehe S. 515 f.)

VOTIVHOCHGEBET „VERSÖHNUNG“

Der Bund des Friedens

PRÄFATION

P: Der Herr sei mit euch.
G: Und mit deinem Geiste.
P: Erhebet die Herzen.
G: Wir haben sie beim Herrn.
P: Lasset uns danken dem Herrn, unserm Gott.
G: Das ist würdig und recht.

P: Wir danken dir, Gott, allmächtiger Vater,
und preisen dich
für dein Wirken in dieser Welt
durch unseren Herrn Jesus Christus:
Denn inmitten einer Menschheit,
die gespalten und zerrissen ist,
erfahren wir,
dass du Bereitschaft zur Versöhnung schenkst.
Dein Geist bewegt die Herzen,
wenn Feinde wieder miteinander sprechen,
Gegner sich die Hände reichen
und Völker einen Weg zueinander suchen.
Dein Werk ist es,
wenn der Wille zum Frieden den Streit beendet,
Verzeihung den Hass überwindet
und Rache der Vergebung weicht.

Darum können wir nicht aufhören,
dir zu danken und dich zu preisen.
Wir stimmen ein
in den Lobgesang der Chöre des Himmels,
die ohne Ende rufen:

A: Heilig, heilig, heilig
Gott, Herr aller Mächte und Gewalten.
Erfüllt sind Himmel und Erde
von deiner Herrlichkeit.
Hosanna in der Höhe.
Hochgelobt sei,
der da kommt im Namen des Herrn.
Hosanna in der Höhe.

P: Herr aller Mächte und Gewalten,
gepriesen bist du
in deinem Sohn Jesus Christus,
der in deinem Namen gekommen ist.
Er ist dein rettendes Wort für uns Menschen.

Er ist die Hand,
die du den Sündern entgegenstreckst.
Er ist der Weg,
auf dem dein Friede zu uns kommt.

Gott, unser Vater,
als wir Menschen
uns von dir abgewandt hatten,
hast du uns durch deinen Sohn zurückgeholt.
Du hast ihn in den Tod gegeben,
damit wir zu dir und zueinander finden.

Darum feiern wir die Versöhnung,
die Christus uns erwirkt hat,
und bitten dich:

Heilige diese Gaben durch deinen Geist,
da wir nun den Auftrag
deines † Sohnes erfüllen.

Denn bevor er sein Leben hingab,
um uns zu befreien,
nahm er beim Mahl das Brot in seine Hände,
dankte dir, brach es,
reichte es seinen Jüngern und sprach:

NEHMET UND ESSET ALLE DAVON:
DAS IST MEIN LEIB,
DER FÜR EUCH HINGEGEBEN WIRD.

Ebenso nahm er an jenem Abend
den Kelch in seine Hände,
pries dein Erbarmen,
reichte den Kelch seinen Jüngern und sprach:

NEHMET UND TRINKET ALLE DARAUS:
DAS IST DER KELCH
DES NEUEN UND EWIGEN BUNDES,
MEIN BLUT, DAS FÜR EUCH

UND FÜR ALLE VERGOSSEN WIRD
ZUR VERGEBUNG DER SÜNDEN.
TUT DIES ZU MEINEM GEDÄCHTNIS.

Geheimnis des Glaubens:

G: Deinen Tod, o Herr, verkünden wir
und deine Auferstehung preisen wir,
bis du kommst in Herrlichkeit.

P: Herr, unser Gott.
Dein Sohn hat uns dieses Vermächtnis
seiner Liebe anvertraut.
In der Gedächtnisfeier
seines Todes und seiner Auferstehung
bringen wir dar,
was du uns gegeben hast:
das Opfer der Versöhnung.
Wir bitten dich,
nimm auch uns an in deinem Sohn
und schenke uns in diesem Mahl den Geist,
den er verheißen hat,
den Geist der Einheit,
der wegnimmt, was trennt,
und der uns zusammenhält in der Gemeinschaft
mit unserem Papst N.,
unserem Bischof N.,
mit allen Bischöfen
und mit deinem ganzen Volk.

Mach deine Kirche zum Zeichen der Einheit
unter den Menschen
und zum Werkzeug deines Friedens.

Wie du uns hier am Tisch deines Sohnes
versammelt hast,
in Gemeinschaft mit der seligen Jungfrau
und Gottesmutter Maria

und allen Heiligen,
so sammle die Menschen
aller Rassen und Sprachen,
aller Schichten und Gruppen
zum Gastmahl der ewigen Versöhnung
in der neuen Welt
deines immerwährenden Friedens
durch unseren Herrn Jesus Christus.

DURCH IHN UND MIT IHM UND IN IHM
IST DIR, GOTT, ALLMÄCHTIGER VATER,
IN DER EINHEIT DES HEILIGEN GEISTES
ALLE HERRLICHKEIT UND EHRE
JETZT UND IN EWIGKEIT.

G: Amen.

(Fortsetzung: Gebet des Herrn – siehe S. 515 f.)

HOCHGEBET FÜR MESSEN FÜR BESONDERE ANLIEGEN

PRÄFATION I

Die Kirche auf dem Weg zur Einheit

P: Der Herr sei mit euch.
G: Und mit deinem Geiste.
P: Erhebet die Herzen.
G: Wir haben sie beim Herrn.
P: Lasset uns danken dem Herrn, unserm Gott.
G: Das ist würdig und recht.

P: Wir danken dir, gütiger Vater,
und preisen dich,
denn durch die Frohe Botschaft deines Sohnes
hast du Menschen
aus allen Völkern und Sprachen

vereint in der Gemeinschaft der Kirche.
Durch sie,
die aus der Kraft deines Geistes lebt,
führst du alle Menschen zur Einheit.
So bezeugt die Kirche deine Liebe
und schenkt allen
die Hoffnung auf ewige Vollendung.
Sie wird zum Zeichen deiner Treue,
die du uns für immer versprochen hast
in unserem Herrn Jesus Christus.

Darum rühmen dich Himmel und Erde
und mit der ganzen Kirche
singen wir das Lob deiner Herrlichkeit:

A: Heilig, heilig, heilig
Gott, Herr aller Mächte und Gewalten.
Erfüllt sind Himmel und Erde
von deiner Herrlichkeit.
Hosanna in der Höhe.
Hochgelobt sei,
der da kommt im Namen des Herrn.
Hosanna in der Höhe. ▶ S. 509

PRÄFATION II

Gott führt die Kirche

P: Der Herr sei mit euch.
G: Und mit deinem Geiste.
P: Erhebet die Herzen.
G: Wir haben sie beim Herrn.
P: Lasset uns danken dem Herrn, unserm Gott.
G: Das ist würdig und recht.

P: Wir danken dir, Gott, unser Vater,
und preisen dich,
denn du hast uns ins Leben gerufen.

Du lässt uns niemals allein auf unserm Weg
und bist immer da für uns.
Einst hast du Israel, dein Volk,
mit starker Hand
durch die weglose Wüste geleitet.
Heute führst du deine pilgernde Kirche
in der Kraft des Heiligen Geistes.
Du bahnst ihr den Weg durch diese Zeit
in die ewige Freude deines Reiches
durch unseren Herrn Jesus Christus.

Darum singen wir mit allen Engeln und Heiligen
das Lob deiner Herrlichkeit:

A: Heilig, heilig, heilig
Gott, Herr aller Mächte und Gewalten.
Erfüllt sind Himmel und Erde
von deiner Herrlichkeit.
Hosanna in der Höhe.
Hochgelobt sei,
der da kommt im Namen des Herrn.
Hosanna in der Höhe. ► S. 509

PRÄFATION III

Jesus, unser Weg

P: Der Herr sei mit euch.
G: Und mit deinem Geiste.
P: Erhebet die Herzen.
G: Wir haben sie beim Herrn.
P: Lasset uns danken dem Herrn, unserm Gott.
G: Das ist würdig und recht.

P: Wir danken dir, Vater,
Herr des Himmels und der Erde,
und preisen dich
durch unseren Herrn Jesus Christus.

Durch ihn, dein Wort,
hast du die Welt geschaffen
und lenkst sie in deiner Weisheit.
Ihn, deinen menschgewordenen Sohn,
hast du uns zum Mittler gegeben.
Er hat deine Botschaft verkündet
und uns gerufen, ihm zu folgen.
Er hat uns erlöst durch sein Kreuz
und mit deinem Geiste besiegelt.
Er ist der Weg, der uns zu dir führt,
er ist die Wahrheit, die uns frei macht;
er ist das Leben
und erfüllt uns mit Freude.
Durch ihn
führst du deine Söhne und Töchter
zusammen zu einer einzigen Familie.
Darum rühmen wir jetzt und in Ewigkeit
dein Erbarmen
und singen mit den Chören der Engel
das Lob deiner Herrlichkeit:

A: Heilig, heilig, heilig
Gott, Herr aller Mächte und Gewalten.
Erfüllt sind Himmel und Erde
von deiner Herrlichkeit.
Hosanna in der Höhe.
Hochgelobt sei,
der da kommt im Namen des Herrn.
Hosanna in der Höhe. ► S. 509

PRÄFATION IV

Jesus, der Bruder aller

P: Der Herr sei mit euch.
G: Und mit deinem Geiste.
P: Erhebet die Herzen.

G: Wir haben sie beim Herrn.
P: Lasset uns danken dem Herrn, unserm Gott.
G: Das ist würdig und recht.

P: Wir danken dir,
treuer Gott und barmherziger Vater,
für deinen Sohn Jesus Christus,
unseren Herrn und Erlöser.
Er hatte ein Herz
für die Armen und die Kranken,
die Ausgestoßenen und die Sünder.
Den Bedrängten und den Verzweifelten
war er ein Bruder.
Sein Leben und seine Botschaft lehren uns,
dass du für deine Kinder sorgst
wie ein guter Vater
und eine liebende Mutter.

Darum rühmen wir deine Güte und Treue
und singen mit allen Engeln und Heiligen
das Lob deiner Herrlichkeit:

A: Heilig, heilig, heilig
Gott, Herr aller Mächte und Gewalten.
Erfüllt sind Himmel und Erde
von deiner Herrlichkeit.
Hosanna in der Höhe.
Hochgelobt sei,
der da kommt im Namen des Herrn.
Hosanna in der Höhe.

P: Ja, du bist heilig, großer Gott.
Du liebst die Menschen
und bist ihnen nahe.
Gepriesen sei dein Sohn,
der immer mit uns auf dem Weg ist
und uns um sich versammelt

zum Mahl der Liebe.
Wie den Jüngern (von Emmaus)
deutet er uns die Schrift
und bricht das Brot für uns.

So bitten wir dich, gütiger Vater:
Sende deinen Heiligen Geist
über die Gaben von Brot und Wein.
Er heilige sie,
damit sie uns werden Leib † und Blut
unseres Herrn Jesus Christus.

Am Abend vor seinem Leiden
nahm er beim Mahl das Brot
und sagte dir Dank,
brach das Brot,
reichte es seinen Jüngern
und sprach:

NEHMET UND ESSET ALLE DAVON:
DAS IST MEIN LEIB,
DER FÜR EUCH HINGEGEBEN WIRD.

Ebenso nahm er nach dem Mahl den Kelch,
dankte wiederum,
reichte ihn seinen Jüngern
und sprach:

NEHMET UND TRINKET ALLE DARAUS:
DAS IST DER KELCH
DES NEUEN UND EWIGEN BUNDES,
MEIN BLUT, DAS FÜR EUCH
UND FÜR ALLE VERGOSSEN WIRD
ZUR VERGEBUNG DER SÜNDEN.
TUT DIES ZU MEINEM GEDÄCHTNIS.

Geheimnis des Glaubens:

G: Deinen Tod, o Herr, verkünden wir
und deine Auferstehung preisen wir,
bis du kommst in Herrlichkeit.

P: Darum, gütiger Vater,
feiern wir das Gedächtnis deines Sohnes,
der uns erlöst hat.
Durch sein Leiden
und seinen Tod am Kreuz
hast du ihn zur Herrlichkeit
der Auferstehung geführt
und ihn erhöht zu deiner Rechten.
Wir verkünden dieses Werk deiner Liebe,
bis er wiederkommt,
und bringen dir das Brot des Lebens
und den Kelch des Segens dar.

Wir feiern das Opfer Christi,
das er uns anvertraut hat.
Er hat sich für uns hingegeben
und schenkt uns Anteil
an seinem Leib und Blut.
Wir bitten dich:
Schau gütig auf die Gabe deiner Kirche
und gib, dass wir im Geist deiner Liebe
für immer verbunden bleiben
mit ihm und untereinander.

INTERZESSION I
(wenn Präfation I gewählt wurde)

Barmherziger Gott,
erleuchte deine Kirche
(in unserem Land

und auf der ganzen Erde)
und erneuere sie durch das Evangelium.
Festige das Band der Einheit
zwischen den Gläubigen und ihren Hirten,
in der Gemeinschaft mit unserem Papst N.,
unserem Bischof N.
und allen Bischöfen.
Mache dein Volk
in unserer zerrissenen Welt
zum Werkzeug der Einheit
und des Friedens. ► S. 514

INTERZESSION II
(wenn Präfation II gewählt wurde)

Barmherziger Gott,
durch die Teilnahme an diesem Mahl
stärke uns in der Einheit.
Lass uns
in Gemeinschaft mit unserem Papst N.
und unserem Bischof N.,
mit allen Bischöfen, Priestern und Diakonen
und mit deinem ganzen Volk
in Vertrauen und Hoffnung
deine Wege gehen
und für alle
eine Quelle der Freude
und Zuversicht sein. ► S. 514

INTERZESSION III
(wenn Präfation III gewählt wurde)

Barmherziger Gott,
schenke uns

durch die Teilnahme an dieser Feier
den Geist, der uns mit Leben erfüllt.
Erneuere uns
nach dem Bild deines Sohnes.
Stärke unsere Einheit
mit deinem ganzen Volk,
mit unserem Papst N.
und unserem Bischof N.,
mit allen Bischöfen, Priestern und Diakonen
und mit allen Männern und Frauen,
die zu einem Dienst in der Kirche bestellt sind.
Lass die Gläubigen
die Zeichen der Zeit verstehen
und sich mit ganzer Kraft
für das Evangelium einsetzen.
Mache uns offen für das,
was die Menschen bewegt,
dass wir ihre Trauer und Angst,
ihre Freude und Hoffnung teilen
und als treue Zeugen der Frohen Botschaft
mit ihnen dir entgegengehen. ► S. 514

INTERZESSION IV
(wenn Präfation IV gewählt wurde)

Barmherziger Gott,
vollende deine Kirche im Glauben
und in der Liebe:
unseren Papst N. und unseren Bischof N.,
alle Bischöfe, Priester und Diakone
und das ganze Volk,
das du dir erworben hast.
Öffne unsere Augen für jede Not.
Gib uns das rechte Wort,
wenn Menschen Trost und Rat suchen.

Hilf uns zur rechten Tat,
wo Menschen uns brauchen.
Lass uns denken und handeln
nach dem Wort und Beispiel Christi.
Mache deine Kirche
zu einem Ort der Wahrheit
und der Freiheit,
des Friedens und der Gerechtigkeit,
damit die Menschen
neue Hoffnung schöpfen.

Vater, erbarme dich
unserer Brüder und Schwestern (N. und N.),
die im Frieden Christi heimgegangen sind,
und aller Verstorbenen,
deren Glauben du allein kennst.

Lass sie dein Angesicht schauen
und schenke ihnen das Leben in Fülle.
Wenn unser eigener Weg zu Ende geht,
nimm auch uns für immer bei dir auf,
und lass uns
zusammen mit der seligen Jungfrau
und Gottesmutter Maria,
mit den Aposteln und den Märtyrern
(mit dem/der heiligen N.,
mit den heiligen N. und N.)
und mit allen Heiligen
dich loben und preisen
durch unseren Herrn Jesus Christus.

DURCH IHN UND MIT IHM UND IN IHM IST DIR, GOTT, ALLMÄCHTIGER VATER, IN DER EINHEIT DES HEILIGEN GEISTES ALLE HERRLICHKEIT UND EHRE JETZT UND IN EWIGKEIT.

G: Amen.

KOMMUNION

GEBET DES HERRN

(Der Priester lädt zum Gebet des Herrn ein:)

P: Dem Wort unseres
Herrn und Erlösers
gehorsam und getreu
seiner göttlichen
Weisung wagen wir
zu sprechen:

P: Praecéptis
salutáribus móniti,
et divína institutióne
formáti, audémus
dícere:

Oder:

P: Lasset uns beten, wie der Herr uns zu beten gelehrt hat:

Oder:

P: Wir heißen Kinder Gottes und sind es. Darum beten wir voll Vertrauen:

Oder:

P: Wir haben den Geist empfangen, der uns zu Kindern Gottes macht. Darum wagen wir zu sprechen:

(Priester und Gemeinde singen oder sprechen gemeinsam:)

A: Vater unser
im Himmel,
geheiligt werde dein
Name.
Dein Reich komme.
Dein Wille geschehe, wie
im Himmel so auf Erden.
Unser tägliches Brot
gib uns heute.
Und vergib uns
unsere Schuld,

A: Pater noster,
qui es in caelis:
sanctificétur nomen
tuum;
advéniat regnum tuum;
fiat volúntas tua,
sicut in caelo, et in terra.
Panem nostrum cotidiá-
num da nobis hódie;
et dimítte nobis
débita nostra,

wie auch wir vergeben
unsern Schuldigern.
Und führe uns nicht in
Versuchung,
sondern erlöse uns
von dem Bösen.

sicut et nos dimíttimus
debitóribus nostris;
et ne nos indúcas in
tentatiónem;
sed líbera nos
a malo.

(Der Priester singt oder spricht:)

P: Erlöse uns, Herr, allmächtiger Vater, von allem Bösen und gib Frieden in unseren Tagen. Komm uns zu Hilfe mit deinem Erbarmen und bewahre uns vor Verwirrung und Sünde, damit wir voll Zuversicht das Kommen unseres Erlösers Jesus Christus erwarten.

(Die Gemeinde beschließt das Gebet mit dem Ruf:)

G: Denn dein ist das Reich
und die Kraft
und die Herrlichkeit
in Ewigkeit. Amen.

G: Quia tuum est regnum,
et potéstas,
et glória
in sáecula. Amen.

FRIEDENSGEBET

(Der Priester lädt nun mit folgenden oder ähnlichen Worten zum Friedensgebet ein:)

P: Der Herr hat zu seinen Aposteln gesagt:
Frieden hinterlasse ich euch,
meinen Frieden gebe ich euch.
Deshalb bitten wir: ▶ S. 517

In der Weihnachtszeit:

Als Christus geboren wurde,
verkündeten Engel den Frieden auf Erden.
Deshalb bitten wir:
Herr Jesus Christus, starker Gott, Friedensfürst,
▶ S. 517

In der Fastenzeit:

Christus ist unser Friede und unsere Versöhnung.
Deshalb bitten wir:
Herr Jesus Christus, ▶ unten

In der Osterzeit:

Am Ostertag trat Jesus in die Mitte seiner Jünger
und sprach den Friedensgruß.
Deshalb bitten wir:
Herr Jesus Christus,
du Sieger über Sünde und Tod, ▶ unten

Am Pfingsttag:

Unser Herr Jesus Christus
hat den Heiligen Geist gesandt,
damit er die Kirche aus allen Völkern
in Einheit und Liebe zusammenfüge.
Deshalb bitten wir:

Herr Jesus Christus,
schau nicht auf unsere Sünden,
sondern auf den Glauben deiner Kirche
und schenke ihr nach deinem Willen
Einheit und Frieden.

(Der Gemeinde zugewandt, breitet der Priester die Hände aus und singt oder spricht:)

P: Der Friede des Herrn
sei allezeit mit euch.
G: Und mit deinem Geiste.

P: Pax Dómini sit
semper vobíscum.
G: Et cum spíritu tuo.

(Der Diakon oder der Priester kann dazu auffordern, in einer den örtlichen Gewohnheiten entsprechenden Weise einander die Bereitschaft zu Frieden und Versöhnung zu bekunden, etwa:)

D/P: Gebt einander ein Zeichen
des Friedens und der Versöhnung.

BRECHUNG DES BROTES

(Der Priester bricht die Hostie über der Schale. Ein kleines Fragment der Hostie senkt er in den Kelch. Dabei spricht er leise:)

P: Das Sakrament des Leibes und Blutes Christi
schenke uns ewiges Leben.

(Inzwischen wird der Gesang zur Brechung – Agnus Dei – gesungen bzw. gesprochen:)

AGNUS DEI

A: Lamm Gottes,
du nimmst hinweg
die Sünde der Welt:
erbarme dich unser.

Lamm Gottes,
du nimmst hinweg
die Sünde der Welt:
erbarme dich unser.

Lamm Gottes,
du nimmst hinweg
die Sünde der Welt:
gib uns deinen Frieden.

A: Agnus Dei,
qui tollis
peccáta mundi:
miserére nobis.

Agnus Dei,
qui tollis
peccáta mundi:
miserére nobis.

Agnus Dei,
qui tollis
peccáta mundi:
dona nobis pacem.

(Falls die Brechung länger andauert, kann der Ruf öfter wiederholt werden. Der letzte Ruf schließt: „Gib uns deinen Frieden“ bzw. „Dona nobis pacem“.)

STILLES GEBET VOR DER KOMMUNION

(Der Priester faltet die Hände und spricht leise:)

P: Herr Jesus Christus, Sohn des lebendigen Gottes, dem Willen des Vaters gehorsam, hast du im Heiligen Geist durch deinen Tod der Welt das Leben geschenkt. Erlöse mich durch deinen Leib und dein Blut von allen Sünden und allem Bösen. Hilf mir, dass ich deine Gebote treu erfülle, und lass nicht zu, dass ich jemals von dir getrennt werde.

Oder:

P: Herr Jesus Christus, der Empfang deines Leibes und Blutes bringe mir nicht Gericht und Verdammnis, sondern Segen und Heil.

EINLADUNG ZUR KOMMUNION

(Der Priester macht eine Kniebeuge, nimmt ein Stück der Hostie, hält es über der Schale und spricht, zur Gemeinde gewandt, laut:)

P: Seht das Lamm Gottes,
das hinwegnimmt die Sünde der Welt.

(Gemeinsam mit der Gemeinde spricht er ein Mal:)

A: Herr, ich bin nicht würdig,
dass du eingehst unter mein Dach,
aber sprich nur ein Wort,
so wird meine Seele gesund.

(Der Priester kann hinzufügen:)

P: Selig, die zum Hochzeitsmahl des Lammes
geladen sind.

Oder:

P: Kostet und seht, wie gut der Herr ist.

Oder:

P: Wer von diesem Brot isst, wird in Ewigkeit leben.

(Oder einen anderen Kommunionvers aus dem Messbuch, vor allem den der Tagesmesse.)

KOMMUNIONSPENDUNG

(Zum Altar gewandt, spricht der Priester leise:)

P: Der Leib Christi schenke mir das ewige Leben.

(Dann nimmt er den Kelch und spricht leise:)

P: Das Blut Christi schenke mir das ewige Leben.

(Nachdem er Leib und Blut Christi empfangen hat, teilt er die Kommunion aus. Er zeigt jedem Kommunikanten die Hostie, indem er sie ein wenig emporhebt, und spricht:)

P: Der Leib Christi.

(Der Kommunikant antwortet:) Amen.

(In gleicher Weise teilen auch Diakon, Akolyth und Kommunionhelfer die Kommunion aus. Wird die Kommunion unter beiden Gestalten gereicht, so geschieht das in einer der dafür vorgesehenen Weisen.)

(Beim Reichen des Kelches spricht der Kommunionspender:)

Das Blut Christi.

(Der Kommunikant antwortet:) Amen.

GESANG ZUR KOMMUNION

(Während der Priester den Leib des Herrn empfängt, wird der Gesang zur Kommunion angestimmt.)

PURIFIKATION DER GEFÄSSE

(Nach der Kommunionausteilung reinigt der Priester, Diakon oder Akolyth die Hostienschale über dem Kelch und dann auch den Kelch. Unterdessen betet er still:)

P/D: Was wir mit dem Munde empfangen haben, Herr, das lass uns mit reinem Herzen aufnehmen, und diese zeitliche Speise werde uns zur Arznei der Unsterblichkeit.

(Der Priester, Diakon oder Akolyth kann die Gefäße auch nach der Messe reinigen.)

BESINNUNG UND DANKHYMNUS

(Nach der Kommunionausteilung kann der Priester an seinen Sitz zurückkehren. Auch kann man einige Zeit in stillem Gebet verweilen. Es empfiehlt sich, einen Dankpsalm oder ein Loblied zu singen.)

SCHLUSSGEBET

(Der Priester steht am Altar oder am Sitz. Er singt oder spricht:)

P: Lasset uns beten.

(Falls schon vorher Zeit zum stillen Gebet gegeben war, folgt sofort das Gebet. Der Priester breitet die Hände aus und singt oder spricht das Schlussgebet. Die Gemeinde beschließt das Gebet mit dem Ruf:)

G: Amen.

ENTLASSUNG

VERLAUTBARUNGEN

(Wenn noch kurze Verlautbarungen für die Gemeinde zu machen sind, werden sie hier eingefügt.)

SEGEN UND ENTLASSUNG

(Es folgt die Entlassung. Der Priester, zur Gemeinde gewandt, breitet die Hände aus und singt oder spricht:)

P: Der Herr sei mit euch.	P: Dóminus vobíscum.
G: Und mit deinem Geiste.	G: Et cum spíritu tuo.

(Der Priester segnet die Gemeinde, indem er singt oder spricht:)

P: Es segne euch der allmächtige Gott, der Vater und der Sohn † und der Heilige Geist.	P: Benedícat vos omnípotens Deus, Pater, et Fílius, † et Spíritus Sanctus.
G: Amen.	G: Amen.

(An bestimmten Tagen und zu bestimmten Anlässen kann der Priester statt des einfachen Segens eine feierliche Segensformel bzw. ein Gebet über die Gläubigen sprechen.)

(Der Diakon – oder der Priester selbst – singt oder spricht, zur Gemeinde gewandt, mit gefalteten Händen:)

P: Gehet hin in Frieden.	P: Ite, missa est.
G: Dank sei Gott, dem Herrn.	G: Deo grátias.

(In der Osterwoche bis zum Weißen Sonntag:)

P: Gehet hin in Frieden. Halleluja, halleluja.
G: Dank sei Gott, dem Herrn. Halleluja, halleluja.

(Wenn der Entlassungsruf gesungen wird, kann das doppelte „Halleluja“ in der ganzen Osterzeit hinzugefügt werden.)

(Wie zu Beginn des Gottesdienstes küsst der Priester den Altar. Gemeinsam mit allen, die bei der Messfeier einen besonderen Dienst versehen haben, macht er die vorgesehene Ehrenbezeigung und kehrt zur Sakristei zurück.
Folgt unmittelbar auf die Messfeier eine andere liturgische Feier, endet die Messfeier mit dem Schlussgebet ohne den Schlusssegen und die Entlassung.)

Die Wort-Gottes-Feier an Sonn- und Festtagen

**Brannte nicht unser Herz in uns,
als er unterwegs mit uns redete
und uns den Sinn der Schriften
eröffnete?**

Lk 24,32

Aufbau der Wort-Gottes-Feier

L = Leiter/in V = Vorbeter/in A = Alle
D = Diakon K = Kantor/in GL = Gotteslob

ERÖFFNUNG

EINZUG – GESANG ZUR ERÖFFNUNG

(Vor Beginn des Einzugs kann zur Einstimmung Orgel- oder andere Instrumentalmusik gespielt werden. Beim Einzug kann von einem Lektor/einer Lektorin das Mess-Lektionar bzw. Evangeliar mitgetragen werden. Falls das Taufgedächtnis gefeiert wird, können Ministranten/Ministrantinnen auch ein Gefäß mit Wasser mittragen. Während des Einzugs wird der Gesang zur Eröffnung gesungen.)

KREUZZEICHEN – LITURGISCHER GRUSS – EINFÜHRUNG

(Am Sitz wendet sich der Leiter/die Leiterin zur Gemeinde und spricht:)

L: Im Namen des Vaters und des Sohnes
und des Heiligen Geistes. Amen.

(Alle machen das Kreuzzeichen.)

D: Gnade und Friede von Gott, unserem Vater,
und dem Herrn Jesus Christus sei mit euch.
A: Und mit deinem Geiste.

(Oder ein anderer im Messbuch vorgesehener Text.)

L: Der auferstandene Herr Jesus Christus
ist bei uns heute
und alle Tage bis in Ewigkeit.
A: Amen.

Oder:

L: Jesus Christus ist in unserer Mitte
und schenkt uns seinen Frieden.
A: Amen.

Oder:

L: Der Name des Herrn sei gepriesen.
A: Von nun an bis in Ewigkeit.

Oder:

L: Unsere Hilfe ist im Namen des Herrn.
A: Der Himmel und Erde erschaffen hat.

(Oder ein anderes geeignetes Eröffnungswort.)

[Der Leiter/die Leiterin oder jemand anderes führt nun mit folgenden oder ähnlichen Worten in die sonn-(fest-)tägliche Feier ein:]

L: Am ersten Tag der Woche, dem Sonntag, versammeln sich Christen, um Gott für Tod und Auferstehung Jesu Christi zu preisen. Auch wenn wir an diesem Sonntag nicht Eucharistie feiern können, gedenken wir beim Hören des Wortes Gottes der großen Taten, die Gott an uns Menschen getan hat und heute noch an uns tut. Ihm danken wir für die Hoffnung, die er uns im Tod und in der Auferstehung seines Sohnes geschenkt hat.

Oder:

L: Nach einer Woche, die wir unterschiedlich erlebt haben, lädt Christus uns ein, zu ihm zu kommen. Ihm halten wir unser Leben hin mit allem, was es gerade ausmacht: was uns erfreut, aber auch unsere Sorgen und unsere Schuld. Danken wir ihm für das, was gelungen ist, bitten wir ihn um Kraft für das, was uns aufgegeben ist.

Oder:

L: Gottes heilende und befreiende Liebe ist uns in den Worten und Taten Jesu Christi sichtbar geworden. Wir haben uns versammelt, um sein befreiendes Wort zu hören und seine heilsame Nähe zu erfahren.

Oder:

L: Die Heilige Schrift ist für Christen kein totes Wort. Wir glauben, dass der Herr in seinem Wort in der Gemeinde fortlebt und seine Kirche aufbaut. Christus selbst spricht zu uns und erklärt uns die Schrift, um uns Freiheit und Erlösung zu schenken. Ihm huldigen wir.

Oder:

L: Ganz verschiedene Menschen haben sich zu unserem Gottesdienst versammelt: Frauen und Männer, Alte und Junge, Menschen mit unterschiedlichen Ansichten, Meinungen und Lebenserfahrungen. Uns alle verbindet: Gott hat uns als seine Gemeinde hier zusammengerufen. Er beschenkt uns mit seinem Wort. Er stärkt uns im Glauben und in der Gemeinschaft. Er gibt uns von seinem Geist. Er ermutigt uns zum Christsein im Alltag.

Oder:

L: Es kann unterschiedliche Gründe dafür geben, dass wir jetzt hier sind. Doch gemeinsam ist unsere Zuversicht: Wir werden in dieser Feier beschenkt. Wir dürfen sehen und erfahren, dass wir als Glaubende nicht allein sind. Es wird uns Gottes Wort verkündet, wir hören, was Gott durch Christus getan hat und bis heute unter uns tut. Christus grüßen wir jetzt mit dem Ruf, mit dem ihn seit 2000 Jahren Christen begrüßen:

CHRISTUSRUFE (KYRIE-LITANEI)

(Nun können sich Anrufungen an Christus anschließen, die in der Regel gesungen werden.)

V: Herr Jesus Christus, du bist das lebendige Wort Gottes.
K: Herr, erbarme dich. *oder:* Kyrie, eleison.
A: Herr, erbarme dich. *oder:* Kyrie, eleison.

V: Dein Wort ist das Licht auf unseren Wegen.
K: Christus, erbarme dich. *oder:* Christe, eleison.
A: Christus, erbarme dich. *oder:* Christe, eleison.

V: Du hast Worte des ewigen Lebens.
K: Herr, erbarme dich. *oder:* Kyrie, eleison.
A: Herr, erbarme dich. *oder:* Kyrie, eleison.

Oder:

Kyrie-Litanei (GL 163,1)

Oder:

(Es können auch andere Kyrie-Rufe, etwa aus dem Gotteslob, oder die in diesem Messbuch für die einzelnen Tage formulierten Kyrie-Rufe verwendet werden.)

ERÖFFNUNGSGEBET

(Der Leiter/die Leiterin lädt zum Gebet ein.)

L: Lasset uns beten.

(Nach einer kurzen Stille trägt der Leiter/die Leiterin das Eröffnungsgebet vor.
Es wird das Tagesgebet vom betreffenden Sonntag/Festtag genommen. Für die Sonntage im Jahreskreis wird eine weitere, auf das Evangelium des Tages bezogene Oration zur Wahl angeboten. Siehe jeweils „Eröffnungsgebet zur Wahl".)

VERKÜNDIGUNG DES WORTES GOTTES

ERSTE LESUNG

(An Sonn- und Festtagen sind vor dem Evangelium zwei Lesungen vorgesehen.
Die Gemeinde kann durch kurze Hinweise in die Lesungen eingeführt werden.

Der Lektor/die Lektorin holt gegebenenfalls das Mess-Lektionar, geht zum Ambo und trägt die erste Lesung vor. Nach der Lesung soll eine kurze Stille gehalten werden.)

PSALM (GESANG)

(Der Kantor/die Kantorin trägt den vorgesehenen Antwortpsalm oder einen anderen passenden Psalm vom Ambo aus vor. Die Gemeinde antwortet mit der Antiphon/dem Kehrvers.)

ZWEITE LESUNG

(Es folgt die zweite Lesung. Falls eine Evangelienprozession vorgesehen ist, wird das Mess-Lektionar nach der Lesung zum Kredenztisch gebracht.)

RUF VOR DEM EVANGELIUM

(Wer das Evangelium verkündet, holt das Evangeliar vom Ambo bzw. dem Platz, wo es sich befindet, und geht zusammen mit den Ministranten/Ministrantinnen, die brennende Kerzen und gegebenenfalls Weihrauch tragen, in Prozession zum Ambo. Die Gemeinde erhebt sich.
Während der Prozession wird das Halleluja oder der in der Fastenzeit vorgesehene Christusruf gesungen.)

EVANGELIUM

(Am Ambo trägt der Diakon, ein Lektor/eine Lektorin oder der Leiter/die Leiterin das Evangelium vor.)

(D: Der Herr sei mit euch.
A: Und mit deinem Geiste.)
D/L: Aus dem heiligen Evangelium nach N.
A: Ehre sei dir, o Herr.

(Wird Weihrauch verwendet, so wird nun das Buch beräuchert; dann wird das Evangelium verkündet.

Wo nach dem Evangelium ein Zuruf der Gemeinde üblich ist, wird angefügt:)

D/L: Evangelium unseres Herrn Jesus Christus.
A: Lob sei dir, Christus.

(Als Zuruf nach dem Evangelium kann auch das Halleluja bzw. in der Fastenzeit der Christusruf wiederholt und in feierlicher Mehrstimmigkeit abgeschlossen werden.)

AUSLEGUNG UND DEUTUNG

(Es folgen die Auslegung und Deutung der Schriftlesungen.)

STILLE

ANTWORT DER GEMEINDE

Aus den folgenden Elementen wird eine sinnvolle Auswahl getroffen:
- Glaubensbekenntnis
- Predigtlied
- Taufgedächtnis
- Schuldbekenntnis und Vergebungsbitte
- Segnungen, die zum Sonn-(Fest-)tag gehören

A) GLAUBENSBEKENNTNIS

(Das Apostolische oder das Große Glaubensbekenntnis wird von dem Leiter/der Leiterin zusammen mit der ganzen Gemeinde gesprochen oder gesungen.)

L: Wir sprechen das Apostolische (*oder:* Große) Glaubensbekenntnis.
A: Ich glaube an Gott … (GL 3,4/S. 457 f.)

Oder:

A: Wir glauben an den einen Gott ... (GL 586,2/S. 454 f.)

▶ FRIEDENSZEICHEN

B) PREDIGTLIED

(Schriftlesung, Auslegung und Deutung können im Predigtlied nachklingen und vertieft werden.)

▶ FRIEDENSZEICHEN

C) TAUFGEDÄCHTNIS (FORM A)

(Der Leiter/die Leiterin geht zum Taufbrunnen oder es wird ein geeignetes Gefäß mit Wasser gebracht.
Der Leiter/die Leiterin lädt mit folgenden oder ähnlichen Worten zum Taufgedächtnis ein:)

L: Das Wasser erinnert uns daran: Wir alle sind in der Taufe von Gott erwählt, sein heiliges Volk zu sein, wir alle haben teil am Priestertum seines Sohnes und sind berufen, seine großen Taten zu verkünden.

Lasset uns beten.
Gott, du Quelle des Lebens.
Du schenkst uns dein Heil in sichtbaren Zeichen.
So sei uns dieses Wasser
ein Zeichen für das neue Leben,
das du in der Taufe in uns gewirkt hast.
Erneuere in uns die Gaben deines Geistes.
Darum bitten wir durch Christus, unseren Herrn.

A: Amen.

(Nach dem Gebet wird das Wasser ausgeteilt. Zur Austeilung des Wassers kann die Gemeinde singen. Die Austeilung kann auf verschiedene Weise geschehen:
– Das Wasser wird über die Gläubigen ausgesprengt.

- *Das Wasser wird den Gläubigen gereicht; die Gläubigen bekreuzigen sich.*
- *In einer Prozession gehen die Mitfeiernden zum Taufort, nehmen vom Wasser im Taufbrunnen und bekreuzigen sich damit. Der Leiter/die Leiterin kann auch den Einzelnen mit dem Wasser ein Kreuz auf die Stirn zeichnen.)*

▶ FRIEDENSZEICHEN

D) SCHULDBEKENNTNIS UND VERGEBUNGSBITTE

(Der Leiter/die Leiterin lädt die Gemeinde mit folgenden oder ähnlichen Worten zum Schuldbekenntnis ein. In der Einleitung kann auch ein Wort aus dem Evangelium aufgegriffen werden.)

L: Schwestern und Brüder,
das Wort Gottes hat unser Gewissen erleuchtet.
Es ist wirksam,
es vermag die Gedanken des Herzens zu richten.
Alles liegt offen vor den Augen Gottes.
Besinnen wir uns auf unser Versagen
und bekennen wir unsere Schuld.

(Nach einer kurzen Stille sprechen alle gemeinsam das Schuldbekenntnis:)

A: Ich bekenne Gott, dem Allmächtigen,
und allen Brüdern und Schwestern,
dass ich Gutes unterlassen
und Böses getan habe
– ich habe gesündigt
in Gedanken, Worten und Werken –

(alle schlagen an die Brust)

durch meine Schuld, durch meine Schuld,
durch meine große Schuld.

Darum bitte ich die selige Jungfrau Maria,
alle Engel und Heiligen
und euch, Brüder und Schwestern,
für mich zu beten bei Gott, unserem Herrn.

Oder:

L: Wir haben Gottes Wort gehört.
Es ist für uns Rettung und Heil.
Vor Gott und unseren Schwestern und Brüdern
wollen wir bekennen, dass wir gesündigt haben.

(Stille)

A: Ich bekenne …

Oder:

L: Das Wort Gottes hat unser Gewissen erleuchtet;
es lädt uns ein, umzukehren zum Herrn.
Es drängt uns, ihm zu bekennen:

(Stille)

A: Ich bekenne …

Oder:

L: Gott hat uns im Wort der Schrift
seinen Willen kundgetan.
Vor diesem Wort prüfen wir uns
und bitten den Herrn um Vergebung unserer Schuld.

(Stille)

A: Ich bekenne …

Oder:

L: Jesus Christus ist nicht gekommen, um zu richten,
sondern zu suchen, was verloren ist,
und zu befreien, was in Schuld und Angst gefangen liegt,
um uns zu retten, wenn unser Herz uns anklagt.
So wollen wir vertrauensvoll vor Gott
und voreinander bekennen,
dass wir gesündigt haben.

Oder:

L: Schwestern und Brüder,
das Wort Gottes hat uns gestärkt und ermutigt.
Es lässt uns aber auch unser Versagen
und unsere Schuld erkennen.
Im Vertrauen auf die Güte des Herrn rufen wir:

L: Erbarme dich, Herr, unser Gott, erbarme dich.
A: Denn wir haben vor dir gesündigt.
L: Erweise uns, Herr, deine Huld.
A: Und schenke uns dein Heil.

Oder: Psalm 130 (GL 639,4)

L: Der allmächtige Gott erbarme sich unser.
Er lasse uns die Sünden nach
und führe uns zum ewigen Leben.
A: Amen.

▶ FRIEDENSZEICHEN

E) SEGNUNGEN, DIE ZUM SONN-(FEST-)TAG GEHÖREN

(Anrufungen und Segensgebet werden aus der jeweiligen Ordnung des Benediktionale für die katholischen Bistümer des deutschen Sprachgebietes übernommen. Gegebenenfalls können auch Weihwasser und Weihrauch verwendet werden. Bei der Segnung von Personen kann diesen ein Kreuz auf die Stirn gezeichnet werden.)

FRIEDENSZEICHEN

(Der Leiter/die Leiterin lädt zum Friedensgruß mit folgenden oder ähnlichen Worten ein:)

L: Jesus Christus ist unser Friede und unsere Versöhnung.
Friede mit ihm ist die Quelle des Friedens
unter uns Menschen.
Geben wir einander ein Zeichen dieses Friedens.

Oder:

L: Der auferstandene Herr hat uns
seinen Frieden zugesprochen.
Deshalb gilt auch für uns die Aufforderung:
In euren Herzen herrsche der Friede Christi,
dazu seid ihr berufen als Glieder eines Leibes.
Geben wir einander ein Zeichen dieses Friedens.

(Es kann ein Friedenslied gesungen werden.)

KOLLEKTE (SAMMLUNG DER GABEN)

(Auf die Verwendung der Kollekte kann mit folgenden oder ähnlichen Worten hingewiesen werden:)

L: Die Verbundenheit, die wir im Friedensgruß bekundet haben, geht über unsere Gemeinde hinaus. Dies wird auch in unserer Kollekte sichtbar, die heute bestimmt ist für …

(Zur Kollekte wird ein Lied gesungen oder Instrumentalmusik gespielt.)

LOBPREIS UND BITTE

SONN-(FEST-)TÄGLICHER LOBPREIS

(Am Sitz lädt der Leiter/die Leiterin zum Lobpreis ein. Die Gemeinde erhebt sich.)

L: Schwestern und Brüder,
Gott hat zu uns gesprochen in den heiligen Schriften.
Wir haben sein Wort gehört.
Im Sonntäglichen Lobpreis (*oder:* Festtäglichen Lobpreis)
geben wir ihm Antwort.
Wir vereinen uns mit allen auf der Erde,
die heute den Tag des Herrn feiern, und beten:

Oder:

L: Lasst uns einstimmen in den Sonntäglichen Lobpreis (*oder:* Festtäglichen Lobpreis).

Oder:

L: Kommt, lasst uns den Herrn loben und preisen.

(Stille)

A. LOBPREIS UND DANK FÜR DAS GESCHENK DES SONNTAGS

„Das ist der Tag, den der Herr gemacht"

T: nach Lk 2,14 M: Heino Schubert

Oder:

T u. M: Franz Forsthuber

Oder:

Das ist der Tag, den der Herr gemacht (GL 66,1 / 335)
Jubelt dem Herrn alle Lande (GL 643,3)
Auf, lasst uns jubeln dem Herrn (GL 141)

L: Gepriesen bist du, Schöpfer der Welt:
Am Sonntag gedenken wir deiner Güte,
mit der du Himmel und Erde erschaffen hast.
Du bist die Quelle und der Ursprung allen Lebens.
Du hast am siebten Tag geruht von deinem Werk;
du lädst auch uns nach den Tagen der Arbeit ein,
an deiner schöpferischen Ruhe teilzuhaben.
Du willst, dass wir das Leben feiern,
das du uns immerfort schenkst.
Du lässt uns ausruhen von Mühe und Hast
und aufatmen im Blick auf deine Treue
zu uns und allen Geschöpfen.

K/A: Ehre Gott in der Höhe (siehe S. 536)

Oder:

K/A: Dir sei Preis und Dank und Ehre! (siehe S. 536)

L: Gepriesen bist du, Gott, für den Tag,
an dem du Christus, deinen Sohn, aus dem Tod erweckt
und zur Sonne des Heils gemacht hast.
Am Sonntag sammelst du deine Gemeinde um ihn
und stellst sie in das Licht seiner Liebe.
Am Sonntag erneuerst du den Bund der Treue,
den du mit uns geschlossen hast
in Christi Tod und Auferstehung.
Christus, dein Sohn, tritt in unsere Mitte:
Er bringt uns deine Versöhnung und deinen Frieden.
Er schenkt uns immer neu seinen Heiligen Geist,
der uns das Herz aufschließt
für das Geheimnis deiner Liebe
und uns den Mund auftut zum Lob deiner großen Taten,
die du für uns und alle Welt vollbracht hast.

K/A: Ehre Gott in der Höhe (siehe S. 536)

Oder:

K/A: Dir sei Preis und Dank und Ehre! (siehe S. 536)

L: Gepriesen bist du, Vater, für den Tag,
an dem wir die lebendige Hoffnung feiern,
zu der du die Welt berufen hast
durch die Auferweckung deines Sohnes.
Sie ist uns Unterpfand der kommenden Vollendung,
die wir mit der ganzen Schöpfung
(voll Sehnsucht) erwarten.
Dein Sohn hat Sünde, Leid und Tod besiegt.
Er lässt uns in dieser Feier
den Geschmack der Hoffnung verkosten:
dass deine Liebe stärker ist als alle Mächte des Todes
und deine Herrschaft des Erbarmens sich durchsetzt
in dieser Welt voll Unrecht und Gewalt.

K/A: Ehre Gott in der Höhe (siehe S. 536)

Oder:

K/A: Dir sei Preis und Dank und Ehre! (siehe S. 536)

L: Gepriesen bist du, Freund unseres Lebens,
für das Geschenk des (dieses) Sonntags.
Wir heißen ihn an diesem Morgen (Abend)
dankbar willkommen.
Befreie uns aus aller Enge und Hast,
und lass uns aufatmen in deiner Liebe.
Wir preisen dich mit deinem Sohn im Heiligen Geist
und stimmen freudig ein
in das Lied der himmlischen Chöre,
die das Lob deiner Herrlichkeit singen:

▶ HYMNUS

[Weitere Texte für den sonn-(fest-)täglichen Lobpreis (Form B–G) siehe S. 546 ff.]

HYMNUS

[An den Festtagen und an den Sonntagen außerhalb der Advents- und Fastenzeit schließt der Hymnus „Ehre sei Gott in der Höhe“ (Gloria-Hymnus) den Lobpreis ab. In der Advents- und Fastenzeit

schließt der Lobpreis mit einem anderen Hymnus, beispielsweise: „Dir gebührt unser Lob".]

FÜRBITTEN (ALLGEMEINES GEBET)

(Nach dem Hymnus folgen die Fürbitten. Es sollte in der Regel gebetet werden für die Anliegen der Weltkirche und der Ortsgemeinde, die Regierenden, die Notleidenden, alle Menschen und das Heil der ganzen Welt, ausdrücklich auch für den Papst und den Diözesanbischof. Es ist sinnvoll, regelmäßig darum zu beten, dass die Gemeinde wieder gemeinsam die Eucharistie feiern kann. Der Leiter/die Leiterin spricht die Einleitung. Die einzelnen Anliegen werden von verschiedenen Gemeindegliedern vorgetragen. Dabei sollte eine ausreichende Zeit der Stille gegeben werden, damit auch für eigene Anliegen gebetet werden kann. Die Antwort der Gemeinde kann gesungen werden. Der Leiter/die Leiterin lädt nach der letzten Bitte sogleich zum Vaterunser ein.)

VATERUNSER

(Der Leiter/die Leiterin lädt zum gemeinsamen Gebet des Vaterunsers ein:)

L: Wir heißen Kinder Gottes und sind es.
Darum beten wir voll Vertrauen:

Oder:

L: Lasst uns beten,
wie der Herr uns zu beten gelehrt hat:

Oder:

L: Wir haben den Geist empfangen,
der uns zu Kindern Gottes macht.
Darum wagen wir zu sprechen:

A: Vater unser im Himmel,
geheiligt werde dein Name.
Dein Reich komme.

Dein Wille geschehe,
wie im Himmel so auf Erden.
Unser tägliches Brot gib uns heute.
Und vergib uns unsere Schuld,
wie auch wir vergeben unsern Schuldigern.
Und führe uns nicht in Versuchung,
sondern erlöse uns von dem Bösen.
Denn dein ist das Reich und die Kraft
und die Herrlichkeit in Ewigkeit.
Amen.

LOBLIED/DANKLIED

(An dieser Stelle kann ein Loblied, ein Danklied oder ein der Kirchenjahreszeit entsprechendes Lied gesungen werden.)

ABSCHLUSS

MITTEILUNGEN

(An dieser Stelle kann auf Gottesdienste und Veranstaltungen der Gemeinde an den kommenden Tagen hingewiesen oder anderes bekannt gemacht werden.)

SEGENSBITTE

(Leitet ein Diakon die Feier, so erteilt er am Sitz den Segen in der für ihn vorgesehenen Weise. Leitet ein Beauftragter Laie die Feier, so kann die Segensbitte in folgender oder ähnlicher Weise erfolgen:)

L: Der Herr segne uns und behüte uns.
Der Herr lasse sein Angesicht über uns leuchten
und sei uns gnädig.
Der Herr wende uns sein Angesicht zu
und schenke uns seinen Frieden.
A: Amen.

Oder:

L: Der Vater schenke uns seine Liebe.
A: Amen.
L: Der Sohn erfülle uns mit seinem Leben.
A: Amen.
L: Der Heilige Geist stärke uns mit seiner Kraft.
A: Amen.

(Die Segensbitte schließt mit den Worten:)

L: Und der Segen des allmächtigen Gottes,
des Vaters und des Sohnes und des Heiligen Geistes
komme auf uns herab und bleibe bei uns allezeit.

(Währenddessen machen alle das Kreuzzeichen.)

A: Amen.

ENTLASSUNG

D: Gehet hin in Frieden.
A: Dank sei Gott, dem Herrn.

L: Singet Lob und Preis.
A: Dank sei Gott, dem Herrn.

(ABENDLIED/MORGENLIED/MARIENLIED)

(Zum Abschluss kann gegebenenfalls ein Abend- oder Morgenlied oder ein Marienlied gesungen werden.)

AUSZUG

(Der Auszug findet in derselben Ordnung statt wie der Einzug. Er kann mit Orgel- oder anderer Instrumentalmusik begleitet werden.)

AUSTEILUNG UND EMPFANG DER KOMMUNION

(Die Wort-Gottes-Feier folgt bis einschließlich der Fürbitten der oben aufgeführten Ordnung. Die Fürbitten werden jedoch in diesem Fall vom Leiter/von der Leiterin durch ein Lobgebet abgeschlossen. Die Austeilung der Kommunion schließt sich nach dem folgenden Modell an.)

HINWEIS AUF DIE EUCHARISTISCHE GEMEINSCHAFT

(Der Leiter/die Leiterin verweist am Sitz mit folgenden oder ähnlichen Worten auf die eucharistische Tischgemeinschaft:)

L: Wir haben die Gegenwart
unseres Herrn Jesus Christus erfahren
in der Verkündigung seines Wortes.
Das eucharistische Brot, das uns jetzt geschenkt wird,*
verbindet uns mit der Eucharistiefeier,
die wir am vergangenen Sonntag
(in der vergangenen Woche, im vergangenen Monat,
am Fest ...)
hier zuletzt gefeiert haben.

(Oder:
*verbindet uns mit der Eucharistiefeier,
die heute in unserer Nachbargemeinde gefeiert wurde.)

Die bleibende Gegenwart des Herrn im eucharistischen Brot ist uns kostbares Gut, das den Glauben nährt, die Hoffnung stärkt und die Gemeinschaft mit unserem Herrn Jesus Christus festigt.

BEREITUNG DES ALTARES – ÜBERTRAGUNG DES ALLERHEILIGSTEN

(Ein Ministrant/eine Ministrantin breitet das Korporale auf dem Altar aus.
Die Gemeinde kniet.

Während der Übertragung wird ein Christus- oder ein Sakramentslied gesungen.)

STILLE ANBETUNG

(Nach der Übertragung lädt der Leiter/die Leiterin zur stillen Anbetung ein und kniet zusammen mit den anderen liturgischen Diensten vor dem Altar nieder.)

VATERUNSER

(Die Gemeinde erhebt sich. Der Leiter/die Leiterin lädt zum Gebet des Herrn ein.)

L: Lasst uns beten,
wie der Herr uns zu beten gelehrt hat:

(Alle singen oder sprechen gemeinsam:)

A: Vater unser im Himmel,
geheiligt werde dein Name.
Dein Reich komme.
Dein Wille geschehe,
wie im Himmel so auf Erden.
Unser tägliches Brot gib uns heute.
Und vergib uns unsere Schuld,
wie auch wir vergeben unsern Schuldigern.
Und führe uns nicht in Versuchung,
sondern erlöse uns von dem Bösen.
Denn dein ist das Reich und die Kraft
und die Herrlichkeit in Ewigkeit.
Amen.

EINLADUNG ZUR KOMMUNION – KOMMUNION

(Der Leiter/die Leiterin macht vor dem Altar eine Kniebeuge, nimmt eine Hostie, hält sie über der Hostienschale und spricht der Gemeinde zugewandt:)

L: Seht das Lamm Gottes,
das hinwegnimmt die Sünde der Welt.
A: Herr, ich bin nicht würdig,
dass du eingehst unter mein Dach,
aber sprich nur ein Wort,
so wird meine Seele gesund.

(Dann teilt der Leiter/die Leiterin die Kommunion an die anderen Kommunionhelfer/Kommunionhelferinnen aus und empfängt selbst die Kommunion. Anschließend wird die Kommunion in der gewohnten Weise an die Gemeinde ausgeteilt.)

(Leiter/in oder Kommunionhelfer/in:)

Der Leib Christi.

(Kommunizierende/r:)

Amen.

(Während der Kommunionausteilung kann Orgel- oder andere Instrumentalmusik gespielt werden. Es kann auch ein geeigneter Wechselgesang gewählt oder Stille gehalten werden.
Die Schale/n mit den nach der Kommunionausteilung verbliebenen Hostien wird/werden in den Tabernakel zurückgestellt. Die leeren Gefäße werden zur Kredenz gebracht und – nach dem Gottesdienst – gereinigt.)

STILLE – DANKLIED

(Nach einer angemessenen Zeit der Stille kann ein geeignetes Danklied gesungen werden.)

SCHLUSSGEBET

(Der Leiter/die Leiterin spricht am Sitz das folgende oder ein anderes Schlussgebet; siehe Seite 558 ff.)

L: Lasset uns beten.

(Nach einer kurzen Stille trägt der Leiter/die Leiterin das Schlussgebet vor.)

L: Barmherziger Gott,
du hast uns gestärkt durch das lebendige Brot,
das vom Himmel kommt.
Deine Liebe,
die wir in der heiligen Speise empfangen haben,
mache uns bereit,
dir in unseren Schwestern und Brüdern zu dienen.
Darum bitten wir durch Christus, unseren Herrn.
A: Amen.

(Die Feier wird in der Weise abgeschlossen, wie es auf S. 540 f. vorgesehen ist.)

Auswahlelemente

AUSWAHLELEMENTE

SONNTÄGLICHER LOBPREIS

B. LOBPREIS DES DREIEINIGEN GOTTES

„Preist den dreieinigen Gott, den Vater, den Sohn und den Heiligen Geist“

(Die folgende Akklamation wird beim ersten Mal vorgesungen und dann von allen wiederholt.)

K/A: Dir sei Preis und Dank und Ehre! (siehe S. 536)

L: Gepriesen bist du, Herr, unser Gott,
für das Leben, das du geschaffen hast.
Die ganze Welt hältst du in der Hand,
und wir dürfen dich unseren Vater nennen.

A: Dir sei Preis und Dank und Ehre! (siehe S. 536)

L: Wir danken dir für deinen Sohn Jesus Christus,
unseren Herrn und Bruder.
Durch ihn wurde deine Güte
in menschlicher Gestalt sichtbar.
In seinem Tod und seiner Auferstehung
hast du uns erlöst
und bleibende Hoffnung geschenkt.
Er ist das Wort, das uns den Weg weist,
er ist die Wahrheit, die uns frei macht.

A: Dir sei Preis und Dank und Ehre! (siehe S. 536)

L: Wir preisen dich für den Heiligen Geist,
der uns zusammenführt und als Kirche eint.
Aus seiner Fülle haben wir empfangen,
aus seiner Kraft dürfen wir leben.

A: Dir sei Preis und Dank und Ehre! (siehe S. 536)

L: Wir danken dir für alle,
die den Weg mit uns gemeinsam gehen

und ihr Leben mit uns teilen.
Für alle, die bei uns bleiben in Stunden der Freude,
aber auch in Stunden der Not und der Angst.

A: Dir sei Preis und Dank und Ehre! (siehe S. 536)

L: Wir preisen dich, Herr, unser Gott,
durch ihn, Jesus Christus, deinen Sohn,
im Heiligen Geist
und stimmen ein in den Lobgesang
der himmlischen Chöre:

► HYMNUS

C. LOBPREIS UND DANK FÜR SCHÖPFUNG UND NEUSCHÖPFUNG

„Gott ruft sein Volk zusammen"

(Die folgende Akklamation wird beim ersten Mal vorgesungen und dann von allen wiederholt. Anstelle der gesungenen Akklamation kann der folgende Ruf auch jeweils gesprochen werden.)

(Kantor/in oder Leiter/in:)

K: Wir loben dich, wir preisen dich, wir beten dich an. (nach GL 131)
A: Wir loben dich, wir preisen dich, wir beten dich an.

L: Gepriesen bist du, Herr, unser Gott,
für die Gabe des ersten Tages der Woche.
Dies ist der Tag,
an dem du das Werk der Schöpfung begonnen hast,
indem du Licht und Finsternis trenntest.
Dies ist der Tag,
an dem du durch die Auferweckung deines Sohnes
mitten in der alten Schöpfung
die neue Schöpfung schon begonnen hast.
Dies ist der Tag
der Ruhe und Unterbrechung,
den du uns allen am Berg Sinai
durch dein Sabbatgebot geschenkt hast.

Denn du hast uns deinem geliebten Volk Israel
im Neuen Bunde zugesellt.
So halten auch wir einen Tag der Woche für dich frei.
Wie dein Volk Israel
sehnen wir uns nach der Erfüllung deiner Verheißungen.
Wir vereinen uns mit allen, die deinen Namen kennen,
und rufen:

K/A: Wir loben dich, wir preisen dich,
wir beten dich an.

L: Als die Zeit ihre Fülle erreicht hatte,
hast du uns Jesus, den Christus, geschenkt,
dein ewiges, nun sichtbares und Leben schaffendes Wort.
Seiner vor allem gedenken wir am Sonntag.
Es ist der Tag,
an dem er den Geist
auf die im Saal Versammelten sandte
und so deine Kirche schuf.
Als deine Gemeinde (von …)
sind wir versammelt
(in der Ortskirche/im Bistum von …),
um auf deinen Sohn zu hören
und ihm im Glauben zu folgen.

(An dieser Stelle kann entsprechend der Zeit im Kirchenjahr einer der folgenden Einschübe eingefügt werden:)

Sonntage im Jahreskreis:

Sein Wort ist Frohe Botschaft.
Seine Taten zeugen von Barmherzigkeit
und Gerechtigkeit.
Sein Leiden und Tod machen Solidarität
und Wahrheit offenbar.
Seine Auferstehung kündet von einer Liebe,
die kein Hass zerstören kann.

► S. 550

Oder:

Er hat Großes an uns getan:
Durch seinen Tod und seine Auferstehung
hat er uns von der Sünde
und von der Knechtschaft des Todes befreit
und neues Leben geschenkt.
In ihm sind wir ein auserwähltes Geschlecht,
dein heiliges Volk, dein königliches Priestertum.

► S. 550

Oder:

Er hat den Armen eine gute Nachricht gebracht,
den Gefangenen die Entlassung verkündet,
Blinden das Augenlicht geschenkt,
Tauben die Ohren geöffnet,
Aussätzige rein gemacht
und Tote zum Leben gerufen.

► S. 550

Sonntage im Advent:

Ihn hast du der Menschheit als Erlöser verheißen.
Seine Wahrheit leuchtet den Suchenden,
seine Kraft stärkt die Schwachen,
seine Barmherzigkeit bringt den Sündern Vergebung.
Er ist der Heiland der Welt,
den du gesandt hast in Treue zu deinem Wort.

► S. 550

Sonntage in der Weihnachtszeit:

Er ist Mensch geworden
und hat der Welt Rettung und Licht gebracht.
Er heilt die Wunden der Schöpfung,
richtet auf, was gebeugt ist und darniederliegt,
er ruft die Menschen ins Reich deines Friedens.

► S. 550

Sonntage in der Österlichen Bußzeit:

Er hat Erbarmen mit uns Menschen.
Sein Wort ruft uns zu Umkehr und Buße.
Seine Botschaft schenkt uns Hoffnung und Vergebung.
Seine Taten eröffnen Heil und Leben.

▶ unten

Sonntage in der Osterzeit:

Er hat den Tod besiegt und
durch seine Auferstehung das Leben neu geschaffen.
Er schenkt uns Hoffnung,
die dem Leben Licht
und im Sterben Halt schenkt.

K/A: Wir loben dich, wir preisen dich,
wir beten dich an.

L: Als die Gemeinde Jesu Christi,
die er aus der Zerstreuung und Vereinzelung sammelt,
folgen wir ihm auf seinem Weg durch die Zeit.
In ihm geschwisterlich verbunden,
teilen wir die Sorgen und Nöte,
die Hoffnungen und Freuden aller Menschen guten Willens.
Sie stehen vor uns an diesem Tag,
und im Geist Christi beten wir.
Wir bitten dich, Gott, um den Heiligen Geist,
den Tröster und Befreier,
den Atem und Wind.
Als deine heilige Versammlung rufen wir:

K: Sende aus deinen Geist,
und das Antlitz der Erde wird neu. (GL 645, 3)
A: Sende aus deinen Geist,
und das Antlitz der Erde wird neu.

L: Wir feiern (diesen …) Sonntag.
Du hast uns heute zusammengerufen,

dass wir dein Wort hören
und dir das Lob singen konnten.
(Das Brot zu brechen, ist uns nicht gegeben,
doch deine Nähe ist uns zugesagt.)
Herr, es ist die Kirche,
die Jesus als dein Volk aus allen Völkern gesammelt hat.
Als seine Kirche halten wir Ausschau
nach seinem endgültigen Kommen.
Mit allen, die den Weg auf dein Reich hin gehen,
geben wir dir, Gott, die Ehre.

▶ HYMNUS

D. LOBPREIS UND DANK FÜR JESUS CHRISTUS

„Jesus Christus ist der Herr zur Ehre Gottes des Vaters"

(Die folgende Akklamation wird beim ersten Mal vorgesungen und dann von allen wiederholt. Anstelle der gesungenen Akklamation kann der folgende Ruf auch jeweils gesprochen werden.)

(Kantor/in oder Leiter/in:)

M: Walter Röder / Rechte: Christophorus, Freiburg

L: Menschenfreundlicher Gott,
Vater unseres Herrn Jesus Christus,
so sehr hast du die Welt geliebt,
dass du uns deinen einzigen Sohn gabst,
damit jeder, der an ihn glaubt,

nicht zugrunde geht,
sondern das ewige Leben hat.

A: Jesus Christus ist der Herr zur Ehre Gottes des Vaters.

L: Wir preisen dich, Vater,
für die Menschwerdung deines Sohnes,
für seine Geburt aus der Jungfrau Maria,
für sein Leben in unserer Mitte.

A: Jesus Christus ist der Herr zur Ehre Gottes des Vaters.

L: Wir preisen dich, Vater,
für Jesu Leben in Nazaret,
für die Offenbarung deines Sohnes am Jordan,
für seinen Sieg über den Versucher in der Wüste.

A: Jesus Christus ist der Herr zur Ehre Gottes des Vaters.

L: Wir preisen dich, Vater,
für jedes Wort aus dem Munde Jesu,
für sein heilendes Wirken,
für die Zeichen seiner Herrlichkeit.

A: Jesus Christus ist der Herr zur Ehre Gottes des Vaters.

L: Wir preisen dich, Vater,
für das Abendmahl deines Sohnes,
für sein Leiden und Sterben,
für seine Grabesruhe
und seine Auferstehung.

A: Jesus Christus ist der Herr zur Ehre Gottes des Vaters.

L: Wir preisen dich, Vater,
für alle Macht,
die du Christus gegeben hast,
im Himmel und auf Erden,
für seine Auffahrt zu dir,
für die Sendung des Heiligen Geistes.

A: Jesus Christus ist der Herr zur Ehre Gottes des Vaters.

L: Wir preisen dich, Vater,
dass dein Sohn uns nicht allein lässt;
dass er gegenwärtig ist,
wo zwei oder drei
in seinem Namen versammelt sind;
dass er alle Tage bei uns ist
bis zum Ende der Welt.

A: Jesus Christus ist der Herr zur Ehre Gottes des Vaters.

L: Wir preisen dich, Vater,
Herr des Himmels und der Erde,
in Dankbarkeit, in Ehrfurcht und in Liebe
durch deinen Sohn im Heiligen Geist
und stimmen ein in das Loblied der himmlischen Chöre:

▶ HYMNUS

E. LOBPREIS UND DANK FÜR GOTTES WIRKEN

„Durch ihn und auf ihn hin ist alles geschaffen"

(Die folgende Akklamation wird beim ersten Mal vorgesungen und dann von allen wiederholt. Anstelle der gesungenen Akklamation kann der folgende Ruf auch jeweils gesprochen werden.)

(Kantor/in oder Leiter/in:)

K: Lobet den Herrn, preist seine Huld und Treue. (GL 401)
A: Lobet den Herrn, preist seine Huld und Treue.

L: Gepriesen bist du, Herr, unser Gott.
Alles, was du geschaffen hast, ist gut.

A: Lobet den Herrn, preist seine Huld und Treue.

L: Die Welt kündet deine Weisheit und Größe.
Der Mensch kann dich erkennen und dir dienen.

A: Lobet den Herrn, preist seine Huld und Treue.

L: Du lässt uns in der Sorge um die Welt nicht allein.
In Jesus Christus ist uns deine Liebe erschienen.

A: Lobet den Herrn, preist seine Huld und Treue.

L: Auf ihn hin ist alles geschaffen;
er schenkt uns die Fülle des Lebens.

A: Lobet den Herrn, preist seine Huld und Treue.

L: Er heilt die Wunden der Schöpfung
und gibt uns unzerstörbare Hoffnung.

A: Lobet den Herrn, preist seine Huld und Treue.

L: Er ist der Anfang einer neuen Schöpfung;
durch ihn willst du die Welt vollenden.

A: Lobet den Herrn, preist seine Huld und Treue.

L: Gepriesen bist du, Herr, unser Gott,
durch ihn, Jesus Christus, deinen Sohn.
Im Heiligen Geist versammelt, stimmen wir ein
in den Lobgesang der himmlischen Chöre:

▶ HYMNUS

F. LOBPREIS UND DANK FÜR GOTTES WORT

„Dein Wort, o Herr, geleitet uns“

(Die folgende Akklamation wird beim ersten Mal vorgesungen und dann von allen wiederholt. Anstelle der gesungenen Akklamation kann der folgende Ruf auch jeweils gesprochen werden.)

(Kantor/in oder Leiter/in:)

K: Dein Wort ist Licht und Wahrheit;
es leuchtet mir auf all meinen Wegen. (GL 630,4)
A: Dein Wort ist Licht und Wahrheit;
es leuchtet mir auf all meinen Wegen.

L: Gott, unser Vater,
wir leben nicht vom Brot allein,
sondern von jedem Wort
aus deinem Munde.
Denn durch dein Wort

hast du die Welt erschaffen;
durch dein Wort hast du alles ins Leben gerufen.

A: Dein Wort ist Licht und Wahrheit;
es leuchtet mir auf all meinen Wegen.

L: Auf dein Wort hast du den Bund
mit Israel gegründet.
Du hast Mose
das Wort deiner Treue anvertraut
als Halt und Weisung für dein Volk,
als Kraft und Stärke für dein Erbe.

A: Dein Wort ist Licht und Wahrheit;
es leuchtet mir auf all meinen Wegen.

L: Du hast die Propheten berufen
als Künder deiner Liebe.
Durch dein Wort mahnten sie das Volk
zu Umkehr und Buße,
sagten an dein Gericht,
spendeten Trost in Not und Bedrängnis.

A: Dein Wort ist Licht und Wahrheit;
es leuchtet mir auf all meinen Wegen.

L: Dein Wort hat Israels Sänger bewegt
und sie erfüllt mit dem Geist des Gebetes.
Deine Weisheit haben sie bekundet,
uns gelehrt, deinen Namen zu preisen.

A: Dein Wort ist Licht und Wahrheit;
es leuchtet mir auf all meinen Wegen.

L: In der Fülle der Zeiten
hast du deinen Sohn gesandt:
das ewige Wort am Herzen des Vaters.
Gnade und Wahrheit kamen durch ihn.
Geist und Leben sind seine Worte.

A: Dein Wort ist Licht und Wahrheit;
es leuchtet mir auf all meinen Wegen.

L: Um das Werk deines Sohnes zu vollenden,
hast du den Heiligen Geist ausgegossen,
damit er uns alles lehre
und uns stärke
zum Zeugnis des Glaubens.

A: Dein Wort ist Licht und Wahrheit;
es leuchtet mir auf all meinen Wegen.

L: Wir preisen dich für dein Wort
und danken dir für dein Wirken.
Ja, dir gebührt unser Lob,
dir unser rühmendes Lied:

▶ HYMNUS

G. LOBPREIS UND DANK FÜR DEN SONNTAG

„Dankt unserm Gott, lobsinget ihm“

L: Schwestern und Brüder,
wir sind im Namen Jesu versammelt.
Er ist in unserer Mitte.
Er ist unser Mittler bei Gott.
Deshalb beten wir:

(Stille)

L: Allmächtiger Gott,
den Sabbat hast du geheiligt
als Tag des Lobes und Dankes
für das Werk deiner Schöpfung.
Der Mensch soll ausruhen von der Arbeit,
dein Wort hören und deinen Namen preisen.
Dankbar erheben wir unsere Stimme:

K/A Dank sei Gott, Hal - le - lu - ja.

T: Liturgie/M: Erhard Quack

(In der österlichen Bußzeit:)
Danket dem Herrn, denn er ist gütig,
denn seine Huld währt ewig. (GL 558,1)

L: Den Sonntag hast du uns geschenkt,
damit wir uns freuen
und deines geliebten Sohnes gedenken.
Er kam in die Welt als dein Wort.
Er lebte mit den Menschen.
Sie überlieferten ihn dem Tod.
Du aber hast ihn gerettet.
Darum feiern wir diesen Tag
und gedenken seiner Auferstehung:

K/A: Dank sei Gott, Halleluja.

L: In Christus hast du alle Menschen berufen,
dein auserwähltes Volk zu werden.
Von dir geliebt, schreitet es durch die Zeit,
zur ewigen Vollendung hin,
um dich für immer zu schauen und zu loben:

K/A: Dank sei Gott, Halleluja.

L: Ja, dieser Tag ist ein Geschenk deiner Liebe.
Darum loben und preisen wir dich,
beten wir dich an und danken dir
durch Jesus Christus im Heiligen Geist
und vereinen uns mit den Chören des Himmels
zu deinem Lobgesang:

▶ HYMNUS

SCHLUSSGEBETE

(Wenn die Wort-Gottes-Feier mit einer Kommunionfeier verbunden wird, kann das Schlussgebet aus den folgenden Texten gewählt werden.)

SCHLUSSGEBET 1

Gott, unser himmlischer Vater,
du schenkst Vergebung und Frieden.
Bleib bei uns auf dem Weg.
Lass uns Sorge tragen für alle, die uns brauchen,
und wo Unrecht deinem Reich entgegensteht,
lass uns Verzeihung üben
durch Jesus Christus, unseren Herrn.

SCHLUSSGEBET 2

Gott,
du bist reich an Liebe und Güte.
Wie eine Mutter für ihre Kinder sorgt,
so bist du uns zugetan.
Begleite uns in dieser Woche,
dass wir deinen Namen
in Wort und Tat verherrlichen
durch Jesus Christus, unseren Herrn.

SCHLUSSGEBET 3

Gott, Spender aller Gaben!
Du hast uns bewirtet
mit deinem Wort und dem Brot des Lebens.
Gib uns ein wachsames Herz,
damit wir dich erkennen in allem,
was uns im Alltag begegnet.
Darum bitten wir
durch Jesus Christus, unseren Herrn.

SCHLUSSGEBET 4

Gott, Urgrund unseres Seins!
Wir danken dir für Jesus, deinen Sohn,
unseren Herrn und Bruder.
Er sei unsere Stärke,
wenn wir dich, den Verborgenen, suchen.
Er sei unsere Kraft,
wenn wir auf seinen Spuren durchs Leben gehen.
Darum bitten wir durch ihn,
Jesus Christus, unseren Herrn.

SCHLUSSGEBET 5

Herr, unser Gott,
du hast uns als deine Gemeinde versammelt.
Wir bitten dich:
Ruf uns zusammen mit den Menschen aller Völker
und Nationen in das Reich deines Sohnes,
der mit dir lebt und herrscht in Ewigkeit.

SCHLUSSGEBET 6

Allmächtiger Gott und Vater,
du hast deinen gekreuzigten Sohn auferweckt
und ihm, dem Lebendigen,
die Macht des Leben spendenden Geistes gegeben.
Nimm dich deiner Kirche an, o Herr,
und erneuere ihre Jugend.
Lass sie aufleben durch deinen Heiligen Geist
durch Jesus Christus, unseren Herrn.

SCHLUSSGEBET 7

Gott, unser Vater,
dein Sohn hat uns von dir Kunde gebracht.
Er hat uns erkennen lassen, wie du bist:

groß in deiner Huld für deine Geschöpfe,
gewaltig in deiner Hoheit,
wehrlos in deiner Liebe.
Wir sagen dir Dank durch ihn,
der sich uns im Wort und im Brot des Lebens
geschenkt hat,
Jesus Christus, unseren Herrn.

SCHLUSSGEBET 8

Herr, unser Gott,
du hast gewollt,
dass sich das Bild deines Sohnes auspräge
im Wesen der Getauften,
die du zu deinem Tisch geladen hast.
Ermutige uns, dem Evangelium zu folgen
und deinem Heiligen Geist Raum zu geben,
durch Jesus Christus, unseren Herrn.

SCHLUSSGEBET 9

Allmächtiger Gott,
in dieser Feier
hast du uns an deinem göttlichen Leben Anteil geschenkt.
Lass uns niemals von dir getrennt werden,
sondern bewahre uns in deiner Liebe
durch Jesus Christus, unseren Herrn.

Zeit im Jahreskreis

DREIFALTIGKEITSSONNTAG – HOCHFEST

15. Juni 2025

Nein, auch im Neuen Testament gibt es keine Dreifaltigkeitslehre. Die Dreifaltigkeitslehre macht es sich zur Aufgabe, die biblischen Aussagen zu systematisieren, in ein System zu überführen. Nicht zu scheiden, aber zu unterscheiden. Die Rede vom Kind, vom Sohn und die vom Vater, die Rede vom Geist und die vom schöpferischen Wort. Die Rede von der Nähe und die von der Ferne Gottes. Von den Offenbarungen und von den Bünden. Immer aber ist die Rede von der Treue Gottes, die sich so vielfach entfaltet.

ERÖFFNUNGSVERS

Gepriesen sei der dreieinige Gott:
der Vater und sein eingeborener Sohn
und der Heilige Geist;
denn er hat uns sein Erbarmen geschenkt.

KYRIE-RUFE

Herr Jesus Christus, du bist der Weg
und die Wahrheit und das Leben.
V/A: Herr, erbarme dich.
Du erweist unter uns den Vater.
V/A: Christus, erbarme dich.
Du sendest uns den Heiligen Geist.
V/A: Herr, erbarme dich.

Ehre sei Gott, S. 451 f.

TAGESGEBET

Herr, himmlischer Vater, du hast dein Wort und deinen Geist in die Welt gesandt, um das Geheimnis des göttlichen Lebens zu offenbaren. Gib, dass wir im wahren Glauben die Größe der göttlichen Dreifaltigkeit bekennen und die Einheit der drei Personen in ihrem machtvollen Wirken verehren. Darum bitten wir durch Jesus Christus.

WORTGOTTESDIENST

ZUR 1. LESUNG Wozu diese komplizierte Trinitätstheologie? Vielleicht als Möglichkeit, die Balance zu halten. Einerseits mit dem Judentum (und dem Islam) festzuhalten am Glauben an den einen Gott. Und zugleich den einen Gott nicht einzuschränken in seinen Entfaltungsmöglichkeiten. Auf Gottes Ferne und Unerreichbarkeit zu bestehen und zugleich seine Nähe erfahrbar zu machen, Transzendenz und Immanenz. Nach der ersten Schöpfungsgeschichte ist es Gottes Geist, der über den Wassern der Urflut schwebt. Das Buch der Sprichwörter erzählt von der Weisheit als von einer, die einerseits in der Welt zu sehen und gleichzeitig als zu Gott gehörende zu denken ist. Das Schönste aber hören wir in der heutigen Lesung: Die Weisheit ist spielend mit Gott verbunden. Sie ist keine Stubengelehrte, keine Weltfremde im abgehobenen Elfenbeinturm. Die Weisheit spielt vor Gott, spielt auf dem Erdenrund. Und sie hat ihre Freude daran, mitten unter den Menschen zu sein. Darin ist sie GOTTES Weisheit.

ERSTE LESUNG Spr 8,22–31

Als die Urmeere noch nicht waren, wurde ich geboren

Lesung aus dem Buch der Sprichwörter.

So spricht die Weisheit Gottes: Der Herr hat mich geschaffen als Anfang seines Weges, vor seinen Werken in der Urzeit; in frühester Zeit wurde ich gebildet, am Anfang, beim Ursprung der Erde.
Als die Urmeere noch nicht waren, wurde ich geboren, als es die Quellen noch nicht gab, die wasserreichen. Ehe die Berge eingesenkt wurden, vor den Hügeln wurde ich geboren. Noch hatte er die Erde nicht gemacht und die Fluren und alle Schollen des Festlands.
Als er den Himmel baute, war ich dabei, als er den Erdkreis abmaß über den Wassern, als er droben die Wolken befestigte und Quellen strömen ließ aus dem Urmeer, als er dem Meer sein Gesetz gab und die Wasser nicht seinen Befehl übertreten durften, als er die Fundamente der Erde abmaß, da war ich als geliebtes Kind bei ihm. Ich war seine Freude Tag für Tag und spielte vor ihm allezeit.
Ich spielte auf seinem Erdenrund und meine Freude war es, bei den Menschen zu sein.

ANTWORTPSALM

Ps 8,4–5.6–7.8–9 (Kv: 2ab)

Kv Herr, unser Herr,
wie gewaltig ist dein Name auf der ganzen Erde! – Kv

Seh ich den Himmel, das Werk deiner Finger, *
Mond und Sterne, die du befestigt:
Was ist der Mensch, dass du seiner gedenkst, *
des Menschen Kind, dass du dich seiner annimmst?

Du hast ihn nur wenig geringer gemacht als Gott, *
hast ihn gekrönt mit Pracht und Herrlichkeit.
Du hast ihn als Herrscher eingesetzt über die Werke deiner Hände, *
alles hast du gelegt unter seine Füße:

Schafe und Rinder, sie alle *
und auch die wilden Tiere,
die Vögel des Himmels und die Fische im Meer, *
was auf den Pfaden der Meere dahinzieht. – Kv

ZUR 2. LESUNG Bis heute sind nicht nur Schulkinder überrascht, auf die Frage nach der Konfession Jesu zu hören: Jesus war und blieb Jude, Kind einer jüdischen Mutter, beschnitten. Er las die Bibel in ihrer ursprünglichen hebräischen oder aramäischen Sprache, er hielt sich an jüdische Speisevorschriften, feierte Pessach und besuchte am Schabbat die Synagoge. Es ist gut, sich gelegentlich selbst mit der Fremdheit zu konfrontieren. Wie kommen wir eigentlich dazu, von einem Christus, einem Messias zu reden, der keineswegs zwischen der Nordsee und der Donau, sondern zwischen dem Meer von Galiläa und dem Toten Meer wirkte, in Nazaret lebte, in Jerusalem starb? Wie kommen wir dazu, uns an einen Gott zu halten, der sich an Menschen in Ägypten, in Ur, in Betlehem gebunden hat? Sind wir bereit, so Befremdliches zu ertragen? Paulus übersetzt von der einen Welt in die andere. Als Jude verkündet er den Heiden, den Völkern, allen zusammen: Friede! Friede mit Gott durch Jesus, den Christus, in der Liebe, ausgegossen durch den Heiligen Geist.

ZWEITE LESUNG

Röm 5,1–5

Wir haben Frieden mit Gott durch Jesus Christus in der Liebe, die ausgegossen ist durch den Heiligen Geist

Lesung aus dem Brief des Apostels Paulus an die Gemeinde in Rom.

Schwestern und Brüder! Gerecht gemacht aus Glauben, haben wir Frieden mit Gott durch Jesus Christus, unseren Herrn. Durch ihn haben wir auch im Glauben den Zugang zu der Gnade erhalten, in der wir stehen, und rühmen uns der Hoffnung auf die Herrlichkeit Gottes.

Mehr noch, wir rühmen uns ebenso der Bedrängnisse; denn wir wissen: Bedrängnis bewirkt Geduld, Geduld aber Bewährung, Bewährung Hoffnung. Die Hoffnung aber lässt nicht zugrunde gehen; denn die Liebe Gottes ist ausgegossen in unsere Herzen durch den Heiligen Geist, der uns gegeben ist.

RUF VOR DEM EVANGELIUM

Vers: vgl. Offb 1,8

Halleluja. Halleluja.
Ehre sei dem Vater und dem Sohn
und dem Heiligen Geist.
Ehre sei dem einen Gott,
der war und der ist und der kommen wird.
Halleluja.

ZUM EVANGELIUM Als Jugendliche hatte ich eine Zeit lang das Gefühl, es gäbe eigentlich nur zwei Optionen fürs Leben. Entweder sich selbst zu verwirklichen und das Leben ganz der Kunst zu widmen. Oder gänzliche Fremdverwirklichung zuzulassen und ins Kloster zu gehen, sich ganz an Gott zu binden. Gott wirklich und wirksam werden zu lassen. Irgendwann habe ich verstanden, dass in jeder Tätigkeit Selbstverwirklichung und Gottes Wirklichkeit vorkommen können, die oft eng beieinanderliegen. Für Jesus ist es überhaupt keine Frage: Was er sagt, lebt, wirkt, entspricht dem Vater, ganz und gar. Die Einheit, die sich durch den Heiligen Geist seinen Schülern und Schülerinnen mitteilt, mag zunächst noch irritieren bis zur Unerträglichkeit. Doch die Erfahrung mit Gott und die Erfahrung mit Jesus fallen nicht auseinander.

EVANGELIUM

Joh 16,12–15

Alles, was der Vater hat, ist mein. Der Geist wird von dem, was mein ist, nehmen und es euch verkünden

+ Aus dem heiligen Evangelium nach Johannes.

In jener Zeit sprach Jesus zu seinen Jüngern: Noch vieles habe ich euch zu sagen, aber ihr könnt es jetzt nicht tragen. Wenn aber jener kommt, der Geist der Wahrheit, wird er euch in der ganzen Wahrheit leiten.

Denn er wird nicht aus sich selbst heraus reden, sondern er wird reden, was er hört, und euch verkünden, was kommen wird. Er wird mich verherrlichen; denn er wird von dem, was mein ist, nehmen und es euch verkünden.
Alles, was der Vater hat, ist mein; darum habe ich gesagt: Er nimmt von dem, was mein ist, und wird es euch verkünden.

Glaubensbekenntnis, S. 454 ff.

FÜRBITTEN

Die dreifaltige Liebe Gottes umfängt alle Menschen. Wir bitten den dreieinen Gott:

V: Dreifaltiger Gott. A: Höre unser Rufen.

- Für die christlichen Kirchen, dass sie zusammenfinden im Kreis der Liebe Gottes, die sie umschließt.
- Für die Menschen in Kriegs- und Krisengebieten, die Todesangst, Verfolgung und Qual erleiden müssen.
- Für alle, die sich für den Frieden und Verständnis zwischen den Völkern einsetzen – gerade da, wo Ablehnung und Hass herrschen.
- Für alle, die im Freundeskreis, in den Familien, in Schule und Beruf Verhärtungen lösen und bereit sind, einander mit neuen Augen zu sehen.
- Für alle, die ihr Leben in den Dienst des Evangeliums gestellt haben und die Menschenfreundlichkeit Gottes bezeugen.

Gott, du verschließt dich nicht vor den Menschen, sondern offenbarst dich in Jesus Christus als die Liebe und schenkst uns Beistand in der heiligen Geistkraft. Dafür danken wir, heute und allezeit.

EUCHARISTIEFEIER

GABENGEBET

Gott, unser Vater, wir rufen deinen Namen an über Brot und Wein. Heilige diese Gaben und nimm mit ihnen auch uns an, damit wir dir auf ewig gehören. Darum bitten wir durch Christus, unseren Herrn.

PRÄFATION

In Wahrheit ist es würdig und recht, dir, Herr, heiliger Vater, allmächtiger, ewiger Gott, immer und überall zu danken. Mit deinem eingeborenen Sohn und dem Heiligen Geist bist du der eine Gott und der eine Herr, nicht in der Einzigkeit einer Person, sondern in den drei Personen des einen göttlichen Wesens. Was wir auf deine Offenbarung hin von deiner Herrlichkeit glauben, das bekennen wir ohne Unterschied von deinem Sohn, das bekennen wir vom Heiligen Geiste. So beten wir an im Lobpreis des wahren und ewigen Gottes die Sonderheit in den Personen, die Einheit im Wesen und die gleiche Fülle in der Herrlichkeit. Dich loben die Engel und Erzengel, die Kerubim und Serafim. Wie aus einem Mund preisen sie dich Tag um Tag und singen auf ewig das Lob deiner Herrlichkeit: Heilig …

KOMMUNIONVERS

Gal 4,6

Weil ihr Söhne seid,
sandte Gott den Geist seines Sohnes in eure Herzen,
den Geist, der ruft: Abba, Vater.

SCHLUSSGEBET

Herr, unser Gott, wir haben den Leib und das Blut deines Sohnes empfangen. Erhalte uns durch dieses Sakrament im wahren Glauben und im Bekenntnis des einen Gottes in drei Personen. Darum bitten wir durch Christus, unseren Herrn.

FEIERLICHER SCHLUSSSEGEN

Gott, unser Vater, segne euch mit allem Segen des Himmels, damit ihr rein und heilig lebt vor seinem Angesicht. – A: Amen.
Er lehre euch durch das Wort der Wahrheit; er bilde euer Herz nach dem Evangelium Christi und gebe euch Anteil an seiner Herrlichkeit. – A: Amen.
Er schenke euch jene brüderliche Liebe, an der die Welt die Jünger Christi erkennen soll. – A: Amen.
Das gewähre euch der dreieinige Gott, der Vater und der Sohn † und der Heilige Geist. – A: Amen.

***

DREIFALTIGKEIT

d u
r eißt die
e wigkeit auf –
i n dir ist
f reiheit und
a nkunft und
l iebe – ich
t raue dir
i mmer mehr –
g ottes
k ommunion und
e nergie und
i nteresse
t ragen uns

Michael Lehmler

HOCHFEST DES LEIBES UND BLUTES CHRISTI

FRONLEICHNAM

19. Juni 2025

Nur edle Materialien tragen die Hostie, das Allerheiligste. Und zeigen zugleich seine ganze Zerbrechlichkeit, Hinfälligkeit, Zartheit. Auslieferung Jesu an die Seinen; die freudige Dankbarkeit (griechisch: Eucharistie!) folgt nach dem Schmerz, aber kann ihn nicht überspringen.

ERÖFFNUNGSVERS

Vgl. Ps 81 (80), 17

Er hat uns mit bestem Weizen genährt
und mit Honig aus dem Felsen gesättigt.

KYRIE-RUFE

Herr Jesus Christus, du bist
das lebendige Brot, das vom
Himmel herabgekommen ist.
V/A: Herr, erbarme dich.
Du stillst unseren Hunger.
V/A: Christus, erbarme dich.
Du gibst uns unsere Speise
zur rechten Zeit.
V/A: Herr, erbarme dich.

Ehre sei Gott, S. 451 f.

TAGESGEBET

Herr Jesus Christus, im wunderbaren Sakrament des Altares hast du uns das Gedächtnis deines Leidens und deiner Auferstehung hinterlassen. Gib uns die Gnade, die heiligen Geheimnisse deines Leibes und Blutes so zu verehren, dass uns die Frucht der Erlösung zuteil wird. Der du in der Einheit des Heiligen Geistes mit Gott dem Vater lebst und herrschest in alle Ewigkeit.

WORTGOTTESDIENST

ZUR 1. LESUNG In mythische, vorgeschichtliche Zeiten tauchen wir ab. Ein König der Gerechtigkeit, aus der Stadt des Friedens, ein Priester des höchsten Gottes, segnet Abraham. Und segnet – im Deutschen unterscheidet man und sagt in der Regel „und preist" – jenen höchsten Gott, den die Schrift am Ende auch mit dem Gott Abrahams identifiziert. Sind Brot und Wein Opfergaben? Grundlage des Festes? Zeichen des Friedens? Gibt es irgendeinen Bezug zum jüdischen Pessachfest? Bedeutsam bleibt: Erst toben Kämpfe. Dann stellen die Beteiligten die Frage nach der Beute. Am Ende aber steht die Geste des doppelten Segens. Das ist das Wesentliche.

ERSTE LESUNG Gen 14,18–20

Er brachte Brot und Wein dar

Lesung aus dem Buch Genesis.

In jenen Tagen brachte Melchisedek, der König von Salem, Brot und Wein heraus. Er war Priester des Höchsten Gottes. Er segnete Abram und sagte: Gesegnet sei Abram vom Höchsten Gott, dem Schöpfer des Himmels und der Erde, und gepriesen sei der Höchste Gott, der deine Feinde an dich ausgeliefert hat. Darauf gab ihm Abram den Zehnten von allem.

ANTWORTPSALM

Ps 110 (109), 1–2.3.4–5 (Kv: 4b)

Kv Du bist Priester auf ewig
nach der Ordnung Melchisedeks. – Kv

So spricht der HERR zu meinem Herrn: *
Setze dich zu meiner Rechten *
und ich lege deine Feinde als Schemel unter deine Füße. – (Kv)

Das Zepter deiner Macht streckt der HERR aus vom Zion her: *
Herrsche inmitten deiner Feinde!
Dich umgibt Herrschaft am Tag deiner Macht, /
im Glanz des Heiligtums. *
Ich habe dich aus dem Schoß gezeugt vor dem Morgenstern. – (Kv)

Der HERR hat geschworen und nie wird es ihn reuen: *
Du bist Priester auf ewig nach der Ordnung Melchisedeks.
Der HERR steht dir zur Rechten, *
er zerschmettert Könige am Tag seines Zorns. – Kv

ZUR 2. LESUNG Einen Konflikt nach dem anderen spricht Paulus an in seinem ersten Brief nach Korinth. Schließlich sind selbst Gottesdienst und Herrenmahl von den Spaltungen in der Gemeinde betroffen. Sah Paulus also die Gefahr, dass die Gemeinde auseinanderbrechen könnte? Paulus ruft zum Frieden. Er erinnert an Jesus, an dessen Handeln. Bricht doch, so die theologische Deutung, sein Leben auseinander, um Frieden zu stiften unter den Seinen, und um Frieden zu stiften mit Gott. Um einen neuen, einen erneuerten und erneuernden Bund zu stiften. Einen Bund von universalem Ausmaß.

ZWEITE LESUNG

1 Kor 11,23–26

Sooft ihr esst und trinkt, verkündet ihr den Tod des Herrn

Lesung aus dem ersten Brief des Apostels Paulus an die Gemeinde in Korinth.

Schwestern und Brüder! Ich habe vom Herrn empfangen, was ich euch dann überliefert habe: Jesus, der Herr, nahm in der Nacht, in der er ausgeliefert wurde, Brot, sprach das Dankgebet, brach das Brot und sagte: Das ist mein Leib für euch. Tut dies zu meinem Gedächtnis!

Ebenso nahm er nach dem Mahl den Kelch und sagte: Dieser Kelch ist der Neue Bund in meinem Blut. Tut dies, sooft ihr daraus trinkt, zu meinem Gedächtnis!

Denn sooft ihr von diesem Brot esst und aus dem Kelch trinkt, verkündet ihr den Tod des Herrn, bis er kommt.

SEQUENZ

Deinem Heiland, deinem Lehrer,
deinem Hirten und Ernährer,
Sion, stimm ein Loblied an!

Preis nach Kräften seine Würde,
da kein Lobspruch, keine Zierde
seinem Ruhm genügen kann.

Dieses Brot sollst du erheben,
welches lebt und gibt das Leben,
das man heut den Christen weist.

Dieses Brot, mit dem im Saale
Christus bei dem Abendmahle
die zwölf Jünger hat gespeist.

Laut soll unser Lob erschallen
und das Herz in Freude wallen,
denn der Tag hat sich genaht,

da der Herr zum Tisch der Gnaden
uns zum ersten Mal geladen
und dies Mahl gestiftet hat.

Neuer König, neue Zeiten,
neue Ostern, neue Freuden,
neues Opfer allzumal!

Vor der Wahrheit muss das Zeichen,
vor dem Licht der Schatten weichen,
hell erglänzt des Tages Strahl.

Was von Christus dort geschehen,
sollen wir fortan begehen,
seiner eingedenk zu sein.

Treu dem heiligen Befehle
wandeln wir zum Heil der Seele
in sein Opfer Brot und Wein.

Doch wie uns der Glaube kündet,
der Gestalten Wesen schwindet,
Fleisch und Blut wird Brot und Wein.

Was das Auge nicht kann sehen,
der Verstand nicht kann verstehen,
sieht der feste Glaube ein.

Unter beiderlei Gestalten
hohe Dinge sind enthalten,
in den Zeichen tief verhüllt.

Blut ist Trank und Fleisch ist Speise,
doch der Herr bleibt gleicherweise
ungeteilt in beider Bild.

Wer ihm nahet voll Verlangen,
darf ihn unversehrt empfangen,
ungemindert, wunderbar.

Einer kommt und tausend kommen,
doch so viele ihn genommen,
er bleibt immer, der er war.

Gute kommen, Böse kommen,
alle haben ihn genommen,
die zum Leben, die zum Tod.

Bösen wird er Tod und Hölle,
Guten ihres Lebens Quelle,
wie verschieden wirkt dies Brot!

Wird die Hostie auch gespalten,
zweifle nicht an Gottes Walten,
dass die Teile das enthalten,
was das ganze Brot enthält.

Niemals kann das Wesen weichen,
teilen lässt sich nur das Zeichen,
Sach und Wesen sind die gleichen,
beide bleiben unentstellt.

Seht das Brot, die Engelspeise!
Auf des Lebens Pilgerreise
nehmt es nach der Kinder Weise,
nicht den Hunden werft es hin!

Lang im Bild war's vorbereitet:
Isaak, der zum Opfer schreitet;
Osterlamm, zum Mahl bereitet;
Manna nach der Väter Sinn.

Guter Hirt, du wahre Speise,
Jesus, gnädig dich erweise!
Nähre uns auf deinen Auen,
lass uns deine Wonnen schauen
in des Lebens ewigem Reich!

Du, der alles weiß und leitet,
uns im Tal des Todes weidet,
lass an deinem Tisch uns weilen,
deine Herrlichkeit uns teilen.
Deinen Seligen mach uns gleich!

Oder:

SEQUENZ

Lobe, Zion, deinen Hirten;
dem Erlöser der Verirrten
stimme Dank und Jubel an.
Lass dein Lob zum Himmel dringen;
ihn zu rühmen, ihm zu singen,
hat kein Mensch genug getan.

Er ist uns im Brot gegeben,
Brot, das lebt und spendet Leben,
Brot das Ewigkeit verheißt,
Brot, mit dem der Herr im Saale
dort beim österlichen Mahle
die zwölf Jünger hat gespeist.

Lobt und preist, singt Freudenlieder;
festlich kehrt der Tag uns wieder,
jener Tag von Brot und Wein,
da der Herr zu Tisch geladen
und dies heilge Mahl der Gnaden
setzte zum Gedächtnis ein.

Was bei jenem Mahl geschehen,
sollen heute wir begehen
und verkünden seinen Tod.
Wie der Herr uns aufgetragen,
weihen wir, Gott Dank zu sagen,
nun zum Opfer Wein und Brot.

Seht das Brot, der Engel Speise,
Brot auf unsrer Pilgerreise,
das den Hunger wahrhaft stillt.
Abrams Opfer hats gedeutet,
war im Manna vorbereitet,
fand im Osterlamm sein Bild.

Guter Hirt, du Brot des Lebens,
wer dir traut, hofft nicht vergebens,
geht getrost durch diese Zeit.
Die du hier zu Tisch geladen,
ruf auch dort zum Mahl der Gnaden
in des Vaters Herrlichkeit.

RUF VOR DEM EVANGELIUM

Vers: vgl. Joh 6,51

Halleluja. Halleluja.
(So spricht der Herr:)
Ich bin das lebendige Brot,
das vom Himmel gekommen ist.
Wer dieses Brot isst, wird in Ewigkeit leben.
Halleluja.

ZUM EVANGELIUM *Komm, Herr Jesus, sei du unser Gast. Und segne, was du uns bescheret hast.* Dieses Tischgebet wird konfessionsübergreifend gebetet. Da wird die Mahlzeit zum Fest, in eucharistischem Glanz. Eine solche Szene schildert Lukas, als er von Jesus als

Tischgast bei den Emmausjüngern erzählt (vgl. Lk 24,29–31). Man denke: Jesus ist zu Gast, und als praktizierender Jude spricht er wie gewohnt den Segen über dem Brot und allem, was auf dem Tisch steht. *Gesegnet, gepriesen bist du, Gott, der du das Korn aus der Erde hervorgebracht hast.* Auch in den heutigen Versen aus dem Lukas-Evangelium ist die Rede davon, dass Jesus segnet und Gott gegenüber den Lobpreis ausspricht. Vom so gesegneten Brot bekommen alle ihren Anteil. Und auch Israel in seiner Gesamtheit der zwölf Stämme geht nicht leer aus. Zwölf Körbe voll werden im Nachhinein eingesammelt.

EVANGELIUM Lk 9,11b–17

Alle aßen und wurden satt

+ Aus dem heiligen Evangelium nach Lukas.

In jener Zeit redete Jesus zum Volk vom Reich Gottes und machte gesund, die der Heilung bedurften.

Als der Tag zur Neige ging, kamen die Zwölf und sagten zu ihm: Schick die Leute weg, damit sie in die umliegenden Dörfer und Gehöfte gehen, dort Unterkunft finden und etwas zu essen bekommen; denn wir sind hier an einem abgelegenen Ort.

Er antwortete ihnen: Gebt ihr ihnen zu essen! Sie sagten: Wir haben nicht mehr als fünf Brote und zwei Fische; wir müssten erst weggehen und für dieses ganze Volk etwas zu essen kaufen. Es waren nämlich etwa fünftausend Männer.

Er aber sagte seinen Jüngern: Lasst sie in Gruppen zu ungefähr fünfzig lagern!

Die Jünger taten so und veranlassten, dass sich alle lagerten.

Jesus aber nahm die fünf Brote und die zwei Fische, blickte zum Himmel auf, sprach den Lobpreis und brach sie; dann gab er sie den Jüngern, damit sie diese an die Leute austeilten.

Und alle aßen und wurden satt. Als man die übrig gebliebenen Brotstücke einsammelte, waren es zwölf Körbe voll.

Glaubensbekenntnis, S. 454 ff.

FÜRBITTEN

Jesus Christus sieht den Mangel und will allen Menschen Fülle schenken. Wir rufen zu ihm und bitten ihn:

V: Jesus, Brot des Lebens. A: Wir bitten dich, erhöre uns.

- Für alle, die nicht wissen, wovon sie morgen satt werden sollen.
- Für alle, die auf deinen Namen getauft sind und sich um die Einheit im Glauben mühen.
- Für alle, deren Arbeitskraft ausgenutzt und ausgebeutet wird, und auch für alle, deren Leistungen nicht gewürdigt werden.
- Für alle Kinder und Jugendlichen, die durch ihre Arbeit zum Lebensunterhalt der Familie beitragen müssen, anstatt zu spielen und zu lernen.
- Für die Menschen, die aus ihrer Heimat fliehen mussten, und für alle, die sich der Flüchtlinge in ihren Städten, Kreisen und Kommunen annehmen.

Jesus Christus, du stärkst die Menschen durch dein Brot des Lebens, das wir teilen dürfen. Dafür sei dir Lob und Dank, heute und allezeit und in Ewigkeit.

EUCHARISTIEFEIER

GABENGEBET

Herr, unser Gott, wir bringen das Brot dar, das aus vielen Körnern bereitet, und den Wein, der aus vielen Trauben gewonnen ist. Schenke deiner Kirche, was diese Gaben geheimnisvoll bezeichnen: die Einheit und den Frieden. Darum bitten wir durch Christus, unseren Herrn.

PRÄFATION

In Wahrheit ist es würdig und recht, dir, Herr, heiliger Vater, allmächtiger, ewiger Gott, immer und überall zu danken durch unseren Herrn Jesus Christus. Denn er hat beim letzten Abendmahl das Gedächtnis des Kreuzesopfers gestiftet zum Heil der Menschen bis ans Ende der Zeiten. Er hat sich dargebracht als Lamm ohne Makel, als Gabe, die dir gefällt, als Opfer des Lobes. Dieses erhabene Geheimnis heiligt und stärkt deine Gläubigen, damit der eine Glaube die Menschen der einen Erde erleuchte, die eine Liebe sie alle verbinde. So kommen wir zu deinem heiligen Tisch, empfangen von dir Gnade um Gnade und werden neu gestaltet nach dem Bild deines Sohnes. Durch ihn rühmen dich Himmel und Erde, Engel und Menschen und singen wie aus einem Munde das Lob deiner Herrlichkeit: Heilig …

KOMMUNIONVERS

Joh 6,56

So spricht der Herr:
Wer mein Fleisch isst und mein Blut trinkt,
der bleibt in mir und ich bleibe in ihm.

SCHLUSSGEBET

Herr Jesus Christus, der Empfang deines Leibes und Blutes ist für uns ein Vorgeschmack der kommenden Herrlichkeit. Sättige uns im ewigen Leben durch den vollen Genuss deiner Gottheit. Der du lebst und herrschest in alle Ewigkeit.

FEIERLICHER SCHLUSSSEGEN

S. 209

Oder:

Gott hat euch zu Königen gemacht und zu Priestern. Er gebe euch die Kraft, aus dem Opfer Christi zu leben. – A: Amen.
Er hat euch um den einen Tisch versammelt und euch gestärkt mit dem einen Brot. Er mache euch eines Herzens und eines Sinnes. – A: Amen.
Er hat euch gesandt, euren Glauben zu bezeugen. Er helfe euch, die Menschen durch das Beispiel eurer Liebe zu Jesus Christus zu führen. – A: Amen.
Das gewähre euch der dreieinige Gott, der Vater und der Sohn † und der Heilige Geist. – A: Amen.

***

TISCHGEMEINSCHAFT

Frei und ungeniert
lud sich Jesus selbst
an fremder Leute Tisch.
Sein Gastgeschenk:
die Gegenwart Gottes
als des eigentlichen Gastgebers.

Andreas Knapp

12. SONNTAG IM JAHRESKREIS

22. Juni 2025

Gott überrascht. Die biblischen Texte des heutigen Tages zeugen davon, dass er allzu oft nicht ganz den Erwartungen der Menschen entspricht. Nach und nach aber lässt er sie erkennen, wer er ist und wie er sich in seinem Sohn Jesus Christus zeigt. Jetzt stehen wir vor den alten Schriftschätzen und sind eingeladen, unsere eigenen Erwartungen neben jene der Jünger und Jüngerinnen zu stellen. Jesus fragt sie: „Für wen haltet ihr mich?" Was würden wir auf diese Frage heute antworten?

ERÖFFNUNGSVERS

Ps 28 (27),8–9

Der Herr ist die Stärke seines Volkes,
er ist Schutz und Heil für seinen Gesalbten.
Herr, hilf deinem Volk und segne dein Erbe,
führe und trage es in Ewigkeit.

KYRIE-RUFE

Herr Jesus Christus, du hast
für uns gelitten, bist gestorben
und begraben worden.
V/A: Herr, erbarme dich.
Du bist am dritten Tag
auferweckt worden.
V/A: Christus, erbarme dich.
Du rufst alle in die tägliche
Nachfolge des Kreuzes.
V/A: Herr, erbarme dich.

Ehre sei Gott, S. 451 f.

TAGESGEBET

Heiliger Gott, gib, dass wir deinen Namen allezeit fürchten und lieben. Denn du entziehst keinem deine väterliche Hand, der fest in deiner Liebe verwurzelt ist. Darum bitten wir durch Jesus Christus.

WORTGOTTESDIENST

ZUR 1. LESUNG Manchmal liegt vor mir der Scherbenhaufen der eigenen Schuld. Da entwickelt sich unversehens eine ganz eigene Dynamik; ich winde mich, gehe in den Widerstand, weiß schon längst nicht mehr so richtig, warum eigentlich. Und eines Tages stehe ich dann vor dem Resultat, vor den Trümmern meines Versagens. Gerade in einer solchen Leere und Verzweiflung kann die Sehnsucht nach dem Reich Gottes Raum gewinnen. Der Prophet Sacharja berichtet, wie Gott Herzen berühren und sie auf den richtigen Weg führen kann. Er leidet mit Menschen, gießt Mitleid über sie aus, lässt sie nicht in der Empfindungslosigkeit oder Verstocktheit zurück. Tiefe Trauer wird gar zur Quelle neuen Lebens. Der erlebten Not steht ein erwarteter Neubeginn gegenüber.

ERSTE LESUNG Sach 12,10–11; 13,1

Sie werden auf den blicken, den sie durchbohrt haben (Joh 19,37)

Lesung aus dem Buch Sacharja.

So spricht der Herr: Über das Haus David und über die Einwohner Jerusalems werde ich einen Geist des Mitleids und des flehentlichen Bittens ausgießen. Und sie werden auf mich blicken, auf ihn, den sie durchbohrt haben. Sie werden um ihn klagen, wie bei

der Klage um den Einzigen; sie werden bitter um ihn weinen, wie man um den Erstgeborenen weint.
An jenem Tag wird die Klage in Jerusalem so groß sein wie die Klage um Hadad-Rimmon in der Ebene von Megiddo.
An jenem Tag wird für das Haus David und für die Einwohner Jerusalems eine Quelle entspringen gegen Sünde und Unreinheit.

ANTWORTPSALM

Ps 63 (62),2.3–4.5–6.8–9 (Kv: vgl. 2)

Kv Meine Seele dürstet nach dir, mein Gott. – Kv

Gott, mein Gott bist du, dich suche ich, *
dürstet nach dir meine Seele.
Nach dir schmachtet mein Fleisch *
wie dürres, lechzendes Land ohne Wasser. – (Kv)

Darum halte ich Ausschau nach dir im Heiligtum, *
zu sehen deine Macht und Herrlichkeit.
Denn deine Huld ist besser als das Leben. *
Meine Lippen werden dich rühmen. – (Kv)

So preise ich dich in meinem Leben,
in deinem Namen erhebe ich meine Hände.
Wie an Fett und Mark wird satt meine Seele, *
mein Mund lobt dich mit jubelnden Lippen. – (Kv)

Ja, du wurdest meine Hilfe, *
ich juble im Schatten deiner Flügel.
Meine Seele hängt an dir, *
fest hält mich deine Rechte. – Kv

ZUR 2. LESUNG Und plötzlich sollen alle Unterschiede dahin sein? Paulus zählt in seinem Brief an die Gemeinde von Galatien engagiert die Aufhebung der Unterschiede auf. Neben der Zugehörigkeit zu

Christus ist nichts mehr wichtig. In ihm sind wir neue Menschen geworden, gleichgestellt – wir sind „eins“ in Christus. Wie gern möchte ich den enthusiastischen Worten des Paulus zustimmen: Ja, wir sind alle eins in Christus. Und doch dringt diese befreiende und Leben schenkende Botschaft einfach nicht durch bis in die Winkel unserer Alltagswelten. Hier gibt es Juden und Griechen, Sklaven und Freie, Menschen verschiedener Geschlechter. Welche Auswirkungen hat heute die Verbundenheit mit Christus? Wie kommt die Gerechtigkeit Gottes heute zum Zuge?

ZWEITE LESUNG

Gal 3,26–29

Ihr alle, die ihr auf Christus getauft seid, habt Christus angezogen

Lesung aus dem Brief des Apostels Paulus an die Gemeinden in Galatien.

Ihr alle seid durch den Glauben Söhne Gottes in Christus Jesus. Denn ihr alle, die ihr auf Christus getauft seid, habt Christus angezogen. Es gibt nicht mehr Juden und Griechen, nicht Sklaven und Freie, nicht männlich oder weiblich; denn ihr alle seid einer in Christus Jesus.

Wenn ihr aber zu Christus gehört, dann seid ihr Abrahams Nachkommen, Erben gemäß der Verheißung.

RUF VOR DEM EVANGELIUM

Vers: Joh 10,27

Halleluja. Halleluja.
(So spricht der Herr:)
Meine Schafe hören auf meine Stimme;
ich kenne sie und sie folgen mir.
Halleluja.

ZUM EVANGELIUM Wenn Jesus die Jünger fragt: Für wen halten die Leute mich? Dann gibt es in mir so einen Impuls, mich wegzuducken. Zwar kann ich mit dieser Frage vielleicht noch umgehen, gerade so. Allgemeine Antworten fallen mir schnell ein. Doch dann kommt die Folgefrage mit ihrer ganzen Wucht: Für wen haltet ihr mich? Für wen hältst du mich? Kann ich mit Petrus antworten „für den Christus Gottes" – und wenn ja, was bedeutet dies dann genau? Das heutige Evangelium lädt dazu ein, diese Frage nachhallen zu lassen und eine ganz persönliche Antwort zu formulieren – auch wenn es nicht leichtfällt.

EVANGELIUM Lk 9,18–24

Du bist der Christus Gottes. Der Menschensohn muss vieles erleiden

+ Aus dem heiligen Evangelium nach Lukas.

In jener Zeit betete Jesus für sich allein und die Jünger waren bei ihm. Da fragte er sie: Für wen halten mich die Leute? Sie antworteten: Einige für Johannes den Täufer, andere für Elija; wieder andere sagen: Einer der alten Propheten ist auferstanden.

Da sagte er zu ihnen: Ihr aber, für wen haltet ihr mich? Petrus antwortete: Für den Christus Gottes. Doch er befahl ihnen und wies sie an, es niemandem zu sagen.

Und er sagte: Der Menschensohn muss vieles erleiden und von den Ältesten, den Hohepriestern und den Schriftgelehrten verworfen werden; er muss getötet und am dritten Tage auferweckt werden.

Zu allen sagte er: Wenn einer hinter mir hergehen will, verleugne er sich selbst, nehme täglich sein Kreuz auf sich und folge mir nach. Denn wer sein Leben retten will, wird es verlieren; wer aber sein Leben um meinetwillen verliert, der wird es retten.

Glaubensbekenntnis, S. 454 ff.

FÜRBITTEN

Wer ist Gewinner, wer ist Verlierer? Gottes Sicht, Gottes Liebe folgt nicht unserer unerbittlichen Logik des Oben und Unten. Deshalb bitten wir Gott, den erbarmenden Vater, voll Vertrauen:

V/A: Höre und erhöre uns.

- Für alle, die das Kreuz des Misstrauens und des Zweifels tragen.
- Für alle, die Vertrauen schaffen und Verlässlichkeit verkörpern.
- Für alle, die das Kreuz der Einsamkeit tragen.
- Für alle, die Einsame besuchen, sie stützen und ihnen in diesen sommerlichen Tagen Licht und Wärme bringen.
- Für alle, die das Kreuz der Armut tragen.
- Für alle, die solidarisch leben, den engen Kreis überschreiten und anderen helfen, wo es nottut.

Guter Gott, aus Liebe zu uns hat Jesus sein Kreuz getragen. Sei du unsere Kraft, wenn wir schwach sind, darum bitten wir durch Jesus Christus, unseren Bruder und Heiland.

EUCHARISTIEFEIER

GABENGEBET

Barmherziger Gott, nimm das Opfer des Lobes und der Versöhnung an. Löse uns durch diese Feier aus aller Verstrickung, damit wir in freier Hingabe ganz dir angehören. Darum bitten wir durch Christus, unseren Herrn.

Präfation, S. 466 ff.

KOMMUNIONVERS

Joh 10,11.15

Ich bin der gute Hirt.
Ich gebe mein Leben für meine Schafe –
so spricht der Herr.

SCHLUSSGEBET

Gütiger Gott, du hast uns durch den Leib und das Blut Christi gestärkt. Gib, dass wir niemals verlieren, was wir in jeder Feier der Eucharistie empfangen. Darum bitten wir durch Christus, unseren Herrn.

FEIERLICHER SCHLUSSSEGEN

Gott, der allmächtige Vater, segne euch; er bewahre euch vor Unheil und Schaden. – A: Amen.
Er öffne eure Herzen für sein göttliches Wort und bereite sie für die unvergänglichen Freuden. – A: Amen.
Er lasse euch erkennen, was zum Heile dient, und führe euch auf dem Weg seiner Gebote zur Gemeinschaft der Heiligen. – A: Amen.
Das gewähre euch der dreieinige Gott, der Vater und der Sohn † und der Heilige Geist. – A: Amen.

***

Für eine Wort-Gottes-Feier:

ERÖFFNUNGSGEBET ZUR WAHL

Gott, in deinem Sohn Jesus Christus hast du uns den verheißenen Messias geschenkt. Durch Leiden und Tod ist er zur Herrlichkeit der Auferstehung gelangt. Mache uns fähig, dem Beispiel seiner Liebe zu folgen. Darum bitten wir durch ihn, Jesus Christus, deinen Sohn, der in der Einheit des Heiligen Geistes mit dir lebt jetzt und in Ewigkeit.

***

DUNKELHEIT WIRD LICHT

Heiliger Geist,
du kennst unsere Zerbrechlichkeit
und du kommst dennoch
und verklärst unser Herz,
sodass selbst die Dunkelheit
in uns Licht werden kann.

Frère Roger, Taizé

GEBURT DES HEILIGEN JOHANNES DES TÄUFERS – HOCHFEST

24. Juni 2025

Die Propheten des Ersten Testaments finden ihre Nachfolger in Johannes und Jesus. Auch hier göttliche Berufung von Mutterleib an, Schwangerschaft gegen alle Erwartung; Zeichenhandlungen zur Begleitung der Botschaft; Bedrohung, Gefangenschaft, Konflikte mit den Herrschenden. Bei Johannes auch der Kontakt zum Tempel in Jerusalem über seinen Vater, einen Priester. Bei allen Unterschieden sind die beiden familiär Verbundenen auch verwandt in ihrer bis in den Tod treuen Hingabe an ihren Auftrag. Um Mittsommer feiern wir nun die Geburt des verheißenen Kindes Johannes – erwartet, bestaunt, begrüßt voller Dank und Glaubensmut. Mit Bedacht genau ein halbes Jahr vor dem Geburtsfest Jesu in der Zeit der kürzesten Tage mit der großen Sehnsucht nach Licht. Wie bei Jesus am achten Tag Beschneidung und Namensgebung. Beschneidung bedeutet Aufnahme in den Bund Gottes mit Israel und Beheimatung in Gottes Volk mit seinem gemeinschaftlichen Auftrag – Namensgebung ist persönliche Wegweisung.

ERÖFFNUNGSVERS Joh 1,6–7; Lk 1,17

Ein Mensch trat auf, der von Gott gesandt war;
sein Name war Johannes.
Er kam als Zeuge, um Zeugnis abzulegen für das Licht
und das Volk für den Herrn bereit zu machen.

KYRIE-RUFE

Herr Jesus Christus, du hast den heiligen
Johannes den Täufer schon vom Mutterleib
an mit dem Heiligen Geist erfüllt.
V/A: Herr, erbarme dich.
Du hast ihn dazu bestimmt, die Herzen der
Väter den Kindern zuzuwenden und die
Ungehorsamen zu gerechter Gesinnung zu führen.
V/A: Christus, erbarme dich.
Du hast ihn ausersehen, das Volk
für dich bereit zu machen.
V/A: Herr, erbarme dich.

Ehre sei Gott, S. 451 f.

TAGESGEBET

Gott, du hast den heiligen Johannes den Täufer berufen, das Volk des Alten Bundes Christus, seinem Erlöser, entgegenzuführen. Schenke deiner Kirche die Freude im Heiligen Geist und führe alle, die an dich glauben, auf dem Weg des Heiles und des Friedens. Darum bitten wir durch Jesus Christus.

WORTGOTTESDIENST

ZUR 1. LESUNG Der Gottesknecht erinnert daran: Gott hat ihn nicht nur von Mutterleib an berufen. Nein, auch in größter denkbarer Öffentlichkeit. Vor den Ohren und Augen der Fernen, der Völker, der Inseln – also vor Augen und Ohren der ganzen Welt. Seine Rede, sein Handeln wird wirksam sein, wie ein angespitzter Pfeil sein Ziel trifft. Selbst wenn der Berufene das Gefühl hat, nichts zu bewirken. Seine Aufgabe ist es, zur Hilfe zu werden für Gottes Volk. Er soll die Versprengten aus der Diaspora sammeln, die Entfremdeten heimholen aus der Fremde. Und die durch Krieg, Zerstörung, Exil niedergetretene jüdische Gemeinschaft – die „Stämme" – wiederaufrichten. Und als wenn all dies nicht schon Wunder über Wunder wäre: Für Gott ist es immer noch zu wenig an Zusage und Heil. Gottes Gesandter wird auch Licht für die Völker sein. Was wohl auch heißt: Das Licht der Völker ist undenkbar ohne Israel. Nach wie vor.

ERSTE LESUNG Jes 49,1–6

Ich mache dich zum Licht der Nationen

Lesung aus dem Buch Jesaja.

Hört auf mich, ihr Inseln, merkt auf, ihr Völker in der Ferne! Der HERR hat mich schon im Mutterleib berufen; als ich noch im Schoß meiner Mutter war, hat er meinen Namen genannt. Er machte meinen Mund wie ein scharfes Schwert, er verbarg mich im Schatten seiner Hand. Er machte mich zu einem spitzen Pfeil und steckte mich in seinen Köcher. Er sagte zu mir: Du bist mein Knecht, Israel, an dem ich meine Herrlichkeit zeigen will.

Ich aber sagte: Vergeblich habe ich mich bemüht, habe meine Kraft für Nichtiges und Windhauch vertan. Aber mein Recht liegt beim HERRN und mein Lohn bei meinem Gott.

Jetzt aber hat der HERR gesprochen, der mich schon im Mutterleib zu seinem Knecht geformt hat, damit ich Jakob zu ihm heimführe und Israel bei ihm versammelt werde. So wurde ich in den Augen des HERRN geehrt und mein Gott war meine Stärke.

Und er sagte: Es ist zu wenig, dass du mein Knecht bist, nur um die Stämme Jakobs wieder aufzurichten und die Verschonten Israels heimzuführen. Ich mache dich zum Licht der Nationen, damit mein Heil bis an das Ende der Erde reicht.

ANTWORTPSALM Ps 139 (138), 1–3.13–14.15–16 (Kv: vgl. 14a)

Kv Ich danke dir, HERR:
Ich bin so staunenswert und wunderbar gestaltet. – Kv

HERR, du hast mich erforscht und kennst mich. /
Ob ich sitze oder stehe, du kennst es. *
Du durchschaust meine Gedanken von fern.
Ob ich gehe oder ruhe, du hast es gemessen. *
Du bist vertraut mit all meinen Wegen. – (Kv)

Du selbst hast mein Innerstes geschaffen, *
hast mich gewoben im Schoß meiner Mutter.
Ich danke dir, dass ich so staunenswert und wunderbar gestaltet bin. *
Ich weiß es genau: Wunderbar sind deine Werke. – (Kv)

Dir waren meine Glieder nicht verborgen, /
als ich gemacht wurde im Verborgenen, *
gewirkt in den Tiefen der Erde.
Als ich noch gestaltlos war, sahen mich bereits deine Augen. /
In deinem Buch sind sie alle verzeichnet: *
die Tage, die schon geformt waren, als noch keiner von ihnen da war. – (Kv)

ZUR 2. LESUNG In einer langen Heilsgeschichte, viel länger, als wir es gekürzt aus der heutigen Lesung entnehmen, bezeugt Paulus in der Apostelgeschichte das vielfältige Handeln Gottes in Israels Geschichte. Und schließlich handelt Gott auch durch Jesus, den Nachkommen von König David. Das Wirken Johannes' des Täufers legt sich wie ein Doppelknoten um das Auftreten Jesu. Ganz sicher. Ganz fest. Ganz stark. Bestätigt, unterstützt, hält fest. Von sich sagt Johannes, er sei es nicht wert, Jesus auch nur die Schuhe aufzuschnüren. *Wir* wissen, das Gegenteil ist der Fall. Er bindet, um im Bild zu bleiben, sogar Jesus die Schuhe zu, bevor dieser sich auf den Weg macht. Jesus kommt aus der Begegnung mit Johannes, wenn er seinen eigenen prophetischen Werdegang antritt – um zu heilen und zu predigen.

ZWEITE LESUNG

Apg 13,16.22–26

Vor dem Auftreten Jesu hat Johannes eine Taufe der Umkehr verkündigt

Lesung aus der Apostelgeschichte.

In der Synagoge von Antiochia in Pisidien stand Paulus auf, gab mit der Hand ein Zeichen und sagte:

Ihr Israeliten und ihr Gottesfürchtigen, hört! Gott erhob David zum König, von dem er bezeugte: Ich habe David, den Sohn des Isai, als einen Mann nach meinem Herzen gefunden, der alles, was ich will, vollbringen wird. Aus seinem Geschlecht hat Gott dem Volk Israel, der Verheißung gemäß, Jesus als Retter geschickt. Vor dessen Auftreten hat Johannes dem ganzen Volk Israel eine Taufe der Umkehr verkündet.

Als Johannes aber seinen Lauf vollendet hatte, sagte er: Ich bin nicht der, für den ihr mich haltet; aber siehe, nach mir kommt einer, dem die Sandalen von den Füßen zu lösen ich nicht wert bin.

Brüder, ihr Söhne aus Abrahams Geschlecht und ihr Gottesfürchtigen! Uns wurde das Wort dieses Heils gesandt.

RUF VOR DEM EVANGELIUM

Vers: vgl. Lk 1,76

Halleluja. Halleluja.
Du wirst Prophet des Höchsten heißen;
denn du wirst dem Herrn vorausgehen
und ihm den Weg bereiten.
Halleluja.

ZUM EVANGELIUM Nicht einfach, sich durchzusetzen gegen liebevolle Bevormundung. Gegen lange, oftmals durchaus sinnvolle Traditionen. Gegen feste Erwartungen. Die Verwandtschaft erwartet für das Kind am Tag seiner Beschneidung den Namen des Vaters. Vielleicht sehen sie darin auch die Bestätigung ihrer eigenen Wichtigkeit in der väterlichen Linie. Schon besteht die Gefahr, dass die Stimme der Mutter mit ihrem Votum im Sinne der göttlichen Verfügung überhört und überstimmt wird. In seinem Schweigen und Schreiben bestätigt Zacharias aber Elisabets Intervention. „Johannes ist sein Name" –

Gott ist Gnade. Was bedeutet: den Namen des Kindes zu rufen ist jedes Mal neu Dank und Gebet und Lobpreis.

EVANGELIUM

Lk 1,57–66.80

Johannes ist sein Name

+ **Aus dem heiligen Evangelium nach Lukas.**

Für Elisabet erfüllte sich die Zeit, dass sie gebären sollte, und sie brachte einen Sohn zur Welt. Ihre Nachbarn und Verwandten hörten, welch großes Erbarmen der Herr ihr erwiesen hatte, und freuten sich mit ihr.

Und es geschah:

Am achten Tag kamen sie zur Beschneidung des Kindes und sie wollten ihm den Namen seines Vaters Zacharias geben.

Seine Mutter aber widersprach und sagte: Nein, sondern er soll Johannes heißen.

Sie antworteten ihr: Es gibt doch niemand in deiner Verwandtschaft, der so heißt. Da fragten sie seinen Vater durch Zeichen, welchen Namen das Kind haben solle.

Er verlangte ein Schreibtäfelchen und schrieb darauf: Johannes ist sein Name. Und alle staunten.

Im gleichen Augenblick konnte er Mund und Zunge wieder gebrauchen und er redete und pries Gott. Und alle ihre Nachbarn gerieten in Furcht und man sprach von all diesen Dingen im ganzen Bergland von Judäa.

Alle, die davon hörten, nahmen es sich zu Herzen und sagten: Was wird wohl aus diesem Kind werden? Denn die Hand Gottes war mit ihm.

Das Kind wuchs heran und wurde stark im Geist. Und Johannes lebte in der Wüste bis zu dem Tag, an dem er seinen Auftrag für Israel erhielt.

Glaubensbekenntnis, S. 454 ff.

FÜRBITTEN

Johannes steht im Schatten Jesu und ist gerade so einer der ganz Großen. Sein Ruf zur Erneuerung ermutigt uns, in den Anliegen unserer Welt zu Gott zu rufen:

V: Gott, du unsere Hoffnung. A: Höre und erhöre uns.

- Wir bitten für die Kirche um die Kraft zu Umkehr und Erneuerung, wo sie sich von dir entfernt hat und starr geworden ist.
- Wir bitten für alle, die sich für den Frieden einsetzen, im Kleinen wie im Großen.
- Wir bitten für die Menschen, die Opfer von Misstrauen, Feindseligkeit, Aggression und Gewalt wurden.
- Wir bitten für alle, die andere verletzt haben und sich auf den Weg der Umkehr, der Reue und Erneuerung begeben.
- Wir bitten für die Verstorbenen, die sich und anderen etwas schuldig geblieben sind, dass du ihr Leben heilen, runden und vollenden mögest.

Gott des Lebens, jeder Tag, der uns geschenkt ist, bietet die Chance zur Umkehr – dazu, sich dem anderen neu zuzuwenden. Hilf uns, diese Chance zu ergreifen, heute und alle Tage unseres Seins.

EUCHARISTIEFEIER

GABENGEBET

Herr, unser Gott, in Freude legen wir unsere Gaben auf deinen Altar am Geburtsfest des heiligen Vorläufers Johannes. Er hat angekündigt, dass der Erlöser kommt, und als er gekommen war, auf ihn gezeigt, auf Jesus Christus, deinen Sohn, der mit dir lebt und herrscht in alle Ewigkeit.

PRÄFATION

In Wahrheit ist es würdig und recht, dir, allmächtiger Vater, zu danken und am Fest des heiligen Johannes das Werk deiner Gnade zu rühmen. Du hast ihn geehrt vor allen, die je eine Frau geboren hat, schon im Mutterschoß erfuhr er das kommende Heil, seine Geburt erfüllte viele mit Freude. Als Einziger der Propheten schaute er den Erlöser und zeigte hin auf das Lamm, das die Sünde der Welt hinwegnimmt. Im Jordan taufte er Christus, der seiner Kirche die Taufe geschenkt hat, so wurde das Wasser zum heiligen Quell des ewigen Lebens. Bis an sein Ende gab Johannes Zeugnis für das Licht und besiegelte mit dem Blut seine Treue. Darum preisen wir dich mit allen Engeln und Heiligen und singen vereint mit ihnen das Lob deiner Herrlichkeit: Heilig …

KOMMUNIONVERS Lk 1,78

Durch die barmherzige Liebe unseres Gottes
hat uns besucht das aufstrahlende Licht aus der Höhe.

SCHLUSSGEBET

Herr, unser Gott, am Geburtstag Johannes' des Täufers hast du deine Kirche zum Festmahl des Lammes geladen und sie mit Freude erfüllt. Gib, dass wir Christus, den Johannes vorausverkündigt hat, als den erkennen, der uns das ewige Leben erworben hat, der mit dir lebt und herrscht in alle Ewigkeit.

***

WETTERSEGEN

Gott, du Schöpfer aller Dinge, du hast uns Menschen die Welt anvertraut und willst, dass wir ihre Kräfte nützen. Aus dem Reichtum

deiner Liebe schenkst du uns die Früchte der Erde: den Ertrag aus Garten und Acker, Weinberg und Wald, damit wir mit frohem und dankbarem Herzen dir dienen. Erhöre unser Gebet: Halte Ungewitter und Hagel, Überschwemmung und Dürre, Frost und alles, was uns schaden mag, von uns fern. Schenke uns alles, was wir zum Leben brauchen. Darum bitten wir durch Christus, unseren Herrn.
Und der Segen des allmächtigen Gottes, des Vaters und des Sohnes † und des Heiligen Geistes, komme auf euch herab und bleibe bei euch allezeit. – A: Amen.

***

DAS DUNKLE UND DAS HELLE

Das Jahr steht auf der Höhe,
die große Waage ruht.
Nun schenk uns deine Nähe
und mach die Mitte gut.
Herr, zwischen Blühn und Reifen
und Ende und Beginn.
Lass uns dein Wort ergreifen
und wachsen auf dich hin.

Kaum ist der Tag am längsten,
wächst wiederum die Nacht.
Begegne unsren Ängsten
mit deiner Liebe Macht.
Das Dunkle und das Helle,
der Schmerz, das Glücklichsein
nimmt alles seine Stelle
in deiner Führung ein.

Detlev Block

HEILIGSTES HERZ JESU – HOCHFEST

27. Juni 2025

Der Feiertag vom Heiligsten Herzen Jesu darf ruhig mit allen Assoziationen zu liebevoller Großherzigkeit verbunden werden. Nicht vergessen sollte man, dass in den Vorstellungen der Schrift vor allem der Verstand zum Herzen gehört. Liebe verknüpft mit Verstand: ein wahrhaft messianischer Entwurf!

ERÖFFNUNGSVERS

Vgl. Ps 33 (32), 11.19

Der Ratschluss des Herrn bleibt ewig bestehen,
die Pläne seines Herzens überdauern die Zeiten:
Er will uns dem Tod entreißen
und in der Hungersnot unser Leben erhalten.

KYRIE-RUFE

Herr Jesus Christus, du bist die
Mensch gewordene Liebe Gottes.
V/A: Herr, erbarme dich.
Du hast die Liebe Gottes
ausgegossen in unsere Herzen.
V/A: Christus, erbarme dich.
Du willst, dass alles, was
wir tun, in Liebe geschehe.
V/A: Herr, erbarme dich.

Ehre sei Gott, S. 451 f.

TAGESGEBET

Allmächtiger Gott, wir verehren das Herz deines geliebten Sohnes und preisen die großen Taten seiner Liebe. Gib, dass wir aus dieser Quelle göttlichen Erbarmens die Fülle der Gnade und des Lebens empfangen. Darum bitten wir durch Jesus Christus.

WORTGOTTESDIENST

ZUR 1. LESUNG Im Hebräischkurs sollten wir mit den ersten Wörtern, die wir kannten, eine biblische Geschichte darstellen. Mit *Adam, Eva, Baum* und *Schlange* ging das genauso wie mit *Wasser, Wein, Maria* und *Jesus*. Schwieriger war es, die Verben und ihre Grammatik zu lernen: eine Form für die Verstärkung im Aktiv wie im Passiv, eine für das Veranlassen einer Handlung. Ein einziges Verb wächst aus seiner Wurzel wie ein sich nach allen Seiten verzweigender Busch. Und in jedem Psalm, bei jedem Prophetenwort so viel Handeln: bringen und holen, suchen, sich kümmern, führen und weiden, nachgehen und finden, kräftigen und stärken, behüten und wahren, fressen lassen und zur Ruhe bringen. Jede Handlung ein Wirken, das Zeugnis ablegt, von Gott und von Menschen. Man sollte die Gottesrede, die der Prophet verkündet, Wort für Wort auskosten, um die große Liebe Gottes zu seinem Volk wahrhaft zu erkennen. In Gottes Suchen, Kümmern, Herausführen, Lagern und Weidenlassen und tausend Worten mehr. Nimm und lies.

ERSTE LESUNG Ez 34,11–16

Ich werde meine Schafe weiden und ich werde sie ruhen lassen

Lesung aus dem Buch Ezechiel.

So spricht GOTT, der Herr: Siehe, ich selbst bin es, ich will nach meinen Schafen fragen und mich um sie kümmern. Wie ein Hirt sich um seine Herde kümmert an dem Tag, an dem er inmitten seiner Schafe ist, die sich verirrt haben, so werde ich mich um meine Schafe kümmern und ich werde sie retten aus all den Orten, wohin sie sich am Tag des Gewölks und des Wolkendunkels zerstreut haben.

Ich werde sie aus den Völkern herausführen, ich werde sie aus den Ländern sammeln und in ihr Land bringen. Ich führe sie in den Bergen Israels auf die Weide, in den Tälern und an allen bewohnten Orten des Landes.

Auf guter Weide werde ich sie weiden und auf den hohen Bergen Israels wird ihr Weideplatz sein. Dort werden sie auf gutem Weideplatz lagern, auf den Bergen Israels werden sie auf fetter Weide weiden.

Ich, ich selber werde meine Schafe weiden und ich, ich selber werde sie ruhen lassen – Spruch GOTTES, des Herrn. Die verloren gegangenen Tiere will ich suchen, die vertriebenen zurückbringen, die verletzten verbinden, die schwachen kräftigen, die fetten und starken behüten. Ich will ihr Hirt sein und für sie sorgen, wie es recht ist.

ANTWORTPSALM

Ps 23 (22), 1–3.4.5.6 (Kv: 1)

Kv Der HERR ist mein Hirt,
nichts wird mir fehlen. – Kv

Der HERR ist mein Hirt, nichts wird mir fehlen. /
Er lässt mich lagern auf grünen Auen *
und führt mich zum Ruheplatz am Wasser.
Meine Lebenskraft bringt er zurück. *
Er führt mich auf Pfaden der Gerechtigkeit, getreu seinem Namen. – (Kv)

Auch wenn ich gehe im finsteren Tal, *
ich fürchte kein Unheil;
denn du bist bei mir, *
dein Stock und dein Stab, sie trösten mich. – (Kv)

Du deckst mir den Tisch *
vor den Augen meiner Feinde.

Du hast mein Haupt mit Öl gesalbt, *
übervoll ist mein Becher. – (Kv)

Ja, Güte und Huld *
werden mir folgen mein Leben lang,
und heimkehren werde ich ins Haus des HERRN *
für lange Zeiten. – Kv

ZUR 2. LESUNG Vom Leichten zum Schweren zu argumentieren, oder umgekehrt vom Schweren zum Leichten, das sind klassische rabbinische Muster. Paulus, einer der bekanntesten Rabbinen, bedient sich dieser Figuren. Ihm ist sehr daran gelegen, vor der römischen Gemeinde Christi Einsatz zugunsten derjenigen zu bestaunen, die ihm besonders fern sind. Was für eine Sache, sein Leben einzusetzen. Schon selten vorstellbar zugunsten eines Gerechten – Inbegriff einer ethischen Lebensführung im Sinne der biblischen und rabbinischen Literatur. Noch seltener, aber immerhin denkbar, für einen Guten. Aber unvorstellbar für Sünder. Genau das aber tut Christus. Auf die tiefste Talsohle steigt er hinab, um dorthin Gerechtigkeit, Ausgleich und Rettung zu bringen. Um dann den umgekehrten Weg aus der Tiefe zu gehen: die Gottesfeinde zu versöhnen im Tod, die Versöhnten zu retten durch sein Leben, um schließlich denen, die sich mit und in Gott freuen, Versöhnung zu schenken.

ZWEITE LESUNG Röm 5,5b–11

Gott aber erweist seine Liebe zu uns darin, dass Christus für uns gestorben ist

Lesung aus dem Brief des Apostels Paulus an die Gemeinde in Rom.

Schwestern und Brüder! Die Liebe Gottes ist ausgegossen in unsere Herzen durch den Heiligen Geist, der uns gegeben ist.

Denn Christus ist, als wir noch schwach waren, für die zu dieser Zeit noch Gottlosen gestorben. Dabei wird nur schwerlich jemand für einen Gerechten sterben; vielleicht wird er jedoch für einen guten Menschen sein Leben wagen.

Gott aber erweist uns seine Liebe darin, dass Christus für uns gestorben ist, als wir noch Sünder waren. Nachdem wir jetzt durch sein Blut gerecht gemacht sind, werden wir durch ihn erst recht vor dem Zorn gerettet werden.

Da wir mit Gott versöhnt wurden durch den Tod seines Sohnes, als wir noch Gottes Feinde waren, werden wir erst recht, nachdem wir versöhnt sind, gerettet werden durch sein Leben. Mehr noch, ebenso rühmen wir uns Gottes durch Jesus Christus, unseren Herrn, durch den wir jetzt schon die Versöhnung empfangen haben.

RUF VOR DEM EVANGELIUM

Vers: Mt 11,29ab

Halleluja. Halleluja.
(So spricht der Herr:)
Nehmt mein Joch auf euch und lernt von mir;
denn ich bin gütig und von Herzen demütig.
Halleluja.

Oder: Vers: Joh 10,14

Halleluja. Halleluja.
(So spricht der Herr:)
Ich bin der gute Hirt.
Ich kenne die Meinen und die Meinen kennen mich.
Halleluja.

ZUM EVANGELIUM

Natürlich sollte die Freundin der Jugendjahre mit dabei sein beim 90. Geburtstag unserer Mutter, bei dem wir zum Essen in einem schönen Restaurant zusammenkamen. Alles war abgesprochen, im Kalender eingezeichnet, festgehalten, die Fahrt organisiert. Doch kein Taxi kam. „Bisschen Schwund ist immer“, flachste einer der Enkel der Jubilarin, fuhr aber los, die Vermisste zu suchen. Tatsächlich, die beginnende Demenz hatte die Verabredung aus dem Gedächtnis gelöscht, sie war alleine zu Hause geblieben. Jetzt aber begrüßten wir alle sie mit großem Jubel in der feiernden Runde. Mit „bisschen Schwund“ kann und will auch Jesus sich nicht zufriedengeben, niemals. Nicht einmal im Blick auf Sünder und Ungerechte. Er will selbst die, die verloren gegangen sind, zusammenholen zum Fest und zur Feier.

EVANGELIUM Lk 15,3–7

Freut euch mit mir, denn ich habe mein Schaf wiedergefunden, das verloren war

+ Aus dem heiligen Evangelium nach Lukas.

In jener Zeit erzählte Jesus den Pharisäern und Schriftgelehrten dieses Gleichnis und sagte: Wenn einer von euch hundert Schafe hat und eins davon verliert, lässt er dann nicht die neunundneunzig in der Wüste zurück und geht dem verlorenen nach, bis er es findet?

Und wenn er es gefunden hat, nimmt er es voll Freude auf die Schultern, und wenn er nach Hause kommt, ruft er seine Freunde und Nachbarn zusammen und sagt zu ihnen: Freut euch mit mir, denn ich habe mein Schaf wiedergefunden, das verloren war!

Ich sage euch: Ebenso wird im Himmel mehr Freude herrschen über einen einzigen Sünder, der umkehrt, als über neunundneunzig Gerechte, die keine Umkehr nötig haben.

Glaubensbekenntnis, S. 454 ff.

FÜRBITTEN

Jesus Christus, Freund und Bruder, du legst uns keine Lasten auf, sondern trägst sie mit uns. Wir rufen zu dir:

V: Kyrie, eleison. A: Christe, eleison.

- Bestärke die ganze Kirche, den Mühseligen und Beladenen nachzugehen und in deinem Geist diakonisch zu handeln.
- Ermutige diejenigen, die straffällig gewordenen Jugendlichen aufhelfen und ihnen Verlässlichkeit geben.
- Schenke Beistand allen, die sich in ihrem Umfeld für Ausgleich, Frieden und Gerechtigkeit einsetzen.
- Segne alle, die benachteiligten Kindern und Jugendlichen Bildungs- und Lebenschancen eröffnen.
- Begleite die Menschen, deren Leben in diesen Tagen der sommerlichen Fülle und Wärme zu Ende geht, und leite sie in dein Licht und Leben.

In all unseren Bemühungen, auch in den vergeblichen, wissen wir uns doch getragen durch unseren Bruder und Herrn Jesus Christus. Dafür danken wir, heute und alle Tage, die uns geschenkt sind.

EUCHARISTIEFEIER

GABENGEBET

Allmächtiger Gott, sieh auf das durchbohrte Herz deines Sohnes, der uns geliebt und sich für uns hingegeben hat. Lass unser Opfer dir wohlgefallen und zur Sühne für unsere Sünden werden. Darum bitten wir durch Christus, unseren Herrn.

PRÄFATION

In Wahrheit ist es würdig und recht, dir, allmächtiger Vater, zu danken und dich mit der ganzen Schöpfung zu loben, durch unseren Herrn Jesus Christus. Am Kreuz erhöht, hat er sich für uns dahingegeben aus unendlicher Liebe und alle an sich gezogen. Aus seiner geöffneten Seite strömen Blut und Wasser, aus seinem durchbohrten

Herzen entspringen die Sakramente der Kirche. Das Herz des Erlösers steht offen für alle, damit sie freudig schöpfen aus den Quellen des Heiles. Durch ihn rühmen dich deine Erlösten und singen mit den Chören der Engel das Lob deiner Herrlichkeit: Heilig …

KOMMUNIONVERS

Joh 7,37–38

Wer Durst hat, komme zu mir,
und es trinke, wer an mich glaubt!
Die Schrift sagt:
Aus seinem Inneren werden
Ströme von lebendigem Wasser fließen.

Oder: Joh 19,34

Ein Soldat stieß mit der Lanze in seine Seite,
und sogleich floss Blut und Wasser heraus.

SCHLUSSGEBET

Herr, unser Gott, du hast uns gestärkt mit dem Sakrament jener Liebe, durch die dein Sohn alles an sich zieht. Entzünde auch in uns das Feuer seiner Liebe, damit wir in unseren Brüdern ihn erkennen und ihm dienen. Darum bitten wir durch ihn, Christus, unseren Herrn.

***

HEILIGKEIT

Heilig ist, was zu Gott gehört.
Heiligstes: vom Herzen Gottes.
Heiligstes Herz Jesu: eine Offenbarung Gottes.

Kira Busch-Wagner

HL. PETRUS UND HL. PAULUS, APOSTEL
HOCHFEST

29. Juni 2025

Majestätisch stehen sie da, die Statuen der Apostel Petrus und Paulus auf dem Petersplatz in Rom. Aber sieht man sich die Überlieferung über die beiden Herren so an, dann sind sie nicht immer schon von erhabenem Glanz umflossen. Vielmehr schildern die neutestamentlichen Texte bei Paulus eine durchaus schwierige Vergangenheit, und auch bei Petrus scheint nicht alles durchgängig vorbildlich zu sein. War es doch er, den Jesus immer wieder ermahnte und der zuletzt seinen Herrn sogar dreimal verleugnete. Nicht unbedingt eine ruhmreiche Geschichte. Petrus war unsicher, er ist gestolpert und gefallen – und ist doch immer wieder aufgestanden, hat einen Neuanfang gewagt. Im Scheitern scheint für die beiden Apostel auch eine Kraft zu liegen. Es ist nicht alles von Anfang an gut gegangen. Wie oft genüge ich meinen Ansprüchen nicht und stolpere durch den Alltag hindurch? Mit Petrus und Paulus darf ich neu Mut schöpfen; auch ich darf einen Neuanfang wagen, immer und immer wieder.

ERÖFFNUNGSVERS

Die Apostel Petrus und Paulus
haben die Kirche begründet;
sie haben den Kelch des Herrn getrunken,
nun sind sie Gottes Freunde.

KYRIE-RUFE

Herr Jesus Christus, du hast
den heiligen Petrus berufen,

deine Schafe zu weiden.
V/A: Herr, erbarme dich.
Du hast dich dem heiligen
Paulus offenbart, damit er dich
unter den Völkern verkünde.
V/A: Christus, erbarme dich.
Du hast versprochen, dass die
Pforten der Unterwelt deine
Kirche nicht überwältigen werden.
V/A: Herr, erbarme dich.

Ehre sei Gott, S. 451 f.

TAGESGEBET

Herr, unser Gott, am Hochfest der Apostel Petrus und Paulus haben wir uns in Freude versammelt. Hilf deiner Kirche, in allem der Weisung deiner Boten zu folgen, durch die sie den Glauben und das Leben in Christus empfangen hat, der in der Einheit des Heiligen Geistes mit dir lebt und herrscht in alle Ewigkeit.

WORTGOTTESDIENST

ZUR 1. LESUNG Da wollte jemand auf „Nummer sicher" gehen: 16 Soldaten haben Petrus im Gefängnis bewacht, zwei davon waren direkt an seiner Seite. Doch die Kraft Gottes trotzt der weltlichen Macht und bahnt sich einen Weg – Petrus kommt auf wundersame Weise aus dem Gefängnis frei. An ihm, der sich zu Christus bekannt hat, erweist der Herr seine Macht. Vor dem Hintergrund der Verfolgungen in den ersten Jahrhunderten erstrahlt diese Botschaft umso heller.

ERSTE LESUNG

Apg 12,1–11

Nun weiß ich, dass der Herr mich der Hand des Herodes entrissen hat

Lesung aus der Apostelgeschichte.

In jenen Tagen ließ der König Herodes einige aus der Gemeinde verhaften und misshandeln. Jakobus, den Bruder des Johannes, ließ er mit dem Schwert hinrichten. Als er sah, dass es den Juden gefiel, ließ er auch Petrus festnehmen. Das geschah in den Tagen der Ungesäuerten Brote. Er nahm ihn also fest und warf ihn ins Gefängnis. Die Bewachung übertrug er vier Abteilungen von je vier Soldaten. Er beabsichtigte, ihn nach dem Paschafest dem Volk vorführen zu lassen. Petrus wurde also im Gefängnis bewacht. Die Gemeinde aber betete inständig für ihn zu Gott.

In der Nacht, ehe Herodes ihn vorführen lassen wollte, schlief Petrus, mit zwei Ketten gefesselt, zwischen zwei Soldaten; vor der Tür aber bewachten Posten den Kerker.

Und siehe, ein Engel des Herrn trat hinzu und ein Licht strahlte in dem Raum. Er stieß Petrus in die Seite, weckte ihn und sagte: Schnell, steh auf! Da fielen die Ketten von seinen Händen.

Der Engel aber sagte zu ihm: Gürte dich und zieh deine Sandalen an! Er tat es. Und der Engel sagte zu ihm: Wirf deinen Mantel um und folge mir! Und Petrus ging hinaus und folgte ihm, ohne zu wissen, dass es Wirklichkeit war, was durch den Engel geschah; es kam ihm vor, als habe er eine Vision.

Sie gingen an der ersten und an der zweiten Wache vorbei und kamen an das eiserne Tor, das in die Stadt führt; es öffnete sich ihnen von selbst. Sie traten hinaus und gingen eine Gasse weit; und sogleich verließ ihn der Engel.

Da kam Petrus zu sich und sagte: Nun weiß ich wahrhaftig, dass der Herr seinen Engel gesandt und mich der Hand des Herodes entrissen hat und alldem, was das Volk der Juden erwartet hat.

ANTWORTPSALM

Ps 34 (33),2–3.4–5.6–7.8–9 (Kv: vgl. 5b)

Kv All meinen Ängsten hat mich der HERR entrissen. – Kv

Ich will den HERRN allezeit preisen; *
immer sei sein Lob in meinem Mund.
Meine Seele rühme sich des HERRN; *
die Armen sollen es hören und sich freuen. – (Kv)

Preist mit mir die Größe des HERRN, *
lasst uns gemeinsam seinen Namen erheben!
Ich suchte den HERRN und er gab mir Antwort, *
er hat mich all meinen Ängsten entrissen. – (Kv)

Die auf ihn blickten, werden strahlen, *
nie soll ihr Angesicht vor Scham erröten.
Da rief ein Armer und der HERR erhörte ihn *
und half ihm aus all seinen Nöten. – (Kv)

Der Engel des HERRN umschirmt, die ihn fürchten, *
und er befreit sie.
Kostet und seht, wie gut der HERR ist! *
Selig der Mensch, der zu ihm sich flüchtet! – Kv

ZUR 2. LESUNG Was Paulus seinem Freund Timotheus hier hinterlässt, ist eine Art Testament. Paulus hat sich bewährt, gekämpft und trotz vieler Widrigkeiten durchgehalten bis zum Schluss. Sein Leben und Sterben sollen wegweisend sein für die frühen Christen: eine Mahnung und Ermutigung, trotz aller Widrigkeiten durchzuhalten wie er – zu kämpfen und sich letztlich von Gott gehalten zu wissen.

ZWEITE LESUNG

2 Tim 4,6–8.17–18

Schon jetzt liegt für mich der Kranz der Gerechtigkeit bereit

Lesung aus dem zweiten Brief des Apostels Paulus an Timotheus.

Mein Sohn! Ich werde schon geopfert und die Zeit meines Aufbruchs ist nahe. Ich habe den guten Kampf gekämpft, den Lauf vollendet, die Treue bewahrt.

Schon jetzt liegt für mich der Kranz der Gerechtigkeit bereit, den mir der Herr, der gerechte Richter, an jenem Tag geben wird, aber nicht nur mir, sondern allen, die sein Erscheinen ersehnen.

Der Herr stand mir zur Seite und gab mir Kraft, damit durch mich die Verkündigung vollendet wird und alle Völker sie hören; und so wurde ich dem Rachen des Löwen entrissen.

Der Herr wird mich allem bösen Treiben entreißen und retten in sein himmlisches Reich. Ihm sei die Ehre in alle Ewigkeit. Amen.

RUF VOR DEM EVANGELIUM

Vers: vgl. Mt 16,18

Halleluja. Halleluja.
(So spricht der Herr:)
Du bist Petrus – der Fels –
und auf diesen Felsen werde ich meine Kirche bauen
und die Pforten der Unterwelt werden sie nicht überwältigen.
Halleluja.

ZUM EVANGELIUM Wer ist Jesus? Auf diese Frage lässt sich leicht mit allgemein anerkannten Definitionen antworten: Jesus ist Gottes Sohn. Christen sagen, er sei der Messias, der Gesalbte. Kommt uns das berühmte Messiasbekenntnis des Petrus wie eine Definition über die Lippen? Wie aber würde eine Antwort, ein Bekenntnis auf der Beziehungsebene lauten? Was würden wir heute antworten, wenn er uns wie damals dem Petrus direkt gegenüberstünde?

EVANGELIUM

Mt 16,13–19

Du bist Petrus; ich werde dir die Schlüssel des Himmelreiches geben

+ Aus dem heiligen Evangelium nach Matthäus.

In jener Zeit, als Jesus in das Gebiet von Cäsarea Philippi kam, fragte er seine Jünger und sprach: Für wen halten die Leute den Menschensohn?

Sie sagten: Die einen für Johannes den Täufer, andere für Elija, wieder andere für Jeremia oder sonst einen Propheten.

Da sagte er zu ihnen: Ihr aber, für wen haltet ihr mich?

Simon Petrus antwortete und sprach: Du bist der Christus, der Sohn des lebendigen Gottes!

Jesus antwortete und sagte zu ihm: Selig bist du, Simon Barjona; denn nicht Fleisch und Blut haben dir das offenbart, sondern mein Vater im Himmel. Ich aber sage dir: Du bist Petrus – der Fels – und auf diesen Felsen werde ich meine Kirche bauen und die Pforten der Unterwelt werden sie nicht überwältigen. Ich werde dir die Schlüssel des Himmelreichs geben; was du auf Erden binden wirst, das wird im Himmel gebunden sein, und was du auf Erden lösen wirst, das wird im Himmel gelöst sein.

Glaubensbekenntnis, S. 454 ff.

FÜRBITTEN

Jesus ist der Messias, der Gesalbte – griechisch Christus. Er ist der Befreier und Retter. Wir rufen zu ihm und bitten ihn:

V/A: Höre und erhöre uns.

- Für die ganze Kirche, dass sie immer wieder neu auf dein Wort hört und bewusst deiner Spur folgt.

- Für die Ordenschristen und Ordenschristinnen, die im helfenden Handeln und im Gebet dir nachfolgen.

- Für alle, die sich von der Kirche enttäuscht, missachtet und verlassen fühlen.

- Für die Frauen und Männer in Armut und Not, die ihre Familien verlassen müssen, um fern der Heimat den Lebensunterhalt zu erarbeiten.
- Für alle Kinder, die in Bergwerken, Steinbrüchen, auf Feldern und in Haushalten schuften müssen, anstatt zu spielen und zu lernen.

Die Not ist groß, aber auch unsere Hoffnung und unser Wille, nach dem Vorbild der Apostel Veränderungen zum Guten zu bewirken durch Jesus Christus, unseren Bruder und Heiland.

EUCHARISTIEFEIER

GABENGEBET

Herr und Gott, in Gemeinschaft mit den Aposteln Petrus und Paulus bitten wir dich: Heilige unsere Gaben und lass uns mit Bereitschaft und Hingabe das Opfer deines Sohnes feiern, der mit dir lebt und herrscht in alle Ewigkeit.

PRÄFATION

In Wahrheit ist es würdig und recht, dich, allmächtiger Vater, in deinen Heiligen zu preisen und am Fest der Apostel Petrus und Paulus das Werk deiner Gnade zu rühmen. Petrus hat als Erster den Glauben an Christus bekannt und aus Israels heiligem Rest die erste Kirche gesammelt. Paulus empfing die Gnade tiefer Einsicht und die Berufung zum Lehrer der Heiden. Auf verschiedene Weise dienten beide Apostel der einen Kirche, gemeinsam empfingen sie die Krone des Lebens. Darum ehren wir beide in gemeinsamer Feier und vereinen uns mit allen Engeln und Heiligen zum Hochgesang von deiner göttlichen Herrlichkeit: Heilig …

KOMMUNIONVERS

Mt 16,16.18

Petrus sagte zu Jesus:
Du bist der Messias, der Sohn des lebendigen Gottes.
Jesus erwiderte ihm:
Du bist Petrus und auf diesen Felsen
werde ich meine Kirche bauen.

SCHLUSSGEBET

Herr, unser Gott, du hast uns durch das heilige Sakrament gestärkt. Gib, dass wir im Brotbrechen und in der Lehre der Apostel verharren und in deiner Liebe ein Herz und eine Seele werden. Darum bitten wir durch Christus, unseren Herrn.

FEIERLICHER SCHLUSSSEGEN

Seinen Segen gewähre euch der allmächtige Gott, der auf das Bekenntnis des Petrus die Kirche gegründet und durch ihn die Brüder im Glauben gestärkt hat. – A: Amen.
Durch Paulus hat er die Heidenvölker zum Glauben geführt; das Beispiel dieses Apostels lehre euch, Menschen für Christus zu gewinnen. – A: Amen.
Beide bezeugten den Herrn bis zum Tod: Petrus am Kreuz, Paulus unter dem Schwert; ihre Fürsprache geleite euch zur ewigen Heimat. – A: Amen.
Das gewähre euch der dreieinige Gott, der Vater und der Sohn † und der Heilige Geist. – A: Amen.

***

DU WARTEST AUF MICH

Jesus Christus,
Friede unserer Herzen,
in unseren Nächten
wie unseren Tagen,
in finsteren Stunden
wie in Stunden voller Licht
klopfst du bei uns an und
wartest auf Antwort.

Frère Roger, Taizé

14. SONNTAG IM JAHRESKREIS

6. Juli 2025

Friede ist mehr als die Abwesenheit von Krieg oder Gewalt. Schalom, das hebräische Wort für Frieden, bringt die Vorstellung vom Heil schlechthin zum Ausdruck. Dieser Schalom kennzeichnet die künftige erneuerte Welt, in der Friede und Gerechtigkeit sich küssen (vgl. Ps 85,11) und sogar Kind und Löwe einträchtig miteinander spielen (vgl. Jes 11,6). Dies sind Bilder für die neue Schöpfung, deren Frieden wir bislang nur erahnen können. Für die Schülerschaft des Propheten Jesaja ist der Neubeginn in Jerusalem nach dem babylonischen Exil zwar schwierig, wirft aber schon etwas wie das Licht des künftigen Friedensreiches auf die Stadt. Auch für Paulus sind nicht Äußerlichkeiten, sondern der Frieden in der neuen Schöpfung entscheidend. Die von Jesus ausgesandten Jünger sollen nichts mitnehmen. Allein der erwiderte Friedensgruß öffnet Türen und schenkt die Gemeinschaft, die schon jetzt das Reich Gottes erahnen lässt.

ERÖFFNUNGSVERS

Ps 48 (47),10–11

Deiner Huld, o Gott, gedenken wir
in deinem heiligen Tempel.
Wie dein Name, Gott,
so reicht dein Ruhm bis an die Enden der Erde;
deine rechte Hand ist voll von Gerechtigkeit.

KYRIE-RUFE

Herr Jesus Christus, du sendest
deine Jünger aus, zu verkünden:
Das Reich Gottes ist nahe.
V/A: Herr, erbarme dich.

Du sendest sie wie Schafe
mitten unter die Wölfe.
V/A: Christus, erbarme dich.
Du sendest sie, zu verkünden und
aufzutreten, ob gelegen oder ungelegen.
V/A: Herr, erbarme dich.

Ehre sei Gott, S. 451 f.

TAGESGEBET

Barmherziger Gott, durch die Erniedrigung deines Sohnes hast du die gefallene Menschheit wieder aufgerichtet und aus der Knechtschaft der Sünde befreit. Erfülle uns mit Freude über die Erlösung und führe uns zur ewigen Seligkeit. Darum bitten wir durch Jesus Christus.

WORTGOTTESDIENST

ZUR 1. LESUNG Erst nach dem babylonischen Exil (587–538 vor Christus) des Volkes Israel ist das prophetische Buch des „dritten Jesaja" Tritojesaja (Jes 56–66) entstanden. Die Zeitumstände sind gekennzeichnet von Wiederaufbau und neuer Hoffnung, doch weiterhin dominiert die schwierige Lage des Volkes Israel. Der Prophet stärkt die Zuversicht, die sich aus den früheren Erfahrungen des Volkes mit Gott nährt. Wie ein kraftvoller Strom kehrt der Friede in die Stadt zurück. Noch viel wichtiger als der äußere Aufbau aber ist dem Propheten die innere Stärke, durch die die Stadt zu neuem Leben erweckt werden wird. An dem Ort, wo einst Gottes Herrlichkeit im Tempel wohnte, finden die aufgescheuchten Seelen Trost und Halt. Der von dem Propheten verkündete „neue Himmel und die neue Erde" (Jes 66,22) wird auch für die neutestamentlichen Autoren das Bild sein für das ewige Friedensreich Gottes (vgl. 2 Petr 3,13; Offb 21,1).

ERSTE LESUNG

Jes 66,10–14c

Wie einen Strom leite ich den Frieden zu ihr

Lesung aus dem Buch Jesaja.

Freut euch mit Jerusalem und jauchzt in ihr, alle, die ihr sie liebt! Jubelt mit ihr, alle, die ihr um sie trauert, auf dass ihr trinkt und satt werdet an der Brust ihrer Tröstungen, auf dass ihr schlürft und euch labt an der Brust ihrer Herrlichkeit!

Denn so spricht der HERR: Siehe, wie einen Strom leite ich den Frieden zu ihr und Herrlichkeit der Nationen wie einen rauschenden Bach, auf dass ihr trinken könnt; auf der Hüfte werdet ihr getragen, auf Knien geschaukelt.

Wie einen Mann, den seine Mutter tröstet, so tröste ich euch; in Jerusalem findet ihr Trost. Ihr werdet das sehen und euer Herz wird jubeln und eure Knochen werden sprossen wie frisches Grün. So offenbart sich die Hand des HERRN an seinen Knechten.

ANTWORTPSALM

Ps 66 (65),1–3.4–5.6–7.16 u. 20 (Kv: 1)

Kv Jauchzt vor Gott, alle Länder der Erde! – Kv

Jauchzt Gott zu, alle Länder der Erde! /
Spielt zur Ehre seines Namens! *
Verherrlicht ihn mit Lobpreis!
Sagt zu Gott: Wie Ehrfurcht gebietend sind deine Taten; *
vor deiner gewaltigen Macht müssen die Feinde sich beugen. – (Kv)

Alle Welt bete dich an und singe dein Lob, *
sie lobsinge deinem Namen!
Kommt und seht die Taten Gottes! *
Ehrfurcht gebietend ist sein Tun an den Menschen: – (Kv)

Er verwandelte das Meer in trockenes Land, /
sie schreiten zu Fuß durch den Strom; *
dort wollen wir uns über ihn freuen.

In seiner Kraft ist er Herrscher auf ewig; /
seine Augen prüfen die Völker. *
Die Aufsässigen können sich gegen ihn nicht erheben. – (Kv)

Alle, die ihr Gott fürchtet, kommt und hört; *
ich will euch erzählen, was er mir Gutes getan hat.
Gepriesen sei Gott; /
denn er hat mein Bittgebet nicht unterbunden *
und mir seine Huld nicht entzogen. – Kv

ZUR 2. LESUNG Während Tritojesaja das Heil vor allem für das Volk Israel im Blick hat, bekräftigt Paulus am Ende des Galaterbriefes, dass durch den Tod Christi am Kreuz das Heil für alle Menschen gilt. Wie durch ein Brennglas schaut der Apostel auf die Botschaft des Evangeliums und fasst sie mit eigener Hand zusammen. Durch das Kreuz kommen Friede und Erbarmen über alle, ob Juden oder Heiden. Wer dem Grundsatz der neuen Schöpfung folgt, wird schon jetzt den anbrechenden Schalom ahnen. Unter den „Leidenszeichen" versteht Paulus die Narben, die er selbst durch die Verfolgungen um des Glaubens willen erlitten hat (vgl. 2 Kor 4,10–11). Mit dem Wunsch, die Gnade Christi möge mit dem Geist der Geschwister sein, unterstreicht Paulus, dass der Mensch sich allein auf Gott und nicht auf Äußerlichkeiten hin ausrichten soll.

ZWEITE LESUNG Gal 6,14–18

Ich trage die Leidenszeichen Jesu an meinem Leib

Lesung aus dem Brief des Apostels Paulus an die Gemeinden in Galatien.

Schwestern und Brüder! Ich will mich allein des Kreuzes Jesu Christi, unseres Herrn, rühmen, durch das mir die Welt gekreuzigt ist und ich der Welt.

Denn es kommt nicht darauf an, ob einer beschnitten oder unbeschnitten ist, sondern darauf, dass er neue Schöpfung ist. Friede und Erbarmen komme über alle, die diesem Grundsatz folgen, und über das Israel Gottes.

In Zukunft soll mir niemand mehr solche Schwierigkeiten bereiten. Denn ich trage die Leidenszeichen Jesu an meinem Leib.

Die Gnade Jesu Christi, unseres Herrn, sei mit eurem Geist, meine Brüder und Schwestern! Amen.

RUF VOR DEM EVANGELIUM

Vers: Kol 3,15a.16a

Halleluja. Halleluja.
Der Friede Christi triumphiere in euren Herzen.
Das Wort Christi wohne
mit seinem ganzen Reichtum bei euch.
Halleluja.

ZUM EVANGELIUM Nach der Aussendung der zwölf Jünger (vgl. Lk 9,1–6), wird nun auch eine größere Gruppe in die Städte und Ortschaften geschickt. Lukas versteht dies als symbolischen Akt. Die Zahl 72 erinnert an die Zahl gemäß der „Völkertafel" im Buch Genesis (vgl. Gen 10). Die Jünger werden „in alle Welt" gesandt – ihr Wirkungsfeld reicht also über das Volk Israel hinaus. Sie verkünden den Frieden, das Heil Gottes. Wo Jesus hingeht, bricht das Reich Gottes durch ihn an. Daher haben die Boten auch keine andere Botschaft als das Kommen Jesu zu verkünden. Mission geschieht heute unter anderen Bedingungen, als Lukas sie nach orientalischem Brauch noch vor Augen hatte. Aber ganz im Sinne seiner Fokussierung auf die Armen und Marginalisierten treten auch schon für ihn eigene Ansprüche hinter die Botschaft des Evangeliums zurück.

EVANGELIUM

Lk 10,1–12.17–20

Der Friede, den ihr dem Haus wünscht, wird auf ihm ruhen

+ **Aus dem heiligen Evangelium nach Lukas.**

In jener Zeit suchte der Herr zweiundsiebzig andere aus und sandte sie zu zweit vor sich her in alle Städte und Ortschaften, in die er selbst gehen wollte.

Er sagte zu ihnen: Die Ernte ist groß, aber es gibt nur wenig Arbeiter. Bittet also den Herrn der Ernte, Arbeiter für seine Ernte auszusenden!

Geht! Siehe, ich sende euch wie Schafe mitten unter die Wölfe. Nehmt keinen Geldbeutel mit, keine Vorratstasche und keine Schuhe! Grüßt niemand auf dem Weg!

Wenn ihr in ein Haus kommt, so sagt als Erstes: Friede diesem Haus! Und wenn dort ein Sohn des Friedens wohnt, wird euer Friede auf ihm ruhen; andernfalls wird er zu euch zurückkehren. Bleibt in diesem Haus, esst und trinkt, was man euch anbietet; denn wer arbeitet, ist seines Lohnes wert. Zieht nicht von einem Haus in ein anderes!

Wenn ihr in eine Stadt kommt und man euch aufnimmt, so esst, was man euch vorsetzt. Heilt die Kranken, die dort sind, und sagt ihnen: Das Reich Gottes ist euch nahe!

Wenn ihr aber in eine Stadt kommt, in der man euch nicht aufnimmt, dann geht auf die Straße hinaus und ruft: Selbst den Staub eurer Stadt, der an unseren Füßen klebt, lassen wir euch zurück; doch das sollt ihr wissen: Das Reich Gottes ist nahe. Ich sage euch: Sodom wird es an jenem Tag erträglicher gehen als dieser Stadt.

Die Zweiundsiebzig kehrten zurück und sagten voller Freude: Herr, sogar die Dämonen sind uns in deinem Namen untertan. Da sagte er zu ihnen: Ich sah den Satan wie einen Blitz aus dem Himmel fallen. Seht, ich habe euch die Vollmacht gegeben, auf Schlangen und Skorpione zu treten und über die ganze Macht des Feindes. Nichts wird euch schaden können.

Doch freut euch nicht darüber, dass euch die Geister gehorchen, sondern freut euch darüber, dass eure Namen im Himmel verzeichnet sind!

[*Oder:* KURZFASSUNG – Lk 10,1–9]

Glaubensbekenntnis, S. 454 ff.

FÜRBITTEN

Mit wie viel Gepäck, mit wie vielen Sorgen sind wir unterwegs? Und mit wie vielen vermeintlichen Sicherheiten? Wir rufen zu Gott, dessen Ruf Menschen befreit:

V: Fürsorgender Gott. A: Wir bitten dich, erhöre uns.

- Wir beten für die Botinnen und Boten des Evangeliums in der ganzen Welt, dass sie mit ihrer guten Präsenz und ihrer Zugewandtheit den Weg für dein Kommen bereiten.
- Wir beten für Eltern und Großeltern in ihrem Bemühen, den Kindern und Enkelkindern das Grundvertrauen zu schenken, dass sie angenommen und geliebt sind.
- Wir beten für die jungen Menschen, die nach dem Abschluss der Schule mit wenig Gepäck aufbrechen, um in Freiwilligendiensten für andere da zu sein und den eigenen Blick zu weiten.
- Wir beten für diejenigen, die ihr selbstloses Engagement für Freiheit und Gerechtigkeit teuer bezahlen müssen.
- Wir beten für alle, die das Gedächtnis an Menschen wachhalten, die Opfer von Unrechtsregimen geworden sind.

Guter Gott, „dein Reich komme“ beten wir so oft. Hilf uns, am Wachsen deines Reiches der Liebe mitzuwirken. Darum bitten wir durch Jesus Christus, unseren Bruder und Herrn.

EUCHARISTIEFEIER

GABENGEBET

Herr, zu deiner Ehre feiern wir dieses Opfer. Es befreie uns vom Bösen und helfe uns, Tag für Tag das neue Leben sichtbar zu machen, das wir von dir empfangen. Darum bitten wir durch Christus, unseren Herrn.

Präfation, S. 466 ff.

KOMMUNIONVERS

Mt 11,28

Kommt alle zu mir,
die ihr euch plagt und unter Lasten stöhnt!
Ich will euch Ruhe verschaffen – so spricht der Herr.

SCHLUSSGEBET

Herr, du hast uns mit reichen Gaben beschenkt. Lass uns in der Danksagung verharren und einst die Fülle des Heils erlangen. Darum bitten wir durch Christus, unseren Herrn.

***

Für eine Wort-Gottes-Feier:

ERÖFFNUNGSGEBET ZUR WAHL

Gott, du willst unser Heil und sendest immer wieder Menschen, dein Reich zu verkünden. Mache uns bereit, deine Botschaft zu hören, dein Wort anzunehmen und davon Zeugnis zu geben. Darum bitten wir durch Jesus Christus, deinen Sohn, der in der Einheit des Heiligen Geistes mit dir lebt in Ewigkeit.

***

IN FRIEDEN BEIEINANDER WOHNEN

Wenn wir in Frieden beieinander wohnten,
Gebeugte stärkten und die Schwachen schonten,
dann würden wir den letzten heilgen Willen
des Herrn erfüllen.

Ach dazu müsse deine Lieb uns dringen!
Du wollest, Herr, dies große Werk vollbringen,
dass unter einem Hirten eine Herde
aus allen werde.

Johann Andreas Cramer

15. SONNTAG IM JAHRESKREIS

13. Juli 2025

Es liegt auf der Hand, was uns als Christinnen und Christen aufgetragen ist: Es geht um Gottesliebe wie um Nächstenliebe. In den Lesungen werden diese beiden wichtigsten Gebote weiter entfaltet. Im Buch Deuteronomium wird deutlich, dass sie einfach sind und unmissverständlich. Der Brief an die Gemeinde in Kolossä, aus dem heute und an den drei kommenden Sonntagen gelesen wird, ermahnt dazu, keinen falschen Lehren zu verfallen, sondern sich auf Christus zu konzentrieren; alles wird zu ihm geführt und ist durch ihn mit Gott versöhnt. Mit der Beispielgeschichte vom barmherzigen Samariter macht Jesus im Evangelium deutlich, wie Gottes- und Nächstenliebe durch unser Handeln in Praxis umgesetzt werden sollen. Die Nächsten in Not brauchen unabhängig von Hautfarbe, Religion oder Einstellung meine Hilfe. Genau wie ich sind sie Liebesbriefe Gottes an die Welt. In ihnen begegnet mir Christus.

ERÖFFNUNGSVERS

Ps 17 (16), 15

Ich will in Gerechtigkeit dein Angesicht schauen,
mich satt sehen an deiner Gestalt, wenn ich einst erwache.

KYRIE-RUFE

Herr Jesus Christus, du gebietest, Gott
zu lieben mit ganzem Herzen, ganzer Seele,
ganzer Kraft und dem ganzen Denken.
V/A: Herr, erbarme dich.
Du gebietest, den Nächsten
zu lieben wie uns selbst.
V/A: Christus, erbarme dich.

Du gebietest, die Feinde zu lieben und
denen Gutes zu tun, die uns hassen.
V/A: Herr, erbarme dich.

Ehre sei Gott, S. 451 f.

TAGESGEBET

Gott, du bist unser Ziel, du zeigst den Irrenden das Licht der Wahrheit und führst sie auf den rechten Weg zurück. Gib allen, die sich Christen nennen, die Kraft, zu meiden, was diesem Namen widerspricht, und zu tun, was unserem Glauben entspricht. Darum bitten wir durch Jesus Christus.

WORTGOTTESDIENST

ZUR 1. LESUNG Nach der Aufzählung der Gesetze wird gegen Ende des Buches Deuteronomium (Dtn 26,16–30,20) noch einmal betont, welche Bedeutung der Bund Gottes mit dem Volk Israel hat. Es geht um die Wahl zwischen Leben und Tod, wie der Abschnitt der Lesung in der Lutherbibel überschrieben ist. Gottes Gebote sind klar und eindeutig, sie müssen nicht vom Himmel oder jenseits des Meeres geholt werden. Damit wird auf einen mesopotamischen Mythos angespielt, nach dem Helden der Vorzeit in den Himmel gestiegen oder über das Meer gefahren sind, um den Göttern zu begegnen. Gottes Wort und Gebot ist konkret und lebensnah, denn die Gebote sollen auswendig gelernt und immer wieder aufgesagt werden. Gottesliebe und Nächstenliebe mit Kopf, Herz und Hand.

ERSTE LESUNG Dtn 30,9c–14

Das Wort ist ganz nah bei dir, du kannst es halten

Lesung aus dem Buch Deuteronomium.

Mose sprach zum Volk: Der HERR wird dir Gutes tun. Denn du hörst auf die Stimme des HERRN, deines Gottes, und bewahrst seine Gebote und Satzungen, die in dieser Urkunde der Weisung einzeln aufgezeichnet sind, und kehrst zum HERRN, deinem Gott, mit ganzem Herzen und mit ganzer Seele zurück.

Denn dieses Gebot, auf das ich dich heute verpflichte, geht nicht über deine Kraft und ist nicht fern von dir. Es ist nicht im Himmel, sodass du sagen müsstest: Wer steigt für uns in den Himmel hinauf, holt es herunter und verkündet es uns, damit wir es halten können? Es ist auch nicht jenseits des Meeres, sodass du sagen müsstest: Wer fährt für uns über das Meer, holt es herüber und verkündet es uns, damit wir es halten können?

Nein, das Wort ist ganz nah bei dir, es ist in deinem Mund und in deinem Herzen, du kannst es halten.

ANTWORTPSALM Ps 69 (68), 14 u. 17.30–31.33–34.36–37 (Kv: vgl. 33)

Kv Ihr Gebeugten, suchet den HERRN;
euer Herz lebe auf! – Kv

Ich komme zu dir mit meinem Bittgebet, /
HERR, zur Zeit der Gnade. *
Gott, in deiner großen Huld erhöre mich,
mit deiner rettenden Treue!
Erhöre mich, HERR, denn gut ist deine Huld, *
wende dich mir zu in deinem großen Erbarmen! – (Kv)

Ich bin elend und voller Schmerzen; *
doch deine Hilfe, Gott, wird mich erhöhen.
Ich will im Lied den Namen Gottes loben, *
ich will ihn mit Dank erheben. – (Kv)

Die Gebeugten haben es gesehen und sie freuen sich! *
Ihr, die ihr Gott sucht, euer Herz lebe auf!

Denn der Herr hört auf die Armen, *
seine Gefangenen verachtet er nicht. – (Kv)

Denn Gott wird Zion retten, *
wird Judas Städte neu erbauen.
Man wird dort siedeln und das Land besitzen. /
Die Nachkommen seiner Knechte werden es erben, *
die seinen Namen lieben, werden darin wohnen. – Kv

[*Oder:* ANTWORTPSALM – Ps 19 (18),8.9.10.11–12 (Kv: 9a)]

ZUR 2. LESUNG Kolossä liegt in Kleinasien, etwa 180 Kilometer von Ephesos entfernt. Der Brief an die dortige Gemeinde weist viele stilistische Eigenheiten auf, die in anderen Paulusbriefen so nicht zu finden sind. Daher stammt er vermutlich aus dem engen Umfeld des Apostels, aber nicht von ihm selbst. Der Autor mahnt die Gemeinde zur Konzentration auf Christus. In der Stadt kursieren verschiedene Irrlehren, die unter anderem dazu ermuntern, kosmische Mächte und Gewalten anzubeten. Doch neben Christus zählt nichts und niemand, alles ist in ihm und durch ihn erschaffen. Die Worte der heutigen Lesung zitieren vermutlich ein Gemeindelied, das die Bedeutung Christi besingt. In Christus ist der unsichtbare Gott begreifbar und konkret geworden. Durch Christus ist die Fülle der göttlichen Liebe ans Licht gekommen, seine Auferstehung ist der Beginn der neuen Schöpfung.

ZWEITE LESUNG Kol 1,15–20

Alles ist durch ihn und auf ihn hin geschaffen

Lesung aus dem Brief des Apostels Paulus an die Gemeinde in Kolossä.

Christus ist Bild des unsichtbaren Gottes, der Erstgeborene der ganzen Schöpfung. Denn in ihm wurde alles erschaffen im Himmel und auf Erden, das Sichtbare und das Unsichtbare, Throne und Herrschaften, Mächte und Gewalten; alles ist durch ihn und auf ihn hin erschaffen. Er ist vor aller Schöpfung, in ihm hat alles Bestand.

Er ist das Haupt, der Leib aber ist die Kirche. Er ist der Ursprung, der Erstgeborene der Toten; so hat er in allem den Vorrang. Denn Gott wollte mit seiner ganzen Fülle in ihm wohnen, um durch ihn alles auf ihn hin zu versöhnen. Alles im Himmel und auf Erden wollte er zu Christus führen, der Friede gestiftet hat am Kreuz durch sein Blut.

RUF VOR DEM EVANGELIUM

Vers: vgl. Joh 6,63b.68c

Halleluja. Halleluja.
Deine Worte, Herr, sind Geist und Leben.
Du hast Worte des ewigen Lebens.
Halleluja.

ZUM EVANGELIUM Gottes- und Nächstenliebe sind nicht voneinander zu trennen. Das ist auch für den Schriftgelehrten keine Frage. Dass er nach dem Nächsten fragt, gehört zur Probe, auf die er Jesus stellt. Zur Zeit Jesu war der „Nächste" eher der Glaubensgenosse als Teil meiner Gruppe. Jesus durchbricht diese Vorstellung mit der Erzählung vom barmherzigen Samariter. Zwischen Samaritern und dem jüdischen Volk gab es keinen Kontakt, denn man bezichtigte sich gegenseitig der Irrlehre. Dem Priester und dem Leviten ist es durch kultische Reinheitsgebote (vgl. Lev 21) untersagt, den Überfallenen, vielleicht sogar Erschlagenen, zu berühren. Insofern überschreitet der Samariter mehrere Grenzen. Jesus macht damit deutlich, dass alle Menschen das Heil Gottes erlangen sollen. Gesetze dürfen der Nächstenliebe nicht im Weg stehen. Wer Liebe verschenkt, wird dadurch reicher.

EVANGELIUM

Lk 10,25–37

Wer ist mein Nächster?

+ **Aus dem heiligen Evangelium nach Lukas.**

In jener Zeit stand ein Gesetzeslehrer auf, um Jesus auf die Probe zu stellen, und fragte ihn: Meister, was muss ich tun, um das ewige Leben zu erben? Jesus sagte zu ihm: Was steht im Gesetz geschrieben? Was liest du? Er antwortete: Du sollst den Herrn, deinen Gott, lieben mit deinem ganzen Herzen und deiner ganzen Seele, mit deiner ganzen Kraft und deinem ganzen Denken, und deinen Nächsten wie dich selbst. Jesus sagte zu ihm: Du hast richtig geantwortet. Handle danach und du wirst leben!

Der Gesetzeslehrer wollte sich rechtfertigen und sagte zu Jesus: Und wer ist mein Nächster?

Darauf antwortete ihm Jesus: Ein Mann ging von Jerusalem nach Jericho hinab und wurde von Räubern überfallen. Sie plünderten ihn aus und schlugen ihn nieder; dann gingen sie weg und ließen ihn halbtot liegen.

Zufällig kam ein Priester denselben Weg herab; er sah ihn und ging vorüber.

Ebenso kam auch ein Levit zu der Stelle; er sah ihn und ging vorüber.

Ein Samariter aber, der auf der Reise war, kam zu ihm; er sah ihn und hatte Mitleid, ging zu ihm hin, goss Öl und Wein auf seine Wunden und verband sie. Dann hob er ihn auf sein eigenes Reittier, brachte ihn zu einer Herberge und sorgte für ihn.

Und am nächsten Tag holte er zwei Denare hervor, gab sie dem Wirt und sagte: Sorge für ihn, und wenn du mehr für ihn brauchst, werde ich es dir bezahlen, wenn ich wiederkomme.

Wer von diesen dreien, meinst du, ist dem der Nächste geworden, der von den Räubern überfallen wurde? Der Gesetzeslehrer antwortete: Der barmherzig an ihm gehandelt hat.

Da sagte Jesus zu ihm: Dann geh und handle du genauso!

Glaubensbekenntnis, S. 454 ff.

FÜRBITTEN

Wir machen instinktiv einen großen Bogen um alle, die anders sind, verwirrt, verstört, vielleicht betrunken. Jesus lebt aus Gottes Liebe, er lebt anders und fordert anderes. Wir rufen zu ihm und bitten ihn:

V: Jesus, du Freund der Ausgegrenzten. A: Höre unser Rufen.

- Wir beten für alle, die nicht wegschauen, sondern helfen, wo es nottut.
- Wir beten für alle, die ihre Komfortzone verlassen und sich auf Neues, auf anderes und andere einlassen.
- Wir beten für alle, die in ihrem Alltag auf die Hilfe anderer Menschen angewiesen sind.
- Wir beten für die stillen, verzweifelten Opfer von Ausgrenzung in der Schule, in der Ausbildung oder am Arbeitsplatz.
- Wir beten für die Eltern behinderter Kinder, die treu und gut zu ihnen stehen und für sie da sind.
- Wir beten für alle, die an Leib und Seele verwundet sind und Einsamkeit erfahren.

Wer ist mein Nächster? Jesus fordert uns auf, den Kreis nicht zu eng zu ziehen. Mit Gottes Hilfe kann dies gelingen, durch Jesus Christus, unseren Bruder und Heiland.

EUCHARISTIEFEIER

GABENGEBET

Gott, sieh auf dein Volk, das im Gebet versammelt ist, und nimm unsere Gaben an. Heilige sie, damit alle, die sie empfangen, in deiner Liebe wachsen und dir immer treuer dienen. Darum bitten wir durch Christus, unseren Herrn.

Präfation, S. 466 ff.

KOMMUNIONVERS

Joh 6,56

So spricht der Herr:
Wer mein Fleisch isst und mein Blut trinkt,
der bleibt in mir und ich bleibe in ihm.

SCHLUSSGEBET

Herr, unser Gott, wir danken dir für die heilige Gabe. Lass deine Heilsgnade in uns wachsen, sooft wir diese Speise empfangen. Darum bitten wir durch Christus, unseren Herrn.

***

Für eine Wort-Gottes-Feier:

ERÖFFNUNGSGEBET ZUR WAHL

Gütiger Gott, in deinem Sohn hast du dein Wort geschenkt. Wir bitten dich: Gib uns den Mut, seinem Beispiel zu folgen, die Not der Menschen zu erkennen und ihnen zu helfen. Darum bitten wir im Heiligen Geist durch ihn, Jesus Christus, unseren Herrn.

***

NÄCHSTENLIEBE ÜBEN

Lass mich an andern üben,
was du an mir getan;
und meinen Nächsten lieben,
gern dienen jedermann
ohn Eigennutz und Heuchelschein
und, wie du mir erwiesen,
aus reiner Lieb allein.

Justus Gesenius

16. SONNTAG IM JAHRESKREIS

20. Juli 2025

Was kennzeichnet das Leben von Christinnen und Christen? In den Lesungen des heutigen Sonntags werden drei Aspekte beleuchtet. Zunächst die Gastfreundschaft, die nach dem Buch Genesis zu einer Gottesbegegnung werden kann, aus der völlig Neues entsteht. Das Kreuz Christi mitzutragen und dabei gleichzeitig aus den Geheimnissen des Glaubens Hoffnung und Zuversicht schöpfen – das ist die Perspektive, die sich im Brief an die Kolosser eröffnet. Der Evangelist Lukas schildert, wie Jesus das Hören auf Gottes Wort sowie die Gemeinschaft mit dem Herrn lobt. Der tätige Glaube und das kontemplative Hören – beides hat seine Berechtigung und seine Zeit.

ERÖFFNUNGSVERS

Ps 54 (53),6.8

Gott ist mein Helfer, der Herr beschützt mein Leben.
Freudig bringe ich dir mein Opfer dar
und lobe deinen Namen, Herr, denn du bist gütig.

KYRIE-RUFE

Herr Jesus Christus, in deinem Wort
bist du unter uns gegenwärtig.
V/A: Herr, erbarme dich.
In deinem Wort weilst du
unter uns wie ein Gast.
V/A: Christus, erbarme dich.
In deinem Wort bist du
ein Licht für unsere Pfade.
V/A: Herr, erbarme dich.

Ehre sei Gott, S. 451 f.

TAGESGEBET

Herr, unser Gott, sieh gnädig auf alle, die du in deinen Dienst gerufen hast. Mach uns stark im Glauben, in der Hoffnung und in der Liebe, damit wir immer wachsam sind und auf dem Weg deiner Gebote bleiben. Darum bitten wir durch Jesus Christus.

WORTGOTTESDIENST

ZUR 1. LESUNG Für die Leserschaft ist von Anfang an klar, dass in Gestalt der drei Boten Gott selbst dem Abraham und seiner Frau Sara erscheint. Die beiden selbst erkennen es erst später. Sie begegnen den Fremden mit der traditionellen orientalischen Gastfreundschaft, die hier ausführlich und bunt beschrieben wird. Dennoch ahnt das Paar, dass der Besuch von besonderer Bedeutung ist. Von vielen Kirchenvätern wurde dieser Text zur Begründung der Lehre von der Dreieinigkeit herangezogen. Auch wurde die Ankündigung der außergewöhnlichen Geburt des verheißenen Messias mit der Ankündigung des späten Sohnes für Sara verglichen. Schon dass nach der Frau überhaupt gefragt und ihr die Geburt im hohen Alter verkündet wird, ist in der patriarchalisch geprägten Welt Abrahams bemerkenswert.

ERSTE LESUNG Gen 18,1–10a

Mein Herr, geh nicht an deinem Knecht vorüber

Lesung aus dem Buch Genesis.

In jenen Tagen erschien der HERR Abraham bei den Eichen von Mamre, während er bei der Hitze des Tages am Eingang des Zeltes saß.

Er erhob seine Augen und schaute auf, siehe, da standen drei Männer vor ihm. Als er sie sah, lief er ihnen vom Eingang des Zeltes aus entgegen, warf sich zur Erde nieder und sagte: Mein Herr, wenn ich Gnade in deinen Augen gefunden habe, geh doch nicht an deinem Knecht vorüber! Man wird etwas Wasser holen; dann könnt ihr euch die Füße waschen und euch unter dem Baum ausruhen. Ich will einen Bissen Brot holen, dann könnt ihr euer Herz stärken, danach mögt ihr weiterziehen; denn deshalb seid ihr doch bei eurem Knecht vorbeigekommen. Sie erwiderten: Tu, wie du gesagt hast!

Da lief Abraham eiligst ins Zelt zu Sara und rief: Schnell drei Sea feines Mehl! Knete es und backe Brotfladen! Er lief weiter zum Vieh, nahm ein zartes, prächtiges Kalb und übergab es dem Knecht, der es schnell zubereitete. Dann nahm Abraham Butter, Milch und das Kalb, das er hatte zubereiten lassen, und setzte es ihnen vor. Er selbst wartete ihnen unter dem Baum auf, während sie aßen.

Sie fragten ihn: Wo ist deine Frau Sara? Dort im Zelt, sagte er.

Da sprach er: In einem Jahr komme ich wieder zu dir. Siehe, dann wird deine Frau Sara einen Sohn haben.

ANTWORTPSALM

Ps 15 (14),2–3.4.5 (Kv: 1)

Kv HERR, wer darf Gast sein in deinem Zelt,
wer darf weilen auf deinem heiligen Berg? – Kv

Der makellos lebt und das Rechte tut, /
der von Herzen die Wahrheit sagt, *
der mit seiner Zunge nicht verleumdet hat;
der seinem Nächsten nichts Böses tat *
und keine Schmach auf seinen Nachbarn gehäuft hat. – (Kv)

Der Verworfene ist in seinen Augen verachtet, *
aber die den HERRN fürchten, hält er in Ehren.
Er wird nicht ändern, *
was er zum eigenen Schaden geschworen hat. – (Kv)

Sein Geld hat er nicht auf Wucher verliehen *
und gegen den Schuldlosen nahm er keine Bestechung an.
Wer das tut, *
der wird niemals wanken. – Kv

ZUR 2. LESUNG So wie Christus stellvertretend für alle Menschen am Kreuz gestorben ist und das Leiden aller auf sich genommen hat, interpretiert der Apostel sein Leiden als stellvertretenden Dienst für die Gemeinde. Askese ist aber nicht der besondere Weg zur Botschaft oder zu Christus selbst. Das Evangelium ist keine Geheimlehre. Damals gab es viele Mysterienkulte, in denen geheime Lehren verkündet und praktiziert wurden. Sie wurden nur den eingeweihten Mitgliedern nach bestimmten Übungen offenbart. In den christlichen Gemeinden ist jede und jeder willkommen. Die Botschaft soll allen Völkern ausgerichtet werden (vgl. Mt 28,19). Christus erfüllt die Menschen mit seiner Gnade und Freude, sie müssen sie sich nicht verdienen. Für diese Botschaft lohnt sich jeder Einsatz, auch wenn er mit Leiden und Einschränkungen verbunden ist.

ZWEITE LESUNG Kol 1,24–28

Das Geheimnis, das seit ewigen Zeiten verborgen war, wurde jetzt den Heiligen offenbart

Lesung aus dem Brief des Apostels Paulus an die Gemeinde Kolossä.

Schwestern und Brüder! Ich freue mich in den Leiden, die ich für euch ertrage. Ich ergänze in meinem irdischen Leben, was an Bedrängnissen Christi noch fehlt an seinem Leib, der die Kirche ist.

Ihr Diener bin ich geworden gemäß dem Heilsplan Gottes, um an euch das Wort Gottes zu erfüllen. Es ist jenes Geheimnis, das seit ewigen Zeiten und Generationen verborgen war – jetzt aber seinen Heiligen offenbart wurde. Ihnen wollte Gott kundtun, was

der Reichtum der Herrlichkeit dieses Geheimnisses unter den Völkern ist: Christus ist unter euch, die Hoffnung auf Herrlichkeit.
Ihn verkünden wir; wir ermahnen jeden Menschen und belehren jeden in aller Weisheit, damit wir jeden Menschen vollkommen darstellen in Christus.

RUF VOR DEM EVANGELIUM

Vers: vgl. Lk 8,15

Halleluja. Halleluja.
Selig, die das Wort mit aufrichtigem Herzen hören
und Frucht bringen in Geduld.
Halleluja.

ZUM EVANGELIUM Maria und Marta verkörpern keine einander ausschließenden Gegensätze. Beide sind mit ihrem jeweiligen Verhalten Jesus nahe und werden von ihm darin gleichermaßen bestätigt. Dienen ist wichtig, doch darf es nicht als Selbstzweck für sich stehen. Das Hören auf das Wort Jesu verhindert, dass aus dem Dienst purer Aktionismus wird. Hören ohne Tun aber wäre blutleer und würde dem Auftrag Jesu nicht gerecht. Lukas verbindet mit der Erzählung zudem eine Provokation: Dass eine Frau Jesus aufnimmt, ist für die damalige Zeit außergewöhnlich, ja anstößig. Aber dass sie ihm zudem zu Füßen sitzt und Jesus sie somit als Schülerin annimmt, ist völlig undenkbar. Doch indem Lukas Jesus mit einem für Jahwe gebräuchlichen Hoheitstitel als „Herr" ansprechen lässt, macht er deutlich: Gott selbst stellt in Jesus Christus die üblichen Verhältnisse auf den Kopf. Bei ihm zählen nicht menschliche Vorstellungen und Gebote, sondern er setzt neue Maßstäbe der Liebe.

EVANGELIUM

Lk 10,38–42

Marta nahm ihn gastlich auf. – Maria hat den guten Teil gewählt

+ Aus dem heiligen Evangelium nach Lukas.

In jener Zeit kam Jesus in ein Dorf. Eine Frau namens Marta nahm ihn gastlich auf. Sie hatte eine Schwester, die Maria hieß. Maria setzte sich dem Herrn zu Füßen und hörte seinen Worten zu.

Marta aber war ganz davon in Anspruch genommen zu dienen. Sie kam zu ihm und sagte: Herr, kümmert es dich nicht, dass meine Schwester die Arbeit mir allein überlässt? Sag ihr doch, sie soll mir helfen!

Der Herr antwortete: Marta, Marta, du machst dir viele Sorgen und Mühen. Aber nur eines ist notwendig. Maria hat den guten Teil gewählt, der wird ihr nicht genommen werden.

Glaubensbekenntnis, S. 454 ff.

FÜRBITTEN

Jesus eröffnet ganz neue Perspektiven und Wege. Er ruft uns hinaus ins Weite. Bitten wir Gott um seinen Beistand:

V: Gott der Weite. A: Höre unser Rufen.

- Für unsere Kirche, dass sie den Weg Jesu geht, der ins Weite führt.
- Für alle, denen entscheidende Lebenschancen versperrt sind, und für die Kinder, besonders die Mädchen, die ihre Begabungen nicht entfalten dürfen.
- Für die Menschen auf der ganzen Welt, die sich für Freiheit und Gerechtigkeit einsetzen.
- Für alle, die ihre Heimat verlassen und sich schweren Gefahren aussetzen mussten.
- Für alle, die andere freundlich aufnehmen.

Vater im Himmel, hilf uns, geschwisterlich und gut zu leben, durch Jesus Christus, unseren Bruder und Herrn.

EUCHARISTIEFEIER

GABENGEBET

Herr, du hast die vielen Opfer, die dir je von Menschen dargebracht werden, in dem einen Opfer des Neuen Bundes vollendet. Nimm die Gaben deiner Gläubigen an und heilige sie, wie du einst das Opfer Abels angenommen hast; und was jeder Einzelne zu deiner Ehre darbringt, das werde allen zum Heil. Darum bitten wir durch Christus, unseren Herrn.

Präfation, S. 466 ff.

KOMMUNIONVERS

Offb 3,20

So spricht der Herr:
Ich stehe an der Tür und klopfe.
Wenn einer meine Stimme hört und die Tür öffnet,
werde ich bei ihm eintreten und mit ihm Mahl halten,
und er mit mir.

SCHLUSSGEBET

Barmherziger Gott, höre unser Gebet. Du hast uns im Sakrament das Brot des Himmels gegeben, damit wir an Seele und Leib gesunden. Gib, dass wir die Gewohnheiten des alten Menschen ablegen und als neue Menschen leben. Darum bitten wir durch Christus, unseren Herrn.

***

Für eine Wort-Gottes-Feier:

ERÖFFNUNGSGEBET ZUR WAHL

Gütiger Gott, in deinem Sohn Jesus Christus bist du uns nahe gekommen. Gib, dass wir in den Sorgen des Alltags nicht aufgehen, dein Wort nicht überhören und das Notwendige tun. Darum bitten wir im Heiligen Geist durch ihn, Jesus Christus, deinen Sohn, der mit dir lebt jetzt und alle Tage und in Ewigkeit.

***

WAHRE RUHE

Sollt ich mich bemühn um Sachen,
die nur Sorg und Unruh machen
und ganz unbeständig sind?
Nein, ich will nach Gütern ringen,
die mir wahre Ruhe bringen,
die man in der Welt nicht find't.

Nürnberg, 1676

17. SONNTAG IM JAHRESKREIS

27. Juli 2025

Ein Thema der heutigen Lesungen ist das Gebet. Abraham bittet Gott, um einiger Gerechter willen in Sodom auf sein Gericht über die Stadt zu verzichten, und tritt regelrecht in einen Handel mit Gott ein. Hintergrund für unser Beten ist das versöhnende Handeln Gottes. Er hat laut Kolosserbrief den Schuldschein zerrissen und gibt uns nicht nur freien Zugang zu ihm, sondern richtet uns auf, um mit uns ins Gespräch zu kommen. Im Evangelium hören wir auf die Überlieferung des Vaterunsers nach Lukas. Ihm folgen einige Jesusworte zum Gebet, in denen er Gott als einen Freund und einen gütigen Vater bezeichnet.

ERÖFFNUNGSVERS

Vgl. Ps 68 (67), 6–7.36

Gott ist hier, an heiliger Stätte.
Gott versammelt sein Volk in seinem Haus,
er schenkt ihm Stärke und Kraft.

KYRIE-RUFE

Herr Jesus Christus, du lehrst uns, zu
unserem Vater im Himmel zu beten.
V/A: Herr, erbarme dich.
Du hilfst uns beten durch den
Geist, der für uns eintritt.
V/A: Christus, erbarme dich.
Du hörst unser Gebet
und nimmst es an.
V/A: Herr, erbarme dich.

Ehre sei Gott, S. 451 f.

TAGESGEBET

Gott, du Beschützer aller, die auf dich hoffen, ohne dich ist nichts gesund und nichts heilig. Führe uns in deinem Erbarmen den rechten Weg und hilf uns, die vergänglichen Güter so zu gebrauchen, dass wir die ewigen nicht verlieren. Darum bitten wir durch Jesus Christus.

WORTGOTTESDIENST

ZUR 1. LESUNG Die Fürbitte Abrahams für Sodom folgt unmittelbar auf den Besuch Gottes in Gestalt von drei Boten (vgl. Gen 18,1–10). Zuvor wird noch erwähnt, dass Gott Abraham dazu auserwählt hat, seine Nachkommen Recht und Gerechtigkeit zu lehren (vgl. Gen 18,19). Diese Gerechtigkeit hält er dem Richter der Welt sogleich entgegen. Es muss doch einen Unterschied zwischen dem Schicksal der Gerechten und dem der Gottlosen geben. Abraham verteidigt die Übertretungen nicht, aber eine kleine Anzahl von Gerechten sollte mehr Gewicht haben als alle, die sich gottlos verhalten. Mit jedem der sechs sich jeweils steigernden Wortwechsel soll deutlich werden, wie ernst, aber auch wie gerecht Gottes Handeln ist. Zehn ist schließlich die kleinste Zahl, die noch als Gruppe gelten kann. Darunter geht es um den Einzelnen oder die Einzelne. Die hier genannte Zahl ist auch die Begründung für die jüdische Tradition, dass es mindestens zehn religionsmündige Männer braucht (Minjan), um einen Gottesdienst feiern zu können.

ERSTE LESUNG Gen 18,20–32

Herr, zürne doch nicht, wenn ich mit dir rede

Lesung aus dem Buch Genesis.

In jenen Tagen sprach der Herr zu Abraham: Das Klagegeschrei über Sodom und Gomorra, ja, das ist angeschwollen und ihre Sünde, ja, die ist schwer. Ich will hinabsteigen und sehen, ob ihr verderbliches Tun wirklich dem Klagegeschrei entspricht, das zu mir gedrungen ist, oder nicht. Ich will es wissen.

Die Männer wandten sich ab von dort und gingen auf Sodom zu. Abraham aber stand noch immer vor dem Herrn.

Abraham trat näher und sagte: Willst du auch den Gerechten mit den Ruchlosen wegraffen? Vielleicht gibt es fünfzig Gerechte in der Stadt: Willst du auch sie wegraffen und nicht doch dem Ort vergeben wegen der fünfzig Gerechten in ihrer Mitte? Fern sei es von dir, so etwas zu tun: den Gerechten zusammen mit dem Frevler töten. Dann ginge es ja dem Gerechten wie dem Frevler. Das sei fern von dir. Sollte der Richter der ganzen Erde nicht Recht üben?

Da sprach der Herr: Wenn ich in Sodom fünfzig Gerechte in der Stadt finde, werde ich ihretwegen dem ganzen Ort vergeben.

Abraham antwortete und sprach: Siehe, ich habe es unternommen, mit meinem Herrn zu reden, obwohl ich Staub und Asche bin. Vielleicht fehlen an den fünfzig Gerechten fünf. Wirst du wegen der fünf die ganze Stadt vernichten?

Nein, sagte er, ich werde sie nicht vernichten, wenn ich dort fünfundvierzig finde.

Er fuhr fort, zu ihm zu reden: Vielleicht finden sich dort nur vierzig. Da sprach er: Ich werde es der vierzig wegen nicht tun.

Da sagte er: Mein Herr zürne nicht, wenn ich weiterrede. Vielleicht finden sich dort nur dreißig. Er entgegnete: Ich werde es nicht tun, wenn ich dort dreißig finde.

Darauf sagte er: Siehe, ich habe es unternommen, mit meinem Herrn zu reden. Vielleicht finden sich dort nur zwanzig.

Er antwortete: Ich werde sie nicht vernichten um der zwanzig willen.

Und nochmals sagte er: Mein Herr zürne nicht, wenn ich nur noch einmal das Wort ergreife. Vielleicht finden sich dort nur zehn.

Er sprach: Ich werde sie nicht vernichten um der zehn willen.

ANTWORTPSALM
Ps 138 (137), 1–2b.2c–3.6–7b.7c–8 (Kv: vgl. 3a)

Kv HERR, du gabst mir Antwort am Tag, da ich rief. – Kv

Ich will dir danken mit meinem ganzen Herzen, *
dir vor den Engeln singen und spielen.
Ich will mich niederwerfen zu deinem heiligen Tempel hin, *
will deinem Namen danken für deine Huld und für deine
Treue. – (Kv)

Denn du hast dein Wort größer gemacht *
als deinen ganzen Namen.
Am Tag, da ich rief, gabst du mir Antwort, *
du weckst Kraft in meiner Seele. – (Kv)

Erhaben ist der HERR, /
doch er schaut auf die Niedrigen, *
in der Höhe ist er, doch er erkennt von ferne.
Muss ich auch gehen inmitten der Drangsal, *
du erhältst mich am Leben trotz der Wut meiner Feinde. – (Kv)

Du streckst deine Hand aus, *
deine Rechte hilft mir.
Der HERR wird es für mich vollenden. /
HERR, deine Huld währt ewig. *
Lass nicht ab von den Werken deiner Hände! – Kv

ZUR 2. LESUNG In der Taufe beginnt ein von Christus geschenktes neues Leben. Mit ihm sind wir gestorben, begraben (vgl. Röm 6,4) und auferstanden (vgl. Kol 3,1). Wir sind damit vom Tod ins Leben gekommen, da sich an uns Christi Leben und Werk auf geistliche Weise vollzieht. Das Gesetz mit seinen Geboten und Forderungen kann uns nicht knechten (vgl. Eph 2,15–16). Christus schenkt Freiheit, die von der Schuld befreit und neue Perspektiven eröffnet. Das Heil hängt nicht von unseren Leistungen, sondern von dem Handeln Gottes in Christus ab. So wird die Gemeinschaft mit Gott nicht durch Gesetze, sondern durch seine Liebestat geregelt. Schuldscheine werden persönlich unterschrieben. Unsere individuelle Schuld, die wir anerkennen und einsehen, wird durch Christus weggenommen.

ZWEITE LESUNG Kol 2, 12–14

Gott hat euch mit Christus zusammen lebendig gemacht und euch alle Sünden vergeben

Lesung aus dem Brief des Apostels Paulus an die Gemeinde in Kolossä.

Schwestern und Brüder! Mit Christus wurdet ihr in der Taufe begraben, mit ihm auch auferweckt, durch den Glauben an die Kraft Gottes, der ihn von den Toten auferweckt hat.

Ihr wart tot infolge eurer Sünden und euer Fleisch war unbeschnitten; Gott aber hat euch mit Christus zusammen lebendig gemacht und uns alle Sünden vergeben. Er hat den Schuldschein, der gegen uns sprach, durchgestrichen und seine Forderungen, die uns anklagten, aufgehoben. Er hat ihn dadurch getilgt, dass er ihn an das Kreuz geheftet hat.

RUF VOR DEM EVANGELIUM Vers: Röm 8, 15bc

Halleluja. Halleluja.
Ihr habt den Geist der Kindschaft empfangen,
in dem wir rufen: Abba, Vater!
Halleluja.

ZUM EVANGELIUM Lukas überliefert in seiner Fassung des „Vaterunser" weniger Bitten als Matthäus (vgl. Mt 6,9–13). Vielleicht ist er damit noch näher an den ursprünglichen Worten – handelt es sich doch um ein „Grundmuster" des Betens. Dass das Gebet überwiegend aus Bitten besteht, sieht Jesus ausdrücklich nicht als unverschämt an.

Unter Freunden und Freundinnen können wir offen reden und geben auch einem Drängen leichter nach. Gott aber hat sich mehr als freundschaftlich mit uns verbunden. Er weiß, was wir brauchen. In einer Freundschaft nutzen wir einander nicht aus und lassen uns auch nicht ausnutzen. Beten setzt keinen Automatismus in Gang, und Gott erfüllt nicht einfach Wünsche. Es geht darum, mit dem Heiligen Geist erfüllt zu werden. Er wird die Freundschaft zwischen Gott und Mensch vertiefen. Die Kraft des Geistes schenkt Energie und das Verständnis dafür, dass das Reich Gottes angebrochen, aber noch nicht verwirklicht ist.

EVANGELIUM Lk 11,1–13

Bittet und es wird euch gegeben

+ Aus dem heiligen Evangelium nach Lukas.

Jesus betete einmal an einem Ort; als er das Gebet beendet hatte, sagte einer seiner Jünger zu ihm: Herr, lehre uns beten, wie auch Johannes seine Jünger beten gelehrt hat! Da sagte er zu ihnen: Wenn ihr betet, so sprecht: Vater, geheiligt werde dein Name. Dein Reich komme. Gib uns täglich das Brot, das wir brauchen! Und erlass uns unsere Sünden; denn auch wir erlassen jedem, was er uns schuldig ist. Und führe uns nicht in Versuchung!

Dann sagte er zu ihnen: Wenn einer von euch einen Freund hat und um Mitternacht zu ihm geht und sagt: Freund, leih mir drei Brote; denn einer meiner Freunde, der auf Reisen ist, ist zu mir gekommen und ich habe ihm nichts anzubieten!, wird dann der Mann drinnen antworten: Lass mich in Ruhe, die Tür ist schon verschlossen und meine Kinder schlafen bei mir; ich kann nicht aufstehen und dir etwas geben?

Ich sage euch: Wenn er schon nicht deswegen aufsteht und ihm etwas gibt, weil er sein Freund ist, so wird er doch wegen seiner Zudringlichkeit aufstehen und ihm geben, was er braucht.

Darum sage ich euch: Bittet und es wird euch gegeben; sucht und ihr werdet finden; klopft an und es wird euch geöffnet. Denn wer bittet, der empfängt; wer sucht, der findet; und wer anklopft, dem

wird geöffnet. Oder welcher Vater unter euch, den der Sohn um einen Fisch bittet, gibt ihm statt eines Fisches eine Schlange oder einen Skorpion, wenn er um ein Ei bittet?
Wenn nun ihr, die ihr böse seid, euren Kindern gute Gaben zu geben wisst, wie viel mehr wird der Vater im Himmel den Heiligen Geist denen geben, die ihn bitten.

Glaubensbekenntnis, S. 454 ff.

FÜRBITTEN

Wie können wir alltäglich beten? Vertrauend! Jesus lebt es vor. Bitten wir Gott mit Vertrauen:

V: Gebender Gott. A: Wir bitten dich, erhöre uns.

- Für die Kirche – um Offenheit für alle, die mühselig und beladen sind.
- Für die Menschen, die hungern müssen – um das tägliche Brot, das ihrem Leben Sicherheit und Würde gibt.
- Für die Kinder, die ohne Geborgenheit leben müssen – um die Erfahrung, wertgeschätzt und angenommen zu sein.
- Für die Kranken und Einsamen – um wachsende Zuversicht und um wieder zunehmende Teilhabe am Leben.
- Für uns, die wir auf Christi Namen getauft sind – um die Gabe zu geben.

Guter Gott, wie schwer fällt es uns, wirklich aus deiner Güte zu leben. Hilf uns, auf deine wirksame Gegenwart zu vertrauen, heute und alle Tage.

EUCHARISTIEFEIER

GABENGEBET

Gütiger Gott, nimm die Gaben an, die wir von deiner Güte empfangen haben. Lass deine Kraft in ihnen wirken, damit sie uns in diesem Leben heiligen und zu den ewigen Freuden führen. Darum bitten wir durch Christus, unseren Herrn.

Präfation, S. 466 ff.

KOMMUNIONVERS

Mt 5,7–8

Selig, die barmherzig sind;
denn sie werden Erbarmen finden.
Selig, die ein reines Herz haben;
denn sie werden Gott schauen.

SCHLUSSGEBET

Herr, unser Gott, wir haben das Gedächtnis des Leidens Christi gefeiert und das heilige Sakrament empfangen. Was uns dein Sohn in unergründlicher Liebe geschenkt hat, das werde uns nicht zum Gericht, sondern bringe uns das ewige Heil. Darum bitten wir durch Christus, unseren Herrn.

***

Für eine Wort-Gottes-Feier:

ERÖFFNUNGSGEBET ZUR WAHL

Gott, himmlischer Vater, dein Sohn hat seine Jünger beten gelehrt. Erhöre uns, wenn wir bitten, lass uns den rechten Weg finden und öffne uns die Tür zu deinem Reich. Darum bitten wir durch ihn, Jesus Christus, deinen Sohn, unseren Herrn, der in der Einheit des Heiligen Geistes mit dir lebt und herrscht in alle Ewigkeit.

***

MEIN VERLANGEN UND GOTTES WILLEN

Er weiß schon nach seinem Willen
mein Verlangen zu erfüllen,
es hat alles seine Zeit.
Ich hab ihm nichts vorzuschreiben;
wie Gott will, so muss es bleiben,
wann Gott will, bin ich bereit.

Nürnberg, 1676

18. SONNTAG IM JAHRESKREIS

3. August 2025

Die biblischen Worte des heutigen Sonntags fragen danach, worauf es wirklich ankommt. Es geht darum, das Letzte vom Vorletzten zu unterscheiden. Im Grunde heißt das, eine Lehre von den letzten Dingen – eine Eschatologie – zu entwerfen. Die muss sich nicht auf ein Jenseits richten, sondern soll die Frage stellen: Was ist das Entscheidende, das Letzte *jetzt*, in diesen Tagen? Das allerdings lässt sich nur sagen, wenn man über das Jetzt hinausgeht und von außen her auf das Leben schaut. Auf die Welt schaut. Hier ist zu entscheiden. Hier ist zu unterscheiden.

ERÖFFNUNGSVERS

Ps 70 (69),2.6

Gott, komm mir zu Hilfe; Herr, eile, mir zu helfen.
Meine Hilfe und mein Retter bist du, Herr, säume nicht.

KYRIE-RUFE

Herr Jesus Christus, auferweckt von den Toten, du sitzt zur Rechten Gottes.
V/A: Herr, erbarme dich.
Du lenkst unsern Sinn auf das, was oben ist, damit wir uns einen Schatz im Himmel verschaffen und bei Gott reich sind.
V/A: Christus, erbarme dich.
Du bist alles und in allen.
V/A: Herr, erbarme dich.

Ehre sei Gott, S. 451 f.

TAGESGEBET

Gott, unser Vater, steh deinen Dienern bei und erweise allen, die zu dir rufen, Tag für Tag deine Liebe. Du bist unser Schöpfer und der Lenker unseres Lebens. Erneuere deine Gnade in uns, damit wir dir gefallen, und erhalte, was du erneuert hast. Darum bitten wir durch Jesus Christus.

WORTGOTTESDIENST

ZUR 1. LESUNG Nach der Transaktionsanalyse tragen wir *einen* vorherrschenden inneren Antreiber mit uns. Entweder: *Mach schnell!* Oder: *Sei perfekt!* Vielleicht auch: *Sei lieb!* Oder: *Sei stark!* Auch möglich: *Streng dich an!* Der Prediger Kohelet ist vielleicht der Erste in der Literatur der Weltgeschichte, der unsere inneren Antreiber infrage stellt. Es wird immer irgendwelche Menschen geben, die innerlich anders gestrickt oder durch äußere Umstände begünstigt sind und viel leichter als ich zum gleichen Ziel, zum gleichen Ergebnis kommen. Sehr ernüchternd. Doch auch das Buch Kohelet steht im großen Zusammenhang der Schrift: Der Gott, der im sanften, leisen Säuseln begegnen kann (vgl. 1 Kön 19,12), wird auch unseren Windhauch nicht überhören.

ERSTE LESUNG Koh 1,2; 2,21–23

Was hat der Mensch von all seiner Mühe?

Lesung aus dem Buch Kohelet.

Windhauch, Windhauch, sagte Kohelet, Windhauch, Windhauch, das ist alles Windhauch.

Denn es kommt vor, dass ein Mensch, dessen Besitz durch Wissen, Können und Erfolg erworben wurde, ihn einem andern, der sich nicht dafür angestrengt hat, als dessen Anteil überlassen muss. Auch das ist Windhauch und etwas Schlimmes, das häufig vor-

kommt. Was erhält der Mensch dann durch seinen ganzen Besitz und durch das Gespinst seines Geistes, für die er sich unter der Sonne anstrengt?
Alle Tage besteht sein Geschäft nur aus Sorge und Ärger und selbst in der Nacht kommt sein Geist nicht zur Ruhe. Auch das ist Windhauch.

ANTWORTPSALM

Ps 90 (89),3–4.5–6.12–13.14 u. 17 (Kv: vgl. 1)

Kv Herr, du bist unsere Wohnung
von Geschlecht zu Geschlecht. – Kv

Zum Staub zurückkehren lässt du die Menschen, *
du sprichst: Ihr Menschenkinder kehrt zurück!
Denn tausend Jahre sind in deinen Augen /
wie der Tag, der gestern vergangen ist, *
wie eine Wache in der Nacht. – (Kv)

Du raffst sie dahin, sie werden wie Schlafende. *
Sie gleichen dem Gras, das am Morgen wächst:
Am Morgen blüht es auf und wächst empor, *
am Abend wird es welk und verdorrt. – (Kv)

Unsere Tage zu zählen, lehre uns! *
Dann gewinnen wir ein weises Herz.
Kehre doch um, Herr! – Wie lange noch? *
Um deiner Knechte willen lass es dich reuen! – (Kv)

Sättige uns am Morgen mit deiner Huld! *
Dann wollen wir jubeln und uns freuen all unsre Tage.
Güte und Schönheit des Herrn, unseres Gottes, sei über uns! /
Lass gedeihen das Werk unsrer Hände, *
ja, das Werk unsrer Hände lass gedeihen! – Kv

ZUR 2. LESUNG Gott ist nicht ein Gott der Unordnung, sondern ein Gott des Friedens, schreibt Paulus in seinem ersten Brief nach

Korinth (vgl. 1 Kor 14,33). Zur Ordnung gehört die Unterscheidung von Himmlischem und Irdischem, von Tod und Leben. Von Götzendienst und Gottesdienst. Von altem und neuem Menschen. In einer solchen Ordnung gibt es keine Über- oder Unterordnung mehr zwischen Menschen. So ist Christus alles und in allen.

ZWEITE LESUNG Kol 3,1–5.9–11

Strebt nach dem, was oben ist, wo Christus zur Rechten Gottes sitzt

Lesung aus dem Brief des Apostels Paulus an die Gemeinde in Kolossä.

Schwestern und Brüder! Seid ihr nun mit Christus auferweckt; so strebt nach dem, was oben ist, wo Christus zur Rechten Gottes sitzt! Richtet euren Sinn auf das, was oben ist, nicht auf das Irdische!

Denn ihr seid gestorben und euer Leben ist mit Christus verborgen in Gott. Wenn Christus, unser Leben, offenbar wird, dann werdet auch ihr mit ihm offenbar werden in Herrlichkeit.

Darum tötet, was irdisch an euch ist: Unzucht, Unreinheit, Leidenschaft, böse Begierde und die Habsucht, die Götzendienst ist!

Belügt einander nicht; denn ihr habt den alten Menschen mit seinen Taten abgelegt und habt einen neuen Menschen angezogen, der nach dem Bild seines Schöpfers erneuert wird, um ihn zu erkennen. Da gibt es nicht mehr Griechen und Juden, Beschnittene und Unbeschnittene, Barbaren, Skythen, Sklaven, Freie, sondern Christus ist alles und in allen.

RUF VOR DEM EVANGELIUM Vers: Mt 5,3

Halleluja. Halleluja.
Selig, die arm sind vor Gott;
denn ihnen gehört das Himmelreich.
Halleluja.

ZUM EVANGELIUM Jesus weigert sich, Ratschläge zu geben; er will nicht in einem Erbschaftsstreit schlichten oder gar richtend eingreifen. Er lässt sich gerade noch darauf ein, ein Gleichnis zu erzählen von einem, der ein Vermögen bunkert – und doch am Ende nichts davon hat. Mit dem Gleichnis gibt er die Frage an den potenziellen Erben zurück: Was ist dein Ziel in deinem Streit? Wenn du das Geld erstritten hast – ist es das, was du wolltest? Welchen Preis wirst du dafür zahlen? Ist es dir den Frieden wert? Den Kontakt zum Bruder und zur Familie? Derjenige, der im Gleichnis das Vermögen macht, sagt sich: Freu dich des Lebens. Doch dann ist sein Leben zu Ende. Er hat nicht über das Leben auf dieser Welt hinausgedacht. Jesus fordert den Erben auf, über seine Erbinteressen hinauszudenken. Jesus fordert uns auf, über uns hinauszudenken. Gott selbst einzubeziehen. Das Leben zu haben.

EVANGELIUM Lk 12,13–21

Wem wird dann das gehören, was du angehäuft hast?

+ Aus dem heiligen Evangelium nach Lukas.

In jener Zeit bat einer aus der Volksmenge Jesus: Meister, sag meinem Bruder, er soll das Erbe mit mir teilen! Er erwiderte ihm: Mensch, wer hat mich zum Richter oder Erbteiler bei euch eingesetzt?

Dann sagte er zu den Leuten: Gebt Acht, hütet euch vor jeder Art von Habgier! Denn das Leben eines Menschen besteht nicht darin, dass einer im Überfluss seines Besitzes lebt. Und er erzählte ihnen folgendes Gleichnis: Auf den Feldern eines reichen Mannes stand eine gute Ernte. Da überlegte er bei sich selbst: Was soll ich tun? Ich habe keinen Platz, wo ich meine Ernte unterbringen könnte. Schließlich sagte er: So will ich es machen: Ich werde meine Scheunen abreißen und größere bauen; dort werde ich mein ganzes Getreide und meine Vorräte unterbringen. Dann werde ich zu meiner Seele sagen: Seele, nun hast du einen großen Vorrat, der für viele Jahre reicht. Ruh dich aus, iss und trink und freue dich!

Da sprach Gott zu ihm: Du Narr! Noch in dieser Nacht wird man dein Leben von dir zurückfordern. Wem wird dann das gehören, was du angehäuft hast?
So geht es einem, der nur für sich selbst Schätze sammelt, aber bei Gott nicht reich ist.

Glaubensbekenntnis, S. 454 ff.

FÜRBITTEN

Unser Bedürfnis nach Sicherheit und Sicherheiten ist groß. Doch was ist wichtig, was hat Bestand? Wir rufen zu Gott, dem Schöpfer der Welt und Urgrund unseres Seins:

V: Schöpfer der Welt. A: Höre und erhöre uns.

- Stärke deine Kirche in ihrem diakonischen Tun und Handeln.
- Segne alle Menschen, die ihr eigenes Wohl unter das der anderen stellen.
- Bestärke die Verantwortlichen in Politik und Gesellschaft, die das Wohl aller wahrnehmen und sich ihre Entscheidungen nicht leicht machen.
- Hilf allen, die in der Spirale der Leistung und Geldvermehrung gefangen sind, neue Perspektiven und Wege zu finden.
- Begleite alle, die ihr Leben noch in dieser Nacht zurückgeben müssen, und stärke sie mit deiner gütigen Gegenwart.

Guter Gott, du willst, dass unser Leben in seiner Tiefe gelingt. Dafür danken wir dir und loben dich, heute und alle Tage, die uns geschenkt sind.

EUCHARISTIEFEIER

GABENGEBET

Barmherziger Gott, heilige diese Gaben. Nimm das Opfer an, das dir im Heiligen Geist dargebracht wird, und mache uns selbst zu einer Gabe, die für immer dir gehört. Darum bitten wir durch Christus, unseren Herrn.

Präfation, S. 466 ff.

KOMMUNIONVERS

Joh 6,35

So spricht der Herr:
Ich bin das Brot des Lebens,
wer zu mir kommt, wird nicht mehr hungern,
und wer an mich glaubt, wird nicht mehr Durst haben.

SCHLUSSGEBET

Barmherziger Gott, in den heiligen Gaben empfangen wir neue Kraft. Bleibe bei uns in aller Gefahr und versage uns nie deine Hilfe, damit wir der ewigen Erlösung würdig werden. Darum bitten wir durch Christus, unseren Herrn.

***

Für eine Wort-Gottes-Feier:

ERÖFFNUNGSGEBET ZUR WAHL

Gott, in deiner Hand liegt unsere Zukunft und unser Geschick. Lass uns erkennen, was wirklich zählt, damit wir reich werden an Schätzen für das ewige Leben. Darum bitten wir durch Jesus Christus, unseren Herrn, der in der Einheit des Heiligen Geistes mit dir lebt und herrscht in alle Ewigkeit.

***

WEINEN IM FREMDEN LAND

Von Samstag auf Sonntag beginnt der jüdische Feiertag Tischa bAv, der neunte Tag im Monat Av, Feier- und Fastentag zur Erinnerung an die Zerstörung des ersten wie des zweiten Tempels und weitere furchtbare Ereignisse in der jüdischen Geschichte. In den Synagogen werden im Gottesdienst die Klagelieder gelesen.

An den Strömen von Babylon
saßen wir und weinten
und weinten im fremden Land.
Und wir sehnten uns nach Zion
und wir sehnten uns nach dir.

Kanon nach Psalm 137, 1

VERKLÄRUNG DES HERRN – FEST

6. August 2025

Im Innern von ver-bitterten Menschen hat sich Bitterkeit verfestigt, verklumpt, verdichtet. Um jemanden zu ver-schüchtern, muss schon manche Abwertung erfolgt sein. Ver-gebung ist mehr als eine einzelne Gabe, ein einzelnes Zugeständnis. Erst die Fülle ermöglicht neuen Anfang. Auch bei der Ver-dichtung kommt vieles zusammen: Am Ende passt nirgendwo mehr ein Blatt Papier dazwischen. Und die *Ver-klärung* Christi? Auch mehr als eine einzelne Geschichte. Sie feiert Jesus als den Menschen im Licht und in der Klarheit Gottes. Sie feiert die Gottesgegenwart im Herrn.

ERÖFFNUNGSVERS

Vgl. Mt 17,5

Aus einer leuchtenden Wolke kam die Stimme des Vaters:
Dies ist mein geliebter Sohn,
an dem ich Gefallen gefunden habe:
Auf ihn sollt ihr hören.

KYRIE-RUFE

Herr Jesus Christus, du bist
Gottes geliebter Sohn.
V/A: Herr, erbarme dich.
Du hast bei Gott Wohlgefallen gefunden.
V/A: Christus, erbarme dich.
Du hast von Gott, dem Vater,
Ehre und Herrlichkeit empfangen.
V/A: Herr, erbarme dich.

Ehre sei Gott, S. 451 f.

TAGESGEBET

Allmächtiger Gott, bei der Verklärung deines eingeborenen Sohnes hast du durch das Zeugnis der Väter die Geheimnisse unseres Glaubens bekräftigt. Du hast uns gezeigt, was wir erhoffen dürfen, wenn unsere Annahme an Kindes Statt sich einmal vollendet. Hilf uns, auf das Wort deines Sohnes zu hören, damit wir Anteil erhalten an seiner Herrlichkeit. Darum bitten wir durch Jesus Christus.

WORTGOTTESDIENST

ZUR 1. LESUNG Die Max-Beckmann-Ausstellung sei die entscheidendste theologische Äußerung in der Stadt, sagte einer meiner Lehrer. Erschreckende Bilder von wilder, dunkler Symbolik – Zeitanalyse, Ansage, Warnung und in diesem Sinne auch Hilfe. In der Bibliothek der Bibel sind die Offenbarung des Johannes und das Buch Daniel solche Werke voll gewaltiger, Ehrfurcht gebietender Bilder mit prophetischem Anspruch. Viele unserer Vorstellungen von endzeitlicher Entscheidung sind durch die Zeilen aus dem Danielbuch geprägt. Feuer wie bei der Gotteserscheinung am Sinai verbürgt die Gegenwart Gottes: *Hier* wird entschieden, auch über eine ewige Herrschaft, die wirklich Bestand hat. In den ausgesparten Versen ist die Rede von untergehenden Reichen, symbolisiert durch Tiergestalten. Dann aber wird einem, der in menschlicher Gestalt mit den Wolken des Himmels kommt, alle Herrschaft gegeben. Er steht für das „Volk der Heiligen des Höchsten“ (Dan 7,27). Ihm gehört Jesus an; der Mensch, der Menschensohn, den wir als den Christus Gottes bekennen.

ERSTE LESUNG Dan 7,9–10.13–14

Sein Gewand war weiß wie Schnee

Lesung aus dem Buch Daniel.

Ich, Daniel, sah in einer nächtlichen Vision: Throne wurden aufgestellt und ein Hochbetagter nahm Platz. Sein Gewand war weiß wie Schnee, sein Haar wie reine Wolle. Feuerflammen waren sein Thron und dessen Räder waren loderndes Feuer. Ein Strom von Feuer ging von ihm aus. Tausendmal Tausende dienten ihm, zehntausendmal Zehntausende standen vor ihm. Das Gericht nahm Platz und es wurden Bücher aufgeschlagen.

Immer noch hatte ich die nächtlichen Visionen: Da kam mit den Wolken des Himmels einer wie ein Menschensohn. Er gelangte bis zu dem Hochbetagten und wurde vor ihn geführt. Ihm wurden Herrschaft, Würde und Königtum gegeben. Alle Völker, Nationen und Sprachen dienten ihm. Seine Herrschaft ist eine ewige, unvergängliche Herrschaft. Sein Reich geht niemals unter.

ANTWORTPSALM

Ps 97 (96), 1–2.5–6.8–9 (Kv: vgl. 1a.9a)

Kv Der Herr ist König,
er ist der Höchste über der ganzen Erde. – Kv

Der Herr ist König. Es juble die Erde! *
Freuen sollen sich die vielen Inseln.
Rings um ihn her sind Wolken und Dunkel, *
Gerechtigkeit und Recht sind die Stützen seines Throns. – (Kv)

Berge schmelzen wie Wachs vor dem Herrn, *
vor dem Angesicht des Herrn der ganzen Erde.
Seine Gerechtigkeit verkünden die Himmel, *
seine Herrlichkeit schauen alle Völker. – (Kv)

Zion hört es und freut sich, *
Judas Töchter jubeln, Herr, über deine Urteile.
Denn du, Herr, bist der Höchste über der ganzen Erde, *
hoch erhaben bist du über alle Götter. – Kv

ZUR 2. LESUNG Immer wieder fasziniert mich die Weisheit und entlarvende Erkenntnis jenes Witzes, in dem der Betrunkene den verlorenen Hausschlüssel im Licht der Laterne sucht. Nicht weil er ihn dort verloren hat, sondern weil es dort hell ist. Er wird wohl kaum fündig werden. Die Laterne steht, wo sie steht, der Suchende interessiert sie nicht. Gott aber geht mit seiner Auf-klärung, mit seinem Licht uns nach. Mitten im Jahr eine weihnachtliche Erfahrung: Gott kommt uns ganz nah, SEIN Wort leuchtet auf, mitten unter uns.

ZWEITE LESUNG

2 Petr 1,16–19

Die Stimme, die vom Himmel kam, haben wir gehört, als wir mit ihm auf dem heiligen Berg waren

Lesung aus dem zweiten Brief des Apostels Petrus.

Schwestern und Brüder! Wir sind nicht klug ausgedachten Geschichten gefolgt, als wir euch die machtvolle Ankunft unseres Herrn Jesus Christi kundtaten, sondern wir waren Augenzeugen seiner Macht und Größe. Denn er hat von Gott, dem Vater, Ehre und Herrlichkeit empfangen, als eine Stimme von erhabener Herrlichkeit an ihn erging: Das ist mein geliebter Sohn, an dem ich Wohlgefallen gefunden habe. Diese Stimme, die vom Himmel kam, haben wir gehört, als wir mit ihm auf dem heiligen Berg waren.

Dadurch ist das Wort der Propheten für uns noch sicherer geworden und ihr tut gut daran, es zu beachten, wie ein Licht, das an einem finsteren Ort scheint, bis der Tag anbricht und der Morgenstern aufgeht in eurem Herzen.

RUF VOR DEM EVANGELIUM

Vers: vgl. Lk 9,35

Halleluja. Halleluja.
Aus der leuchtenden Wolke rief die Stimme des Vaters:
Das ist mein geliebter Sohn; auf ihn sollt ihr hören.
Halleluja.

ZUM EVANGELIUM Mose und Elija gelten als diejenigen Propheten, die den Tod nicht gesehen haben. Beide seien unmittelbar aufgenommen worden zu Gott. Und im heutigen Evangelium beobachten wir sie im Gespräch mit Jesus – ausgerechnet über seinen Tod. Wer tröstet? Wer lehrt? Wer gibt Weisung Gottes weiter? Im Judentum existiert die klassische Vorstellung, dass erst das gemeinsame Lernen, erst das gemeinsame Lesen von Schrift und Tradition weiterbringen. Drei Hütten, für jeden eine, wäre ein Rückschritt. Und uns zieht Gott selbst hinein ins Gespräch mit Jesus – „auf ihn sollt ihr hören".

EVANGELIUM Lk 9,28b–36

Während er betete, veränderte sich das Aussehen seines Gesichtes

+ **Aus dem heiligen Evangelium nach Lukas.**

In jener Zeit nahm Jesus Petrus, Johannes und Jakobus mit sich und stieg auf einen Berg, um zu beten. Und während er betete, veränderte sich das Aussehen seines Gesichtes und sein Gewand wurde leuchtend weiß.

Und siehe, es redeten zwei Männer mit ihm. Es waren Mose und Elija; sie erschienen in Herrlichkeit und sprachen von seinem Ende, das er in Jerusalem erfüllen sollte.

Petrus und seine Begleiter aber waren eingeschlafen, wurden jedoch wach und sahen Jesus in strahlendem Licht und die zwei Männer, die bei ihm standen. Und es geschah: Als diese sich von ihm trennen wollten, sagte Petrus zu Jesus: Meister, es ist gut, dass wir hier sind. Wir wollen drei Hütten bauen, eine für dich, eine für Mose und eine für Elija. Er wusste aber nicht, was er sagte. Während er noch redete, kam eine Wolke und überschattete sie. Sie aber fürchteten sich, als sie in die Wolke hineingerieten.

Da erscholl eine Stimme aus der Wolke: Dieser ist mein auserwählter Sohn, auf ihn sollt ihr hören.

Während die Stimme erscholl, fanden sie Jesus allein. Und sie schwiegen und erzählten in jenen Tagen niemandem von dem, was sie gesehen hatten.

FÜRBITTEN

Gott, du unsere Hoffnung, die Freunde Jesu hörten die Stimme, die ihnen die Augen für dein Licht öffnete. Wir rufen zu dir:

V: Licht der Welt. A: Leuchte uns.

- Wir beten für die Kirche und alle ihre Glieder, dass das Licht vom Berg Tabor Freude und Zuversicht bringe.
- Wir beten für die Menschen, deren Augenlicht bedroht ist oder die ihr Augenlicht verloren haben, um neue Zuversicht und gute Unterstützung.
- Wir beten für Menschen, die im Dunkel der Depression gefangen sind, dass sie Hilfe finden.
- Wir beten für alle Menschen, deren Leben von der Dunkelheit der Alltagssorgen und der Not verdüstert ist, um Begleitung und wirksame Hilfe.
- Wir beten für unsere lieben Verstorbenen und für alle Toten, dass auch sie umhüllt werden von Taborlicht.

Das Licht der Hoffnung ist allen Menschen geschenkt. Hilf auch uns, aus deinem Licht zu leben, heute und allezeit und in Ewigkeit.

EUCHARISTIEFEIER

GABENGEBET

Gott, unser Vater, sende über uns und diese Gaben das Licht deiner Herrlichkeit, das in deinem Sohn aufgestrahlt ist. Es vertreibe das Dunkel der Sünde und mache uns zu Kindern des Lichtes. Darum bitten wir durch Christus, unseren Herrn.

PRÄFATION

In Wahrheit ist es würdig und recht, dir, Herr, heiliger Vater, allmächtiger, ewiger Gott, immer und überall zu danken durch unseren Herrn Jesus Christus. Denn er enthüllte auf dem Berg der Verklärung seine verborgene Herrlichkeit, er ließ vor auserwählten Zeugen seinen sterblichen Leib im Lichtglanz erstrahlen und gab den Jüngern die Kraft, das Ärgernis des Kreuzes zu tragen. So schenkte er der ganzen Kirche die Hoffnung, vereint mit ihrem Haupt die ewige Verklärung zu empfangen. Darum preisen wir deine Größe und vereinen uns mit den Chören der Engel zum Hochgesang von deiner göttlichen Herrlichkeit: Heilig …

KOMMUNIONVERS

1 Joh 3,2

Wenn der Herr offenbar wird, werden wir ihm ähnlich sein,
denn wir werden ihn sehen, wie er ist.

SCHLUSSGEBET

Herr, unser Gott, in der Verklärung deines Sohnes wurde der Glanz seiner Gottheit offenbar. Lass uns durch den Empfang der himmlischen Speise seinem verherrlichten Leib gleichgestaltet werden. Darum bitten wir durch ihn, Christus, unseren Herrn.

***

STEIGERUNG

Aufgeklart: der Himmel reißt auf.
Aufgeklärt: immer mehr verstehen.
Verklärt: den feiern, der im Licht Gottes lebt.

Kira Busch-Wagner

19. SONNTAG IM JAHRESKREIS

10. August 2025

Welch ein Dreiklang in den biblischen Worten des heutigen Tages, welch ein Programm: Gott loben. Glauben. Wachen und wirken. Für heute. Für ein ganzes Leben.

ERÖFFNUNGSVERS

Vgl. Ps 74 (73),20.19.22.23

Blick hin, o Herr, auf deinen Bund
und vergiss das Leben deiner Armen nicht für immer.
Erhebe dich, Gott, und führe deine Sache.
Vergiss nicht das Rufen derer, die dich suchen.

KYRIE-RUFE

Herr Jesus Christus, du kommst zu einer
Stunde, in der wir es nicht erwarten.
V/A: Herr, erbarme dich.
Du mahnst uns, allezeit zu wachen und zu
beten, damit wir vor dich hintreten können.
V/A: Christus, erbarme dich.
Du preist selig, die wach sind,
wenn du kommst.
V/A: Herr, erbarme dich.

Ehre sei Gott, S. 451 f.

TAGESGEBET

Allmächtiger Gott, wir dürfen dich Vater nennen, denn du hast uns an Kindes Statt angenommen und uns den Geist deines Sohnes gesandt. Gib, dass wir in diesem Geist wachsen und einst das verheißene Erbe empfangen. Darum bitten wir durch Jesus Christus.

WORTGOTTESDIENST

ZUR 1. LESUNG Eigentlich interessant: mir sind schon manche kritischen Anfragen an den biblischen Gott begegnet. Noch nie aber, dass Gott langweilig sei. Einschätzbar. Dabei ist doch eine der ganz großen Bekenntnisaussagen der Schrift: Gott ist treu und verlässlich. Die Antwort Israels: schon im Voraus Gott loben! Schon jetzt danken für das Kommende! Schon jetzt antworten im eigenen Tun auf das künftige Befreiungshandeln Gottes.

ERSTE LESUNG

Weish 18,6–9

Wodurch du die Gegner straftest, Herr, dadurch hast du uns zu dir gerufen und verherrlicht

Lesung aus dem Buch der Weisheit.

Die Nacht der Befreiung wurde unseren Vätern vorher angekündigt; denn sie sollten sich freuen in sicherem Wissen, welch eidlichen Zusagen sie vertrauten. So erwartete dein Volk die Rettung der Gerechten und den Untergang der Feinde. Wodurch du die Gegner straftest, dadurch hast du uns zu dir gerufen und verherrlicht.

Denn im Verborgenen opferten die heiligen Kinder der Guten; sie verpflichteten sich einmütig auf das göttliche Gesetz, dass die Heiligen in gleicher Weise Güter wie Gefahren teilen sollten, und stimmten dabei schon im Voraus die Loblieder der Väter an.

ANTWORTPSALM

Ps 33 (32), 1 u. 12.18–19.20 u. 22 (Kv: vgl. 12b)

Kv Selig das Volk,
das der HERR sich zum Erbteil erwählt hat. – Kv

Jubelt im HERRN, ihr Gerechten, *
den Redlichen ziemt der Lobgesang.
Selig die Nation, deren Gott der HERR ist, *
das Volk, das er sich zum Erbteil erwählt hat. – (Kv)

Siehe, das Auge des HERRN ruht auf denen, die ihn fürchten, *
die seine Huld erwarten,
dass er ihre Seele dem Tod entreiße *
und, wenn sie hungern, sie am Leben erhalte. – (Kv)

Unsre Seele hofft auf den HERRN; *
er ist unsre Hilfe und unser Schild.
Lass deine Huld über uns walten, o HERR, *
wie wir auf dich hoffen! – Kv

ZUR 2. LESUNG In einer schier endlosen Reihe von Beispielen – viel mehr noch, als in der Lesung (selbst in ihrer Langfassung) aufgezählt werden können – beschreibt der Hebräerbrief Akte des Glaubens. Menschen lassen sich führen, sich rufen, sich herausfordern von dem, was kommen wird. Der Blick geht auf Menschen von Abel bis zu den Propheten und darüber hinaus, bis hin zu Menschen in der zeitlichen Umgebung desjenigen, der hier seine Abhandlung schreibt. Immer ist Glaube eine Verhaltensweise, die von der Zukunft, vom Ziel her denkt und Gottes künftige Gegenwart das eigene Tun jetzt bestimmen lässt. Glaube also: ein Akt, eine Kraft, ein Geschenk, von der Zukunft her bestimmt und auf diese Weise Kraft entfaltend.

ZWEITE LESUNG

Hebr 11, 1–2.8–19

Er erwartete die Stadt, die Gott selbst geplant und gebaut hat

Lesung aus dem Hebräerbrief.

Schwestern und Brüder! Glaube aber ist: Grundlage dessen, was man erhofft, ein Zutagetreten von Tatsachen, die man nicht sieht. Aufgrund dieses Glaubens haben die Alten ein gutes Zeugnis erhalten.

Aufgrund des Glaubens gehorchte Abraham dem Ruf, wegzuziehen in ein Land, das er zum Erbe erhalten sollte; und er zog weg, ohne zu wissen, wohin er kommen würde.

Aufgrund des Glaubens siedelte er im verheißenen Land wie in der Fremde und wohnte mit Isaak und Jakob, den Miterben derselben Verheißung, in Zelten; denn er erwartete die Stadt mit den festen Grundmauern, die Gott selbst geplant und gebaut hat.

Aufgrund des Glaubens empfing selbst Sara, die unfruchtbar war, die Kraft, trotz ihres Alters noch Mutter zu werden; denn sie hielt den für treu, der die Verheißung gegeben hatte. So stammen denn auch von einem einzigen Menschen, dessen Kraft bereits erstorben war, viele ab: zahlreich wie die Sterne am Himmel und der Sand am Meeresstrand, den man nicht zählen kann.

Im Glauben sind diese alle gestorben und haben die Verheißung nicht erlangt, sondern sie nur von fern geschaut und gegrüßt und sie haben bekannt, dass sie Fremde und Gäste auf Erden sind. Und die, die solches sagen, geben zu erkennen, dass sie eine Heimat suchen. Hätten sie dabei an die Heimat gedacht, aus der sie weggezogen waren, so wäre ihnen Zeit geblieben zurückzukehren; nun aber streben sie nach einer besseren Heimat, nämlich der himmlischen. Darum schämt sich Gott ihrer nicht, er schämt sich nicht, ihr Gott genannt zu werden; denn er hat ihnen eine Stadt bereitet.

Aufgrund des Glaubens hat Abraham den Isaak hingegeben, als er auf die Probe gestellt wurde; er gab den einzigen Sohn dahin, er, der die Verheißungen empfangen hatte und zu dem gesagt worden war: Durch Isaak wirst du Nachkommen haben. Er war überzeugt, dass Gott sogar die Macht hat, von den Toten zu erwecken; darum erhielt er Isaak auch zurück. Das ist ein Sinnbild.

[*Oder:* KURZFASSUNG – Hebr 11,1–2.8–12]

RUF VOR DEM EVANGELIUM

Vers: vgl. Mt 24,42a.44

Halleluja. Halleluja.
Seid wachsam und haltet euch bereit!
Denn der Menschensohn kommt
zu einer Stunde, in der ihr es nicht erwartet.
Halleluja.

ZUM EVANGELIUM Manchmal kann ich einfach nicht anders – ich schlage beim Lesen die letzte Seite eines Buches auf und werfe einen Blick auf das Ende, um eine Ahnung zu bekommen, wohin alles führt. Doch es kommt vor, dass sich nicht einmal dann alle Knoten zum Verständnis hin lösen. Da bleibt genügend Rätselhaftes, um unbedingt das Buch doch noch von vorne bis hinten lesen zu wollen. Auch Lukas lässt uns mit seinem Gleichnis einen Blick werfen auf die letzte Seite des Weltenbuches, auf die Stunde unmittelbar vor dem Anbruch des Reiches Gottes. Lukas' Wiedergabe des Jesuswortes mündet in eine Seligpreisung: Selig, die wach sind, um dem eintreffenden Herrn zu begegnen. Petrus' Nachfrage beantwortet Jesus, indem er Verhaltensvarianten beschreibt für die Zeit vor der Begegnung. Und dass sie unterschiedliche Folgen nach sich ziehen. Das Weltenbuch ist interaktiv zu gestalten: Die Seiten vor der allerletzten haben wir selbst zu schreiben. Darum kommen wir nicht herum.

EVANGELIUM

Lk 12,32–48

Haltet auch ihr euch bereit

+ **Aus dem heiligen Evangelium nach Lukas.**

In jener Zeit sprach Jesus zu seinen Jüngern: Fürchte dich nicht, du kleine Herde! Denn euer Vater hat beschlossen, euch das Reich zu geben.

Verkauft euren Besitz und gebt Almosen! Macht euch Geldbeutel, die nicht alt werden! Verschafft euch einen Schatz, der nicht abnimmt, im Himmel, wo kein Dieb ihn findet und keine Motte ihn frisst! Denn wo euer Schatz ist, da ist auch euer Herz.

Eure Hüften sollen gegürtet sein und eure Lampen brennen! Seid wie Menschen, die auf ihren Herrn warten, der von einer Hochzeit zurückkehrt, damit sie ihm sogleich öffnen, wenn er kommt und anklopft.

Selig die Knechte, die der Herr wach findet, wenn er kommt! Amen, ich sage euch: Er wird sich gürten, sie am Tisch Platz nehmen lassen und sie der Reihe nach bedienen. Und kommt er erst in der zweiten oder dritten Nachtwache und findet sie wach – selig sind sie.

Bedenkt: Wenn der Herr des Hauses wüsste, in welcher Stunde der Dieb kommt, so würde er verhindern, dass man in sein Haus einbricht. Haltet auch ihr euch bereit! Denn der Menschensohn kommt zu einer Stunde, in der ihr es nicht erwartet.

Da sagte Petrus: Herr, sagst du dieses Gleichnis nur zu uns oder auch zu allen?

Der Herr antwortete: Wer ist denn der treue und kluge Verwalter, den der Herr über sein Gesinde einsetzen wird, damit er ihnen zur rechten Zeit die Tagesration gibt?

Selig der Knecht, den der Herr damit beschäftigt findet, wenn er kommt! Wahrhaftig, das sage ich euch: Er wird ihn über sein ganzes Vermögen einsetzen.

Wenn aber der Knecht in seinem Herzen sagt: Mein Herr verspätet sich zu kommen! und anfängt, die Knechte und Mägde zu schlagen, auch zu essen und zu trinken und sich zu berauschen, dann wird der Herr jenes Knechtes an einem Tag kommen, an dem er es nicht erwartet, und zu einer Stunde, die er nicht kennt; und der Herr wird ihn in Stücke hauen und ihm seinen Platz unter den Ungläubigen zuweisen.

Der Knecht, der den Willen seines Herrn kennt, sich aber nicht darum kümmert und nicht danach handelt, der wird viele Schläge bekommen. Wer aber, ohne den Willen des Herrn zu kennen, etwas tut, was Schläge verdient, der wird wenig Schläge bekommen.

Wem viel gegeben wurde, von dem wird viel zurückgefordert werden, und wem man viel anvertraut hat, von dem wird man umso mehr verlangen.

[*Oder:* KURZFASSUNG – Lk 12,35–40]

Glaubensbekenntnis, S. 454 ff.

FÜRBITTEN

Das heutige Evangelium spricht von der Verantwortung der Gläubigen, ihren Glauben zu leben. Bitten wir Gott um seinen Beistand:

V/A: Höre und erhöre uns.

- Für die Kirche, dass sie mutig, wach und vertrauend die Chancen und Aufgaben der Gegenwart wahrnimmt und annimmt.
- Für die Angehörigen der verschiedenen Religionen dieser Erde, dass sie lernen, einander zu achten und Schritte zur Versöhnung zu gehen.
- Für alle, die den Schrecken des Krieges ausgesetzt sind, dass sie einen sicheren Hafen und Frieden finden.
- Für alle, die in Armut leben und Mangel leiden, dass auch sie teilhaben können an der Fülle der Gaben unserer Erde.
- Für alle, die Ungerechtigkeit und Ungleichheit nicht als gottgegeben akzeptieren, sondern Hilfsbereitschaft und Solidarität leben.

Gott, zu dir hin und zu den anderen sind wir unterwegs im Auf und Ab unseres Lebens. Sei du unser Schutz und unsere Stärke, darum bitten wir durch Jesus Christus, unseren Bruder und Herrn.

EUCHARISTIEFEIER

GABENGEBET

Herr, unser Gott, wir bringen die Gaben zum Altar, die du selber uns geschenkt hast. Nimm sie von deiner Kirche entgegen und mache sie für uns zum Sakrament des Heiles. Darum bitten wir durch Christus, unseren Herrn.

Präfation, S. 466 ff.

KOMMUNIONVERS

Joh 6,51

So spricht der Herr:
Das Brot, das ich geben werde, ist mein Fleisch;
ich gebe es hin für das Leben der Welt.

SCHLUSSGEBET

Barmherziger Gott, wir haben den Leib und das Blut deines Sohnes empfangen. Das heilige Sakrament bringe uns Heil, es erhalte uns in der Wahrheit und sei unser Licht in der Finsternis. Darum bitten wir durch Christus, unseren Herrn.

FEIERLICHER SCHLUSSSEGEN

Gott, unser Vater, segne euch mit allem Segen des Himmels, damit ihr rein und heilig lebt vor seinem Angesicht. – A: Amen.
Er lehre euch durch das Wort der Wahrheit; er bilde euer Herz nach dem Evangelium Christi und gebe euch Anteil an seiner Herrlichkeit. – A: Amen.
Er schenke euch jene brüderliche Liebe, an der die Welt die Jünger Christi erkennen soll. – A: Amen.

Das gewähre euch der dreieinige Gott, der Vater und der Sohn † und der Heilige Geist. – A: Amen.

***

Für eine Wort-Gottes-Feier:

ERÖFFNUNGSGEBET ZUR WAHL

Gott, unser Schöpfer, wir kennen nicht den Tag und wissen nicht die Stunde, zu der dein Sohn, unser Herr, wiederkommen wird. Das Wort deiner Frohen Botschaft mache uns wachsam für dich, damit wir das Ziel unseres Lebens nicht verfehlen. Darum bitten wir durch ihn, Jesus Christus, deinen Sohn, unseren Herrn, der in der Einheit des Heiligen Geistes mit dir lebt und herrscht in Ewigkeit.

***

JUBEL ÜBER JUBEL

Wenn unser Mund voll von Gesang wäre wie das Meer
und unsere Zunge von Jauchzen wie die Menge seiner Wellen
und unsere Lippen voll Lobs wie die Weite des Himmelszelts
und unsere Augen leuchteten wie die Sonne und der Mond
und unsere Hände ausgebreitet wie die Adler des Himmels
und unsere Füße leicht wie die Gazellen,
so wären wir nicht genug,
Dir zu danken, Herr unser Gott und der Gott unserer Väter,
und Deinen Namen zu loben
für die tausend mal tausende tausend von tausend
und die zehntausend von zehntausenden Malen von Gutem,
das DU für unsere Väter und für uns getan hast.

Aus der Pessach-Haggada
(übersetzt von Michael Krupp)

MARIÄ AUFNAHME IN DEN HIMMEL
HOCHFEST

15. August 2025

Der Marienfeiertag liegt mitten im August, dem Monat mit dem Namen des römischen Imperators, dem er seinerzeit gewidmet wurde als Triumph- und Festzeit, zur Erinnerung an seine militärischen Erfolge. Heute stattdessen ein Fest für die Frau vom Rande des Imperiums, die sich – so der Evangelist Lukas – auf einen Erlass eben jenes Augustus' hin gegen Ende ihrer Schwangerschaft nach Betlehem begeben und da die Geburt bewältigen musste. Damit aber wurde ihr selbst und aller Welt ein Zeichen gegeben. Bestätigte doch die symbolische Bedeutung der David-Stadt, dass hier ein König zur Welt gekommen sei. Aus dieser Perspektive aber ist die Mitte des Augusts nicht mit militärischem Erfolg verbunden und nicht mit Gewalt und Tod, sondern mit Leben über Leben. Mit mütterlichem Leben, das Leben weitergibt. Mit himmlischem Leben, mit Leben jenseits des Todes. Was für eine Provokation für alle Augustus-Menschen dieser Welt.

ERÖFFNUNGSVERS Offb 12,1

Ein großes Zeichen erschien am Himmel:
eine Frau, umgeben von der Sonne,
den Mond unter ihren Füßen
und einen Kranz von zwölf Sternen auf ihrem Haupt.

Oder:

Freut euch alle im Herrn am Fest der Aufnahme
der seligsten Jungfrau Maria in den Himmel.
Mit uns freuen sich die Engel und loben Gottes Sohn.

KYRIE-RUFE

Herr Jesus Christus, du hast
das Leben deiner Mutter Maria
im Himmel vollendet.
V/A: Herr, erbarme dich.
Du hast deine Mutter Maria
zur Himmelskönigin gekrönt.
V/A: Christus, erbarme dich.
Du hast deine Mutter Maria
zur Mutter der Kirche bestellt.
V/A: Herr, erbarme dich.

Ehre sei Gott, S. 451 f.

TAGESGEBET

Allmächtiger, ewiger Gott, du hast die selige Jungfrau Maria, die uns Christus geboren hat, vor aller Sünde bewahrt und sie mit Leib und Seele zur Herrlichkeit des Himmels erhoben. Gib, dass wir auf dieses Zeichen der Hoffnung und des Trostes schauen und auf dem Weg bleiben, der hinführt zu deiner Herrlichkeit. Darum bitten wir durch Jesus Christus.

WORTGOTTESDIENST

ZUR 1. LESUNG Betrachtet man die Mariensäule auf dem Marienplatz in München oder die in der Hauptstraße von Murnau, sind da längst Friede und Erlösung eingekehrt. Die Himmelskönigin trägt lächelnd das Kind auf dem Arm und schwebt dabei auf dem Mond, alles ist gut. Die biblischen Texte im Hintergrund dieser Darstellung aber sind verstörend: Die Frau schreit vor Schmerzen bei der Geburt; ein das Universum beherrschender Drache lauert darauf, das frisch geborene Kind zu verschlingen. Nur göttliches Eingreifen verhindert gerade noch das Schlimmste, sodass die Frau ihr Asyl in der Wüste erreicht und ihr Sohn entrückt wird zu Gott. Es tut gut, um ein Ende der Schrecken zu wissen. Es vor Augen zu haben. Es ist aber auch gut, zu sehen, dass der Schrift die Schrecken für einzelne Menschen und für die Kirche vertraut und präsent sind. Die Rede von Erlösung könnte sonst leicht zum Kitsch verkommen.

ERSTE LESUNG

Offb 11,19a; 12,1–6a.10ab

Ein großes Zeichen erschien am Himmel: eine Frau, mit der Sonne bekleidet, der Mond unter ihren Füßen

Lesung aus der Offenbarung des Johannes.

Der Tempel Gottes im Himmel wurde geöffnet und in seinem Tempel wurde die Lade seines Bundes sichtbar: Dann erschien ein großes Zeichen am Himmel: eine Frau, mit der Sonne bekleidet; der Mond war unter ihren Füßen und ein Kranz von zwölf Sternen auf ihrem Haupt. Sie war schwanger und schrie vor Schmerz in ihren Geburtswehen.

Ein anderes Zeichen erschien am Himmel und siehe, ein Drache, groß und feuerrot, mit sieben Köpfen und zehn Hörnern und mit sieben Diademen auf seinen Köpfen. Sein Schwanz fegte ein Drittel der Sterne vom Himmel und warf sie auf die Erde herab.

Der Drache stand vor der Frau, die gebären sollte; er wollte ihr Kind verschlingen, sobald es geboren war. Und sie gebar ein Kind, einen Sohn, der alle Völker mit eisernem Zepter weiden wird. Und ihr Kind wurde zu Gott und zu seinem Thron entrückt. Die Frau aber floh in die Wüste, wo Gott ihr einen Zufluchtsort geschaffen hatte.

Da hörte ich eine laute Stimme im Himmel rufen: Jetzt ist er da, der rettende Sieg, die Macht und die Königsherrschaft unseres Gottes und die Vollmacht seines Gesalbten.

ANTWORTPSALM

Ps 45 (44), 11–12.16 u. 18

Kv Selig bist du, Jungfrau Maria,
du thronst zur Rechten des Herrn. – Kv

Höre, Tochter, sieh her und neige dein Ohr, *
vergiss dein Volk und dein Vaterhaus!
Der König verlangt nach deiner Schönheit; *
er ist ja dein Herr, wirf dich vor ihm nieder! – (Kv)

Sie werden geleitet mit Freude und Jubel, *
sie kommen in den Palast des Königs.
Ich will deinen Namen in Erinnerung rufen von Geschlecht zu Geschlecht; *
darum werden die Völker dich preisen immer und ewig. – Kv

ZUR 2. LESUNG Es ist eine Erlösung gewesen, heißt es manches Mal angesichts eines Todesfalls. Das bedeutet dann oft zweierlei: Erlösung eines schwer kranken und leidenden Menschen von Schmerzen und Qual. Nicht selten aber wird ein Tod auch als Erlösung für Hinterbliebene empfunden. Erlösung von Abhängigkeiten und Verpflichtungen, Erlösung manchmal auch aus Machtverhältnissen und Zwängen. Aus beiden Perspektiven erscheint der Tod geradezu als ein Verbündeter. Paulus aber denkt radikaler und ganz bis zum Ende. Das ist biblisches Denken: Wo Gott ist, ist kein Tod. Der Tod ist der letzte Feind. Bei Gott ist das Leben.

ZWEITE LESUNG 1 Kor 15,20–27a

In Christus werden alle lebendig gemacht werden: Erster ist Christus; dann folgen alle, die zu ihm gehören

Lesung aus dem ersten Brief des Apostels Paulus an die Gemeinde in Korinth.

Schwestern und Brüder! Christus ist von den Toten auferweckt worden als der Erste der Entschlafenen. Da nämlich durch *einen* Menschen der Tod gekommen ist, kommt durch *einen* Menschen auch die Auferstehung der Toten. Denn wie in Adam alle sterben, so werden in Christus alle lebendig gemacht werden.

Es gibt aber eine bestimmte Reihenfolge: Erster ist Christus; dann folgen, wenn Christus kommt, alle, die zu ihm gehören. Danach kommt das Ende, wenn er jede Macht, Gewalt und Kraft entmachtet hat und seine Herrschaft Gott, dem Vater, übergibt.

Denn er muss herrschen, bis Gott ihm alle Feinde unter seine Füße gelegt hat. Der letzte Feind, der entmachtet wird, ist der Tod. Denn: Alles hat er seinen Füßen unterworfen.

RUF VOR DEM EVANGELIUM

Halleluja. Halleluja.
Aufgenommen in den Himmel ist die Jungfrau Maria.
Die Engel freuen sich und preisen den Herrn.
Halleluja.

ZUM EVANGELIUM Freude flutet die beiden schwangeren Frauen Maria und Elisabet bei ihrer Begegnung, Freude flutet jede Zelle und auch das fötale Leben in ihnen. Es ist wichtig, das festzuhalten, es zu behalten. Den Kindern ist die Freude mitgegeben für ihr ganzes Leben. Für ihr Wirken. Für ihren Tod. Pränatal, sagt Lukas in dieser bewegenden Erzählung, sind sie geprägt von der Freude an Gott. Dorthin werden sie uns weisen. Der eine, Johannes, in seiner Aufgabe als Vorläufer. Jesus end-gültig.

EVANGELIUM Lk 1,39–56

Der Mächtige hat Großes an mir getan: Er erhöht die Niedrigen

+ Aus dem heiligen Evangelium nach Lukas.

In jenen Tagen machte sich Maria auf den Weg und eilte in eine Stadt im Bergland von Judäa. Sie ging in das Haus des Zacharias und begrüßte Elisabet. Und es geschah: Als Elisabet den Gruß Marias hörte, hüpfte das Kind in ihrem Leib.

Da wurde Elisabet vom Heiligen Geist erfüllt und rief mit lauter Stimme: Gesegnet bist du unter den Frauen und gesegnet ist die Frucht deines Leibes. Wer bin ich, dass die Mutter meines Herrn zu mir kommt? Denn siehe, in dem Augenblick, als ich deinen Gruß hörte, hüpfte das Kind vor Freude in meinem Leib. Und selig, die geglaubt hat, dass sich erfüllt, was der Herr ihr sagen ließ.

Da sagte Maria: Meine Seele preist die Größe des Herrn, und mein Geist jubelt über Gott, meinen Retter. Denn auf die Niedrigkeit seiner Magd hat er geschaut. Siehe, von nun an preisen mich selig alle Geschlechter. Denn der Mächtige hat Großes an mir getan und sein Name ist heilig. Er erbarmt sich von Geschlecht zu Geschlecht über alle, die ihn fürchten. Er vollbringt mit seinem Arm machtvolle Taten: Er zerstreut, die im Herzen voll Hochmut sind; er stürzt die Mächtigen vom Thron und erhöht die Niedrigen. Die Hungernden beschenkt er mit seinen Gaben und lässt die Reichen leer ausgehen. Er nimmt sich seines Knechtes Israel an und denkt an sein Erbarmen, das er unsern Vätern verheißen hat, Abraham und seinen Nachkommen auf ewig. Und Maria blieb etwa drei Monate bei ihr; dann kehrte sie nach Hause zurück.

Glaubensbekenntnis, S. 454 ff.

FÜRBITTEN

Marias Lied ist ein Jubellied: Gott, der Mächtige, nimmt sich der Armen, Übersehenen, Hungrigen an, hier und jetzt. Wir rufen voll Hoffnung zu Gott, unserem Retter:

V: Gott des Lebens. A: Höre unser Gebet.

- „Er vollbringt mit seinem Arm machtvolle Taten.“ Wir beten für alle, die hoffnungslos und chancenlos leben müssen: ausgebeutet in Textilfabriken, Haushalten, auf Feldern und in Steinbrüchen.
- „Er zerstreut, die im Herzen voll Hochmut sind.“ Wir beten für alle, die sich von Ideologien und Fundamentalismen lossagen, und für alle, die sich für den Dialog der Religionen und Kulturen einsetzen.

- „Er stürzt die Mächtigen vom Thron." Wir beten für die Opfer von menschenverachtendem Nationalismus, von Gewaltherrschaft und Gier.
- „Die Hungernden beschenkt er mit seinen Gaben." Wir beten für die Kinder, die nie richtig satt werden, für die Eltern, die ihnen nicht genug zu essen geben können, und für die alten und kranken Menschen, die unter dem Mangel ebenso leiden.
- „Er nimmt sich seines Knechtes Israel an und denkt an sein Erbarmen." Wir bitten für das geschundene Land Israel, für seine Bewohner, die Nachbarn und Anrainer: um deinen Frieden, deinen Schalom, der allein Hass und Feindschaft zu heilen vermag.

Gottes Macht ist stärker als Feindschaft, Neid, Hass und Tod. Wer an Gott glaubt, kann nicht in der Abwertung anderer verharren. Hilf uns auf die Fürbitte Mariens, uns von dir bewegen zu lassen, denn deine Bewegung führt ins Leben. Dir sei Lob und Dank in Ewigkeit.

EUCHARISTIEFEIER

GABENGEBET

Allmächtiger Gott, unser Gebet und unser Opfer steige zu dir empor. Höre auf die selige Jungfrau Maria, die du in den Himmel aufgenommen hast, und entzünde in unseren Herzen das Feuer der Liebe, damit wir dich allezeit suchen. Darum bitten wir durch Christus, unseren Herrn.

PRÄFATION

In Wahrheit ist es würdig und recht, dir, allmächtiger Vater, zu danken und das Werk deiner Gnade zu rühmen. Denn heute hast du die jungfräuliche Gottesmutter in den Himmel erhoben, als Erste empfing sie von Christus die Herrlichkeit, die uns allen verheißen ist, und wurde zum Urbild der Kirche in ihrer ewigen Vollendung. Dem pilgernden Volk ist sie ein untrügliches Zeichen der Hoffnung und eine Quelle des Trostes. Denn ihr Leib, der den Urheber des Lebens geboren hat, sollte die Verwesung nicht schauen. Darum preisen wir jetzt und in Ewigkeit dein Erbarmen und singen mit den Chören der Engel das Lob deiner Herrlichkeit: Heilig …

KOMMUNIONVERS

Lk 1,48–49

Von nun an preisen mich selig alle Geschlechter.
Denn der Mächtige hat Großes an mir getan.

SCHLUSSGEBET

Barmherziger Gott, wir haben das heilbringende Sakrament empfangen. Lass uns auf die Fürsprache der seligen Jungfrau Maria, die du in den Himmel aufgenommen hast, zur Herrlichkeit der Auferstehung gelangen. Darum bitten wir durch Christus, unseren Herrn.

FEIERLICHER SCHLUSSSEGEN

Gott, der allmächtige Vater, segne euch durch den Erlöser der Welt, unseren Herrn Jesus Christus, den Sohn der jungfräulichen Mutter Maria. – A: Amen.
Sie hat den Urheber des Lebens geboren; ihre mütterliche Fürsprache erwirke euch Gottes Hilfe. – A: Amen.
Euch und allen, die heute das Fest ihrer Aufnahme in den Himmel begehen, schenke Gott die wahre Freude und den ewigen Lohn. – A: Amen.
Das gewähre euch der dreieinige Gott, der Vater und der Sohn † und der Heilige Geist. – A: Amen.

***

ROSEN IM DORNWALD

Maria durch ein Dornwald ging.
Kyrie eleison.
Maria durch ein Dornwald ging,
der hat in sieben Jahrn kein Laub getragen.
Jesus und Maria.

Was trug Maria unter ihrem Herzen?
Kyrie eleison.
Ein kleines Kindlein ohne Schmerzen,
das trug Maria unter ihrem Herzen.
Jesus und Maria.

Da haben die Dornen Rosen getragen.
Kyrie eleison.
Als das Kindlein durch den Wald getragen,
da haben die Dornen Rosen getragen.
Jesus und Maria.

August von Haxthausen

20. SONNTAG IM JAHRESKREIS

17. August 2025

Manche Entscheidungen sind klar und eindeutig, sie gelten und wirken von dem Moment an, in dem sie fallen. Andere Entscheidungen haben es nicht so leicht. Sie werden gefällt, können aber nicht durchgesetzt werden und zur Geltung kommen. Und dann gibt es die Entscheidungen, die gelten, aber Tag für Tag neu errungen und bestätigt werden müssen. Sie sind ein täglicher Wettkampf mit der Bequemlichkeit. Beten wir um Ausdauer!

ERÖFFNUNGSVERS

Vgl. Ps 84 (83), 10–11

Gott, du unser Beschützer,
schau auf das Angesicht deines Gesalbten.
Denn ein einziger Tag in den Vorhöfen deines Heiligtums
ist besser als tausend andere.

KYRIE-RUFE

Herr Jesus Christus, du Urheber
und Vollender des Glaubens,
du hast das Leiden angenommen.
V/A: Herr, erbarme dich.
Du stellst vor die Wahl, führst die
Menschen in die Entscheidung.
V/A: Christus, erbarme dich.
Du gibst Kraft, im Kampf gegen die Sünde
bis aufs Blut Widerstand zu leisten.
V/A: Herr, erbarme dich.

Ehre sei Gott, S. 451 f.

TAGESGEBET

Barmherziger Gott, was kein Auge geschaut und kein Ohr gehört hat, das hast du denen bereitet, die dich lieben. Gib uns ein Herz, das dich in allem und über alles liebt, damit wir den Reichtum deiner Verheißungen erlangen, der alles übersteigt, was wir ersehnen. Darum bitten wir durch Jesus Christus.

WORTGOTTESDIENST

ZUR 1. LESUNG Was für einem unberechenbaren König ist der Prophet Jeremia da ausgesetzt! An einem Tag gibt Zidkija den einen nach, sodass Jeremia in der Zisterne landet. Am nächsten Tag hört Zidkija auf den anderen, sodass der Prophet gerettet wird. Das Beispiel dieses wankelmütigen Königs stellt uns Fragen: Auf welche Stimmen hören wir? Wie entschieden sind wir zum Guten?

ERSTE LESUNG Jer 38,4–6.7a.8b–10

Weh mir, meine Mutter, dass du mich geboren hast, einen Mann, der mit aller Welt in Zank und Streit liegt (Jer 15,10)

Lesung aus dem Buch Jeremia.

In jenen Tagen sagten die Beamten zum König: Jeremia muss getötet werden; denn er lähmt die Hände der Krieger, die in dieser Stadt noch übrig geblieben sind, und die Hände des ganzen Volkes, wenn er solche Worte zu ihnen redet. Denn dieser Mann sucht nicht Heil für dieses Volk, sondern Unheil. Der König Zidkija erwiderte: Siehe, er ist in eurer Hand; denn der König vermag nichts gegen euch. Da ergriffen sie Jeremia und warfen ihn in die

Zisterne des Königssohns Malkija, die sich im Wachhof befand; man ließ ihn an Stricken hinunter. In der Zisterne war kein Wasser, sondern nur Schlamm, und Jeremia sank in den Schlamm.

Der Kuschiter Ebed-Melech, ein Höfling, sagte zum König: Mein Herr und König, schlecht war alles, was diese Männer dem Propheten Jeremia angetan haben; sie haben ihn in die Zisterne geworfen, damit er dort unten verhungert. Denn es gibt in der Stadt kein Brot mehr. Da befahl der König dem Kuschiter Ebed-Melech: Nimm dir von hier dreißig Männer mit und zieh den Propheten Jeremia aus der Zisterne herauf, bevor er stirbt.

ANTWORTPSALM

Ps 40 (39),2–3b.3c–4b.18 (Kv: vgl. Ps 70 [69],2)

Kv O Gott, komm mir zu Hilfe,
HERR, eile, mir zu helfen. – Kv

Ich hoffte, ja ich hoffte auf den HERRN. *
Da neigte er sich mir zu und hörte mein Schreien.
Er zog mich herauf aus der Grube des Grauens, *
aus Schlamm und Morast. – (Kv)

Er stellte meine Füße auf den Fels, *
machte fest meine Schritte.
Er legte mir ein neues Lied in den Mund, *
einen Lobgesang auf unseren Gott. – (Kv)

Ich aber bin elend und arm. *
Der Herr wird an mich denken.
Meine Hilfe und mein Retter bist du. *
Mein Gott, säume doch nicht! – Kv

ZUR 2. LESUNG Die Bilder, mit denen die Botschaft des Hebräerbriefs verdeutlicht werden soll, haben es in sich. Im ersten Bild klingt es ganz einfach: *alle Last und die Sünde abwerfen.* Doch schon der nächste Nebensatz mit seiner Bildsprache lässt Zweifel aufkommen: *die uns so leicht umstrickt.* Worin man verstrickt ist, das kann man nicht so einfach abwerfen … Daher empfiehlt das dritte Bild, *mit Ausdauer zu laufen.* Die Abkehr von der Sünde, die Umkehr, die Jesus meint, ist kein einfaches Kehrtmachen, sondern ein Lebens-Lauf, bei dem wir das abwerfen, was unser Leben – und durch uns das Leben anderer – schwer macht. Andauernd und ausdauernd.

ZWEITE LESUNG Hebr 12,1–4

Lasst uns mit Ausdauer in dem Wettkampf laufen, der vor uns liegt

Lesung aus dem Hebräerbrief.

Schwestern und Brüder! Darum wollen auch wir, die wir eine solche Wolke von Zeugen um uns haben, alle Last und die Sünde abwerfen, die uns so leicht umstrickt. Lasst uns mit Ausdauer in dem Wettkampf laufen, der vor uns liegt und dabei auf Jesus blicken, den Urheber und Vollender des Glaubens; er hat angesichts der vor ihm liegenden Freude das Kreuz auf sich genommen, ohne auf die Schande zu achten, und sich zur Rechten von Gottes Thron gesetzt.

Richtet also eure Aufmerksamkeit auf den, der solche Anfeindung von Seiten der Sünder gegen sich erduldet hat, damit ihr nicht ermattet und mutlos werdet! Ihr habt im Kampf gegen die Sünde noch nicht bis aufs Blut Widerstand geleistet.

RUF VOR DEM EVANGELIUM Vers: Joh 10,27

Halleluja. Halleluja.
(So spricht der Herr:)
Meine Schafe hören auf meine Stimme;
ich kenne sie und sie folgen mir.
Halleluja.

ZUM EVANGELIUM Ein hartes Wort, das der Friedensfürst hier sagt: Nicht Frieden, sondern Spaltung! Jesus riskiert und provoziert die Spaltung, weil er weiß, dass die göttliche Logik seiner Sicht der Dinge nicht alle überzeugen und manche überfordern wird. Einige werden ihr folgen, andere nicht. Die ihr folgen, müssen mit Ablehnung rechnen. Trotz Hader und Spaltung müssen und dürfen sie aber wie Jesus darauf vertrauen, dass das Feuer, das in ihnen brennt, andere ansteckt.

EVANGELIUM

Lk 12,49–53

Ich bin nicht gekommen, um Frieden zu bringen, sondern Spaltung

+ **Aus dem heiligen Evangelium nach Lukas.**

In jener Zeit sprach Jesus zu seinen Jüngern: Ich bin gekommen, um Feuer auf die Erde zu werfen. Wie froh wäre ich, es würde schon brennen! Ich muss mit einer Taufe getauft werden und wie bin ich bedrängt, bis sie vollzogen ist.

Meint ihr, ich sei gekommen, um Frieden auf die Erde zu bringen? Nein, sage ich euch, sondern Spaltung. Denn von nun an werden fünf Menschen im gleichen Haus in Zwietracht leben: Drei werden gegen zwei stehen und zwei gegen drei; der Vater wird gegen den Sohn stehen und der Sohn gegen den Vater, die Mutter gegen die Tochter und die Tochter gegen die Mutter, die Schwiegermutter gegen ihre Schwiegertochter, und die Schwiegertochter gegen die Schwiegermutter.

Glaubensbekenntnis, S. 454 ff.

FÜRBITTEN

Was muss geschehen, dass das Reich Gottes anbrechen kann, dass es wachsen kann, hier und heute? Wir bitten Gott um den Beistand der heiligen Geistkraft:

V/A: Komm, Heiliger Geist.

- Für alle, die im Raum der Kirche aufrichtig um den richtigen Weg der Erneuerung ringen – um deinen Beistand.
- Für alle, die lieblos gehandelt haben oder anderen etwas schuldig geblieben sind – um die Kraft der Reue und des Neuanfangs.
- Für alle, die kranke und einsame Menschen besuchen und sie teilhaben lassen – um den langen Atem der Liebe und Treue.
- Für alle, die in Spannungen leben und in ihren Ferien auf einen Neuanfang hoffen – um deinen annehmenden und verstehenden Blick füreinander.
- Für alle, denen keine Zerstreuung, keine Abwechslung, kein Urlaub möglich ist – um Glück und Freude im Alltag.

Gott des Lebens, du mutest und traust uns Entschiedenheit zu. Bestärke uns in der Nachfolge deines Sohnes, heute und alle Tage, die uns geschenkt sind.

EUCHARISTIEFEIER

GABENGEBET

Herr, wir bringen unsere Gaben dar für die Feier, in der sich ein heiliger Tausch vollzieht. Nimm sie in Gnaden an und schenke uns dich selbst in deinem Sohn Jesus Christus, der mit dir lebt und herrscht in alle Ewigkeit.

Präfation, S. 466 ff.

KOMMUNIONVERS Joh 6,51

So spricht der Herr:
Ich bin das lebendige Brot,
das vom Himmel herabgekommen ist.
Wer von diesem Brote isst, wird leben in Ewigkeit.

SCHLUSSGEBET

Barmherziger Gott, im heiligen Mahl schenkst du uns Anteil am Leben deines Sohnes. Dieses Sakrament mache uns auf Erden Christus ähnlich, damit wir im Himmel zur vollen Gemeinschaft mit ihm gelangen, der mit dir lebt und herrscht in alle Ewigkeit.

***

Für eine Wort-Gottes-Feier:

ERÖFFNUNGSGEBET ZUR WAHL

Gott, dein Wort fordert uns heraus und verlangt eine Antwort. Gib uns die Kraft zur Entscheidung und den Mut, dich vor den Menschen zu bekennen. Darum bitten wir durch Jesus Christus, deinen Sohn, unseren Herrn und Gott, der in der Einheit des Heiligen Geistes mit dir lebt und herrscht in alle Ewigkeit.

***

DER LIEBE EINEN SPALT

Jesus, der Spalter?
Bei einer Spaltung,
die wirklich
um Jesu willen geschieht,
braucht uns nicht bange zu sein.
Unerschütterliche Herzensgüte
und grenzüberschreitende Menschenfreundlichkeit
mögen unerhört und unvernünftig erscheinen.
Aber im Herzen werden sie auf Dauer
nicht unverstanden bleiben.
Und aus dem Spalt
wird Liebe wachsen.

Stefan Voges

21. SONNTAG IM JAHRESKREIS

24. August 2025

Dieser Gott hält sich für unglaublich attraktiv. Seine Herrlichkeit wirkt angeblich anziehend. Vor seiner Tür stehen sie und bitten um Einlass. Aber was macht ihn so attraktiv? Was macht, dass Menschen bei ihm sein wollen? Das zieht sie unwiderstehlich an: dass sie bei ihm sein dürfen, angenommen und geliebt.

ERÖFFNUNGSVERS

Ps 86 (85), 1–3

Wende dein Ohr mir zu, erhöre mich, Herr,
hilf deinem Knecht, der dir vertraut,
sei mir gnädig, o Herr.
Den ganzen Tag rufe ich zu dir.

KYRIE-RUFE

Herr Jesus Christus, du Licht der Völker, du
rufst die Menschheit von Osten und Westen,
Norden und Süden in das Reich Gottes.
V/A: Herr, erbarme dich.
Du Gefährte auf unserem Weg, du hilfst
uns, durch die enge Tür zu gelangen.
V/A: Christus, erbarme dich.
Du Herr des Hauses, du lässt
herein, die draußen sind.
V/A: Herr, erbarme dich.

Ehre sei Gott, S. 451 f.

TAGESGEBET

Gott, unser Herr, du verbindest alle, die an dich glauben, zum gemeinsamen Streben. Gib, dass wir lieben, was du befiehlst, und ersehnen, was du uns verheißen hast, damit in der Unbeständigkeit dieses Lebens unsere Herzen dort verankert seien, wo die wahren Freuden sind. Darum bitten wir durch Jesus Christus.

WORTGOTTESDIENST

ZUR 1. LESUNG „Sortiermaschinen“, so lautet ein jüngerer soziologischer Deutungsansatz für Grenzen. An ihnen entscheidet sich die Bewegungsfreiheit der Menschen: Für die einen sind Grenzen durchlässiger als für die anderen. Gott widersetzt sich dieser Logik. Seine einladende Herrlichkeit überstrahlt die ausschließenden Sortiermaschinen der Menschen.

ERSTE LESUNG Jes 66,18–21

Sie werden alle eure Brüder aus allen Nationen herbeibringen

Lesung aus dem Buch Jesaja.

So spricht der Herr: Ich kenne die Taten und die Gedanken aller Nationen und Sprachen und komme, um sie zu versammeln, und sie werden kommen und meine Herrlichkeit sehen. Ich stelle bei ihnen ein Zeichen auf und schicke von ihnen einige, die entronnen sind, zu den Nationen, zu den fernen Inseln, die noch keine Kunde von mir gehört und meine Herrlichkeit noch nicht gesehen haben.
Sie sollen meine Herrlichkeit unter den Nationen verkünden. Sie werden alle eure Brüder aus allen Nationen als Opfergabe für den Herrn herbeibringen auf Rossen und Wagen, in Sänften, auf Maultieren und Kamelen, zu meinem heiligen Berg nach Jerusalem, spricht der Herr, so wie die Söhne Israels ihre Opfergabe in reinen

Gefäßen zum Haus des HERRN bringen. Und auch aus ihnen nehme ich einige zu levitischen Priestern, spricht der HERR.

ANTWORTPSALM

Ps 117 (116), 1.2 (Kv: vgl. Mk 16, 15)

Kv Geht hinaus in die ganze Welt,
und verkündet allen das Evangelium! – Kv

(*Oder:* Halleluja.)

Lobet den HERRN, alle Völker, *
rühmt ihn, alle Nationen! – (Kv)

Denn mächtig waltet über uns seine Huld, *
die Treue des HERRN währt in Ewigkeit. – Kv

ZUR 2. LESUNG Falsch liegt, wer aus dieser Lesung herauslesen wollte, dass Schläge in der Erziehung durchaus erlaubt seien. Richtig liest, wer sich am Ende eine Frage stellt. Wenn der Hebräerbrief aus der Kultur seiner Zeit die damals übliche körperliche Züchtigung als Beleg für eine Eltern-Kind-Beziehung nimmt, dann stellt sich die Frage, welches Bild heute treffend zum Ausdruck bringen kann, dass Gott uns als Töchter und Söhne angenommen hat.

ZWEITE LESUNG

Hebr 12, 5–7.11–13

Wen der Herr liebt, den züchtigt er

Lesung aus dem Hebräerbrief.

Schwestern und Brüder! Ihr habt die Mahnung vergessen, die euch als Söhne anredet: Mein Sohn, verachte nicht die Zucht des Herrn und verzage nicht, wenn er dich zurechtweist! Denn wen der Herr liebt, den züchtigt er; er schlägt mit der Rute jeden Sohn, den er gern hat. Haltet aus, wenn ihr gezüchtigt werdet! Gott behandelt euch wie Söhne. Denn wo ist ein Sohn, den sein Vater nicht züchtigt?

Jede Züchtigung scheint zwar für den Augenblick nicht Freude zu bringen, sondern Leid; später aber gewährt sie denen, die durch sie geschult worden sind, Gerechtigkeit als Frucht des Friedens.

Darum macht die erschlafften Hände und die wankenden Knie wieder stark, schafft ebene Wege für eure Füße, damit die lahmen Glieder nicht ausgerenkt, sondern vielmehr geheilt werden!

RUF VOR DEM EVANGELIUM

Vers: Joh 14,6

Halleluja. Halleluja.
(So spricht der Herr:)
Ich bin der Weg und die Wahrheit und das Leben;
niemand kommt zum Vater außer durch mich.
Halleluja.

ZUM EVANGELIUM Etwas einfallslos wiederholt der Hausherr den Grund, warum er den Anklopfenden nicht öffnet: „Ich weiß nicht, woher ihr seid." Man wird diese Begründung kaum wörtlich nehmen dürfen. Die örtliche Herkunft war Jesus oft egal. Vielmehr dürfte das Wort des Hausherrn zwei Fragen stellen: Kommst du, biblisch gesprochen, aus dem Reich des Teufels – oder lebst du im und für das Reich Gottes? Und die zweite Frage: Warum lebst du nicht so, dass ich sehe und weiß, dass du aus dem Reich Gottes kommst?

EVANGELIUM

Lk 13,22–30

Sie werden von Osten und Westen und von Norden und Süden kommen und im Reich Gottes zu Tisch sitzen

+ Aus dem heiligen Evangelium nach Lukas.

In jener Zeit zog Jesus auf seinem Weg nach Jerusalem von Stadt zu Stadt und von Dorf zu Dorf und lehrte.

Da fragte ihn einer: Herr, sind es nur wenige, die gerettet werden?
Er sagte zu ihnen: Bemüht euch mit allen Kräften, durch die enge Tür zu gelangen; denn viele, sage ich euch, werden versuchen hineinzukommen, aber es wird ihnen nicht gelingen.
Wenn der Herr des Hauses aufsteht und die Tür verschließt und ihr draußen steht, an die Tür klopft und ruft: Herr, mach uns auf!, dann wird er euch antworten: Ich weiß nicht, woher ihr seid.
Dann werdet ihr anfangen zu sagen: Wir haben doch in deinem Beisein gegessen und getrunken und du hast auf unseren Straßen gelehrt. Er aber wird euch erwidern: Ich weiß nicht, woher ihr seid. Weg von mir, ihr habt alle Unrecht getan!
Dort wird Heulen und Zähneknirschen sein, wenn ihr seht, dass Abraham, Isaak und Jakob und alle Propheten im Reich Gottes sind, ihr selbst aber ausgeschlossen seid.
Und sie werden von Osten und Westen und von Norden und Süden kommen und im Reich Gottes zu Tisch sitzen.
Und siehe, da sind Letzte, die werden Erste sein, und da sind Erste, die werden Letzte sein.

Glaubensbekenntnis, S. 454 ff.

FÜRBITTEN

Im heutigen Evangelium warnt Jesus wie so oft vor vermeintlich frommer Selbstgewissheit. Wir rufen zu ihm, der unser Bruder und Lehrer ist:

V: Kyrie, eleison. A: Christe, eleison.

- Wir beten für die Kirche um die Kraft, das eigene Tun und Handeln aus deinem Geist zu erneuern.
- Wir beten für die Menschen mit politischer und gesellschaftlicher Verantwortung um einen teilnahmsvollen Blick auf die Schwachen und meist Übergangenen.
- Wir beten für die Menschen, die sich allzu sicher fühlen in ihren Überzeugungen, und besonders für jene, die in fundamentalisti-

schem Denken gefangen sind, um die Gabe, das Eigene zu hinterfragen und nach dem zu suchen, was Gott und den Menschen dient.

- Wir beten für die Kranken, deren Lebenshoffnungen sich nicht erfüllen werden, um wieder wachsende Teilhabe und Freude am Leben.
- Wir beten für die Menschen, deren Leben sich dem Ende zuneigt, um dein Licht und Leben, du unser Bruder Jesus Christus.

Wir alle sind zum Leben, zur Umkehr berufen. Steh uns bei auf diesem Weg ins Freie. Hilf uns, auf dem Weg ins Leben durch die schmale Pforte zu gelangen. Dir sei Lob und Dank in Ewigkeit.

EUCHARISTIEFEIER

GABENGEBET

Herr und Gott, du hast dir das eine Volk des Neuen Bundes erworben durch das Opfer deines Sohnes, das er ein für alle Mal dargebracht hat. Sieh gnädig auf uns und schenke uns in deiner Kirche Einheit und Frieden. Darum bitten wir durch Christus, unseren Herrn.

Präfation, S. 466 ff.

KOMMUNIONVERS Joh 6,54

So spricht der Herr:
Wer mein Fleisch isst und mein Blut trinkt,
hat das ewige Leben,
und ich werde ihn auferwecken am Letzten Tag.

SCHLUSSGEBET

Herr, unser Gott, schenke uns durch dieses Sakrament die Fülle deines Erbarmens und mache uns heil. Gewähre uns deine Hilfe, damit wir so vor dir leben können, wie es dir gefällt. Darum bitten wir durch Christus, unseren Herrn.

***

Für eine Wort-Gottes-Feier:

ERÖFFNUNGSGEBET ZUR WAHL

Gott, unser Vater, du rufst die Menschen in dein Reich. Sende uns deinen Geist, damit wir dein Wort hören, es verstehen und befolgen und einst zu dir gelangen mit Jesus Christus, deinem Sohn, der in der Einheit des Heiligen Geistes mit dir lebt in Ewigkeit.

***

HERKUNFT

wenn einer fragt
woher du bist
verrat nicht
dein geheimnis

sehen möge er
und fühlen
dass du lebst
und dass du liebst

Stefan Voges

22. SONNTAG IM JAHRESKREIS

31. August 2025

Um die Demut geht es am heutigen Sonntag – eine große, aber gegenwärtig wenig geschätzte Tugend. Der biblische Glaube setzt darauf, dass Gott die Demut belohnen wird. Weltlich gedacht könnte eine weitere Motivation für Demut in den Blick kommen: die Solidarität mit denen, die sich den untersten Platz nicht freiwillig ausgesucht haben.

ERÖFFNUNGSVERS

Ps 86 (85),3.5

Sei mir gnädig, o Herr.
Den ganzen Tag rufe ich zu dir.
Herr, du bist gütig und bereit, zu verzeihen;
für alle, die zu dir rufen, reich an Gnade.

KYRIE-RUFE

Herr Jesus Christus, Gott gleich,
du hast dich entäußert.
V/A: Herr, erbarme dich.
Du wurdest wie ein Sklave
und den Menschen gleich.
V/A: Christus, erbarme dich.
Du bist über alle erhöht; alle im
Himmel, auf der Erde und unter
der Erde beugen ihre Knie vor dir.
V/A: Herr, erbarme dich.

Ehre sei Gott, S. 451 f.

TAGESGEBET

Allmächtiger Gott, von dir kommt alles Gute. Pflanze in unser Herz die Liebe zu deinem Namen ein. Binde uns immer mehr an dich, damit in uns wächst, was gut und heilig ist. Wache über uns und erhalte, was du gewirkt hast. Darum bitten wir durch Jesus Christus.

WORTGOTTESDIENST

ZUR 1. LESUNG Ist Demut ohne Gott sinnvoll? Im menschlichen Zusammenleben können Bescheidenheit und Demut dazu führen, dass Menschen sich selbst kleinmachen vor denen, die groß tun, sich aufspielen und andere demütigen. Demut im Sinn der Weisheit ist etwas anderes. Sie entsteht dort, wo Menschen sich selbst demütigen, indem sie anerkennen, dass sie wirklich kleiner sind – kleiner als Gott. Als ein Gott, der Gnade schenkt und groß macht.

ERSTE LESUNG

Sir 3,17–18.20.28–29 (19–21.30–31)

Demütige dich, dann wirst du vor dem Herrn Gnade finden

Lesung aus dem Buch Jesus Sirach.

Mein Sohn, bei all deinem Tun bleibe bescheiden und du wirst geliebt werden von anerkannten Menschen! Je größer du bist, umso mehr demütige dich und du wirst vor dem Herrn Gnade finden! Denn groß ist die Macht des Herrn, von den Demütigen wird er gerühmt.

Es gibt keine Heilung für das Unglück des Hochmütigen, denn eine Pflanze der Bosheit hat in ihm Wurzel geschlagen. Das Herz eines Verständigen wird einen Sinnspruch überdenken und das Ohr des Zuhörers ist die Sehnsucht des Weisen.

ANTWORTPSALM

Ps 68 (67),4–5b.6–7.10–11 (Kv: vgl. 11a)

Kv Deine Geschöpfe finden Wohnung bei dir, o Gott. – Kv

Die Gerechten freuen sich, *
sie jubeln vor Gott und jauchzen in Freude.
Singt für Gott, spielt seinem Namen! *
Erhebt ihn, der durch die Steppen einherfährt! – (Kv)

Ein Vater der Waisen, ein Anwalt der Witwen *
ist Gott in seiner heiligen Wohnung.
Gott bringt Verlassene heim, /
führt Gefangene hinaus in das Glück; *
doch Aufsässige müssen wohnen im dürren Land. – (Kv)

Gott, du ließest Regen strömen in Fülle *
über dein verschmachtendes Erbland, das du selbst gegründet.
Dein Geschöpf fand dort Wohnung; *
Gott, in deiner Güte versorgst du den Armen. – Kv

ZUR 2. LESUNG Der Hebräerbrief macht einen Gegensatz auf. Auf der einen Seite ist da der Berg Sinai mit Feuer, Wolken und Posaunen; auf der anderen der Berg Zion mit Bildern des Heils: Stadt des lebendigen Gottes, der Engel, Gemeinschaft der Erstgeborenen. Aber besteht heute nicht ein anderer Gegensatz? Der zwischen diesen alten Symbolen und Chiffren und einem von Bildern überfluteten Geist, der die alten Vorstellungen nicht mehr hoffnungs- und verheißungsvoll entziffern kann? Hier ist Übersetzung in heute verständliche Vorstellungen das Gebot der Stunde.

ZWEITE LESUNG Hebr 12,18–19.22–24a

Ihr seid zum Berg Zion hinzugetreten, zur Stadt des lebendigen Gottes

Lesung aus dem Hebräerbrief.

Schwestern und Brüder! Ihr seid nicht zu einem sichtbaren, lodernden Feuer hinzugetreten, zu dunklen Wolken, zu Finsternis und

Sturmwind, zum Klang der Posaunen und zum Schall der Worte, bei denen die Hörer flehten, diese Stimme solle nicht weiter zu ihnen reden.

Ihr seid vielmehr zum Berg Zion hinzugetreten, zur Stadt des lebendigen Gottes, dem himmlischen Jerusalem, zu Tausenden von Engeln, zu einer festlichen Versammlung und zur Gemeinschaft der Erstgeborenen, die im Himmel verzeichnet sind, und zu Gott, dem Richter aller, und zu den Geistern der schon vollendeten Gerechten, zum Mittler eines neuen Bundes, Jesus.

RUF VOR DEM EVANGELIUM

Vers: Mt 11,29ab

Halleluja. Halleluja.
(So spricht der Herr:)
Nehmt mein Joch auf euch und lernt von mir;
denn ich bin gütig und von Herzen demütig.
Halleluja.

ZUM EVANGELIUM Alternative Fakten beeinflussen die mediale Debatte und das politische Handeln in der Welt. Jesus geht es nicht um alternative Fakten, sondern um anderes Handeln: sich selbst nicht auf den ersten, sondern auf den letzten Platz setzen. Geben, ohne eine Gegenleistung zu erwarten. Die Motivation für dieses Handeln, das wirklich die Welt zu ändern vermag, liegt in Gott, der erhöht und vergilt. Und Gott ist kein alternatives Faktum, sondern ein Fakt, der Alternativen ermöglicht.

EVANGELIUM

Lk 14,1.7–14

Wer sich selbst erhöht, wird erniedrigt, und wer sich selbst erniedrigt, wird erhöht werden

+ Aus dem heiligen Evangelium nach Lukas.

Jesus kam an einem Sabbat in das Haus eines führenden Pharisäers zum Essen. Da beobachtete man ihn genau. Als er bemerkte, wie sich die Gäste die Ehrenplätze aussuchten, erzählte er ihnen ein Gleichnis. Er sagte zu ihnen:

Wenn du von jemandem zu einer Hochzeit eingeladen bist, nimm nicht den Ehrenplatz ein! Denn es könnte ein anderer von ihm eingeladen sein, der vornehmer ist als du, und dann würde der Gastgeber, der dich und ihn eingeladen hat, kommen und zu dir sagen: Mach diesem hier Platz! Du aber wärst beschämt und müsstest den untersten Platz einnehmen.

Vielmehr wenn du eingeladen bist, geh hin und nimm den untersten Platz ein; damit dein Gastgeber zu dir kommt und sagt: Mein Freund, rück weiter hinauf! Das wird für dich eine Ehre sein vor allen anderen Gästen. Denn wer sich selbst erhöht, wird erniedrigt, und wer sich selbst erniedrigt, wird erhöht werden.

Dann sagte er zu dem Gastgeber: Wenn du mittags oder abends ein Essen gibst, lade nicht deine Freunde oder deine Brüder, deine Verwandten oder reiche Nachbarn ein; sonst laden auch sie dich wieder ein, und dir ist es vergolten. Nein, wenn du ein Essen gibst, dann lade Arme, Verkrüppelte, Lahme und Blinde ein. Du wirst selig sein, denn sie haben nichts, um es dir zu vergelten; es wird dir vergolten werden bei der Auferstehung der Gerechten.

Glaubensbekenntnis, S. 454 ff.

FÜRBITTEN

Ansehen, Rang und Namen – darum geht es offen oder verdeckt im menschlichen Leben, quer durch die Jahrhunderte und Jahrtausende. Jesus stellt dieser Sicht etwas entgegen: die freie Gabe, ohne Ansehen der Person. Wir bitten Gott, den Geber aller Gaben:

V: Gott, Freund des Lebens. A: Höre unser Rufen.

- Lass deine große und nicht berechnende Gastfreundschaft in der Kirche erfahrbar werden.
- Stärke und begleite die jungen Erwachsenen, die in Freiwilligendiensten einen Teil ihrer Lebenszeit in den Dienst der Gerechtigkeit und der Solidarität stellen.
- Tröste die Trauernden, die in den Kriegs- und Krisengebieten dieser Erde Freunde und Angehörige verloren haben.
- Segne alle, die sich in den Dienst des Friedens stellen und neue Wege gehen.
- Nimm unsere lieben Toten an und lass sie die Gastfreundschaft des Himmels erfahren.

Guter Gott, deine Weise zu geben entspricht nicht unserer Menschenlogik; sie übersteigt Berechnungen und Kalkulationen. Lass auch uns freigiebig weiterschenken, was du in unsere Hände legst, durch Jesus Christus, unseren Bruder und Heiland.

EUCHARISTIEFEIER

GABENGEBET

Herr, unser Gott, diese Opferfeier bringe uns Heil und Segen. Was du jetzt unter heiligen Zeichen wirkst, das vollende in deinem Reich. Darum bitten wir durch Christus, unseren Herrn.

Präfation, S. 466 ff.

KOMMUNIONVERS

Mt 5,9–10

Selig, die Frieden stiften;
denn sie werden Söhne Gottes genannt werden.
Selig, die um der Gerechtigkeit willen verfolgt werden;
denn ihnen gehört das Himmelreich.

SCHLUSSGEBET

Allmächtiger Gott, du hast uns gestärkt durch das lebendige Brot, das vom Himmel kommt. Deine Liebe, die wir im Sakrament empfangen haben, mache uns bereit, dir in unseren Brüdern zu dienen. Darum bitten wir durch Christus, unseren Herrn.

***

Für eine Wort-Gottes-Feier:

ERÖFFNUNGSGEBET ZUR WAHL

Gütiger Gott, dein Sohn ist gekommen, um zu dienen, und ist uns vorausgegangen auf dem Weg zu dir. Gib uns die Kraft, seinem Beispiel zu folgen, und lass uns Aufnahme finden in deinem Reich. Darum bitten wir durch ihn, Jesus Christus, deinen Sohn, der in der Einheit des Heiligen Geistes mit dir lebt in Ewigkeit.

***

SCHULTERSCHLUSS

demut vor gott
und solidarität
mit den menschen
stehen seite an seite

beide fangen klein an
setzen auf größeres
und gewinnen
ein großes herz

Stefan Voges

23. SONNTAG IM JAHRESKREIS

7. September 2025

Lebensentwürfe haben ihre ganz eigenen Regeln. Oder eben gerade nicht: Erstens kommt es anders, zweitens als man denkt – ob man es nun Vorsehung, Schicksal oder Zufall nennt, was da am Werk ist. Wir kennen Gottes Pläne nicht. Was wir aber kennen, mehr oder weniger, sind unsere Möglichkeiten, Kräfte und Fähigkeiten. Sie erlauben es uns, in aller Unvorhersehbarkeit unser Leben zu entwerfen und – zu leben. Sie erlauben es uns, unser Leben realistisch, frei und vertrauend am Beispiel Jesu auszurichten.

ERÖFFNUNGSVERS

Ps 119 (118),137.124

Herr, du bist gerecht und deine Entscheide sind richtig.
Handle an deinem Knecht nach deiner Huld.

KYRIE-RUFE

Herr Jesus Christus, du rufst
in deine Nachfolge.
V/A: Herr, erbarme dich.
Du rufst in die Nachfolge des Kreuzes.
V/A: Christus, erbarme dich.
Du bestehst auf dem Vorrang
des Reiches Gottes.
V/A: Herr, erbarme dich.

Ehre sei Gott, S. 451 f.

TAGESGEBET

Gütiger Gott, du hast uns durch deinen Sohn erlöst und als deine geliebten Kinder angenommen. Sieh voll Güte auf alle, die an Christus glauben, und schenke ihnen die wahre Freiheit und das ewige Erbe. Darum bitten wir durch Jesus Christus.

WORTGOTTESDIENST

ZUR 1. LESUNG Bei aller Unterschiedlichkeit ihrer Gottesbilder werden glaubende Menschen sich doch auf eines einigen können: dass Gottes Pläne und menschliche Erkenntnis oft nicht zusammenpassen. Das Buch der Weisheit bleibt nicht stehen bei dieser Einsicht. Es denkt weiter, verändert das Sprechen und wendet sich im vorletzten Vers der heutigen Lesung direkt an das Du Gottes, um dann am Ende festzustellen, dass die Weisheit die Menschen gerettet habe. Zwischen diesen beiden Gedanken scheint etwas zu fehlen, das verschwiegen wird: das Gebet um die Weisheit als die Brücke zwischen Wissen und Rettung.

ERSTE LESUNG Weish 9,13–19

Welcher Mensch kann Gottes Plan erkennen?

Lesung aus dem Buch der Weisheit.

Welcher Mensch kann Gottes Plan erkennen, oder wer begreift, was der Herr will? Unsicher sind die Überlegungen der Sterblichen und einfältig unsere Gedanken; denn ein vergänglicher Leib beschwert die Seele und das irdische Zelt belastet den um vieles besorgten Verstand.

Wir erraten kaum, was auf der Erde vorgeht, und finden nur mit Mühe, was auf der Hand liegt; wer ergründet, was im Himmel ist? Wer hat je deinen Plan erkannt, wenn du ihm nicht Weisheit gegeben und deinen heiligen Geist aus der Höhe gesandt hast? So wurden die Pfade der Erdenbewohner gerade gemacht und die Menschen lernten, was dir gefällt; durch die Weisheit wurden sie gerettet.

ANTWORTPSALM

Ps 90 (89),3–4.5–6.12–13.14 u. 17 (Kv: vgl. 1)

Kv Herr, du bist uns Wohnung
von Geschlecht zu Geschlecht. – Kv

Zum Staub zurückkehren lässt du den Menschen *
und sprichst: Ihr Menschenkinder, kehrt zurück!
Denn tausend Jahre sind in deinen Augen wie der Tag,
der gestern vergangen ist, *
wie eine Wache in der Nacht. – (Kv)

Du raffst sie dahin, sie werden wie Schlafende. *
Sie gleichen dem Gras, das am Morgen wächst:
Am Morgen blüht es auf und wächst empor, *
am Abend wird es welk und verdorrt. – (Kv)

Unsere Tage zu zählen, lehre uns! *
Dann gewinnen wir ein weises Herz.
Kehre doch um, HERR! – Wie lange noch? *
Um deiner Knechte willen lass es dich reuen! – (Kv)

Sättige uns am Morgen mit deiner Huld! *
Dann wollen wir jubeln und uns freuen all unsre Tage.
Güte und Schönheit des Herrn, unsres Gottes sei über uns! /
Lass gedeihen das Werk unsrer Hände, *
ja, das Werk unsrer Hände lass gedeihen! – Kv

ZUR 2. LESUNG Der Sklave Onesimus, so schreibt Paulus an dessen Besitzer Philemon, sei ihm im Gefängnis zum Kind geworden, ja, er sei sein Innerstes. Dieses Wort beschreibt eine innige Beziehung. Trotz dieses offensichtlich engen Verhältnisses schickt Paulus

Onesimus fort und bittet Philemon um seine Freilassung. Oder gerade deswegen? Müssen wir die Freiheit nicht gerade für die wünschen, die uns am nächsten stehen?

ZWEITE LESUNG

Phlm 9b–10.12–17

Nimm ihn auf, nicht mehr als Sklaven, sondern als geliebten Bruder

Lesung aus dem Brief des Apostels Paulus an Philemon.

Lieber Bruder! Ich, Paulus, ein alter Mann, jetzt auch Gefangener Christi Jesu, ich bitte dich für mein Kind Onesimus, dem ich im Gefängnis zum Vater geworden bin.

Ich schicke ihn zu dir zurück, ihn, das bedeutet mein Innerstes. Ich wollte ihn bei mir behalten, damit er mir an deiner Stelle dient in den Fesseln des Evangeliums.

Aber ohne deine Zustimmung wollte ich nichts tun. Deine gute Tat soll nicht erzwungen, sondern freiwillig sein. Denn vielleicht wurde er deshalb eine Weile von dir getrennt, damit du ihn für ewig zurückerhältst, nicht mehr als Sklaven, sondern als weit mehr: als geliebten Bruder. Das ist er jedenfalls für mich, um wie viel mehr dann für dich, als Mensch und auch vor dem Herrn.

Wenn du also mit mir Gemeinschaft hast, nimm ihn auf wie mich!

RUF VOR DEM EVANGELIUM

Vers: Ps 119 (118),135

Halleluja. Halleluja.
Lass dein Angesicht leuchten über deinem Knecht
und lehre mich deine Gesetze!
Halleluja.

ZUM EVANGELIUM Am Kern der Forderungen gibt es nichts zu deuteln: alle verlassen, das Leben gering achten, nichts besitzen. Aber die Beispiele, die er wählt, widmet Jesus einer anderen Frage: Kannst du das, was du dir vornimmst, auch durchhalten? Es ist vielleicht mehr als ein fauler Kompromiss, in der Nachfolge nicht zuerst auf Radikalität zu setzen, sondern auf Konsequenz in der Durchführung.

EVANGELIUM

Lk 14,25–33

Keiner von euch kann mein Jünger sein, wenn er nicht auf seinen ganzen Besitz verzichtet

+ Aus dem heiligen Evangelium nach Lukas.

In jener Zeit begleiteten viele Menschen Jesus; da wandte er sich an sie und sagte: Wenn jemand zu mir kommt und nicht Vater und Mutter, Frau und Kinder, Brüder und Schwestern, ja sogar sein Leben gering achtet, dann kann er nicht mein Jünger sein.

Wer nicht sein Kreuz trägt und hinter mir hergeht, der kann nicht mein Jünger sein. Denn wenn einer von euch einen Turm bauen will, setzt er sich dann nicht zuerst hin und berechnet die Kosten, ob seine Mittel für das ganze Vorhaben ausreichen? Sonst könnte es geschehen, dass er das Fundament gelegt hat, dann aber den Bau nicht fertigstellen kann. Und alle, die es sehen, würden ihn verspotten und sagen: Der da hat einen Bau begonnen und konnte ihn nicht zu Ende führen.

Oder wenn ein König gegen einen anderen in den Krieg zieht, setzt er sich dann nicht zuerst hin und überlegt, ob er sich mit seinen zehntausend Mann dem entgegenstellen kann, der mit zwanzigtausend gegen ihn anrückt? Kann er es nicht, dann schickt er eine Gesandtschaft, solange der andere noch weit weg ist, und bittet um Frieden.

Ebenso kann keiner von euch mein Jünger sein, wenn er nicht auf seinen ganzen Besitz verzichtet.

Glaubensbekenntnis, S. 454 ff.

FÜRBITTEN

Jesus nachzufolgen, das betrifft unser Menschsein ganz. Denn ohne den Blick auf den Nächsten gibt es keine Nachfolge Jesu. Wir rufen zu Gott und bitten ihn:

V: Guter Gott. A: Höre unser Rufen.

- Für alle, die eine Berufung zur Nachfolge Jesu in sich spüren.
- Für alle, die unsicher geworden sind in ihrer Berufung.
- Für die Paare und Familien, die unsicher geworden sind in ihrer Zuneigung zueinander.
- Für alle, die neu und bewusst Verantwortung füreinander übernehmen.
- Für alle, die auf der Suche nach Maß und Mitte ihres Lebens sind.

Gott des Lebens, in deinem Licht finden wir das Licht. Hilf uns, unsere Wege zu finden, heute und alle Tage, die uns geschenkt sind.

EUCHARISTIEFEIER

GABENGEBET

Herr, unser Gott, du schenkst uns den Frieden und gibst uns die Kraft, dir aufrichtig zu dienen. Lass uns dich mit unseren Gaben ehren und durch die Teilnahme an dem einen Brot und dem einen Kelch eines Sinnes werden. Darum bitten wir durch Christus, unseren Herrn.

Präfation, S. 466 ff.

KOMMUNIONVERS

Joh 8,12

So spricht der Herr:
Ich bin das Licht der Welt.
Wer mir nachfolgt, wird nicht in der Finsternis gehen,
sondern wird das Licht des Lebens haben.

SCHLUSSGEBET

Herr, unser Gott, in deinem Wort und Sakrament gibst du uns Nahrung und Leben. Lass uns durch diese großen Gaben in der Liebe wachsen und zur ewigen Gemeinschaft mit deinem Sohn gelangen, der mit dir lebt und herrscht in alle Ewigkeit.

***

Für eine Wort-Gottes-Feier:

ERÖFFNUNGSGEBET ZUR WAHL

Gütiger Gott, dein Sohn hat deinen Willen in allem erfüllt. Er hat Kreuz und Leiden auf sich genommen. Zeige uns den Weg, den wir heute gehen müssen, um ihm nachzufolgen und Anteil zu erhalten an seinem Reich. Darum bitten wir dich durch ihn, Jesus Christus, unseren Herrn, der mit dir und dem Heiligen Geist lebt in alle Ewigkeit.

***

ABER DU WEISST DEN WEG FÜR MICH

Gott, lass meine Gedanken sich sammeln zu dir.
Bei dir ist das Licht, du vergisst mich nicht.
Bei dir ist die Hilfe, bei dir ist die Geduld.
Ich verstehe deine Wege nicht,
aber du weißt den Weg für mich.

Dietrich Bonhoeffer

KREUZERHÖHUNG – FEST

14. September 2025

Das Evangelium vergleicht den erhöhten Menschensohn mit der Schlange aus Kupfer, die Mose in der Wüste aufhängt. Wer zu dieser Schlange aufschaut, überlebt den Biss einer Feuerschlange. Die Texte des Sonntags stellen uns vor die Aufgabe der Übertragung, die zugleich schwierig und leicht ist: Was sind die Feuerschlangen, die unsere Zeit bedrohen und vergiften, deren tödliche Macht wir aber durch den Blick auf das Kreuz bannen können – oder jedenfalls könnten?

ERÖFFNUNGSVERS

Vgl. Gal 6,14

Wir rühmen uns des Kreuzes unseres Herrn Jesus Christus.
In ihm ist uns Heil geworden und Auferstehung und Leben.
Durch ihn sind wir erlöst und befreit.

KYRIE-RUFE

Herr Jesus Christus, für uns
Menschen und zu unserem Heil
bist du Mensch geworden.
V/A: Herr, erbarme dich.
All Sünd und alles Leid
hast du getragen.
V/A: Christus, erbarme dich.
Durch dein heiliges Kreuz
hast du die Welt erlöst.
V/A: Herr, erbarme dich.

Ehre sei Gott, S. 451 f.

TAGESGEBET

Allmächtiger Gott, deinem Willen gehorsam, hat dein geliebter Sohn den Tod am Kreuz auf sich genommen, um alle Menschen zu erlösen. Gib, dass wir in der Torheit des Kreuzes deine Macht und Weisheit erkennen und in Ewigkeit teilhaben an der Frucht der Erlösung. Darum bitten wir durch Jesus Christus.

WORTGOTTESDIENST

ZUR 1. LESUNG Eine seltsame Logik: Erst schickt der Herr die Schlangen, aber als sie wieder verschwinden sollen, nimmt er nicht die Plage weg, sondern lässt eine Kupferschlange aufhängen, die lediglich die Folgen der Schlangenbisse lindert. Vielleicht ist diese Wende in der Erzählung dem Realismus derer geschuldet, die diese Geschichte aufgeschrieben haben – vielleicht sogar dem Realismus Gottes selbst: dass er nicht jede Gefahr bannen und vermeiden, aber doch heil hindurchführen will.

ERSTE LESUNG Num 21,4–9

Wenn jemand von einer Schlange gebissen wurde und zu der Kupferschlange aufblickte, blieb er am Leben

Lesung aus dem Buch Numeri.

In jenen Tagen brachen die Israeliten vom Berg Hor auf und schlugen die Richtung zum Roten Meer ein, um Edom zu umgehen.

Das Volk aber verlor auf dem Weg die Geduld, es lehnte sich gegen Gott und gegen Mose auf und sagte: Warum habt ihr uns aus Ägypten heraufgeführt? Etwa damit wir in der Wüste sterben? Es gibt weder Brot noch Wasser und es ekelt uns vor dieser elenden Nahrung.

Da schickte der Herr Feuerschlangen unter das Volk. Sie bissen das Volk und viel Volk aus Israel starb.

Da kam das Volk zu Mose und sagte: Wir haben gesündigt, denn wir haben uns gegen den HERRN und gegen dich aufgelehnt. Bete zum HERRN, dass er uns von den Schlangen befreit! Da betete Mose für das Volk.

Der HERR sprach zu Mose: Mach dir eine Feuerschlange und häng sie an einer Stange auf! Jeder, der gebissen wird, wird am Leben bleiben, wenn er sie ansieht.

Mose machte also eine Schlange aus Kupfer und hängte sie an einer Stange auf. Wenn nun jemand von einer Schlange gebissen wurde und zu der Kupferschlange aufblickte, blieb er am Leben.

ANTWORTPSALM Ps 78 (77), 1–2.34–35.36–37.38ab u. 39 (Kv: vgl. 7b)

Kv Vergesst die Taten Gottes nicht! – Kv

Lausche, mein Volk, meiner Weisung! *
Neigt euer Ohr den Worten meines Mundes!
Ich öffne meinen Mund zu einem Spruch; *
ich will Geheimnisse der Vorzeit verkünden. – (Kv)

Wenn Gott dreinschlug, fragten sie nach ihm, *
kehrten um und suchten ihn.
Sie dachten daran, dass Gott ihr Fels ist *
und Gott, der Höchste, ihr Erlöser. – (Kv)

Doch sie täuschten ihn mit ihrem Mund *
und belogen ihn mit ihrer Zunge.
Ihr Herz hielt nicht fest zu ihm, *
sie hielten seinem Bund nicht die Treue. – (Kv)

Doch er ist barmherzig, *
vergab die Schuld und vernichtete nicht.
Denn er dachte daran, dass sie Fleisch sind, *
nur ein Hauch, der vergeht und nicht wiederkehrt. – Kv

ZUR 2. LESUNG Ein kunstvolles Loblied, das im Brief an die Gemeinde in Philippi den Weg der Erniedrigung und Erhöhung des Christus auf wunderbare Weise in Worte fasst. Aber bei der Deutung darf der Blick auf den dem Hymnus vorausgehenden Satz nicht fehlen. Vorab macht Paulus deutlich, dass es in dem Lied nicht um abstrakte Wahrheiten, sondern um ein Beispiel für die Lebenspraxis der Gemeinde geht: „Seid untereinander so gesinnt, wie es dem Leben in Christus Jesus entspricht." (Phil 2,5)

ZWEITE LESUNG

Phil 2,6–11

Christus Jesus erniedrigte sich; darum hat ihn Gott über alle erhöht

Lesung aus dem Brief des Apostels Paulus an die Gemeinde in Philippi.

Christus Jesus war Gott gleich, hielt aber nicht daran fest, Gott gleich zu sein, sondern er entäußerte sich und wurde wie ein Sklave und den Menschen gleich. Sein Leben war das eines Menschen; er erniedrigte sich und war gehorsam bis zum Tod, bis zum Tod am Kreuz.

Darum hat ihn Gott über alle erhöht und ihm den Namen verliehen, der größer ist als alle Namen, damit alle im Himmel, auf der Erde und unter der Erde ihr Knie beugen vor dem Namen Jesu und jeder Mund bekennt: „Jesus Christus ist der Herr" – zur Ehre Gottes, des Vaters.

RUF VOR DEM EVANGELIUM

Halleluja. Halleluja.
Wir beten dich an, Herr Jesus Christus, und preisen dich;
denn durch dein heiliges Kreuz hast du die Welt erlöst.
Halleluja.

ZUM EVANGELIUM

„Dass Gott seinen einzigen Sohn hingab." Hingab, das klingt nach Opfer und lässt an den Kreuzestod Jesu denken. In einer genaueren Übersetzung des griechischen Originals müsste es eigentlich heißen: „Dass Gott seinen einzigen Sohn gab." Und diese Gabe meint nicht nur die Lebenshingabe Jesu am Kreuz, sondern die Gabe als Ganzes: das ganze Leben des Menschensohnes, der kundig über die himmlischen Dinge spricht und durch Beispiel und Botschaft die Welt rettet.

EVANGELIUM

Joh 3,13–17

Der Menschensohn muss erhöht werden

+ Aus dem heiligen Evangelium nach Johannes.

In jener Zeit sprach Jesus zu Nikodemus: Niemand ist in den Himmel hinaufgestiegen außer dem, der vom Himmel herabgestiegen ist: der Menschensohn.

Und wie Mose die Schlange in der Wüste erhöht hat, so muss der Menschensohn erhöht werden, damit jeder, der glaubt, in ihm ewiges Leben hat.

Denn Gott hat die Welt so sehr geliebt, dass er seinen einzigen Sohn hingab, damit jeder, der an ihn glaubt, nicht verloren geht, sondern ewiges Leben hat. Denn Gott hat seinen Sohn nicht in die Welt gesandt, damit er die Welt richtet, sondern damit die Welt durch ihn gerettet wird.

Glaubensbekenntnis, S. 454 ff.

FÜRBITTEN

Schwere Lasten liegen auf so vielen Menschen. Wir rufen zu Gott und bitten um seinen Beistand:

V/A: Höre und erhöre uns.

- Für alle, die das Kreuz der Armut tragen.
- Für alle, die das Kreuz des Scheiterns tragen.
- Für alle, die das Kreuz der Einsamkeit tragen.

- Für alle, die das Kreuz der Krankheit tragen.
- Für alle, die anderen helfen, ihre Last zu tragen.

Erbarmender Gott, durch deinen Sohn Jesus Christus bist du allen Menschen in Leid und Not nahe. Dir sei Lob und Dank in Ewigkeit.

EUCHARISTIEFEIER

GABENGEBET

Herr, unser Gott, dieses heilige Opfer hat auf dem Altar des Kreuzes die Sünde der ganzen Welt hinweggenommen. Es mache auch uns rein von aller Schuld. Darum bitten wir durch Christus, unseren Herrn.

PRÄFATION

In Wahrheit ist es würdig und recht, dir, Herr, heiliger Vater, allmächtiger, ewiger Gott, immer und überall zu danken. Denn du hast das Heil der Welt auf das Holz des Kreuzes gegründet. Vom Baum des Paradieses kam der Tod, vom Baum des Kreuzes erstand das Leben. Der Feind, der am Holz gesiegt hat, wurde auch am Holze besiegt durch unseren Herrn Jesus Christus. Durch ihn loben die Engel deine Herrlichkeit, beten dich an die Mächte, erbeben die Gewalten. Die Himmel und die himmlischen Kräfte und die seligen Serafim feiern dich jubelnd im Chore. Mit ihrem Lobgesang lass auch unsere Stimmen sich vereinen und voll Ehrfurcht rufen: Heilig …

KOMMUNIONVERS Joh 12,32

So spricht der Herr:
Wenn ich von der Erde erhöht bin,
werde ich alle an mich ziehen.

SCHLUSSGEBET

Herr Jesus Christus, du hast am Holz des Kreuzes der Welt das ewige Leben erworben. Führe uns durch diese Feier, in der wir deinen geopferten Leib empfangen haben, zur Herrlichkeit der Auferstehung. Der du lebst und herrschest in alle Ewigkeit.

***

MENSCHENWELT

wüste welt
feuerschlangen

lauern und lispeln
beißen und giften

menschen und das
zwischen den menschen

wüste welt
retter am kreuz

schlage feuer
in den menschen

zünde liebe
zwischen menschen

Stefan Voges

25. SONNTAG IM JAHRESKREIS

21. September 2025

Könnten wir heute nicht vielleicht Investmentchristinnen und -christen brauchen – so eine Mischung aus Prophetin und Anlageberater? Sie müssten im Wirtschafts- und Finanzgeschäft den Durchblick haben und ebenso den Mut, Unrecht gegen Arme und Ausgebeutete aufzudecken und anzuprangern. Und sie müssten ein Anlageberatungsseminar bei Jesus belegen, damit sie seine Tipps beherzigen und weitergeben. Der Gewinn wäre beträchtlich.

ERÖFFNUNGSVERS

Das Heil des Volkes bin ich – so spricht der Herr.
In jeder Not, aus der sie zu mir rufen, will ich sie erhören.
Ich will ihr Herr sein für alle Zeit.

KYRIE-RUFE

Herr Jesus Christus, du begegnest
der Welt mit nüchterner Klarheit.
V/A: Herr, erbarme dich.
Du weist die Anmaßungen des bösen Mammons
zurück und warnst vor falscher Anhänglichkeit
gegenüber den Gütern der Welt.
V/A: Christus, erbarme dich.
Du ermutigst zu Klugheit im Umgang
mit den Kindern dieser Welt.
V/A: Herr, erbarme dich.

Ehre sei Gott, S. 451 f.

TAGESGEBET

Heiliger Gott, du hast uns das Gebot der Liebe zu dir und zu unserem Nächsten aufgetragen als die Erfüllung des ganzen Gesetzes. Gib uns die Kraft, dieses Gebot treu zu befolgen, damit wir das ewige Leben erlangen. Darum bitten wir durch Jesus Christus.

WORTGOTTESDIENST

ZUR 1. LESUNG Gott, so schreibt der Prophet Amos, wird die Taten derer, die Arme verfolgen und unterdrücken, niemals vergessen. Aber reicht das, möchte man fragen. Wäre nicht ein früheres, ein verhinderndes Eingreifen Gottes gefragt? Amos kündigt im Weiteren das durch Gottes Spruch gewirkte tödliche Ende der Unterdrücker an. Es ist eine Schilderung in düsteren Farben; durch sie greift Gott mit Blick auf kommende Generationen vorbeugend ein. Doch am Anfang des – göttlichen wie menschlichen – Widerstands gegen das Unrecht steht das Nicht-Vergessen.

ERSTE LESUNG

Am 8,4–7

Hört dieses Wort, die ihr sagt: „Wir wollen für Geld die Geringen kaufen"

Lesung aus dem Buch Amos.

Hört dieses Wort, die ihr die Armen verfolgt und die Gebeugten im Land unterdrückt! Ihr sagt: Wann ist das Neumondfest vorbei, dass wir Getreide verkaufen, und der Sabbat, dass wir den Kornspeicher öffnen können? Wir wollen das Hohlmaß kleiner und das Silbergewicht größer machen, wir fälschen die Waage zum Betrug, um für Geld die Geringen zu kaufen und den Armen wegen eines Paars Sandalen. Sogar den Abfall des Getreides machen wir zu Geld.

Beim Stolz Jakobs hat der HERR geschworen: Keine ihrer Taten werde ich jemals vergessen.

ANTWORTPSALM

Ps 113 (112), 1–2.4–5.6–7.8–9 (Kv: vgl. 1a.7b)

Kv Lobet den Herrn,
der den Armen erhebt! – Kv

(*Oder:* Halleluja.)

Lobet, ihr Knechte des Herrn, *
lobt den Namen des Herrn!
Der Name des Herrn sei gepriesen *
von nun an bis in Ewigkeit. – (Kv)

Erhaben ist der Herr über alle Völker, *
über den Himmeln ist seine Herrlichkeit.
Wer ist wie der Herr, unser Gott, *
der wohnt in der Höhe. – (Kv)

Wer ist wie er, *
der hinabschaut in die Tiefe, *
auf Himmel und Erde?
Den Geringen richtet er auf aus dem Staub, *
aus dem Schmutz erhebt er den Armen. – (Kv)

Um ihn wohnen zu lassen bei den Fürsten, *
bei den Fürsten seines Volkes.
Die Kinderlose lässt er wohnen im Haus *
als frohe Mutter von Kindern. – Kv

ZUR 2. LESUNG Für alle Menschen. Bitten, Gebete, Fürbitten, Danksagung – für alle Menschen. Die menschliche Herausforderung, die in dieser Aufforderung liegt, wird am Beispiel des Gebets für die vermutlich wenig geschätzten Herrscher veranschaulicht. Das mag in einem geordneten demokratischen Staat vielleicht noch angehen und nicht so schwerfallen. Aber wie sieht es mit dem Gebet oder gar der Danksagung für die aus, die ganz und gar nicht meinen Vorstellungen entsprechen?

ZWEITE LESUNG

1 Tim 2,1–8

Ich fordere auf zu Bitten und Gebeten für alle Menschen, denn Gott will, dass alle gerettet werden

Lesung aus dem ersten Brief des Apostels Paulus an Timotheus.

Vor allem fordere ich zu Bitten und Gebeten, zu Fürbitte und Danksagung auf, und zwar für alle Menschen, für die Herrscher und für alle, die Macht ausüben, damit wir in aller Frömmigkeit und Rechtschaffenheit ungestört und ruhig leben können. Das ist recht und wohlgefällig vor Gott, unserem Retter; er will, dass alle Menschen gerettet werden und zur Erkenntnis der Wahrheit gelangen. Denn: Einer ist Gott, Einer auch Mittler zwischen Gott und den Menschen: der Mensch Christus Jesus, der sich als Lösegeld hingegeben hat für alle, ein Zeugnis zur vorherbestimmten Zeit, als dessen Verkünder und Apostel ich eingesetzt wurde – ich sage die Wahrheit und lüge nicht –, als Lehrer der Völker im Glauben und in der Wahrheit.

Ich will, dass die Männer überall beim Gebet ihre Hände in Reinheit erheben, frei von Zorn und Streit.

RUF VOR DEM EVANGELIUM

Vers: vgl. 2 Kor 8,9

Halleluja. Halleluja.
Jesus Christus, der reich war,
wurde aus Liebe arm.
Und durch seine Armut hat er uns reich gemacht.
Halleluja.

ZUM EVANGELIUM Jesus als Anlageberater? Das möchte man ihm kaum zutrauen, da ihm ja ein eher gespaltenes Verhältnis zum Geld nachgesagt wird. Aber er ist Realist genug, um zu wissen, dass Menschen aus dem System Geld nicht so einfach aussteigen können. Und deshalb hat er auch für den Umgang mit Geld einen Tipp: Macht euch Freunde mit dem ungerechten Mammon! Setzt Geld so ein, dass es euch nicht verhärtet und einsam macht! Investiert in Freundschaft und Gemeinschaft!

EVANGELIUM Lk 16,1–13

Ihr könnt nicht Gott dienen und dem Mammon

+ Aus dem heiligen Evangelium nach Lukas.

In jener Zeit sprach Jesus zu seinen Jüngern: Ein reicher Mann hatte einen Verwalter. Diesen beschuldigte man bei ihm, er verschleudere sein Vermögen. Darauf ließ er ihn rufen und sagte zu ihm: Was höre ich über dich? Leg Rechenschaft ab über deine Verwaltung! Du kannst nicht länger mein Verwalter sein.

Da überlegte der Verwalter: Was soll ich jetzt tun, da mein Herr mir die Verwaltung entzieht? Zu schwerer Arbeit tauge ich nicht, und zu betteln schäme ich mich. Ich weiß, was ich tun werde, damit mich die Leute in ihre Häuser aufnehmen, wenn ich als Verwalter abgesetzt bin.

Und er ließ die Schuldner seines Herrn, einen nach dem anderen, zu sich kommen und fragte den ersten: Wie viel bist du meinem Herrn schuldig?

Er antwortete: Hundert Fass Öl. Da sagte er zu ihm: Nimm deinen Schuldschein, setz dich schnell hin und schreib „fünfzig“!

Dann fragte er einen andern: Wie viel bist du schuldig? Der antwortete: Hundert Sack Weizen. Da sagte er zu ihm: Nimm deinen Schuldschein und schreib „achtzig“!

Und der Herr lobte den ungerechten Verwalter, weil er klug gehandelt hatte, und sagte: Die Kinder dieser Welt sind im Umgang mit ihresgleichen klüger als die Kinder des Lichtes.

Ich sage euch: Macht euch Freunde mit dem ungerechten Mammon, damit ihr in die ewigen Wohnungen aufgenommen werdet, wenn es zu Ende geht!

Wer in den kleinsten Dingen zuverlässig ist, der ist es auch in den großen, und wer bei den kleinsten Dingen Unrecht tut, der tut es auch bei den großen.

Wenn ihr nun im Umgang mit dem ungerechten Mammon nicht zuverlässig gewesen seid, wer wird euch dann das wahre Gut anvertrauen?
Und wenn ihr im Umgang mit dem fremden Gut nicht zuverlässig gewesen seid, wer wird euch dann das Eure geben?
Kein Sklave kann zwei Herren dienen; er wird entweder den einen hassen und den andern lieben, oder er wird zu dem einen halten und den andern verachten. Ihr könnt nicht Gott dienen und dem Mammon.

[*Oder:* KURZFASSUNG – Lk 16,10–13]

Glaubensbekenntnis, S. 454 ff.

FÜRBITTEN

Wie oft wird Reichtum dazu benutzt, andere klein und abhängig zu halten. Jesu Botschaft aber befreit. Wir rufen zu ihm und bitten ihn:

V: Kyrie, eleison. A: Christe, eleison.

- Stärke die Menschen, die in ungerechten und ausbeuterischen Arbeitsverhältnissen stehen.
- Wecke den Sinn deiner Getauften für Gerechtigkeit und lass sie solidarisch handeln.
- Ermutige junge Menschen, über den Sinn ihres Lebens nachzudenken und den eigenen Blick zu weiten.
- Hilf uns, einander nicht nach dem Haben, nach Einkommen, Status oder Geldvermögen zu beurteilen.
- Tröste die Sterbenden, in deren Leben nicht alles rund und gelungen ist, und leite sie in dein helles Sein.

Der Glanz dieser Welt kann verwirren und die eigene Orientierung stören. Durch das Leben Jesu ist uns ein Maßstab geschenkt und – viel mehr noch – ein Bruder und Freund, dem wir folgen können, heute und alle Tage unseres Seins.

EUCHARISTIEFEIER

GABENGEBET

Herr, unser Gott, nimm die Gaben deines Volkes an und gib, dass wir im Geheimnis der heiligen Eucharistie empfangen, was wir im Glauben bekennen. Darum bitten wir durch Christus, unseren Herrn.

Präfation, S. 466 ff.

KOMMUNIONVERS Joh 10,14

So spricht der Herr:
Ich bin der gute Hirt, ich kenne die Meinen,
und die Meinen kennen mich.

SCHLUSSGEBET

Allmächtiger Gott, du erneuerst uns durch deine Sakramente. Gewähre uns deine Hilfe und mache das Werk der Erlösung, das wir gefeiert haben, auch in unserem Leben wirksam. Darum bitten wir durch Christus, unseren Herrn.

***

Für eine Wort-Gottes-Feier:

ERÖFFNUNGSGEBET ZUR WAHL

Herr, unser Gott, du willst, dass wir dir allein dienen und in allem dich suchen. Lass uns treu bewahren, was uns anvertraut ist, damit uns einst deine Fülle zuteilwird. Darum bitten wir durch Jesus Christus, deinen Sohn, unseren Herrn, der in der Einheit des Heiligen Geistes mit dir lebt und herrscht in alle Ewigkeit.

***

FRIEDENSGRUSS VOR DER KOMMUNION

Dem da
dem anderen
dem x-Beliebigen
dem Wildfremden
der mir wurscht ist
der mich nichts angeht
dem man nicht trauen kann
dem man besser aus dem Weg geht
dem man's schon von Weitem ansieht
dem da
dem Spinner
dem Blödmann
dem Besserwisser
dem Speichellecker
der nicht so tun soll
dem's noch leidtun wird
der mir's noch büßen soll
der noch was erleben kann
der sich nicht unterstehen soll
dem ich's schon noch zeigen werde
dem da
wünsche ich Frieden

Lothar Zenetti

26. SONNTAG IM JAHRESKREIS

28. September 2025

Passend zum Ende der gemeinsamen Aktion „Ökumenische Schöpfungszeit 2025“ erinnern die biblischen Texte des Tages an die soziale Verantwortung des Menschen. In seiner Enzyklika Laudato si’ hat Papst Franziskus deutlich gemacht, dass die Sorge für die Schöpfung nicht von der Sorge für den Nächsten zu trennen ist. Die Sorge für das gemeinsame Haus ist umfassend. Denn alles ist miteinander verbunden.

ERÖFFNUNGSVERS

Vgl. Dan 3,31.29.30.43.42

Alles, was du uns getan hast, o Herr,
das hast du nach deiner gerechten Entscheidung getan,
denn wir haben gesündigt,
wir haben dein Gesetz übertreten.
Verherrliche deinen Namen und rette uns
nach der Fülle deines Erbarmens.

KYRIE-RUFE

Herr Jesus Christus, du stürzt
die Mächtigen vom Thron und
erhöhst die Niedrigen.
V/A: Herr, erbarme dich.
Die Hungernden beschenkst
du mit deinen Gaben.
V/A: Christus, erbarme dich.
Du lässt die Reichen leer ausgehen.
V/A: Herr, erbarme dich.

Ehre sei Gott, S. 451 f.

TAGESGEBET

Großer Gott, du offenbarst deine Macht vor allem im Erbarmen und im Verschonen. Darum nimm uns in Gnaden auf, wenn uns auch Schuld belastet. Gib, dass wir unseren Lauf vollenden und zur Herrlichkeit des Himmels gelangen. Darum bitten wir durch Jesus Christus.

WORTGOTTESDIENST

ZUR 1. LESUNG Das Fest der Faulenzer sei vorbei, hören wir. Trotz dieses markigen Spruchs: das Faulenzen an sich ist nicht das Problem. Die Tradition kennt ja sogar den für eine Art Faulenzen vor Gott eingeplanten Tag. Das Problem ist, wenn nur noch und übertrieben luxuriös gefaulenzt wird. Wenn das Gelage als kultisches Ereignis inszeniert wird, mit Wein aus Opferschalen. Wenn die Reichen beim Faulenzen ihre Verantwortung für das Gemeinwohl vergessen, ist das der Untergang Josefs. Gefragt ist: faulenzen, um Kraft zu schöpfen für die Verantwortung vor Gott und den Menschen.

ERSTE LESUNG Am 6,1a.4–7

Weh den Sorglosen; das Fest der Faulenzer ist vorbei

Lesung aus dem Buch Amos.

Weh den Sorglosen auf dem Zion und den Selbstsicheren auf dem Berg von Samaria!
Ihr liegt auf Betten aus Elfenbein und faulenzt auf euren Polstern. Zum Essen holt ihr euch Lämmer aus der Herde und Mastkälber aus dem Stall. Ihr grölt zum Klang der Harfe, ihr wollt Musikinstrumente erfinden wie David. Ihr trinkt den Wein aus Opfer-

schalen, ihr salbt euch mit feinsten Ölen, aber über den Untergang Josefs sorgt ihr euch nicht. Darum müssen sie jetzt in die Verbannung, allen Verbannten voran. Das Fest der Faulenzer ist vorbei.

ANTWORTPSALM

Ps 146 (145),6–7.8–9b.9c–10 (Kv: 1)

Kv Lobe den HERRN, meine Seele! – Kv

(*Oder:* Halleluja.)

Der HERR ist es, der Himmel und Erde erschafft, /
das Meer und alles, was in ihm ist. *
Er hält die Treue auf ewig.
Recht schafft er den Unterdrückten, /
Brot gibt er den Hungernden, *
der HERR befreit die Gefangenen. – (Kv)

Der HERR öffnet die Augen der Blinden, *
der HERR richtet auf die Gebeugten,
der HERR liebt die Gerechten. *
Der HERR beschützt die Fremden. – (Kv)

Er hilft auf den Waisen und Witwen, *
doch den Weg der Frevler krümmt er.
Der HERR ist König auf ewig, *
dein Gott, Zion, durch alle Geschlechter. – Kv

ZUR 2. LESUNG Der Abschnitt aus dem Brief an Timotheus greift vermutlich auf Elemente der frühen Taufliturgie zurück, wenn etwa vom Bekenntnis vor vielen Zeugen die Rede ist. Aber so wichtig die Taufe dadurch auch erscheint, so deutlich macht der Brief, dass es mit einem einmaligen Akt nicht getan ist. Strebe, kämpfe, ergreife – mit starken Wörtern veranschaulicht der Briefschreiber, dass es sich beim Glauben um etwas höchst Aktives handelt, das Ausdauer und Energie erfordert.

ZWEITE LESUNG

1 Tim 6,11–16

Erfülle deinen Auftrag rein und ohne Tadel, bis zum Erscheinen Jesu Christi

Lesung aus dem ersten Brief des Apostels Paulus an Timotheus.

Du, ein Mann Gottes, strebe nach Gerechtigkeit, Frömmigkeit, Glauben, Liebe, Standhaftigkeit und Sanftmut! Kämpfe den guten Kampf des Glaubens, ergreife das ewige Leben, zu dem du berufen worden bist und für das du vor vielen Zeugen das gute Bekenntnis abgelegt hast!

Ich gebiete dir bei Gott, von dem alles Leben kommt, und bei Christus Jesus, der vor Pontius Pilatus das gute Bekenntnis abgelegt hat und als Zeuge dafür eingetreten ist: Erfülle deinen Auftrag rein und ohne Tadel, bis zum Erscheinen Jesu Christi, unseres Herrn, das zur vorherbestimmten Zeit herbeiführen wird der selige und einzige Herrscher, der König der Könige und Herr der Herren, der allein die Unsterblichkeit besitzt, der in unzugänglichem Licht wohnt, den kein Mensch gesehen hat noch je zu sehen vermag: Ihm gebührt Ehre und ewige Macht. Amen.

RUF VOR DEM EVANGELIUM

Vers: vgl. 2 Kor 8,9

Halleluja. Halleluja.
Jesus Christus, der reich war,
wurde aus Liebe arm.
Und durch seine Armut hat er uns reich gemacht.
Halleluja.

ZUM EVANGELIUM Auf wen hören wir? Wann hat jemand für uns Autorität? Das ist die Frage, die das Evangelium am Ende stellt: Sind es die großen Alten oder ist es jemand, dessen Autorität durch das Wunder der Auferstehung ausgewiesen ist? Die einen wie der andere machen indes eine andere Autorität stark: die Autorität des leidenden Anderen. Er hat sich vielleicht nicht laut zu Wort gemeldet, aber der Reiche hätte ihn sehen können, ja müssen. Er lag vor seiner Tür. Wer liegt vor unserer Tür?

EVANGELIUM Lk 16,19–31

Lazarus wird getröstet, du aber leidest große Qual

+ Aus dem heiligen Evangelium nach Lukas.

In jener Zeit sprach Jesus zu den Pharisäern: Es war einmal ein reicher Mann, der sich in Purpur und feines Leinen kleidete und Tag für Tag glanzvolle Feste feierte. Vor der Tür des Reichen aber lag ein armer Mann namens Lazarus, dessen Leib voller Geschwüre war. Er hätte gern seinen Hunger mit dem gestillt, was vom Tisch des Reichen herunterfiel. Stattdessen kamen die Hunde und leckten an seinen Geschwüren.

Es geschah aber: Der Arme starb und wurde von den Engeln in Abrahams Schoß getragen. Auch der Reiche starb und wurde begraben. In der Unterwelt, wo er qualvolle Schmerzen litt, blickte er auf und sah von Weitem Abraham und Lazarus in seinem Schoß.

Da rief er: Vater Abraham, hab Erbarmen mit mir und schick Lazarus; er soll die Spitze seines Fingers ins Wasser tauchen und mir die Zunge kühlen, denn ich leide große Qual in diesem Feuer.

Abraham erwiderte: Mein Kind, erinnere dich daran, dass du schon zu Lebzeiten deine Wohltaten erhalten hast, Lazarus dagegen nur Schlechtes. Jetzt wird er hier getröstet, du aber leidest große Qual.

Außerdem ist zwischen uns und euch ein tiefer, unüberwindlicher Abgrund, sodass niemand von hier zu euch oder von dort zu uns kommen kann, selbst wenn er wollte.

Da sagte der Reiche: Dann bitte ich dich, Vater, schick ihn in das Haus meines Vaters! Denn ich habe noch fünf Brüder. Er soll sie warnen, damit nicht auch sie an diesen Ort der Qual kommen.

Abraham aber sagte: Sie haben Mose und die Propheten, auf die sollen sie hören. Er erwiderte: Nein, Vater Abraham, aber wenn einer von den Toten zu ihnen kommt, werden sie umkehren.

Darauf sagte Abraham zu ihm: Wenn sie auf Mose und die Propheten nicht hören, werden sie sich auch nicht überzeugen lassen, wenn einer von den Toten aufersteht.

Glaubensbekenntnis, S. 454 ff.

FÜRBITTEN

Reichtum kann nicht nur zu satt und unbeweglich, sondern auch blind machen, blind für die Not der anderen. Wir rufen zu Gott:

V: Lebendiger Gott. A: Sende deines Geistes Kraft.

- Zu deiner Kirche, dass sie unzweifelhaft auf der Seite der Armen stehe.
- Zu den politisch und gesellschaftlich Verantwortlichen, dass sie das Wohl aller im Blick haben und entsprechend handeln.
- Zu denen, für die Konsum das Entscheidende im Leben ist, dass sich ihre Augen und Herzen öffnen für das Glück, helfen zu können.
- Zu den Menschen am Rande, im Schatten, auf der Flucht, dass sich ihnen gute Lebenswege eröffnen.
- Zu den Schwerkranken und Sterbenden, dass sie Begleitung erfahren und Nähe.

Ohne die heilige Geistkraft erstarren wir in unseren Gewohnheiten und vermeintlichen Sicherheiten. Wir bitten um Gottes Geist auch für unser Leben, durch Jesus Christus, unseren Bruder und Herrn.

EUCHARISTIEFEIER

GABENGEBET

Barmherziger Gott, nimm unsere Gaben an und öffne uns in dieser Feier die Quelle, aus der aller Segen strömt. Darum bitten wir durch Christus, unseren Herrn.

Präfation, S. 466 ff.

KOMMUNIONVERS

Vgl. 1 Joh 3,16

Die Liebe Gottes haben wir daran erkannt,
dass Christus sein Leben für uns gegeben hat.
So müssen auch wir das Leben hingeben für die Brüder.

SCHLUSSGEBET

Allmächtiger Gott, in der Feier der Eucharistie haben wir den Tod des Herrn verkündet. Dieses Sakrament stärke uns an Leib und Seele und mache uns bereit, mit Christus zu leiden, damit wir auch mit ihm zur Herrlichkeit gelangen, der mit dir lebt und herrscht in alle Ewigkeit.

***

Für eine Wort-Gottes-Feier:

ERÖFFNUNGSGEBET ZUR WAHL

Gnädiger Gott, unser Richter und unser Heil, du kennst unsere Gedanken und weißt um unsere Schwachheit. Öffne uns die Augen für die Not der Armen und mache uns hellhörig für deinen Ruf. Darum bitten wir durch Jesus Christus, deinen Sohn, der in der Einheit des Heiligen Geistes mit dir lebt heute und alle Tage und in Ewigkeit.

***

DIE AUSGESCHLOSSENEN

Ich möchte darauf hinweisen, dass man gewöhnlich keine klare Vorstellung von den Problemen hat, die besonders die Ausgeschlossenen heimsuchen. Sie sind der größte Teil des Planeten, Milliarden von Menschen. Heute kommen sie in den internationalen politischen und wirtschaftlichen Debatten vor, doch oft scheint es, dass ihre Probleme gleichsam als ein Anhängsel angegangen werden, wie eine Frage, die man fast pflichtgemäß oder ganz am Rande anfügt, wenn man sie nicht als bloßen Kollateralschaden betrachtet. Tatsächlich bleiben sie im Moment der konkreten Verwirklichung oft auf dem letzten Platz.

Papst Franziskus

27. SONNTAG IM JAHRESKREIS

5. Oktober 2025

Wie kann man heute glauben – wenn Gott schweigt und fern scheint? Wenn man die eigene Schwäche im Glauben spürt? Wenn Verkündigung allem Anschein nach ins Leere geht vor lauter Müdigkeit bei denen, die verkündigen, wie bei denen, an die sie sich wenden? Schonungslos nüchtern stellen sich die Texte des Tages diesen Fragen. Und gerade so bereiten sie den Grund, Vertrauen zu fassen und Ja zu sagen zu Gottes Zuwendung.

ERÖFFNUNGSVERS

Est 13,9.10–11 (Vulgata)

Deiner Macht ist das All unterworfen, Herr,
und niemand kann sich dir widersetzen;
denn du hast Himmel und Erde gemacht
und alles, was wir unter dem Himmel bestaunen.
Du bist der Herr über alles.

KYRIE-RUFE

Herr Jesus Christus, du
hörst auf unser Rufen.
V/A: Herr, erbarme dich.
Du vertreibst alle Verzagtheit
und stärkst unseren Glauben.
V/A: Christus, erbarme dich.
Du gibst uns den Geist der Kraft,
der Liebe und der Besonnenheit.
V/A: Herr, erbarme dich.

Ehre sei Gott, S. 451 f.

TAGESGEBET

Allmächtiger Gott, du gibst uns in deiner Güte mehr, als wir verdienen, und Größeres, als wir erbitten. Nimm weg, was unser Gewissen belastet, und schenke uns jenen Frieden, den nur deine Barmherzigkeit geben kann. Darum bitten wir durch Jesus Christus.

WORTGOTTESDIENST

ZUR 1. LESUNG Der Prophet Habakuk ringt mit Gott. Das überhandnehmende Unrecht und die Gewalt in der Gesellschaft rings um ihn her sind ihm unerträglich geworden. Warum greift Gott nicht ein? Warum schweigt er? Als dann doch Antwort kommt, verweist sie in die Zukunft. Recht und Gerechtigkeit werden kommen, auch „wenn es sich verzögert". Vertröstung? Habakuks Erfahrung nimmt die heutige Glaubensnot vorweg. Gott fordert ihn auf, zu warten. Diese Einladung gilt heute auch uns.

ERSTE LESUNG Hab 1,2–3; 2,2–4

Der Gerechte bleibt wegen seiner Treue am Leben

Lesung aus dem Buch Habakuk.

Wie lange, Herr, soll ich noch rufen und du hörst nicht? Ich schreie zu dir: Hilfe, Gewalt! Aber du hilfst nicht. Warum lässt du mich die Macht des Bösen sehen und siehst der Unterdrückung zu? Wohin ich blicke, sehe ich Gewalt und Misshandlung, erhebt sich Zwietracht und Streit.

Der Herr gab mir Antwort und sagte: Schreib nieder, was du siehst, schreib es deutlich auf die Tafeln, damit man es mühelos lesen kann! Denn erst zu der bestimmten Zeit trifft ein, was du siehst; aber es drängt zum Ende und ist keine Täuschung; wenn es sich verzögert, so warte darauf; denn es kommt, es kommt und bleibt nicht aus. Sieh her: Wer nicht rechtschaffen ist, schwindet dahin, der Gerechte aber bleibt wegen seiner Treue am Leben.

ANTWORTPSALM

Ps 95 (94), 1–2.6–7c.7d–9 (Kv: vgl. 7d.8a)

Kv Hört auf die Stimme des HERRN;
verhärtet nicht euer Herz. – Kv

Kommt, lasst uns jubeln dem HERRN, *
jauchzen dem Fels unsres Heiles!
Lasst uns mit Dank seinem Angesicht nahen, *
ihm jauchzen mit Liedern! – (Kv)

Kommt, wir wollen uns niederwerfen, uns vor ihm verneigen, *
lasst uns niederknien vor dem HERRN, unserm Schöpfer!
Denn er ist unser Gott, /
wir sind das Volk seiner Weide, *
die Herde, von seiner Hand geführt. – (Kv)

Würdet ihr doch heute auf seine Stimme hören! /
Verhärtet euer Herz nicht wie in Meriba, *
wie in der Wüste am Tag von Massa!
Dort haben eure Väter mich versucht, *
sie stellten mich auf die Probe und hatten doch mein Tun gesehen. – Kv

ZUR 2. LESUNG Die Mahnungen, die der zweite Brief an Timotheus wohl um das Jahr 100 nach Christus formuliert, könnten auch an einen kirchlichen Amtsträger von heute gerichtet sein. In einer Kirche, die weitgehend defensiv re-agiert statt den Glauben mutig in der Gesellschaft präsent zu machen, und die den allgemeinen Hass auf den Glauben und die Kirche offenbar selbst am meisten als tatsächlichen

Relevanzverlust des Christlichen in der Sache missversteht, könnte kaum etwas aktueller sein als diese Aufforderungen: sich des Zeugnisses für den Herrn nicht zu schämen, das unvermeidliche Leiden für das Evangelium zu ertragen, das Glaubensgut zu bewahren und einfach den eigenen Auftrag zu erfüllen – die Glaubensverkündigung. Der Verfasser verdichtet seine Ermahnung zu einer regelrechten Kurzformel des Glaubens und Maxime kirchlichen Handelns: „Denn Gott hat uns nicht einen Geist der Verzagtheit gegeben, sondern den Geist der Kraft, der Liebe und der Besonnenheit."

ZWEITE LESUNG 2 Tim 1,6–8.13–14

Schäme dich nicht des Zeugnisses für unseren Herrn

Lesung aus dem zweiten Brief des Apostels Paulus an Timotheus.

Mein Sohn! Ich rufe dir ins Gedächtnis: Entfache die Gnade Gottes wieder, die dir durch die Auflegung meiner Hände zuteilgeworden ist! Denn Gott hat uns nicht einen Geist der Verzagtheit gegeben, sondern den Geist der Kraft, der Liebe und der Besonnenheit. Schäme dich also nicht des Zeugnisses für unseren Herrn und auch nicht meiner, seines Gefangenen, sondern leide mit mir für das Evangelium! Gott gibt dazu die Kraft: Als Vorbild gesunder Worte halte fest, was du von mir gehört hast in Glaube und Liebe in Christus Jesus! Bewahre das dir anvertraute kostbare Gut durch die Kraft des Heiligen Geistes, der in uns wohnt!

RUF VOR DEM EVANGELIUM Vers: vgl. 1 Petr 1,25

Halleluja. Halleluja.
Das Wort des Herrn bleibt in Ewigkeit,
die frohe Botschaft, die euch verkündet wird.
Halleluja.

ZUM EVANGELIUM Die Apostel sind sich der Schwäche ihres Glaubens bewusst, und sie bitten Jesus um Hilfe. Jesu Antwort ist hart, denn er bestätigt die Selbsteinschätzung der Apostel: Glaube kann Berge versetzen, wie es sprichwörtlich nach der Parallelstelle bei Matthäus (vgl. Mt 17,21) heißt, oder eben diesen Maulbeerbaum – wenn man ihn denn hätte, den Glauben ... Das kleine Senfkorn als Maßstab macht die Sache noch schlimmer: Nicht einmal so viel Glauben habt ihr! Es kann aber auch tröstlich sein: Nur so wenig würde genügen. In dem folgenden Gleichnis rückt Jesus sehr deutlich die Verhältnisse zwischen Gott und uns zurecht: In der lächerlichen Endlichkeit, Zufälligkeit, Abkünftigkeit und Abhängigkeit unserer Existenz tragen wir die Knechtsgestalt immer schon an uns. Wir haben zu tun, was wir sollen. Wir haben keine Ansprüche an den Herrn. Ist es da nicht ein riesiges Geschenk, dass Gott uns tatsächlich ganz anders begegnet? Dass wir glauben dürfen?

EVANGELIUM Lk 17,5–10

Wenn ihr doch Glauben hättet wie ein Senfkorn!

+ **Aus dem heiligen Evangelium nach Lukas.**

In jener Zeit baten die Apostel den Herrn: Stärke unseren Glauben! Der Herr erwiderte: Wenn ihr Glauben hättet wie ein Senfkorn, würdet ihr zu diesem Maulbeerbaum sagen: Entwurzele dich und verpflanz dich ins Meer! und er würde euch gehorchen.

Wenn einer von euch einen Knecht hat, der pflügt oder das Vieh hütet, wird er etwa zu ihm, wenn er vom Feld kommt, sagen: Komm gleich her und begib dich zu Tisch? Wird er nicht vielmehr zu ihm sagen: Mach mir etwas zu essen, gürte dich und bediene mich, bis ich gegessen und getrunken habe: danach kannst auch du essen und trinken? Bedankt er sich etwa bei dem Knecht, weil er getan hat, was ihm befohlen wurde?

So soll es auch bei euch sein: Wenn ihr alles getan habt, was euch befohlen wurde, sollt ihr sagen: Wir sind unnütze Knechte; wir haben nur unsere Schuldigkeit getan.

Glaubensbekenntnis, S. 454 ff.

FÜRBITTEN

„Stärke unseren Glauben!“ Die Bitte der Freunde Jesu kann auch unsere Bitte heute sein. Doch Glauben zeigt sich erst im Tun. Wir rufen zu Gott und bitten ihn:

V: Guter Gott. A: Wir bitten dich, erhöre uns.

- Für alle, die im Dienst der Verkündigung stehen, dass sie Menschen stärken und ihnen aufhelfen.
- Für alle, die an der Erneuerung der Kirche mitwirken, dass neue Kraft von innen ihr Tun im Geist Gottes bewege und trage.
- Für alle, die sich um die Ernte dieses Jahres gemüht haben, dass sie zufrieden auf die Arbeit ihrer Hände schauen können.
- Für die alten Menschen in unseren Gemeinden und für alle Großeltern, dass sie ihre reichen Erfahrungen und ihre Liebe weitergeben können.
- Für alle, die chronisch krank sind, dass sie die Kraft haben, ihre Krankheit anzunehmen und mit ihr zu leben.

Barmherziger Gott, stärke unseren Glauben, damit wir gut und richtig leben und die Nächsten nicht übersehen. Darum bitten wir durch Jesus Christus, unseren Bruder und Lehrer.

EUCHARISTIEFEIER

GABENGEBET

Allmächtiger Gott, nimm die Gaben an, die wir nach deinem Willen darbringen. Vollende in uns das Werk der Erlösung und der Heiligung durch die Geheimnisse, die wir zu deiner Verherrlichung feiern. Darum bitten wir durch Christus, unseren Herrn.

Präfation, S. 466 ff.

KOMMUNIONVERS

Vgl. 1 Kor 10,17

Ein Brot ist es, darum sind wir viele *ein* Leib.
Denn wir alle haben teil an dem einen Brot
und dem einen Kelch.

SCHLUSSGEBET

Gott und Vater, du reichst uns das Brot des Lebens und den Kelch der Freude. Gestalte uns nach dem Bild deines Sohnes, der im Sakrament unsere Speise geworden ist. Darum bitten wir durch ihn, Christus, unseren Herrn.

***

Für eine Wort-Gottes-Feier:

ERÖFFNUNGSGEBET ZUR WAHL

Herr, unser Gott, du lädst uns ein, teilzuhaben am Werk der Erlösung. Mehre unseren Glauben, stärke unsere Hoffnung und entzünde in uns deine Liebe, damit wir treu erfunden werden in deinem Dienst. Darum bitten wir durch Jesus Christus, deinen Sohn, der in der Einheit des Heiligen Geistes mit dir lebt in Ewigkeit.

***

MUT ZUM GLAUBEN

Herr, gib uns Mut zum Hören auf das, was du uns sagst.
Wir danken dir, dass du es mit uns wagst.

Herr, gib uns Mut zum Dienen, wo's heute nötig ist.
Wir danken dir, dass du dann bei uns bist.

Herr, gib uns Mut zur Stille, zum Schweigen und zum Ruhn.
Wir danken dir: Du willst uns Gutes tun.

Herr, gib uns Mut zum Glauben an dich, den einen Herrn.
Wir danken dir; denn du bist uns nicht fern.

Kurt Rommel

28. SONNTAG IM JAHRESKREIS

12. Oktober 2025

Treue und Dankbarkeit wollen in den Lesungen dieses Sonntags in ein Gleichgewicht gebracht werden. General Naaman, der durch Elischa von seinem quälenden „Aussatz" befreit wurde, will seine Dankbarkeit in einem großen Geschenk zum Ausdruck bringen; doch Elischa verweist auf Gott als den eigentlich Handelnden und lehnt ab. Der Autor des zweiten Timotheusbriefs weiß darum, dass wir Menschen schnell die Wohltaten vergessen, die wir von Gott erfahren haben – und noch schlimmer: Wir vergessen Gott selbst. Doch ER bleibt treu, selbst wenn wir ihm untreu werden. Im Evangelium macht Lukas deutlich, dass Treue und Dankbarkeit zusammengehören. Jesus lobt den Einzigen der zehn Aussätzigen, der nach seiner Heilung zurückkehrt, um Gott zu loben. Die Krankheit kann wieder ausbrechen, aber der Glaube sowie das Vertrauen auf Gottes Handeln und seine Güte sind letztlich ausschlaggebend: „Dein Glaube hat dich gerettet!"

ERÖFFNUNGSVERS

Ps 130 (129), 3–4

Würdest du, Herr, unsere Sünden beachten,
Herr, wer könnte bestehen?
Doch bei dir ist Vergebung, Gott Israels.

KYRIE-RUFE

Herr Jesus Christus, du bist gnädig
und barmherzig, voll Langmut und
reich an Huld.
V/A: Herr, erbarme dich.

Du heilst all unsere Gebrechen, du
rettet unser Leben vor dem Untergang.
V/A: Christus, erbarme dich.
Du krönst uns mit Huld und Erbarmen,
du vollbringst Taten des Heils.
V/A: Herr, erbarme dich.

Ehre sei Gott, S. 451 f.

TAGESGEBET

Herr, unser Gott, deine Gnade komme uns zuvor und begleite uns, damit wir dein Wort im Herzen bewahren und immer bereit sind, das Gute zu tun. Darum bitten wir durch Jesus Christus.

WORTGOTTESDIENST

ZUR 1. LESUNG Naaman kehrt reumütig zurück. Der hochdekorierte aramäische Soldat leidet unter einem „Aussatz", der ebenso wie Lepra in die soziale Isolation führte (vgl. Lev 13,45–46). Seine militärischen Erfolge verdankt er dem Gott Israels, der die Aramäer als Werkzeug seiner Strafe über Israel siegen lässt. Der General hat von Elischa gehört, dem Wundertaten nachgesagt werden. Elischas Rat erscheint ihm lächerlich, aber er möchte nichts unversucht lassen, befolgt ihn und wird geheilt. In seiner Dankbarkeit will er den Propheten beschenken. Elischa düpiert Naaman jedoch ein zweites Mal und lehnt ab. Bis dieser versteht: Gott selbst hat an ihm gehandelt. Elischa ist kein Wunderdoktor, sondern ein Mann Gottes, der Vertrauen in Jahwe erwirken möchte. Dass Naaman ein „Stück Israel" mitnimmt, deutet darauf hin, dass zu diesem Zeitpunkt Gott als „Gott des Landes" verstanden wird, der nur auf diesem Land angebetet werden kann. Gleichzeitig ahnt Naaman, dass es nur einen lebendigen Gott geben kann.

ERSTE LESUNG

2 Kön 5,14–17

Naaman kehrte zum Gottesmann zurück und bekannte sich zum Herrn

Lesung aus dem zweiten Buch der Könige.

In jenen Tagen ging Naaman, der Syrer, zum Jordan hinab und tauchte siebenmal unter, wie ihm der Gottesmann Elischa befohlen hatte. Da wurde sein Leib gesund wie der Leib eines Kindes und er war rein von seinem Aussatz.

Nun kehrte er mit seinem ganzen Gefolge zum Gottesmann zurück, trat vor ihn hin und sagte: Jetzt weiß ich, dass es nirgends auf der Erde einen Gott gibt außer in Israel. So nimm jetzt von deinem Knecht ein Dankgeschenk an! Elischa antwortete: So wahr der HERR lebt, in dessen Dienst ich stehe: Ich nehme nichts an. Auch als Naaman ihn dringend bat, es zu nehmen, lehnte er ab.

Darauf sagte Naaman: Wenn es also nicht sein kann, dann gebe man deinem Knecht so viel Erde, wie zwei Maultiere tragen können; denn dein Knecht wird keinem andern Gott mehr Brand- und Schlachtopfer darbringen als dem HERRN allein.

ANTWORTPSALM

Ps 98 (97),1.2–3b.3c–4 (Kv: vgl. 2)

Kv Der HERR hat sein Heil enthüllt
vor den Augen der Völker! – Kv

Singet dem HERRN ein neues Lied, *
denn er hat wunderbare Taten vollbracht!
Geholfen hat ihm seine Rechte *
und sein heiliger Arm. – (Kv)

Der HERR hat sein Heil bekannt gemacht *
und sein gerechtes Wirken enthüllt vor den Augen der Völker.
Er gedachte seiner Huld *
und seiner Treue zum Hause Israel. – (Kv)

Alle Enden der Erde *
sahen das Heil unsres Gottes.
Jauchzet dem HERRN, alle Lande, *
freut euch, jubelt und singt! – Kv

ZUR 2. LESUNG Der zweite Timotheusbrief wird manchmal als *Testament* des Paulus bezeichnet. Ein Schüler gibt weiter, was dem Apostel wichtig war. Als der Brief verfasst wird, ist Paulus in Rom inhaftiert. Die Haftumstände und die Sorge um die Gemeinden kosten viel Kraft und bereiten große Sorgen. Was gab dem Apostel, was gibt mir Halt in unruhigen Zeiten? Welche Kräfte kann ich mobilisieren? Paulus ist Zeuge des unvergänglichen Lichts, der ewigen Herrlichkeit. Daraus zieht er seine Kraft. Und er weiß, dass Gott selbst dann nicht von ihm lässt, wenn er untreu wird und der Glaube in Vergessenheit gerät. Gottes Wort ist glaubwürdig. Das Wissen darum und der Dank für mich und mein Leben bringt mich in Verbindung zu dem treuen Gott. Eine solche Haltung lässt uns Mut schöpfen und die Zuversicht, dass Gott das letzte Wort behält, und dass seine Einladung in das himmlische Reich Gottes gilt. Für immer.

ZWEITE LESUNG 2 Tim 2,8–13

Wenn wir standhaft bleiben, werden wir mit Christus herrschen

Lesung aus dem zweiten Brief des Apostels Paulus an Timotheus.

Denke an Jesus Christus, auferweckt von den Toten, aus Davids Geschlecht, gemäß meinem Evangelium, um dessentwillen ich leide bis hin zu den Fesseln wie ein Verbrecher; aber das Wort Gottes ist nicht gefesselt.

Deshalb erdulde ich alles um der Auserwählten willen, damit auch sie das Heil in Christus Jesus erlangen mit ewiger Herrlichkeit. Das Wort ist glaubwürdig: Wenn wir nämlich mit Christus gestorben sind, werden wir auch mit ihm leben: wenn wir standhaft bleiben, werden wir auch mit ihm herrschen; wenn wir ihn verleugnen, wird auch er uns verleugnen. Wenn wir untreu sind, bleibt er doch treu, denn er kann sich selbst nicht verleugnen.

RUF VOR DEM EVANGELIUM

Vers: 1 Thess 5,18

Halleluja. Halleluja.
Dankt für alles; denn das ist der Wille Gottes
für euch in Christus Jesus.
Halleluja.

ZUM EVANGELIUM Lukas bettet die Geschichte der zehn Aussätzigen in verschiedene Texte rund um das Thema Glauben ein. Wer Glauben hat, kann einem Baum befehlen, sich auszureißen und umzusetzen – selbst wenn er nur die Größe eines winzigen Senfkorns hat (vgl. Lk 17,6). Doch geht es nicht um die Taten, sondern um das Vertrauen und die Treue zu Gott selbst. Lukas erzählt nichts von Reaktionen der Zuschauerinnen und Zuschauer – bei ihnen findet ein so großes Wunder offenbar kaum Beachtung. Ausgerechnet ein Samariter kehrt als Einziger zurück. Diese waren für Juden fremde Ungläubige, die einen falschen Ort der Anbetung gewählt hatten. So rückt Lukas nicht das Wunder in den Mittelpunkt, sondern die unerwartete Umkehr des Samariters. Dieser wird nicht nur von seiner schlimmen Krankheit geheilt; er erkennt in Jesus den Messias und wirft sich vor seinen Füßen auf das Angesicht, betet ihn also als Gott an. Echte Dankbarkeit erkennt die Treue und Fürsorge Gottes in Jesus Christus und weiß, dass es letztlich nur darauf ankommt.

EVANGELIUM

Lk 17,11–19

Ist keiner umgekehrt, um Gott zu ehren, außer diesem Fremden?

+ Aus dem heiligen Evangelium nach Lukas.

Es geschah auf dem Weg nach Jerusalem: Jesus zog durch das Grenzgebiet von Samarien und Galiläa. Als er in ein Dorf hineingehen wollte, kamen ihm zehn Aussätzige entgegen. Sie blieben in der Ferne stehen und riefen: Jesus, Meister, hab Erbarmen mit uns!

Als er sie sah, sagte er zu ihnen: Geht, zeigt euch den Priestern!

Und es geschah: Während sie hingingen, wurden sie rein.

Einer von ihnen aber kehrte um, als er sah, dass er geheilt war; und er lobte Gott mit lauter Stimme. Er warf sich vor den Füßen Jesu auf das Angesicht und dankte ihm. Dieser Mann war ein Samariter.

Da sagte Jesus: Sind nicht zehn rein geworden? Wo sind die neun? Ist denn keiner umgekehrt, um Gott zu ehren, außer diesem Fremden? Und er sagte zu ihm: Steh auf und geh! Dein Glaube hat dich gerettet.

Glaubensbekenntnis, S. 454 ff.

FÜRBITTEN

Guter Gott, du befreist von großer Last und schenkst Erneuerung und Leben. Wir bitten dich:

V: Gott des Lebens. A: Höre unser Rufen.

- Wir beten für alle, die Kranke und Sterbende begleiten und ihnen Zeit, Aufmerksamkeit, Freundlichkeit und Zuspruch schenken.
- Wir beten für die Menschen, besonders für die Kinder und Jugendlichen, die Ausgrenzung und Ablehnung erfahren.
- Wir beten für unsere Gemeinden, dass sie zu Orten der Begegnung und des Miteinanders, zu guten Lebensorten werden.
- Wir beten für uns selbst und alle Menschen in Sicherheit und Freiheit, dass Freude und Dankbarkeit in uns wachsen.
- Wir beten für alle, die unter der Last des Leistungsdrucks fast zusammenbrechen und der Entlastung bedürfen.

Guter Gott, dein Sohn hat sich der Aussätzigen erbarmt, und wir vertrauen darauf, dass du dich auch der Nöte und Sorgen unserer Gegenwart erbarmst. Dir sei Lob und Dank in Ewigkeit.

EUCHARISTIEFEIER

GABENGEBET

Herr und Gott, nimm die Gebete und Opfergaben deiner Gläubigen an. Lass uns diese heilige Feier mit ganzer Hingabe begehen, damit wir einst das Leben in der Herrlichkeit des Himmels erlangen. Darum bitten wir durch Christus, unseren Herrn.

Präfation, S. 466 ff.

KOMMUNIONVERS

Ps 34 (33), 11

Reiche müssen darben und hungern.
Wer aber den Herrn sucht,
braucht kein Gut zu entbehren.

SCHLUSSGEBET

Allmächtiger Gott, in der heiligen Opferfeier nährst du deine Gläubigen mit dem Leib und dem Blut deines Sohnes. Gib uns durch dieses Sakrament auch Anteil am göttlichen Leben. Darum bitten wir durch Christus, unseren Herrn.

***

Für eine Wort-Gottes-Feier:

ERÖFFNUNGSGEBET ZUR WAHL

Lebendiger Gott, du heilst, was verwundet ist, und richtest auf, was darniederliegt. Stärke unser Vertrauen auf dich und erfülle uns mit Dankbarkeit für das, was du uns schenkst, durch Jesus Christus, deinen Sohn, unseren Herrn und Heiland, der in der Einheit des Heiligen Geistes mit dir lebt in Ewigkeit.

***

WO SIND DIE ÜBRIGEN?

Von zehn Geheilten
kam nur einer zurück,
um zu danken.

Gott danken?
Eine lästige Pflicht?
Eine anerzogene Gewohnheit?
Ein echtes Bedürfnis?

Gott danken? Wofür?
Für das Leben, das Lieben, das Lachen.
Für das Miteinander der Menschen.
Für Nahrung, Kleidung und Wohnung.
Für Gesundheit und Kraft.
Für Arbeit und Freizeit.
Für Denken und Lernen.
Für Forschen und Finden.
Für den Schlaf in der Nacht.
Für jeden Morgen danach.
Für Licht, Luft und Sonne.
Für Tiere und Pflanzen.
Für Säen und Ernten.

So viel mehr als zehn Gründe zu danken.
Schon einer allein würde reichen,
zu glauben und umzukehren.
Vielleicht sagt ER mir dann:
„Richte dich auf!
Geh geheilt zurück in dein Leben."

Gisela Baltes

29. SONNTAG IM JAHRESKREIS

19. Oktober 2025

Gottes Werk und des Menschen Beitrag: um dieses geheimnisvolle Miteinander kreisen die Texte der heutigen Lesungen. Gott schenkt seiner Schöpfung Freiheit, sodass seine Geschöpfe keine Marionetten sind. Der Mensch kann sich für oder gegen Gott entscheiden. Und doch führt Gott diese Welt auf verborgene Weise ihrem Ziel zu. Laut Erzählung im Buch Exodus streckt Mose seine Arme aus, und die Amalekiter werden durch Gott geschwächt. Der Empfänger des zweiten Timotheusbriefs wird dazu angehalten, den überlieferten Glauben aus den heiligen Schriften zu deuten und unaufhörlich weiterzugeben; doch der Glaube bleibt ein Geschenk. Nicht wer besonders laut schreit, kann auf Gottes Hilfe hoffen, sondern wer darauf vertraut, dass Gott für seine Gemeinde und uns selbst sorgt. Jesus macht an dem Beispiel der drängenden Witwe deutlich, dass Gott uns nicht einfach alles in den Schoß legt, sondern die Beziehung mit seinen Geschöpfen sucht.

ERÖFFNUNGSVERS

Ps 17 (16),6.8

Ich rufe dich an, denn du, Gott, erhörst mich.
Wende dein Ohr mir zu, vernimm meine Rede!
Behüte mich wie den Augapfel, den Stern des Auges,
birg mich im Schatten deiner Flügel.

KYRIE-RUFE

Herr Jesus Christus, du sagst uns,
dass wir allezeit beten und darin
nicht nachlassen sollen.
V/A: Herr, erbarme dich.

Du schaffst Recht allen Bedrängten.
V/A: Christus, erbarme dich.
Du gibst uns alles reichlich,
was wir brauchen.
V/A: Herr, erbarme dich.

Ehre sei Gott, S. 451 f.

TAGESGEBET

Allmächtiger Gott, du bist unser Herr und Gebieter. Mach unseren Willen bereit, deinen Weisungen zu folgen, und gib uns ein Herz, das dir aufrichtig dient. Darum bitten wir durch Jesus Christus.

WORTGOTTESDIENST

ZUR 1. LESUNG Nach der Befreiung aus Ägypten zieht das Volk Israel nun unter Führung des Mose durch die Wüste. Der heutigen Lesung gehen die Erzählungen über Israels Gang durch das Schilfmeer und die Versorgung mit Wachteln und Manna voraus. Die Gefahren auf dem Weg durch die Wüste räumt Gott nicht einfach zur Seite. Die Amalekiter sind ein Nomadenstamm im Süden Judas, der mit Israel um Wasser und Lagerstellen streitet. Als die Israeliten später auf eigene Faust gegen sie kämpfen, unterliegen sie (vgl. Num 14,41–45). Entscheidend ist das Vertrauen, das Gebet des Mose, das Aaron und Hur durch das Halten der Arme unterstützen. Auch wenn diese Erzählungen uns heute befremden mögen, bleibt festzuhalten, dass es auch für die Autoren des Buches Exodus kein einfaches Schema gibt: Ich tue dies oder das und Gott erfüllt meine Wünsche. Auf den Glauben kommt es an, damals wie heute. Und darauf, was ich Gott in seiner Barmherzigkeit und Souveränität zutraue. Das bringt auch der Antwortpsalm 121 mit bewegenden Worten zum Ausdruck.

ERSTE LESUNG

Ex 17,8–13

Solange Mose seine Hand erhoben hielt, war Israel stärker

Lesung aus dem Buch Exodus.

In jenen Tagen kam Amalek und suchte in Refidim den Kampf mit Israel. Da sagte Mose zu Josua: Wähl uns Männer aus und zieh in den Kampf gegen Amalek! Ich selbst werde mich morgen mit dem Gottesstab in meiner Hand auf den Gipfel des Hügels stellen. Josua tat, was ihm Mose aufgetragen hatte, und kämpfte gegen Amalek, während Mose, Aaron und Hur auf den Gipfel des Hügels stiegen.

Solange Mose seine Hand erhoben hielt, war Israel stärker; sooft er aber die Hand sinken ließ, war Amalek stärker. Als dem Mose die Hände schwer wurden, holten sie einen Steinbrocken, schoben den unter ihn und er setzte sich darauf. Aaron und Hur stützten seine Arme, der eine rechts, der andere links, sodass seine Hände erhoben blieben, bis die Sonne unterging.

So schwächte Josua Amalek und sein Heer mit scharfem Schwert.

ANTWORTPSALM

Ps 121 (120),1–2.3–4.5–6.7–8 (Kv: vgl. 2)

Kv Unsere Hilfe ist im Namen des HERRN,
der Himmel und Erde erschaffen hat. – Kv

Ich erhebe meine Augen zu den Bergen: *
Woher kommt mir Hilfe?
Meine Hilfe kommt vom HERRN, *
der Himmel und Erde erschaffen hat. – (Kv)

Er lässt deinen Fuß nicht wanken; *
dein Hüter schlummert nicht ein.
Siehe, der Hüter Israels *
er schlummert nicht ein und schläft nicht. – (Kv)

Der HERR ist dein Hüter, *
der HERR gibt dir Schatten zu deiner Rechten.

Bei Tag wird dir die Sonne nicht schaden *
noch der Mond in der Nacht. – (Kv)

Der HERR behütet dich vor allem Bösen, *
er behütet dein Leben.
Der HERR behütet dein Gehen und dein Kommen *
von nun an bis in Ewigkeit. – Kv

ZUR 2. LESUNG Die Pastoralbriefe, zu denen der zweite Timotheusbrief gehört, sind zu einer Zeit entstanden, als die Kirche sich gefunden und erste Strukturen sowie Ämter festgelegt hat. Auch den Gemeindeleitern fällt der Glaube nicht einfach in den Schoß. Glaube will wachsen und gedeihen und soll durch das Studium der heiligen Schriften vertieft werden. Der Kanon, den wir heute kennen, ist erst später festgelegt worden; daher wird sich der Autor zunächst auf die Bücher der hebräischen Bibel beziehen. Aber Glaube wächst nicht aus Buchstaben, sondern vor allem aus Beziehungen: zu Vorbildern, zu den Menschen in den Erzählungen, zu Worten und Wendungen, die Orientierung bieten und trösten. Glaube wächst auch durch das eigene Zeugnis, im Weitergeben dessen, was mir selbst wichtig geworden ist. Glaube ist ein dynamisches Geschehen, in dem Hoffnung und Zuversicht gedeihen.

ZWEITE LESUNG 2 Tim 3, 14–4, 2

Durch die Schrift belehrt, wird der Mensch Gottes ausgerüstet zu jedem guten Werk

Lesung aus dem zweiten Brief des Apostels Paulus an Timotheus.

Mein Sohn! Bleibe bei dem, was du gelernt und wovon du dich überzeugt hast. Du weißt, von wem du es gelernt hast; denn du kennst von Kindheit an die heiligen Schriften, die dich weise machen können zum Heil durch den Glauben an Christus Jesus.

Jede Schrift ist, als von Gott eingegeben, auch nützlich zur Belehrung, zur Widerlegung, zur Besserung, zur Erziehung in der Gerechtigkeit, damit der Mensch Gottes gerüstet ist, ausgerüstet zu jedem guten Werk.

Ich beschwöre dich bei Gott und bei Christus Jesus, dem kommenden Richter der Lebenden und der Toten, bei seinem Erscheinen und bei seinem Reich: Verkünde das Wort, tritt auf, ob gelegen oder ungelegen, überführe; weise zurecht, ermahne, in aller Geduld und Belehrung!

RUF VOR DEM EVANGELIUM

Vers: vgl. Hebr 4,12

Halleluja. Halleluja.
Lebendig ist das Wort Gottes und wirksam.
Es richtet über die Regungen und Gedanken der Herzen.
Halleluja.

ZUM EVANGELIUM Witwen haben in der Antike keine soziale Absicherung. Aber selbst ein korrupter Richter lässt sich schließlich auf die Bitten einer Witwe ein, die so eindringlich um ihr Recht kämpft. Jesus zieht keinen direkten Vergleich zwischen Gott und dem Richter, zwischen uns und der Witwe, sondern verdeutlicht: Wer betet, hat Zugang zu dem, der die Fäden in der Hand hält. Gott ist kein Zauberer, er erfüllt nicht alle unseren Bitten – aber alle seine Verheißungen. Das Ungeheure ist, dass Jesus damit ausdrückt, wie sich das Verhältnis zwischen Gott und Mensch umzukehren scheint. Uns vertraut Gott die Bitte an: „Dein Reich komme." Wer betet, zieht sich nicht aus der Weltgeschichte oder der eigenen Lebensgeschichte heraus. Jedes Gebet hat seinen Bezugspunkt in der Gottesherrschaft, für die Jesus einsteht. Beten stärkt das Vertrauen, dass ich gehört werde und mein Leben aufgehoben ist. Dieses Gefühl setzt den Grundstein für das Zutrauen in den, der mir zuhört.

EVANGELIUM

Lk 18,1–8

Sollte Gott seinen Auserwählten, die zu ihm schreien, nicht zu ihrem Recht verhelfen?

+ Aus dem heiligen Evangelium nach Lukas.

In jener Zeit sagte Jesus seinen Jüngern durch ein Gleichnis, dass sie allezeit beten und darin nicht nachlassen sollten:

In einer Stadt lebte ein Richter, der Gott nicht fürchtete und auf keinen Menschen Rücksicht nahm. In der gleichen Stadt lebte auch eine Witwe, die immer wieder zu ihm kam und sagte: Verschaff mir Recht gegen meinen Widersacher!

Und er wollte lange Zeit nicht. Dann aber sagte er sich: Ich fürchte zwar Gott nicht und nehme auch auf keinen Menschen Rücksicht; weil mich diese Witwe aber nicht in Ruhe lässt, will ich ihr Recht verschaffen. Sonst kommt sie am Ende noch und schlägt mich ins Gesicht.

Der Herr aber sprach: Hört, was der ungerechte Richter sagt! Sollte Gott seinen Auserwählten, die Tag und Nacht zu ihm schreien, nicht zu ihrem Recht verhelfen, sondern bei ihnen zögern? Ich sage euch: Er wird ihnen unverzüglich ihr Recht verschaffen. Wird jedoch der Menschensohn, wenn er kommt, den Glauben auf der Erde finden?

Glaubensbekenntnis, S. 454 ff.

FÜRBITTEN

Der biblische Ruf „nicht nachlassen“ gilt auch uns heute in unseren Bemühungen um Gerechtigkeit. Wir rufen zu Gott und bitten ihn:

V: Gerechter und guter Gott. A: Wir bitten dich, erhöre uns.

- Für deine Kirche, dass sie hier und heute den Weg zu Gottes Gerechtigkeit bahnt und geht.

- Für die Menschen in den Gefängnissen der Unrechtsstaaten dieser Erde, dass sie nicht vergessen werden.

- Für alle, die der Zertrennung der Christenheit etwas entgegensetzen, dass sie Bestärkung erfahren.
- Für die Richterinnen und Richter, dass sie jederzeit Recht und Gerechtigkeit folgen und sich nicht einschüchtern oder korrumpieren lassen.
- Für alle, die sich in Menschenrechtsorganisationen engagieren und Unrecht beim Namen nennen.

Bei dir, Gott, sind Recht und Gerechtigkeit zu Hause, deren Basis die Liebe ist, die die Schwachen schützt. Dafür danken wir und preisen dich, heute und alle Tage bis in Ewigkeit.

EUCHARISTIEFEIER

GABENGEBET

Hilf uns, Herr, dass wir den Dienst am Altar mit freiem Herzen vollziehen. Befreie uns durch diese Feier von aller Schuld, damit wir rein werden und dir gefallen. Darum bitten wir durch Christus, unseren Herrn.

Präfation, S. 466 ff.

KOMMUNIONVERS Mk 10,45

Der Menschensohn ist gekommen,
um sein Leben als Lösegeld hinzugeben für viele.

SCHLUSSGEBET

Allmächtiger Gott, gib, dass die heiligen Geheimnisse, die wir gefeiert haben, in uns Frucht bringen. Schenke uns Tag für Tag, was wir zum

Leben brauchen, und führe uns zur ewigen Vollendung. Darum bitten wir durch Christus, unseren Herrn.

***

Für eine Wort-Gottes-Feier:

ERÖFFNUNGSGEBET ZUR WAHL

Gott, du erhörst die Bitten derer, die zu dir rufen. Höre auch unser Gebet und gib uns einen beharrlichen Glauben, durch Jesus Christus, deinen Sohn, unseren Herrn und Gott, der mit dir und dem Heiligen Geist lebt jetzt und alle Tage und in Ewigkeit.

***

EIN MENSCH GOTTES
(2 Tim 3,14–4,2)

Ausgerüstet
zu jedem guten Werk?
Geht's auch eine Nummer kleiner

bei meiner *Belehrung,*
Widerlegung,
Besserung?

Geduld! Nicht entmutigen lassen
auf meinem langen Weg
der Erziehung zur Gerechtigkeit.

Das wär' doch schon was:
heute etwas weiser
und gerechter als gestern.

Irmtrud Schweigert

30. SONNTAG IM JAHRESKREIS

26. Oktober 2025

Gottes Größe zeigt sich nicht in grenzenloser Macht, sondern darin, dass er sich zu den Niedrigsten und Ärmsten neigt; dass er selbst in einem kleinen Kind wehrlos und hilflos geworden ist. Gott stellt sich uns in Jesus Christus an die Seite, hält das Leid und die Klagen aus, tröstet, hält, schenkt neuen Mut und Zuversicht. Hoffnung lässt sich nicht befehlen. Hoffnung erwächst nicht aus eigener Leistung. Hoffnung wird durch Vertrauen und Nähe gestärkt. Vor Gott gibt es kein Ansehen der Person, er erhört alle Bitten und Rufe – das hören wir in der ersten Lesung, im Nachklang zum vergangenen Sonntag. Auch der zweite Brief an Timotheus endet hoffnungsvoll: Gott wird ihn allem bösen Treiben entreißen. Im Evangelium zeichnet Jesus mit dem Gleichnis vom Pharisäer und Zöllner ein Bild seines Vaters: Er widersteht den Hochmütigen und Selbstgerechten, er erhebt die Niedrigen; er bekennt sich zu uns Menschen, wer wir auch sein mögen.

ERÖFFNUNGSVERS

Vgl. Ps 105 (104),3–4

Freuen sollen sich alle, die den Herrn suchen.
Sucht den Herrn und seine Macht,
sucht sein Antlitz allezeit.

KYRIE-RUFE

Herr Jesus Christus, du
erhöhst die Niedrigen.
V/A: Herr, erbarme dich.
Du stehst uns zur Seite
im Kampf des Lebens.
V/A: Christus, erbarme dich.

Du wirst uns retten in
dein himmlisches Reich.
V/A: Herr, erbarme dich.

Ehre sei Gott, S. 451 f.

TAGESGEBET

Allmächtiger, ewiger Gott, mehre in uns den Glauben, die Hoffnung und die Liebe. Gib uns die Gnade, zu lieben, was du gebietest, damit wir erlangen, was du verheißen hast. Darum bitten wir durch Jesus Christus.

WORTGOTTESDIENST

ZUR 1. LESUNG Die Lesung steht in einem Zusammenhang, in dem das Buch Jesus Sirach deutliche Kritik an einer heuchlerischen Opferpraxis übt. Nach oben buckeln und nach unten treten, das passt schon im Umgang unter Menschen nicht zusammen – und schon gar nicht bei Gott. Wer andere ausbeutet oder sich ungerecht verhält, dessen Opfer gefällt Gott nicht; „auch vergibt er nicht Sünden aufgrund einer Fülle an Opfern" (Sir 34,23). Der Hilferuf einer Witwe oder das Gebet des Demütigen durchdringt die Wolken, wie es Jesus Sirach poetisch formuliert. Sehr deutlich warnt er davor, Gott mit Opfern bestechen zu wollen. Daher beschreibt er Gott auch als unbestechlichen Richter, vor dem kein weltliches Ansehen, kein Geld oder Einfluss etwas gelten. Alle aber, die wie die Witwe aus dem Evangelium des vergangenen Sonntags (vgl. Lk 18,1–8) in aufrechter Umkehr und einsichtig vor Gott treten, werden getröstet werden.

ERSTE LESUNG Sir 35,15b–17.20–22a

Das Gebet eines Demütigen durchdringt die Wolken

Lesung aus dem Buch Jesus Sirach.

Der Herr ist Richter und es gibt vor ihm kein Ansehen der Person. Er bevorzugt niemanden gegenüber einem Armen, die Bitte eines ungerecht Behandelten wird er erhören. Er missachtet nicht den Hilferuf der Waise und die Witwe, wenn sie ihren Jammer ausschüttet.

Wer Gott wohlgefällig dient, wird angenommen und seine Bitte dringt bis in die Wolken. Das Gebet eines Demütigen durchdringt die Wolken, und bevor es nicht angekommen ist, wird er nicht getröstet und er lässt nicht nach, bis der Höchste daraufschaut. Und er wird für die Gerechten entscheiden und ein Urteil fällen.

ANTWORTPSALM

Ps 34 (33),2–3.17–18.19 u. 23 (Kv: vgl. 7)

Kv Der Herr erhört den Armen
und hilft ihm aus all seiner Not. – Kv

Ich will den Herrn allezeit preisen; *
immer sei sein Lob in meinem Mund.
Meine Seele rühme sich des Herrn; *
die Armen sollen es hören und sich freuen. – (Kv)

Das Angesicht des Herrn richtet sich gegen die Bösen, *
ihr Andenken von der Erde zu tilgen.
Die aufschrien, hat der Herr erhört; *
er hat sie all ihren Nöten entrissen. – (Kv)

Nahe ist der Herr den zerbrochenen Herzen *
und dem zerschlagenen Geist bringt er Hilfe.
Der Herr erlöst das Leben seiner Knechte, *
niemals müssen büßen, die bei ihm sich bergen. – Kv

ZUR 2. LESUNG Am Ende des zweiten Timotheusbriefs lässt der Autor das Leben des Paulus noch einmal vorbeiziehen, wie beim Verfassen eines Testaments. Es war wahrlich kein Spaziergang, schon gar kein Triumphzug. Paulus hat gelitten, körperlich und seelisch, nicht zuletzt unter den Streitigkeiten in seinen Gemeinden. Aber er weiß um das Ja Gottes über seinem Leben und hält an der Hoffnung fest, dass Gott es zu einem guten Ende führen wird. Der Aufbruch, von dem zu Beginn des Abschnitts die Rede ist, ist nichts anderes als sein bevorstehender Tod. Sein Leben wird mit einem Wettlauf verglichen, bei dem, wie in der Antike üblich, die Sieger mit einem Kranz geehrt werden (vgl. 1 Kor 9,24–26). Immer wusste Paulus sich bei der Erfüllung seines Auftrags von Gott getragen – auch in den damit verbundenen Bedrängnissen und Gefahren, zu denen auch der Prozess vor seiner Haft gehört; und ganz besonders in den scheinbar hoffnungslosen Zeiten. Denn er sieht über seinem Leben schon jetzt den schirmenden Bogen. Er versteht sein Leben vom Ende her, das gibt ihm Kraft und Zuversicht.

ZWEITE LESUNG 2 Tim 4,6–8.16–18

Schon jetzt liegt für mich der Kranz der Gerechtigkeit bereit

Lesung aus dem zweiten Brief des Apostels Paulus an Timotheus.

Mein Sohn! Ich werde schon geopfert und die Zeit meines Aufbruchs ist nahe. Ich habe den guten Kampf gekämpft, den Lauf vollendet, die Treue bewahrt.

Schon jetzt liegt für mich der Kranz der Gerechtigkeit bereit, den mir der Herr, der gerechte Richter, an jenem Tag geben wird, aber nicht nur mir, sondern allen, die sein Erscheinen ersehnen.

Bei meiner ersten Verteidigung ist niemand für mich eingetreten; alle haben mich im Stich gelassen. Möge es ihnen nicht angerechnet werden.

Aber der Herr stand mir zur Seite und gab mir Kraft, damit durch mich die Verkündigung vollendet wird und alle Völker sie hören; und so wurde ich dem Rachen des Löwen entrissen.

Der Herr wird mich allem bösen Treiben entreißen und retten in sein himmlisches Reich. Ihm sei die Ehre in alle Ewigkeit. Amen.

RUF VOR DEM EVANGELIUM

Vers: vgl. 2 Kor 5, 19

Halleluja. Halleluja.
Gott hat in Christus die Welt mit sich versöhnt
und uns das Wort von der Versöhnung anvertraut.
Halleluja.

ZUM EVANGELIUM Das heutige Evangelium schließt unmittelbar an das Gleichnis von der hartnäckig bittenden Witwe vom vergangenen Sonntag an. Ging es dort um die Ausdauer und Kraft des Gebets, weist Jesus nun in die Haltung ein, aus der heraus wir beten sollen. Die Szene scheint ähnlich wie die mit der Witwe vor Gericht zu spielen – das Urteil in diesem Fall wird von der Leserin oder dem Hörer erwartet. Ein frommer Pharisäer macht aus seinem Gebet einen Wettbewerb, in dem er Gott alle seine guten Seiten aufzählt. Sich selbst stellt er vor allem dadurch gut dar, dass er sich von einem Zöllner abgrenzt. Dieser hält seinen Glauben für klein, ahnt aber Gottes Barmherzigkeit und wirft sich ihm in seiner ganzen Unzulänglichkeit in die Arme. So formuliert Lukas, was für ihn Rechtfertigung durch den Glauben bedeutet. Das Urteil fällt klar zugunsten des Zöllners aus, der gerechtfertigt nach Hause geht. Bei Gott zählt nicht Leistung, sondern die selbstkritische Einsicht: Ich kann mich nicht selbst rechtfertigen, sondern lebe aus Gottes Gnade.

EVANGELIUM

Lk 18, 9–14

Der Zöllner ging gerechtfertigt nach Hause zurück, der Pharisäer nicht

+ Aus dem heiligen Evangelium nach Lukas.

In jener Zeit erzählte Jesus einigen, die von ihrer eigenen Gerechtigkeit überzeugt waren und die anderen verachteten, dieses Gleichnis:

Zwei Männer gingen zum Tempel hinauf, um zu beten; der eine war ein Pharisäer, der andere ein Zöllner.

Der Pharisäer stellte sich hin und sprach bei sich dieses Gebet: Gott, ich danke dir, dass ich nicht wie die anderen Menschen bin, die Räuber, Betrüger, Ehebrecher oder auch wie dieser Zöllner dort. Ich faste zweimal in der Woche und gebe den zehnten Teil meines ganzen Einkommens.

Der Zöllner aber blieb ganz hinten stehen und wollte nicht einmal seine Augen zum Himmel erheben, sondern schlug sich an die Brust und betete: Gott, sei mir Sünder gnädig!

Ich sage euch: Dieser ging gerechtfertigt nach Hause zurück, der andere nicht. Denn wer sich selbst erhöht, wird erniedrigt, wer sich aber selbst erniedrigt, wird erhöht werden.

Glaubensbekenntnis, S. 454 ff.

FÜRBITTEN

Wer sind wir vor Gott? Gottes Maßstab entspricht nicht Menschenmaß. Gott ruft zum Umdenken und sprengt so unsere Erwartungen und Maßstäbe. Wir rufen zu ihm:

V: Lebendiger Gott. A: Höre unser Rufen.

- Hilf deiner Kirche, falsche Selbstzufriedenheit und Selbstgewissheit zu überwinden und deinen Willen immer wieder aufs Neue zu suchen.

- Ermutige alle, die eigene Schuld erkennen, den oft schwierigen Weg der Sühne und des Neubeginns zu suchen.

- Bestärke alle, die sich aus gewohnten Denkmustern lösen, die sich für den Frieden einsetzen und ihre Hand zur Versöhnung reichen.

- Begleite und leite die Menschen, die auf der Suche sind nach Ziel und Mitte ihres Lebens.

- Schenke dein Licht der Hoffnung und nimm Angst und Schmerz von den Menschen, deren Leben bald zu Ende geht.

Gott, durch deinen Segen kann heil werden, was gefährdet und zerbrochen ist. Dafür danken wir dir und loben dich, heute und alle Tage, die uns geschenkt sind.

EUCHARISTIEFEIER

GABENGEBET

Allmächtiger Gott, sieh gnädig auf die Gaben, die wir darbringen, und lass uns dieses Opfer so feiern, dass es dir zur Ehre gereicht. Darum bitten wir durch Christus, unseren Herrn.

Präfation, S. 466 ff.

KOMMUNIONVERS

Eph 5,2

Christus hat uns geliebt und sich für uns hingegeben
als Gabe und Opfer, das Gott wohlgefällt.

SCHLUSSGEBET

Herr, unser Gott, gib, dass deine Sakramente in uns das Heil wirken, das sie enthalten, damit wir einst als unverhüllte Wirklichkeit empfangen, was wir jetzt in heiligen Zeichen begehen. Darum bitten wir durch Christus, unseren Herrn.

***

Für eine Wort-Gottes-Feier:

ERÖFFNUNGSGEBET ZUR WAHL

Gott, in Güte und Weisheit blickst du in die Herzen der Menschen. Schenke uns den Geist kindlicher Demut, damit wir vor dir bestehen können und unser Beten dir gefällt. Darum bitten wir durch Jesus Christus, deinen Sohn, unseren Herrn und Gott, der in der Einheit des Heiligen Geistes mit dir lebt in Ewigkeit.

***

MORALINFREI

Jesus predigte moralinfrei:
Es gilt einzig und allein,
jenem Gott nachzueifern,
dessen Vollkommenheit
sich darin zeigt,
dass er nicht
auf moralische Vollkommenheit schaut.
Vielmehr lässt er
seinen Regenbogen leuchten
über Guten und Bösen.

Andreas Knapp

ALLERHEILIGEN – HOCHFEST

1. November 2025

Allerheiligen, ein Fest der Erinnerung. An Menschen, die sich hineinziehen ließen in Gottes Leben. An Hoffnungszeichen aus Fleisch und Blut. An Lebensgeschichten, die im Fels der Vergangenheit den grauen Stein wie bunte Adern zum Leuchten bringen. Allerheiligen, ein Fest der Gegenwart, Fest des Schon-Jetzt. Schon jetzt hat Leben sich gerundet, inmitten einer Welt, die so schmerzhaft im Werden ist. Etwas Wunderbares ist Menschen möglich: ganz offen zu sein für die Menschengeschwister, ganz offen zu sein für Gott. Die Heiligen sind schon jetzt in einer Gegenwart angekommen, die für uns noch aussteht. Ihrer Zeit sind sie weit voraus. Vielleicht gibt es deshalb so viele „komische Heilige“? Allerheiligen, ein Fest der Zukunft. In den Menschen, die wir Heilige nennen, leuchtet Gottes eigenes Licht. Dieses Licht macht auch unseren Weg hell. Alle Heiligen wollen uns anstecken mit dem, was sie schon ergriffen hat: die reine Freude, vor Gott zu leben.

ERÖFFNUNGSVERS

Freut euch alle im Herrn am Fest aller Heiligen;
mit uns freuen sich die Engel und loben Gottes Sohn.

KYRIE-RUFE

Herr Jesus Christus, du umgibst
uns mit einer Wolke von Zeugen.
V/A: Herr, erbarme dich.

Du gibst uns allen Anteil an
den Mitteln der Heiligung.
V/A: Christus, erbarme dich.
Du hast uns alle zur Fülle des
christlichen Lebens und zur
vollkommenen Liebe berufen.
V/A: Herr, erbarme dich.

Ehre sei Gott, S. 451 f.

TAGESGEBET

Allmächtiger, ewiger Gott, du schenkst uns die Freude, am heutigen Fest die Verdienste aller deiner Heiligen zu feiern. Erfülle auf die Bitten so vieler Fürsprecher unsere Hoffnung und schenke uns dein Erbarmen. Darum bitten wir durch Jesus Christus.

WORTGOTTESDIENST

ZUR 1. LESUNG Eltern können ein Lied davon singen: Für Markenartikel haben schon die Kleinen und erst recht Jugendliche oft ein geschultes Auge. Aber nicht nur sie. Ein kleines Logo auf einem Turnschuh oder Kleidungsstück kann sagen: Ich gehöre dazu. Ich bin auf der richtigen Seite. Um Markenzeichen, um Markierungen, geht es auch in der dramatischen Szene, die uns der Seher Johannes vor Augen stellt. Von den Bedrängnissen am Ende der Tage bleibt eine Gruppe verschont. Es sind Männer und Frauen, die ein Engel an der Stirn mit dem „Siegel des lebendigen Gottes" bezeichnet hat. Wer sind diese Menschen? Was zeichnet sie aus? In einer Welt, die uns lehrt, vor allem flexibel zu sein, Treue als Zweckbündnis zu verstehen oder eben als Markentreue, hatten sie den Mut, zu bekennen, den Mut, auf der falschen Seite zu stehen – an der Seite des lebendigen Gottes.

ERSTE LESUNG

Offb 7,2–4.9–14

Ich sah eine große Schar aus allen Nationen und Sprachen; niemand konnte sie zählen

Lesung aus der Offenbarung des Johannes.

Ich, Johannes, sah vom Aufgang der Sonne her einen anderen Engel emporsteigen; er hatte das Siegel des lebendigen Gottes und rief den vier Engeln, denen die Macht gegeben war, dem Land und dem Meer Schaden zuzufügen, mit lauter Stimme zu und sprach: Fügt dem Land, dem Meer und den Bäumen keinen Schaden zu, bis wir den Knechten unseres Gottes das Siegel auf die Stirn gedrückt haben!

Und ich erfuhr die Zahl derer, die mit dem Siegel gekennzeichnet waren. Es waren hundertvierundvierzigtausend aus allen Stämmen der Söhne Israels, die das Siegel trugen:

Danach sah ich und siehe, eine große Schar aus allen Nationen und Stämmen, Völkern und Sprachen; niemand konnte sie zählen. Sie standen vor dem Thron und vor dem Lamm, gekleidet in weiße Gewänder, und trugen Palmzweige in den Händen. Sie riefen mit lauter Stimme und sprachen: Die Rettung kommt von unserem Gott, der auf dem Thron sitzt, und von dem Lamm. Und alle Engel standen rings um den Thron, um die Ältesten und die vier Lebewesen. Sie warfen sich vor dem Thron auf ihr Angesicht nieder, beteten Gott an und sprachen: Amen, Lob und Herrlichkeit, Weisheit und Dank, Ehre und Macht und Stärke unserem Gott in alle Ewigkeit. Amen.

Da nahm einer der Ältesten das Wort und sagte zu mir: Wer sind diese, die weiße Gewänder tragen, und woher sind sie gekommen? Ich erwiderte ihm: Mein Herr, du weißt das. Und er sagte zu mir: Dies sind jene, die aus der großen Bedrängnis kommen; sie haben ihre Gewänder gewaschen und im Blut des Lammes weiß gemacht.

ANTWORTPSALM

Ps 24 (23), 1–2.3–4.5–6 (Kv: vgl. 6)

Kv Aus allen Völkern hast du sie erwählt,
die dein Angesicht suchen, o Herr. – Kv

Dem Herrn gehört die Erde und was sie erfüllt, *
der Erdkreis und seine Bewohner.
Denn er hat ihn auf Meere gegründet, *
ihn über Strömen befestigt. – (Kv)

Wer darf hinaufziehn zum Berg des Herrn, *
wer darf stehn an seiner heiligen Stätte?
Der unschuldige Hände hat und ein reines Herz, /
der seine Seele nicht an Nichtiges hängt *
und keinen trügerischen Eid geschworen hat. – (Kv)

Er wird Segen empfangen vom Herrn *
und Gerechtigkeit vom Gott seines Heils.
Das ist das Geschlecht, das nach ihm fragt, *
die dein Angesicht suchen, Jakob. – Kv

ZUR 2. LESUNG Namen sind nicht nur Schall und Rauch. Der Name Kind Gottes sagt Wesentliches. Er bringt das neue Sein, das unerhörte Wesen der Gläubigen zum Ausdruck. Gottes Sohn ist das Bundesvolk Israel. Wer zu Christus gehört, heißt nun an Israels Seite Gottes Kind. Ihre neue Existenz haben sich die Kinder Gottes nicht selbst aufgebaut, so wenig wie ein Neugeborenes sein Leben selbst erarbeitet und verdient hat. Das neue Leben haben sie empfangen. Die Identität der Kinder Gottes wird nicht für die Zukunft erhofft, jetzt schon prägt sie ihre Wirklichkeit. Doch noch können wir Gott nicht bleibend schauen. Der frühchristliche Weisheitslehrer, der den ersten Johannesbrief verfasst hat, ahnt etwas – das keimhaft in uns angelegt, aber noch nicht voll verwirklicht ist: die Freude, Gott zu sehen und uns durch seinen Blick, durch seinen Anblick verwandeln zu lassen, durch und durch.

ZWEITE LESUNG 1 Joh 3,1–3

Wir werden Gott sehen, wie er ist

Lesung aus dem ersten Johannesbrief.

Schwestern und Brüder! Seht, welche Liebe uns der Vater geschenkt hat: Wir heißen Kinder Gottes und wir sind es. Deshalb erkennt die Welt uns nicht, weil sie ihn nicht erkannt hat.

Geliebte, jetzt sind wir Kinder Gottes. Doch ist noch nicht offenbar geworden, was wir sein werden. Wir wissen, dass wir ihm ähnlich sein werden, wenn er offenbar wird; denn wir werden ihn sehen, wie er ist.

Jeder, der diese Hoffnung auf ihn setzt, heiligt sich, so wie er heilig ist.

RUF VOR DEM EVANGELIUM Vers: Mt 11,28

Halleluja. Halleluja.
(So spricht der Herr:)
Kommt alle zu mir,
die ihr mühselig und beladen seid!
Ich will euch erquicken.
Halleluja.

ZUM EVANGELIUM Die Bergpredigt wäre ein Hohn auf die Leidenden – wenn da nicht immer die Nachsätze wären. Glücklich die Trauernden, kann man das einem trauernden Menschen sagen? Trauernde seligzupreisen ist nur dann kein Zynismus und keine Zumutung, wenn ich gewiss weiß, dass die Trostlosen nicht bloß vertröstet, sondern getröstet werden. Jesus lebt diese Gewissheit. Wo wir mit ihm das Leben wagen, finden Untröstliche Trost.

EVANGELIUM

Mt 5,1–12a

Freut euch und jubelt: Denn euer Lohn wird groß sein im Himmel

+ **Aus dem heiligen Evangelium nach Matthäus.**

In jener Zeit, als Jesus die vielen Menschen sah, die ihm folgten, stieg er auf den Berg. Er setzte sich und seine Jünger traten zu ihm. Und er öffnete seinen Mund, er lehrte sie und sprach: Selig, die arm sind vor Gott; denn ihnen gehört das Himmelreich. Selig die Trauernden; denn sie werden getröstet werden. Selig, die Sanftmütigen; denn sie werden das Land erben. Selig, die hungern und dürsten nach der Gerechtigkeit; denn sie werden gesättigt werden. Selig die Barmherzigen; denn sie werden Erbarmen finden. Selig, die rein sind im Herzen; denn sie werden Gott schauen. Selig, die Frieden stiften; denn sie werden Kinder Gottes genannt werden. Selig, die verfolgt werden um der Gerechtigkeit willen; denn ihnen gehört das Himmelreich.

Selig seid ihr, wenn man euch schmäht und verfolgt und alles Böse über euch redet um meinetwillen. Freut euch und jubelt: Denn euer Lohn wird groß sein im Himmel.

Glaubensbekenntnis, S. 454 ff.

FÜRBITTEN

Heiligkeit – ein großes Wort: Die Menschen, die wir als Heilige verehren, waren auf ihre je eigene Weise durchlässig für Gottes Licht. Wir bitten ihn um seine Wegweisung und sein Licht:

V: Gott, du unsere Hoffnung. A: Leuchte uns.

- Für die Kirche: Führe und leite sie auf die Fürsprache aller Heiligen des Himmels durch diese Erdenzeit.
- Für die Suchenden und Fragenden: Bestärke sie in ihrer Offenheit und leite sie durch das Wehen der heiligen Geistkraft.

- Für die alten und hochbetagten Menschen: Schenke ihnen versöhnte Freude und Dankbarkeit im Rückblick auf ihr Leben und nimm Traurigkeit und Zweifel von ihnen.
- Für die auf Christi Namen Getauften: Lass sie sich nicht abfinden mit der Zertrennung der Christenheit und hilf ihnen, mit neuer Kraft die Einheit zu suchen.
- Für unsere lieben Verstorbenen: Schenke ihnen deine Nähe und die Gemeinschaft mit allen Heiligen des Himmels.

Guter Gott, du rufst uns hier und heute zur Heiligkeit des Lebens. Schenke uns die Kraft zum Guten durch Jesus Christus, der uns vorangegangen ist.

EUCHARISTIEFEIER

GABENGEBET

Herr, unser Gott, nimm die Gaben entgegen, die wir am heutigen Fest darbringen. Wir glauben, dass deine Heiligen bei dir leben und dass Leid und Tod sie nicht mehr berühren. Erhöre ihr Gebet und lass uns erfahren, dass sie uns nahe bleiben und für uns eintreten. Darum bitten wir durch Christus, unseren Herrn.

PRÄFATION

In Wahrheit ist es würdig und recht, dir, allmächtiger Vater, zu danken und dich mit der ganzen Schöpfung zu rühmen. Denn heute schauen wir deine heilige Stadt, unsere Heimat, das himmlische Jerusalem. Dort loben dich auf ewig die verherrlichten Glieder der Kirche, unsere Brüder und Schwestern, die schon zur Vollendung gelangt sind. Dorthin pilgern auch wir im Glauben, ermutigt durch ihre Fürsprache und ihr Beispiel, und gehen freudig dem Ziel der Verheißung entgegen. Darum preisen wir dich in der Gemeinschaft deiner

Heiligen und singen mit den Chören der Engel das Lob deiner Herrlichkeit: Heilig …

KOMMUNIONVERS

Mt 5,8–10

Selig, die ein reines Herz haben;
denn sie werden Gott schauen.
Selig, die Frieden stiften;
denn sie werden Söhne Gottes genannt werden.
Selig, die um der Gerechtigkeit willen verfolgt werden;
denn ihnen gehört das Himmelreich.

SCHLUSSGEBET

Gott, du allein bist heilig, dich ehren wir, wenn wir der Heiligen gedenken. Stärke durch dein Sakrament in uns das Leben der Gnade und führe uns auf dem Weg der Pilgerschaft zum ewigen Gastmahl, wo du selbst die Vollendung der Heiligen bist. Darum bitten wir durch Christus, unseren Herrn.

FEIERLICHER SCHLUSSSEGEN

Der gütige Gott, der die Heiligen zur Vollendung geführt hat, segne euch und bewahre euch vor allem Unheil. – A: Amen.
Das Vorbild der Heiligen lehre euch und ihre Fürsprache helfe euch, Gott und den Menschen zu dienen. – A: Amen.
Am heutigen Festtag gedenkt die Kirche in Freude aller Heiligen; Gott führe euch nach diesem Leben zur ewigen Gemeinschaft mit ihnen. – A: Amen.

Das gewähre euch der dreieinige Gott, der Vater und der Sohn † und der Heilige Geist. – A: Amen.

***

WO GOTT WOHNT

Wo Gott
Herr ist
sind die Tränen
Geschichte
und der Tod
besiegt

Wo Gott
das Licht ist
wird die Sonne
zur Funzel

Wo Gott
wohnt
sind wir
angekommen
zu Hause

Heinz Detlef Stäps

ALLERSEELEN

2. November 2025

Als personales Gegenüber, als von Gott geschaffenes Du, kann der Mensch im Tod nicht verloren gehen; er kann Gott nicht verloren gehen. Aus dieser Einsicht wächst im Alten Testament langsam die Hoffnung auf ein Leben über das irdische Dasein hinaus. Für Christinnen und Christen nimmt diese biblische Hoffnung in der Auferstehung Jesu ein für alle Mal Gestalt an. Gott hat seinen Gesalbten, seinen Christus, nicht im Tod gelassen, sondern in der Kraft des Geistes am dritten Tage von den Toten auferweckt. Auferweckt als „der Erste der Entschlafenen" (1 Kor 15,20), nimmt Jesus die Menschen mit hinein in Gottes Liebe, die aus jedem Tod befreit. Kein Text der Bibel verharmlost den Schmerz über den Tod eines geliebten Menschen, keiner den Schrecken des eigenen Endes. Doch Jesu Weg lässt uns zuversichtlich hoffen, dass Gott keinen geliebten Menschen im Tode lässt, sondern uns allen neues Leben schenkt.

ERÖFFNUNGSVERS

1 Thess 4,14; 1 Kor 15,22

Wie Jesus gestorben und auferstanden ist,
so wird Gott auch die in Jesus Entschlafenen
mit ihm vereinen.
Denn wie in Adam alle sterben,
so werden in Christus einst alle lebendig gemacht.

KYRIE-RUFE

Herr Jesus Christus, du vollendest das
gute Werk, das du in uns begonnen hast.
V/A: Herr, erbarme dich.

Du gibst nichts verloren, was wir
gesehnt, geliebt, gestritten haben.
V/A: Christus, erbarme dich.
Du willst, dass alle Menschen gerettet werden
und zur Erkenntnis der Wahrheit gelangen.
V/A: Herr, erbarme dich.

TAGESGEBET

Allmächtiger Gott, wir glauben und bekennen, dass du deinen Sohn als Ersten von den Toten auferweckt hast. Stärke unsere Hoffnung, dass du auch unsere Brüder und Schwestern auferwecken wirst zum ewigen Leben. Darum bitten wir durch ihn, Jesus Christus.

WORTGOTTESDIENST

ZUR 1. LESUNG Setzt der Tod eine endgültige Grenze? Auch zur Zeit Jesu war dies umstritten. Doch Jesus selbst ebenso wie die Pharisäer und nach seiner Auferstehung die ganze junge Kirche konnten sich in ihrer Lebenshoffnung auf Überzeugungen stützen, wie sie das Weisheitsbuch formuliert. Wir glauben, dass die Toten, die schon jetzt bei Gott sind, dass die Heiligen, die das Buch der Weisheit die Gerechten nennt, auch an unserem Leben bleibend Anteil nehmen. Und wir dürfen hoffen, dass die Menschen, die in Unfrieden mit sich und den Nächsten gestorben sind, erreichbar bleiben für unser fürbittendes Gebet. Christus hat den Tod überwunden – darum unterbricht nicht einmal der Tod die Solidarität derer, die zu Christus, die Christus gehören.

ERSTE LESUNG

Weish 3,1–9

Gott hat die Gerechten wie ein Ganzopfer angenommen

Lesung aus dem Buch der Weisheit.

Die Seelen der Gerechten sind in Gottes Hand und keine Folter kann sie berühren. In den Augen der Toren schienen sie gestorben, ihr Heimgang galt als Unglück, ihr Scheiden von uns als Vernichtung; sie aber sind in Frieden.

In den Augen der Menschen wurden sie gestraft; doch ihre Hoffnung ist voll Unsterblichkeit.

Ein wenig nur werden sie gezüchtigt; doch sie empfangen große Wohltat. Denn Gott hat sie geprüft und fand sie seiner würdig.

Wie Gold im Schmelzofen hat er sie erprobt und wie ein Ganzopfer sie angenommen.

Zur Zeit ihrer Heimsuchung werden sie aufleuchten wie Funken, die durch ein Stoppelfeld sprühen. Sie werden Völker richten und über Nationen herrschen und der Herr wird ihr König sein in Ewigkeit.

Alle, die auf ihn vertrauen, werden die Wahrheit erkennen und die Treuen werden bei ihm bleiben in Liebe. Denn Gnade und Erbarmen werden seinen Heiligen zuteil und Rettung seinen Erwählten.

ANTWORTPSALM

Ps 27 (26), 1.4ab.7–8.13–14 (Kv: 1a oder 13)

Kv Der Herr ist mein Licht und mein Heil. – Kv

Oder:

Kv Ich bin gewiss, zu schauen die Güte des Herrn
im Land der Lebenden. – Kv

Der Herr ist mein Licht und mein Heil. *
Vor wem sollte ich mich fürchten?
Der Herr ist die Zuflucht meines Lebens *
Vor wem sollte mir bangen? – (Kv)

Eines habe ich vom Herrn erfragt, *
dieses erbitte ich:

im Haus des HERRN zu wohnen *
alle Tage meines Lebens. – (Kv)

Höre, HERR, meine Stimme, wenn ich rufe; *
sei mir gnädig und gib mir Antwort!
Mein Herz denkt an dich: „Suchet mein Angesicht!“ *
Dein Angesicht, HERR, will ich suchen. – (Kv)

Ich bin gewiss, zu schauen *
die Güte des HERRN im Land der Lebenden.
Hoffe auf den HERRN, /
sei stark und fest sei dein Herz! *
Und hoffe auf den HERRN! – Kv

[*Oder:* ERSTE LESUNG – Ijob 19,1.23–27a, ANTWORTPSALM – Ps 42 (41),2–3.5bcd; Ps 43 (42),3–4 (Kv: 42 [41], 3a); *oder:* ERSTE LESUNG – Jes 25,6a.7–9, ANTWORTPSALM – Ps 23 (22),1–3. 4.5.6 (Kv: 1); *oder:* ERSTE LESUNG – Dan 10,2.11a; 12,1–3, ANTWORTPSALM – Ps 103 (102), 8 u. 10.13–14.15–16.17–18 (Kv: 17a); *oder:* ERSTE LESUNG – 2 Makk 12,43–45, ANTWORTPSALM – Ps 130 (129), 1–2.3–4.5–6.7–8 (Kv: 1)]

ZUR 2. LESUNG Durch Christus, den *einen* Menschen, der das Siegel auf das Menschsein ist, werden alle Menschen das Auferstehungsleben gewinnen – wie durch Adam, den *einen* Menschen des Anfangs, der Tod lebensbestimmend wurde für alle. Paulus spricht zu seiner Gemeinde von dieser österlichen Freude: Sie ist schon jetzt Wirklichkeit für die, die zu Jesus gehören. Aber noch sind wir nicht am Ende unseres Weges angelangt. Solidarisch mit der ganzen Schöpfung, die in Geburtswehen stöhnt, sind auch wir noch unterwegs.

ZWEITE LESUNG 1 Kor 15,20–23

In Christus werden alle lebendig gemacht werden

Lesung aus dem ersten Brief des Apostels Paulus an die Gemeinde in Korinth.

Schwestern und Brüder! Christus ist von den Toten auferweckt worden als der Erste der Entschlafenen. Da nämlich durch *einen* Menschen der Tod gekommen ist, kommt durch *einen* Menschen auch die Auferstehung der Toten. Denn wie in Adam alle sterben, so werden in Christus alle lebendig gemacht werden.

Es gibt aber eine bestimmte Reihenfolge: Erster ist Christus; dann folgen, wenn Christus kommt, alle, die zu ihm gehören.

[*Oder:* ZWEITE LESUNG – Röm 8,14–23; *oder:* ZWEITE LESUNG – Röm 14,7–9.10c–12; *oder:* ZWEITE LESUNG – 2 Kor 5,1.6–10; *oder:* ZWEITE LESUNG – 1 Thess 4,13–18]

RUF VOR DEM EVANGELIUM

Vers: vgl. Joh 6,39

Christus Sieger, Christus König, Christus Herr in Ewigkeit! – Kv
(So spricht der Herr:)
Das ist der Wille meines Vaters,
dass keiner verloren geht von denen, die er mir gegeben hat,
sondern dass ich sie auferwecke am Jüngsten Tag.
Christus Sieger, Christus König, Christus Herr in Ewigkeit!

ZUM EVANGELIUM Das Schlüsselwort im heutigen Evangelium ist: *alle*. Alle, die zu Jesus kommen, sind angenommen. Niemand wird zurückgestoßen. Der Gott Israels sorgt für die Menschen. In seinem Sohn teilt er sein Brot an alle aus: damit sie das Leben haben. Leben über die vielen selbst gesetzten Grenzen hinaus. Und hinaus über die eine, die letzte, die Todesgrenze.

EVANGELIUM

Joh 6,37–40

Die an den Sohn glauben, haben das ewige Leben, und ich werde sie auferwecken am Jüngsten Tag

+ **Aus dem heiligen Evangelium nach Johannes.**

In jener Zeit sprach Jesus zu der Menge: Alles, was der Vater mir gibt, wird zu mir kommen, und wer zu mir kommt, den werde ich nicht abweisen; denn ich bin nicht vom Himmel herabgekommen, um meinen Willen zu tun, sondern den Willen dessen, der mich gesandt hat.

Das aber ist der Wille dessen, der mich gesandt hat, dass ich keinen von denen, die er mir gegeben hat, zugrunde gehen lasse, sondern dass ich sie auferwecke am Jüngsten Tag.

Denn das ist der Wille meines Vaters, dass jeder, der den Sohn sieht und an ihn glaubt, das ewige Leben hat und dass ich ihn auferwecke am Jüngsten Tag.

[*Oder:* EVANGELIUM – Joh 5,24–29; *oder:* EVANGELIUM – Joh 6,51–58; *oder:* EVANGELIUM – Joh 11,17–27; *oder:* EVANGELIUM – Joh 14,1–6]

Glaubensbekenntnis, S. 454 ff.

FÜRBITTEN

Gott ist treu und Gott tröstet. In Jesus erfahren die Menschen seine aufhelfende Gegenwart. Deshalb rufen wir voll Vertrauen zu Gott und bitten ihn:

V: Gott des Lebens. A: Wir bitten dich, erhöre uns.

- Für die Kirche, dass sie Gottes heilsame und trostreiche Gegenwart in Wort und Tat verkünde.

- Für alle, denen das „Nie wieder“ durch den Tod eines lieben Menschen zur schmerzhaften Realität wurde, dass sie Raum für ihre Trauer und Raum für die Hoffnung haben.

- Für die Menschen, die Trauernde in ihrem Schmerz nicht alleine lassen, dass sie das richtige Wort, die hilfreiche Geste finden.
- Für alle, die in diesen Tagen des abnehmenden Lichts dem Dunkel des Todes entgegengehen, dass sie dein Licht sehen.
- Für die Verstorbenen, dass das Unfertige und Unvollendete ihres Lebens in deiner Barmherzigkeit Vollendung finde.

Guter Gott, du schenkst Rettung und Vollendung: Wir müssen nicht alles leisten. Dafür danken wir dir durch Jesus Christus, unseren Bruder und Heiland.

EUCHARISTIEFEIER

GABENGEBET

Herr, unser Gott, schau gütig auf unsere Gaben. Nimm deine Diener und Dienerinnen auf in die Herrlichkeit deines Sohnes, mit dem auch wir durch das große Sakrament der Liebe verbunden sind. Darum bitten wir durch ihn, Christus, unseren Herrn.

PRÄFATION

In Wahrheit ist es würdig und recht, dir, allmächtiger Vater, zu danken durch unseren Herrn Jesus Christus. Denn er ist das Heil der Welt, das Leben der Menschen, die Auferstehung der Toten. Durch ihn rühmen dich Himmel und Erde, Engel und Menschen und singen wie aus einem Munde das Lob deiner Herrlichkeit: Heilig …

KOMMUNIONVERS

Joh 11,25–26

So spricht der Herr:
Ich bin die Auferstehung und das Leben;

wer an mich glaubt, wird leben, auch wenn er stirbt,
und jeder, der lebt und an mich glaubt,
wird in Ewigkeit nicht sterben.

SCHLUSSGEBET

Barmherziger Gott, wir haben das Gedächtnis des Todes und der Auferstehung Christi gefeiert für unsere Brüder und Schwestern. Führe sie vom Tod zum Leben, aus dem Dunkel zum Licht, aus der Bedrängnis in deinen Frieden. Darum bitten wir durch Christus, unseren Herrn.

FEIERLICHER SCHLUSSSEGEN

Die Gnade seines Segens schenke euch der Gott allen Trostes, der uns aus Liebe erschaffen und uns in Christus die Hoffnung auf die selige Auferstehung geschenkt hat. – A: Amen.
Den Lebenden gewähre er die Verzeihung der Sünden, die Verstorbenen führe er in sein Licht und seinen Frieden. – A: Amen.
Der Lebenden und der Toten erbarme sich Christus, der wahrhaft aus dem Grabe erstanden ist. – A: Amen.
Das gewähre euch der dreieinige Gott, der Vater und der Sohn † und der Heilige Geist. – A: Amen.

* * *

TÜR DES LEBENS

wenn ich
durch die Tür des Lebens
gehe
begleitet mich
das herzliche Vertrauen
dass Gott
es gut
mit mir meint
dass er mich zu Gärten
des Lebens geleitet
nichts wird mir fehlen
und wohnen darf ich
in seiner Nähe
für alle Zeit

Heinz Detlef Stäps

WEIHETAG DER LATERANBASILIKA – FEST

9. November 2025

Wunder gibt es immer wieder. Was ist das eigentlich, ein Wunder? Ein Wunder ist ein Ereignis von Gott her, das unsere perfekte kleine Welt aufsprengt, das uns staunen und erst einmal sprachlos macht. Vom Tempel aus sieht der Seher Ezechiel ein wunderschönes Bild. Zu schön, um wahr zu sein? Was Ezechiel erkennt, gibt auch uns Grund zur Hoffnung. Die Schöpfung ist nicht missglückt, sie ist unser Glück. Wir brauchen Gott nicht zu misstrauen, wir dürfen ihm trauen. Gott hat sich aus dieser Welt nicht resigniert zurückgezogen. Er ist und bleibt der „Ich-bin-der-ich-bin", nämlich der: „Ich-bin-für-euch-da", als den ihn das Volk Israel erfuhr und wir mit ihm erfahren dürfen. Wenn wir Gott Zutritt zu uns gewähren, wirkt er Wunder, mitten unter uns, in unserer Mitte. Der Heilige Israels handelt nicht gegen uns und nicht ohne uns, sondern in uns, mit uns, durch uns. Darum gibt es Wunder. Immer wieder.

ERÖFFNUNGSVERS
Offb 21,2

Ich sah die heilige Stadt, das neue Jerusalem,
von Gott her aus dem Himmel herabkommen.
Sie war bereit wie eine Braut,
die sich für ihren Mann geschmückt hat.

KYRIE-RUFE

Herr Jesus Christus, du bist
der lebendige Stein, der von
den Menschen verworfen wurde.
V/A: Herr, erbarme dich.

Du bist zum Eckstein geworden.
V/A: Christus, erbarme dich.
Du baust deine Gläubigen überall
auf der Erde zu einem geistigen Haus,
zu deiner Kirche auf.
V/A: Herr, erbarme dich.

Ehre sei Gott, S. 451 f.

TAGESGEBET

Erhabener Gott, du erbaust dir aus lebendigen und erlesenen Steinen ein ewiges Haus. Mache die Kirche reich an Früchten des Geistes, den du ihr geschenkt hast, und lass alle Gläubigen in der Gnade wachsen, bis das Volk, das dir gehört, im himmlischen Jerusalem vollendet wird. Darum bitten wir durch Jesus Christus.

Oder:

Allmächtiger Gott, du hast gewollt, dass dein Volk Kirche heiße, denn wir sind das Haus, in dem deine Herrlichkeit wohnt. Gib, dass die Gläubigen, die sich in deinem Namen versammeln, dich ehren, dich lieben und dir gehorchen, damit sie unter deiner Führung das ewige Erbe erlangen. Darum bitten wir durch Jesus Christus.

WORTGOTTESDIENST

ZUR 1. LESUNG Wasser ist Leben, doch salziges Wasser kann tödliches Gift sein. Ein Bekannter unserer Eltern erzählte von der Versuchung, den brennenden Durst mit Salzwasser zu stillen, der er mit seinen Leuten als junger, hilflos in einem Rettungsboot treibender Marineoffizier ausgesetzt war. Ein namenloser Begleiter stellt dem Propheten Ezechiel die Zukunft seines in der Verbannung verbitterten, tödlich geschwächten Volkes vor Augen. Vom Jerusalemer Heiligtum rieselt ein unauffälliges Rinnsal, das zu mächtiger Stärke anwächst. Durch diesen Zustrom von Süßwasser vom Tempelberg her werden sogar die lebensfeindlichen Fluten des Toten Meeres geheilt! Ezechiel begreift: Gottes Segen will nicht im Tempel eingeschlossen bleiben. Er will hinausgehen und überall Leben und Heilung bringen. Vor den harten Realitäten, den Toten Meeren unseres Lebens, schreckt Israels Gott nicht zurück. Orte der Krankheit und der Lebensfeindschaft blendet er nicht aus. Er sucht sie auf. Von der Unmerklichkeit der Anfänge sollten wir uns nicht entmutigen lassen, haben wir doch sein heilendes Wort: „So wird das salzige Wasser gesund."

ERSTE LESUNG Ez 47,1–2.8–9.12

Ich sah, wie vom Tempel Wasser hervorströmte, und alle, zu denen das Wasser kam, wurden gerettet

Lesung aus dem Buch Ezechiel.

Der Mann, der mich begleitete, führte mich zum Eingang des Tempels und siehe, Wasser strömte unter der Tempelschwelle hervor nach Osten hin; denn die vordere Seite des Tempels schaute nach Osten. Das Wasser floss unterhalb der rechten Seite des Tempels herab, südlich vom Altar.

Dann führte er mich durch das Nordtor hinaus und ließ mich außen herum zum äußeren Osttor gehen. Und siehe, das Wasser rieselte an der Südseite hervor.

Er sagte zu mir: Diese Wasser fließen hinaus in den östlichen Bezirk, sie strömen in die Áraba hinab und münden in das Meer. Sobald sie aber in das Meer gelangt sind, werden die Wasser gesund. Wohin der Fluss gelangt, da werden alle Lebewesen, alles, was sich regt, leben können und sehr viele Fische wird es geben. Weil dieses Wasser dort hinkommt, werden sie gesund; wohin der Fluss kommt, dort bleibt alles am Leben. An beiden Ufern des Flusses wachsen alle Arten von Obstbäumen. Ihr Laub wird nicht welken und sie werden nie ohne Frucht sein. Jeden Monat tragen sie frische Früchte; denn ihre Wasser kommen aus dem Heiligtum. Die Früchte werden als Speise und die Blätter als Heilmittel dienen.

ANTWORTPSALM

Ps 46(45),2–3.5–6.8–9 (R: vgl. 5)

Kv Des Stromes Wasser erfreuen die Gottesstadt,
des Höchsten heilige Wohnung. – Kv

Gott ist uns Zuflucht und Stärke, *
als mächtig erfahren, als Helfer in allen Nöten.
Darum fürchten wir uns nicht, wenn die Erde auch wankt, *
wenn Berge stürzen in die Tiefe des Meeres. – (Kv)

Eines Stromes Arme erfreuen die Gottesstadt, *
des Höchsten heilige Wohnung.
Gott ist in ihrer Mitte, sie wird nicht wanken. *
Gott hilft ihr, wenn der Morgen anbricht. – (Kv)

Mit uns ist der HERR der Heerscharen, *
der Gott Jakobs ist unsre Burg.
Kommt und schaut die Taten des HERRN, *
der Schauder erregt auf der Erde. – Kv

ZUR 2. LESUNG Unser Urgroßvater war Baumeister und Architekt und zweifellos ein durchsetzungsfähiger, wirtschaftlich erfolgreicher Mann. In den Augen der staatlichen Obrigkeit jener Zeit war er eine beispielhafte Gestalt. Meine Großmutter, vielleicht aus ähnlichem Holz geschnitzt wie ihr Vater, wollte nicht vereinnahmt und gewiss nicht seine Buchhalterin werden und baute sich ein Leben, denkbar weit entfernt von der deutschen Heimat an der Schweizer Grenze, in Alexandria, Kairo, in Berlin auf. Es gibt steinerne Zeugnisse vom Wirken dieses Urgroßvaters. Das war für uns schön. Doch auf welche Steine bauen wir? Wohlstand, Erfolg, Gesundheit, Sicherheit, das sind zweifellos wichtige Güter. Wenn sie aber zum Grund- und Eckstein eines Lebens werden, versteinert das Leben: Wir mauern uns selbst ein. Paulus macht auf eine andere Möglichkeit aufmerksam, auf eine andere Wirklichkeit: Die Getauften selbst sind Gottes Bau, und Jesus Christus ist das Fundament. Gibt es das, ein Fundament, das wirklich trägt – und wirklich lebt? Ein Gebäude, das eine verlässliche Heimat –

und zugleich eine belebte Baustelle ist? Finden wir es furchtlos heraus: Wir sind getauft!

ZWEITE LESUNG

1 Kor 3,9c–11.16–17

Ihr seid Gottes Tempel: der Geist Gottes wohnt in euch

Lesung aus dem ersten Brief des Apostels Paulus an die Gemeinde in Korinth.

Schwestern und Brüder! Ihr seid Gottes Bau. Der Gnade Gottes entsprechend, die mir geschenkt wurde, habe ich wie ein weiser Baumeister den Grund gelegt; ein anderer baut darauf weiter. Aber jeder soll darauf achten, wie er weiterbaut.

Denn einen anderen Grund kann niemand legen als den, der gelegt ist: Jesus Christus.

Wisst ihr nicht, dass ihr Gottes Tempel seid und der Geist Gottes in euch wohnt? Wer den Tempel Gottes zerstört, den wird Gott zerstören. Denn Gottes Tempel ist heilig und der seid ihr.

RUF VOR DEM EVANGELIUM

Vers: vgl. 2 Chr 7,16

(Halleluja. Halleluja.)
(So spricht der Gott, der Herr:)
Ich habe dieses Haus erwählt und geheiligt,
damit mein Name hier sei auf ewig.
(Halleluja).

ZUM EVANGELIUM Die Tempelreinigung, die historisch am Ende des Weges Jesu stand und seine Festnahme mit auslöste, stellt das Johannes-Evangelium bewusst an den Anfang; Kreuz und Auferstehung Jesu sind so von Anbeginn an präsent. Jesus ist um den Tempel besorgt, der von einer Stätte vertrauender Verehrung zu einem Ort der Gier und Gewinnsucht geworden ist. Johannes zeigt uns einen radikalen, ja recht rabiaten Jesus. Auch heute ereifern sich Menschen, wenn es um ihre Kirche geht. Alte und neue Missstände, heillos versandete oder blockierte Reformen werden beklagt. Ohne den Eifer ihrer Mitglieder würde die Kirche in ihren, weiß Gott, nicht immer guten und gerechten Strukturen erstarren. Zum heiligen Eifer und gegen die routinierte Hartleibigkeit der mächtigen Institution gehört die Bereitschaft, sich immer wieder neu zu orientieren: an Jesus Christus, dem irritierend lebendigen Ort, an dem Himmel und Erde aufeinandertreffen.

EVANGELIUM Joh 2,13–22

Reißt diesen Tempel nieder, in drei Tagen werde ich ihn wieder aufrichten. Er meinte den Tempel seines Leibes

+ Aus dem heiligen Evangelium nach Johannes.

Das Paschafest der Juden war nahe und Jesus zog nach Jerusalem hinauf. Im Tempel fand er die Verkäufer von Rindern, Schafen und Tauben und die Geldwechsler, die dort saßen.

Er machte eine Geißel aus Stricken und trieb sie alle aus dem Tempel hinaus samt den Schafen und Rindern; das Geld der Wechsler schüttete er aus, ihre Tische stieß er um und zu den Taubenhändlern sagte er: Schafft das hier weg, macht das Haus meines Vaters nicht zu einer Markthalle! Seine Jünger erinnerten sich, dass geschrieben steht: Der Eifer für dein Haus wird mich verzehren.

Da ergriffen die Juden das Wort und sagten zu ihm: Welches Zeichen lässt du uns sehen, dass du dies tun darfst?

Jesus antwortete ihnen: Reißt diesen Tempel nieder und in drei Tagen werde ich ihn wieder aufrichten.

Da sagten die Juden: Sechsundvierzig Jahre wurde an diesem Tempel gebaut und du willst ihn in drei Tagen wieder aufrichten? Er aber meinte den Tempel seines Leibes.

Als er von den Toten auferweckt war, erinnerten sich seine Jünger, dass er dies gesagt hatte, und sie glaubten der Schrift und dem Wort, das Jesus gesprochen hatte.

Glaubensbekenntnis, S. 454 ff.

FÜRBITTEN

Gott, in dir ist Heil und Hoffnung. Wir bitten dich für die unheile Welt:

V/A: Höre und erhöre uns.

- Für die Menschen, die in Abhängigkeiten und Süchten gefangen sind.
- Für die Kinder, die ohne Liebe und bestärkenden Zuspruch aufwachsen müssen.
- Für die Menschen, die im Teufelskreis der Armut gefangen sind.
- Für die von Depression Geplagten, deren Welt eng und dunkel geworden ist.
- Für die Menschen, die mit einer beunruhigenden Krankheitsdiagnose leben müssen.

Guter Gott, in Jesus Christus hast du dich den Geschwächten, Schwankenden, Gefährdeten und Übersehenen zugewandt. Hilf auch uns, den Weg der Anteilnahme und der Hilfe zu gehen, heute und alle Tage, die uns geschenkt sind.

EUCHARISTIEFEIER

GABENGEBET

Herr und Gott, nimm unsere Gaben an, schenke uns durch deine Sakramente Kraft und Zuversicht und erhöre alle, die an heiliger Stätte zu dir beten. Darum bitten wir durch Christus, unseren Herrn.

PRÄFATION

In Wahrheit ist es würdig und recht, dir, Vater im Himmel, zu danken und deine Größe zu rühmen. In jedem Haus des Gebets wohnst du als Spender der Gnade, als Geber alles Guten: Denn du erbaust uns zum Tempel des Heiligen Geistes, dessen Glanz im Leben der Gläubigen aufstrahlt. Im sichtbaren Bau erkennen wir das Bild deiner Kirche, die du zur Braut deines Sohnes erwählt hast. Du heiligst sie Tag für Tag, bis du sie, unsere Mutter, in die Herrlichkeit aufnimmst mit der unzählbaren Schar ihrer Kinder. Darum preisen wir dich in deiner Kirche und vereinen uns mit allen Engeln und Heiligen zum Hochgesang von deiner göttlichen Herrlichkeit: Heilig …

KOMMUNIONVERS

1 Petr 2,5

Lasst euch als lebendige Steine
zu einem geistigen Haus aufbauen,
zu einer heiligen Priesterschaft.

SCHLUSSGEBET

Allmächtiger Gott, du hast uns in der Kirche auf Erden ein Abbild des himmlischen Jerusalem geschenkt. Mache uns durch diese heilige Kommunion zum Tempel deiner Gnade und lass uns dorthin gelangen, wo deine Herrlichkeit thront. Darum bitten wir durch Christus, unseren Herrn.

***

UND SIEHE

Und siehe,
Wasser strömte unter der Tempelschwelle hervor.
So wird das salzige Wasser gesund.
Da werden alle Lebewesen leben können.
Weil dieses Wasser dort hinkommt, werden sie gesund.
Von Kirche träumen.
So wird das salzige Wasser gesund.
Alptraum. Tagtraum. Tauftraum.
Alles, was sich regt, wird dort leben können.
Dem Leben Raum geben.
Das räume ich ja jederzeit ein.
Aber unaufgeräumt?
Der Tag wird kommen.
Und sie werden nie ohne Frucht sein.
Träum weiter.
Kommst du mit.
Und siehe!

Susanne Sandherr

33. SONNTAG IM JAHRESKREIS

16. November 2025

Im Dunkeln ist gut munkeln. Geht es nicht vielmehr darum, Licht ins Dunkel zu bringen? Wie aber geht das? Die junge Gemeinde hat Christus einst als aufgehende Sonne der Gerechtigkeit begrüßt. Die biblische Sehnsucht, der Schrei nach dem rettenden und neu orientierenden Licht, sie sind bis heute da, bis heute spürbar, hörbar; werden sie wirksam? Im Dunkeln ist gut munkeln. Unerhörte Wünsche halten dagegen, verhallen sie ungehört? „Sonne der Gerechtigkeit, / gehe auf zu unsrer Zeit; / brich in deiner Kirche an, / dass die Welt es sehen kann. Erbarm dich, Herr." (GL 481)

ERÖFFNUNGSVERS

Vgl. Jer 29,11.12.14

So spricht der Herr:
Ich sinne Gedanken des Friedens und nicht des Unheils.
Wenn ihr mich anruft, so werde ich euch erhören
und euch aus der Gefangenschaft
von allen Orten zusammenführen.

KYRIE-RUFE

Herr Jesus Christus, du führst uns
in die Nachfolge des Kreuzes.
V/A: Herr, erbarme dich.
Du lässt uns deine Zeugen sein,
auch in der Verfolgung.
V/A: Christus, erbarme dich.
Du verheißt uns das Leben,
wenn wir standhaft bleiben.
V/A: Herr, erbarme dich.

Ehre sei Gott, S. 451 f.

TAGESGEBET

Gott, du Urheber alles Guten, du bist unser Herr. Lass uns begreifen, dass wir frei werden, wenn wir uns deinem Willen unterwerfen, und dass wir die vollkommene Freude finden, wenn wir in deinem Dienst treu bleiben. Darum bitten wir durch Jesus Christus.

WORTGOTTESDIENST

ZUR 1. LESUNG Das Buch Maleachi, um 500 vor Christus entstanden, spricht vom Gerichtstag des Herrn, den die Gottlosen fürchten müssen, die Gerechten jedoch getrost erwarten dürfen: Über ihnen wird die „Sonne der Gerechtigkeit" aufgehen. Dieses Bild verweist auf altorientalische Traditionen. Sonnengötter, die alles in helles Licht tauchen, waren in Vorderasien und Ägypten die obersten Rechtsinstanzen. Ihnen konnte man die Aufdeckung dunkler Machenschaften zutrauen. Die Flügel der Sonne symbolisieren auch Schutz und Geborgenheit: Nach Israels Überzeugung ist der Sinn von Recht und Gerechtigkeit der Schutz der Schwachen. Die Sonne bringt Klarheit, wärmt Erkaltetes und weckt in geschwächtem Leben neue Kräfte. Wo stehen wir: Ersehnen oder fürchten wir ihr liebes Licht?

ERSTE LESUNG Mal 3, 19–20b

Für euch, die ihr meinen Namen fürchtet, wird die Sonne der Gerechtigkeit aufgehen

Lesung aus dem Buch Maleachi.

Seht, der Tag kommt, er brennt wie ein Ofen: Da werden alle Überheblichen und alle Frevler zu Spreu und der Tag, der kommt, wird sie verbrennen, spricht der HERR der Heerscharen. Weder Wurzel noch Zweig wird ihnen dann bleiben.

Für euch aber, die ihr meinen Namen fürchtet, wird die Sonne der Gerechtigkeit aufgehen und ihre Flügel bringen Heilung.

ANTWORTPSALM

Ps 98 (97),5–6.7–8.9 (Kv: vgl. 9a)

Kv Der HERR wird kommen, um die Erde zu richten. – Kv

Spielt dem HERRN auf der Leier, *
auf der Leier zu lautem Gesang!
Mit Trompeten und lautem Widderhorn *
jauchzt vor dem HERRN, dem König! – (Kv)

Es brause das Meer und seine Fülle, *
der Erdkreis und seine Bewohner.
In die Hände klatschen sollen die Ströme, *
die Berge sollen jubeln im Chor. – (Kv)

Jubeln sollen alle vor dem HERRN, denn er kommt, *
um die Erde zu richten.
Er richtet den Erdkreis in Gerechtigkeit, *
die Völker so, wie es recht ist. – Kv

ZUR 2. LESUNG Die Kornkammer Ukraine – zerschossen, geschlossen, mit schlimmen Folgen weltweit. Aber auch der Blick in unsere noch immer recht heile westeuropäische Wirklichkeit beunruhigt. In den 70er- und 80er-Jahren des 20. Jahrhunderts konnten sich deutsche Arbeitnehmer, Facharbeiter, oftmals sogar ungelernte, aber tüchtige Kräfte das Häuschen im Grünen leisten oder die Wohnung in der Stadt. Erwerbsarbeit war etwas wert. Heute muss schon das Erbe von Oma und Opa dazukommen, damit es für das Alter reicht. Das ist nicht in Ordnung. Fragen nach der gerechten Entlohnung und nach dem rechten Verhältnis zur Erwerbsarbeit treiben auch unseren Briefautor um. Sich als Verkünder von anderen durchfüttern zu lassen, ist für ihn, in der Spur des Apostels Paulus, keine Option. Alle werden am Ende ihr Auskommen haben? Ohne unser Engagement für Gerechtigkeit geht es nicht. Wort des Herrn.

ZWEITE LESUNG 2 Thess 3,7–12

Wer nicht arbeiten will, soll auch nicht essen

Lesung aus dem zweiten Brief des Apostels Paulus an die Gemeinde in Thessalonich.

Schwestern und Brüder! Ihr selbst wisst, wie man uns nachahmen soll.

Wir haben bei euch kein unordentliches Leben geführt und bei niemandem unser Brot umsonst gegessen; wir haben uns gemüht und geplagt, Tag und Nacht haben wir gearbeitet, um keinem von euch zur Last zu fallen.

Nicht als hätten wir keinen Anspruch auf Unterhalt; wir wollten euch aber ein Beispiel geben, damit ihr uns nachahmen könnt. Denn als wir bei euch waren, haben wir euch geboten: Wer nicht arbeiten will, soll auch nicht essen.

Wir hören aber, dass einige von euch ein unordentliches Leben führen und alles Mögliche treiben, nur nicht arbeiten.

Diesen gebieten wir und wir ermahnen sie in Jesus Christus, dem Herrn, in Ruhe ihrer Arbeit nachzugehen und ihr eigenes Brot zu essen.

RUF VOR DEM EVANGELIUM Vers: Lk 21,28

Halleluja. Halleluja.
Richtet euch auf, und erhebt euer Haupt;
denn eure Erlösung ist nahe.
Halleluja.

ZUM EVANGELIUM Wann wird all das geschehen, wann die Umwälzung, wann der Zusammenbruch der alten Welt, wann der große Neubeginn? Dieses Wann hat die lukanischen Gemeinden umgetrieben. Doch Jesus weist die Frage nach Daten und Fristen und die Bitte um Zeichen und Zeiten ausdrücklich zurück. Solche Spekulationen sind nicht nur nutzlos, sie sind gefährlich. Sie bergen die Gefahr, sich in ausgeklügelten Berechnungen zu versteigen und darin einzumauern. Oder es kommt zu Endzeithysterien; Menschenfänger und gewissenlose Scharlatane machen damit gute Geschäfte. Dies aber wäre der Tod von Glaube, Liebe, Hoffnung; das Ende der Lebendigkeit. Der Menschensohn selbst, so gibt das heutige Evangelium zu verstehen, ist das Zeichen, das einzige. Ein anderes gibt es nicht, doch dieses ist uns gegeben. Jesu Leben, Sterben, Auferweckung, sie setzen Zeichen: Gottes Lebenszeichen, machtvoll gegen den, fast, allmächtigen Tod.

EVANGELIUM Lk 21,5–19

Wenn ihr standhaft bleibt, werdet ihr das Leben gewinnen

+ **Aus dem heiligen Evangelium nach Lukas.**

In jener Zeit, als einige darüber sprachen, dass der Tempel mit schön bearbeiteten Steinen und Weihegeschenken geschmückt sei, sagte Jesus:

Es werden Tage kommen, an denen von allem, was ihr hier seht, kein Stein auf dem andern bleibt; der nicht niedergerissen wird.

Sie fragten ihn: Meister, wann wird das geschehen und was ist das Zeichen, dass dies geschehen soll?

Er antwortete: Gebt Acht, dass man euch nicht irreführt! Denn viele werden unter meinem Namen auftreten und sagen: Ich bin es! und: Die Zeit ist da. – Lauft ihnen nicht nach!

Wenn ihr von Kriegen und Unruhen hört, lasst euch nicht erschrecken! Denn das muss als Erstes geschehen; aber das Ende kommt noch nicht sofort.

Dann sagte er zu ihnen: Volk wird sich gegen Volk und Reich gegen Reich erheben. Es wird gewaltige Erdbeben und an vielen Orten

Seuchen und Hungersnöte geben; schreckliche Dinge werden geschehen und am Himmel wird man gewaltige Zeichen sehen.

Aber bevor das alles geschieht, wird man Hand an euch legen und euch verfolgen. Man wird euch den Synagogen und den Gefängnissen ausliefern, vor Könige und Statthalter bringen um meines Namens willen. Dann werdet ihr Zeugnis ablegen können. Nehmt euch also zu Herzen, nicht schon im Voraus für eure Verteidigung zu sorgen; denn ich werde euch die Worte und die Weisheit eingeben, sodass alle eure Gegner nicht dagegen ankommen und nichts dagegen sagen können.

Sogar eure Eltern und Geschwister, eure Verwandten und Freunde werden euch ausliefern und manche von euch wird man töten. Und ihr werdet um meines Namens willen von allen gehasst werden. Und doch wird euch kein Haar gekrümmt werden. Wenn ihr standhaft bleibt, werdet ihr das Leben gewinnen.

Glaubensbekenntnis, S. 454 ff.

FÜRBITTEN

Auch im Blick auf die letzten Dinge und die letzten Tage müssen wir nicht gefangen bleiben in dunklen Ängsten, sondern dürfen hoffen. So können wir unser Augenmerk richten auf die, die scheinbar unentrinnbar in Not und Armut gefangen sind.

V: Erbarmender Gott. A: Höre unser Rufen.

- Wir beten für die vielen Menschen, die hungern müssen.
- Wir beten für alle, die den Hunger in der Welt nicht hinnehmen, sondern helfen.
- Wir beten für alle, die vertrieben sind, auf der Flucht, ohne Obdach.
- Wir beten für alle, die ihnen helfen, Heimat zu finden.
- Wir beten für alle, die um einen nahen Menschen trauern.

- Wir beten für alle, die bei ihnen sind.

In aller Unsicherheit und Unruhe hoffen wir auf Gott, der das Heil und das Wohl der Menschen will, heute und alle Tage und in Ewigkeit.

EUCHARISTIEFEIER

GABENGEBET

Herr, unser Gott, die Gabe, die wir darbringen, schenke uns die Kraft, dir treu zu dienen, und führe uns zur ewigen Gemeinschaft mit dir. Darum bitten wir durch Christus, unseren Herrn.

Präfation, S. 466 ff.

KOMMUNIONVERS

Ps 73 (72),28

Gott nahe zu sein ist mein Glück.
Ich setze mein Vertrauen auf Gott, den Herrn.

SCHLUSSGEBET

Barmherziger Gott, wir haben den Auftrag deines Sohnes erfüllt und sein Gedächtnis begangen. Die heilige Gabe, die wir in dieser Feier empfangen haben, helfe uns, dass wir in der Liebe zu dir und unseren Brüdern Christus nachfolgen, der mit dir lebt und herrscht in alle Ewigkeit.

***

Für eine Wort-Gottes-Feier:

ERÖFFNUNGSGEBET ZUR WAHL

Ewiger Gott, du bist der Ursprung und die Erfüllung unseres Lebens. Schenke uns deine Gnade, damit wir standhaft bleiben im Glauben und Zeugnis ablegen für dich. Darum bitten wir durch unseren Herrn Jesus Christus, deinen Sohn, der in der Einheit des Heiligen Geistes mit dir lebt und herrscht in Ewigkeit.

***

IM DUNKELN

Im Dunkeln ist gut munkeln.
Das stimmt.
Für euch aber,
die ihr meinen Namen fürchtet,
wird die Sonne der Gerechtigkeit aufgehen
und ihre Flügel bringen Heilung.
Furcht ist fürchterlich.
Wer aber Gottes Namen fürchtet,
verlernt, sich vor Menschen zu fürchten.
Und fürchtet nicht länger sie,
sondern um sie.
Da wird die Sonne der Gerechtigkeit aufgehen.
Und ihre Flügel bringen Heilung.
Eine ganz neue Stimme.
Umgestimmt.
Neu gestimmt.

Susanne Sandherr

CHRISTKÖNIGSSONNTAG – HOCHFEST

23. November 2025

Die Nacht der Auferstehung Christi, Nacht der Nächte, „beugt die Imperien", heißt es im Osterlob des Exsultet. Jesu Königtum bricht die Macht der Mächte. Das ist unser Glaube. Darauf dürfen wir vertrauen. Hören wir aber auch, wie es geschieht: Gottes Königsherrschaft, deren königlicher Bote Jesus ist, setzt sich nicht gewaltsam durch. Dieses Königtum erobert nicht kriegerisch, knechtet nicht. Es macht nicht Angst, sondern löst Angst, ja erlöst von Angst. Es macht Menschen nicht klein, sondern will und wirkt ihr Wachsen. Gelähmte, Verzagte, Unentschiedene handeln und wandeln. Die Untertanen dieses Königs sind keine Marionetten, sondern Menschen, zum Leben und Lieben ermächtigt. Jesu Königtum ist die Wahrheit, die auch uns befreit.

ERÖFFNUNGSVERS

Offb 5,12; 1,6

Würdig ist das Lamm, das geschlachtet ist,
Macht zu empfangen,
Reichtum und Weisheit, Kraft und Ehre.
Ihm sei die Herrlichkeit und die Herrschermacht
in Ewigkeit.

KYRIE-RUFE

Jesus Christus, du allein bist
der Herr, du allein der Höchste.
V/A: Herr, erbarme dich.
Du herrschst, bis jede Macht,
Gewalt und Kraft entmachtet ist.
V/A: Christus, erbarme dich.

Du unterwirfst dich dem, der dir
alles unterworfen hat, damit Gott
alles in allem sei.
V/A: Herr, erbarme dich.

Ehre sei Gott, S. 451 f.

TAGESGEBET

Allmächtiger, ewiger Gott, du hast deinem geliebten Sohn alle Gewalt gegeben im Himmel und auf Erden und ihn zum Haupt der neuen Schöpfung gemacht. Befreie alle Geschöpfe von der Macht des Bösen, damit sie allein dir dienen und dich in Ewigkeit rühmen. Darum bitten wir durch Jesus Christus.

WORTGOTTESDIENST

ZUR 1. LESUNG Israel entstand einst als anti-königlicher Stämmebund. Doch die praktische Notwendigkeit einer zentralen Staatsführung wurde angesichts der Bedrohung durch Nachbarvölker – in der Lesung ist eine Aggression der Philister im Blick – immer deutlicher. Das Königtum wurde nun als göttliche Einrichtung begriffen, der König durch Gott gesalbt. Das Wort *Messias* erinnert daran – das hebräische *Maschiach* bedeutet wörtlich der *Gesalbte*. Doch wo Macht in Menschenhand konzentriert ist, ist auch Machtmissbrauch. Immer wieder wird darum das Königtum eines Menschen nachdrücklich infrage gestellt und an die Frühzeit Israels erinnert, als Adonai der einzige König Israels war.

ERSTE LESUNG 2 Sam 5,1–3

Sie salbten David zum König von Israel

Lesung aus dem zweiten Buch Samuel.

In jenen Tagen kamen alle Stämme Israels zu David nach Hebron und sagten: Wir sind doch dein Fleisch und Bein. Schon früher, als noch Saul unser König war, bist du es gewesen, der Israel hinaus und wieder nach Hause geführt hat.

Der HERR hat zu dir gesagt: Du sollst der Hirt meines Volkes Israel sein, du sollst Israels Fürst werden.

Alle Ältesten Israels kamen zum König nach Hebron; der König David schloss mit ihnen in Hebron einen Vertrag vor dem HERRN und sie salbten David zum König von Israel.

ANTWORTPSALM

Ps 122 (121), 1–3.4–5 (Kv: 1b)

Kv Zum Haus des HERRN wollen wir gehen. – Kv

Ich freute mich, als man mir sagte: *
„Zum Haus des HERRN wollen wir gehen."
Schon stehen unsere Füße in deinen Toren, Jerusalem: /
Jerusalem, als Stadt erbaut, *
die fest in sich gefügt ist. – (Kv)

Dorthin zogen die Stämme hinauf, die Stämme des HERRN, /
wie es Gebot ist für Israel, *
den Namen des HERRN zu preisen.
Denn dort standen Throne für das Gericht, *
die Throne des Hauses David. – Kv

ZUR 2. LESUNG Wie das Leben Jesu mit seinem Tod am Kreuz endet und doch nicht endet, so beginnt sein Leben in Nazaret und nicht in Nazaret allein. Der Kolosserbrief spricht über Christus, den Sohn, wie die Bibel sonst von der göttlichen Weisheit spricht. Er ist „der Erstgeborene der ganzen Schöpfung. Denn in ihm wurde alles erschaffen." Wer lebt und stirbt wie Jesus, muss mit Gottes Schöpfung auf unvergleichliche Weise verbunden sein: „Er ist vor aller Schöpfung und in ihm hat alles Bestand." Christus hat nicht verbissen um seinen Claim, um seinen Platz an der Sonne gekämpft. Sonne und Mond, Himmel und Erde bestehen ja durch ihn. Diese Verbindung ist einzigartig. Wenn wir uns mit ihm verbinden lassen und mit ihm verbünden möchten, haben wir daran teil. Auch wir werden dann anders leben und anders sterben. Es ist uns zugesagt. Durch ihn befreit, sind wir so frei.

ZWEITE LESUNG Kol 1,12–20

Er hat uns aufgenommen in das Reich seines geliebten Sohnes

Lesung aus dem Brief des Apostels Paulus an die Gemeinde in Kolossä.

Schwestern und Brüder! Dankt dem Vater mit Freude! Er hat euch fähig gemacht, Anteil zu haben am Los der Heiligen, die im Licht sind.

Er hat uns der Macht der Finsternis entrissen und aufgenommen in das Reich seines geliebten Sohnes. Durch ihn haben wir die Erlösung, die Vergebung der Sünden. Er ist Bild des unsichtbaren Gottes, der Erstgeborene der ganzen Schöpfung. Denn in ihm wurde alles erschaffen im Himmel und auf Erden, das Sichtbare und das Unsichtbare, Throne und Herrschaften, Mächte und Gewalten; alles ist durch ihn und auf ihn hin erschaffen.

Er ist vor aller Schöpfung und in ihm hat alles Bestand. Er ist das Haupt, der Leib aber ist die Kirche. Er ist der Ursprung, der Erstgeborene der Toten; so hat er in allem den Vorrang.

Denn Gott wollte mit seiner ganzen Fülle in ihm wohnen, um durch ihn alles auf ihn hin zu versöhnen. Alles im Himmel und auf Erden wollte er zu Christus führen, der Frieden gestiftet hat am Kreuz durch sein Blut.

RUF VOR DEM EVANGELIUM

Vers: Mk 11,9.10

Halleluja. Halleluja.
Gesegnet sei, der kommt im Namen des Herrn!
Gesegnet sei das Reich unseres Vaters David,
das nun kommt.
Halleluja.

ZUM EVANGELIUM Der, den die Lesung aus dem Kolosserbrief gerade als Erstgeborenen der Schöpfung ausgezeichnet hat, hängt nun erstickend am Kreuz und wird dazu ausgelacht. Der in Wahrheit Mächtige liefert sich in eine Situation völliger Ohnmacht aus. Er teilt seine Lage mit den Gewaltopfern auf der ganzen Welt. Müsste er jetzt nicht seine Macht erweisen und herabsteigen? Doch Gottes Macht ist anders. Einer von denen, die mit Christus hingerichtet werden, vermag, was unmöglich ist: Er kann an die Macht der Ohnmacht glauben.

EVANGELIUM

Lk 23,35b–43

Jesus, denk an mich, wenn du in dein Reich kommst

+ Aus dem heiligen Evangelium nach Lukas.

In jener Zeit verlachten die führenden Männer des Volkes Jesus und sagten: Andere hat er gerettet, nun soll er sich selbst retten, wenn er der Christus Gottes ist, der Erwählte.

Auch die Soldaten verspotteten ihn; sie traten vor ihn hin, reichten ihm Essig und sagten: Wenn du der König der Juden bist, dann rette dich selbst!

Über ihm war eine Aufschrift angebracht: Das ist der König der Juden.

Einer der Verbrecher, die neben ihm hingen, verhöhnte ihn: Bist du denn nicht der Christus? Dann rette dich selbst und auch uns! Der andere aber wies ihn zurecht und sagte: Nicht einmal du fürchtest Gott? Dich hat doch das gleiche Urteil getroffen. Uns geschieht

recht, wir erhalten den Lohn für unsere Taten; dieser aber hat nichts Unrechtes getan.
Dann sagte er: Jesus, denk an mich, wenn du in dein Reich kommst!
Jesus antwortete ihm: Amen, ich sage dir: Heute noch wirst du mit mir im Paradies sein.

Glaubensbekenntnis, S. 454 ff.

FÜRBITTEN

Jesus Christus ist der König mit der Dornenkrone. So gehört er ganz zu den Menschen, die oft unerträglich schwere Lasten zu tragen haben. Wir rufen zu ihm und bitten ihn:

V: Kyrie, eleison. A: Christe, eleison.

- Für die Geschundenen in den Gefängnissen und Folterkellern dieser Erde.
- Für die Opfer von Naturkatastrophen, deren Lebensgrundlage zerstört ist.
- Für die Eltern, die den Tod eines Kindes beklagen.
- Für die Mädchen und Frauen, die Missachtung, Misshandlung und Missbrauch erleiden müssen.
- Für alle, die von Hassrede, Bedrohung und Verfolgung betroffen sind.

Jesus Christus, du hast dich zu uns herabgebeugt und bist uns nahe. Dir sei Lob und Ehre mit dem Vater und dem Heiligen Geist, heute und in alle Ewigkeit.

EUCHARISTIEFEIER

GABENGEBET

Herr, unser Gott, wir bringen das Opfer deines Sohnes dar, das die Menschheit mit dir versöhnt. Er, der für uns gestorben ist, schenke allen Völkern Einheit und Frieden, der mit dir lebt und herrscht in alle Ewigkeit.

PRÄFATION

In Wahrheit ist es würdig und recht, dir, Herr, heiliger Vater, immer und überall zu danken. Du hast deinen eingeborenen Sohn, unseren Herrn Jesus Christus, mit dem Öl der Freude gesalbt zum ewigen Priester und zum König der ganzen Schöpfung. Als makelloses Lamm und friedenstiftendes Opfer hat er sich dargebracht auf dem Altar des Kreuzes, um das Werk der Erlösung zu vollziehen. Wenn einst die ganze Schöpfung seiner Herrschaft unterworfen ist, wird er dir, seinem Vater, das ewige, alles umfassende Reich übergeben: das Reich der Wahrheit und des Lebens, das Reich der Heiligkeit und der Gnade, das Reich der Gerechtigkeit, der Liebe und des Friedens. Durch ihn rühmen dich Himmel und Erde, Engel und Menschen und singen das Lob deiner Herrlichkeit: Heilig …

KOMMUNIONVERS

Ps 29 (28), 10–11

Der Herr thront als König in Ewigkeit.
Der Herr segne sein Volk mit Frieden.

SCHLUSSGEBET

Allmächtiger Gott, du hast uns berufen, Christus, dem König der ganzen Schöpfung, zu dienen. Stärke uns durch diese Speise, die uns Unsterblichkeit verheißt, damit wir Anteil erhalten an seiner Herrschaft und am ewigen Leben. Darum bitten wir durch ihn, Christus, unseren Herrn.

FEIERLICHER SCHLUSSSEGEN

Num 6,24–26

Der Herr segne euch und behüte euch; der Herr lasse sein Angesicht über euch leuchten und sei euch gnädig; er wende euch sein Antlitz zu und schenke euch seinen Frieden. – A: Amen.
Das gewähre euch der dreieinige Gott, der Vater und der Sohn † und der Heilige Geist. – A: Amen.

***

Für eine Wort-Gottes-Feier:

ERÖFFNUNGSGEBET ZUR WAHL

Allmächtiger, ewiger Gott, dein geliebter Sohn hat uns durch seinen Tod am Kreuz erlöst. Du hast ihn zum Haupt der ganzen Schöpfung gemacht, um durch ihn alles zu versöhnen. Wir bitten dich: Lass nicht zu, dass wir falschen Lehren dienen, sondern stärke unseren Glauben an Christus, der unser wahrer König ist und der in der Einheit des Heiligen Geistes mit dir lebt und herrscht jetzt und in Ewigkeit.

***

DER ANDERE KÖNIG

bricht die Macht der Mächtigen
löst die Angst der Machtlosen

schafft Raum und Licht zum Wachsen
schenkt Mut und Kraft zum Schaffen

in göttlichem Glanz
strahlt seine Wahrheit

die mächtige Wahrheit der
Ohnmacht wird euch frei machen

Irmtrud Schweigert

VERZEICHNIS DER SCHRIFTLESUNGEN

ALTES TESTAMENT

JEREMIA

BARUCH

EZECHIEL

DANIEL

JOËL

AMOS

MICHA

HABAKUK

ZEFANJA

SACHARJA

MALEACHI

NEUES TESTAMENT

MATTHÄUS

LUKAS

VERZEICHNIS DER PRÄFATIONEN

VERZEICHNIS DER FEIERLICHEN SCHLUSSSEGEN

VERZEICHNIS DER MEDITATIONEN

VERZEICHNIS DER AUTORINNEN UND AUTOREN MIT IHREN EINFÜHRUNGEN UND TEXTEN

DOMINIK ARENZ, geboren 1981, Dr. theol., Studium der Katholischen Theologie, Klassischen Philologie und Erziehungswissenschaften, Erzbischöflicher Schulrat im Bereich Schule und Hochschule des Erzbistums Köln.
Einführungen: Ostermontag; Christi Himmelfahrt – Hochfest; Pfingsten – Hochfest – Am Vorabend; Pfingsten – Hochfest – Am Tag; Pfingstmontag.

FLORIAN BRUCKMANN, geboren 1974, Prof. Dr. theol., Professor für Katholische Theologie an der Europa-Universität Flensburg, Publikationen zum christlich-jüdischen Dialog, zur Christologie und zum Verhältnis von Theologie und Phänomenologie.
Einführungen: Weihnachten – In der Heiligen Nacht; Weihnachten – Am Morgen; Weihnachten – Am Tag; Heiliger Stephanus, erster Märtyrer – Fest; Aschermittwoch; 1. Fastensonntag; 2. Fastensonntag; Heiliger Josef, Bräutigam der Gottesmutter Maria – Hochfest; 3. Fastensonntag; 4. Fastensonntag; 5. Fastensonntag; Palmsonntag.

KIRA BUSCH-WAGNER, geboren 1961, Studium der Evangelischen Theologie und Judaistik, Pfarrerin in Karlsruhe, theologische Bildungsarbeit, Kontaktstudium Katholische Theologie an Universität und Priesterseminar Freiburg i. Br., Veröffentlichungen in Fachzeitschriften und Presse.
Einführungen: Dreifaltigkeitssonntag – Hochfest; Hochfest des Leibes und Blutes Christi – Fronleichnam; Geburt des heiligen Johannes des Täufers – Hochfest; Heiligstes Herz Jesu – Hochfest; 18. Sonntag im Jahreskreis; Verklärung des Herrn – Fest; 19. Sonntag im Jahreskreis; Mariä Aufnahme in den Himmel – Hochfest.

RENÉ DAUSNER, geboren 1975, Dr. theol. habil., Professor für Systematische Theologie (Fundamentaltheologie und Dogmatik) an der Universität Hildesheim, dogmatische und fundamentaltheologische Publikationen, Forschungsschwerpunkte im jüdisch-christlichen Gespräch, Phänomenologie sowie Theologie und Literatur.
Einführungen: 1. Adventssonntag; 2. Adventssonntag; Maria, ohne Erbsünde empfangen – Hochfest; 3. Adventssonntag; 4. Adventssonntag; Weihnachten – Am Heiligen Abend.

KATRIN GROSSMANN, geboren 1980, Studium der Katholischen Theologie in Tübingen, Jerusalem und Regensburg, Dr. theol., bis 2021 Beauftragte für die Ökumene und den interreligiösen Dialog im Bistum Osnabrück, seit Mai 2021 im Generalsekretariat des Zentralkomitees der deutschen Katholiken, Leiterin der Abteilung „Theologie und Glaube“, Geschäftsführerin der Gesprächskreise „Juden und Christen“ und „Christen und Muslime“.
Einführungen: Gründonnerstag – Hoher Donnerstag; Karfreitag – Die Feier vom Leiden und Sterben Christi; Ostersonntag – Die Feier der Osternacht; Ostersonntag – Am Tag.

PHILIPPA HAASE, geboren 1986, Studium der Katholischen Theologie, Erziehungswissenschaften und Sozialwissenschaften in Siegen, Rom und Würzburg, Mag. Theol., wissenschaftliche Mitarbeiterin an der Professur für Pastoraltheologie und Homiletik der Universität Regensburg.
Einführungen: 2. Sonntag im Jahreskreis; Verkündigung des Herrn – Hochfest; 12. Sonntag im Jahreskreis; Hl. Petrus und hl. Paulus, Apostel – Hochfest.

TOBIAS LICHT, geboren 1962, Studium der Katholischen Theologie, Dipl. Theol., von 2007 bis 2019 Leiter des „Karlsruher Foyers Kirche und Recht“, Leiter des Bildungszentrums Karlsruhe (Bildungswerk der Erzdiözese Freiburg), Katholischer Beauftragter für privaten Hörfunk in Karlsruhe, umfangreiche Tätigkeit im publizistischen und im Bildungsbereich, Beirat für theologische Fragen der Zeitschrift MAGNIFICAT.
Texte: Kyrie-Rufe.
Einführung: 27. Sonntag im Jahreskreis.

SUSANNE SANDHERR, geboren 1960, Dr. theol., Studium der Katholischen Theologie, Philosophie, Germanistik und Erziehungswissenschaft, Professorin für Systematische Theologie an der Katholischen Stiftungshochschule München, Schwerpunkte: jüdisch-christlicher Dialog, Gespräche zwischen Theologie und Literatur, Theologie und Philosophie, Theologie und Therapie, Redakteurin der Zeitschrift MAGNIFICAT.
Einführungen: Allerheiligen – Hochfest; Allerseelen; Weihetag der Lateranbasilika – Fest; 33. Sonntag im Jahreskreis; Christkönigssonntag – Hochfest.

DOROTHEE SANDHERR-KLEMP, geboren 1960, Studium der Katholischen Theologie, Germanistik und Erziehungswissenschaft, Staatsexamen, Redakteurin der Zeitschrift MAGNIFICAT, Herausgeberin und Autorin, Geistliche

Beirätin des Bundesverbandes des Katholischen Deutschen Frauenbundes, Mitglied des Zentralkomitees der deutschen Katholiken.
Texte: Fürbitten.

INGA SCHMITT, geb. 1971, Studium der Theologie in Freiburg i.Br. und Münster, Dipl. Theol., Pastoralreferentin, Leiterin des Teams Liturgie und Kirchenmusik und Referentin für Glaubenskommunikation in der Abteilung Seelsorge des Bischöflichen Generalvikariats Osnabrück.
Einführungen: 3. Sonntag im Jahreskreis; Darstellung des Herrn – Fest.

SCHWESTER LYDIA SCHULTE-SUTRUM OSB, geboren 1982, Dipl. Theol., Lic.iur.can., Studium der Theologie und des Kirchenrechts in Münster und Rom, Benediktinerin in der Abtei Burg Dinklage.
Einführungen: 2. Sonntag der Osterzeit; 3. Sonntag der Osterzeit; 4. Sonntag der Osterzeit; 5. Sonntag der Osterzeit; 6. Sonntag der Osterzeit; 7. Sonntag der Osterzeit.

IRMTRUD SCHWEIGERT, geb. 1957, Studium der Theologie und Altphilologie in Freiburg i.Br. und München, Staatsexamen, bis 2020 Lehrerin für die Fächer Latein und Religion am Kardinal-Frings-Gymnasium in Bonn-Beuel, langjährige Tätigkeit im Textlektorat.
Einführung: Fest der Heiligen Familie.

STEFAN VOGES, geboren 1978, Dr. theol., Studium der Geschichte, Journalistik und Katholischen Theologie, Pastoralreferent im Bistum Aachen, Autor.
Einführungen: Hochfest der Gottesmutter Maria; 2. Sonntag im Jahreskreis; Erscheinung des Herrn – Hochfest; Taufe des Herrn – Fest; 20. Sonntag im Jahreskreis; 21. Sonntag im Jahreskreis; 22. Sonntag im Jahreskreis; 23. Sonntag im Jahreskreis; Kreuzerhöhung – Fest; 25. Sonntag im Jahreskreis; 26. Sonntag im Jahreskreis.

MARC WITZENBACHER, geboren 1971, Dr. theol., Studium der Evangelischen Theologie und Altphilologie, Prälat für den Kirchenkreis Südbaden in der Evangelischen Landeskirche in Baden, Redakteur der Zeitschrift MAGNIFICAT.
Einführungen: 5. Sonntag im Jahreskreis; 6. Sonntag im Jahreskreis; 7. Sonntag im Jahreskreis; 8. Sonntag im Jahreskreis; 14. Sonntag im Jahreskreis; 15. Sonntag im Jahreskreis; 16. Sonntag im Jahreskreis; 17. Sonntag im Jahreskreis; 28. Sonntag im Jahreskreis; 29. Sonntag im Jahreskreis; 30. Sonntag im Jahreskreis.

NAMENSTAGSVERZEICHNIS

Die mit (H – Hochfest), (F – Fest), (G – gebotener Gedenktag) und (g – nichtgebotener Gedenktag) gekennzeichneten Heiligen und Seligen sind entsprechend ihrem liturgischen Rang im römischen Generalkalender bzw. deutschsprachigen Regionalkalender erwähnt.

Achilleus 12. 5. *(g)*
Adalbert von Prag 23. 4. *(g)*
Adam 24. 12.
Adelgund 30. 1.
Adelheid 16. 12.
Adolf Kolping 4. 12. *(g)*
Agatha 5. 2. *(G)*
Agnes 21. 1. *(g)*
Agritius 19. 1.
Albert der Große 15. 11. *(g)*
Alexander 10. 7.
Alfons Maria von Liguori 1. 8. *(G)*
Alfred 28. 10.
Aloysius Gonzaga 21. 6. *(G)*
Ambrosius 7. 12. *(G)*
Anastasia 25. 12.
Andreas, Ap. 30. 11. *(F)*
Andreas Dung-Lac 24. 11. *(G)*
Andreas Kim Taegon 20. 9. *(G)*
Angela von Foligno 4. 1.
Angela Merici 27. 1. *(g)*
Anna 26. 7. *(G)*
Anna Katharina Emmerick 9. 2.
Anno 5. 12. *(g)*
Anselm 21. 4. *(g)*
Ansgar von Hamburg 3. 2. *(g)*
Antonius, Abt 17. 1. *(G)*
Antonius Maria Claret 24. 10. *(g)*
Antonius Maria Zaccaria 5. 7. *(g)*
Antonius von Padua 13. 6. *(G)*
Apollinaris 20. 7. *(g)*
Arbogast von Straßburg 21. 7.
Arnold 18. 7.
Arnold Janssen 15. 1.
Athanasius der Große 2. 5. *(G)*
Augustinus 28. 8. *(G)*
Augustinus von Canterbury 27. 5. *(g)*
Augustinus Zhao Rong 9. 7. *(g)*

Bantus 28. 7.
Barbara 4. 12. *(g)*
Barnabas, Ap. 11. 6. *(G)*
Bartholomäus, Ap. 24. 8. *(F)*
Basilius der Große 2. 1. *(G)*
Basin 23. 9.
Beatrix 30. 7.
Beatus 28. 7.
Beda der Ehrwürdige 25. 5. *(g)*
Benedikt Josef Labre 16. 4.
Benedikt von Nursia 11. 7. *(F)*
Benno 16. 6. *(g)*
Bernadette Soubirous 16. 4.
Bernhard von Baden 15. 7.
Bernhard von Clairvaux 20. 8. *(G)*
Bernhardin von Siena 20. 5. *(g)*
Bernward 20. 11.
Berta 28. 11.
Bertold 14. 12.
Birgitta von Schweden 23. 7. *(F)*
Blasius 3. 2. *(g)*
Bonaventura 15. 7. *(G)*
Bonifatius 5. 6. *(F)*
Bonosus 17. 2.
Britto 6. 5.
Bruno 6. 10. *(g)*
Bruno von Köln 11. 10.
Bruno von Querfurt 9. 3. *(g)*
Burkhard 14. 10.

Cäcilia 22. 11. *(G)*
Carl Lampert 13. 11. *(g)*
Charlotte 17. 7.
Christian 4. 2.
Christine 24. 7.
Christophorus 24. 7. *(g)*
Christophorus Magallanes 21. 5. *(g)*
Clemens August Graf von Galen 22. 3.
Cyprian 16. 9. *(G)*
Cyrill (Konstantin) 14. 2. *(F)*
Cyrill von Alexandrien 27. 6. *(g)*
Cyrill von Jerusalem 18. 3. *(g)*

Damasus I. 11. 12. *(g)*
Damian 26. 9. *(g)*
Damian Deveuster 15. 4.
Daniel 21. 7.
David 29. 12.
Detlev 23. 11.
Diana 10. 6.
Dietmar 5. 3.
Dietrich I. 7. 9.
Dionysius 9. 10. *(g)*
Dominikus 8. 8. *(G)*
Dominikus Savio 9. 3.
Dorothea 6. 2.

Eberhard 22. 6.
Edith 8. 12.
Edith Stein (Theresia Benedicta vom Kreuz) 9. 8. *(F)*
Edmund 20. 11.
Eduard 18. 3.
Ekkehard 28. 6.
Eleonore 25. 6.
Elfriede 20. 5.
Elisabeth von Portugal 4. 7. *(g)*
Elisabeth von Thüringen 19. 11. *(G)*
Elmar 28. 8.
Engelbert von Köln 7. 11.
Ephräm der Syrer 9. 6. *(g)*
Erhard 8. 1.
Erich von Schweden 10. 7. *(g)*
Ernst 7. 11.
Eucharius 9. 12.
Eusebius von Vercelli 2. 8. *(g)*
Euthymia 9. 9.
Eva 24. 12.
Ewald 3. 10.

Fabian 20. 1. *(g)*
Fabiola 27. 12.
Felix I. 30. 12.
Felizitas 7. 3. *(G)*
Ferdinand III. 30. 5.
Fidelis von Sigmaringen 24. 4. *(g)*
Florian von Lorch 4. 5. *(g)*
Franz von Assisi 4. 10. *(G)*
Franz von Paula 2. 4. *(g)*
Franz von Sales 24. 1. *(G)*
Franz Xaver 3. 12. *(G)*
Franziska von Rom 9. 3. *(g)*
Fridolin von Säckingen 6. 3. *(g)*
Friedrich 3. 3.

Gabriel 29. 9. *(F)*
Gallus vom Bodensee 16. 10. *(g)*
Gebhard von Konstanz 26. 11. *(g)*
Genovefa 3. 1.
Georg 23. 4. *(g)*
Gereon 10. 10.
Gerhard 24. 9.
Gerold 19. 4.
Gertrud von Altenberg 13. 8.
Gertrud von Helfta 17. 11. *(g)*
Gertrud von Nivelles 17. 3. *(g)*
Gilbert 4. 2.
Gisbert 7. 11.
Gisela 7. 5.
Godehard von Hildesheim 5. 5. *(g)*
Gottfried von Kappenberg 13. 1.

Gregor VII. 25. 5. *(g)*
Gregor der Große 3. 9. *(G)*
Gregor von Nazianz 2. 1. *(G)*
Gregor von Utrecht 26. 8.
Gudula 8. 1.
Guido 4. 5.
Gunther 8. 10.
Gunthild 21. 2.
Gustav 10. 3.

Harald 1. 11.
Hartmut 23. 1.
Hartwig 5. 12.
Hedwig 16. 10. *(g)*
Heimerad von Meßkirch 27. 6.
Heinrich II. 13. 7. *(g)*
Heinrich Seuse 23. 1. *(g)*
Helene 18. 8.
Hemma von Gurk 27. 6. *(g)*
Heribert 30. 8.
Hermann Josef 21. 5. *(g)*
Herta 12. 4.
Hieronymus 30. 9. *(G)*
Hieronymus Ämiliani 8. 2. *(g)*
Hilarius 13. 1. *(g)*
Hildegard von Bingen 17. 9. *(g)*
Hildegard Burjan 12. 6. *(g)*
Hildegund 6. 2.
Hiltrud 27. 9.
Hippolyt 13. 8. *(g)*
Hubert 3. 11. *(g)*
Hugo 1. 4.

Ida von Herzfeld 4. 9.
Ignatius von Antiochien 17. 10. *(G)*
Ignatius von Loyola 31. 7. *(G)*
Ingeborg 30. 7.
Ingrid 2. 9.
Irenäus 28. 6. *(G)*
Irene 1. 4.
Iris 4. 9.
Irmengard 16. 7.
Irmgard von Aspel 19. 2.
Irmgard von Süchteln 4. 9.
Irmina 3. 1.
Isaak Jogues 19. 10. *(g)*
Isabella 22. 2.
Isidor 4. 4. *(g)*

Jakobus der Ältere, Ap. 25. 7. *(F)*
Jakobus der Jüngere, Ap. 3. 5. *(F)*
Januarius 19. 9. *(g)*
Jean de Brébeuf 19. 10. *(g)*
Jeanne d'Arc 30. 5.
Joachim 26. 7. *(G)*
Johanna Franziska von Chantal 12. 8. *(g)*
Johannes, Ap. u. Ev. 27. 12. *(F)*
Johannes I. 18. 5. *(g)*
Johannes Baptist de La Salle 7. 4. *(G)*
Johannes Bosco 31. 1. *(G)*
Johannes Capestrano 23. 10. *(g)*
Johannes Chrysostomus 13. 9. *(G)*
Johannes von Damaskus 4. 12. *(g)*
Johannes Eudes 19. 8. *(g)*
Johannes von Gott 8. 3. *(g)*
Johannes von Kety 23. 12.
Johannes von Krakau 23. 12. *(g)*
Johannes vom Kreuz 14. 12. *(G)*
Johannes Leonhardi 9. 10. *(g)*
Johannes Maria Vianney 4. 8. *(G)*
Johannes Nepomuk 16. 5. *(g)*
Johannes Paul II. 22. 10. *(g)*
Johannes der Täufer 24. 6. *(H)*
John Fisher 22. 6. *(g)*
Josaphat 12. 11. *(G)*
Josef von Calazanz 25. 8. *(g)*
Josemaria Escrivá de Balaguer 26. 6. *(g)*
Josefa Stenmanns 20. 5.
Josefine Bakhita 8. 2. *(g)*
Joseph 19. 3. *(H)*

Juan Diego/Johann Didacus 9. 12. *(g)*
Judas Thaddäus, Ap. 28. 10. *(F)*
Judith 29. 6.
Julia 22. 5.
Justin 1. 6. *(G)*
Jutta 22. 12.

Kajetan 7. 8. *(g)*
Kalixtus I. 14. 10. *(g)*
Kamillus von Lellis 14. 7. *(g)*
Karl Borromäus 4. 11. *(G)*
Karl der Große 28. 1.
Karl Leisner 12. 8.
Karl Lwanga 3. 6. *(G)*
Kasimir 4. 3. *(g)*
Kaspar 6. 1.
Kastor 13. 2.
Katharina von Alexandrien 25. 11. *(g)*
Katharina von Siena 29. 4. *(F)*
Kilian von Würzburg 8. 7. *(g)*
Klara 11. 8. *(G)*
Klaudia 18. 8.
Klemens I. 23. 11. *(g)*
Klemens Maria Hofbauer 15. 3. *(g)*
Knud von Dänemark 10. 7. *(g)*
Kolumban 23. 11. *(g)*
Konrad von Konstanz 26. 11. *(g)*
Konrad von Parzham 21. 4. *(g)*
Korbinian 20. 11.
Kordula 22. 10.
Kornelius 16. 9. *(G)*
Kosmas 26. 9. *(g)*
Kunibert 12. 11.
Kunigunde 13. 7. *(g)*

Lambert von Maastricht 18. 9. *(g)*
Landelin 22. 9.
Laurentius 10. 8. *(F)*
Laurentius von Brindisi 21. 7. *(g)*
Leo der Große 10. 11. *(G)*
Leo IX. 19. 4. *(g)*
Leonhard 6. 11. *(g)*
Leopold III. von Österreich 15. 11. *(g)*
Liborius 23. 7.
Lioba 28. 9. *(g)*
Liudger von Münster 26. 3. *(g)*
Liutwin 23. 9.
Lorenzo Ruiz 28. 9. *(g)*
Lothar 29. 12.
Lubentius 13. 10.
Ludwig IX. 25. 8. *(g)*
Ludwig Maria Grignion de Montfort 28. 4. *(g)*
Lukas, Ev. 18. 10. *(F)*
Luzia 13. 12. *(g)*
Luzius 2. 12. *(g)*

Magdalena Sophie Barat 24. 5.
Magnerich 27. 7.
Manfred 28. 1.
Marcel Callo 19. 4. *(g)*
Marcellinus 2. 6. *(g)*
Margareta 20. 7. *(g)*
Margareta Maria Alacoque 16. 10. *(g)*
Margarete von Schottland 16. 11. *(g)*
Maria 12. 9. *(g)*
Maria Droste zu Vischering 8. 6.
Maria Goretti 6. 7. *(g)*
Maria Magdalena 22. 7. *(G)*
Maria Magdalena von Pazzi 25. 5. *(g)*
Marina 17. 7.
Marius 19. 1.
Markus, Ev. 25. 4. *(F)*
Marta 29. 7. *(G)*
Martin I. 13. 4. *(g)*
Martin von Porres 3. 11. *(g)*
Martin von Tours 11. 11. *(G)*
Martina 30. 1.
Maternus 11. 9.
Mathilde 14. 3. *(g)*
Matthäus, Ap. 21. 9. *(F)*
Matthias, Ap. 24. 2. *(F)*

Mauritius 22. 9. *(g)*
Maximin 29. 5.
Maximilian Maria Kolbe 14. 8. *(G)*
Mechthild 26. 2.
Medard 8. 6.
Meinrad von Reichenau 21. 1. *(g)*
Melanie 31. 12.
Melitta 15. 9.
Methodius 14. 2. *(F)*
Michael 29. 9. *(F)*
Mildred 13. 7.
Modesta 6. 11.
Modoald 12. 5.
Monika 27. 8. *(G)*

Natalie 1. 12.
Nepomuk Neumann 5. 1. *(g)*
Nereus 12. 5. *(g)*
Niels Stensen 25. 11.
Niketius 3. 10.
Nikolaus 6. 12. *(g)*
Nikolaus von Flüe 25. 9. *(g)*
Norbert von Xanten 6. 6. *(g)*
Notburg 15. 9.

Odilia 13. 12. *(g)*
Olaf von Norwegen 10. 7. *(g)*
Olga 11. 7.
Oliver 11. 7.
Oswald 5. 8.
Otmar von St. Gallen 16. 11.
Otto von Bamberg 30. 6. *(g)*

Pankratius 12. 5. *(g)*
Patrick 17. 3. *(g)*
Paul Chon Hasang 20. 9. *(G)*
Paul vom Kreuz 19. 10. *(g)*
Paul Miki 6. 2. *(G)*
Paulinus von Nola 22. 6. *(g)*
Paulinus von Trier 31. 8. *(g)*
Paulus, Ap. 29. 6. *(H)*
Pelagius 1. 9.
Perpetua 7. 3. *(G)*
Peter Chanel 28. 4. *(g)*
Petronilla 31. 5.
Petrus 2. 6. *(g)*
Petrus, Ap. 29. 6. *(H)*
Petrus Chrysologus 30. 7. *(g)*
Petrus Claver 9. 9. *(g)*
Petrus Damiani 21. 2. *(g)*
Petrus Fourier 9. 12.
Petrus Julianus Eymard 2. 8. *(g)*
Petrus Kanisius 27. 4. *(g)*
Pierre Chanel 28. 4. *(g)*
Philipp Neri 26. 5. *(G)*
Philippus, Ap. 3. 5. *(F)*
Pirmin 3. 11. *(g)*
Pius V. 30. 4. *(g)*
Pius von Pietrelcina 23. 9. *(G)*
Pius X. 21. 8. *(G)*
Polykarp 23. 2. *(G)*
Pontianus 13. 8. *(g)*

Rabanus Maurus 4. 2. *(g)*
Rafael 29. 9. *(F)*
Raimund Nonnatus 31. 8.
Raimund von Peñafort 7. 1. *(g)*
Regina 22. 8.
Reiner 14. 1.
Reinhard 7. 3.
Reinhild 30. 5.
Remigius 1. 10.
Renate 22. 5.
Richard 30. 12.
Rita 22. 5. *(g)*
Robert Bellarmin 17. 9. *(g)*
Roland 15. 9.
Romuald 19. 6. *(g)*
Rosa von Lima 23. 8. *(g)*

Roswitha 5. 9.
Rudolf 17. 4.
Rupert 24. 9. *(g)*
Ruth 1. 9.

Sabina 29. 8.
Scharbel Mahluf 24. 7. *(g)*
Scholastika 10. 2. *(G)*
Sebastian 20. 1. *(g)*
Severin von Norikum 8. 1. *(g)*
Sigfrid 15. 2.
Sigismund 2. 5.
Silvester I. 31. 12. *(g)*
Simeon von Trier 1. 6.
Simon, Ap. 28. 10. *(F)*
Sixtus II. 7. 8.
Sophia 15. 5.
Stanislaus 11. 4. *(G)*
Stephan I. von Ungarn 16. 8. *(g)*
Stephanus 26. 12. *(F)*
Susanna 11. 8.

Thea 25. 7.
Thekla 23. 9.
Theodor 19. 9.
Theresia von Jesus (von Avila) 15. 10. *(G)*
Theresia vom Kinde Jesus 1. 10. *(G)*
Thomas, Ap. 3. 7. *(F)*
Thomas von Aquin 28. 1. *(G)*
Thomas Becket 29. 12. *(g)*
Thomas Morus 22. 6. *(g)*
Timotheus 26. 1. *(G)*
Titus 26. 1. *(G)*
Tobias 13. 9.
Turibio von Mongrovejo 23. 3. *(g)*
Trudpert von Breisgau 26. 4.

Ulrich von Augsburg 4. 7. *(g)*
Ulrich von Zell 14. 7.
Ursula 21. 10. *(g)*

Valentin von Rätien 7. 1. *(g)*
Valerius 29. 1.
Vera 24. 1.
Verena von Zurzach 1. 9.
Veronika 4. 2.
Viktor 10. 10.
Viktoria 23. 12.
Vinzenz 22. 1. *(g)*
Vinzenz Ferrer 5. 4. *(g)*
Vinzenz Pallotti 22. 1.
Vinzenz von Paul 27. 9. *(G)*
Virgil 24. 9. *(g)*
Vitus 15. 6. *(g)*
Volker 7. 3.

Walburga von Tauberbischofsheim 25. 2. *(g)*
Walter 17. 5.
Wendelin von der Saar 20. 10. *(g)*
Wenzel 28. 9. *(g)*
Werner 19. 4.
Wilfrid 24. 4.
Wilhelm 28. 5.
Willehad 8. 11.
Willibald von Eichstätt 7. 7. *(g)*
Willibrord 7. 11. *(g)*
Willigis 23. 2.
Wiltrud 6. 1.
Wolfgang von Regensburg 31. 10. *(g)*
Wolfram 25. 1.

Xystus II. 7. 8. *(g)*

Zacharias 15. 3.

QUELLENNACHWEIS

S. 100: © Kerstin Müllers.
S. 174, 306, 341, 568: © Michael Lehmler.
S. 183, 201, 217, 225, 257, 749: © Gisela Baltes; www.impulstexte.de
S. 233: Jan Bots, Mir geschehe nach deinem Wort – Meditationen zu den Sonntagsevangelien. Lesejahr C, © 2004 Butzon & Bercker GmbH, Kevelaer, www.bube.de
S. 275: Der Messias, aus: Andreas Knapp, Weiter als der Horizont. Gedichte über alles hinaus, © Echter Verlag, Würzburg, 9. Auflage 2019, S. 45.
S. 351: aus: Thomas Schlager-Weidinger, verwand[el]te seelen. theopoetische annäherungen an 55 biblische gestalten, © Echter Verlag, Würzburg 2015, S. 86 f.
S. 368: © Beate Thiessen.
S. 398: © Benediktinerinnen von Tutzing.
S. 424: aus: Gaudium et spes (Zweites Vatikanisches Konzil), © Libreria Editrice Vaticana.
S. 442: aus: Geheimnis aus dem wir leben, Einsiedeln u. a., 2/1990, S. 155.
S. 580: Miniatur 76, aus: Andreas Knapp, noch knapper. 99 Miniaturen über Gott, Welt und Mensch, © Echter Verlag, Würzburg 2021, S. 82.
S. 588, 614: Frère Roger, Taizé, © Ateliers et Presses de Taizé, 71250 Taizé, Frankreich.
S. 725: © Lothar Zenetti.
S. 733: in: Laudato si' 49, © Libreria Editrice Vaticana.
S. 741: VS 1317 19a/Herr, gib uns Mut zum Hören, T: Kurt Rommel, © Strube Verlag, München.
S. 765: Miniatur 77, aus: Andreas Knapp, noch knapper. 99 Miniaturen über Gott, Welt und Mensch, a. a. O., S. 83.
S. 774, 783, Text Umschlag (innen): © Heinz Detlef Stäps.

Die Rechte an den übrigen namentlich gezeichneten Texten liegen bei den Verfasserinnen und Verfassern.

Wir sind bemüht, jeweils die genaue Quelle anzugeben. Trotz intensiver Recherche war dies nicht in allen Fällen möglich. Für entsprechende Hinweise ist der Verlag dankbar.